U0216129

吉林人民出版社

简体字本二十六史

史记

卷三七——卷八○

（三）

[汉] 司马迁 撰　[宋] 裴　骃 集解

[唐] 司马贞 索隐　[唐] 张守节 正义

王　和　申　坚　等　标点

史记卷三七
世家第七

卫康叔

卫康叔①名封，周武王同母少弟也。其次尚有冉季，冉季最少。

①［索隐］曰：康，畿内国名。宋忠曰："康叔从康徙封卫，卫即殷墟定昌之
　地。畿内之康，不知所在也。"

武王已克殷纣，复以殷余民封纣子武庚禄父，比诸侯，以奉其
先祀勿绝。为武庚未集，①恐其有贼心，武王乃令其弟管叔、蔡叔傅
相武庚禄父，以和其民。武王既崩，成王少。周公旦代成王治，当国。
管叔、蔡叔疑周公，乃与武庚禄父作乱，欲攻成周。②周公旦以成王
命兴师伐殷，杀武庚禄父、管叔，放蔡叔，以武庚殷余民封康叔为卫
君，居河、淇间故商墟。③

①［索隐］曰：集，和也。

②［索隐］曰：成周，洛阳。其时周公相成王，营洛邑，犹居西周镐京。管、蔡
　欲搆难，先攻成周，于是周公东居洛邑，伐管、蔡。

③［索隐］曰：宋忠曰："今定昌也。"

周公旦惧康叔齿少，乃申告康叔曰："必求殷之贤人君子长者，
问其先殷所以兴，所以亡，而务爱民。"告以纣所以亡者以淫于酒，
酒之失，妇人是用，故纣之乱自此始。为《梓材》，①示君子可法则。
故谓之《康诰》、《酒诰》、《梓材》以命之。康叔之国，既以此命，能和
集其民，民大说。

①［正义］曰：若梓人为材，君子观为法则也。梓，匠人也。

成王长，用事，举康叔为周司寇，赐卫宝祭器，①以章有德。

①《左传》曰："分康叔以大路、大旂、少帛、绮茷、旃旌、大吕。"贾逵曰："大
路，金路也。少帛，杂帛也。绮茷，大赤也。通帛为旃，析羽为旌。大吕，
钟名。"郑众曰："绮茷，旆名也。"

康叔卒，子康伯代立。①康伯卒，子考伯立。考伯卒，子嗣伯立。
嗣伯卒，子庮伯立。②庮伯卒子靖伯立。靖伯卒，子贞伯立。③贞伯
卒，子顷侯立。顷侯厚赂周夷王，夷王命卫为侯。④

①[索隐]曰：《系本》康伯名髡。宋忠曰："即王孙牟也，事周康王为大夫。"
按：《左传》所称王孙牟父是也。牟、髡声相近，故不同耳。谯周《古史
考》无康伯，而云子牟伯立，盖以不宜父子俱谥康，故因其名云牟伯也。

②《史记音隐》曰："音捷"。[索隐]曰：《系本》作"挚伯"。

③[索隐]曰：《系本》作"箕伯"。

④[索隐]曰：按：《康诰》称命尔匀侯于东土，又云"孟侯，朕其弟，小子
封"，则康叔初封已为侯。比子康伯即称伯者，谓方伯之伯耳，非至
子即降爵为伯也。故孔安国曰："孟，长也。五侯之长，谓方伯"。方伯，
州牧也，故五代孙祖恒为方伯耳。至顷侯德衰，不监诸侯，乃从本爵而
称侯，非是至子即削爵，及顷侯赂夷王而称侯也。

顷侯立十二年卒，子釐侯立。

釐侯十三年，周厉王出奔于彘，共和行政焉。二十八年，周宣王
立。

四十二年，釐侯卒，太子共伯余立为君。共伯弟和有宠于釐侯，
多予之赂。和以其赂赂士，以袭攻共伯于墓上，共伯入釐侯羡①自
杀。卫人因葬之釐侯旁，谥曰共伯，而立和为卫侯，是为武公。②

①[索隐]曰：羡音延。延，墓道。又音以战反。恭伯名余也。

②[索隐]曰：和煞恭伯代立，此说盖非也。按：季札美康叔、武公之德。又
《国语》称武公年九十五矣，犹箴诫于国，恭恪于朝，作抑自儆，至于没
身，谓之睿圣。又《诗》著卫世子恭伯早卒，不云被杀。若武公杀兄而立，
岂可以为训而形之于国史乎？盖太史公采杂说而为此记耳。

武公即位，修康叔之政，百姓和集。四十二年，犬戎杀周幽王，
武公将兵往佐周平戎，甚有功，周平王命武公为公。五十五年卒，子

庄公扬立。

庄公五年,取齐女为夫人,好而无子。又取陈女为夫人,生子,早死。陈女女弟亦幸于庄公,而生子完。①完母死,庄公令夫人齐女子之,②立为太子。庄公有宠妾,生子州吁。十八年,州吁长,好兵,庄公使将。石碏谏庄公曰:③"庶子好兵,使将,乱自此起。"不听。

①[索隐]曰:女弟,戴妫也。子完为州吁所杀,戴妫归陈,《诗·燕燕于飞》是也。

②[索隐]曰:子之,谓养之为子也。齐女即庄姜也。《诗·硕人篇》闵之是也。

③贾逵曰:"石碏,卫上卿。"

二十三年,庄公卒,太子完立,是为桓公。

桓公二年,弟州吁骄奢,桓公绌之,州吁出奔。十三年,郑伯弟段攻其兄,不胜,亡,而州吁求与之友。十六年,州吁收聚卫亡人以袭杀桓公,州吁自立为卫君。为郑伯弟段欲伐郑,请宋、陈、蔡与俱,三国皆许州吁。州吁新立,好兵,杀桓公,卫人皆不爱。石碏乃因桓公母家于陈,详为善州吁。至郑郊,石碏与陈侯共谋,使右宰丑进食,因杀州吁于濮,①而迎桓公弟晋于邢而立之,②是为宣公。

①服虔曰:"右宰丑,卫大夫。濮,陈地。"[索隐]曰:贾逵云:"濮,陈地。"按:濮水有受河,又受汴,汴亦受河,东北至离狐分为二,俱东北至巨野入济。则濮在曹卫之间,贾言陈地,非也。若据《地理志》陈留封丘县濮水受沛,当言陈留水也。

②贾逵曰:"邢,周公之胤,姬姓国。"

宣公七年,鲁弑其君隐公。九年,宋督弑其君殇公,及孔父。十年,晋曲沃庄伯弑其君哀侯。

十八年。初,宣公爱夫人夷姜,夷姜生子伋,以为太子,而令右公子傅之。右公子为太子取齐女,未入室,而宣公见所欲为太子妇者好,说而自取之,更为太子取他女。宣公得齐女,生子寿、子朔,令左公子傅之。①太子伋母死,宣公正夫人与朔共谗恶太子伋。宣公自以其夺太子妻也,心恶太子,欲废之。及闻其恶,大怒,乃使太子伋于齐而令盗遮界上杀之,②与太子白旄,而告界盗见持白旄者杀之。且行,子朔之兄寿,太子异母弟也,知朔之恶太子而君欲杀之,乃谓太子曰:"界盗见太子白旄,即杀太子,太子可毋行。"太子曰:"逆父命求生,不可。"遂行。寿见太子不止,乃盗其白旄而先驰至界。界盗见其验,即杀之。寿已死,而太子伋又至,谓盗曰:"所当杀乃我也。"盗并杀太子伋,以报宣公。宣公乃以子朔为太子。

①杜预曰:"左右媵之子,因以为号。"

②[正义]曰:《左传》云卫宣公使太子伋之齐,"使盗待诸莘,将杀之"。杜预云"莘,卫地。"

十九年,宣公卒,太子朔立,是为惠公。左右公子不平朔之立也,惠公四年,左右公子怨惠公之谗杀前太子伋而代立,乃作乱,攻惠公,立太子伋之弟黔牟为君,惠公奔齐。

卫君黔牟立八年,齐襄公率诸侯奉王命共伐卫,纳卫惠公,诛左右公子。卫君黔牟奔于周,惠公复立。惠公立三年出亡,亡八年复入,与前通年凡十三年矣。

二十五年,惠公怨周之容舍黔牟,与燕伐周。周惠王奔温,卫、燕立惠王弟颓为王。二十九年,郑复纳惠王。

三十一年,惠公卒,子懿公赤立。懿公即位,好鹤,①淫乐奢侈。九年,翟伐卫,卫懿公欲发兵,兵或畔。大臣言曰:"君好鹤,鹤可令击。"翟于是遂入,杀懿公。

①[正义]曰:《括地志》云:"故鹤城在滑州匡城县西南十五里。《左传》云'卫懿公好鹤,鹤有乘轩者。狄伐卫,公欲战,国人受甲者皆曰"使鹤,鹤实有禄位,余焉能战"!'俗传懿公养鹤于此城,因名也。"

懿公之立也,百姓大臣皆不服。自懿公父惠公朔之谗杀太子伋代立至于懿公,常欲败之,卒灭惠公之后而更立黔牟之弟昭伯顽之子申为君,是为戴公。

戴公申元年卒。齐桓公以卫数乱,乃率诸侯伐翟,为卫筑楚丘,①立戴公弟燬为卫君,②是为文公。文公以乱故奔齐,齐人入之。

①[正义]曰:《括地志》云:"城武县有楚丘亭。"

②《贾谊书》曰:"卫侯朝于周,周行人问其名,答曰卫侯辟强,周行人还之,曰启强辟强,天子之号,诸侯弗得用。卫侯更其名曰燬,然后受之。"[正义]曰:燬,音毁。

初,翟杀懿公也,卫人怜之,思复立宣公前死太子伋之后,伋子又死,而代伋死者子寿又无子。太子伋同母弟二人:其一曰黔牟,黔牟尝代惠公为君,八年复去;其二曰昭伯。昭伯、黔牟皆已前死,故立昭伯子申为戴公。戴公卒,复立其弟燬为文公。

文公初立,轻赋平罪,①身自劳,与百姓同苦,以收卫民。十六年,晋公子重耳过,无礼。十七年,齐桓公卒。

①[索隐]曰:轻赋税,平断刑也。平,或作"卒"。卒谓士卒也。罪字连下读,盖亦一家之义耳。

二十五年,文公卒,子成公郑立。成公三年,晋欲假道于卫救宋,成公不许。晋更从南河度,①救宋。征师于卫,卫大夫欲许,成公不肯。大夫元咺攻成公,成公出奔。②晋文公重耳伐卫,分其地予宋,讨前过无礼及不救宋患也。卫成公遂出奔陈。③二岁,如周求入,与晋文公会。晋使人鸩卫成公,成公私于周主鸩,令薄,得不死。④已而周为请晋文公,卒入之卫,而诛元咺,卫君瑕出奔。⑤

①服虔曰:"南河,齐南之东南流河也。"杜预曰:"从汲郡南度,出卫南。"

②[索隐]曰:奔楚。[正义]咺,况远反。

③[索隐]曰:按《左传》"卫侯闻楚师败,惧,出奔楚,遂适陈"是。

④[索隐]曰:按:私谓赂之也。

⑤[索隐]曰:是元咺所立者,成公入而杀之,故僖三十年《经》云:"卫杀其大夫元咺及公子瑕"。此言"奔",非也。

七年,晋文公卒。十二年,成公朝晋襄公。十四年,秦穆公卒。二十六年,齐邴歜弑其君懿公。①

①[索隐]曰:邴歜与《左氏》同,而《齐系家》作"邴戎"者,盖邴歜掌御戎车,故号邴戎。邴,音丙。歜,亦作"鄙"。

三十五年,成公卒,①子穆公遫立。②穆公二年,楚庄王伐陈,杀夏征舒。三年,楚庄王围郑,郑降,复释之。十一年,孙良夫救鲁伐齐。复得侵地。

①《世本》曰:"成公徙濮阳。"宋忠曰:"濮阳,帝丘,地名。"

②[正义]曰:遬,音速。

穆公卒,子定公臧立。定公十二年卒,子献公衍立。

献公十三年,公令师曹教宫妾鼓琴,①妾不善,曹笞之。妾以幸恶曹于公;公亦笞曹三百。十八年,献公戒孙文子、宁惠子食,皆往。日旰不召,②而去射鸿于囿。二子从之,③公不释射服与之言。④二子怒,如宿。⑤孙文子子数侍公饮,⑥使师曹歌《巧言》之卒章。⑦师曹又怒公之尝笞三百,乃歌之,欲以怒孙文子,报卫献公。文子语蘧伯玉,伯玉曰:"臣不知也。"⑧遂攻出献公。献公奔齐,齐置卫献公于聚邑。孙文子、宁惠子共立定公弟秋⑨为卫君,是为殇公。

①贾逵曰:"师曹,乐人。"

②服虔曰:"孙文子,林父也。宁惠子,宁殖也。敕戒二子,欲共晏食,皆服朝衣待命。旰,晏也。"

③服虔曰:"从公于囿。"

④《左传》曰:"不释皮冠。"

⑤服虔曰:"孙文子邑也。"[索隐]曰:《左传》作"戚",此亦音戚。

⑥《左传》曰文子子即孙蒯也。

⑦杜预曰:"《巧言》,《诗·小雅》也。其卒章曰:'彼何人斯?居河之麋。无拳无勇为乱阶。'公欲以譬文子居河上而为乱。"

⑧贾逵曰:"伯玉,卫大夫。"

⑨徐广曰:"班氏云献公弟焱。"

殇公秋立,封孙文子林父于宿。十二年,宁喜与孙林父争宠相恶,殇公使宁喜攻孙林父。林父奔晋,复求入故卫献公。献公在齐,齐景公闻之,与卫献公如晋求入。晋为伐卫,诱与盟。卫殇公会晋平公,平公执殇公与宁喜而复入卫献公。献公亡在外十二年而入。

献公后元年,诛宁喜。三年,吴延陵季子使过卫,见蘧伯玉、史鰍,曰:"卫多君子,其国无故。"过宿,孙林父为击磬,曰:"不乐,音大悲,使卫乱乃此矣。"

是年献公卒,子襄公恶立。襄公六年,楚灵王会诸侯,襄公称病不往。

九年,襄公卒。初,襄公有贱妾,幸之,有身,梦有人谓曰:"我康叔也,令若子必有卫,名而子曰'元'。"妾怪之,问孔成子。①成子曰:"康叔者,卫祖也。"及生子,男也,以告襄公。襄公曰:"天所置也。"名之曰元。襄公夫人无子,于是乃立元为嗣,是为灵公。

①服虔曰:"卫卿孔烝钼。"

灵公五年,朝晋昭公。六年,楚公子弃疾弑灵王自立,为平王。十一年,火。三十八年,孔子来,禄之如鲁。后有隙,孔子去。后复来。

三十九年,太子蒯聩与灵公夫人南子有恶,①欲杀南子。蒯聩与其徒戏阳遫谋,朝,使杀夫人。②戏阳后悔,不果。蒯聩数目之,夫人觉之,惧,呼曰:③"太子欲杀我!"灵公怒,太子蒯聩奔宋,已而之晋赵氏。

①贾逵曰:"南子,宋女。"

②贾逵曰:"戏阳遫,太子家臣。"[正义]曰:戏音羲。

③[正义]呼,火故反。

四十二年春,灵公游于郊,令子郢仆。①郢,灵公少子也,字子南。灵公怨太子出奔,谓郢曰:"我将立若为后。"郢对曰:"郢不足以辱社稷,君更图之。"②夏,灵公卒,夫人命子郢为太子,曰:"此灵公命也。"郢曰:"亡人太子蒯聩之子辄在也,不敢当。"于是卫乃以辄为君,是为出公。

①贾逵曰:"仆,御也。"

②服虔曰:"郢自谓己无德,不足立,以污辱社稷。"

六月乙酉,赵简子欲入蒯聩,乃令阳虎诈命卫十余人衰绖归,①简子送蒯聩。卫人闻之,发兵击蒯聩。蒯聩不得入,入宿而保,卫人亦罢兵。

①服虔曰:"衰绖,为若从卫来迎太子也。"

出公辄四年,齐田乞弑其君孺子。八年,齐鲍子弑其君悼公。孔子自陈入卫。九年,孔文子问兵于仲尼,仲尼不对。其后鲁迎仲尼,仲尼反鲁。

十二年。初,孔圉文子取太子蒯聩之姊,生悝。孔氏之竖浑良夫美好,孔文子卒,良夫通于悝母。太子在宿,悝母使良夫于太子。太子与良夫言曰:"苟能入我国,报子以乘轩,免子三死,毋所与。"①与之盟,许以悝母为妻。闰月,良夫与太子入,舍孔氏之外圃。②昏,二人蒙衣而乘,③宦者罗御,如孔氏。孔氏之老栾宁问之,④称姻妾以告。⑤遂入,适伯姬氏。⑥既食,悝母杖戈而先,⑦太子与五人介,舆猳从之。⑧伯姬劫悝于厕,强盟之,遂劫以登台。⑨栾宁将饮酒,炙未熟,闻乱,使告仲由。⑩召护驾乘车,⑪行爵食炙,⑫奉出公辄奔鲁。⑬

①杜预曰:"轩,大夫车也。三死,死罪三。"[正义]曰:杜预云:"三罪,紫衣、袒裘、带剑也。"紫衣,君服也。热,故偏袒,不敬也。卫侯求令名者与之食焉,太子请使良夫,良夫紫衣狐裘,不释剑而食,太子使牵退,数之罪而杀之。

②服虔曰:"圃,园。"

③服虔曰:"二人,谓良夫、太子。蒙衣,为妇人之服,以巾蒙其头而共乘也。"

④服虔曰:"家臣称老。问其姓名。"

⑤贾逵曰:"婚姻家妾也。"

⑥服虔曰:"入孔氏家,适伯姬所居。"

⑦服虔曰:"先至孔悝所。"

⑧贾逵曰:"介,被甲也。舆猳豚,欲以盟。"

⑨服虔曰:"于卫台上召卫群臣。"

⑩服虔曰:"季路为孔氏邑宰,故告之。"

⑪服虔曰:"召护,卫大夫。驾乘车,不驾兵车也,言无距父之意。"

⑫服虔曰:"栾宁使召季路,乃行爵食炙。"

⑬服虔曰:"召护奉卫侯。"

仲由将入,遇子羔将出,①曰:"门已闭矣。"子路曰:"吾姑至矣。"②子羔曰:"不及,莫践其难。"③子路曰:"食焉不辟其难。"④

子羔遂出。子路入，及门，公孙敢阖门，曰："毋入为也！"⑤子路曰："是公孙也？求利而逃其难。由不然，利其禄，必救其患。"有使者出，子路乃得入。曰："太子焉用孔悝？虽杀之，必或继之。"⑥且曰："太子无勇。若燔台，必舍孔叔。"太子闻之，惧，下石乞、盂黡敌子路，⑦以戈击之，割缨。子路曰："君子死，冠不免。"⑧结缨而死。⑨孔悝闻卫乱，曰："嗟乎！柴也其来乎？由也其死矣！"孔悝竟立太子蒉聩，是为庄公。

①贾逵曰："子羔，卫大夫高柴，孔子弟子也。将出，奔。"

②杜预曰："且欲至门。"

③贾逵曰："言家臣忧及国，不得践履其难。"郑众曰："是时辄已出，不及事，不当践其难。子羔言不及，以为季路欲死国也。"

④服虔曰："言食悝之禄，欲救悝之难，此明其不死国也。"

⑤服虔曰："公孙敢，卫大夫。言辄已出，无为复入。"

⑥王肃曰："必有继续其后攻太子。"

⑦服虔曰："二子，蒉聩之臣。敌，当也。"[正义]曰：燔，音烦。舍，音舍。黡，音乙减反。

⑧服虔曰："不使冠在地。"

⑨[正义]曰：缨，冠绥也。

庄公蒉聩者，出公父也，居外，怨大夫莫迎立。元年即位，欲尽诛大臣，曰："寡人居外久矣，子亦尝闻之乎？"群臣欲作乱，乃止。

二年，鲁孔丘卒。

三年，庄公上城，见戎州。①曰："戎虏何为是？"戎州病之。十月，戎州告赵简子，简子围卫。十一月，庄公出奔，②卫人立公子斑师为卫君。③齐伐卫，虏斑师，更立公子起为卫君。④

①贾逵曰："戎州，戎人之邑。"[索隐]曰：《左传》云"戎州人攻之"是也。隐二年"公会戎于潜"，杜预云："陈留济阳县东南有戎城"。济阳与卫近，故庄公登台而望见戎州。又七年云"戎伐凡伯于楚丘"，是戎与卫相近也。

②[索隐]曰：《左传》庄公本由晋赵氏纳之，立而背晋，晋伐卫，卫人出庄公，立公子般师。晋师退，庄公复入，般师出奔。初，公登城见戎州己氏

之妻发美,鬶之以为夫人鼕。又欲剪戎州,兼逐石圃,故石圃攻庄公。
庄公惧,逾北墙折股,入己氏,己氏杀之。今系家不言庄公复入及死己
氏,直云出奔,亦其疏也。又《左传》云卫复立般师,齐伐卫,立公子起,
执般师。明年,卫石圃逐其君起,起奔齐,出公辄复归。是《左氏》详而系
家略也。

③《左传》曰:"斑师,襄公之孙。"

④服虔曰:"起,灵公子。"

　　卫君起元年,卫石曼专逐其君起,①起奔齐。卫出公辄自齐复
归立。初,出公立十二年亡,亡在外四年复入。出公后元年,赏从亡
者。立二十一年卒,②出公季父黔攻出公子而自立,是为悼公。

①[索隐]曰:《左传》作"石圃",此作"尃",音圃,《谷梁》作"曼姑"。尃,或
　　音姑。诸本多无"曼"字。

②[索隐]曰:按:出公初立十二年,亡在外四年,复入九年卒,是立二十一
　　年。自即位至卒,凡经二十五年而卒于越。

　　悼公五年卒,①子敬公弗立。②敬公十九年卒,子昭公纠立。③
是时三晋强,卫如小侯,属之。④

①[索隐]曰:《纪年》云"四年卒于越"。《系本》名虔。

②《世本》云敬公费也。

③[索隐]曰:《系本》云敬公生樠公舟,非也。

④[正义]曰:属赵也。

　　昭公六年,公子亹①弑之代立,是为怀公。怀公十一年,公子颓
弑怀公而代立,是为慎公。慎公父,公子适;②适父,敬公也。

①[正义]曰:音尾。

②[索隐]曰:音的。《系本》"适"作"虔"。虔,悼公也。

　　慎公四十二年卒,子声公训立。①声公十一年卒,子成侯速②
立。成侯十一年,公孙鞅入秦。③十六年,卫更贬号曰侯。

①[索隐]曰:训,亦作"驯",同休运反。《系本》作"圣公驰"。

②[索隐]曰:音速。《系本》作"不逝"。按:上穆公已名遫,不可成侯更名,
　　则《系本》是也。

③[索隐]曰:《秦本纪》云孝公元年鞅入秦,又按年表,成侯与秦孝公同

年,然则"十一年"当为"元年",字误耳。

二十九年,成侯卒,子平侯立。平侯八年卒,子嗣君立。[1]嗣君五年,更贬号曰君,独有濮阳。四十二年卒,子怀君立。

①[索隐]曰:乐资据《纪年》,以嗣君即孝襄侯。

怀君三十一年,朝魏,魏囚杀怀君。魏更立嗣君弟,是为元君。元君为魏婿,故魏立之。[1]元君十四年,秦拔魏东地,[2]秦初置东郡,更徙卫野王县,[3]而并濮阳为东郡。二十五年,元君卒,子君角立。

①徐广曰:"班氏云元君者,怀君之弟。"

②[索隐]曰:魏都大梁,濮阳、黎阳并是魏之东地,故立郡名东郡也。

③年表云元君十一年秦置东郡,十二年卫徙野王,二十三年卒。[索隐]
　　曰:年表,与此不同。徐注备矣。

君角九年,秦并天下,立为始皇帝。二十一年,二世废君角为庶人,卫绝祀。

太史公曰:余读世家言,至于宣公之太子以妇见诛,弟寿争死以相让,此与晋太子申生不敢明骊姬之过同,俱恶伤父之志。然卒死亡,何其悲也!或父子相杀,兄弟相灭,亦独何哉?

索隐述赞曰:司寇受封,《梓材》有作。成锡厥器,夷加其爵。暨武能修,从文始约。《诗》美归燕,《传》矜石碏。皮冠射鸿,乘轩使鹤。宣纵淫嬖,遭生伋、朔。蒯聩得罪,出公行恶。卫祚日衰,失于君角。

史记卷三八
世家第八

宋微子

微子开者，①殷帝乙之首子而纣之庶兄也。②

①孔安国曰："微，畿内国名。子，爵也。为纣卿士。"[索隐]曰：按：《尚书·
微子之命篇》云命微子启代殷后，今此名开者，避汉景帝讳也。

②[索隐]曰：按：《尚书》亦以为殷王元子而是纣之兄。《吕氏春秋》云生微
子时母犹为妾，及为妃而生纣。故微子为纣同母庶兄。

纣既立，不明，淫乱于政，微子数谏，纣不听。及祖伊以周西伯
昌之修德，灭阢，①阢国惧祸至，以告纣。纣曰："我生不有命在天
乎？是何能为！"于是微子度纣终不可谏，欲死之，及去。未能自决，
乃问于太师、少师，②曰："殷不有治政，不治四方。③我祖遂陈于
上，纣沈湎于酒，妇人是用，乱败汤德于下。④殷既小大好草窃奸
宄，⑤卿士师师非度，⑥皆有罪辜，乃无维获，⑦小民乃并兴，相为
敌仇。⑧今殷其典丧，若涉水无津涯。⑨殷遂丧，越至于今。"⑩曰：
"太师，少师，⑪我其发出往？⑫吾家保于丧？⑬今女无故告⑭予，颠
跻，如之何其？"⑮太师若曰："王子，天笃下灾亡殷国，⑯乃毋畏畏，
不用老长。⑰今殷民乃陋淫神祇之祀。⑱今诚得治国，国治，身死不
恨。为死，终不得治，不如去。"遂亡。⑲

①徐广曰："阢，音耆。"[索隐]曰：耆即黎也。邹诞本云"礜音黎"。孔安国
云："黎在上党东北，即今之黎亭。"

②孔安国曰：太师，三公，箕子也。少师，孤卿，比干也。

③孔安国曰："言殷不有治政四方之事，将必亡也。"

④马融曰:"我祖,汤也。"孔安国曰:"言汤遂其功,陈力于上世也。"

⑤马融曰:"下,下世也。"

⑥孔安国曰:"草野盗窃,又为奸宄于外内。"

⑦马融曰:"非但小人学为奸宄,卿士已下专相师效,为非法度。"

⑧郑玄曰:"获,得也。群臣皆有是罪,其爵禄又无常得之者。言屡相攻夺。"

⑨孔安国曰:"卿士既乱,而小民各起,共为敌仇。言不和同。"

⑩徐广曰:"一作'陟水无舟航',言危也。"骃谓典,国典也。[索隐]曰:《尚书》"典"作"沦",篆字变易,其义亦殊。丧,音息浪反。

⑪马融曰:"越,于也。于是至矣,于今到矣。"

⑫马融曰:"重呼告之。"

⑬郑玄曰:"发,起也。纣祸败如此,我其起作出往也。"[索隐]曰:往,《尚书》作"狂",盖亦《今文尚书》意异耳。

⑭徐广曰:"一云'于是家保'。"骃案:马融曰:"卿大夫称家"。

⑮王肃曰:"无意告我也,是微子求教诲也。"

⑯马融曰:"跻,犹坠也。恐颠坠于非义,当如之何也。"郑玄曰:"其,语助也。齐鲁之间声如'姬'。《记》曰'何居'。"

⑰孔安国曰:"微子,帝乙子,故曰'王子'。天生纣为乱,是下灾也。"郑玄曰:"少师不答,志在必死。"[正义]曰:蒉,音宵灾。

⑱孔安国曰:"上不畏天灾,下不畏贤人,违戾耆老之长,不用其教。"

⑲徐广曰:"一云'今殷民侵神牺',又一云'陋淫侵神祇'。"骃案:马融曰:"天曰神,地曰祇。"[索隐]曰:《尚书》作"攘窃"。刘氏云"陋淫犹轻秽也。"

　　箕子者,①纣亲戚也。②纣始为象箸,③箕子叹曰:"彼为象箸,必为玉杯;为杯,则必思远方珍怪之物而御之矣。舆马宫室之渐自此始,不可振也。"纣为淫泆,箕子谏,不听。人或曰:"可以去矣。"箕子曰:"为人臣谏不听而去,是彰君之恶而自说于民,吾不忍为也。"乃被发佯狂而为奴。遂隐而鼓琴以自悲,故传之曰《箕子操》。④

①马融曰:"箕,国名也。子,爵也。"

②[索隐]曰:司马彪曰:"箕子名胥余"。马融、王肃以箕子为纣之诸父。服虔、杜预以为纣之庶兄。杜预云"梁国蒙县有箕子冢"。

③[索隐]曰:箸,音持略反。按下文云"为象箸必为玉杯",杯箸事相近,《周礼》六尊有牺、象、箸、壶、泰、山。箸尊者,箸地无足是也。刘氏音直虑反,则杯箸亦食用之物,亦并通为器。

④《风俗通义》曰:"其道闭塞忧愁而作者,命其曲曰操。操者,言遇灾遭害,困厄穷迫,虽怨恨失意,犹守礼义,不惧不慑,乐道而不改其操也。"

　　王子比干者,亦纣之亲戚也。见箕子谏不听而为奴,则曰:"君有过而不以死争,则百姓何辜?"乃直言谏纣。纣怒曰:"吾闻圣人之心有七窍,信有诸乎?"乃遂杀王子比干,刳视其心。

　　微子曰:"父子有骨肉,而臣主以义属。故父有过,子三谏不听,则随而号之;人臣三谏不听,则其义可以去矣。"于是太师、少师乃劝微子去,遂行。①

①时比干已死,而云少师者似误。

　　周武王伐纣克殷,微子乃持其祭器造于军门,肉袒面缚,①左牵羊,右把茅,膝行而前以告。于是武王乃释微子,复其位如故。

①[索隐]曰:肉袒者,袒而露肉也。面缚者,缚手于背而面向前也。刘氏云"面即背也",义稍迂。

　　武王封纣子武庚禄父,以续殷祀,使管叔、蔡叔傅相之。

　　武王既克殷,访问箕子。

　　武王曰:"於乎! 维天阴定下民,相和其居,①我不知其常伦所序。"②

①孔安国曰:"天不言而默定下民,助合其居,使有常生之资也。"

②孔安国曰:"言我不知天所以定民之常道理次序,问何由。"

　　箕子对曰:"在昔鲧陻鸿水,汩陈其五行,①帝乃震怒,不从鸿范九等,常伦所斁。②鲧则殛死,禹乃嗣兴。③天乃锡禹鸿范九等,常伦所序。④

①孔安国曰:"陻,塞;汩,乱也。治水失道,是乱陈五行。"

②徐广曰:"一作'释'。"骃案:郑玄曰"帝,天也。天以鲧如是,乃震动其威怒,不与天道大法九类,言王所问所由败也"。

③郑玄曰："《春秋传》曰'舜之诛也殛鲧,其举也兴禹'。"

④孔安国曰："天与禹,洛出书也。神龟负文而出,列于背,有数至于九,禹遂因而第之以成九类。"

"初一曰五行;二曰五事;三曰八政;四曰五纪;五曰皇极;六曰三德;七曰稽疑;八曰庶征;九曰向用五福,畏用六极。①

①马融曰："言天所以畏惧人用六极。"

"五行:一曰水,二曰火,三曰木,四曰金,五曰土。①水曰润下,火曰炎上,②木曰曲直,③金曰从革,④土曰稼穑。⑤润下作咸,⑥炎上作苦,⑦曲直作酸,⑧从革作辛,⑨稼穑作甘。⑩

①郑玄曰："此数本诸阴阳所生之次也。"

②孔安国曰："言其自然之常性也。"

③孔安国曰："木可揉使曲直也。"

④马融曰："金之性从人而更,可销铄。"

⑤王肃曰："种之曰稼,敛之曰穑。"

⑥孔安国曰："水卤所生。"

⑦孔安国曰："焦气之味。"

⑧孔安国曰："木实之性。"

⑨孔安国曰："金气之味。"

⑩孔安国曰："甘味生于百谷。五行以下,箕子所陈。"

"五事:一曰貌,二曰言,三曰视,四曰听,五曰思。貌曰恭,言曰从,①视曰明,听曰聪,思曰睿。②恭作肃,从作治,③明作智,聪作谋,④睿作圣。⑤

①马融曰："发言当使可从。"

②马融曰："睿,通也。"

③马融曰："出令而从,所以为治也。"

④孔安国曰："所谋必成审也。"马融曰："上聪则下进其谋。"

⑤孔安国曰："于事无不通,谓之圣。"

"八政:一曰食,二曰货,三曰祀,四曰司空,①五曰司徒,②六曰司寇,③七曰宾,④八曰师。⑤

①马融曰："司空,掌营城郭,主空土以居民。"

②孔安国曰:"主徒众,教以礼义。"

③马融曰:"主诛寇害。"

④郑玄曰:"掌诸侯朝觐之官。"

⑤郑玄曰:"掌军旅之官。"

"五纪:一曰岁,二曰月,三曰日,四曰星辰,①五曰历数。②

①马融曰:"星,二十八宿。辰,日月之所会也。"郑玄曰:"星,五星也。"

②孔安国曰:"历数,节气之度。以为历数,敬授民时。"

"皇极:皇建其有极,①敛时五福,用傅锡其庶民,②维时其庶民于女极,③锡女保极。④凡厥庶民,毋有淫朋,人毋有比德,维皇作极。⑤凡厥庶民,有猷有为有守,女则念之。⑥不协于极,不离于咎,皇则受之。⑦而安而色,曰予所好德,女则锡之福。⑧时人斯其维皇之极,⑨毋侮鳏寡而畏高明。⑩人之有能有为,使羞其行,而国其昌。⑪凡厥正人,既富方谷。⑫女不能使有好于而家,时人斯其辜。⑬于其毋好,女虽锡之福,其作女用咎。⑭毋偏毋颇,遵王之义。⑮毋有作好,遵王之道。⑯毋有作恶,遵王之路。毋偏毋党,王道荡荡。⑰毋党毋偏,王道平平。⑱毋反毋侧,王道正直。⑲会其有极,⑳归其有极。㉑曰王极之傅言,㉒是夷是训,于帝其顺。㉓凡厥庶民,极之傅言,㉔是顺是行,㉕以近天子之光。㉖曰天子作民父母,以为天下王。㉗

①孔安国曰:"大中之道,大立其有中,谓行九畴之义。"

②马融曰:"当敛是五福之道,用布与众民。"

③马融曰:"以其能敛是五福,故众民于汝取中正以归心也。"

④郑玄曰:"又赐女以守中之道。"

⑤孔安国曰:"民有善则无淫过朋党之恶,比周之德,惟天下皆大为中正也。"

⑥马融曰:"凡其众民有谋有为,有所执守,当思念其行有所趣舍也。"

⑦孔安国曰:"凡民之行难不合于中,而不罹于咎恶,皆可进用大法受之。"

⑧孔安国曰:"女当安女颜色,以谦下人。人曰我所好者德也,女则与之爵禄。"

⑨孔安国曰："不合于中之人,女与之福,则是人此其惟大之中,言可勉进也。"

⑩马融曰："高明显宠者,不枉法畏之。"

⑪王肃曰："使进其行,任之以政,则国为之昌。"

⑫孔安国曰："正直之人,既当爵禄富之,又当以善道接之。"

⑬孔安国曰："不能使正人有好于国家,则是人斯其诈取罪而去也。"

⑭郑玄曰："无好于女家之人,虽锡之以爵禄,其动作为女用恶。谓为天子结怨于民。"

⑮孔安国曰："偏,不平。颇,不正。言当修先王正义以治民。"

⑯马融曰："好,私好也。"

⑰孔安国曰："言开辟也。"郑玄曰："党,朋党。"

⑱孔安国曰："言下治也。"

⑲马融曰："反,反道也。侧,倾侧也。"

⑳郑玄曰："谓君也,常会聚有中之人以为臣也。"

㉑郑玄曰："谓臣也,当就有中之君而事之。"

㉒马融曰："王者当尽极行之,使臣下布陈其言。"

㉓马融曰："是大中而常行之,用是教训天下,于天为顺也。"

㉔马融曰："亦尽极敷陈其言于上也。"

㉕王肃曰："民纳言于上而得中者,则顺而行之。"

㉖王肃曰："近,犹益也。顺行民言,所以益天子之光。"

㉗王肃曰："政教务中,民善是用,所以为民父母,而为天下所归往。"

　　"三德:一曰正直,①二曰刚克,三曰柔克。②平康正直,③强不友刚克,④内友柔克,⑤沉渐刚克,⑥高明柔克。⑦维辟作福,维辟作威,维辟玉食。⑧臣无有作福作威玉食。臣有作福作威玉食,其害于而家,凶于而国,人用侧颇辟,民用僭忒。⑨

①郑玄曰："中平之人。"

②郑玄曰："克,能也。刚而能柔,柔而能刚,宽猛相济,以成治立功。"

③孔安国曰："世平康,用正直治之。"

④孔安国曰："友,顺也。世强御不顺,以刚能治也。"

⑤孔安国曰："世和顺,以柔能治之也。"[索隐]曰:内,当为"燮"。燮,和也。

⑥马融曰："沈,阴也。潜,伏也。阴伏之谋,谓贼臣乱子非一朝一夕之渐,君亲无将,将而诛。"[索隐]曰:《尚书》作"沈潜",此作"渐"字,其义当依马注。

⑦马融曰："高明君子,亦以德怀也。"

⑧马融曰："辟,君也。玉食,美食。不言王者,关诸侯也。"郑玄曰:"作福,专爵赏也。作威,专刑罚也。玉食,备珍美也。"

⑨孔安国曰:"在位不端平,则下民僭差。"

"稽疑:择建立卜筮人。①乃命卜筮,曰雨,曰济,曰涕,②曰雾,③曰克,曰贞,曰悔,凡七。卜五,占之用二,衍贷。④立时人为卜筮,⑤三人占则从二人之言。⑥女则有大疑,谋及女心,谋及卿士,谋及庶人,谋及卜筮。⑦女则从,龟从,筮从,卿士从,庶民从,是之谓大同,⑧而身其康强,而子孙其逢吉。⑨女则从,龟从,筮从,卿士逆,⑩庶民逆,吉。卿士从,龟从,筮从,女则逆,庶民逆,吉。庶民从,龟从,筮从,女则逆,卿士逆,吉。女则从,龟从,筮逆,卿士逆,庶民逆,作内吉,作外凶。⑪龟筮共违于人,用静吉,用作凶。⑫

①孔安国曰:"龟曰卜,蓍曰筮。考正疑事,当选择知卜筮人而建立之。"

②《尚书》作"圛"。[索隐]曰:涕,音亦。《尚书》作"驿"。孔安国云"气骆驿下连续"。今此文作"涕",是涕泣亦相连之状也。

③徐广曰:"一曰'渍',曰'被'。"[索隐]曰:雾,音蒙,"蒙"与"雾"亦通。徐广所见本"涕"作"渍","蒙"作"被",义通而字变耳。

④郑玄曰:"卜五占之用,谓雨、济、圛、雾、克也。二衍贷,谓贞、悔也。将立卜筮人,乃先命名兆卦而分别之。兆卦之名凡七,龟用五,《易》用二。审此道者,乃立之也。雨者,兆之体,气如雨然也。济者,如雨止之云气在上者也。圛者,色泽而光明也。雾者,气不释,郁冥冥也。克者,如祲气之色相犯也。内卦曰贞,贞,正也。外卦曰悔,悔之言晦也,晦犹终也。卦象多变,故言'衍贷'也。"

⑤郑玄曰:"立是能分别兆卦之名者,以为卜筮人。"

⑥郑玄曰:"从其多者。蓍龟之道幽微难明,慎之深。"

⑦孔安国曰:"先尽谋虑,然后卜筮以决之。"

⑧孔安国曰:"大同于吉。"

⑨孔安国曰:"动不违众,故后世遇吉也。"

⑩郑玄曰:"此三者皆从多,故为吉。"

⑪郑玄曰:"此逆者多,以故举事于境内则吉,境外则凶。"

⑫孔安国曰:"安以守常则吉,动则凶。"郑玄曰:"龟筮皆与人谋相违,人虽三从,犹不可以举事。"

　"庶征:曰雨,曰阳,曰奥,曰寒,曰风,曰时。①五者来备,各以其序,庶草繁庑。②一极备,凶。一极亡,凶。③曰休征:④曰肃,时雨若;⑤曰治,时旸若,⑥曰知,时奥若;⑦曰谋,时寒若;⑧曰圣,时风若。⑨曰咎征⑩曰狂,常雨若;⑪曰僭,常旸若;⑫曰舒,常奥若;⑬曰急,常寒若;⑭曰雾,常风若。⑮王眚维岁,⑯卿士维月,⑰师尹维日。⑱岁月日时毋易,⑲百谷用成,治用明,⑳畯民用章,家用平康。㉑日月岁时既易,百谷用不成,治用昏不明,畯民用微,家用不宁。庶民维星,㉒星有好风,星有好雨。㉓日月之行,有冬有夏。㉔月之从星,则以风雨。㉕

①孔安国曰:"雨以润物,阳以干物,暖以长物,寒以成物,风以动物。五者各以时所,以为众验。"

②孔安国曰:"言五者备至,各以次序,则众草木繁庑滋丰也。"

③孔安国曰:"一者备极过甚则凶,一者极无不至亦凶,谓其不时失叙之谓也。"

④孔安国曰:"叙美行之验。"

⑤孔安国曰:"君行敬,则时雨顺之。"

⑥孔安国曰:"君政治,则时旸顺之。"

⑦孔安国曰:"君昭哲,则时暖顺之。"

⑧孔安国曰:"君能谋,则时寒顺之。"

⑨孔安国曰:"君能通理,则时风顺之。"

⑩孔安国曰:"叙恶行之验也。"

⑪孔安国曰:"君行狂妄,则常雨顺之。"

⑫孔安国曰:"君行僭差,则常旸顺之。"

⑬孔安国曰:"君行逸豫,则常暖顺之。"[索隐]曰:舒,依字读。按:下有"曰急"。

⑭孔安国曰:"君行急,则常寒顺之。"

⑮孔安国曰:"君行雾暗,则常风顺之。"

⑯马融曰:"言王者所眚职,如岁兼四时也。"

⑰孔安国曰:"卿士各有所掌,如月之有别。"

⑱孔安国曰:"众正宫之吏分治其职,如日之有岁月也。"

⑲孔安国曰:"各顺常。"

⑳孔安国曰:"岁月无易,则百谷成;君臣无易,则正治明。"

㉑孔安国曰:"贤臣显用,国家平宁。"

㉒孔安国曰:"星,民象,故众民惟若星也。"

㉓马融曰:"箕星好风,毕星好雨。"

㉔孔安国曰:"日月之行,冬夏各有常度。"

㉕孔安国曰:"月经于箕则多风,离于毕则多雨。政教失常,以从民欲,亦所以乱。"

"五福:一曰寿,二曰富,三曰康宁,①四曰攸好德,②五曰考终命。③"

①郑玄曰:"康宁,平安。"

②孔安国曰:"所好者德,福之道。"

③孔安国曰:"各成其短长之命以自终,不横夭。"

六极:一曰凶短折,①二曰疾,三曰忧,四曰贫,五曰恶,②六曰弱。③

①郑玄曰:"未龀曰凶,未冠曰短,未婚曰折。"[索隐]未龀,未毁齿也。音楚恰反。

②孔安国曰:"恶,丑陋也。"

③郑玄曰:"愚懦不壮毅曰弱。"

于是武王乃封箕子于朝鲜而不臣也。①

①[索隐]曰:朝鲜,音潮仙。地因水为名。

其后箕子朝周,过故殷虚,感宫室毁坏,生禾黍,箕子伤之,欲哭则不可,欲泣为其近妇人,①乃作《麦秀之诗》以歌咏之。其诗曰:"麦秀渐渐兮,禾黍油油。②彼狡僮兮,不与我好兮!"所谓狡童者,纣也。殷民闻之,皆为流涕。③武王崩,成王少,周公旦代行政当国。管、蔡疑之,乃与武庚作乱,欲袭成王、周公。④周公既承成王命诛武庚,杀管叔,放蔡叔,乃命微子开代殷后,奉其先祀,作《微子之命》以申之,国于宋。⑤微子故能仁贤,乃代武庚,故殷之余民甚戴爱之。

①[索隐]曰:妇人之性多涕泣也。

②[索隐]曰:渐渐,麦芒之状,音子廉反,又依字读。油油者,禾黍之苗光悦貌。

③杜预曰:"梁国蒙县有箕子冢。"

④徐广曰:"一云'欲袭成周'。"

⑤《世本》曰:"宋更曰睢阳。"

微子开卒,立其弟衍,是为微仲。①微仲卒,子宋公稽立。②宋公稽卒,子丁公申立。丁公申卒,子湣公共立。湣公共卒,弟炀公熙立。

①《礼记》曰:"微子舍其孙腯而立衍也。"郑玄曰:"微子適子死,立其弟衍,殷礼也。"[索隐]曰:《家语》微子弟仲思名衍,一名泄,嗣微子为宋公。虽迁爵易位,而班级不过其故,故以旧官为称。故二微虽为宋公,犹微,至于稽乃称宋公也。

②[索隐]曰:谯周云:"未谥,故名之。"

炀公即位,湣公子鲋祀弑炀公而自立,①曰:"我当立。"是为厉公。厉公卒,子釐公举立。

①徐广曰:"鲋,一作'鲂'。"[索隐]曰:谯周亦作"鲂祀",据《左氏》,即湣公庶子也。弑炀公,欲立太子弗父何,何让不受。

釐公十七年,周厉王出奔彘。

二十八年,釐公卒,子惠公覸立。①惠公四年,周宣王即位。

①吕忱曰:"覸,音古苋反。"

三十年,惠公卒,子哀公立。哀公元年卒,子戴公立。戴公二十九年,周幽王为犬戎所杀,秦始列为诸侯。

三十四年,戴公卒,子武公司空立。武公生女为鲁惠公夫人,生鲁桓公。

十八年,武公卒,子宣公力立。宣公有太子与夷。十九年,宣公病,让其弟和,曰:"父死子继,兄死弟及,天下通义也。我其立和。"

和亦三让而受之。宣公卒,弟和立,是为穆公。

穆公九年,病,召大司马孔父,谓曰:"先君宣公舍太子与夷而立我,我不敢忘。我死,必立与夷也。"孔父曰:"群臣皆愿立公子冯。"穆公曰:"毋立冯,吾不可以负宣公。"于是穆公使冯出居于郑。八月庚长,穆公卒,兄宣公子与夷立,是为殇公。君子闻之,曰:"宋宣公可谓知人矣,立其弟以成义,然卒其子复享之。"

殇公元年,卫公子州吁弑其君完自立,欲得诸侯,使告于宋曰:"冯在郑,必为乱,可与我伐之。"宋许之,与伐郑,至东门而还。二年,郑伐宋,以报东门之役。其后诸侯数来侵伐。

九年,大司马孔父嘉妻好,出,道遇太宰华督,①督说,目而观之。②督利孔父妻,乃使人宣言国中曰:"殇公即位十年耳,而十一战,③民苦不堪,皆孔父为之,我且杀孔父以宁民。"是岁,鲁弑其君隐公。十年,华督攻杀孔父,取其妻。殇公怒,遂弑殇公,而迎穆公子冯于郑而立之,是为庄公。

①服虔曰:"戴公之孙。"

②服虔曰:"目者,极视精不转也。"

③贾逵曰:"一战,伐郑,围其东门;二战,取其禾;三战,取郕田;四战,郕郑伐宋,入其郛;五战,伐郑,围长葛;六战,郑以王命伐宋;七战,鲁败宋师于菅;八战,宋、卫入郑;九战,伐戴;十战,郑入宋;十一战,郑伯以虢师大败宋。"

庄公元年,华督为相。九年,执郑之祭仲,要以立突为郑君。祭仲许,竟立突。

十九年,庄公卒,子湣公捷立。湣公七年,齐桓公即位。九年,宋水,鲁使臧文仲往吊水。①湣公自罪曰:"寡人以不能事鬼神,政不修,故水。"臧文仲善此言。此言乃公子子鱼教湣公也。

①贾逵曰:"问凶曰吊。"

十年夏,宋伐鲁,战于乘丘,①鲁生虏宋南宫万。②宋人请万,万归宋。十一年秋,湣公与南宫万猎,因博争行,湣公怒,辱之曰:

"始吾敬若；今若，鲁虏也。"万有力，病此言，遂以局杀湣公于蒙泽。③大夫仇牧闻之，以兵造公门。万搏牧，牧齿著门阖死。④因杀太宰华督，乃更立公子游为君。诸公子奔萧，公子御说奔亳。⑤万弟南宫牛将兵围亳。冬，萧及宋之诸公子共击杀南宫牛，弑宋新君游而立湣公弟御说，是为桓公。宋万奔陈。宋人请以赂陈。陈人使妇人饮之醇酒，⑥以革裹之，归宋。⑦宋人醢万也。⑧

①徐广曰："乘，一作'媵'。"骃案：杜预曰"乘丘"，鲁地。

②贾逵曰："南宫，氏；万，名。宋卿。"

③贾逵曰："蒙泽，宋泽名也。"杜预曰："宋地，梁国有蒙县。"

④何休曰："阖，门扇。"

⑤服虔曰："萧、亳，宋邑也。"杜预曰："今沛国有萧县，蒙县西北有亳城也。"

⑥服虔曰："宋万多力，勇不可执，故先使妇人诱而饮之酒，醉而缚之。"

⑦《左传》曰："以犀革裹之。"

⑧服虔曰："醢，肉酱。"

桓公二年，诸侯伐宋，至郊而去。三年，齐桓公始霸。二十三年，迎卫公子毁于齐，立之，是为卫文公。文公女弟为桓公夫人。秦穆公即位。三十年，桓公病，太子兹甫让其庶兄目夷为嗣。桓公义子意，竟不听。

三十一年春，桓公卒，太子兹甫立，是为襄公。以其庶兄目夷为相。未葬，而齐桓公会诸侯于葵丘，襄公往会。

襄公七年，宋地霣星如雨，与雨偕下；①六鹢退蜚，②风疾也。③

①《左传》曰："陨石于宋五，陨星也。"

②《公羊传》曰："视之则六，察之则鹢，徐察之则退飞。"[索隐]按：僖十六年《左传》："霣石于宋五，霣星也。六鹢退飞，过宋都"。是当宋襄公之时。访内史叔兴曰"吉凶焉在"？对曰"君将得诸侯而不终"也。然庄七年《传》又云"恒星不见，夜中星霣如雨，与雨偕也"。且与雨偕下，自在别年，不与霣石退鹢之事同。此史以霣石为霣星，遂连恒星不见之时与

雨偕为文,故与《左传》小异也。

③贾逵曰:"风起于远,至宋都高而疾,故鹢逢风却退。"

八年,齐桓公卒,宋欲为盟会。十二年春,宋襄公为鹿上之盟,①以求诸侯于楚,楚人许之。公子目夷谏曰:"小国争盟,祸也。"不听。秋,诸侯会宋公盟于盂。②目夷曰:"祸其在此乎? 君欲已甚,何以堪之!"于是楚执宋襄公以伐宋。冬,会于亳,以释宋公。子鱼曰:"祸犹未也。"

①杜预曰:"鹿上,宋地。汝阴有原鹿县。"[索隐]曰:按:汝阴原鹿其地在楚,僖二十一年"宋人、楚人、齐人盟于鹿上"是也。然襄公求诸侯于楚,楚才许之,计未合至汝阴鹿上。今济阴乘氏县北有鹿城,盖此地也。

②杜预曰:"盂,宋地。"

十三年夏,宋伐郑。子鱼曰:"祸在此矣。"秋,楚伐宋以救郑。襄公将战,子鱼谏曰:"天子弃商久矣,不可。"冬十一月,襄公与楚成王战于泓。①楚人未济,目夷曰:"彼众我寡,及其未济击之。"公不听。已济未陈,又曰:"可击。"公曰:"待其已陈。"陈成,宋人击之。宋师大败,襄公伤股。国人皆怨公。公曰:"君子不困人于厄,不鼓不成列。"②子鱼曰:"兵以胜为功,何常言与!③必如公言,即奴事之耳,又何战为?"

①《谷梁传》曰:"战于泓水之上。"

②何休曰:"军法,以鼓战,以金止,不鼓不战也。不成列,未成陈。"

③徐广曰:"一云'尚何言与'。"

楚成王已救郑,郑享之;去而取郑二姬以归。①叔瞻曰:"成王无礼,②其不没乎? 为礼卒于无别,有以知其不遂霸也。"

①[索隐]谓郑夫人芈氏、姜氏之女。既是郑女故云"二姬"。

②[正义]曰:谓取郑二姬也。

是年,晋公子重耳过宋,襄公以伤于楚,欲得晋援,厚礼重耳以马二十乘。①

①服虔曰:"八十匹。"

十四年夏,襄公病伤于泓而竟卒,①子成公王臣立。

①[索隐]曰:《春秋》战于泓在僖二十三年,重耳过宋及襄公卒在二十四

年。今此文以重耳过与伤泓共岁，故云"是年"。又重耳过与宋襄公卒共是一岁，则不合更云"十四年"。是进退俱不合于《左氏》，盖太史公之疏耳。

成公元年，晋文公即位。三年，倍楚盟亲晋，以有德于文公也。四年，楚成王伐宋，宋告急于晋。五年，晋文公救宋，楚兵去。九年，晋文公卒。十一年，楚太子商臣弑其父成王代立。十六年，秦穆公卒。

十七年，成公卒。①成公弟御杀太子及大司马公孙固②而自立为君。宋人共杀君御，而立成公少子杵臼，③是为昭公。

①〔正义〕曰：年表云公孙固杀成公。

②〔正义〕曰：《世本》云："宋庄公孙名固，为大司马。"

③〔正义〕曰：年表云宋昭元年。杵臼，襄公之子。徐广曰："一云成公少子。"

昭公四年，宋败长翟缘斯于长丘。①七年，楚庄王即位。九年，昭公无道，国人不附。昭公弟鲍革②贤而下士。先，襄公夫人欲通于公子鲍，不可，③乃助之施于国，④因大夫华元为右师。⑤昭公出猎，夫人王姬使卫伯攻杀昭公杵臼。弟鲍革立，是为文公。

①《鲁世家》云宋武公之世，获缘斯于长丘。今云此时，未详。〔索隐〕曰：《春秋》文公十一年，鲁败翟于咸，获长狄缘斯于长丘。《齐系家》惠公二年，长翟来，王子城父攻杀之。此并取《左传》之说，散于诸国系家，今考其年岁亦颇相协。而《鲁系家》云武公，此云昭公，盖此"昭"当为"武"，然前代虽已有武公，此杵臼当亦谥武也。若将不然，岂下五代公子特为君，又岂谥昭乎？

②徐广曰："一无'革'字。"

③服虔曰："襄公夫人，周襄王之姊王姬也。不可，鲍不肯也。"

④〔正义〕曰：施，贰是反。襄夫人助公子鲍布施恩惠于国人也。

⑤〔正义〕曰：公子华元，鲍因请得为右师。华元，戴公五代孙，华督之曾孙也。

文公元年，晋率诸侯伐宋，责以弑君。闻文公定立，乃去。二年，昭公子因文公母弟须与武、缪、戴、庄、桓之族为乱,文公尽诛之,出武、穆之族。①四年春,楚命郑伐宋。宋使华元将,郑败宋,囚华元。华元之将战,杀羊以食士,其御羊羹不及,②故怨,驰入郑军,故宋师败,得囚华元。宋以兵车百乘、文马四百匹③赎华元。未尽入,华元亡归宋。

①贾逵曰:"出,逐也。"

②《左传》曰御羊斟也。

③贾逵曰:"文,狸文也。"王肃曰:"文马,画马也。"[正义]曰:按:文马者,装饰其马。四百匹,用牵车百乘,遗郑赎华元也。又云文马赤鬣缟身,目如黄金。

十四年,楚庄王围郑。郑伯降楚,楚复释之。十六年,楚使过宋,宋有前仇,执楚使。九月,楚庄王围宋。

十七年,楚以围宋五月不解,宋城中急,无食,华元乃夜私见楚将子反。子反告庄王。王问:"城中何如?"曰:"析骨而炊,易子而食。庄王曰:诚哉言!我军亦有二日粮。"①以信故,遂罢兵去。

①何休曰:"析破人骨也。"

二十二年,文公卒,子共公瑕立。始厚葬。君子讥华元不臣矣。共公九年,华元善楚将子重,又善晋将栾书,两盟晋、楚。

十三年,共公卒。华元为右师,鱼石为左师。司马唐山攻杀太子肥,欲杀华元,华元奔晋,鱼石止之,至河乃还,①诛唐山。乃立共公少子成,是为平公。②

①《皇览》曰:"华元冢在陈留小黄县城北。"

②《左传》曰鱼石奔楚。

平公三年,楚共王拔宋之彭城,以封宋左师鱼石。四年,诸侯共诛鱼石,而归彭城于宋。三十五年,楚公子围弑其君自立,为灵王。

四十四年,平公卒,子元公佐立。元公三年,楚公子弃疾弑灵王自立,为平王。八年,宋火。十年,元公毋信,诈杀诸公子,大夫华、向氏作乱。楚平王太子建来奔,见诸华氏相攻乱,建去如郑。十五年,元公为鲁昭公避季氏居外,为之求入鲁,行道卒,子景公头曼①

立。

①〔索隐〕曰：按：曼立音万。

景公十六年，鲁阳虎来奔，已复去。二十五年，孔子过宋，宋司马桓魋恶之，欲杀孔子，孔子微服去。三十年，曹倍宋，又倍晋，宋伐曹，晋不救，遂灭曹有之。①三十六年，齐田常弑简公。

①〔正义〕曰：宋景公灭曹在鲁哀公八年，周敬王三十三年也。

三十七年，楚惠王灭陈。荧惑守心。心，宋之分野也。景公忧之。司星子韦曰："可移于相。"景公曰："相，吾之股肱。"曰："可移于民。"景公曰："君者待民。"曰："可移于岁。"景公曰："岁饥民困，吾谁为君！"子韦曰："天高听卑。君有君人之言三，荧惑宜有动。"于是候之，果徙三度。

六十四年，景公卒。宋公子特攻杀太子而自立，是为昭公。①昭公者，元公之曾庶孙也。昭公父公孙纠，纠父公子褍秦，②褍秦即元公少子也。景公杀昭公父纠，③故昭公怨杀太子而自立。

①〔索隐〕曰：特一作"得"。按：《左传》景公无子，取元公庶曾孙公孙周之子得及启、畜于公宫。及景公卒，先立启，后立得，是为昭公。与此全乖，未知太史公据何为此说。

②徐广曰："褍，音端。"

③〔索隐〕曰：《左传》云名周。

昭公四十七年卒，子悼公购由立。①悼公八年卒，②子休公田立。休公田二十三年卒，子辟公辟兵立。③辟公三年卒，子剔成立。④

①年表云四十九年。〔索隐〕曰：购，音古候反。

②〔索隐〕曰：《纪年》为十八年。

③徐广曰："一云'辟公兵'。"〔索隐〕曰：《纪年》作"桓侯璧兵"，则璧兵谥桓也。又《庄子》云："桓侯行，未出城门，其前驱呼辟，蒙人止之，后为狂也"。司马彪云"呼辟，使人避道。蒙人以桓侯名辟，而前驱呼'辟'，故为狂也"。

④年表云剔成君也。〔索隐〕曰：王劭按：《纪年》云宋剔成肝废其君璧而自立。

剔成四十一年,剔成弟偃攻袭剔成,剔成败,奔齐,偃自立为宋君。

君偃十一年,自立为王。①东败齐,取五城,南败楚,取地三百里;西败魏军,乃与齐、魏为敌国。盛血以韦囊,县而射之,命曰“射天”。淫于酒、妇人。群臣谏者辄射之。于是诸侯皆曰“桀宋。”②“宋其复为纣所为,不可不诛”。告齐伐宋。王偃立四十七年,齐湣王与魏、楚伐宋、杀王偃,遂灭宋而三分其地。③

①[索隐]曰:《战国策》、《吕氏春秋》皆以偃谥曰康王。

②[索隐]曰:《晋太康地记》言其似桀也。

③年表云偃立四十三年。

　　太史公曰:孔子称:“微子去之,箕子为之奴,比干谏而死,殷有三仁焉。”①《春秋》讥宋之乱自宣公废太子而立弟,②国以不宁者十世。③襄公之时,修行仁义,欲为盟主。其大夫正考父美之,故追道契、汤、高宗,殷所以兴,作《商颂》。④襄公既败于泓,而君子或以为多,⑤伤中国阙礼义,褒之也,⑥宋襄之有礼让也。

①何晏曰:“仁者爱人。三人行异而同称仁者,何也?以其俱在忧乱宁民也。”夏侯玄曰:“微子,仕之穷也。箕子、比干,志之穷也。故或尽材而止,或尽心而留,皆其极也。致极,斯君子之事矣。是以三仁不同,而归其一揆也。”

②《公羊传》曰:“君子大居正。宋之祸宣公为之也。”

③[索隐]曰:《公羊》《春秋》有此说,《左氏》则无讥焉。

④《韩诗·商颂章句》亦美襄公。[索隐]曰:今按:《毛诗·商颂序》云正考父于周之太师“得《商颂》十二篇,以《那》为首”。《国语》亦同此说。今五篇存,皆是商家祭祀乐章,非考父追作也。又考父佐戴、武、宣,则在襄公前且百许岁,安得述而美之?斯谬说耳。

⑤《公羊传》曰:“君子大其不鼓不成列,临大事而不忘大礼,有君而无臣,以为虽文王之战亦不过此也。”

⑥[索隐]曰:襄公临大事不忘大礼,而君子或以为多,且伤中国之乱,阙礼义之举,遂不嘉宋襄之盛德,太史公褒而述之,故云褒也。

　　索隐述赞曰：殷有三仁，微箕纣亲。一囚一去，不顾其身。颂美有客，书称作宾。卒传冢嗣，或叙彝伦。微仲之后，世戴忠勤。穆亦能让，实为知人。伤泓之役，有君无臣。偃号桀宋，天之弃殷。

史记卷三九
世家第九

晋

唐叔虞者,周武王子而成王弟。①

①[索隐]曰:唐叔以梦及手文而名曰虞,至成王诛唐之后,因戏削桐而封
之。叔,字也,故曰唐叔虞。而唐有晋水,至子燮改其国号曰晋侯。然晋
初封于唐,故称晋唐叔虞也。且唐本尧后,封在夏墟,而都于鄂。鄂,今
在大夏是也。及成王灭唐之后,又分徙之于许、郢之间,故《春秋》有唐
成公是也,即今之唐州者也。

初,武王与叔虞母会时,①梦天谓武王曰:"余命女生子,名虞,
余与之唐。"及生子,文在其手曰"虞",故遂因命之曰虞。

①《左传》曰:"邑姜方娠太叔。"服虔曰:"邑姜,武王后,齐太公女也。"

武王崩,成王立,唐有乱,①周公诛灭唐。成王与叔虞戏,削桐
叶为珪以与叔虞,曰:"以此封若。"史佚因请择日立叔虞。成王曰:
"吾与之戏耳。"史佚曰:"天子无戏言。言则史书之,礼成之,乐歌
之。"于是遂封叔虞于唐。唐在河、汾之东,方百里,故曰唐叔虞。②
姓姬氏,字子于。

①[正义]曰:《括地志》云:"故唐城在绛州翼城县西二十里,即尧裔子所
封。《春秋》云夏孔甲时,有尧苗胄刘累者,以豢龙事孔甲,夏后嘉之,
赐氏御龙,以更豕韦之后。龙一雌死,潜醢之以食夏后。既而使求之,
惧而迁于鲁县。夏后召孟别封刘累之孙于大夏之墟为侯。至周成王
时,唐人作乱,成王灭之,而封大叔,更迁唐人子孙于杜,谓之杜伯,即
范丐所云'在周为杜唐氏'。按:鲁县汝州鲁山县是。今随州枣阳县东
南一百五十里上唐乡故城即。后子孙徙于唐。"

②《世本》曰："居鄂"。宋衷曰："鄂地今在大夏。"[正义]曰:《括地志》云:
　　"故鄂城在慈州昌宁县东二里。"按:与绛州夏县相近。禹都安邑,故城
　　在县东北十五里,故云"在大夏"也。然封于河、汾二水之东,方百里,正
　　合在晋州平阳县,不合在鄂,未详也。

　　唐叔子燮,是为晋侯。①晋侯子宁族,是为武侯。②武侯之子服
人,是为成侯。成侯子福,是为厉侯。③厉侯之子宜臼,是为靖侯。靖
侯已来年纪可推。自唐叔至靖侯五世,无其年数。

　　①[正义]曰:燮,先牒反。《括地志》云:"故唐城在并州晋阳县北二里。《城
　　记》云尧筑也。《国都城记》云:'唐叔虞之子燮父徙居晋水傍。今并理故
　　唐城。唐者,即燮父初徙之处,其城南半入州城,中削为坊,城墙北半见
　　在'。《毛诗谱》云:'叔虞子燮父以尧墟南有晋水,改曰晋侯'。"
　　②[索隐]曰:《系本》作"曼期",谯周作"曼旗"也。
　　③[索隐]曰:《系本》作"辐"。

　　靖侯十七年,周厉王迷惑暴虐,国人作乱,厉王出奔于彘,大臣
行政,故曰"共和"。①

　　①[正义]曰:厉王奔彘,周、召和其百姓行政,号曰"共和"。

　　十八年,靖侯卒,子釐侯司徒立。釐侯十四年,周宣王初立。
　　十八年,釐侯卒,子献侯籍①立。献侯十一年卒,子穆侯费王②
立。

　　①[索隐]曰:《系本》及谯周皆作"苏"。
　　②[索隐]曰:邹诞本作"弗生",或作"溃王",并音秘。

　　穆侯四年,取齐女姜氏为夫人。七年,伐条。生太子仇。①十年,
伐千亩,有功。②生少子,名曰成师。③晋人师服曰:④"异哉!君之
命子也:太子曰仇,仇者雠也。少子曰成师,成师大号,成之者也。
名,自命也。物,自定也。今适庶名反逆,此后晋其能毋乱乎?"

　　①杜预曰:"条,晋地。"
　　②杜预曰:"西河界休县南有地名千亩。"
　　③杜预曰:"意取能成其众也。"
　　④贾逵曰:"晋大夫。"

　　二十七年,穆侯卒,弟殇叔自立,太子仇出奔。殇叔三年,周宣

王崩。四年,穆侯太子仇率其徒袭殇叔而立,是为文侯。

文侯十年,周幽王无道,犬戎杀幽王,周东徙。而秦襄公始列为诸侯。

三十五年,文侯仇卒,子昭侯伯立。昭侯元年,封文侯弟成师于曲沃。①曲沃邑大于翼。翼,晋君都邑也。②成师封曲沃,号为桓叔。靖侯庶孙栾宾③相桓叔。桓叔是时年五十八矣,好德,晋国之众皆附焉。君子曰:"晋之乱其在曲沃矣。末大于本而得民心,不乱何待!"

①[索隐]曰:河东之县名,汉武帝改曰闻喜也。

②[索隐]曰:翼本晋都,自孝侯已下一号翼侯,平阳绛邑县东翼城是也。

③[正义]曰:《世本》云栾叔宾父也。

七年,晋大臣潘父弑其君昭侯而迎曲沃桓叔。桓叔欲入晋,晋人发兵攻桓叔。桓叔败,还归曲沃。晋人共立昭侯子平为君,是为孝侯。诛潘父。孝侯八年,曲沃桓叔卒,子鳝代桓叔,是为曲沃庄伯。①孝侯十五年,曲沃庄伯弑其君晋孝侯于翼。晋人攻曲沃庄伯,庄伯复入曲沃。晋人复立孝侯子郄为君,是为鄂侯。②

①[索隐]曰:鳝,音时战反。又音善,又音陁。

②[索隐]曰:《系本》作"郄",而他本亦有作"都"。[正义]曰:音丘载反。

鄂侯二年,鲁隐公初立。

鄂侯六年卒。曲沃庄伯闻晋侯卒,乃兴兵伐晋。周平王使虢公将兵伐曲沃庄伯,庄伯走保曲沃。晋人共立鄂侯子光,是为哀侯。

哀侯二年,曲称沃庄伯卒,子称代庄伯立,①是为曲沃武公。哀侯六年,鲁弑其君隐公。哀侯八年,晋侵陉廷。②陉廷与曲沃武公谋。九年,伐晋于汾旁,③虏哀侯。晋人乃立哀侯子小子为君,是为小子侯。④

①[正义]曰:称,尺证反。

②贾逵曰:"翼南鄙邑名。"

③[正义]曰:白郎反。汾水之旁。

④《礼记》曰:"天子未除丧曰余小子,生名之,死亦名之。"郑玄曰:"晋有

小子侯,是取之天子也。"

小子元年,曲沃武公使韩万杀所虏晋哀侯。①曲沃益强,晋无如之何。

①贾逵曰:"韩万,曲沃桓叔之子,庄伯弟。"

晋小子之四年,曲沃武公诱召晋小子杀之。周桓王使虢仲①伐曲沃武公,武公入于曲沃,乃立晋哀侯弟缗为晋侯。

①[正义]曰:马融云:"周武王克商,封文王异母弟虢仲于夏阳。"

晋侯缗四年,宋执郑祭仲而立突为郑君。晋侯十九年,齐人管至父弑其君襄公。

晋侯二十八年,齐桓公始霸。曲沃武公伐晋侯缗,灭之,尽以其宝器赂献于周釐王。釐王命曲沃武公为晋君,列为诸侯,于是尽并晋地而有之。曲沃武公已即位三十七年矣,更号曰晋武公。晋武公始都晋国,前即位曲沃,通年三十八年。

武公称者,先晋穆侯曾孙也,①曲沃桓叔孙也。桓叔者,始封曲沃。武公,庄伯子也。自桓叔初封曲沃以至武公灭晋也,凡六十七岁,而卒代晋为诸侯。

①[索隐]曰:晋有两穆侯,言先,以别后也。

武公代晋二岁,卒。与曲沃通年,即位凡三十九年而卒。子献公诡诸立。

献公元年,周惠王弟颓攻惠王,惠王出奔,居郑之栎邑。①

①[索隐]曰:栎,郑邑,今河南阳翟是也。故郑之十邑有栎有华。

五年,伐骊戎,得骊姬、①骊姬弟,俱爱幸之。

①韦昭曰:"西戎之别在骊山也。"

八年,士蒍说公①曰:"故晋之群公子多,不诛,乱且起。"乃使尽杀诸公子,而城聚都之,②命曰绛,始都绛。③

①贾逵曰:"士蒍,晋大夫。"

②贾逵:"聚,晋邑。"

③[索隐]曰:《春秋》庄二十六年《传》"士蒍城绛"是也。杜预曰:"今平阳绛邑县"。应劭曰"绛水出西南"也。

　　九年,晋群公子既亡奔虢,虢以其故再伐晋,弗克。十年,晋欲伐虢,士蒍曰:"且待其乱。"

　　十二年,骊姬生奚齐。献公有意废太子,乃曰:"曲沃吾先祖宗庙所在,而蒲边秦,屈边翟,①不使诸子居之,我惧焉。"于是使太子申生居曲沃,公子重耳居蒲,公子夷吾居屈。献公与骊姬子奚齐居绛。晋国以此知太子不立也。太子申生,其母齐桓公女也,曰齐姜,早死。申生同母女弟为秦穆公夫人。重耳母,翟之狐氏女也。夷吾母,重耳母女弟也。献公子八人,而太子申生、重耳、夷吾皆有贤行。及得骊姬,乃远此三子。

　　①韦昭曰:"蒲,今蒲坂。屈、北屈,皆在河东。"杜预曰:"蒲,今平阳蒲子县
　　　是也。"

　　十六年,晋献公作二军。①公将上军,太子申生将下军,赵夙御戎,毕万为右,伐灭霍,灭魏,灭耿。②还,为太子城曲沃,赐赵夙耿,赐毕万魏,以为大夫。士蒍曰:"太子不得立矣。分之都城,③而位以卿,④先为之极,⑤又安得立?不如逃之,无使罪至。为吴太伯,不亦可乎,⑥犹有令名。"⑦太子不从。

　　①《左传》曰王使虢公命曲沃伯以一军,为晋侯。今始为二军。
　　②服虔曰:"三国皆姬姓,魏在晋之蒲坂河东也。"杜预曰:"平阳皮氏县东
　　　南有耿乡,永安县东北有霍太山也。"[索隐]曰:按:永安县西南汾水西
　　　有霍城,古霍国;有魏水,出霍太山。《地理志》河东北县,古魏国。《地
　　　记》亦以为然。服虔云在蒲坂,非也。《地记》又曰皮氏县汾水南耿城,是
　　　故耿国也。
　　③服虔曰:"邑有先君之主曰都。"
　　④贾逵曰:"谓将下军。"
　　⑤服虔曰:"言其禄位极尽于此。"
　　⑥王肃曰:"太伯知天命在王季,奔吴不反。"
　　⑦王肃曰:"虽去犹可有令名,何与其坐而及祸也。"

　　卜偃曰:"毕万之后必大。①万,盈数也;魏,大名也。②以是始赏,天开之矣。③天子曰兆民,诸侯曰万民,今命之大,以从盈数,其必有众。"④初,毕万卜仕于晋国,遇《屯》之《比》。⑤辛廖占之曰:

"吉。⑥屯固比入,吉孰大焉。⑦其后必蕃昌。"

①贾逵曰:"卜偃,晋掌卜大夫郭偃。"

②服虔曰:"数从一至万为满。魏喻巍,巍,高大也。"

③服虔曰:"以魏赏毕万,是为天开其福。"

④杜预曰:"以魏从万,有众多之象。"

⑤贾逵曰:"《震》下《坎》上《屯》,《坤》下《坎》上《比》。《屯》初九变之《比》。"

⑥贾逵曰:"辛廖,晋大夫。"

⑦杜预曰:"屯,险难也,所以为坚固。比,亲密,所以得入。"

十七年,晋侯使太子申生伐东山。①里克谏献公曰:②"太子奉冢祀社稷之粢盛,以朝夕视君膳者也,③故曰冢子。君行则守,有守则从,④从曰抚军,⑤守曰监国,古之制也。夫率师,专行谋也;⑥誓军旅,⑦君与国政之所图也;⑧非太子之事也。师在制命而已,⑨禀命则不威,专命则不孝,故君之嗣適不可以帅师。君失其官,⑩率师不威,将安用之?"⑪公曰:"寡人有子,未知其太子谁立。"里克不对而退,见太子。太子曰:"吾其废乎?"里克曰:"太子勉之!教以军旅,⑫不共是惧,何故废乎?且子惧不孝,毋惧不得立。⑬修己而不责人,则免于难。"太子帅师,公衣之偏衣,⑭佩之金玦。⑮里克谢病,不从太子。太子遂伐东山。

①贾逵曰:"东山,赤狄别种。"

②贾逵曰:"里克,晋卿里季也。"

③服虔曰:"厨膳饮食。"

④服虔曰:"有伐太子守则从之。"

⑤服虔曰:"助君抚循军士。"

⑥杜预曰:"率师者必专谋军事。"

⑦杜预曰:"宣号令。"

⑧贾逵曰:"国政,正卿也。"

⑨杜预曰:"命,将军所制。"

⑩杜预曰:"太子统师,是失其官。"

⑪杜预曰:"专命则不孝,是为师必不威也。"

⑫贾逵曰:"将下军。"

⑬服虔曰："不得立己。"

⑭服虔曰："偏裻之衣，偏异色，驳不纯，裻在中，左右异，故曰偏衣。"杜预
　　曰："偏衣涅右异色，其半似公服。"韦昭曰："偏，半也。分身之半以授太
　　子。"[正义]曰：上"衣"去声，下"衣"如字。

⑮服虔曰："以金为玦也。"韦昭曰："金玦，兵要也。"[正义]曰：玦，音决。

　十九年，献公曰："始吾先君庄伯、武公之诛晋乱，而虢常助晋
伐我，①又匿晋亡公子，果为乱。弗诛，后遗子孙忧。"乃使荀息以屈
产之乘②假道于虞。虞假道，遂伐虢，③取其下阳以归。④

①[正义]曰：言虢助晋伐曲沃也。

②何休曰："屈产，出名马之地。乘，备驷也。"

③贾逵曰："虞在晋南，虢在虞南。"

④服虔曰："下阳，虢邑也，在太阳东北三十里。《谷梁传》曰下阳，虞、虢之
　　塞邑。"

　献公私谓骊姬曰："吾欲废太子，以奚齐代之。"骊姬泣曰："太
子之立，诸侯皆已知之，而数将兵，百姓附之，奈何以贱妾之故废适
立庶？君必行之，妾自杀也。"骊姬详誉太子，而阴令人谮恶太子，而
欲立其子。

　二十一年，骊姬谓太子曰："君梦见齐姜，太子速祭曲沃，①归
釐于君。"太子于是祭其母齐姜于曲沃，上其荐胙于献公。献公时出
猎，置胙于宫中。骊姬使人置毒药胙中。居二日，②献公从猎来还，
宰人上胙献公，献公欲飨之。骊姬从旁止之，曰："胙所从来远，宜试
之。"祭地，地坟，③与犬，犬死、与小臣，小臣死。④骊姬泣曰："太子
何忍也！其父而欲弑代之，况他人乎？且君老矣，旦暮之人，曾不能
待而欲弑之！"谓献公曰："太子所以然者，不过以妾及奚齐之故。妾
愿子母辟之他国，若早自杀，毋徒使母子为太子所鱼肉也。始君欲
废之，妾犹恨之；至于今，妾殊自失于此。"⑤太子闻之，奔新城。⑥
献公怒，乃诛其傅杜原款。或谓太子曰："为此药者乃骊姬也，太子
何不自辞明之？"太子曰："吾君老矣，非骊姬，寝不安，食不甘。即辞
之，君且怒之。不可。"或谓太子曰："可奔他国。"太子曰："被此恶名
以出，人谁内我？我自杀耳。"十二月戊申，申生自杀于新城。⑦

①服虔曰:"齐姜庙所在。"

②[索隐]曰:《传》云六日。

③韦昭曰:"将饮先祭,示有先也。坟,起也。"

④韦昭曰:"小臣,官名,掌阴事,今阉士也。"

⑤[索隐]曰:太子之行如此,妾前见君欲废而恨之,今乃自以恨为失也。

⑥韦昭曰:"新城,曲沃也,新为太子城。"

⑦[索隐]曰:《国语》云:"申生乃雉于新城庙。"

　　此时重耳、夷吾来朝。人或告骊姬曰:"二公子怨骊姬谮杀太子。"骊姬恐,因谮二公子:"申生之药胙,二公子知之。"二子闻之恐,重耳走蒲,夷吾走屈,保其城,自备守。初,献公使士蒍为①二公子筑蒲、屈,城弗就。夷吾以告公,公怒士蒍。士蒍谢曰:"边城少寇,安用之?"退而歌曰:"狐裘蒙茸,一国三公,吾谁适从!"②卒就城。及申生死,二子亦归保其城。

①[正义]曰:蒍,为诡反。为,于伪反。

②服虔曰:"蒙茸以言乱貌。三公言君与二公子。将敌,故不知所从。"

　　二十二年,献公怒二子不辞而去,果有谋矣,乃使兵伐蒲。蒲人之宦者勃鞮①命重耳促自杀。重耳逾垣,宦者追斩其衣袪。②重耳遂奔翟。使人伐屈,屈城守,不可下。

①[正义]曰:勃,白没反。鞮,都提反。韦昭云:"伯楚,寺人勃之字也,于文公时为勃鞮也。"

②服虔曰:"袪,袂也。"

　　是岁也,晋复假道于虞以伐虢。虞之大夫宫之奇谏虞君曰:"晋不可假道也,是且灭虞。"虞君曰:"晋我同姓,不宜伐我。"宫之奇曰:"太伯、虞仲,太王之子也,太伯亡去,是以不嗣。虢仲、虢叔,王季之子也,为文王卿士,其记勋在王室,藏于盟府。①将虢是灭,何爱于虞?且虞之亲能亲于桓、庄之族乎?桓、庄之族何罪,尽灭之。虞之与虢,唇之与齿,唇亡则齿寒。"虞公不听,遂许晋。宫之奇以其族去虞。其冬,晋灭虢,虢公丑奔周。②还,袭灭虞,虏虞公及其大夫井伯百里奚,③以媵秦穆姬,④而修虞祀。⑤荀息牵曩所遗虞屈产之乘马奉之献公,献公笑曰:"马则吾马,齿亦老矣!"⑥

①杜预曰:"盟府,司盟之官也。"

②《皇览》曰:"虢公冢在河内温县郭东,济水南大冢是也。其城南有虢公
　　台。"

③[正义]曰:《南雍州记》云:"百里奚宋井伯,宛人也。"

④杜预曰:"穆姬,献公女。送女曰媵,以屈辱之。"

⑤服虔曰:"虞所祭祀,命祀也。"

⑥《公羊传》曰:"盖戏之也。"何休曰:"以马齿戏喻荀息之年老也。"

二十三年,献公遂发贾华等伐屈,①屈溃。②夷吾将奔翟。冀芮
曰:"不可,③重耳已在矣,今往,晋必移兵伐翟,翟畏晋,祸且及。不
如走梁,梁近于秦,秦强,吾君百岁后可以求入焉。"遂奔梁。二十五
年,晋伐翟,翟以重耳故,亦击晋于啮桑,④晋兵解而去。当此时,晋
强,西有河西,与秦接境,北边翟,东至河内。⑤

①贾逵曰:"贾华,晋右行大夫。"

②[正义]曰:民逃其上曰溃。

③韦昭曰:"冀芮,晋大夫。"

④《左传》作"采桑",服虔曰"翟地"。[索隐]曰:裴氏云《左传》作"采桑"。
　　按:今平阳曲南七十里河水有采桑津,是晋境。服虔云翟地,亦颇相近。
　　然字作"啮桑",啮桑卫地,恐非也。

⑤[索隐]曰:河内,河曲也。内,音汭。

骊姬弟生悼子。①

①[索隐]曰:《左传》作"卓子",音耻角反。弟,女弟也。

二十六年夏,齐桓公大会诸侯于葵丘。①晋献公病,行后未至,
逢周之宰孔。宰孔曰:"齐桓公益骄,不务德而务远略,诸侯弗平。君
第毋会,②毋如晋何。"献公亦病,复还归。病甚,乃谓荀息曰:"吾以
奚齐为后,年少,诸大臣不服,恐乱起,子能立之乎?"荀息曰:"能。"
献公曰:"何以为验?"对曰:"使死者复生,生者不惭,为之验。"③于
是遂属奚齐于荀息。荀息为相,主国政。

①[正义]曰:在曹州考城县东南一里。

②[索隐]曰:第,但也。

③[索隐]曰:谓荀息受公命而立奚齐,虽复身死,不背生时之命,是死者
　　复生也。言生者见荀息不背君命而死,不为之羞惭也。

秋九月，献公卒。里克、邳郑欲内重耳，以三公子之徒作乱，①谓荀息曰："三怨将起，秦、晋辅之，子将何如？"荀息曰："吾不可负先君言。"十月，里克杀奚齐于丧次，献公未葬也。荀息将死之，或曰不如立奚齐弟悼子而傅之，荀息立悼子而葬献公。十一月，里克弑悼子于朝，②荀息死之。君子曰："《诗》所谓'白珪之玷，犹可磨也，斯言之玷，不可为也'，③其荀息之谓乎！不负其言。"

①贾逵曰："邳郑，晋大夫。三公子，申生、重耳、夷吾。"

②《列女传》曰："鞭杀骊姬于市。"

③杜预曰："《诗·大雅》，言此言玷难治甚于白珪。"

初，献公将伐骊戎，卜曰"齿牙为祸"。①及破骊戎，获骊姬，爱之，竟以乱晋。

①韦昭曰："齿牙，谓兆端左右衅坼有似齿牙，中有纵画，以象谗言之为害也。"

里克等已杀奚齐、悼子，使人迎公子重耳于翟，①欲立之。重耳谢曰："负父之命②出奔，父死不得修人子之礼侍丧，重耳何敢入！大夫其更立他子。"还报里克，里克使迎夷吾于梁。夷吾欲往，吕省、③郤芮④曰："内犹有公子可立者而外求，难信。计非之秦，辅强国之威以入，恐危。"乃使郤芮厚赂秦，约曰："即得入，请以晋河西之地与秦。"及遗里克书曰："诚得立，请遂封子于汾阳之邑。"⑤秦穆公乃发兵送夷吾于晋。齐桓公闻晋内乱，亦率诸侯如晋。秦兵与夷吾亦至晋，齐乃使隰朋会秦俱入夷吾，立为晋君。是为惠公。齐桓公至晋之高梁而还归。

①[正义]曰：《国语》云："里克及邳郑使屠岸迎公子重耳于翟曰：'国乱民扰，得国在乱，治民在扰，子盍入乎？'"

②[正义]曰：负，音佩。

③[正义]曰：省，音眚。杜预曰："姓瑕吕，名饴甥，字子金。"

④[正义]曰：郤成子，即冀芮。

⑤贾逵曰："汾，水名。汾阳，晋地也。"[索隐]曰：《国语》："命里克汾阳之田百万，命邳郑以负蔡之田七十万"，今此不言，亦疏略也。

惠公夷吾元年,使邳郑谢秦曰:"始夷吾以河西地许君,今幸得入立。大臣曰:'地者先君之地,君亡在外,何以得擅许秦者?'寡人争之弗能得,故谢秦。"亦不与里克汾阳邑,而夺之权。四月,周襄王使周公忌父①会齐、秦大夫共礼晋惠公。惠公以重耳在外,畏里克为变,赐里克死。谓曰:"微里子寡人不得立。虽然,子亦杀二君一大夫,②为子君者不亦难乎?"里克对曰:"不有所废,君何以兴?欲诛之,其无辞乎?乃言为此,臣闻命矣。"遂伏剑而死。于是邳郑使谢秦未还,故不及难。

①贾逵曰:"周卿士。"

②服虔曰:"奚齐、悼子、荀息也。"

晋君改葬恭太子申生。①秋,狐突之下国,②遇申生,申生与载而告之③曰:"夷吾无礼,余得请于帝,④将以晋与秦,秦将祀余。"狐突对曰:"臣闻神不食非其宗,君其祀毋乃绝乎?君其图之。"申生曰:"诺,吾将复请帝。后十日,⑤新城西偏将有巫者见我焉。"⑥许之,遂不见。⑦及期而往,复见,申生告之曰:"帝许罚有罪矣,弊于韩。"⑧儿乃谣曰:"恭太子更葬矣,⑨后十四年,晋亦不昌,昌乃在兄。"

①韦昭曰:"献公时申生葬不如礼,故改葬之。"

②服虔曰:"晋所灭国以为下邑。一曰曲沃有宗庙,故谓之国;在绛下,故曰下国也。"

③杜预曰:"忽如梦而相见。狐突本为申生御,故复使登车。"

④服虔曰:"帝,天帝。请罚有罪。"

⑤《左传》曰:"七日。"

⑥杜预曰:"将因巫以见。"

⑦杜预曰:"狐突许其言,申生之象亦没。"

⑧贾逵曰:"弊,败也。韩,晋韩原。"

⑨[索隐]曰:更,改也。更丧谓改丧。

邳郑使秦,闻里克诛,乃说秦缪公曰:"吕省、郤称、冀芮实为不从。①若重赂与谋,出晋君,入重耳,事必就。"秦缪公许之,使人与归报晋,厚赂三子。三子曰:"币厚言甘,此必邳郑卖我于秦。"遂杀邳郑及里克、邳郑之党七舆大夫。②邳郑子豹奔秦,言伐晋,缪公弗听。

> ①杜预曰:"三子,晋大夫。不从,不与秦赂也。"[索隐]曰:吕省,《左传》作吕甥。
> ②韦昭曰:"七舆,申生下军之众大夫也。"杜预曰:"侯伯七命,副车七乘。"

惠公之立,倍秦地及里克,诛七舆大夫,国人不附。二年,周使召公过①礼晋惠公,惠公礼倨,②召公讥之。

> ①韦昭曰:"召武公,为王卿士。"
> ②[索隐]曰:谓受玉惰也。事见僖十一年。

四年,晋饥,乞籴于秦。缪公问百里奚,①百里奚曰:"天灾流行,国家代有,救灾恤邻,国之道也。与之。"邳郑子豹曰:"伐之。"缪公曰:"其君是恶,其民何罪?"卒与粟,自雍属绛。

> ①服虔曰:"秦大夫。"

五年,秦饥,请籴于晋。晋君谋之,庆郑曰:①"以秦得立,已而倍其地约。晋饥而秦贷我,今秦饥请籴,与之何疑?而谋之?"虢射曰:②"往年天以晋赐秦,秦弗知取而贷我。今天以秦赐晋,晋其可以逆天乎?遂伐之。"惠公用虢射谋,不与秦粟,而发兵且伐秦。秦大怒,亦发兵伐晋。

> ①杜预曰:"庆郑,晋大夫。"
> ②服虔曰:"虢射,惠公舅。"

六年春,秦穆公将兵伐晋。晋惠公谓庆郑曰:"秦师深矣,①奈何?"郑曰:"秦内君,君倍其赂;晋饥秦输粟,秦饥而晋倍之,乃欲因其饥伐之:其深不亦宜乎!"晋卜御右,庆郑皆吉。公曰:"郑不孙。"②乃更令步阳御戎,家仆徒为右,③进兵。

> ①韦昭曰:"深,入境。一曰深犹重。"
> ②服虔曰:"孙,顺。"
> ③服虔曰:"二子,晋大夫也。"

九月壬戌,秦穆公、晋惠公合战韩原。①惠公马骛不行,②秦兵至,公窘,召庆郑为御。郑曰:"不用卜,败不亦当乎!"遂去。更令梁

綝靡御,③虢射为右,辂秦穆公。④缪公壮士冒败晋军,晋军败,遂
失秦缪公,反获晋公以归。秦将以祀上帝。晋君姊为缪公夫人,衰
绖涕泣。公曰:"得晋侯将以为乐,今乃如此。且吾闻箕子见唐叔之
初封,曰'其后必当大矣',晋庸可灭乎!"乃与晋侯盟王城,⑤而许
之归。晋侯亦使吕省等报国人曰:"孤虽得归,毋面目见社稷,卜日
立子圉。"晋人闻之皆哭。秦缪公问吕省:"晋国和乎?"对曰:"不和。
小人惧失君亡亲,⑥不惮立子圉,曰'必报仇,宁事戎、狄。'⑦其君
子则爱君而知罪,以待秦命,曰'必报德。'有此二故,不和。"于是秦
缪公更舍晋惠公,馈之七牢。⑧

①[索隐]曰:在冯翊夏阳北二十里,今之韩城县是。

②[索隐]曰:鸷,音竹二反。谓马重而陷之于泥。

③[正义]曰:韦昭云:"梁由靡,大夫也。"

④服虔曰:"辂,迎也。"[索隐]曰:辂,音五稼反。邹诞音或额反。

⑤杜预曰:"冯翊临晋县东有王城。"

⑥[正义]曰:君,惠公也。亲,父母也。言惧失君国乱,恐亡父母,不惮立子
　　圉也。

⑦[正义]曰:小人言立子圉为君之后,必报秦。终不事秦,宁事戎狄耳。

⑧[正义]曰:馈,音匮。一牛一羊一豕为一牢。

十一月,归晋侯。晋侯至国,诛庆郑,修政教。谋曰:"重耳在外,
诸侯多利内之。"欲使人杀重耳于狄。重耳闻之,如齐。

八年,使太子圉质秦。①初,惠公亡在梁,梁伯以其女妻之,生
一男一女。梁伯卜之,男为人臣,女为人妾,故名男为圉,女为
妾。②

①[正义]曰:质音致。

②服虔曰:"圉人掌养马臣之贱者。不聘曰妾。"

十年,秦灭梁。梁伯好土功,治城沟,①民力罢,怨,②其众数相
惊,曰"秦寇至",民恐惑,秦竟灭之。

①贾逵曰:"沟,堑也。"

②[正义]曰:音皮。

十三年,晋惠公病,内有数子。太子圉曰:"吾母家在梁,梁今秦

灭之,我外轻于秦而内无援于国。君即不起,病大夫轻,更立他公子。"乃谋与其妻俱亡归。秦女曰:"子一国太子,辱在此。秦使婢子侍,①以固子之心。子亡矣,我不从子,亦不敢言。"子圉遂亡归晋。十四年九月,惠公卒,太子圉立,是为怀公。

①服虔曰:"《曲礼》曰'世妇以下自称婢子'。婢子,妇人之卑称。"

子圉之亡,秦怨之,乃求公子重耳,欲内之。子圉之立,畏秦之伐也,乃令国中诸从重耳亡者与期,期尽不到者尽灭其家。狐突之子毛及偃从重耳在秦,弗肯召。怀公怒,囚狐突。突曰:"臣子事重耳有年数矣,今召之,是教之反君也,何以教之?"怀公卒杀狐突。秦缪公乃发兵送内重耳,使人告栾、郤之党①为内应,杀怀公于高梁,入重耳。重耳立,是为文公。

①[正义]曰:栾枝、郤縠之属也。

晋文公重耳,晋献公之子也。自少好士,年十七,有贤士五人:曰赵衰;狐偃咎犯,文公舅也;贾佗;先轸;魏武子。自献公为太子时,重耳固已成人矣。献公即位,重耳年二十一。献公十三年,以骊姬故,重耳备蒲城守秦。献公二十一年,献公杀太子申生,骊姬谗之,恐,不辞献公而守蒲城。献公二十二年,献公使宦者履鞮①趣杀重耳。重耳逾垣,宦者逐斩其衣袪。重耳遂奔狄。狄,其母国也。是时重耳年四十三。从此五士,其余不名者数十人,至狄。狄伐咎如,②得二女:以长女妻重耳,生伯鲦、③叔刘;以少女妻赵衰,生盾。④

①[索隐]曰:履鞮即《左传》之勃鞮,亦曰寺人披也。

②贾逵曰:"赤狄之别,隗姓。"[索隐]曰:咎音高。邹诞本作"囷如",又云或作"囚"。

③[正义]曰:直留反。

④[索隐]曰:《左传》云伐廧咎如,获其二女,以叔隗妻赵衰,生盾;公子取季隗,生伯鲦、叔刘。则叔隗长而季隗少,乃不同也。

居狄五岁而晋献公卒,里克已杀奚齐、悼子,乃使人迎,欲立重耳。重耳畏杀,因固谢,不敢入。已而晋更迎其弟夷吾立之,是为惠公。惠公七年，畏重耳，乃使宦者履鞮与壮士欲杀重耳。重耳闻之，乃谋赵衰等曰："始吾奔狄，非以为可用兴，①以近易通，故且休足。休足久矣，固愿徙之大国。夫齐桓公好善，志在霸王，收恤诸侯。今闻管仲、隰朋死，此亦欲得贤佐，盍往乎？"于是遂行。重耳谓其妻曰："待我二十五年不来，乃嫁。"其妻笑曰："犁二十五年，②吾冢上柏大矣。虽然，妾待子。"重耳居狄凡十二年而去。过卫，卫文公不礼。去，过五鹿，③饥而从野人乞食，野人盛土器中进之。重耳怒。赵衰曰："土者，有土也，君其拜受之。"

①[索隐]曰：兴，起也。非翟可用兴起，故奔之也。

②[索隐]曰：犁，犹比也。[正义]曰：杜预云："言将死入木也，不得成嫁也。"

③贾逵曰："卫地。"杜预曰："今卫县西北有地名五鹿，平阳元城县东亦有五鹿。"

　　至齐，齐桓公厚礼，而以宗女妻之，有马二十乘，重耳安之。重耳至齐二岁而桓公卒，会竖刁等为内乱，齐孝公之立，诸侯兵数至。留齐凡五岁。重耳爱齐女，毋去心。赵衰、咎犯乃于桑下谋行。齐女侍者在桑上闻之，以告其主。其主乃杀侍者，①劝重耳趣行。重耳曰："人生安乐，孰知其他！必死于此，②不能去。"齐女曰："子一国公子，穷而来此，数士者以子为命。子不疾反国，报劳臣，而怀女德，窃为子羞之。且不求，何时得功？"乃与赵衰等谋，醉重耳，载以行。行远而觉，重耳大怒，引戈欲杀咎犯。咎犯曰："杀臣成子，偃之愿也。"重耳曰："事不成，我食舅氏之肉。"咎犯曰："事不成，犯肉腥臊，何足食！"乃止，遂行。

①服虔曰："惧孝公怒，故杀之以灭口。"

②徐广曰："一云'人生一世，必死于此'。"

　　过曹，曹共公不礼，欲观重耳骈胁。曹大夫釐负羁曰："晋公子贤，又同姓，穷来过我，奈何不礼！"共公不从其谋。负羁乃私遗重耳食，置璧其下。重耳受其食，还其璧。

　　去，过宋。宋襄公新困兵于楚，伤于泓，闻重耳贤，乃以国礼礼于重耳。①宋司马公孙固善于咎犯,曰:"宋小国新困,不足以求入,更之大国。"乃去。

①[索隐]曰:以国君之礼礼之也。

过郑,郑文公弗礼。郑叔瞻谏其君曰:"晋公子贤,而其从者皆国相,且又同姓。郑之出自厉王,而晋之出自武王。"郑君曰:"诸侯亡公子过此者众,安可尽礼!"叔瞻曰:"君不礼,不如杀之,且后为国患。"郑君不听。

重耳去之楚,楚成王以适诸侯礼待之,①重耳谢不敢当。赵衰曰:"子亡在外十余年,小国轻子,况大国乎?今楚大国而固遇子,子其毋让,此天开子也。"遂以客礼见之。成王厚遇重耳,重耳甚卑。成王曰:"子即反国,何以报寡人?"重耳曰:"羽毛齿角玉帛,君王所余,未知所以报。"王曰:"虽然,何以报不谷?"重耳曰:"即不得已,与君王以兵车会平原广泽,请辟王三舍。"②楚将子玉怒曰:"王遇晋公子至厚,今重耳言不孙,请杀之。"成王曰:"晋公子贤而困于外久,从者皆国器,此天所置,庸可杀乎?且言何以易之。"居楚数月,而晋太子围亡秦,秦怨之;闻重耳在楚,乃召之。成王曰:"楚远,更数国乃至晋。秦晋接境,秦君贤,子其勉行!"厚送重耳。

①贾逵曰:"《司马法》'从遁不过三舍'。三舍,九十里也。"

②[索隐]曰:子玉请杀重耳,楚成王不许,言人之出言不可轻易之也。

重耳至秦,缪公以宗女五人妻重耳,故子围妻与往。重耳不欲受,司空季子①曰:"其国且伐,况其故妻乎!且受以结秦亲而求入,子乃拘小礼,忘大丑乎!"遂受。缪公大欢,与重耳饮。赵衰歌《黍苗》诗。②缪公曰:"知子欲急反国矣。"赵衰与重耳下,再拜曰:"孤臣之仰君,如百谷之望时雨。"是时晋惠公十四年秋。惠公以九月卒,子围立。十一月,葬惠公。十二月,晋国大夫栾、郤等闻重耳在秦,皆阴来劝重耳、赵衰等反国,为内应甚众。于是秦缪公乃发兵与重耳归晋。晋闻秦兵来,亦发兵拒之。然皆阴知公子重耳入也。唯惠公之故贵臣吕、郤之属③不欲立重耳。重耳出亡凡十九岁而得入,时年六十二矣,晋人多附焉。

①服曰虔曰："胥臣白季也。"

②韦昭曰："《诗》云'芃芃黍苗，阴雨膏之'。"

③［正义］曰：吕甥、郤芮也。

　　文公元年春，秦送重耳至河。咎犯曰："臣从君周旋天下，过亦多矣。臣犹知之，况于君乎？请从此去矣。"重耳曰："若反国，所不与子犯共者，河伯视之！"①乃投璧河中，以与子犯盟。是时介子推从，在舡中，乃笑曰："天实开公子，而子犯以为己功而要市于君，固足羞也！吾不忍与同位。"乃自隐。

①［索隐］曰：视，犹见也。

　　渡河，秦兵围令狐，晋军于庐柳。①二月辛丑，咎犯与秦晋大夫盟于郇。②壬寅，重耳入于晋师。丙午，入于曲沃。丁未，朝于武宫，③即位为晋君，是为文公。群臣皆往。怀公圉奔高梁。戊申，使人杀怀公。

①韦昭曰："庐柳，晋地也。"

②杜预曰："解县西北有郇城。"［索隐］曰：音荀，即文王之子所封。又音环。

③贾逵曰："文公之祖武公庙也。"

　　怀公故大臣吕省、郤芮本不附文公，文公立，恐诛，乃欲与其徒谋烧公宫，杀文公。文公不知。始尝欲杀文公宦者履鞮知其谋，欲以告文公，解前罪，求见文公。文公不见，使人让曰："蒲城之事，女斩予袪。其后我从狄君猎，女为惠公来求杀我。惠公与女期三日至，而女一日至，何速也？女其念之。"宦者曰："臣刀锯之余，不敢以二心事君倍主，故得罪于君。君已反国，其毋蒲、翟乎？且管仲射钩，桓公以霸。今刑余之人以事告而君不见，祸又且及矣。"于是见之，遂以吕、郤等告文公。文公欲召吕、郤，吕、郤等党多，文公恐初入国，国人卖己，乃为微行，会秦缪公于王城，①国人莫知。三月己丑，吕、郤等果反，焚公宫，不得文公。文公之卫徒与战，吕、郤等引兵欲奔，秦缪公诱吕、郤等，杀之河上，晋国复，而文公得归。夏，迎夫人于秦，秦所与文公妻者卒为夫人。秦送三千人为卫，以备晋乱。

①［索隐］曰：杜预云："冯翊临晋县东有故王城，今名武乡城。"

文公修政，施惠百姓。赏从亡者及功臣，大者封邑，小者尊爵。未尽行赏，周襄王以弟带难出居郑地，来告急晋。晋初定，欲发兵，恐他乱起，是以赏从亡未至隐者介子推。推亦不言禄，禄亦不及。推曰："献公子九人，唯君在矣。惠、怀无亲，外内弃之；天未绝晋，必将有主，主晋祀者，非君而谁？天实开之，二三子以为己力，不亦诬乎？窃人之财，犹曰是盗，况贪天之功以为己力乎？下冒其罪，上赏其奸，①难与处矣！"其母曰："盍亦求之，以死谁怼？"推曰："尤而效之，罪有甚焉。且出怨言，不食其禄。"母曰："亦使知之，若何？"对曰："言，身之文也，身欲隐，安用文之？文之，是求显也。"其母曰："能如此乎？与女偕隐。"至死不复见。介子推从者怜之，乃悬书宫门曰："龙欲上天，五蛇为辅。②龙已升云，四蛇各入其宇，一蛇独怨，终不见处所。"文公出见其书，曰："此介子推也。吾方忧王室，未图其功。"使人召之，则亡。遂求所在，闻其入绵上山中，③于是文公环绵上山中而封之，以为介推田，④号曰介山："以记吾过，且旌善人。"⑤

①服虔曰："蒙，欺也。"

②[索隐]曰：龙喻重耳。五蛇即五臣，狐偃、赵衰、魏武子、司空季子及子推也。旧云五臣有先轸、颠颉，今恐二人非其数。

③贾逵曰："縣上，晋地。"杜预曰："西河介休县南有地名绵上。"

④徐广曰："一作'国'。"

⑤贾逵曰："旌，表也。"

从亡贱臣壶叔曰："君三行赏，赏不及臣，敢请罪。"文公报曰："夫导我以仁义，防我以德惠，此受上赏。辅我以行，卒以成立，此受次赏。矢石之难，汗马之劳，此复受次赏。若以力事我而无补吾缺者，此复受次赏。三赏之后，故且及子。"晋人闻之皆说。

二年春，秦军河上，①将入王。赵衰曰："求霸莫如入王尊周。周晋同姓，晋不先入王，后秦入之，毋以令于天下。方今尊王，晋之资也。"三月甲辰，晋乃发兵至阳樊，②围温，入襄王于周。四月，杀王弟带。周襄王赐晋河内阳樊之地。

①[索隐]曰:河上,晋地。

②服虔曰:"阳樊,周地。阳,邑名也。樊仲山之所居,故曰阳樊。"

四年,楚成王及诸侯围宋,宋公孙固如晋告急。先轸曰:"报施定霸,于今在矣。"①狐偃曰:"楚新得曹而初婚于卫,若伐曹、卫,楚必救之,则宋免矣。"于是晋作三军。②赵衰举却縠将中军,却臻佐之;使狐偃将上军,狐毛佐之;命赵衰为卿;栾枝将下军,③先轸佐之。荀林父御戎,魏犨为右,④往伐。冬十二月,晋兵先下山东,而以原封赵衰。⑤

①杜预曰:"报宋赠马之施。"

②王肃曰:"始复成国之礼,半周军也。"

③贾逵曰:"栾枝,栾宾之孙。"

④[正义]曰:犨,昌由反,又音受。

⑤杜预曰:"河内沁水县西北有原城。"

五年春,晋文公欲伐曹,假道于卫,卫人弗许。还,自河南度,侵曹,伐卫。正月,取五鹿。二月,晋侯、齐侯盟于敛盂。①卫侯请盟晋,晋人不许。卫侯欲与楚,国人不欲,故出其君以说晋。卫侯居襄牛,②公子买守卫。楚救卫,不卒。③晋侯围曹。三月丙午,晋师入曹,数之以其不用釐负羁言,而用美女乘轩者三百人也。令军毋入僖负羁宗家,以报德。楚围宋,宋复告急晋。文公欲救则攻楚,为楚尝有德,不欲伐也;欲释宋,宋又尝有德于晋;患之。④先轸曰:"执曹伯,分曹、卫地以与宋,楚急曹、卫,其势宜释宋。"⑤于是文公从之,而楚成王乃引兵归。

①杜预曰:"卫地也。"

②服虔曰:"卫地也。"

③徐广曰:"一作'胜'。"

④[索隐]曰:晋若攻楚,则伤楚子送其入秦之德;又欲释宋不救,乃亏宋公赠马之惠。进退有难,是以患之。

⑤[索隐]曰:楚初得曹,又新婚于卫,今晋执曹伯而分曹、卫之地与宋,则楚急曹、卫,其势宜释宋也。

楚将子玉曰:"王遇晋至厚,今知楚急曹、卫而故伐之,是轻王。"王曰："晋侯亡在外十九年,困日久矣,果得反国,险厄尽知之,能用其民,天之所开,不可当。"子玉请曰："非敢必有功,愿以闻执谗慝之口也。"①楚王怒,少与之兵。于是子玉使宛春告晋:②"请复卫侯而封曹,臣亦释宋。"咎犯曰："子玉无礼矣!君取一,臣取二,勿许。"③先轸曰："定人之谓礼。楚一言定三国,子一言而亡之,我则毋礼。不许楚,是弃宋也。不如私许曹、卫以诱之,执宛春以怒楚,④既占而后图之。"⑤晋侯乃囚宛春于卫,且私许复曹、卫。曹、卫告绝于楚。楚得臣怒,⑥击晋师,晋师退。军吏曰："为何退?"文公曰："昔在楚,约退三舍,可倍乎!"楚师欲去,得臣不肯。四月戊辰,宋公、齐将、秦将与晋侯次城濮。⑦己巳,与楚兵合战,楚兵败,得臣收余兵去。甲午,晋师还至衡雍,⑧作王宫于践土。⑨

①服虔曰："子玉非敢求有大功,但欲执芟贾谗慝之口,谓子玉过三百乘不能入也。"杜预曰："执犹塞也。"

②贾逵曰："宛春,楚大夫。"

③韦昭曰："君,文公也。臣,子玉也。一谓释宋围,二谓复曹、卫。"

④韦昭曰："怒楚,令必战。"

⑤杜预曰："须胜负决乃定计。"

⑥得臣即子玉。

⑦贾逵曰："卫地也。"[索隐]曰:宋公,成公王臣,齐将国归父,秦将小子慭也。

⑧杜预曰："衡雍,郑地,今荥阳卷县也。"

⑨服虔曰："既败楚师,襄王自往临践土,赐命晋侯,晋侯闻而为之作宫。"[索隐]曰:杜预云践土,郑地。然据此文,晋师还至衡雍,衡雍在河南也。故刘氏云践土在河南。下文践士在河北,今元城县西有践土驿,义或然也。

初,郑助楚,楚败,惧,使人请盟晋侯。晋侯与郑伯盟。

五月丁未,献楚俘于周,①驷介百乘,徒兵千。②天子使王子虎命晋侯为伯,③赐大辂,彤弓矢百,玈弓矢千,④秬鬯一卣,珪瓒,⑤虎贲三百人。⑥晋侯三辞,然后稽首受之。⑦周作《晋文侯命》:"王若曰:"父义和,⑧丕显文、武,能慎明德,⑨昭登于上,布闻在下,⑩

维时上帝集厥命于文、武。⑪恤朕身,继予一人永其在位。"⑫于是
晋文公称伯。癸亥,王子虎盟诸侯于王庭。⑬

①〔正义〕曰:俘,音孚,囚也。

②服虔曰:"驷介,驷马被甲也。徒兵,步卒也。"

③贾逵曰:"王子虎,周大夫。"

④贾逵曰:"大辂,金辂。彤弓,赤;旅弓,黑也。诸侯赐弓矢,然后征伐。"
〔正义〕曰:彤,徒冬反。旅,音卢。

⑤贾逵曰:"柜,黑黍;鬯,香酒也。所以降神。卣,器名。诸侯赐圭瓒,然后
为鬯。"

⑥贾逵曰:"天子卒曰虎贲。"

⑦贾逵曰:"稽首首至地。"

⑧孔安国曰:"同姓,故称曰父。"马融曰:"王顺曰,父能以义和我诸侯。"
〔索隐〕曰:按:《尚书·文侯之命》是平王命晋文侯仇之语,今此文乃是
襄王命文公重耳之事,代数悬隔,勋策全乖。太史公虽复弥缝《左氏》,
而系家颇亦时有疏谬。裴氏《集解》亦引孔、马之注,而都不言时代乖
角,何习迷而同醉也?然计平王至襄王为七代,仇至重耳为十一代而
十三侯。又平王元年至鲁僖二十八年,当襄二十年,为一百三十余岁
矣,学者颇合讨论之。刘伯庄以为盖天子命晋同此一辞,尤为非也。

⑨孔安国曰:"文王、武王能详慎显用明德。"

⑩马融曰:"昭,明也。上谓天,下谓人。"

⑪孔安国曰:"惟以是故集成其王命,德流子孙。"

⑫孔安国曰:"当忧念我身,则我一人长安在位。"

⑬服虔曰:"王庭,践土也。"〔索隐〕曰:服氏知王庭是践土者,据二十八年
五月"公会晋侯,盟于践土",又此上文"四月甲午,作王宫于践土"。王
庭即王宫也。

晋焚楚军,火数日不息。文公叹。左右曰:"胜楚而君犹忧,何?"
文公曰:"吾闻能战胜安者唯圣人,是以惧。且子玉犹在,庸可喜
乎!"子玉之败而归,楚成王怒其不用其言,贪与晋战,让责子玉,子
玉自杀。晋文公曰:"我击其外,楚诛其内,内外相应。"于是乃喜。

六月,晋人复入卫侯。壬午,晋侯度河北归国。行赏,狐偃为首。
或曰:"城濮之事,先轸之谋。"文公曰:"城濮之事,偃说我毋失信。

先轸曰'军事胜为右'，吾用之以胜。然此一时之说，偃言万世之功，奈何以一时之利而加万世功乎？是以先之。"

冬，晋侯会诸侯于温，欲率之朝周。力未能，恐其有畔者，乃使人言周襄王狩于河阳。壬申，遂率诸侯朝王于践土。①孔子读史记至文公，曰："诸侯无召王"。"王狩河阳"者，《春秋》讳之也。

①[索隐]曰：按《左氏》"五月，盟于践土。冬，会诸侯于温，天王狩于河阳。壬申，公朝于王所。"此文亦说冬朝于王，当合于河阳温地，不合取五月践土之文也。

丁丑，诸侯围许。曹伯臣或说晋侯曰："齐桓公合诸侯而国异姓，今君为会而灭同姓。曹，叔振铎之后。晋，唐叔之后。合诸侯而灭兄弟，非礼。"晋侯说，复曹伯。

于是晋始作三行。①荀林父将中行，先縠将右行，②先蔑将左行。③

①服虔曰："辟天子六军，故谓之三行。"

②[索隐]曰：《左传》屠击将右行，与此异。

③杜预曰："三行无佐，疑大夫帅"也。[索隐]曰：按《左传》，荀林父并是卿，而云"大夫帅"者，非也。不置佐者，当避天子也。或新置三行，官未备耳。

七年，晋文公、秦穆公共围郑，以其无礼于文公亡过时，及城濮时郑助楚也。围郑，欲得叔瞻。叔瞻闻之，自杀。郑持叔瞻告晋，晋曰："必得郑君而甘心焉。"郑恐，乃间令使①谓秦穆公曰："亡郑厚晋，于晋得矣，而秦未为利。君何不解郑，得为东道交？"②秦伯说，罢兵。晋亦罢兵。

①[索隐]曰：使谓烛之武也。

②[索隐]曰：交，犹好也。诸本及《左传》皆作"主"。

九年冬，晋文公卒，子襄公欢立。

是岁郑伯亦卒。郑人或卖其国于秦，①秦缪公发兵往袭郑。十二月，秦兵过我郊。

①[正义]曰：《左传》云秦、晋伐郑，烛之武说秦，师罢。令杞子、逢孙、杨孙

三大夫戍郑。杞子自郑使告于秦曰："郑人使我掌其北门之管,若潜师以来,国可得也。"

襄公元年春,秦师过周,无礼,王孙满讥之。兵至滑,郑贾人弦高将市于周,遇之,以十二牛劳秦师。秦师惊而还,灭滑而去。

晋先轸曰："秦伯不用蹇叔,反其众心,此可击。"栾枝曰："未报先君施于秦,击之,不可。"先轸曰："秦侮吾孤,伐吾同姓,何德之报?"遂击之。襄公墨衰绖。①四月,败秦师于殽,虏秦三将孟明视、西乞秋、白乙丙以归。遂墨以葬文公。②文公夫人秦女,谓襄公曰:"秦欲得其三将戮之。"公许,遣之。先轸闻之,谓襄公曰:"患生矣。"轸乃追秦将。秦将渡河,已在船中,顿首谢,卒不反。

①贾逵曰:"墨,变凶。"杜预曰:"以凶服从戎,故墨之。"
②服虔曰:"非礼也。"杜预曰:"记礼所由变也。"

后三年,秦果使孟明伐晋,报殽之败,取晋汪以归。①

①[索隐]曰:《左传》文二年,秦孟明视伐晋,报殽之役,无取晋汪之事。又其年冬,晋先且居等伐秦,取汪、彭衙而还。则汪是秦邑,止可晋伐秦取之,岂得秦伐晋而取汪也?或者晋先取之秦,今伐晋而取汪,是汪从晋来,故云取晋汪而归也。彭衙在邰阳北,汪不知所在。

四年,秦缪公大兴兵伐我,渡河,取王官,①封殽尸而去。晋恐,不敢出,遂城守。

①[正义]曰:《括地志》云:"王官故城在同州澄城县西北六十里。"《左传》文三年,秦伐晋,取王官,即此。先言渡河,史文颠倒耳。

五年,晋伐秦,取新城,①报王官役也。

①服虔曰:"秦邑,新所作城也。"

六年,赵衰成子、栾贞子、咎季子犯、霍伯皆卒。①赵盾代赵衰执政。

①贾逵曰:"栾贞子,栾枝也。霍伯,先且居也。"

七年八月,襄公卒。太子夷皋少。晋人以难故,①欲立长君。赵盾曰:"立襄公弟雍。好善而长,先君爱之;且近于秦,秦故好也。立善则固,事长则顺,奉爱则孝,结旧好则安。"贾季曰:"不如其弟乐。

辰嬴嬖于二君,②立其子,民必安之。"赵盾曰:"辰嬴贱,班在九人
下,③其子何震之有?④且为二君嬖,淫也。为先君子,⑤不能求大
而出在小国,僻也。母淫子僻,无威。⑥陈小而远,无援。将何可乎?"
使士会如秦迎公子雍。贾季亦使人召公子乐于陈。赵盾废贾季,以
其杀阳处父。⑦十月,葬襄公。十一月,贾季奔翟。是岁秦穆公亦卒。

①服虔曰:"晋国数有患难。"

②服虔曰:"辰嬴,怀嬴也。二君,怀公、文公。"

③服虔曰:"班,次也。"

④贾逵曰:"震,威也。"

⑤[正义]曰:乐,文公子也。

⑥[正义]曰:僻,匹亦反。言乐僻隐在陈,而远无援也。

⑦《左传》曰此时贾他为太师,阳处父为太傅。

　　灵公元年四月,秦康公曰:"昔文公之入也无卫,故有吕、郤之
患。"乃多与公子雍卫。太子母缪嬴日夜抱太子以号泣于朝,曰:"先
君何罪?其嗣亦何罪?舍适而外求君,将安置此?"①出朝,则抱以适
赵盾所,顿首曰:"先君奉此子而属之子,曰:'此子材,吾受其赐,不
材,吾怨子'。②今君卒,言犹在耳,③而弃之,若何?"赵盾与诸大夫
皆患穆嬴,且畏诛,乃背所迎而立太子夷皋,是为灵公。发兵以距秦
送公子雍者。赵盾为将,往击秦,败之令狐。先蔑、随会亡奔秦。秋,
齐、宋、卫、郑、曹、许君皆会赵盾,盟于扈,④以灵公初立故也。

①服虔曰:"此,太子。"

②王肃曰:"怨其教导不至。"

③杜预曰:"在宣子之耳。"

④杜预曰:"郑地。荥阳卷县西北有扈亭。"

　　四年,伐秦,取少梁。秦亦取晋之郤。①

①徐广曰:"年表云北征也。"[索隐]曰:按《左传》,文十年春,晋人伐秦,
　取少梁。夏,秦伯伐晋,取北征,北征即年表所谓。今云郤者,字误也。
　征,音惩,亦冯翊之县名。

　　六年,秦康公伐晋,取羁马。晋侯怒,使赵盾、赵穿、郤缺击秦,
大战河曲,赵穿最有功。

　　七年,晋六卿患随会之在秦,常为晋乱,乃详令魏寿余反晋降
秦。秦使随会之魏,因执会以归晋。

　　八年,周顷王崩,公卿争权,故不赴。① 晋使赵盾以车八百乘平
周乱而立匡王。② 是年,楚庄王初即位。

　　① [索隐]曰:《春秋》鲁文十二年"顷王崩,周公阅与王孙苏争政,故不赴"
　　　是也。
　　② [索隐]曰:《左传》文十四年:"晋赵盾以诸侯之师八百乘纳捷菑于邾,
　　　不克,乃还"。而"周公阅与王孙苏讼于晋,赵宣子平王室而复之"。则
　　　以车八百乘,自是宣子纳邾捷菑,不关王室之事,但文相连耳,恐此误。

　　十二年,齐人弑其君懿公。

　　十四年,灵公壮,侈,厚敛以雕墙。① 从台上弹人,观其避丸也。
宰夫胹熊蹯不熟,② 灵公怒,杀宰夫,使妇人持其尸出弃之,过朝。
赵盾、随会前数谏,不听;已又见死人手,二人前谏。随会先谏,不
听。灵公患之,使钼麑刺赵盾。③ 盾闺门开,居处节,钼麑退,叹曰:
"杀忠臣,弃君命,罪一也。"遂触树而死。④

　　① 贾逵曰:"雕,画也。"
　　② 服虔曰:"蹯,熊掌,其肉难熟。"[正义]曰:胹,音而。蹯,音樊。
　　③ 贾逵曰:"钼麑,晋力士。"[正义]曰:钼,音锄。麑,音迷。
　　④ 杜预曰:"赵盾庭树也。"

　　初,盾常田首山,① 见桑下有饿人。饿人,示眯明也。② 盾与之
食,食其半。问其故,曰:"宦三年,③ 未知母之存不,愿遗母。"盾义
之,益与之饭肉。已而为晋宰夫,赵盾弗复知也。九月,晋灵公饮赵
盾酒,伏甲将攻盾。公宰示眯明知之,恐盾醉不能起,而进曰:"君赐
臣,觞三行④ 可以罢。"欲以去赵盾,令先,毋及难。盾既去,灵公伏
士未会,先纵啮狗名敖。⑤ 明为盾搏杀狗。盾曰:"弃人用狗,虽猛何
为。"然不知明之为阴德也。已而灵公纵伏士出逐赵盾,示眯明反击
灵公之伏士,伏士不能进,而竟脱盾。盾问其故,曰:"我桑下饿人。"
问其名,弗告。⑥ 明亦因亡去。盾遂奔,未出晋境。

　　① 徐广曰:"蒲坂县有雷首山。"
　　② [索隐]曰:邹诞生音示眯为祁弥,即《左传》之提弥明也。提,音市移反,

刘氏亦音祁为时移反,则祁提二字同音也。而凡《史记》作"示"者,示即《周礼》古本"地神曰祇",皆作"示"字。"邹"为"祁"者,盖由祁提音相近,字遂变为"祁"也。眜,音米移反。以"眜"为"弥",亦音相近耳。又据《左氏》宣公二年,桑下饿人是灵辄也。其示眜明,是嗾獒者也,眜明斗而死。今合二人为一人,非也。

③服虔曰:"宦,官学士也。"

④[索隐]曰:如字。

⑤何休曰:"犬四尺曰獒。"[索隐]曰:纵,足用反。又作"嗾",又作"就",同素后反。

⑥服虔曰:"不望报。"

　　乙丑,盾昆弟将军赵穿袭杀灵公于桃园①而迎赵盾。赵盾素贵,得民和;灵公少,侈,民不附,故为弑易。②盾复位。晋太史董狐书曰"赵盾弑其君",以视于朝。盾曰:"弑者赵穿,我无罪。"太史曰:"子为正卿,而亡不出境,反不诛国乱,非子而谁?"孔子闻之,曰:"董狐,古之良史也,书法不隐。③宣子,良大夫也,为法受恶。④惜也,出疆乃免。"⑤

①虞翻曰:"园名也。"

②[索隐]曰:以豉反。

③杜预曰:"不隐盾之罪。"

④服虔曰:"闻义则服。"杜预曰:"善其为法受屈也。"[正义]曰:为,于伪反。

⑤杜预曰:"越境则君臣之义绝,可以不讨贼也。"

　　赵盾使赵穿迎襄公弟黑臀于周,而立之,是为成公。成公者,文公少子,其母周女也。壬申,朝于武宫。

　　成公元年,赐赵氏为公族。①伐郑,郑倍晋故也。

①服虔曰:"公族大夫也。"

　　三年,郑伯初立,附晋而弃楚。楚怒,伐郑,晋往救之。

　　六年,伐秦,虏秦将赤。①

①[索隐]曰:赤,即斥,谓斥候之人也。按:宣八年《左传》"晋伐秦,获秦谍,杀诸绛市"。盖彼谍即此赤也。晋成公六年为鲁宣八年,正同,故知然也。

七年,成公与楚庄王争强,会诸侯于扈。陈畏楚,不会。晋使中行桓子,①伐陈,因救郑。与楚战,败楚师。是年,成公卒,子景公据立。

①[索隐]曰:桓子,荀林父也。

景公元年春,陈大夫夏征舒弑其君灵公。

二年,楚庄王伐陈,诛征舒。

三年,楚庄王围郑,郑告急晋。晋使荀林父将中军,随会将上军,赵朔将下军,郤克、栾书、先縠、韩厥、巩朔佐之。六月,至河。闻楚已服郑,郑伯肉袒与盟而去,荀林父欲还。先縠曰:"凡来救郑,不至不可,将率离心。"卒度河。楚已服郑,欲饮马于河为名而去。楚与晋军大战。郑新附楚,畏之,反助楚攻晋。晋军败,走河,争度,舡中人指甚众。楚虏我将智䓨。归而林父曰:"臣为督将,军败当诛,请死。"景公欲许之。随会曰:"昔文公之与楚战城濮,成王归杀子玉,而文公乃喜。今楚已败我师,又诛其将,是助楚杀仇也。"乃止。

四年,先縠以首计而败晋军河上,恐诛,乃奔翟,与翟谋伐晋。晋觉,乃族縠。縠,先轸子也。

五年,伐郑,为助楚故也。是时楚庄王强,以挫晋兵河上也。

六年,楚伐宋,宋来告急晋,晋欲救之,伯宗谋曰:①"楚,天方开之,不可当。"乃使解扬给为救宋。②郑人执与楚,楚厚赐,使反其言,令宋急下。解扬给许之,卒致晋君言。楚欲杀之,或谏,乃归解扬。

①贾逵曰:"伯宗,晋大夫。"

②服虔曰:"解扬,晋大夫。"

七年,晋使随会灭赤狄。

八年,使郤克于齐。齐顷公母从楼上观而笑之。所以然者,郤克偻,而鲁使蹇,卫使眇,故齐亦令人如之以导客。郤克怒,归至河上,曰:"不报齐者,河伯视之!"至国,请君,欲伐齐。景公问知其故,曰:"子之怨,安足以烦国!"弗听。魏文子请老休,辟郤克,克执政。

九年，楚庄王卒。晋伐齐，齐使太子强为质于晋，晋兵罢。

十一年春，齐伐鲁，取隆。①鲁告急卫，卫与鲁皆因郤克告急于晋。乃使郤克、栾书、韩厥以兵车八百乘与鲁、卫共伐齐。夏，与顷公战于鞍，伤困顷公。顷公乃与其右易位，下取饮，以得脱去。齐师败走，晋追北至齐。顷公献宝器以求平，不听。郤克曰："必得萧桐侄子②为质。"齐使曰："萧桐侄子，顷公母，顷公母犹晋君母，奈何必得之？不义，请复战。"晋乃许与平而去。

①[索隐]曰：刘氏云："隆即龙也，鲁北有隆山"。又此年当鲁成二年，《经》书"齐侯伐我北鄙"，《传》曰"围龙"。又邹诞及别本作"俱"字，俱当作"郓"。文十二年"季孙行父帅师城诸及郓"，郓即俱也，字变耳。《地理志》云在东宛县东。

②[索隐]曰：《左传》作"叔子。"

楚申公巫臣盗夏姬以奔晋，晋以巫臣为邢大夫。①

①贾逵曰："邢，晋邑。"

十二年冬，齐顷公如晋，欲上尊晋景公为王，景公让不敢。晋始作六卿，①韩厥、巩朔、赵穿、荀骓、赵括、赵旃皆为卿。②智罃自楚归。

①贾逵曰："初作六军，僭王也。"

②[索隐]曰：骓音佳。谥文子也。

十三年，鲁成公朝晋，晋弗敬，鲁怒去，倍晋。晋伐郑，取氾。

十四年，梁山崩。①问伯宗，伯宗以为不足怪也。②

①《公羊传》曰："梁山，河上山。"杜预曰："在冯翊夏阳县北也。"

②徐广曰："年表云伯宗隐其人，用其言。"

十六年，楚将子反怨巫臣，灭其族。巫臣怒，遗子反书曰："必令子罢于奔命！"乃请使吴，令其子为吴行人，教吴乘车用兵。吴晋始通，约伐楚。

十七年，诛赵同、赵括，族灭之。韩厥曰："赵衰、赵盾之功岂可忘乎？奈何绝祀！"乃复令赵庶子武为赵后，复与之邑。

十九年夏，景公病，立其太子寿曼为君，是为厉公。后月余，景公卒。

厉公元年,初立,欲和诸侯,与秦桓公夹河而盟。归而秦倍盟,
与翟谋伐晋。

三年,使吕相让秦,①因与诸侯伐秦。至泾,败秦于麻隧,虏其
将成差。

①贾逵曰:"吕相,晋大夫。"

五年,三郤谗伯宗,杀之。①伯宗以好直谏得此祸,国人以是不
附厉公。

①贾逵曰:"三郤,郤锜、郤犨、郤至。"

六年春,郑倍晋与楚盟,晋怒。栾书曰:"不可以当吾世而失诸
侯。"乃发兵。厉公自将,五月渡河。闻楚兵来救,范文子请公欲还。
郤至曰:"发兵诛逆,见强辟之,无以令诸侯。"遂与战。癸巳,射中楚
共王目,楚兵败于鄢陵。①子反收余兵,拊循欲复战,晋患之。共王
召子反,其侍者竖阳谷进酒,子反醉,不能见。王怒,让子反,子反
死。王遂引兵归。晋由此威诸侯,欲以令天下求霸。

①徐广曰:"一作'焉'。"服虔曰:"鄢陵,郑之东南地也。"[索隐]曰:鄢,音
偃,又于连反。

厉公多外嬖姬,归,欲尽去群大夫而立诸姬兄弟。宠姬兄曰胥
童,尝与郤至有怨,及栾书又怨郤至不用其计而遂败楚,①乃使人
间谢楚。楚来诈厉公曰:"鄢陵之战,实至召楚,欲作乱,内子周立
之。会与国不具,是以事不成。"厉公告栾书。栾书曰:"其殆有矣!
愿公试使人之周②微考之。"果使郤至于周。栾书又使公子周见郤
至,郤至不知见卖也。厉公验之,信然,遂怨郤至,欲杀之。

①《左传》曰:"栾书欲待楚师退而击之,郤至云'楚有六间,不可失也'。"

②虞翻曰:"周京师。"

八年,厉公猎,与姬饮,郤至杀豕奉进,宦者夺之。①郤至射杀
宦者。公怒,曰:"季子欺予!"②将诛三郤,未发也。郤锜欲攻公,曰:
"我虽死,公亦病矣。"郤至曰:"信不反君,智不害民,勇不作乱。失
此三者,谁与我?我死耳!"十二月壬午,公令胥童以兵八百人袭攻

杀三却。胥童因以劫栾书、中行偃于朝,曰:"不杀二子,患必及公。"
公曰:"一旦杀三卿,寡人不忍益也。"对曰:"人将忍君。"③公弗听,
谢栾书等以诛郤氏罪,大夫复位。二子顿首曰:"幸甚幸甚!"公使胥
童为卿。闰月乙卯,厉公游匠骊氏,④栾书、中行偃以其党袭捕厉
公,囚之,杀胥童,而使人迎公子周⑤于周而立之,是为悼公。

①[索隐]曰:宦者孟张。

②杜预曰:"公反以为郤至夺豕也。"

③杜预曰:"人谓书、偃。"

④贾逵曰:"匠骊氏,晋外嬖大夫在翼者。"

⑤徐广曰:"一作'纠'。"

悼公元年正月庚申,栾书、中行偃弑厉公,葬之①以一乘车。②
厉公囚六日死,死十日庚午,智罃迎公子周来,至绛,刑鸡与大夫盟
而立之,是为悼公。辛巳,朝武宫。二月乙酉,即位。

①《左传》曰:"葬之于翼东门之外。"

②杜预曰:"言不以君礼葬也。诸侯葬车七乘。"

悼公周者,其大父捷,晋襄公少子也,不得立,号为桓叔,桓叔
最爱。桓叔生惠伯谈,谈生悼公周。周之立,年十四矣。悼公曰:
"大父、父皆不得立而辟难于周,客死焉。寡人自以疏远,毋几为
君。①今大夫不忘文、襄之意而惠立桓叔之后,赖宗庙大夫之灵,得
奉晋祀,岂敢不战战乎?大夫其亦佐寡人!"于是逐不臣者七人,修
旧功,施德惠,收文公入时功臣后。秋,伐郑。郑师败,遂至陈。

①[索隐]曰:几,音冀,谓望也。

三年,晋会诸侯。①悼公问群臣可用者,祁傒举解狐。解狐,傒
之仇。复问,举其子祁午。君子曰:"祁傒可谓不党矣!外举不隐仇,
内举不隐子。"方会诸侯,悼公弟杨干乱行,②魏绛戮其仆。③悼公
怒,或谏公,公卒贤绛,任之政,使和戎,戎大亲附。

①[索隐]曰:于鸡泽也。

②贾逵曰:"行,陈也。"

③贾逵曰:"仆,御也。"

十一年,悼公曰:"自吾用魏绛,九合诸侯,①和戎、翟,魏子之力也。"赐之乐,三让乃受之。冬,秦取我栎。②

①服虔曰:"九合:一谓会于戚,二会城棣救陈,三会于鄬,四会于邢丘,五同盟于戏,六会于柤,七戍郑虎牢,八同盟于亳城北,九会于萧鱼。"

②[索隐]曰:音历。《释例》云在河北,地阙。

十四年,晋使六卿率诸侯伐秦,度泾,大败秦军,至棫林而去。

十五年,悼公问治国于师旷。师旷曰:"唯仁义为本。"冬,悼公卒,子平公彪立。

平公元年,伐齐,齐灵公与战靡下,①齐师败走。晏婴曰:"君亦毋勇,何不止战?"遂去。晋追,遂围临菑,尽烧屠其郭中。东至胶,南至沂,齐皆城守,晋乃引兵归。

①徐广曰:"靡,一作'历'。"[索隐]曰:刘氏靡,音眉绮反,即靡笄也。

六年,鲁襄公朝晋。晋栾逞有罪,奔齐。

八年,齐庄公微遣栾逞于曲沃,以兵随之。齐兵上太行,栾逞从曲沃中反,袭入绛。绛不戒,平公欲自杀,范献子止公,以其徒击逞,逞败走曲沃。曲沃攻逞,逞死,遂灭栾氏宗。逞者,栾书孙也。①其入绛,与魏氏谋。齐庄公闻逞败,乃还,取晋之朝歌去,以报临菑之役也。

①《左传》"逞"作"盈"。

十年,齐崔杼弑其君庄公。晋因齐乱,伐败齐于高唐去,报太行之役也。

十四年,吴延陵季子来使,与赵文子、韩宣子、魏献子语,曰:"晋国之政,卒归此三家矣。"

十九年,齐使晏婴如晋,与叔向语。叔向曰:"晋,季世也。公厚赋为台池而不恤政,政在私门,其可久乎!"晏子然之。

二十二年,伐燕。

二十六年,平公卒,子昭公夷立。

昭公六年卒。六卿强，①公室卑。子顷公去疾立。

①〔索隐〕曰：韩、赵、魏、范、中行及晋氏为六卿。后韩、赵、魏为三卿，而分
晋政，故曰三晋。

顷公六年，周景王崩，王子争立。晋六卿平王室乱，立敬王。

九年，鲁季氏逐其君昭公，昭公居乾侯。

十一年，卫、宋使使请晋纳鲁君。季平子私赂范献子，献子受
之，乃谓晋君曰："季氏无罪。"不果入鲁君。

十二年，晋之宗家祁傒孙，叔向子，相恶于君。六卿欲弱公室，
乃遂以法尽灭其族，而分其邑为十县，各令其子为大夫。晋益弱，六
卿皆大。

十四年，顷公卒，子定公午立。

定公十一年，鲁阳虎奔晋，赵鞅简子舍之。

十二年，孔子相鲁。

十五年，赵鞅使邯郸大夫午，不信，欲杀午，午与中行寅、范吉
射亲攻赵鞅，①鞅走保晋阳。定公围晋阳。荀栎、韩不信、魏侈与范、
中行为仇，乃移兵伐范、中行。范、中行反，晋君击之，败范、中行。
范、中行走朝歌，保之。韩、魏为赵鞅谢晋君，乃赦赵鞅，复位。

①〔索隐〕曰：寅，荀偃之孙。射，音亦。范献子，士鞅之子。

二十二年，晋败范、中行氏，二子奔齐。三十年，定公与吴王夫
差会黄池，争长，赵鞅时从，卒长吴。①

①徐广曰："《吴世家》说黄池之盟云'赵鞅怒，将战，吴乃长晋定公'。《左
氏传》云'乃先晋人'，《外传》云'吴公先歃，晋公次之'。"

三十一年，齐田常弑其君简公，而立简公弟骜为平公。

三十三年，孔子卒。

三十七年，定公卒，子出公凿立。

出公十七年，①知伯与赵、韩、魏共分范、中行地以为邑。出公
怒，告齐、鲁，欲以伐四卿。②四卿恐，遂反攻出公。出公奔齐，道死。
故知伯乃立昭公曾孙骄为晋君，是为哀公。③

①徐广曰:"年表云出公立十八年。或云二十年。"

②[索隐]曰:时赵、魏、韩共灭范氏及中行氏,而分其地,犹有智氏与三
　　晋,故曰"四卿"也

③[索隐]曰:《赵系家》云骄是为懿公。又年表云出公十八年,次哀公忌二
　　年,次懿公骄十七年。《纪年》又云出公二十三年奔楚,乃立昭公之孙,
　　是为敬公。《系本》亦云昭公生礼桓公子,雍生忌,忌生懿公骄。然《晋》、
　　《赵》系家及年表并皆不同,何况《纪年》之说也!

哀公大父雍,晋昭公少子也,号为戴子。①戴子生忌。忌善知
伯,早死,故知伯欲尽并晋,未敢,乃立忌子骄为君。当是时,晋国政
皆决知伯,晋哀公不得有所制。知伯遂有范、中行地,最强。

①徐广曰:"《世本》作'桓子雍',注云戴子。"

哀公四年,赵襄子、韩康子、魏桓子共杀知伯,尽并其地。①

①[索隐]曰:如《纪年》之说,此乃出公二十二年事。

十八年,哀公卒,子幽公柳立。幽公之时,晋畏,反朝韩、赵、魏
之君。①独有绛、曲沃,余皆入三晋。

①[索隐]曰:畏,惧也。为衰弱故,反朝韩、赵、魏也。宋忠引此注《系本》,
　　而"畏"字为"衰"。

十五年,魏文侯初立。①

①[索隐]曰:按《纪年》,魏文侯初立在敬公十八年。

十八年,幽公淫妇人,夜窃出邑中,盗杀幽公。①魏文侯以兵诛
晋乱,立幽公子止,是为烈公。②

①[索隐]曰:《纪年》云夫人秦嬴贼公于高寝之上。

②[索隐]曰:《系本》幽公生烈成公止。又年表云魏诛幽公,立其弟止也。

烈公十九年,周威烈王赐赵、韩、魏皆命为诸侯。

二十七年,烈公卒,子孝公颀立。①

①[索隐]曰:《系本》云孝公倾欣。《纪年》以孝公为桓公,故《韩子》有"晋
　　桓侯。"

孝公九年,魏武侯初立,袭邯郸,不胜而去。

十七年,孝公卒,①子静公俱酒立。②是岁,齐威王元年也。

①[索隐]曰:《纪年》云桓公二十年赵成侯、韩共侯迁桓公于屯留。已后更

　　无晋事。

　②[索隐]曰:《系本》云静公俱。

　　静公二年,魏武侯、韩哀侯、赵敬侯灭晋后而三分其地。①静公迁为家人,晋绝不祀。

　①[索隐]曰:《纪年》云魏武侯以桓公十九年卒,韩哀侯、赵敬侯并以桓公
　　十五年卒。又《赵系家》烈侯十六年与韩分晋,封晋君端氏,其后十年,
　　肃侯徒晋君于屯留。不同也。

　　太史公曰:晋文公,古所谓明君也,亡居外十九年,至困约,及即位而行赏,尚忘介子推,况骄主乎?灵公既弑,其后成、景致严,至厉大刻,大夫惧诛,祸作。悼公以后日衰,六卿专权。故君道之御其臣下,固不易哉!

　　索隐述赞曰:天命叔虞,卒封于唐。桐圭既削,河、汾是荒。文侯虽嗣,曲沃日强。未知本末,祚倾桓、庄。献公昏惑,太子罹殃。重耳致霸,朝周河阳。灵既丧德,厉亦无防。四卿侵侮,晋祚遂亡。

史记卷四〇
世家第一〇

楚

楚之先祖出自帝颛顼高阳。高阳者,黄帝之孙,昌意之子也。高阳生称,①称生卷章,卷章生重黎。②

①[正义]曰:尺证反。

②徐广曰:"《世本》云老童生重黎及吴回。"谯周曰:"老童即卷章。"[索隐]曰:重氏、黎氏二官代司天地,重为木正,黎为火正。据:《左氏》少昊氏之子曰重,颛顼氏之子曰黎。今以重黎为一人,仍是颛顼之子孙者,刘氏云:"少昊氏之后曰重,颛顼氏之后曰重黎,对彼重则单称黎。若自言当家则称重黎。故楚及司马氏皆重黎之后,非关少昊之重"。愚谓此解为当。

重黎为帝喾高辛居火正,①甚有功,能光融天下,帝喾命曰祝融。②共工氏作乱,帝喾使重黎诛之而不尽。帝乃以庚寅日诛重黎,而以其弟吴回为重黎后,复居火正,为祝融。

①[索隐]曰:此重黎为火正,彼少昊氏之后重自为木正,知此重黎即彼之黎也。

②虞翻曰:"祝,大;融,明也。"韦昭曰:"祝,始也。"

吴回生陆终。陆终生子六人,坼剖而产焉。①其长一曰昆吾;②二曰参胡;③三曰彭祖;④四曰会人;⑤五曰曹姓;⑥六曰季连,芈姓,楚其后也。⑦昆吾氏,夏之时尝为侯伯,桀之时汤灭之。彭祖氏,殷之时尝为侯伯,殷之末世灭彭祖氏。季连生附沮,⑧附沮生穴熊。其后中微,或在中国,或在蛮夷,弗能纪其世。

①干宝曰:"先儒学士多疑此事。谯允南通才达学,精核数理者也,作《古

史考》,以为作者妄记,废而不论。余亦尤其生之异也。然按六子之世,子孙有国,升降六代,数千年间,迭至霸王,天将兴之,必有尤物乎?若夫前志所传,修己背坼而生禹,简狄胸剖而生契,历代久远,莫足相证。近魏黄初五年,汝南屈雍妻王氏生男儿,从右胳下水腹上出,而平和自若,数月创合,母子无恙,斯盖近事之信也。以今况古,固知注记者不妄也。天地云为,阴阳变化,安可守之一端,概以常理乎?《诗》云:‘不坼不剖,无灾无害’。原诗人之旨,明古之妇人尝有坼剖而产者矣。又有因产而遇灾害者,故美其无害也。”[索隐]曰:《系本》云:“陆终娶鬼方氏妹,谓之女嬇。”

②虞翻曰:“昆吾名樊,为己姓,封昆吾。”《世本》曰:“昆吾者,卫是也。”[索隐]曰:《系本》云:“其一曰樊,是为昆吾。”宋忠曰:“昆吾,国名,己姓所出。”《左传》曰:“卫侯梦见被发登昆吾之观。”今濮阳城中有昆吾台是。[正义]曰:《括地志》云:“濮阳县,古昆吾国也。昆吾故城在县西三十里,台在县西百步,即昆吾墟也。”

③《世本》曰:“参胡者,韩是也。”[索隐]曰:《系本》云:“二曰惠连,是为参胡。”宋忠曰:“参胡,国名,斯姓,无后。”

④虞翻曰:“名翦,为彭姓,封于大彭。”《世本》曰:“彭祖者,彭城是也。”[索隐]曰:《系本》云:“三曰籛铿,是为彭祖。”虞翻所云是也。[正义]曰:《括地志》云:“彭城,古彭祖国也。《外传》云殷末灭彭祖国也。虞翻云名翦。《神仙传》云彭祖讳铿,帝颛顼之玄孙,至殷末年已七百六十七岁而不衰老,遂往流沙之西,非寿终也。”

⑤《世本》曰:“会人者,郑是也。”[索隐]曰:《系本》云:“四曰求言,是为邬人。”宋忠曰:“求言,名也。姬姓所出,邬国也。”[正义]曰:《括地志》云:“故邬城在郑州新郑县东北二十二里。《毛诗谱》云:‘昔高辛之土,祝融之墟,历唐至周,重黎之后妘姓处其地,是为邬国,为郑武公所灭也’。”

⑥《世本》曰:“曹姓者,邾是也。”[索隐]曰:《系本》云:“其五曰安,是为曹姓。”宋忠云:“安,名也。曹姓者,诸曹所出也。”[正义]曰:《括地志》云:“故邾国在黄州冈县东南百二十一里,《史记》云邾子,曹姓也。”

⑦[索隐]曰:《系本》云:“六曰季连,是为芈姓。季连者,楚是也。”宋忠曰:“季连,名也。芈姓,诸楚所出,楚之先。”芈音弥是反。芈,羊声也。

⑧孙检曰:“一作‘祖’。”[索隐]曰:沮,音才叙反。

周文王之时,季连之苗裔曰鬻熊。鬻熊子事文王,早卒。其子

曰熊丽。熊丽生熊狂,熊狂生熊绎。熊绎当周成王之时,举文、武勤劳之后嗣,而封熊绎于楚蛮,封以子男之田,姓芈氏,居丹阳。①楚子熊绎与鲁公伯禽、卫康叔子牟、晋侯燮、齐太公子吕伋俱事成王。

①徐广曰:"在南郡枝江县。"〔正义〕曰:颍客云《传例》云:"楚居丹阳,今枝江县故城是。"《括地志》云:"归州巴东县东南四里归故城,楚子熊绎之始国也。又熊绎墓在归州秭归县。《舆地志》云秭归县东有丹阳城,周回八里,熊绎始封也。"

熊绎生熊艾,熊艾生熊䵣,①熊䵣生熊胜。熊胜以弟熊杨为后。②熊杨生熊渠。

①〔索隐〕曰:一作"䵣",音土感反。䵣,音与但。与"亶"同字,亦作"亶"也。

②〔索隐〕曰:邹诞本作"熊钖"。又作"炀"。

熊渠生子三人。当周夷王之时,王室微,诸侯或不朝,相伐。熊渠甚得江汉间民和,乃兴兵伐庸、①杨粤,②至于鄂。③熊渠曰:"我蛮夷也,不与中国之号谥。乃立其长子康为句亶王,④中子红为鄂王,⑤少子执疵为越章王,⑥皆在江上楚蛮之地。及周厉王之时,暴虐,熊渠畏其伐楚,亦去其王。

①杜预曰:"庸,今上庸县。"〔正义〕曰:《括地志》云:"房州竹山县,本汉上庸县,古之庸国。昔周武王代纣,庸蛮在焉。"

②〔索隐〕曰:有本作"杨雩",音吁,地名也。今音越。谯周亦作"杨越"。

③〔正义〕曰:五各反。刘伯庄云:"地名,在楚之西,后徙楚,今东鄂州是。"《括地志》云:"邓州向城县南二十里西鄂故城,是楚西鄂。"

④张莹曰:"今江陵也。"〔索隐〕曰:《系本》"康"作"庸","亶"作"袒"。《地理志》云江陵,南郡之县也。楚文王自丹阳徙都之。

⑤《九州记》曰:"鄂,今武昌。"〔索隐〕曰:有本作"褎红",音赘红,从下文熊赘红读。《古史考》及邹氏、刘氏等无音褎红,恐非也。〔正义〕曰:《括地志》云:"武昌县,鄂王旧都。今鄂王神即熊渠子之神也。"

⑥〔索隐〕曰:《系本》无"执"字,越作"就"。〔正义〕曰:即上鄂王红也。

后为熊毋康,①毋康早死。熊渠卒,子熊挚红立。挚红卒,其弟弑而代立,曰熊延。②

①徐广曰:"即渠之长子。"

②[索隐]曰:如此史意即上鄂王红也。谯周以为"熊渠卒,子熊翔立;卒,
　　长子挚有疾,少子熊延立"。此云"挚红卒,其弟煞而自立,曰熊延"。欲
　　会此代系,则翔亦毋康之弟,熊渠者既卒,毋康又早卒,其挚红立而被
　　延煞,故《史考》言"挚有疾",而此言"弑"也。[正义]曰:谯周言"挚有
　　疾"此言"杀",未详。宋均均注《乐纬》云:"熊渠嫡嗣曰熊挚,有恶疾,不得
　　为后,别居于夔,为楚附庸,后王命曰夔子也。"

熊延生熊勇。熊勇六年,而周人作乱,攻厉王,厉王出奔彘。熊
勇十年卒,弟熊严为后。

熊严十年卒。有子四人,长子伯霜,中子仲雪,次子叔堪,①少
子季徇。②熊严卒,长子伯霜代立,是为熊霜。

①[索隐]曰:堪,一作"湛"。

②[索隐]曰:徇,音旬俊反。

熊霜元年,周宣王初立。熊霜六年卒,三弟争立。仲雪死。叔
堪亡,避难于濮。①而少弟季徇立,是为熊徇。

①杜预曰:"建宁郡南有卜夷。"[正义]曰:按:建宁,晋郡,在蜀南,与蛮相
　　近。刘伯庄云:"濮在楚西南。"孔安国云:"庸、濮在汉之南。"按:成公元
　　年"楚地千里",孔说是也。

熊徇十六年,郑桓公初封于郑。二十二年,熊徇卒,子熊咢
立。①熊咢九年卒,子熊仪立,是为若敖。

①[索隐]曰:咢,音鄂,亦作"噩"。

若敖二十年,周幽王为犬戎所弑,周东徙,而秦襄公始列为诸
侯。

二十七年,若敖卒,子熊坎立,是为霄敖。①霄敖六年卒,子熊
眴立,②是为蚡冒。③蚡冒十三年,晋始乱,以曲沃之故。蚡冒十七
年,卒。蚡冒弟熊通弑蚡冒子而代立,是为楚武王。

①[索隐]曰:坎音苦感反。一作"菌",又作"钦"。

②徐广曰:"眴,音舜。"[索隐]曰:按:《玉篇》眴在口部,顾氏云"楚之先,
　　即蚡冒也"。刘音舜,其近代本字有从目者。故刘氏有舜音,非也。

③[索隐]曰:古本"蚡"作"棼"音愤。冒,音亡北反,或亡报反。

　　武王十七年,晋之曲沃庄伯弑主国晋孝侯。十九年,郑伯弟段作乱。二十一年,郑侵天子之田。二十三年,卫弑其君桓公。二十九年,鲁弑其君隐公。三十一年,宋太宰华督弑其君殇公。

　　三十五年,楚伐随。①随曰:"我无罪。"楚曰:"我蛮夷也。今诸侯皆为叛相侵,或相杀。我有敝甲,欲以观中国之政,请王室尊吾号。"随人为之周,请尊楚,王室不听,还报。三十七年,楚熊通怒曰:"吾先鬻熊,文王之师也,早终。成王举我先公,乃以子男田令居楚,蛮夷皆率服,而王不加位,我自尊耳。"乃自立,为武王,与随人盟而去。于是始开濮地而有之。

　　①贾逵曰:"随,姬姓也。"杜预曰:"随国,今义阳随县。"[正义]曰:《括地志》云:"随州外城古随国地。"《世本》云:"楚武王墓在豫州新息。随,姬姓也。武王卒师中而兵罢。"《括地志》云:"上蔡县东北五十里。"

　　五十一年,周召随侯,数以立楚为王。楚怒,以随背己,伐随。武王卒师中而兵罢。①子文王熊赀立,始都郢。②

　　①《皇览》曰:"楚武王冢在汝南郡鮦阳县葛陂乡城东北,民谓之楚王岑。汉永平中,葛陵城北祝里社下于土中得铜鼎,而名曰'楚武王',由是知楚武王之冢。民传言,秦、项、赤眉之时欲发之,辄颓坏填压,不得发也。"[正义]曰:有本注"葛陂乡"作"葛陵乡"者,误也。《地理志》云新蔡县西北六十里有葛陂乡,即费长房投竹成龙之陂,因为乡名也。

　　②[正义]曰:《括地志》云:"纪南故城在荆州江陵县北五十里。杜预云国都于郢,今南郡江陵县北纪南城是。"《括地志》云:"又至平王,更城郢,在江陵县东北六里,故郢城是也。"

　　文王二年,伐申过邓,①邓人曰"楚王易取",邓侯不许也。六年,伐蔡,②虏蔡哀侯以归,已而释之。楚强,陵江汉间小国,小国皆畏之。十一年,齐桓公始霸,楚亦始大。十二年,伐邓,灭之。十三年,卒,子熊囏立,③是为杜敖。④

　　①[正义]曰:《括地志》云:"故申城在邓州南阳县北三十里。《晋太康地志》云周宣王舅所封。故邓城在襄州安养县北二十里。春秋之邓国,庄十六年楚文王灭之。"服虔云:"邓,曼姓也。"

　　②[正义]曰:豫州上蔡县在州北七十里,古蔡国也。县外城,蔡国城也。

③《史记音隐》云:"鰼,古'艰'字。"

④[索隐]曰:杜作"壮",侧状反。

杜敖五年,欲杀其弟熊恽,①恽奔随,与随袭弑杜敖代立,是为成王。

①[索隐]曰:恽,音纡粉反。《左氏》作"頵",纡频反。

成王恽元年,初即位,布德施惠,结旧好于诸侯。使人献天子,天子赐胙,曰:"镇尔南方夷越之乱,无侵中国。"于是楚地千里。

十六年,齐桓公以兵侵楚,至陉山。①楚成王使将军屈完②以兵御之,与桓公盟。桓公数以周之赋不入王室,楚许之,乃去。

①[正义]曰:杜预云:"陉,楚地。颍川召陵县南有陉亭。"《括地志》云:"陉山在郑州西南一百一十里,即此山也。"

②[正义]曰:屈,曲勿反。下音桓,楚族也。

十八年,成王以兵北伐许,①许君肉袒谢,乃释之。

①《地理志》曰:颍川许昌县,故许国也。

二十二年,伐黄。①

①[索隐]曰:汝南弋阳县,故黄国。[正义]曰:《括地志》云:"黄国故城,汉弋阳县也。秦时黄都,嬴姓,在光州定城县四十里也。"

二十六年,灭英。①

①徐广曰:"年表及他本皆作'英',一本作'黄'。"[正义]曰:英国在淮南,盖蓼国也,不知改名时也。

三十三年,宋襄公欲为盟会,召楚。楚王怒曰:"召我,我将好往袭辱之。"遂行,至盂,①遂执辱宋公,已而归之。

①[正义]曰:音于,宋地也。

三十四年,郑文公南朝楚。楚成王北伐宋,败之泓,射伤宋襄公,襄公遂病创死。

三十五年,晋公子重耳过,成王以诸侯客礼飨,而厚送之于秦。

三十九年,鲁僖公来请兵以伐齐,楚使申侯将兵伐齐,取谷,①置齐桓公子雍焉。齐桓公七子皆奔楚,楚尽以为上大夫。灭夔,夔不祀祝融、鬻熊故也。②夏,伐宋,宋告急于晋。晋救宋,成王罢归。将军子玉请战,成王曰:"重耳亡居外久,卒得反国,天之所开,不可

当。"子玉固请,乃与之少师而去。晋果败子玉于城濮。成王怒,诛
子玉。

①杜预曰:"济北谷城县。"[正义]曰:《括地志》云:"谷在济州东阿县东二
　　十六里。"

②服虔曰:"夔,楚熊渠之孙,熊挚之后。夔在巫山之阳,秭归乡是也。"[索
　　隐]曰:谯周作"灭归",归即夔之地名归县之乡也。

　　四十六年。初,成王将以商臣为太子,语令尹子上。子上曰:
"君之齿未也,①而又多内宠,绌乃乱也。楚国之举,常在少者。②且
商臣蜂目而豺声,忍人也,③不可立也。"王不听,立之。后又欲立子
职,④而绌太子商臣。商臣闻而未审也,告其傅潘崇曰:"何以得其
实?"崇曰:"飨王之宠姬⑤江芈而勿敬也。"商臣从之。江芈⑥怒曰:
"宜乎王之欲杀若而立职也!"商臣告潘崇曰:"信矣。"崇曰:"能事
之乎?"⑦曰:"不能。""能亡去乎?"曰:"不能。""能行大事乎?"⑧
曰:"能。"冬十月,商臣以宫卫兵围成王。成王请食熊蹯而死,⑨不
听。丁未,成王自绞杀。商臣代立,是为穆王。

①杜预曰:"齿,年也。言尚少。"

②贾逵曰:"举,立也。"

③服虔曰:"言忍为不义。"

④贾逵曰:"职,商臣庶弟也。"

⑤姬,当作"妹"。

⑥[正义]曰:亡尔反。

⑦服虔曰:"若立职,子能事之?"

⑧服虔曰:"谓弑君。"

⑨杜预曰:"熊掌难熟,冀久将有外救之也。"

　　穆王立,以其太子宫予潘崇,使为太师,掌国事。穆王三年,灭
江。①四年,灭六、蓼。六、蓼,皋陶之后。②八年,伐陈。十二年,卒,
子庄王侣立。

①杜预曰:"江国在汝南安阳县。"

②杜预曰:"六国,今庐江六县。蓼国,今安丰蓼县。"

　　庄王即位三年,不出号令,日夜为乐,令国中曰:"有敢谏者,死

无赦!"伍举入谏。庄王左抱郑姬,右抱越女,坐钟鼓之间。伍举曰:"愿有进。"隐①曰:"有鸟在于阜,三年不蜚不鸣,是何鸟也?"庄王曰:"三年不蜚,蜚将冲天;三年不鸣,鸣将惊人。举退矣,吾知之矣。"居数月,淫益甚。大夫苏从乃入谏。王曰:"若不闻令乎?"对曰:"杀身以明君,臣之愿也。"于是乃罢淫乐,听政,所诛者数百人,所进者数百人,任伍举、苏从以政,国人大说。是岁灭庸。②

①隐,谓隐藏其意。

②[正义]曰:房州竹邑县今是也。

六年,伐宋,获五百乘。

八年,伐陆浑戎,①遂至洛,观兵于周郊。②周定王使王孙满劳楚王。③楚王问鼎小大轻重,④对曰:"在德不在鼎。"庄王曰:"子无阻九鼎!楚国折钩之喙,⑤足以为九鼎。"王孙满曰:"呜呼!君王其忘之乎?昔虞夏之盛,远方皆至,贡金九牧,⑥铸鼎象物,⑦百物而为之备,使民知神奸。⑧桀有乱德,鼎迁于殷,载祀六百。⑨殷纣暴虐,鼎迁于周。德之休明,虽小必重;⑩其奸回昏乱,虽大必轻。⑪昔成王定鼎于郏鄏,⑫卜世三十,卜年七百,天所命也。周德虽衰,天命未改。鼎之轻重未可问也。"楚王乃归。

①服虔曰:"陆浑戎在洛西南。"[正义]曰:尹姓之戎徙居陆浑。

②服虔曰:"观兵,陈兵示周也。"

③服虔曰:"以郊劳礼迎之也。"

④杜预曰:"示欲逼周取天下。"

⑤[正义]曰:喙,许卫反。凡载有钩。喙,钩口之尖也。言楚国载之钩口尖有折者,足以为鼎,言鼎易得也。

⑥服虔曰:"使九州之牧贡金。"

⑦贾逵曰:"象所图物,著之于鼎。"

⑧杜预曰:"图鬼神百物之形,使民逆备之也。"

⑨贾逵曰:"载,辞也。祀,年也。商曰祀。"王肃曰:"载祀者,犹言年也。"

⑩杜预曰:"不可迁。"

⑪杜预曰:"言可移。"

⑫杜预曰:"郏鄏今河南也,河南县西有郏鄏陌。武王迁之,成王定之。"

[索隐]曰:按《周书》,郑,维北山名,音甲。鄅谓田厚鄅,故以名焉。

九年,相若敖氏。① 人或谗之王,恐诛,反攻王,王击灭若敖氏之族。

①《左传》曰子越椒。

十三年,灭舒。①

①杜预曰:"庐江六县东有舒城也。"

十六年,伐陈,杀夏征舒。征舒弑其君,故诛之也。已破陈,即县之。群臣皆贺。申叔时使齐来,不贺。王问,对曰:"鄙语曰:'牵牛径人田,田主取其牛。径者则不直矣,取之牛不亦甚乎? 且王以陈之乱而率诸侯伐之,以义伐之而贪其县,亦何以复令于天下?"庄王乃复国陈后。

十七年春,楚庄王围郑,三月克之。入自皇门,①郑伯肉袒牵羊以逆,②曰:"孤不天,不能事君,君用怀怒以及敝邑,孤之罪也。敢不惟命是听! 宾之南海,若以臣妾赐诸侯,亦唯命是听。若君不忘厉、宣、桓、武,③不绝其社稷,使改事君,孤之愿也,非所敢望也。敢布腹心。"楚群臣曰:"王勿许。"庄王曰:"其君能下人,必能信用其民,庸可绝乎!"庄王自手旗,左右麾军,引兵去三十里而舍,遂许之平。④潘尫入盟,子良出质。⑤夏六月,晋救郑,与楚战,大败晋师河上,遂至衡雍而归。

①贾逵曰:"郑城门。"何休曰:"郭门也。"

②贾逵曰:"肉袒牵羊,示服为臣隶也。"

③杜预曰:"周厉王、宣王,郑之所自出也。郑武公、桓公,始封之贤君也。"

④杜预曰:"退一舍而礼郑。"

⑤潘尫,楚大夫。子良,郑伯弟。

二十年,围宋,以杀楚使也。①围宋五月,城中食尽,易子而食,析骨而炊。宋华元出告以情。庄王曰:"君子哉!"遂罢兵去。

①[索隐]曰:《左传》宣十四年"楚子使申舟聘于齐,曰:'无假道于宋。'华元曰:'过我而不假道,鄙我也,鄙我,亡也。杀其使者必伐我,伐我亦亡也:亡一也。'乃杀之。楚子闻之,投袂而起。九月,围宋"是也。

二十三年,庄王卒,子共王审立。

共王十六年,晋伐郑。郑告急,共王救郑。与晋兵战鄢陵,晋败楚,射中共王目。共王召将军子反。子反嗜酒,从者竖阳谷进酒,醉。王怒,射杀子反,遂罢兵归。

三十一年,共王卒,子康王招立。康王立十五年卒,子员①立,是为郏敖。

①[索隐]曰:员,音云。《左传》作"麇"。

康王宠弟公子围、①子比、子晰、弃疾。郏敖三年,以其季父康王弟公子围为令尹,主兵事。四年,围使郑,道闻王疾而还。十二月己酉,围入问王疾,绞而弑之,②遂杀其子莫及平夏。使使赴于郑。伍举问曰:"谁为后?"③对曰:"寡大夫围。"伍举更曰:"共王之子围为长。"④子比奔晋,而围立,是为灵王。

①徐广曰:"《史记》多作'回'。"
②荀卿曰:"以冠缨绞之。"《左传》曰:"葬王于郏,谓之郏敖。"
③服虔曰:"问来赴者。"
④杜预曰:"伍举更赴辞,重从礼告终称嗣,不以篡弑赴诸侯。"

灵王三年六月,楚使使告晋,欲会诸侯。诸侯皆会楚于申。伍举曰:"昔夏启有钧台之飨,①商汤有景亳之命,周武王有盟津之誓,成王有歧阳之搜,②康王有丰宫之朝,③穆王有涂山之会,齐桓有召陵之师,晋文有践土之盟,君其何用?"灵王曰:"用桓公。"④时郑子产在焉。于是晋、宋、鲁、卫不往。灵王已盟,有骄色。伍举曰:"桀为有仍之会,有缗叛之。⑤纣为黎山之会,东夷叛之。⑥幽王为太室之盟,戎、翟叛之。⑦君其慎终!"

①杜预曰:"河南阳翟县南有钧台陂。"
②贾逵曰:"岐山之阳。"
③服虔曰:"丰宫,成王庙所在也。"杜预曰:"丰在始平鄠县东,有灵台,康王于是朝诸侯。"
④杜预曰:"用会吉陵之礼也。"
⑤贾逵曰:"仍,缗,国名也。"

⑥服虔曰:"黎,东夷国名也,子姓。"

⑦杜预曰:"太室中岳也。"

　　七月,楚以诸侯兵伐吴,围朱方。八月,克之,囚庆封,灭其族。以封徇,曰:"无效齐庆封弑其君而弱其孤,以盟诸大夫!"①封反曰:"莫如楚共王庶子围,弑其君兄之子员而代之立!"②于是灵王使弃疾杀之。

①杜预曰:"齐崔杼弑其君,庆封其党,故以弑君之罪责之也。"

②《谷梁传》曰:"军人粲然皆笑。"

　　七年,就章华台,①下令内亡人实之。

①杜预曰:"南郡华容县有台,在城内。"

　　八年,使公子弃疾将兵灭陈。

　　十年,召蔡侯,醉而杀之。使弃疾定蔡,因为陈蔡公。

　　十一年,伐徐以恐吴。①灵王次于乾谿以待之。王曰:"齐、晋、鲁、卫,其封皆受宝器,我独不。今吾使使周求鼎以为分,其予我乎?"②析父对曰:"其予君王哉!③昔我先王熊绎辟在荆山,荜露蓝蒌④以处草莽,跋涉山林⑤以事天子,唯是桃弧棘矢以共王事。⑥齐,王舅也;⑦晋及鲁、卫,王母弟也;楚是以无分而彼皆有。周今与四国服事君王,将唯命是从,岂敢爱鼎?"灵王曰:"昔我皇祖伯父昆吾旧许是宅,⑧今郑人贪其田,不我予,今我求之,其予我乎?"对曰:"周不受鼎,郑安敢爱田?"灵王曰:"昔诸侯远我而畏晋,今吾大城陈、蔡、不羹,⑨赋皆千乘,诸侯畏我乎?"对曰:"畏哉!"灵王喜曰:"析父善言古事焉。"⑩

①《左传》曰使荡侯等围徐。

②服虔曰:"有功德,受分器。"

③贾逵曰:"析父,楚大夫。"[索隐]曰:据《左氏》此是右尹子革之词,史盖误也。

④徐广曰:"荜,一作'暴'。"骃案:服虔曰:"荜露,柴车素大辂也。蓝蒌,言衣敝坏,其蒌蓝蓝然也"。

⑤服虔曰:"草行曰跋,水行曰涉。"

⑥服虔曰:"桃弧棘矢所以御其灾,言楚地山林无所不出也。"

⑦服虔曰："齐吕伋,成王之舅。"

⑧服虔曰："陆终氏六子,长曰昆吾,少曰季连。季连,楚之祖,故谓昆吾为
　　伯父也。昆吾曾居许地,故曰旧许是宅。"

⑨韦昭曰："三国,楚别都也。颍川定陵有东不羹,襄城有西不羹。"[正义]
　　曰:《括地志》云："不羹故城在许州襄城县东三十里。《地理志》云此乃
　　西不羹者也。"

⑩[正义]曰:《左传》昭十二年,析父谓子革曰："吾子楚国之望也,今与王
　　言如响,国其若之何?"杜预云："讥其顺王心如响应声也。"按:此对王
　　言是子革之辞,太史公云析父,误也。析父时为王仆,见子革对,故欢
　　也。

　　十二年春,楚灵王乐乾谿,不能去也。国人苦役。初,灵王会兵
于申,僇越大夫常寿过,①杀蔡大夫观起。②起子从亡在吴,③乃劝
吴王伐楚,为间越大夫常寿过而作乱,为吴间。使矫公子弃疾命召
公子比于晋,至蔡,与吴、越兵欲袭蔡。令公子比见弃疾,与盟于
邓。④遂入杀灵王太子禄,立子比为王,公子子晰为令尹,弃疾为司
马。先除王宫,观从从师于乾谿,令楚众曰："国有王矣。先归复爵
邑田室,后者迁之。"楚众皆溃,去灵王而归。

　　①[索隐]曰:僇,辱也。

　　②[索隐]曰:观,音官。观,姓;起,名。

　　③[索隐]曰:从,音才松反。

　　④杜预曰："颍川邵陵县西有邓城。"[正义]曰:《括地志》云："故邓城在豫
　　　州郾城县东三十五里。"按:在古召陵县西十里也。

　　灵王闻太子禄之死也,自投车下,而曰："人之爱子亦如是乎?"
侍者曰："甚是。"王曰："余杀人之子多矣,能无及此乎?"右尹曰:①
"请待于郊以听国人。"②王曰："众怒不可犯。"曰:"且入大县而乞
师于诸侯。"王曰："皆叛矣。"又曰:"且奔诸侯以听大国之虑。"王
曰："大福不再,只取辱耳。"于是王乘舟将欲入鄢。③右尹度王不用
其计,惧俱死,亦去王亡。

　　①《左传》曰右尹子革。

　　②服虔曰："听国人欲为谁。"

③服虔曰:"鄀,楚别都也。"杜预曰:"襄阳宜城县。"[正义]曰:音偃。《括
　地志》云:"故鄀城在襄州安养县北三里,在襄州北五里,南去荆州二百
　五十里。"按:王自夏口从汉水上入鄀也。《左传》云"王沿夏将欲入鄀"
　是也。《括地志》云:"鄀水源出襄州义青县西界讬伏山。《水经》云蛮水
　即鄀水是也。"

灵王于是独傍徨山中,野人莫敢入王。王行遇其故铪人,①谓
曰:"为我求食,我已不食三日矣。"铪人曰:"新王下法,有敢饷王从
王者,罪及三族,且又无所得食。"王因枕其股而卧。铪人又以土自
代,逃去。王觉而弗见,遂饥不能起。芊尹申无宇之子申亥曰:"吾
父再犯王命,②王弗诛,恩孰大焉!"乃求王,遇王饥于厘泽,奉之以
归。夏五月癸丑,王死申亥家,③申亥以二女从死,并葬之。

①韦昭曰:"今之中涓也。"
②服虔曰:"断王旌,执人于章华之宫。"
③[正义]曰:《左传》云"夏五月癸亥,王缢于芊尹申亥"是也。

是时,楚国虽已立比为王,畏灵王复来,又不闻灵王死,故观从
谓初王比:"不杀弃疾,虽得国犹受祸。"王曰:"余不忍。"从曰:
"人将忍王。"王不听,乃去。弃疾归。国人每夜惊,曰:"灵王入矣!"
乙卯夜,弃疾使船人从江上走呼曰:"灵王至矣!"国人愈惊。又使曼
成然告初王比及令尹子晰曰:"王至矣! 国人将杀君,司马,将至
矣!①君早自图,无取辱焉。众怒如水火,不可救也。"初王及子晰遂
自杀。丙辰,弃疾即位为王,改名熊居,是为平王。

①杜预曰:"司马谓弃疾。"

平王以诈弑两王而自立,恐国人及诸侯叛之,乃施惠百姓。复
陈蔡之地而立其后如故,归郑之侵地。存恤国中,修政教。吴以楚
乱故,获五率以归。①平王谓观从:"恣尔所欲。"欲为卜尹,王许
之。②

①服虔曰:"五率,荡侯、潘子、司马督、嚣尹午,陵尹喜。"
②贾逵曰:"卜尹,卜师,大夫官。"

初,共王有宠子五人,无适立,乃望祭群神,请神决之,使主社

稷，而阴与巴姬①埋璧于室内，②召五子斋而入。康王跨之，③灵王肘加之，子比、子晰皆远之。平王幼，抱而入，再拜压纽。故康王以长立，至其子失之；围为灵王，及身而弑；子比为王十余日，子晰不得立，又俱诛。四子皆绝无后。唯独弃疾后立，为平王，竟续楚祀，如其神符。

　　①贾逵曰："共王妾。"
　　②[正义]曰：《左传》云："埋璧于太室之庭。"杜预云："太室，祖庙也。"
　　③服虔曰："两足各跨璧一边。"杜预曰："过其上。"

　　初，子比自晋归，韩宣子问叔向曰："子比其济乎？"对曰："不就。"宣子曰："同恶相求，如市贾焉，①何为不就？"对曰："无与同好，谁与同恶？②取国有五难：有宠无人一也，③有人无主二也，④有主无谋三也，⑤有谋而无民四也，⑥有民而无德五也。⑦子比在晋十三年矣，晋、楚之从不闻通者，可谓无人矣；⑧族尽亲叛，可谓无主矣；⑨无衅而动，可谓无谋矣；⑩为羁终世，可谓无民矣；⑪亡无爱征，可谓无德矣。⑫王虐而不忌，⑬子比涉五难以弑君，谁能济之！有楚国者，其弃疾乎？君陈、蔡，方城⑭外属焉。苟慝不作，盗贼伏隐，私欲不违，⑮民无怨心。先神命之，国民信之。芈姓有乱，必季实立，楚之常也。子比之官，则右尹也；数其贵宠，则庶子也；以神所命，则又远之。民无怀焉，将何以立？"宣子曰："齐桓、晋文不亦是乎？"⑯对曰："齐桓，卫姬之子也，有宠于釐公。有鲍叔牙、宾须无、隰朋以为辅，有莒、卫以为外主，⑰有高、国以为内主。⑱从善如流，⑲施惠不倦。有国，不亦宜乎？昔我文公，狐季姬之子也，有宠于献公。好学不倦。生十七年，有士五人，有先大夫子余、子犯以为腹心，⑳有魏犨、贾佗以为股肱，有齐、宋、秦、楚以为外主，㉑有栾、郤、狐、先以为内主。㉒亡十九年，守志弥笃。惠、怀弃民，㉓民从而与之。㉔故文公有国不亦宜乎？子比无施于民，无援于外。去晋，晋不送；归楚，楚不迎。何以有国！"子比果不终焉，卒立者弃疾，㉕如叔向言也。

　·①服虔曰："谓国人共恶灵王者，如市贾之人求利也。"

②服虔曰:"言无党于内,当与谁共同好恶。"

③杜预曰:"宠须贤人而固。"

④杜预曰:"虽有贤人,当须内主为应。"

⑤杜预曰:"谋,策谋也。"

⑥杜预曰:"民,众也。"

⑦杜预曰:"四者既备,当以德成之。"

⑧杜预曰:"晋、楚之士从子比游,皆非达人。"

⑨杜预曰:"无亲族在楚。"

⑩服虔曰:"言灵王尚在,而妄动取国,故谓无谋。"

⑪杜预曰:"终身羁客在于晋,是无民。"

⑫杜预曰:"楚人无爱念者。"

⑬杜预曰:"灵王暴虐,无所畏忌,将自亡。"

⑭[正义]曰:方城山在许州叶县西十八里也。

⑮服虔曰:"不以私欲违民心。"

⑯服虔曰:"皆庶子而出奔。"

⑰贾逵曰:"齐桓出奔莒,自莒先入,卫人助之。"

⑱服虔曰:"国子,高子,皆齐之正卿。"

⑲服虔曰:"言其疾。"

⑳贾逵曰:"子余,赵衰。"

㉑贾逵曰:"齐以女妻之,宋赠之马,楚享以九献,秦送内之。"

㉒贾逵曰:"四姓,晋大夫。"[正义]曰:杜预云:"谓栾枝、郄縠、狐突、先轸也。"

㉓服虔曰:"皆弃民不恤。"

㉔[正义]曰:以惠、怀弃民,故民相从而归心于文公。

㉕[正义]曰:《左传》云:"获神,一也;有民,二也;令德,三也;宠贵,四也;居常,五也。有五利以去五难,谁能害之!"杜预云:"获神,当璧拜也;有民,民信也;令德,无苛慝也;宠贵,妃子也;居常,弃疾季也。"

　　平王二年,使费无忌如秦①为太子建②取妇。妇好,来,未至,无忌先归,说平王曰:"秦女好,可自娶,为太子更求。"平王听之,卒自娶秦女,生熊珍。更为太子娶。是时伍奢为太子太傅,无忌为少傅。无忌无宠于太子,常谗恶太子建。建时年十五矣,其母蔡女也,无宠于王,王稍益疏外建也。

①服虔曰:"楚大夫。"[索隐]曰:《左传》作"无极",极,忌声相近。

②[正义]曰:《左传》云:"楚子之在蔡也,郹阳之女奔之,生太子建。"杜预
　　云:"郹,蔡邑也。"郹,古觅反。

六年,使太子建居城父守边。①无忌又日夜谗太子建于王曰:
"自无忌入秦女,太子怨,亦不能无望于王,王少自备焉。且太子居
城父,擅兵,外交诸侯,且欲入矣。"平王召其傅伍奢责之。伍奢知无
忌谗,乃曰:"王奈何以小臣疏骨肉?"无忌曰:"今不制,后悔也。"于
是王遂囚伍奢,而召其二子而告以免父死。乃令司马奋扬召太子
建,欲诛之。太子闻之,亡奔宋。

①[正义]曰:父,音甫。《括地志》云:"成父故城在汝州叶县东北四十五
　　里,即杜预云襄城城父县也。又汝州襄城县东四十里亦有父城故城一
　　所,服虔云'城父,楚北境',乃是父城之名,非建所守。杜预云言成父,
　　又误也。《传》及郦元《水经注》云'楚大城城父,使太子建居之',即《十
　　三州志》云太子建所居城父,谓今亳州城父县也。"按:今亳州县有成父
　　县,是建所守者也。《地理志》云颍川有父城县,沛郡有城父县,此二名
　　别耳。

无忌曰:"伍奢有二子,不杀者为楚国患。盍以免其父召之,必
至。"于是王使使谓奢:"能致二子则生,不能将死。"奢曰:"尚至,胥
不至。"王曰:"何也?"奢曰:"尚之为人廉,死节,慈孝而仁,闻召而
免父,必至,不顾其死。胥之为人智而好谋,勇而矜功,知来必死,必
不来。然为楚国忧者必此子。"于是王使人召之,曰:"来,吾免尔
父。"伍尚谓伍胥曰:"闻父免而莫奔,不孝也;父戮莫报,无谋也;度
能任事,智也。子其行矣,我其归死。"伍尚遂归。伍胥弯弓属矢,出
见使者,曰:"父有罪,何以召其子为?"将射,使者还走,遂出奔吴。
伍奢闻之,曰:"胥亡,楚国危哉。"楚人遂杀伍奢及尚。

十年,楚太子建母在居巢,①开吴。吴使公子光伐楚,遂败陈、
蔡,取太子建母而去。楚恐,城郢。②初,吴之边邑卑梁③与楚边邑
钟离小童争桑,两家交怒相攻,灭卑梁人。卑梁大夫怒,发邑兵攻钟
离。楚王闻之怒,发国兵灭卑梁。吴王闻之大怒,亦发兵,使公子光

因建母家攻楚,遂灭钟离、居巢。楚乃恐而城郢。④

①[正义]曰:庐州巢县是也。

②[正义]曰:在江陵县东北六里,已解于前。按:《传》城郢在昭公二十三
　　年,下重言城郢。杜预云:"楚用子囊遗言以筑郢城矣,今畏吴,复修以
　　自固也。"

③[正义]曰:卑梁邑近钟离也。

④[索隐]曰:去年已城郢,今又重言。据《左氏》昭二十三年城郢,二十四
　　年无重城郢之文,是《史记》误也。

十三年,平王卒。将军子常曰:"太子珍少,且其母乃前太子建
所当娶也。"欲立令尹子西。子西,平王之庶弟也,有义。子西曰:
"国有常法,更立则乱,言之则致诛。"乃立太子珍,是为昭王。

昭王元年,楚众不说费无忌,以其谗亡太子建,杀伍奢子父与
郤宛。宛之宗姓伯氏子嚭及子胥皆奔吴,吴兵数侵楚,楚人怨无忌
甚。楚令尹子常①诛无忌以说众,众乃喜。

①[正义]曰:名瓦。《左传》云囊瓦伐吴。

四年,吴三公子①奔楚,楚封之以扞吴。

①昭三十年,二公子奔楚,公子掩余奔徐,公子烛庸奔钟离。此言三公子,
　　非。

五年,吴伐取楚之六、潜。①

①[正义]曰:故六城在寿州安丰县南百三十二里,偃姓,皋陶之后所封
　　也。潜城,楚之潜邑,在霍山县东二百步。

七年,楚使子常伐吴,吴大败楚于豫章。①

①[正义]曰:今洪州也。

十年冬,吴王阖闾、伍子胥、伯嚭与唐、蔡俱伐楚,楚大败,吴兵
遂入郢,辱平王之墓,以伍子胥故也。吴兵之来,楚使子常以兵迎
之,夹汉水阵。吴伐败子常,子常亡奔郑。楚兵奔,吴乘胜逐之,五
战及郢。己卯,昭王出奔。庚辰,吴人入郢。①

①《春秋》云十一月庚辰。

昭王亡也至云梦。云梦不知其王也,射伤王。王走郧。①郧公之

弟怀曰："平王杀吾父,②今我杀其子,不亦可乎?"郧公止之,然恐其弑昭王,乃与王出奔随。③吴王闻昭王往,即进击随,谓随人曰:"周之子孙封于江汉之间者,楚尽灭之。"欲杀昭王。王从臣子綦乃深匿王,自以为王,谓随人曰:"以我予吴。"随人卜予吴,不吉,乃谢吴王曰:"昭王亡,不在随。"吴请入自索之,随不听,吴亦罢去。

　①[正义]曰:走,音奏。郧,音云。《理地志》云:"安州安陆县城,本春秋时
　　郧国城。"

　②服虔曰:"父曼成然。"[正义]曰:成然立平王,贪求无厌,平王杀之。

　③[正义]曰:《地理志》云:"随州城外古随国城。随,姬姓也。"又云:"楚昭
　　王城在随州县北七里。《左传》云吴师入郢,王奔随,随人处之公宫之
　　北,即此城是也。"

　　昭王之出郢也,使申包胥①请救于秦。秦以车五百乘救楚,楚亦收余散兵,与秦击吴。十一年六月,败吴于稷。②会吴王弟夫概见吴王兵伤败,乃亡归,自立为王。阖闾闻之,引兵去楚,归击夫概。夫概败,奔楚,楚封之堂谿,③号为堂谿氏。楚昭王灭唐。④九月,归入郢。

　①服虔曰:"楚大夫王孙包胥。"

　②贾逵曰:"楚地也。"

　③[正义]曰:《地理志》云:"堂谿故城在豫州郾城县西八十五里也。"

　④杜预曰:"义阳安昌县东南上唐乡。"[正义]曰:《括地志》云:"上唐乡故
　　城在随州枣阳县东南百五十里,古之唐国也。《世本》云唐,姬姓之国。"

　　十二年,吴复伐楚,取番。①楚恐,去郢,北徙都鄀。②

　①[正义]曰:片寒反,又音婆。《括地志》云:"饶州鄱阳县,春秋时为楚东
　　境,秦为番县,属九江郡,汉为鄱阳县也。"

　②[正义]曰:音若。《括地志》云:"楚昭王故城在襄州乐乡县东北三十三
　　里,在故都城东五里,即楚国故昭王徙都鄀城也。"

　　十六年,孔子相鲁。二十年,楚灭顿,①灭胡。②

　①《地理志》曰:"汝南顿县故顿子国。"[正义]曰:《括地志》云:"陈州南顿
　　县,故顿子国。应劭云古顿子国,姬姓也,逼于陈,后南徙,故曰南顿。"

　②杜预曰:"汝南县西北胡城。"[正义]曰:《括地志》云:"故胡城在豫州郾
　　城县界。"

二十一年,吴王阖闾伐越。越王勾践射伤吴王,遂死。吴由此怨越而不西伐楚。

二十七年春,吴伐陈,楚昭王救之,军城父。十月,昭王病于军中,有灵云如鸟,夹日而蜚。① 昭王问周太史,太史曰:“是害于楚王,然可移于将相。”将相闻是言,乃请自以身祷于神。昭王曰:“将相,孤之股肱也,今移祸,庸去是身乎!”弗听。卜而河为祟,大夫请祷河。昭王曰:“自吾先王受封,望不过江、汉,② 而河非所获罪也。”止不许。孔子在陈,闻是言,曰:“楚昭王通大道矣。其不失国,宜哉!”

① 杜预曰:“云在楚上,惟楚见之。”

② 服虔曰:“谓所受王命,祀其国中山川为望。”[正义]曰:按:江,荆州南大江也;汉,江也。二水楚境内也。河,黄河,非楚境也。

昭王病甚,乃召诸公子大夫曰:“孤不佞,再辱楚国之师,今乃得以天寿终,孤之幸也。”让其弟公子申为王,不可。又让次弟公子结,亦不可。乃又让次弟公子闾,五让,乃后许为王。将战,庚寅,昭王卒于军中。子闾曰:“王病甚,舍其子让群臣,臣所以许王,以广王意也。今君王卒,臣岂敢忘君王之意乎!”乃与子西、子綦谋,伏师闭涂,① 迎越女之子章立之,② 是为惠王。然后罢兵归,葬昭王。

① 徐广曰:“一作‘壁’。”[正义]曰:《左传》云:“谋潜师闭涂”。按:潜师,密发往迎也;闭涂,防断外寇也。为昭王薨于军,嗣子未定,恐有邻国及诸公子之变,故伏师闭涂。迎越女子章立为惠王也。

② 服虔曰:“闭涂,不通外使也。越女,昭王之妾。”[索隐]曰:闭涂也,即攒涂,故下立惠王后即罢兵归葬。服虔说非。

惠王二年,子西召故平王太子建之子胜于吴,以为巢大夫,号曰白公。① 白公好兵而下士,欲报仇。六年,白公请兵令尹子西伐郑。初,白公父建亡在郑,郑杀之,白公走亡吴,子西复召之,故以此怨郑,欲伐之。子西许而未为发兵。八年,晋伐郑,郑告急楚,楚使子西救郑,受赂而去。白公胜怒,乃遂与勇力死士石乞等袭杀令尹子西、子綦于朝,因劫惠王,置之高府,② 欲弑之。惠王从者屈固负王亡走昭王夫人宫。③白公自立为王。月余,会叶公来救楚,楚惠王之徒与共攻白公,杀之。惠王乃复位。是岁也,④灭陈而县之。

①徐广曰:"《伍子胥传》曰使胜守楚之边邑鄢。"骃案:服虔曰:"白,邑名。楚邑大夫皆称公"。杜预曰:"汝阴襄信县西南有白亭"。[正义]曰:巢,今庐州居巢县也。《括地志》云:"白亭在豫州襄信东南三十二里。襄信本汉鄢县之地,后汉分鄢置襄信县,在今襄信县东七十七里。"

②贾逵曰:"高府,府名也。"杜预曰:"楚别府。"

③服虔曰:"昭王夫人,惠王母,越女也。"

④徐广曰:"惠王之十年。"

十三年,吴王夫差强,陵齐、晋,来伐楚。十六年,越灭吴。①四十二年,楚灭蔡。②四十四年,楚灭杞。③与秦平。是时越已灭吴而不能正江、淮北。④楚东侵,广地至泗上。

①[正义]曰:表云越灭吴在元王四年。

②[正义]曰:周定王二十二年。

③[正义]曰:周定王二十四年。

④[正义]曰:正,长也。江、淮北谓广陵县,徐、泗等州是也。

五十七年,惠王卒,子简王中立。①

①[正义]曰:中音仲。

简王元年,北伐灭莒。①八年,魏文侯、韩武子、赵桓子始列为诸侯。

①[正义]曰:《括地志》云:"密州莒县,故国也。"言"北伐"者,莒在徐、泗之北。

二十四年,简王卒,子声王当立。①声王六年,盗杀声王,子悼王熊疑立。

①[正义]曰:《谥法》云"不生其国曰声也。"

悼王二年,三晋来伐楚,至乘丘而还。①四年,楚伐周。郑杀子阳。九年,伐韩,取负黍。十一年,三晋伐楚,败我大梁、榆关。②楚厚赂秦,与之平。

①徐广曰:"年表三年归榆关于郑。"[正义]曰:年表云:三晋公子伐我,至

乘丘,误也,已解在年表中。《地理志》云乘丘故城在兖州瑕丘县西北三十五里是也。

②[索隐]曰:此榆关当在大梁之西。

二十一年,悼王卒,子肃王臧立。肃王四年,蜀伐楚,取兹方。①于是楚为扞关以距之。②十年,魏取我鲁阳。③

①[正义]曰:《古今地名》云:"荆州松滋县古鸠兹地,即兹方是也。"

②李熊说公孙述曰:"东守巴郡,距扞关之口。"[索隐]曰:《郡国志》曰巴郡鱼复县有扞关。

③《地理志》云南阳有鲁阳县。[正义]曰:《括地志》云:"汝州鲁山本汉鲁阳县也。古鲁县以古鲁山为名也。"

十一年,肃王卒,无子,立其弟熊良夫,是为宣王。

宣王六年,周天子贺秦献公。秦始复强,而三晋益大,魏惠王、齐威王尤强。

三十年,秦封卫鞅于商,南侵楚。是年,宣王卒,子威王熊商立。

威王六年,周显王致文武胙于秦惠王。

七年,齐孟尝君父田婴欺楚,楚威王伐齐,败之于徐州,①而令齐必逐田婴。田婴恐,张丑伪谓楚王曰:"王所以战胜于徐州者,田盼子不用也。②盼子者,有功于国,而百姓为之用。婴子弗善而用申纪。申纪者,大臣不附,百姓不为用,故王胜之也。今王逐婴子,婴子逐,盼子必用矣。复搏其士卒以与王遇,③必不便于王矣。"楚王因弗逐也。

①徐广曰:"时楚已灭越而伐齐也。齐说越,令攻楚,故云齐欺楚。"

②[索隐]曰:盼子,婴之同族。

③[索隐]曰:搏,音膊,亦有作"附"读。《战国策》作"整"。

十一年,威王卒,子怀王熊槐立。魏闻楚丧,伐楚,取我陉山。①

①[正义]曰:《括地志》云:"陉山在郑州新郑县西南三十里。"

怀王元年,张仪始相秦惠王。四年,秦惠王初称王。

六年,楚使柱国昭阳将兵而攻魏,破之于襄陵,得八邑。①又移兵而攻齐,齐王患之。②陈轸适为秦使齐,齐王曰:"为之奈何?"陈轸曰:"王勿忧,请令罢之。"即往见昭阳军中,曰:"愿闻楚国之法,破军杀将者何以贵之?"昭阳曰:"其官为上柱国,封上爵执珪。"陈轸曰:"其有贵于此者乎?"昭阳曰:"令尹。"陈轸曰:"今君已为令尹矣,此国冠之上。③臣请得譬之,人有遗其舍人一卮酒者,舍人相谓曰:'数人饮此,不足以遍,请遂画地为蛇,蛇先成者独饮之。'一人曰:'吾蛇先成。'举酒而起,曰:'吾能为之足。'及其为之足而后成。人夺之酒而饮之,曰:'蛇固无足,今为之足,是非蛇也。'今君相楚而攻魏,破军杀将,功莫大焉,冠之上不可以加矣。④今又移兵而攻齐,攻齐胜之,官爵不加于此;攻之不胜,身死爵夺,有毁于楚:此为蛇为足之说也。不若引兵而去以德齐,此持满之术也。"昭阳曰:"善。"引兵而去。

①[索隐]曰:襄陵,县名,在河东。古本作"八邑",今亦作"八城"。

②徐广曰:"怀王六年,昭阳移和而攻齐。军门曰和。"

③[索隐]曰:冠,音贯。令尹中最尊,故以国为言,犹如卿子冠军然。

④[索隐]曰:冠音官。

燕、韩君初称王。秦使张仪与楚、齐、魏相会,盟啮桑。①

①[正义]曰:徐广云:"在梁与彭城之间。"

十一年,苏秦约从山东六国共攻秦,楚怀王为从长。至函谷关,秦出兵击六国,六国兵皆引而归,齐独后。

十二年,齐湣王伐败赵、魏军,秦亦伐败韩,与齐争长。

十六年,秦欲伐齐,而楚与齐从亲,秦惠王患之,乃宣言张仪免相,使张仪南见楚王,谓楚王曰:"敝邑之王所甚说者,无先大王;虽仪之所甚愿为门阑之厮者,亦无先大王。敝邑之王所甚憎者,无先齐王,虽仪之所甚憎者,亦无先齐王。而大王和之,①是以敝邑之王不得事王,而令仪亦不得为门阑之厮也。王为仪闭关而绝齐,今使使者从仪西取故秦所分楚商于之地方六百里,②如是则齐弱矣。是北弱齐,西德于秦,私商于以为富,此一计而三利俱至也。"怀王大

悦,乃置相玺于张仪,日与置酒,宣言:"吾复得吾商于之地"。群臣
皆贺,而陈轸独吊。怀王曰:"何故?"陈轸对曰:"秦之所为重王者,
以王之有齐也。今地未可得而齐交先绝,是楚孤也。夫秦又何重孤
国哉? 必轻楚矣。且先出地而后绝齐,则秦计不为。先绝齐而后责
地,则必见欺于张仪。见欺于张仪,则王必怨之。怨之,是西起秦患,
北绝齐交。西起秦患,北绝齐交,则两国之兵必至。③臣故吊。"楚王
弗听,因使一将军西受封地。

①[索隐]曰:和,谓楚与齐相和亲。

②商于之地在今顺阳郡南乡、丹水二县,有商城在于中,故谓之商于。[索
　隐]曰:《地理志》丹水及商属弘农,今言顺阳者,是魏晋始分置顺阳郡,
　商城、丹水俱隶之。

③[索隐]曰:两国,谓韩、魏也。

　　张仪至秦,详醉坠车,称病不出三月,地不可得。楚王曰:"仪以
吾绝齐为尚薄邪?"乃使勇士宋遗北辱齐王。齐王大怒,折楚符而合
于秦。秦齐交合,张仪乃起朝,谓楚将军曰:"子何不受地? 从某至
某,广袤六里。"楚将军曰:"臣之所以见命者六百里,不闻六里。"即
以归报怀王。怀王大怒,兴师将伐秦。陈轸又曰:"伐秦非计也。不
如因赂之一名都,与之伐齐,是我亡于秦,①取偿于齐也,吾国尚可
全。今王已绝于齐而责欺于秦,是吾合秦齐之交而来天下之兵也,
国必大伤矣。"楚王不听,遂绝和于秦,发兵西攻秦。秦亦发兵击之。

①[索隐]曰:谓失商于之地。

　　十七年春,与秦战丹阳,①秦大败我军,斩甲士八万,虏我大将
军屈匄,裨将军逢侯丑等七十余人,遂取汉中之郡。楚怀王大怒,乃
悉国兵复袭秦,战于蓝田,②大败楚军。韩、魏闻楚之困乃南袭楚,
至于邓。楚闻,乃引兵归。

①[索隐]曰:此丹阳在汉中。

②[正义]曰:蓝田在雍州东南八十里,从蓝田关入蓝田县。

　　十八年,秦使使约复与楚亲,分汉中之半以和楚。楚王曰:"愿
得张仪,不愿得地。"张仪闻之,请之楚。秦王曰:"楚且甘心于子,奈
何?"张仪曰:"臣善其左右靳尚,靳尚又能得事于楚王幸姬郑袖,袖

所言无不从者。且仪以前使负楚以商于之约,今秦楚大战,有恶,臣非面自谢楚不解。且大王在,楚不宜敢取仪。诚杀仪以便国,臣之原也。"仪遂使楚。

至,怀王不见,因而囚张仪,欲杀之。仪私于靳尚,靳尚为请怀王曰:"拘张仪,秦王必怒。天下见楚无秦,必轻王矣。"又谓夫人郑袖曰:"秦王甚爱张仪,而王欲杀之,今将以上庸之地六县赂楚,以美人聘楚王,以宫中善歌者为之媵。楚王重地,秦女必贵,而夫人必斥矣。夫人不若言而出之。"郑袖卒言张仪于王而出之。仪出,怀王因善遇仪,仪因说楚王以叛从约而与秦合亲,约婚姻。张仪已去,屈原使从齐来,谏王曰:"何不诛张仪?"怀王悔,使人追仪,弗及。是岁,秦惠王卒。

二十年,齐湣王欲为从长,[1]恶楚之与秦合,乃使使遗楚王书曰:"寡人患楚之不察于尊名也。今秦惠王死,武王立,张仪走魏,樗里疾。公孙衍用,而楚事秦。夫樗里疾善乎韩,而公孙衍善乎魏。楚必事秦,韩、魏恐,必因二人求合于秦,则燕、赵亦宜事秦。四国争事秦,则楚为郡县矣。王何不与寡人并力收韩、魏、燕、赵,与为从而尊周室,以案兵息民,令于天下? 莫敢不乐听,则王名成矣。王率诸侯并伐,破秦必矣。王取武关、蜀、汉之地,[2]私吴、越之富而擅江、海之利,韩、魏割上党,西薄函谷,则楚之强百万也。且王欺于张仪,亡地汉中,兵锉蓝田,天下莫不代王怀怒。今乃欲先事秦? 愿大王孰计之。"

　①[索隐]曰:俗本或作二十六年,按:下文始言二十四年,又更有二十六年,则此云二十六年,衍字也。当是二十年事。又徐广推校二十年取武遂,二十三年归武遂,则引必二十年、二十一年事乎?

　②[正义]曰:武关在商州东一百八十里商洛县界。蜀,巴蜀;汉中,郡也。

楚王业已欲和于秦,见齐王书犹豫不决,下其议群臣。群臣或言和秦,或曰听齐。昭雎曰:[1]"王虽东取地于越,不足以刷耻。必且取地于秦,而后足以刷耻于诸侯。王不如深善齐、韩以重樗里疾,如是则王得韩、齐之重以求地矣。秦破韩宜阳,[2]而韩犹复事秦者,以

先王墓在平阳,③而秦之武遂去之七十里,④以故尤畏秦。不然,秦
攻三川,⑤赵攻上党,楚攻河外,韩必亡。楚之救韩,不能使韩不亡,
然存韩者楚也。韩已得武遂于秦,以河、山为塞,⑥所报德莫如楚
厚,臣以为其事王必疾。齐之所信于韩者,以韩公子昧为齐相也。⑦
韩已得武遂于秦,王甚善之,使之以齐、韩重樗里疾,疾得齐、韩之
重,其主弗敢弃疾也。今又益之以楚之重,樗里子必言秦,复与楚之
侵地矣。"于是怀王许之,竟不合秦,而合齐以善韩。⑧

①[索隐]曰:睢,音七余反。
②[索隐]曰:弘农之县,在渑池西南。
③[索隐]曰:非尧都也。
④[索隐]曰:亦非河间国之县,则韩之平阳,秦之武遂,并当在宜阳左右。
⑤[正义]曰:洛州也。
⑥[正义]曰:河,蒲河西黄河也。山,韩西境也。
⑦[正义]曰:莫葛反,后同。
⑧徐广曰:"怀王之二十二年,秦拔宜阳,取武遂。二十三年,秦复归韩武
　　遂。然则已非二十年事矣。"

二十四年,倍齐而合秦。秦昭王初立,乃厚赂于楚。楚往迎妇。
二十五年,怀王入与秦昭王盟,约于黄棘。秦复与楚上庸。
二十六年,齐、韩、魏为楚负其从亲而合于秦,三国共伐楚。楚
使太子入质于秦而请救。秦乃遣客卿通将兵救楚,三国引兵去。
二十七年,秦大夫有私与楚太子斗,楚太子杀之而亡归。
二十八年,秦乃与齐、韩、魏共攻楚,杀楚将唐昧,取我重丘而
去。
二十九年,秦复攻楚,大破楚,楚军死者二万,杀我将军景缺。
怀王恐,乃使太子为质于齐以求平。
三十年,秦复伐楚,取八城。秦昭王遗楚王书曰:"始寡人与王
约为弟兄,盟于黄棘,太子为质,至欢也。太子陵杀寡人之重臣,不
谢而亡去,寡人诚不胜怒,使兵侵君王之边。今闻君王乃令太子质
于齐以求平。寡人与楚接境壤界,故为婚姻,①所从相亲久矣。而今
秦楚不欢,则无以令诸侯。寡人愿与君王会武关,面相约,结盟而

去，寡人之愿也。敢以闻下执事。"楚怀王见秦王书，患之；欲往，恐见欺；无往，恐秦怒。昭雎曰："王毋行，而发兵自守耳。秦虎狼，不可信，有并诸侯之心。"怀王子子兰劝王行，曰："奈何绝秦之欢心？"于是往会秦昭王。昭王诈令一将军伏兵武关，号为秦王。楚王至，则闭武关，遂与西至咸阳，②朝章台，如蕃臣，不与亢礼。楚怀王大怒，悔不用昭子言。秦因留楚王，要以割巫、黔中之郡。楚王欲盟，秦欲先得地。楚王怒曰："秦诈我，而又强要我以地！"不复许秦，秦因留之。

①[正义]曰：妻父曰外舅父曰姻重姻曰王，两婿相谓曰娅。

②[索隐]曰：右扶风渭城县，故咸阳城也。

楚大臣患之，乃相与谋曰："吾王在秦不得还，要以割地，而太子为质于齐，齐、秦合谋，则楚无国矣。"乃欲立怀王子在国者。昭雎曰："王与太子俱困于诸侯，而今又倍王命而立其庶子，不宜。"乃诈赴于齐，齐湣王谓其相曰："不若留太子以求楚之淮北。"相曰："不可，郢中立王，是吾抱空质而行不义于天下也。"或曰："不然。郢中立王，因与其新王市曰'予我下东国，吾为王杀太子。不然，将与三国共立之'，然则东国必可得矣。"齐王卒用其相计而归楚太子。太子横至，立为王，是为顷襄王。乃告于秦曰："赖社稷神灵，国有王矣。"

顷襄王横元年，秦要怀王不可得地，楚立王以应秦，秦昭王怒，发兵出武关攻楚，大败楚军，斩首五万，取析十五城而去。①

①徐广曰："年表云取十六城，既取析，又并取左右十五城也。"骃案：《地理志》弘农有析县。[正义]曰：《括地志》云："邓州内乡县城本楚析邑，一名丑，汉置析县，因析水为名也。"

二年，楚怀王亡逃归，秦觉之，遮楚道。怀王恐，乃从间道走赵以求归。赵主父在代，①其子惠王初立，行王事，恐，不敢入楚王。楚王欲走魏，秦追至，遂与秦使复之秦。怀王遂发病。

①[索隐]曰：主字亦作"王"。

　　顷襄王三年,怀王卒于秦,秦归其丧于楚。楚人皆怜之,如悲亲戚。诸侯由是不直秦。秦楚绝。

　　六年,秦使白起伐韩于伊阙,①大胜,斩首二十四万。秦乃遗楚王书曰:"楚倍秦,秦且率诸侯伐楚,争一旦之命。愿王之饬士卒,得一乐战。"楚顷襄王患之,乃谋复与秦平。

　　①〔正义〕曰:《括地志》:"伊阙山在洛州南十九里也。"

　　七年,楚迎妇于秦,秦楚复平。

　　十一年,齐秦各自称为帝。月余,复归帝为王。

　　十四年,楚顷襄王与秦昭王好会于宛,结和亲。

　　十五年,楚王与秦、三晋、燕共伐齐,取淮北。

　　十六年,与秦昭王好会于鄢。其秋,复与秦王会穰。

　　十八年,楚人有好以弱弓微缴加归雁之上者,顷襄王闻,召而问之。对曰:"小臣之好射鶀雁,罗鸗,①小矢之发也,何足为大王道也。且称楚之大,因大王之贤,所弋非直此也。昔者三王以弋道德,五霸以弋战国。故秦、魏、燕、赵者,鶀雁也;齐、鲁、韩、卫者,青首也;②驺、费、郯、邳者,罗鸗也。③外其余则不足射者。见鸟六双,以王何取?④王何不以圣人为弓,以勇士为缴,时张而射之?此六双者,可得而囊载也。其乐非特朝夕之乐也,⑤其获非特凫雁之实也。王朝张弓而射魏之大梁之南,加其右臂而径属之于韩,则中国之路绝而上蔡之郡坏矣。还射圉之东,⑥解魏左肘⑦而外击定陶,则魏之东外弃,而大宋、方与二郡者举矣。且魏断二臂,颠越矣;膺击郯国,大梁可得而有也。王绋缴兰台,⑧饮马西河,定魏大梁,此一发之乐也。若王之于弋诚好而不厌,则出宝弓,碆新缴,⑨射嗀鸟于东海,还盖长城以为防,⑩朝射东莒,⑪夕发浿丘,⑫夜加即墨,顾据午道,⑬则长城之东收,⑭而太山之北举矣。西结境于赵,⑮而北达于燕,⑯三国布斺,⑰则从不待约而可成也。北游目于燕之辽东,而南登望于越之会稽,此再发之乐也。若夫泗上十二诸侯,左萦而右拂之,可一旦而尽也。今秦破韩以为长忧,得列城而不敢守也。伐魏而无功,击赵顾病,⑱则秦魏之勇力屈矣,楚之故地汉中、析、郦可得而复有也。王出宝弓,碆新缴,涉鄳塞,⑲而射秦之倦也,山东、河内⑳可得而一也。劳民休众,南面称王矣。故曰秦为大鸟,负海内而处,东面而立,左臂据赵之西南,右臂傅楚鄢郢,膺击韩魏,㉑垂头中国。㉒处既形便,势有地利,奋翼鼓㶊,方三千里,则秦未可得独招而夜射也。"欲以激怒襄王,故对以此言。襄王因召与语,遂言曰:"夫先王为秦所欺而客死于外,怨莫大焉。今以匹夫有怨,尚有报万乘,白公、子胥是也。今楚之地方五千里,带甲百万,犹足以踊跃中野也;而坐受困,臣窃为大王弗取也。"于是顷襄王遣使于诸侯,复为从,欲以伐秦。秦闻之,发兵来伐楚。

①徐广曰:"吕静曰鸢,野鸟也。"[索隐]曰:鷾音其,小雁也。邹诞鸢,音卢动反。刘音龙。是小鸟名。

②[索隐]曰:亦小凫,有青首者。

③[索隐]曰:邹、费,音邹、秘。

④[索隐]曰:以喻下文秦赵等十二国,故云"六双"。

⑤[索隐]曰:夕,犹昔也。

⑥[索隐]曰:还,音患,哀也。射,音石。[正义]曰:圉,音语。城在汴州雍丘县东。言王朝张弓射魏大梁,汴州之南,即加大梁之右臂;连韩、郑,则河北中国之路向东南断绝,则韩上蔡之郡自破坏矣。复绕射雍丘圉城之东,便解散魏左肘宋州,而外击曹定陶,及魏东之外解弃,则宋、方与两郡并举。

⑦[索隐]曰:解,音纪买反。

⑧徐广曰:"绪,萦也,音争。兰,一作'简'。"[正义]曰:郑玄云:"绪,屈也,江沔之间谓之萦,收绳索绪也。"按:缴,丝绳,系弋射鸟也。若膺击郑,围大梁已了,乃收弋缴于兰台。兰台,桓山之别名也。

⑨徐广曰:"以石傅弋缴曰碆。碆音波。"[索隐]曰:碆作"磻",音播。傅,音附。

⑩徐广曰:"噣,一作'独'。还,音宦。盖,一作'益'。益县在乐安,盖县在泰山。济北卢县有长城,东至海也。"[索隐]曰:噣,音昼,谓大鸟之有钩喙者,以比齐也。还,音患,谓绕也。盖者,覆也。言射者环绕盖覆,使无飞走之路,因以长城为防也。徐以盖为益县,非也。《地理志》云长城当在济南也。[正义]曰:《太山郡记》云:"太山西北有长城,缘河径太山千

余里,到琅玡台入海。"《齐记》云:"齐宣王乘山岭上筑长城,东至海,西
至济州千余里,以备楚。"《括地志》云:"长城西北起济州平阴县,缘河
历大山北冈上,经济州淄川,即西南兖州博城县北,东至密州琅玡台入
海。《蓟代记》云齐有长城巨防,足以为塞也。"

⑪[正义]曰:《括地志》云:"密州莒县,故莒子国。《地理志》云周武王封少
　昊之后嬴姓于莒,始都计斤,春秋时徙居莒也。"

⑫徐广曰:"在清河。"[正义]曰:《括地志》云:"泖丘,丘名也,在青州临淄
　县西北二十五里也。"

⑬[索隐]曰:顾,反也。午道当在齐西界。一从一横为午道,盖亦未详其
　处。[正义]曰:刘伯庄云"齐西界"。按:盖在博州之西境也。

⑭[正义]曰:言从齐州长城东至海,太山之北,黄河之南,尽举收于楚。

⑮[正义]曰:言得齐地约结于赵,为境界,定从亲也。

⑯[索隐]曰:北,一作"杜"。杜者,宽大之名。言齐晋既复,取燕不难也。
　[正义]曰:北达,言四通无所滞碍。言燕无山河之限也。

⑰徐广曰:"音翅。一作'属'。"[索隐]曰:三国,齐、赵、燕也。瓶式豉反。

⑱[索隐]曰:顾,犹反也。

⑲徐广曰:"或以为'冥',今江夏。一作'黾'。"[正义]曰:《括地志》云:"故
　郧城在陕州河北县东十里,虞邑也。杜预云河东太阳有太城是也。"徐
　言江夏,亦误也。

⑳[正义]曰:谓华山之东,怀州河内之郡。

㉑[索隐]曰:韩、魏当秦之前,故云"膺击"。俗本作"鹰",非。

㉒[索隐]曰:垂头,犹申颈头也。言欲吞山东。

　楚欲与齐、韩连和伐秦,因欲图周。周王赧使武公①谓楚相昭
子曰:"三国以兵割周郊地以便输,而南器以尊楚,臣以为不然。夫
弑共主,臣世君,②大国不亲,以众胁寡,小国不附。大国不亲,小国
不附,不可以致名实。名实不得,不足以伤民。夫有图周之声,非所
以为号也。"昭子曰:"乃图周则无之。虽然,周何故不可图也?"对
曰:"军不五不攻,城不十不围。夫一周为二十晋,③公之所知也。韩
尝以二十万之众辱于晋之城下,锐士死,中士伤,而晋不拔。公之无
百韩以图周,此天下之所知也。夫怨结于两周以塞邹、鲁之心,④交
绝于齐,⑤声失天下,其为事危矣! 夫危两周以厚三川,⑥方城之

外⑦必为韩弱矣。何以知其然也？西周之地绝长补短不过百里。名
为天下共主，裂其地不足以肥国，得其众不足以劲兵。虽无，攻之名
为弑君。然而好事之君，喜攻之臣，发号用兵，未尝不以周为终始。
是何也？见祭器在焉，欲器之至而忘弑君之乱。今韩以器之在楚，
臣恐天下以器仇楚也。臣请譬之：夫虎肉臊，其兵利身，⑧人犹攻之
也。若使泽中之麋蒙虎之皮，人之攻之必万之于虎。⑨裂楚之地足
以肥国，诎楚之名足以尊主。今子将以欲诛残天下之共主，居三代
之传器，⑩吞三翮六翼以高世主，⑪非贪而何？《周书》曰'欲起无
先'，故器南则兵至矣。"于是楚计辍不行。

①徐广曰："定王之曾孙，而西周惠公之子。"

②［索隐］曰：共主，世君，俱是周自谓也。共主，言周为天下共所宗主也；
　世君，言周室代代君于天下。

③［正义］曰：言周王之国，其地虽小，诸侯尊之，故敌二十晋。

④［索隐］曰：邹鲁有礼义之国，今楚欲结怨两周而夺九鼎，是塞邹鲁之
　心。

⑤［正义］曰：楚本与齐韩和伐秦，因欲图周；齐不与图周，故齐交绝于楚
　也。

⑥［正义］曰：三川，两周之地，韩多有之，言厚韩也。

⑦［正义］曰：方城之外，许州叶县东北也。言楚取两周，则韩强，必弱楚方
　城之外也。

⑧［索隐］曰：谓虎以插入爪牙为兵，而自利于防身也。

⑨［索隐］曰：攻易而利大也。［正义］曰：野泽之麋蒙衣虎皮，人之攻取必
　万倍于虎也。譬楚伐周收祭器，其犹麋蒙虎皮矣。

⑩［索隐］曰：谓九鼎也。

⑪［索隐］曰：翮，亦作"瓹"，同音历。三翮六翼，亦谓九鼎也。空足曰翮。六
　翼即六耳，翼近耳帝，事具《小尔雅》。

十九年，秦伐楚。楚军败，割上庸、汉北地予秦。①

①［正义］曰：谓割房、金、均三州及汉水之北与秦。

二十年，秦将白起拔我西陵。①

①徐广曰："属江夏。"［正义］曰：《括地志》云："西陵故城在黄州黄山西二
　里。"

二十一年,秦将白起遂拔我郢,烧先王墓夷陵。①楚襄王兵散,遂不复战,东北保于陈城。

> ①徐广曰:"年表云拔郢,烧夷陵。"[索隐]曰:夷陵,陵名,后为县,属南
> 郡。[正义]曰:《括地志》云:"峡州夷陵县是也。在荆州西。应劭云夷山
> 在西北。"

二十二年,秦复拔我巫、黔中郡。

二十三年,襄王乃收东地兵,得十余万,复西取秦所拔我江旁十五邑以为郡,距秦。

二十七年,使三万人助三晋伐燕。复与秦平,而入太子为质于秦。楚使左徒侍太子于秦。

三十六年,顷襄王病,太子亡归。秋,顷襄王卒,太子熊元代立,①是为考烈王。考烈王以左徒为令尹,封以吴,号春申君。

> ①[索隐]曰:《系本》作"完"。

考烈王元年,纳州于秦以平。①是时楚益弱。

> ①徐广曰:"南郡有州陵县。"

六年,秦围邯郸,赵告急楚,楚遣将军景阳救赵。

七年,至新中。①秦兵去。②

> ①[索隐]曰:赵地无其名,字误。巨鹿有新市,"中"当为"市"也。[正义]
> 曰:新中,相州安阳县也。七国时魏宁新中邑,秦庄襄王拔之,更名安阳
> 也。
> ②徐广曰:"年表云六年春申君救赵,十年徙于距阳。"

十二年,秦昭王卒,楚王使春申君吊祠于秦。

十六年,秦庄襄王卒,秦王赵政立。

二十二年,与诸侯共伐秦,不利而去。楚东徙都寿春,①命曰郢。

> ①[正义]曰:寿春在南寿州,寿春县是也。

二十五年,考烈王卒,子幽王悍立。李园杀春申君。

幽王三年,秦、魏伐楚。秦相吕不韦卒。

九年,秦灭韩。

十年,幽王卒,同母弟犹代立,是为哀王。

哀王立二月余,哀王庶兄负刍之徒袭杀哀王,而立负刍为王。是岁,秦虏赵王迁。

王负刍元年,燕太子丹使荆轲刺秦王。

二年,秦使将军伐楚,大破楚军,亡十余城。

三年,秦灭魏。

四年,秦将王翦破我军于蕲,①而杀将军项燕。

①[索隐]曰:机祈二音。

五年,秦将王翦、蒙武遂破楚国,虏楚王负刍,灭楚名为楚郡云。①

①孙检曰:"秦虏楚王负刍,灭去楚名,以楚地为三郡。"[索隐]曰:裴注频引孙检,不知其人本末,盖齐人也。

太史公曰:楚灵王方会诸侯于申,诛齐庆封,作章华台,求周九鼎之时,志小天下;及饿死于申亥之家,为天下笑。操行之不得,悲夫!势之于人也,可不慎与?弃疾以乱立,嬖淫秦女,甚乎哉,几再亡国!①

①[索隐]曰:几,音祁。

索隐述赞曰:鬻熊之嗣,周封于楚。僻在荆蛮,荜路蓝缕。及通而霸,僭号曰武。文既代申,成亦赦许。子围篡嫡,商臣杀父。天祸未悔,怼奸自怙。昭困奔亡,怀迫囚虏。顷襄考烈,祚衰南土。

史记卷四一
世家第一一

越王勾践

越王勾践,其先禹之苗裔,[1]而夏后帝少康之庶子也。封于会稽,以奉守禹之祀。文身断发,披草莱而邑焉。后二十余世,至于允常。[2]允常之时,与吴王阖庐战而相怨伐。允常卒,子勾践立,是为越王。

[1][正义]曰:《吴越春秋》云:"禹周行天下,还归大越,登茅山以朝四方群臣,封有功,爵有德,崩而葬焉。至少康,恐禹迹宗庙祭祀之绝,乃封其庶子于越,号曰无余。"贺循《会稽记》云:"少康,其少子号曰于越,越国之称始此。"《越绝记》云:"无余都,会稽山南故越城是也。"

[2][正义]曰:《舆地志》云:"越侯传国三十余叶,历殷至周敬王时,有越侯夫谭,子曰允常,拓土始大,称王。《春秋》贬为子,号为于越。"杜注云:"于,语发声也。"

元年,吴王阖庐闻允常死,乃兴师伐越。越王勾践使死士挑战,三行,至吴陈,呼而自刭。吴师观之,越因袭击吴师,吴师败于檇李,[1]射伤吴王阖庐。阖庐且死,告其子夫差曰:"必毋忘越!"

[1]杜预曰:"吴郡嘉兴县南有檇李城。"[索隐]曰:事在《左传》鲁定公十四年。

三年,勾践闻吴王夫差日夜勒兵,且以报越,越欲先吴未发往伐之。范蠡谏曰:"不可。臣闻兵者凶器也,战者逆德也,争者事之末也。阴谋逆德,好用凶器,试身于所末,上帝禁之,行者不利。"越王曰:"吾已决之矣。"遂兴师。吴王闻之,悉发精兵击越,败之夫椒。①越王乃以余兵五千人保栖于会稽。②吴王追而围之。

> ①杜预曰:"夫椒在吴郡吴县,太湖中椒山是也。"[索隐]曰:夫,音符。椒,
> 音焦,本又作"湫",音酒小反。贾逵云地名。《国语》云败之五湖,则杜预
> 云在椒山为非。事具哀公元年。

> ②杜预曰:"上会稽山也。"[索隐]曰:邹诞云:"保山曰栖,犹鸟栖于木以
> 避害也。故《六韬》曰'军处山之高者则曰栖'。"

越王谓范蠡曰:"①以不听子,故至于此。为之奈何?"蠡对曰:"持满者与天,②定倾者与人,③节事者以地。④卑辞厚礼以遗之,不许,而身与之市。"⑤勾践曰:"诺。"乃令大夫种行成于吴,⑥膝行顿首曰:"君王亡臣勾践使陪臣种敢告下执事:勾践请为臣,妻为妾。"吴王将许之。子胥言于吴王曰:"天以越赐吴,勿许也。"种还,以报勾践。勾践欲杀妻子,燔宝器,触战以死。种止勾践曰:"夫吴太宰嚭贪,可诱以利,请间行言之。"⑦于是勾践乃以美女宝器令种间献吴太宰嚭。⑧嚭受,乃见大夫种于吴王。种顿首言曰:"愿大王赦勾践之罪,尽入其宝器。不幸不赦,勾践将尽杀其妻子,燔其宝器,五千人触战,必有当也。"⑨嚭因说吴王曰:"越以服为臣,若将赦之,此国之利也。"吴王将许之。子胥进谏曰:"今不灭越,后必悔之。勾践贤君,种、蠡良臣,若反国,将为乱。"吴王弗听,卒赦越,罢兵而归。

> ①[正义]曰:《会稽典录》云:"范蠡字少伯,越之上将军也。本是楚宛三户
> 人,佯狂,倜傥负俗。文种为宛令,遣吏谒奉。吏还曰:'范蠡本国狂人,
> 生有此病。'种笑曰:'吾闻士有贤俊之姿,必有佯狂之讥,内怀独见之
> 明,外有不知之毁,此固非二三子之所知也。'驾车而往,蠡避之。后知
> 种之必谒,谓兄嫂曰:'今日有客,愿假衣冠。'有顷种至,抵掌而谈,
> 旁人观者耸听之矣。"

> ②韦昭曰:"与天,法天也。天道盈而不溢。"[索隐]曰:与天,天与也。言持
> 满不溢,与天同道,故天与之。

> ③虞翻曰:"人道尚谦卑以自牧。"[索隐]曰:人主有定倾之功,故人与之。

> ④韦昭曰:"时不至,不可强生;事不究,不可强成。"[索隐]曰:《国语》
> "以"作"与",此"以",亦与义也。言地能财成万物,人主宜节用以法地,

故地与之。韦昭等解恐非。

⑤韦昭曰:"市,利也。谓季㕁龠属国家,以身随之。"[正义]曰:卑作言辞,
　厚遗珍宝。不许平,越王身往事之,如市贾货易以利。此是定倾危之计。

⑥[索隐]曰:大夫,官;种,名也。一云大夫姓,犹司马、司空之比,非也。成
　者,平也,求和于吴也。[正义]曰:《吴越春秋》云:"大夫种姓文名种,字
　子禽。荆平王时为宛令,之三户之里,范蠡从犬窦蹲而吠之,从吏恐文
　种惭,令人引衣而鄣之。文种曰:'无鄣也。吾闻犬之所吠者人,今吾到
　此,有圣人之气,行而求之,来至于此。且人身而犬吠者,谓我是人也。'
　乃下车拜,蠡不为礼。"

⑦[索隐]曰:间,音纪闲反。间行,犹微行。

⑧[索隐]曰:《国语》云:"越饰美女二人,使大夫种遗太宰嚭。"

⑨[索隐]曰:言悉五千人触战,或有能当吴兵者,故《国语》作"耦",耦亦
　相当对之名。又下云"无乃伤君王之所爱乎",是有当则伤也。

　　勾践之困会稽也,喟然叹曰:"吾终于此乎?"种曰:"汤系夏台,
文王囚羑里,晋重耳奔翟,齐小白奔莒,其卒王霸。由是观之,何遽
不为福乎?"

　　吴既赦越,越王勾践反国,乃苦身焦思,置胆于坐,坐卧即仰
胆,饮食亦尝胆也。曰:"女忘会稽之耻邪?"身自耕作,夫人自织,食
不加肉,衣不重采,折节下贤人,厚遇宾客,振贫吊死,①与百姓同
其劳。欲使范蠡治国政,蠡对曰:"兵甲之事,种不如蠡;镇抚国家,
亲附百姓,蠡不如种。"于是举国政属大夫种,而使范蠡与大夫柘稽
行成,为质于吴。②二岁而吴归蠡。

　　①徐广曰:"吊,一作'葬'。"
　　②[索隐]曰:越大夫也。《国语》作"诸稽郢"。

　　勾践自会稽归七年,拊循其士民,士民欲用以报吴。吴大夫逢
同①谏曰:"国新流亡,今乃复殷给,缮饰备利,吴必惧,惧则难必
至。且鸷鸟之击也,必匿其形。今夫吴兵加齐、晋,怨深于楚、越,名
高天下,实害周室,德少而功多,必淫自矜。为越计,莫若结齐,亲
楚,附晋,以厚吴。吴之志广,必轻战。是我连其权。三国伐之,越
承其弊,可克也。"勾践曰:"善。"

①[索隐]曰：逢，姓，同，名。故楚有逢伯者是。

居二年，吴王将伐齐。子胥谏曰："未可。臣闻勾践食不重味，与百姓同苦乐。此人不死，必为国患。吴有越腹心之疾，齐与吴疥癣①也。愿王释齐先越。"吴王弗听，遂伐齐，败之艾陵，②虏齐高、国③以归。让子胥。子胥曰："王毋喜！"王怒。子胥欲自杀，王闻而止之。越大夫种曰："臣观吴王政骄矣，请试尝之贷粟，以卜其事。"请贷，吴王欲与，子胥谏勿与，王遂与之，越乃私喜。子胥言曰："王不听谏，后三年吴其墟乎！"太宰嚭闻之，乃数与子胥争越议，因谗子胥曰："伍员貌忠而实忍人，其父兄不顾，安能顾王？王前欲伐齐，员强谏，已而有功，用是反怨王。王不备伍员，员必为乱。"与逢同共谋，谗之王。王始不从，乃使子胥于齐。闻其托子于鲍氏，王乃大怒，曰："伍员果欺寡人！欲反。"使人赐子胥属镂剑以自杀。子胥大笑曰："我令而父霸，④我又立若，⑤若初欲分吴国半予我，我不受，已，今若反以谗诛我。嗟乎！嗟乎，一人固不能独立！"报使者曰："必取吾眼置吴东门，以观越兵入也！"⑥于是吴任嚭政。

①[索隐]曰：疥癣，音介鲜。

②[索隐]曰：在鲁哀十一年。

③[索隐]曰：国惠子、高昭子。

④[索隐]曰：而，汝也。父，阖庐也。

⑤[索隐]曰：若，亦汝也。

⑥[索隐]曰：《国语》云吴王愠曰"孤不使大夫得见"，乃盛以鸱夷，投之于江也。

居三年，勾践召范蠡曰："吴已杀子胥，导谀者众，可乎？"对曰："未可。"

至明年春，吴王北会诸侯于黄池，①吴国精兵从王，惟独老弱与太子留守。②勾践复问范蠡，蠡曰："可矣"。乃发习流二千，③教士四万人，④君子六千人，⑤诸御千人⑥伐吴。吴师败，遂杀吴太子。吴告急于王，王方会诸侯于黄池，惧天下闻之，乃秘之。吴王已盟黄池，乃使人厚礼以请成越。越自度亦未能灭吴，乃与吴平。

①[索隐]曰:在哀十三年。

②[索隐]曰:据《春秋左氏传》,太子名文。

③[索隐]曰:《虞书》云"流宥五刑。"按:流放之罪人,使之习战,任为卒
伍,有二千人也。[正义]曰:谓先惯习流利战阵死者二千人也。

④[索隐]曰:谓常所教练之兵也。故孔子曰"以不教民战,是谓弃之"是
也。

⑤韦昭曰:"君子,王所亲近有志行者,犹吴所谓'贤良',齐所谓'士'也。"
虞翻曰:"言君养之如子。"[索隐]曰:君子,谓君所子养有恩惠者。又
按:《左氏》"楚沈尹戍帅都君子以济师",杜预曰:"都君子,诸都邑之士
有复除者"。《国语》云"王以私卒君子六千人也"。

⑥[索隐]曰:诸御,谓诸理事之官在军有职掌者。

其后四年,越复伐吴。吴士民罢弊,轻锐尽死于齐、晋。而越大
破吴,因而留,围之三年。吴师败,越遂复栖吴王于姑苏之山。吴王
使公孙雄①肉袒膝行而前,请成越王曰:"孤臣夫差敢布腹心,异日
尝得罪于会稽,夫差不敢逆命,得与君王成以归。今君王举玉趾而
诛孤臣,孤臣惟命是听,意者亦欲如会稽之赦孤臣之罪乎?"勾践不
忍,欲许之。范蠡曰:"会稽之事,天以越赐吴,吴不取。今天以吴赐
越,越其可逆天乎?且夫君王早朝晏罢,非为吴邪?谋之二十二年,
一旦而弃之,可乎?且夫天与弗取,反受其咎。'伐柯者其则不远',
君忘会稽之厄乎?"勾践曰:"吾欲听子言,吾不忍其使者。"范蠡乃
鼓进兵,曰:"王已属政于执事,②使者去! 不者且得罪。"③吴使者
泣而去。勾践怜之,乃使人谓吴王曰:"吾置王甬东,君百家。"④吴
王谢曰:"吾老矣,不能事君王!"遂自杀。乃蔽其面,⑤曰:"吾无面
以见子胥也!"越王乃葬吴王而诛太宰嚭。

①虞翻曰:"吴大夫。"

②虞翻曰:"执事,蠡自谓也。"

③虞翻曰:"我为子得罪。"[索隐]曰:虞翻注盖依《国语》之文,今案此文,
谓使者宜速去,不去得罪于越,义亦通。

④杜预曰:"甬东,会稽勾章县东海中洲也。"[索隐]曰:《吴语》云"与之夫
妇三百"是也。

⑤[正义]曰：今之面衣是其遗象也。《越绝》云："吴王曰'闻命矣！以三寸帛幎吾两目。使死者有知，吾惭见伍子胥，公孙圣；以为无知，吾耻生者'。越王则解绶以幎其目，遂伏剑而死。"幎，音觅。顾野王云大巾覆也。

　　勾践已平吴，乃以兵北渡淮，与齐、晋诸侯会于徐州，致贡于周。周元王使人赐勾践胙，命为伯。勾践已去，渡淮南，以淮上地与楚，①归吴所侵宋地于宋，与鲁泗东方百里。当是时，越兵横行于江、淮东，诸侯毕贺，号称霸王。②

　　①《楚世家》曰："越灭吴而不能正江、淮北。楚东侵广地至泗上。"

　　②[索隐]曰：越在蛮夷，少康之后，地远国小，春秋之初未通上国。国史既微，略无世系，故《纪年》称为于粤子。据此文，勾践平吴之后，周元王始命为伯，后遂僭而称王也。

　　范蠡遂去，自齐遗大夫种书曰："蜚鸟尽，良弓藏；狡兔死，走狗烹。①越王为人长颈鸟喙，可与共患难，不可与共乐。子何不去？"种见书，称病不朝。人或谗种且作乱，越王乃赐种剑曰："子教寡人伐吴七术，②寡人用其三而败吴，其四在子，子为我从先王试之。"种遂自杀。

　　①徐广曰："狡，一作'郊'。"

　　②[正义]曰：《越绝》云："九术：一曰尊天事鬼；二曰重财币以遗其君；三曰遗敌粟稿以空其邦；四曰遗之好美以荧其志；五曰遗之巧匠，使起宫室高台，以尽其财，以疲其力；六曰贵其谀臣，使之易伐；七曰强其谏臣，使之自杀；八曰邦家富而备器利；九曰坚甲利兵以承其弊。"

　　勾践卒，①子王鼫与立。②王鼫与卒，子王不寿立。王不寿卒，③子王翁立。王翁卒，④子王翳立。王翳卒，子王之侯立。⑤

　　①[索隐]曰：《纪年》云："晋出公十年十一月，于粤子勾践卒，是为菼执。"

　　②[索隐]曰：鼫，音石。与，音余。按：《纪年》云"于粤子勾践卒，次鹿郢立，六年卒"。乐资云："越语谓鹿郢为鼫与也"。

　　③[索隐]曰：《纪年》云："不寿立十年见杀，是为盲姑。次朱勾立。"

　　④[索隐]曰：《纪年》于粤子朱勾三十四年灭滕，三十五年灭郯，三十七年

朱勾卒。

⑤〔索隐〕曰：《纪年》云："翳三十三年迁于吴，三十六年七月太子诸咎弑
其君翳，十月粤杀诸咎。粤滑，吴人立孚错枝为君。明年，大夫寺区定
粤乱，立初无余之。十二年，寺区弟思弑其君莽安，次无颛立。无颛八
年薨，是为菼蠋卯。"故庄子云"越人三弑其君，子搜患之，逃乎丹穴不
肯出，越人薰之以艾，乘以王舆"。乐资云"号曰无颛"。盖无颛后乃次
无强也，则王之侯即无余之也。

　　王之侯卒，子王无强立。①王无强时，越兴师北伐齐，西伐楚，
与中国争强。当楚威王之时，越北伐齐，齐威王使人说越王曰："越
不伐楚，大不王，小不伯。图越之所为不伐楚者，为不得晋也。韩、
魏固不攻楚。韩之攻楚，覆其军，杀其将，则叶、阳翟危。②魏亦覆其
军，杀其将，则陈、上蔡不安。③故二晋之事越也，④不至于覆军杀
将，马汗之力不效。⑤所重于得晋者何也？"⑥越王曰："所求于晋
者，不至顿刃接兵，而况于攻城围邑乎？⑦愿魏以聚大梁之下，愿齐
之试兵南阳莒地，以聚常、郯之境，⑧则方城之外不南，⑨淮、泗之
间不东，商、于、析、郦、宋胡之地，⑩夏路以左，⑪不足以备秦，江
南、泗上不足以待越矣。⑫则齐、秦、韩、魏得志于楚，是二晋不战
而分地，不耕而获之。不此之为，而顿刃于河山之间以为齐秦用，所
待者如此其失计，奈何其以此王也！"齐使者曰："幸也越之不亡也！
吾不贵其用智之如目，见豪毛，而不见其睫也。今王知晋之失计，而
不自知越之过，是目论也。⑬王所待于晋者，非其马汗之力也，又非
可与合军连和也，将待之以分楚众也。今楚众已分，何待于晋？"越
王曰："奈何？"曰："楚三大夫张九军，北围曲沃、于中，⑭以至无假
之关者⑮三千七百里，⑯景翠之军北聚鲁、齐、南阳，分有大此者
乎？⑰且王之所求者，斗晋楚也。晋楚不斗，越兵不起，是知二五而
不知十也。此时不攻楚，臣以是知越大不王，小不伯。复雠、庞⑱长
沙，⑲楚之粟也；竟泽陵，楚之材也。⑳越窥兵通无假之关，㉑此四
邑者不上贡事于郢矣。臣闻之，图王不王，其敝可以伯。然而不伯
者，王道失也。故愿大王之转攻楚也。"于是越遂释齐而伐楚。楚威

王兴兵而伐之,大败践,杀王无强。尽取故吴地至浙江,北破齐于徐州。㉒而越以此散,诸族子争立,或为王,或为君,滨于江南海上,㉓服朝于楚。

①[索隐]曰:盖无颛之弟也。音其良反。

②[正义]曰:叶,式涉反,今许州叶县。阳翟,河阳翟县也。二邑此时属韩,与楚犬牙交境,韩若伐楚,恐二邑为楚所危。

③[正义]曰:陈,今陈州也。上蔡,今豫州上蔡邑县也。二邑此时属魏,与楚牙交境,魏若伐楚,恐二国为楚所危也。

④[正义]曰:言韩、魏与楚邻,今令越合于二晋而伐楚。

⑤徐广曰:“效,犹见也。”

⑥[正义]曰:从“不至”已下此,是齐使者重难越王。

⑦[正义]曰:顿刃,筑营垒也。接兵,战也。越王言韩魏之事越,犹不至顿刃接兵,而况更有攻城围邑,韩、魏始服乎? 言畏秦、齐而故事越也。

⑧[索隐]曰:南阳在齐之西界,莒之西也。常,邑名,盖田文所封之邑。郏,故郏国。二邑皆齐之南地。

⑨[正义]曰:方城山在许州叶县西南十八里。外谓许州、豫州等。言魏兵在大梁之下,楚方城之兵不得北伐越也。

⑩徐广曰:“胡国,今之汝阴。”[索隐]曰:四邑并属南阳,楚之西南是也。宋胡作“宗胡”。宗胡,邑名。胡姓之宗,因以名邑。杜预云“汝阴县北有故胡城”是也。[正义]曰:郦,音摊。《括地志》云:“商洛县则古商国城也。《荆州图副》云‘邓州内乡县东七里于村,即于中地也’。”《括地志》又云:“邓州内乡县楚邑也。故郦县在邓州新城县西北三十里。”按:商、于、析、郦在商、邓二州界,县邑也。

⑪徐广曰:“盖谓江夏之夏。”[索隐]曰:徐氏以为江夏,非也。刘氏云“楚适诸夏,路出方城,人向北行,以西为左,故云夏路以西”,其意为得也。[正义]曰:《括地志》云:“故长城在邓州内乡县东七十五里,南入穰县,北连翼望山,无土之处累石为固。楚襄王控霸南土,争强中国,多筑列城于北方,以适华夏,号为方城。”按:此说刘氏为得,云邑徒众少,不足备秦峣、武二关之道也。

⑫[正义]曰:江南,洪、饶等州,春秋时为楚东境也。泗上,徐州,春秋时楚北境也。二境并与越邻,言不足当伐越。

⑬[索隐]曰：言越王知晋之失，不自觉越之过，犹人眼能见豪毛而自不见其睫，故谓之"目论"也。

⑭徐广曰："一作'北面曲沃'。"[正义]曰：《括地志》云："曲沃故城在陕县西三十二里。于中在邓州内乡县东七里。"尔时曲沃属魏，于中属秦，二地相近，故楚围之。

⑮徐广曰："无，一作'西'。"

⑯[正义]曰：按：无假之关当在江南长沙之西北也。言从曲沃、于中西至汉中、巴、巫、黔中千余里，不备秦、鲁也。

⑰[正义]曰：鲁，兖州也。齐，密州莒县邑南至泗上也。南阳，邓州也，时属韩也。言楚又备此三国也，分散有大此者乎？

⑱徐广曰："一作'宠'。"

⑲[正义]曰：复，扶富反。言今越北欲斗晋楚，南复仇敌楚之四邑，庞、长沙、竟陵泽也。庞、长沙出粟之地，竟陵泽出材木之地，此邑近长沙潭、衡之境。越若窥兵西通无假之关，则西邑不得北上贡于楚之郢都矣。战国时永、郴、衡、潭、岳、鄂、江、洪、饶并是东南境，属楚也。袁、吉、虔、抚、歙、宣并越西境，属越也。

⑳[索隐]曰：刘氏曰"复者发语之声"，非也。言发语声者，文势然也，则是脱"况"字耳。雠当作"犫"，犫，邑名，字讹耳。则犫庞、长沙是三邑也。"竟泽陵"当为竟陵泽，言竟陵之山泽出材木，故楚有七泽，盖其一也。合上文为四邑也。

㉑徐广曰："无，一作'西'。"

㉒徐广曰："周显王之四十六年。"[索隐]曰：按：《纪年》粤子无颛薨后十年，楚伐徐州，无楚败越杀无强之语，是无强为无颛之后，《纪年》不得录也。

㉓[正义]曰：今台州临海县是也。

　　后七世，至闽君摇，佐诸侯平秦。汉高帝复以摇为越王，以奉越后。东越，闽君，皆其后也。

　　范蠡①事越王勾越，既苦身戮力，与勾践深谋二十余年，竟灭吴，报会稽之耻，北渡兵于淮以临齐、晋，号令中国，以尊周室，勾践以霸，而范蠡称上将军。还反国，范蠡以为大名之下，难以久居。且勾践为人可与同患,难与处安,为书辞勾践曰:"臣闻主忧臣劳,主辱臣死。昔者君王辱于会稽,所以不死,为此事也。今既以雪耻,臣请从会稽之诛。"勾践曰:"孤将与子分国而有之。不然,将加诛于子。"范蠡曰:"君行令,臣行意。"乃装其轻宝珠玉,自与其私徒属乘舟浮海以行,终不反。于是勾践表会稽山以为范蠡奉邑。②

①《太史公素王妙论》曰:"蠡本南阳人。"《列仙传》云:"蠡,徐人。"[正义]曰:《吴越春秋》云:"蠡字少伯,乃楚宛三户人也。"《越绝》云:"在越为范蠡,在齐为鸱夷子皮,在陶为朱公。"又云:"居楚曰范伯。谓大夫种曰:'三王则三皇之苗裔也,五伯乃五帝之末世也。天运历纪,千岁一至,黄帝之元,执辰破已,霸王之气,见于地户。伍子胥以是挟弓矢干吴王。'于是要大夫种入吴。此时冯同相与戒之:'伍子胥在,自余不能闻其词。'蠡曰:'吴越之邦同风共俗,地户之位非吴则越。彼为彼,我为我。'及越王常与言,尽日方去。"

②[索隐]曰:《国语》云:"乃环会稽三百里以为范蠡之地。"奉,音扶用反。

范蠡浮海出齐,变姓名,自谓鸱夷子皮。①耕于海畔,苦身戮力,父子治产。居无几何,致产数千万。齐人闻其贤,以为相。范蠡喟然叹曰:"居家则致千金,居官则至卿相,此布衣之极也。久受尊名,不祥。"乃归相印,尽散其财,以分与知友乡党。而怀其重宝,间行以去,止于陶。②以为此天下之中,交易有无之路通,为生可以致富矣。于是自谓陶朱公。复约要父子耕畜,废居,候时转物,逐什一之利。居无何,则致赀累巨万。③天下称陶朱公。

①[索隐]曰:范蠡自谓也。盖以吴王杀子胥而盛以鸱夷,今蠡自以有罪,故为号也。韦昭曰"鸱夷,革囊也"。或曰生牛皮也。

②徐广曰:"今之济阴定陶。"[正义]曰:《括地志》云:"陶山在济州平阴县东三十五里。"止此山之阳也,今山南五里犹有朱公冢。

③徐广曰:"万万也。"

朱公居陶,生少子。少子及壮,而朱公中男杀人,囚于楚。朱公曰:"杀人而死,职也。然吾闻千金之子不死于市。"告其少子往视之。乃装黄金千溢,置褐器中,载以一牛车。且遣其少子,朱公长男固请欲行,朱公不听。长男曰:"家有长子曰家督,今弟有罪,大人不遭,乃遣少弟,是吾不肖。"欲自杀。其母为言曰:"今遣少子,未必能生中子也,而先空亡长男,奈何?"朱公不得已而遣长子,为一封书遗故所善庄生。①曰:"至则进千金于庄生所,听其所为,慎无与争事。"长男既行,亦自私赍数百金。

①[索隐]曰:据其时代,非庄周也。然验其行事,非子休而谁能信任于楚王乎?[正义]曰:年表云周元王四年越灭吴,范蠡遂去齐,归定陶,后遗庄生金。庄周与魏惠王、周元王同时,从周元王四年至齐宣王元年一百三十年,此庄生非庄子。

　　至楚,庄生家负郭,披藜藋到门,居甚贫。然长男发书进千金,如其父言。庄生曰:"可疾去矣,慎毋留!即弟出,勿问所以然。"长男既去,不过庄生而私留,以其私赍献遗楚国贵人用事者。庄生虽居穷阎,然以廉直闻于国,自楚王以下皆师尊之。及朱公进金,非有意受也,欲以成事后复归之以为信耳。故金至,谓其妇曰:"此朱公之金。有如病不宿诫,后复归,勿动。"而朱公长男不知其意,以为殊无短长也。庄生间时入见楚王,言:"某星宿某,此则害于楚"。楚王素信庄生,曰:"今为奈何?"庄生曰:"独以德为,可以除之。"楚王曰:"生休矣,寡人将行之。"王乃使使者封三钱之府。①楚贵人惊告朱公长男曰:"王且赦。"曰:"何以也?"曰:"每王且赦,常封三钱之府。昨暮王使使封之。"②朱公长男以为赦,弟固当出也,重千金虚弃庄生,无所为也,乃复见庄生。庄生惊曰:"若不去邪?"长男曰:"固未也。初为事弟,弟今议自赦,故辞生去。"庄生知其意欲复得其金,曰:"若自入室取金。"长男即自入室取金持去,独自欢幸。

①《国语》曰:"周景王时将铸大钱。"贾逵说云:"虞、夏、商、周金币三等,或赤,或白,或黄。黄为上币,铜钱为下币。"韦昭曰:"钱者,金币之名,所以贸买物,通财用也。"单穆公云:"古者有母平子,子权母而行,然则三品之来,古而然矣。"鲴谓楚之三钱,贾韦之说近之。

②或曰:"王且赦,常封三钱之府"者,钱币至重,虑人或逆知有赦,盗窃之,所以封钱府,备盗窃也。汉灵帝时,河内张成能候风角,知将有赦,教子杀人,捕得七日赦出,此其类也。

　　庄生羞为儿子所卖,乃入见楚王曰:"臣前言某星事,王言欲以修德报之。今臣出，道路皆言陶之富人朱公之子杀人囚楚，其家多持金钱赂王左右，故王非能恤楚国而赦，乃以朱公子故也。"楚王大怒曰："寡人虽不德耳，奈何以朱公之子故而施惠乎！"令论杀朱公子，明日遂下赦令。朱公长男竟持其弟丧归。

　　至，其母及邑人尽哀之，唯朱公独笑，曰："吾固知必杀其弟也。彼非不爱其弟，顾有所不能忍者也。是少与我俱，见苦，为生难，故重弃财。至如少弟者，生而见我富，乘坚驱良逐狡兔，①岂知财所从来，故轻去之，非所惜吝。前日吾所为欲遣少子，固为其能弃财故也。而长者不能，故卒以杀其弟，事之理也，无足悲者。吾日夜固以望其丧之来也。"故范蠡三徙，成名于天下，非苟去而已，所止必成名。卒老死于陶，故世传曰陶朱公。②

　　①徐广曰："狡，一作'郊'。"
　　②张华曰："陶朱公冢在南郡华容县西，树碑云是越之范蠡也。"[正义]曰：盛弘之《荆州记》云："荆州华容县西有陶朱公冢，树碑云是越范蠡。范蠡本宛三户人，与文种俱入越，吴亡后，自适齐而终。陶朱公登仙，未闻葬此所由。"《括地志》云陶朱公冢也。又云："济州平阴县东三十里陶山南五里有陶公冢。并止于陶山之阳。"按：葬处有三，未详其处。

　　太史公曰：禹之功大矣，渐九川，①定九州，至于今诸夏艾安。及苗裔勾践，苦身焦思，终灭强吴，北观兵中国，以尊周室，号称霸王。②勾践可不谓贤哉！盖有禹之遗烈焉。范蠡三迁皆有荣名，名垂后世。臣主若此，欲毋显得乎！

　　①徐广曰："渐者，亦引进通导之意也，字或宜然。"
　　②徐广曰："一作'主'。"

　　索隐述赞曰：越祖少康，至于允常。其子始霸，与吴争强。樵李之役，阖闾见伤。会稽之耻，勾践欲当。种诱以利，蠡悉其良。折节下士，致胆思尝。卒复仇寇，遂殄吴疆。后不量力，灭于无强。

史记卷四二
世家第一二

郑

郑桓公友者，周厉王少子而宣王庶弟也。①宣王立二十二年，友初封于郑。②封三十三岁，百姓皆便爱之。幽王以为司徒，③和集周民，周民皆说。河雒之间，人便思之。为司徒一岁，幽王以褒后故，王室治多邪，诸侯或畔之。于是桓公问太史伯④曰："王室多故，予安逃死乎？"太史伯对曰："独雒之东土，河济之南可居。"公曰："何以？"对曰："地近虢、郐，⑤虢、郐之君贪而好利，⑥百姓不附。今公为司徒，民皆爱公，公诚请居之，虢、郐之君见公方用事，轻分公地。公诚居之，虢、郐之民皆公之民也。"公曰："吾欲南之江上，何如？"对曰："昔祝融为高辛氏火正，其功大矣，而其于周未有兴者，楚其后也。周衰，楚必兴。兴，非郑之利也。"公曰："吾欲居西方，何如？"⑦对曰："其民贪而好利，难久居。"公曰："周衰，何国兴者？"对曰："齐、秦、晋、楚乎？夫齐姜姓，伯夷之后也，伯夷佐尧典礼。秦嬴姓，伯翳之后也，伯翳佐舜怀柔百物。及楚之先，皆尝有功于天下。而周武王克纣后，成王封叔虞于唐，⑧其地阻险，以此有德，与周衰并，亦必兴矣。"桓公曰："善。"于是卒言王，东徙其民雒东，而虢、郐果献十邑，⑨竟国之。⑩

①徐广曰："年表云母弟。"
②[索隐]曰：郑，县名，属京兆。秦武公十一年"初县杜、郑"是也。又《系本》云："桓公居棫林，徙拾。"宋忠云"棫林与拾皆旧地名"，是封桓公乃名为郑耳。至秦之县郑，是郑武公东徙新郑之后，其旧郑乃是故都，故

秦始改为县也。《地理志》。

③韦昭曰："幽王八年为司徒。"[索隐]曰:韦昭据《国语》以为说耳。

④虞翻曰："周太史。"

⑤徐广曰："虢在成皋,郐在密县。"骃案:虞翻曰:"虢,姬姓,东虢也。郐,妘姓"。[正义]曰:《括地志》云:"洛州氾水县,古东虢叔之国,东虢君也。"又云:"故郐城在郑州新郑县东北三十二里。"

⑥[索隐]曰:《郑语》云"虢叔恃势,郐仲恃险,皆有骄侈,又加之以贪冒"是也。虢叔,文王弟。郐,妘姓之国也。

⑦[索隐]曰:《国语》曰:"公曰'谢西之九州何如'。"韦昭云:"谢,申伯之国。谢西有九州。二千五百家为州。"其说盖异此。

⑧徐广曰:"《晋世家》曰唐叔虞,姓姬氏,字子干。"[索隐]曰:唐者,古国,尧之后,其君曰叔虞。何以知然?据此系家下文云"唐人之季代曰唐叔虞。当武王邑姜方动太叔,梦天帝命而子曰虞,与之唐。及生有文在手曰'虞',遂以名之。及成王灭唐而国太叔,故因以称唐叔虞"。杜预亦曰"取唐君之名"是也。

⑨虞翻曰:"十邑谓虢、郐、鄢、蔽、补、丹、依、畴、历、华也。"[索隐]曰:《国语》云:"太史伯曰'若克二邑,鄢、蔽、补、丹、依、畴、历、华,君之土也'。"虞翻注依《国语》为记。

⑩韦昭曰:"后武公竟取十邑地而居之,今河南新郑也。"

二岁,犬戎杀幽王于骊山下,并杀桓公。郑人共立其子掘突,①是为武公。②

①[正义]曰:上求勿反,下户骨反。

②[索隐]曰:谯周云"名突滑",皆非也。盖古史失其名,太史公循旧失而妄记之耳。何以知其然者?按下文其孙昭公名忽,厉公名突,岂有孙与祖同名乎?当是旧史杂记昭、厉忽突之名,遂误以掘突为武公之字耳。

武公十年,娶申侯女①为夫人,曰武姜。生太子寤生,生之难。及生,夫人弗爱。后生少子叔段,段生易,夫人爱之。②二十七年,武公疾。夫人请公,欲立段为太子,公弗听。是岁武公卒,寤生立,是为庄公。

①[正义]曰:《括地志》云:"故申城在邓州南阳县北三十里。《左传》云郑

　　武公取于申也。"

　　②徐广曰:"年表云十四年生寤生,十七年生太叔段。"

　　庄公元年,封弟段于京,①号太叔。祭仲曰:"京大于国,非所以封庶也。"庄公曰:"武姜欲之,我弗敢夺也。"段至京,缮治甲兵,与其母武姜谋袭郑。二十二年,段果袭郑,武姜为内应。庄公发兵伐段,段走。伐京,京人畔段,段出走鄢。②鄢溃,段出奔共。③于是庄公迁其母武姜于城颍,④誓言曰:"不至黄泉,⑤毋相见也。"居岁余,已悔,思母。颍谷之考叔⑥有献于公,公赐食。考叔曰:"臣有母,请君食赐臣母。"庄公曰:"我甚思母,恶负盟,奈何?"考叔曰:"穿地至黄泉,则相见矣。"于是遂从之,见母。

　　①贾逵曰:"京,郑都邑。"杜预曰:"今荥阳京县。"

　　②[正义]曰:邬,音乌古反。今新郑县南邬头有村,多万家。旧作"鄢",音偃。杜预云:"鄢,今鄢陵也。"

　　③贾逵曰:"共,国名也。"杜预曰:"今汲郡共县也。"[正义]曰:按:今卫州共城县是也。

　　④贾逵曰:"郑地也。"[正义]曰:疑许州临颍县是也。

　　⑤服虔曰:"天玄地黄,泉在地中,故言黄泉。"

　　⑥贾逵曰:"颍谷,郑地。"[正义]曰:《括地志》云:"颍水源出洛州嵩高县东南三十里阳乾山,今俗名颍山泉。源出山之东谷。其侧有古人居处,俗名为颍墟,故老云是颍考之故居,即郦元注《水经》所谓颍谷也。"

　　二十四年,宋缪公卒,公子冯奔郑。郑侵周地,取禾。①二十五年,卫州吁弑其君桓公自立,与宋伐郑,以冯故也。二十七年,始朝周桓王。桓王怒其取禾,弗礼也。②二十九年,庄公怒周弗礼,与鲁易祊、许田。③三十三年,宋杀孔父。

　　①[索隐]曰:《左传》隐三年:"郑武公、庄公为平王卿士。王贰于虢,及王崩,周人将畀虢公政。夏四月,郑祭足帅师取温之麦。秋,又取成周之禾"。

　　②[索隐]曰:杜预曰:"桓公即位,周郑交恶,至是始朝,故言始也。"《左传》又曰:"周桓公言于王曰'我周之东迁,晋郑焉依。善郑以劝来者,犹惧不蔇,况不礼焉,郑不来矣'。"

　　③[索隐]曰:许田,近许之地,鲁朝宿之邑。祊者,郑所受助祭太山之汤沐

邑。郑以天子不能巡守,故以祊易许田,各从其近。

三十七年,庄公不朝周,周桓王率陈、蔡、虢、卫伐郑。庄公与祭仲、高渠弥发兵自救,①王师大败。祝瞻射中王臂。②祝瞻请从之,郑伯止之,曰:"犯长且难之,况敢陵天子乎?"乃止。夜令祭仲问王疾。

①[索隐]曰:《左传》称祭仲足,盖祭是邑,其人名仲,字仲足,故《传》云祭封人中足是也。此繻葛之战在鲁桓五年。弥,一作"眯",并音迷。

②[索隐]曰:《左传》作"祝聃"。

三十八年,北戎伐齐,齐使求救,郑遣太子忽将兵救齐。齐釐公欲妻之,忽谢曰:"我小国,非齐敌也。"时祭仲与俱,劝使取之,曰:"君多内宠,①太子无大援将不立,三公子皆君也。"所谓三公子者,太子忽,其弟突,次弟子亹也。②

①服虔曰:"言庶子有宠者多。"

②[索隐]曰:此文则数太子忽及突、子亹为三,而杜预云不数太子,以子突、子亹、子仪为三,盖得之。

四十三年,郑庄公卒。初,祭仲甚有宠于庄公,庄公使为卿;公使娶邓女,生太子忽,故祭仲立之,是为昭公。

庄公又娶宋雍氏女,①生厉公突。雍氏有宠于宋。②宋庄公闻祭仲之立忽,乃使人诱召祭仲而执之,曰:"不立突,将死。"亦执突以求赂焉。祭仲许宋,与宋盟。以突归,立之。昭公忽闻祭仲以宋要立其弟突,九月辛亥,忽出奔卫。己亥,突至郑,立,是为厉公。

①贾逵曰:"雍氏,黄帝之孙,姞姓之后,为宋大夫。"

②服虔曰:"为宋正卿,故曰有宠。"

厉公四年,祭仲专国政。厉公患之,阴使其婿雍纠欲杀祭仲。①纠妻,祭仲女也,知之,谓其母曰:"父与夫孰亲?"母曰:"父一而已,人尽夫也。"②女乃告祭仲,祭仲反杀雍纠,戮之于市。厉公无奈祭仲何,怒纠曰:"谋及妇人,死固宜哉!"夏,厉公出居边邑栎。③祭仲迎昭公忽,六月乙亥,复入郑即位。秋,郑厉公突因栎人杀其大夫单伯,④遂居之。诸侯闻厉公出奔,伐郑,弗克而去。宋颇予厉公兵,自守于栎,郑以故亦不伐栎。

①贾逵曰："雍纠,郑大夫。"

②杜预曰："妇人在室则天父,出则天夫。女以为疑,故母以所生为本解
　之。"

③宋衷曰："今颍川阳翟县。"[索隐]曰:按:栎,音历,即郑初得十邑之历
　也。

④杜预曰："郑守栎大夫也。"[索隐]曰:依《左传》作"檀伯"。事在桓十五
　年。此文误为"单伯"者,盖亦有所因也。按鲁庄公十四年,厉公自栎侵
　郑,事与单伯会齐师伐宋相连,故知误耳。

昭公二年,自昭公为太子时,父庄公欲以高渠弥为卿,太子忽
恶之,庄公弗听,卒用渠弥为卿。及昭公即位,惧其杀己,冬十月辛
卯,渠弥与昭公出猎,射杀昭公于野。祭仲与渠弥不敢入厉公,乃更
立昭公弟子亹为君,是为子亹也,无谥号。

子亹元年七月,齐襄公会诸侯于首止。①郑子亹往会,高渠弥
相,从,祭仲称疾不行。所以然者,子亹自齐襄公为公子之时,尝会
斗相仇,及会诸侯,祭仲请子亹无行。子亹曰:"齐强,而厉公居栎,
即不往,是率诸侯伐我,内厉公。我不如往,往何遽必辱,且又何至
是!"卒行。于是祭仲恐齐并杀之,故称疾。子亹至,不谢齐侯,齐侯
怒,遂伏甲而杀子亹。高渠弥亡归,②归与祭仲谋,召子亹弟公子婴
于陈而立之,是为郑子。③是岁,齐襄公使彭生醉拉杀鲁桓公。

①服虔曰:"首止,近郑之地。"杜预曰:"首止,卫地。陈留襄邑县东南有首
　乡。"

②[索隐]曰:《左氏》云辗高渠弥。

③[索隐]曰:《左氏》以郑子名子仪,此云婴,盖别有所见。

郑子八年,齐人管至父等作乱,弑其君襄公。十二年,宋人长万
弑其君湣公。郑祭仲死。

十四年,故郑亡厉公突在栎者使人诱劫郑大夫甫瑕,要以求
入。①瑕曰:"舍我,我为君杀郑子而入君。"厉公与盟,乃舍之。六月
甲子,瑕杀郑子及其二子,而迎厉公突,突自栎复入即位。初,内蛇
与外蛇斗于郑南门中,内蛇死。居六年,厉公果复入。入而让其伯
父原②曰:"我亡国外居,伯父无意我,亦甚矣。"原曰:"事君无二

心,人臣之职也。原知罪矣。"遂自杀。厉公于是谓甫瑕曰:"子之事君有二心矣。"遂诛之。瑕曰:"重德不报,诚然哉!"

①[索隐]曰:《左传》作"傅瑕"。此本多假借,亦依字读。

②[索隐]曰:《左传》谓之原繁。

　　厉公突后元年,齐桓公始霸。五年,燕、卫与周惠王弟颓伐王,①王出奔温,立弟颓为王。六年,惠王告急郑,厉公发兵击周王子颓,弗胜,于是与周惠王归,王居于栎。七年春,郑厉公与虢叔袭杀王子颓,而入惠王于周。

①[索隐]曰:惠王,庄王孙,僖王子。子颓,庄王之妾王姚所生。事在庄十九年。

　　秋,厉公卒,子文公踕立①。厉公初立四岁,亡居栎,居栎十七岁,复入,立七岁,与亡凡二十八年。

①[索隐]曰:踕,音在接反。《系本》云文公徙郑。宋忠云即新郑也。

　　文公十七年,齐桓公以兵破蔡,遂伐楚,至召陵。

　　二十四年,文公之贱妾曰燕姞,①梦天与之兰,②曰:"余为伯鲦。余,尔祖也。③以是为而子,④兰有国香。"以梦告文公,文公幸之,而予之草兰为符。遂生子,名曰兰。

①贾逵曰:"姞,南燕姓。"

②贾逵曰:"香名也。"

③贾逵曰:"伯鲦,南燕祖。"

④王肃曰:"以是兰也为汝子之名。"

　　三十六年,晋公子重耳过,文公弗礼。文公弟叔詹曰:"重耳贤,且又同姓,穷而过君,不可无礼。"文公曰:"诸侯亡公子过者多矣,安能尽礼之!"詹曰:"君如弗礼,遂杀之。弗杀,使即反国,为郑忧矣。"文公弗听。

　　三十七年春,晋公子重耳反国,立,是为文公。秋,郑入滑,滑听命,已而反与卫,于是郑伐滑。①周襄王使伯犞请滑②。郑文公怨惠王之亡在栎,而文公父厉公入之,而厉王不赐厉公爵禄,③又怨襄王之与卫滑,故不听襄王请而囚伯犞。王怒,与翟人伐郑,弗克。冬,翟攻伐襄王,襄王出奔郑,郑文公居王于氾。

①〔索隐〕曰:《左传》僖二十四年:"郑公子士泄、堵俞弥帅师伐滑"。

②〔索隐〕曰:牐,音服。《左氏》:"王使伯服、游孙伯如郑请滑"。杜预云:
　　"二子,周大夫。"知伯牐即伯服也。

③〔索隐〕曰:此言爵禄,与《左氏》说异。《左传》云:"郑伯享王,王以后之
　　鞶鉴与之。虢公请器,王予之爵"。则爵酒器,非爵禄也,故曰与《左氏》
　　说异。

三十八年,晋文公入襄王成周。

四十一年,助楚击晋。自晋文公之过无礼,故背晋助楚。

四十三年,晋文公与秦穆公共围郑,讨其助楚攻晋者,及文公过时之无礼也。初,郑文公有三夫人,宠子五人,皆以罪早死。公怒,溉①逐群公子。子兰奔晋,从晋文公围郑。时兰事晋文公甚谨,爱幸之,乃私于晋,以求入郑为太子。晋于是欲得叔詹为戮。郑文公恐,不敢谓叔詹言。詹闻,言于郑君曰:"臣谓君,君不听臣,晋卒为患。然晋所以围郑以詹,詹死而赦郑国,詹之愿也。"乃自杀。郑人以詹尸与晋。晋文公曰:"必欲一见郑君,辱之而去。"郑人患之,乃使人私于秦曰:"破郑益晋,非秦之利也。"秦兵罢。晋文公欲入兰为太子,以告郑。郑大夫石癸曰:"吾闻姞姓乃后稷之元妃,②其后当有兴者。子兰母,其后也。且夫人子尽已死,余庶子无如兰贤。今围急,晋以为请,利孰大焉!"遂许晋,与盟,卒而立子兰为太子。晋兵乃罢去。

①徐广曰:"一作'瑕'。"〔索隐〕曰:音既。《左传》作"瑕"。

②杜预曰:"姞姓之女,为后稷妃。"

四十五年,文公卒,子兰立,是为缪公。缪公元年春,秦缪公使三将将兵,欲袭郑。至滑,逢郑贾人弦高诈以十二牛劳军,故秦兵不至而还,晋败之于崤。初,往年郑文公之卒也,郑司城缯贺以郑情卖之,秦兵故来。

三年,郑发兵从晋伐秦,败秦兵于汪。

往年①楚太子商臣弑其父成王代立。二十一年,与宋华元伐郑。华元杀羊食士,不与其御羊斟,怒以驰郑,郑囚华元。宋赎华元,

元亦亡去。晋使赵穿以兵伐郑。

①徐广曰:"缪公之二年。"

二十二年,郑缪公卒,子夷立,是为灵公。

灵公元年春,楚献鼋于灵公。子家、子公将朝灵公,①子公之食指动,②谓子家曰:"佗日指动,必食异物。"及入,见灵公进鼋羹,子公笑曰:"果然!"灵公问其笑故,具告灵公。灵公召之,独弗予羹。子公怒,染其指,③尝之而出。公怒,欲杀子公。子公与子家谋先。夏,弑灵公。郑人欲立灵公弟去疾,去疾让曰:"必以贤,则去疾不肖。必以顺,则公子坚长。"坚者,灵公庶弟,④去疾之兄也。于是乃立子坚,是为襄公。

①贾逵曰:"二子郑卿也。"

②服虔曰:"第二指。"

③《左传》曰:"染指于鼎。"

④徐广曰:"年表云灵公庶兄。"

襄公立,将尽去缪氏。缪氏者,杀灵公子公之族家也。去疾曰:"必去缪氏,我将去之。"乃止。皆以为大夫。

襄公元年,楚怒郑受宋赂纵华元,伐郑。郑背楚,与晋亲。五年,楚复伐郑。晋来救之。

六年,子家卒,国人复逐其族,以其弑灵公也。七年,郑与晋盟鄢陵。

八年,楚庄王以郑与晋盟,来伐,围郑三月。郑以城降楚。楚王入自皇门,郑襄公肉袒擎羊以迎,曰:"孤不能事边邑,使君王怀怒,以及弊邑,孤之罪也。敢不惟命是听!君王迁之江南,及以赐诸侯,亦惟命是听。若君王不忘厉、宣王、桓、武公,哀,不忍绝其社稷,锡不毛之地,①使复得改事君王,孤之愿也,然非所敢望也。敢布腹心,惟命是听。"庄王为却三十里而后舍。楚群臣曰:"自郢至此,士大夫亦久劳矣。今得国舍之,何如?"庄王曰:"所为伐,伐不服也。今已服,尚何求乎?"卒去。晋闻楚之伐郑,发兵救郑。其来持两端,故迟,比至河,楚兵已去。晋将率或欲渡,或从还,卒渡河。庄王闻,还击晋。郑反助楚,大破晋军于河上。

①何休曰:"硗确不生五谷曰不毛,谦不敢求肥饶。"

十年,晋来伐郑,以其反晋而亲楚也。

十一年,楚庄王伐宋,宋告急于晋。晋景公欲发兵救宋,伯宗谏晋君曰:"天方开楚,未可伐也。"乃求壮士,得霍人解扬,字子虎,诓楚,令宋毋降。过郑,郑与楚亲,乃执解扬而献楚。楚王厚赐与约,使反其言,令宋趣降,三要乃许。于是楚登解扬楼车,①令呼宋。遂负楚约而致其晋君命曰:"晋方悉国兵以救宋,宋虽急,慎毋降楚,晋兵今至矣!"楚庄王大怒,将杀之。解扬曰:"君能制命为义,臣能承命为信。受吾君命以出,有死无陨。"②庄王曰:"若之许我,已而背之,其信安在?"解扬曰:"所以许王,欲以成吾君命也。"将死,顾谓楚军曰:"为人臣毋忘尽忠得死者!"楚王诸弟皆谏王赦之,于是赦解扬使归。晋爵之为上卿。

①服虔曰:"楼军,所以窥望敌军,兵法所谓'云梯'也。"杜预曰:"楼车,车
　上望橹也。"

②服虔曰:"陨,坠也。"

十八年,襄公卒,子悼公濆立①。

①[索隐]曰:刘音秘。邹本一作"弗",一作"沸"。《左传》作"费",音扶味
　反。

悼公元年,邡公①恶郑于楚,悼公使弟睔于楚自讼②。讼不直,楚囚睔。于是郑悼公来与晋平,遂亲。睔私于楚子反,子反言归睔于郑。

①徐广曰:"音许。许公,灵公也。"

②[索隐]曰:睔,音公逊反。

二年,楚伐郑,晋兵来救。是岁悼公卒,立其弟睔,是为成公。

成公三年,楚共王曰:"郑成公孤有德焉。"使人来与盟,成公私与盟。秋,成公朝晋,晋曰"郑私平于楚",执之。使栾书伐郑。四年

春,郑患晋围,公子如乃立成公庶兄繻为君。①其四月,晋闻郑立君,乃归成公。郑人闻成公归,亦杀君繻。迎成公。晋兵去。

①[索隐]曰:繻,音须。邹氏云:"一作'缠'。"

十年,背晋盟,盟于楚。晋厉公怒,发兵伐郑。楚共王救郑。晋楚战鄢陵,楚兵败,晋射伤楚共王目,俱罢而去。

十三年,晋悼公伐郑,兵于洧上。①郑城守,晋亦去。

①服虔曰:"洧,水名。"[正义]曰:《括地志》云:"洧水在郑州新郑县北三里,古新郑城南。《韩诗外传》云'郑俗,二月桃花水出时,会于溱、洧水上,以自祓除'。"按:在古城城南,与溱水合。

十四年,成公卒,子恽立。是为釐公。①

①[索隐]曰:恽,音纤粉反。《左传》作"髡原"。

釐公五年,郑相子驷朝釐公,釐公不礼。子驷怒,使厨人药杀釐公,①赴诸侯曰"釐公暴病卒"。立釐公子嘉,嘉时年五岁,是为简公。

①徐广曰:"年表云子驷使贼夜弑僖公。"

简公元年,诸公子谋欲诛相子驷,子驷觉之,反尽诛诸公子。

二年,晋伐郑,郑与盟,晋去。冬,又与楚盟。子驷畏诛,故两亲晋、楚。

三年,相子驷欲自立为君,公子子孔使尉止杀相子驷而代之。子孔又欲自立。子产曰:"子驷为不可,诛之,今又效之,是乱无时息也。"于是子孔从之而相郑简公。

四年,晋怒郑与楚盟,伐郑,郑与盟。楚共王救郑,败晋兵。简公欲与晋平,楚又囚郑使者。

十二年,简公怒相子孔专国权,诛之,而以子产为卿。

十九年,简公如晋请卫君还,而封子产以六邑。①子产让,受其三邑。

①服虔曰:"四井为邑。"

二十二年,吴使延陵季子于郑,见子产如旧交,谓子产曰:"郑之执政者侈,难将至,政将及子。子为政必以礼,不然郑将败。"子产厚遇季子。

二十三年,诸公子争宠相杀,又欲杀子产。公子或谏曰:"子产仁人,郑所以存者子产也,勿杀。"乃止。

二十五年,郑使子产于晋,问平公疾。平公曰:"卜而曰实沉、台骀为祟,史官莫知,敢问。"对曰:"高辛氏有二子,长曰阏伯,季曰实沉,居旷林,①不相能也,日操干戈以相征伐。后帝弗臧,②迁阏伯于商丘,主辰,③商人是因,故辰为商星。④迁实沉于大夏,主参,⑤唐人是因,服事夏、商,⑥其季世曰唐叔虞。⑦当武王邑姜方娠大叔,梦帝谓己:⑧'余命而子曰虞,⑨乃与之唐,属之参而蕃育其子孙。'及生,有文在其掌曰'虞',遂以命之。及成王灭唐而国太叔焉。故参为晋星。⑩由是观之,则实沉,参神也。昔金天氏有裔子曰昧,为玄冥师,⑪生允格、台骀。⑫台骀能业其官,⑬宣汾、洮,⑭障大泽,⑮以处太原。⑯帝用嘉之,国之汾川。⑰沈、姒、蓐、黄实守其祀。⑱今晋主汾川而灭之。⑲由是观之,则台骀,汾、洮神也。然是二者不害君身。山川之神,则水旱之灾祟之;⑳日月星辰之神,则雪霜风雨不时祟之;若君疾,饮食哀乐女色所生也。"平公及叔向曰:"善,博物君子也!"厚为之礼于子产。

①贾逵曰:"旷,大也。"

②贾逵曰:"后帝,尧也。臧,善也。"

③贾逵曰:"商丘在漳南。"杜预曰:"商丘,宋地。"服虔曰:"辰,大火,主祀也。"

④服虔曰:"商人,契之先,汤之始祖相土封阏伯之故地,因其故国而代之。"

⑤服虔曰:"大夏在汾、浍之间,主祀参星。"杜预曰:"大夏,今晋阳县。"

⑥贾逵曰:"唐人谓陶唐氏之胤刘累也,事夏帝孔甲,封于大夏,因实沉之国,子孙以服事商也。"[正义]曰:《括地志》云:"故唐城在绛州翼城县西二十里。徐才《宗国都城记》云:'唐因帝尧之裔子所封。《春秋》云:"夏孔甲时有尧苗胄刘累者,以扰龙事孔甲,夏后嘉之,赐曰御龙氏,以更豕韦之后。龙一雌死,潜醢之以食夏后。既而使求之,惧而迁于鲁

县”。夏后盖别封刘累之后于夏之墟,为唐侯。至周成王时,唐人作乱,

成王灭之而封太叔,迁唐人子孙于杜,谓之杜伯,范氏所在周为唐杜

氏’。《地记》云:‘唐氏在大夏之墟,属河东安县。今在绛城西北一百里

有唐城者,以为唐旧国’。”然则叔虞之封即此地也。

⑦杜预曰:“唐人之季世,其君曰叔虞。”

⑧贾逵曰:“帝,天也。己,武王也。”

⑨杜预曰:“取唐君之名。”

⑩贾逵曰:“晋主祀参,参为晋星。”

⑪服虔曰:“金天,少皞也。玄冥,水官也。师,长也。昧为水官之长。”

⑫服虔曰:“允格,台骀,兄弟也。”

⑬服虔曰:“修昧之职。”

⑭贾逵曰:“宣,犹通也。汾、洮,二水也。”

⑮服虔曰:“陂障其水也。”

⑯服虔曰:“太原,汾水名。”杜预曰:“太原,晋阳也,台骀之所居也。”

⑰服虔曰:“帝颛顼也。”

⑱贾逵曰:“四国,台骀之后也。”

⑲贾逵曰:“灭四国。”

⑳服虔曰:“崇为营,攒用币也。若有水旱,则崇祭山川之神以祈福也。”

二十七年夏,郑简公朝晋。冬,畏楚灵王之强,又朝楚,子产从。

二十八年,郑君病,使子产会诸侯,与楚灵王盟于申,诛齐庆

封。

三十六年,简公卒,子定公宁立。秋,定公朝晋昭公。

定公元年,楚公子弃疾弑其君灵王而自立,为平王。欲行德诸

侯,归灵王所侵郑地于郑。

四年,晋昭公卒,其六卿强,公室卑。子产谓韩宣子曰:“为政必

以德,毋忘所以立。”

六年,郑火。公欲禳之。子产曰:“不如修德。”

八年,楚太子建来奔。十年,太子建与晋谋袭郑。郑杀建,建子

胜奔吴。

十一年,定公如晋。晋与郑谋,诛周乱臣,入敬王于周。①

①[索隐]曰:王避弟子朝之乱,出居狄泉,在昭二十三年。至二十六年,

晋、郑入之。经曰"天王入于成周"是也。

十三年,定公卒,子献公虿立。

献公十三年卒,子声公胜立。当是时,晋六卿强,侵夺郑,郑遂弱。

声公五年,郑相子产卒,①郑人皆哭泣,悲之如亡亲戚。子产者,郑成公少子也。为人仁爱人,事君忠厚。孔子尝过郑,与子产如兄弟云。及闻子产死,孔子为泣曰:"古之遗爱也!"②兄事子产。

①[正义]曰:《括地志》云:"子产墓在新郑县西南三十五里。郦元注《水经》云:'子产墓在泾水上,累石为方坟,坟东北向郑城,杜预云言不忘本也'。"

②贾逵曰:"爱,惠也。"杜预曰:"子产见爱,有古人遗风也。"

八年,晋范、中行氏反晋,告急于郑,郑救之。晋伐郑,败郑军于铁。①

①杜预曰:"戚城南铁丘。"[正义]曰:《括地志》云:"铁州在滑州卫南县东南十五里。"

十四年,宋景公灭曹。二十年,齐田常弑其君简公,而常相于齐。二十二年,楚惠王灭陈。孔子卒。二十六年,晋知伯伐郑,取九邑。

三十七年,声公卒,子哀公易立①。

①年表云三十八年。

哀公八年,郑人弑哀公而立声公弟丑,是为共公。共公三年,晋灭知伯。

三十年,共公卒,子幽公已立。

幽公元年,韩武子伐郑,杀幽公。郑人立幽公弟骀,是为缪公。①

①年表曰郑立幽公子骀缪。或作"繻"。

缪公十五年,韩景侯伐郑,取雍丘。郑城京。十六年,郑伐韩,败韩兵于负黍。①二十年,韩、赵、魏列为诸侯。二十三年,郑围韩之阳翟。

①徐广曰:"在阳城。"[正义]曰:《括地志》云:"负黍亭在洛州阳城县西南
　三十五里,故国邑也。"

二十五年,郑君杀其相子阳。二十七年,子阳之党共弑繻公骀
而立幽公弟乙为君,是为郑君。①

①徐广曰:"一本云'立幽公弟乙阳为君,是为康公。'《六国年表》云立幽
　公子骀,又以郑君阳为郑康公乙。班固云'郑康公乙为韩所灭'。"

郑君乙立二年,郑负黍反,复归韩。十一年,韩伐郑,取阳城。

二十一年,韩哀侯灭郑,并其国。

太史公曰:语有之:"以权利合者,权利尽而交疏",甫瑕是也。
甫瑕虽以劫杀郑子内厉公,厉公终背而杀之,此与晋之里克何异?
守节如荀息,身死而不能存奚齐。变所从来,亦多故矣!

索隐述赞曰:厉王之子,得封于郑。代职司徒,《缁衣》在咏。虢、
郐献邑,祭足专命。庄既犯王,厉亦奔命。居栎克入,梦兰疏庆。伯
服生囚,叔瞻尸聘。釐、简之后,公室不竞。负黍虽还,韩哀日盛。

史记卷四三
世家第一三

赵

赵氏之先与秦共祖。至中衍，^①为帝大戊御。其后世蜚廉有子二人，而命其一子曰恶来，事纣，为周所杀，其后为秦。恶来弟曰季胜，其后为赵。

①〔正义〕曰：中，音仲。

季胜生孟增。孟增幸于周成王，是为宅皋狼。^①皋狼生衡父。衡父生造父。造父幸于周缪王。造父取骥之乘匹，^②与桃林^③盗骊、骅骝、绿耳，献之缪王。^④缪王使造父御，西巡狩，见西王母，乐之忘归^⑤。而徐偃王反，^⑥缪王日驰千里马，攻徐偃王，大破之^⑦。乃赐造父以赵城，^⑧由此为赵氏。

①徐广曰：“或云皋狼地名，在西河。”〔索隐〕曰：按：如此说，是名孟增，号宅皋狼。而徐广云“皋狼地名，在西河”者，按《地理志》，皋狼是西河郡之县名，盖孟增幸于周成王，成王居之于皋狼，故云皋狼。

②〔正义〕曰：乘，食证反。并四曰乘，两曰匹。取八骏品其力，使均驯。

③〔正义〕曰：《括地志》云：“桃林在陕州桃林县，西至潼关，皆为桃林塞地。《山海经》云夸父之山北有林焉，名曰桃林，广阔三百里，中多马，造父于此得骅骝、绿耳之乘献周穆王也。”

④〔索隐〕曰：言造父取八骏，品其色，齐其力，使驯调也。并四曰乘，并两曰匹。

⑤〔索隐〕曰：《穆天子传》曰“穆王与西王母觞于瑶池之上，作歌”，是乐而忘归也。而谯周不信此事，而云“余常闻之，代俗以东西阴阳所出入，宗其神，谓之王父母。或曰池名，在西域，有何据乎”。

⑥〔正义〕曰:《括地志》云:"大徐城在泗州徐城县北三十里,古之徐国也。
　　《博物志》云'徐君宫人娠,生卵,以为不祥,弃于水滨。孤独母有犬名鹄
　　仓,御所弃卵以归,覆暖之,遂成小儿,生偃王。故宫人闻之,更收养之。
　　及长,袭为徐君。后鹄仓临死生角而九尾,实黄龙也。鹄仓或名后仓
　　也。'"
⑦〔索隐〕曰:谯周曰:"徐偃王与楚文王同时,去周穆王远矣。且王者行有
　　周卫,岂闻乱而独长驱日行千里乎?"并言此事非实也。
⑧〔正义〕曰:晋州赵城县即造父邑也。

　　自造父已下,六世至奄父,曰公仲。周宣王时伐戎,为御。及千
亩战,①奄父脱宣王。奄父生叔带。叔带之时,周幽王无道,去周如
晋,事晋文侯,始建赵氏于晋国。自叔带以下,赵宗益兴,五世而生
赵夙。

①〔正义〕曰:《括地志》云:"千亩原在晋州岳阳县北九十里也。"

　　赵夙,晋献公之十六年伐霍、魏、耿,而赵夙为将伐霍。霍公求
奔齐。①晋大旱,卜之,曰"霍太山为祟"。使赵夙召霍君于齐,复之,
以奉霍太山之祀,晋复穰。晋献公赐赵夙耿。②

①徐广曰:"求,一作'来'。"
②〔索隐〕曰:"今河东皮氏县耿乡。"

　　夙生共孟,当鲁闵公之元年也。共孟生赵衰,字子余。①

①〔索隐〕曰:《系本》云公明生共孟及赵夙,夙生成季衰,衰生宣孟盾。《左
　　传》云衰,赵夙弟。而此云共孟生衰,谯周亦以此为误。

　　赵衰卜事晋献公及诸公子,莫吉;卜事公子重耳,吉,即事重
耳。重耳以骊姬之乱亡奔翟,赵衰从。翟伐廧咎如,得二女,翟以其
少女妻重耳,长女妻赵衰而生盾。初,重耳在晋时,赵衰妻亦生赵
同、赵括、赵婴齐。赵衰从重耳出亡,凡十九年得反国。重耳为晋文
公,赵衰为原大夫,居原,任国政。①文公所以反国及霸,多赵衰计
策。语在晋事中。

①〔索隐〕曰:《系本》云:"成季徙原。"宋忠云:"今雁门原平县也。"〔正义〕
　　曰:《括地志》云:"原平故城,汉原平县也,在代州崞县南三十五里。"

崞,音郭。按:宋忠说非也。《括地志》云:"故原城在怀州济原县西北二
里。《左传》云襄王以原赐晋文公,原不服,文公伐原以示信,原降,以赵
襄为原大夫,即此也。原本周畿内邑也。"

赵衰既反晋,晋之妻固要迎翟妻,而以其子盾为適嗣晋,妻三
子皆下事之。晋襄公之六年,而赵衰卒,谥为成季。

赵盾代成季任国政,二年而晋襄公卒,太子夷皋年少。盾为国
多难,欲立襄公弟雍。雍时在秦,使使迎之。太子母日夜啼泣,①顿
首谓赵盾曰:"先君何罪,释其適子而更求君?"赵盾患之,恐其宗与
大夫袭诛之,乃遂立太子,是为灵公。发兵距所迎襄公弟于秦者。灵
公既立,赵盾益专国政。

①〔索隐〕曰:穆嬴也。

灵公立十四年,益骄。赵盾骤谏,灵公弗听。及食熊蹯,胹不熟,
杀宰人,持其尸出,赵盾见之。灵公由此惧,欲杀盾。盾素仁爱人,
尝所食桑下饿人反扞救盾,盾以得亡。未出境而赵穿弑灵公,而立
襄公弟黑臀,是为成公。赵盾复反,任国政。君子讥盾"为正卿,亡
不出境,反不讨贼",故太史书曰"赵盾弑其君"。晋景公时①而赵盾
卒,谥为宣孟,子朔嗣。

①〔索隐〕曰:成公之子名据。

赵朔,晋景公之三年,朔为晋将下军救郑,与楚庄王战河上。朔
娶晋成公姊为夫人。

晋景公之三年,大夫屠岸贾欲诛赵氏。①初,赵盾在时,梦见叔
带持要而哭,甚悲,已而笑,拊手且歌。盾卜之,兆绝而后好。赵史
援占之,曰:"此梦甚恶,非君之身,乃君之子,然亦君之咎。至孙,赵
将世益衰。"屠岸贾者,始有宠于灵公,及至于景公而贾为司寇,将
作难,乃治灵公之贼以致赵盾,遍告诸将曰:"盾虽不知,犹为贼首。
以臣弑君,子孙在朝,何以惩罪?请诛之。"韩厥曰:"灵公遇贼,赵盾
在外,吾先君以为无罪,故不诛。今诸君将诛其后,是非先君之意而

今妄诛。妄诛谓之乱。臣有大事而君不闻,是无君也。"屠岸贾不听。韩厥告赵朔趣亡。朔不肯,曰:"子必不绝赵祀,朔死不恨。"韩厥许诺,称疾不出。贾不请而擅与诸将攻赵氏于下宫,杀赵朔、赵同、赵括、赵婴齐,皆灭其族。

　　①徐广曰:"按年表,救郑及诛灭皆景公三年。"

　　赵朔妻成公姊,有遗腹,走公宫匿。赵朔客曰公孙杵臼,杵臼谓朔友人程婴曰:"胡不死?"程婴曰:"朔之妇有遗腹,若幸而男,吾奉之;即女也,吾徐死耳。"居无何,而朔妇免身,生男。屠岸贾闻之,索于宫中。夫人置儿绔中,祝曰:"赵宗灭乎,若号;即不灭,若无声。"及索,儿竟无声。已脱,程婴谓公孙杵臼曰:"今一索不得,后必且复索之,奈何?"公孙杵臼曰:"立孤与死,孰难?"程婴曰:"死易,立孤难耳。"公孙杵臼曰:"赵氏先君遇子厚,子强为其难者,吾为其易者,请先死。"乃二人谋取他人婴儿负之,衣以文葆,①匿山中。程婴出,谬谓诸将军曰:"婴不肖,不能立赵孤。谁能与我千金,吾告赵氏孤处。"诸将皆喜,许之,发师随程婴攻公孙杵臼。杵臼谬曰:"小人哉程婴!昔下宫之难不能死,与我谋匿赵氏孤儿,今又卖我。纵不能立,而忍卖之乎!"抱儿呼曰:"天乎天乎!赵氏孤儿何罪?请活之,独杀杵臼可也。"诸将不许,遂杀杵臼与孤儿。诸将以为赵氏孤儿良已死,皆喜。然赵氏真孤乃反在,程婴卒与俱匿山中。居十五年,晋景公疾,卜之:大业之后不遂者为祟。景公问韩厥,知赵孤在,乃曰:"大业之后在晋绝祀者,其赵氏乎?夫自中衍者皆嬴姓也。中衍人面鸟啄,降佐殷帝大戊,及周天子,皆有明德。下及幽、厉无道,而叔带去周适晋,事先君文侯。至于成公,世有立功,未尝绝祀。今吾君独灭赵宗,国人哀之,故见龟策。唯君图之。"景公问:"赵尚有后子孙乎?"韩厥具以实告。于是景公乃与韩厥谋立赵孤儿,召而匿之宫中。诸将入问疾,景公因韩厥之众以胁诸将,而见赵孤。赵孤名曰武。诸将不得已,乃曰:"昔下宫之难,屠岸贾为之,矫以君命,并命群臣。非然,孰敢作难!微君之疾,群臣固且请立赵后。今君有命,群臣之愿也。"于是召赵武、程婴,遍拜诸将,遂反与程婴、赵武攻屠岸贾，灭其族。复与赵武田邑如故。②

①徐广曰："小儿被曰葆。"

②徐广曰："推次，晋复与赵武田邑，是景公之十七年也。而乃是《春秋》成
公八年《经》书'晋杀其大夫赵同、赵括'，《左传》于此说立赵武事者，注
云'终说之耳，非此年也'。"

及赵武冠，为成人，程婴乃辞诸大夫，谓赵武曰："昔下宫之难，
皆能死。我非不能死，我思立赵氏之后。今赵武既立，为成人，复故
位，我将下报赵宣孟与公孙杵臼。"赵武啼泣，顿首固请曰："武愿苦
筋骨以报子至死，而子忍去我死乎！"程婴曰："不可。彼以我为能成
事，故先我死。今我不报，是以我事为不成。"遂自杀。赵武服齐衰
三年，为之祭邑，春秋祠之，世世勿绝。①

①《新序》曰："程婴、公孙杵臼可谓信友厚士矣。婴之自杀下报，亦过矣。"

[正义]曰：今河东赵氏祠先人，犹别舒一座祭二士矣。

赵氏复位十一年，而晋厉公杀其大夫三郤。栾书畏及，乃遂弑
其君厉公，更立襄公曾孙周，①是为悼公。晋由此大夫稍强。

①徐广曰："年表云襄公孙也。"[索隐]曰：《晋系家》云襄公少子名周。

赵武续赵宗二十七年，晋平公立。平公十二年，而赵武为正卿。
十三年，吴延陵季子使于晋。曰："晋国之政卒归于赵武子、韩
宣子、魏献子之后矣。"赵武死，谥为文子。

文子生景叔。①景叔之时，齐景公使晏婴于晋。②晏婴与晋叔
向语。婴曰："齐之政后卒归田氏。"叔向亦曰："晋国之政将归六卿。
六卿侈矣，而吾君不能恤也。"

①[索隐]曰：《系本》云："景叔名成。"

②徐广曰："平公之十九年。"

赵景叔卒，生赵鞅，是为简子。

赵简子在位，晋顷公之九年，简子将合诸侯戍于周。其明年，入
周敬王于周，辟弟子朝之故也。

晋顷公之十二年，六卿以法诛公族祁氏、羊舌氏，分其邑为十

县,六卿各令其族为之大夫。晋公室由此益弱。

　　后十三年,鲁贼臣阳虎来奔。赵简子受赂,厚遇之。

　　赵简子疾,五日不知人,大夫皆惧。医扁鹊视之,出。董安于问。①扁鹊曰:"血脉治也,而何怪! 在昔秦缪公尝如此,七日而寤。寤之日,告公孙支与子舆②曰:'我之帝所甚乐。吾所以久者,适有学也。帝告我:"晋国将大乱,五世不安。其后将霸,未老而死。霸者之子且令而国男女无别。"'公孙支书而藏之,③秦谶于是出矣。献公之乱,文公之霸,而襄公败秦师于殽而归纵淫,此子之所闻。今主君之疾与之同,不出三日疾必间,间必有言也。"居二日半,简子寤。语大夫曰:"我之帝所甚乐,与百神游于钧天,广乐九奏万舞,不类三代之乐,其声动人心。有一熊欲来援我,帝命我射之,中熊,熊死。又有一罴来,我又射之,中罴,罴死。帝甚喜,赐我二笥,皆有副。吾见儿在帝侧,帝属我以翟犬,曰:'及而子之壮也,以赐之。'帝告我:'晋国且世衰,七世而亡。④嬴姓将大败周人于范魁之西,⑤而亦不能有也。⑥今余思虞舜之勋,适余将以其胄女孟姚配而七世之孙。'"⑦董安于受言而书藏之。以扁鹊言告简子,简子赐扁鹊田四万亩。

　　①韦昭曰:"安于,简子家臣。"
　　②[索隐]曰:二子,秦大夫公孙支、子桑。
　　③[索隐]曰:藏,一作籍。籍,录也,谓当时即记录,书之于籍也。
　　④[正义]曰:谓晋定公、出公、哀公、幽公、烈公、孝公、静公为七世。静公
　　　二年,为三晋所灭。据此及年表,简公子疾在定公十一年。
　　⑤[正义]曰:嬴,赵姓也。周人谓卫也。晋亡之后,赵成侯三年取卫,都鄟
　　　七十三是也。贾逵云"川阜曰魁"也。
　　⑥[索隐]曰:范魁,地名,不知所在,盖赵地也。
　　⑦[索隐]曰:即姓嬴,吴广之女。姚,姓;孟,字也。七代孙,武灵王也。

　　他日,简子出,有人当道,辟之不去,从者怒,将刃之。当道者曰:"吾欲有谒于主君。"从者以闻。简子召之,曰:"譆! 吾有所见子晰也。"①当道者曰:"屏左右,愿有谒。"简子屏人。当道者曰:"主君

之疾,臣在帝侧。"简子曰:"然,有之。子之见我,我何为?"当道者曰:"帝令主君射熊与罴,皆死。"简子曰:"是,且何也?"当道者曰:"晋国且有大难,主君首之。帝令主君灭二卿,夫熊与罴皆其祖也。"②简子曰:"帝赐我二笥皆有副,何也?"③当道者曰:"主君之子将克二国于翟,皆子姓也。"④简子曰:"吾见儿在帝侧,帝属我一翟犬,曰'及而子之长以赐之'。夫儿何谓以赐翟犬?"当道者曰:"儿,主君之子也。翟犬者,代之先也。主君之子且必有代。及主君之后嗣,且有革政而胡服,⑤并二国于翟。"⑥简子问其姓而延之以官。当道者曰:"臣野人,致帝命耳。"遂不见。简子书藏之府。

　　①[索隐]曰:简子见当道者,乃寤曰:"嘻!是故吾前梦所见者,知其名曰子晰者。"
　　②[正义]曰:范氏、中行氏之祖也。
　　③[正义]曰:副,谓皆子姓也。
　　④[正义]曰:谓代及智氏也。
　　⑤[正义]曰:今时服也,废除裳裳也。
　　⑥[正义]曰:武灵王略中山地至宁葭,西略胡地至楼烦、榆中是也。

　　异日,姑布子卿①见简子,简子遍召诸子相之。子卿曰:"无为将军者。"简子曰:"赵氏其灭乎?"子卿曰:"吾尝见一子于路,殆君之子也。"简子召子毋恤。毋恤至,则子卿起曰:"此真将军矣!"简子曰:"此其母贱,翟婢也,奚道贵哉?"子卿曰:"天所授,虽贱必贵。"自是之后,简子尽召诸子与语,毋恤最贤。简子乃告诸子曰:"吾藏宝符于常山上,先得者赏。"诸子驰之常山上,求,无所得。毋恤还,曰:"已得符矣。"简子曰:"奏之。"毋恤曰:"从常山上临代,代可取也。"②简子于是知毋恤果贤,乃废太子伯鲁,而以毋恤为太子。

　　①司马彪曰:"姑布,姓;子卿,字。"
　　②[正义]曰:《地道记》云:"恒山在上曲阳县西北百四十里。北行四百五十里得恒山岌,号飞狐口,北则代郡也。"

　　后二年,晋定公之十四年,范、中行作乱。明年春,简子谓邯郸

大夫午曰："归我卫士五百家，吾将置之晋阳。"①午许诺，归而其父
兄不听，②倍言。赵鞅捕午，囚之晋阳。乃告邯郸人曰："我私有诛午
也，诸君欲谁立？"③遂杀午。赵稷、涉宾以邯郸反。④晋君使籍秦围
邯郸。⑤荀寅、范吉射与午善，⑥不肯助秦而谋作乱，董安于知之。
十月，范、中行氏⑦伐赵鞅，鞅奔晋阳，晋人围之。范吉射、荀寅仇人
魏襄等谋逐荀寅，以梁婴父代之；⑧逐吉射，以范皋绎代之。⑨荀跞
言于晋侯曰：⑩"君命大臣，始乱者死。今三臣始乱⑪而独逐鞅，用
刑不均，请皆逐之。"十一月，荀跞、韩不佞、魏哆奉公命以伐范、中
行氏，⑫不克。范、中行氏反伐公，公击之，范、中行败走。丁未，二子
奔朝歌。⑬韩、魏以赵氏为请。⑭十二月辛未，赵鞅入绛，盟于公宫。

①服虔曰："往年赵鞅围卫，卫人恐惧，故贡五百家，鞅置之邯郸，又欲更
　　徙于晋阳。"

②服虔曰："午之诸父兄及邯郸中长老。"

③杜预曰："午，赵鞅同族，别封邯郸，故使邯郸人更立午宗亲也。"

④服虔曰："稷，午子。"

⑤《左传》曰籍秦此时为上军司马。[索隐]曰：《系本》籍秦，晋大夫籍游之
　　孙，籍谈之子。

⑥《左传》曰："午，荀寅之甥。荀寅，范吉射之姻。"[索隐]曰：《系本》云：
　　"晋大夫逝遨生桓伯林父，林父生宣伯庚，庚生献伯偃，偃生穆伯吴，
　　吴生寅。本姓荀，自荀偃将中军，晋改中军曰中行，因氏焉。元与智氏
　　同祖逝敖，故智氏亦称荀。"范氏，晋大夫隰叔之子，士蒍之后。蒍生成
　　伯缺，缺生武子会，会生文叔燮，燮生宣叔匄，匄生献子鞅，鞅生吉射
　　也。

⑦[正义]曰：按：会食邑于范，因为范氏。又中行寅本姓荀，自荀偃将中军
　　为中行，因号中行氏。元与智氏因承表逝敖，姓荀氏。

⑧贾逵曰："梁婴父，晋大夫也。"

⑨服虔曰："范氏之侧室子。"

⑩服虔曰："荀跞，智文子。"[索隐]曰：《系本》云："逝遨生庄子首，首生武
　　子蜮，蜮生庄子朔，朔生悼子盈，盈生文子栎，栎生宣子申，申生智伯
　　瑶。"

⑪贾逵曰："范、中行、赵也。"

⑫[索隐]曰:不佞,韩简子。哆,魏简子。《系本》名取也。

⑬[索隐]曰:范吉射、荀寅也。

⑭服虔曰:"以其罪轻于荀、范也。"[正义]曰:按:赵鞅被范、中行伐,乃奔
　　晋阳。以其罪轻,故韩、魏为请晋君而得入绛。

其明年,知伯文子谓赵鞅曰:"范、中行虽信为乱,安于发之,是
安于与谋也。晋国有法:始乱者死。夫二子已伏罪而安于独在。"赵
鞅患之。安于曰:"臣死,赵氏定,晋国宁,吾死晚矣。"遂自杀。赵氏
以告知伯,然后赵氏宁。

孔子闻赵简子不请晋君而执邯郸午,保晋阳,故书《春秋》曰:
"赵鞅以晋阳畔"。

赵简子有臣曰周舍,好直谏。周舍死,简子每听朝,常不悦。大
夫请罪。简子曰:"大夫无罪。吾闻千羊之皮不如一狐之腋。诸大
夫朝,徒闻唯唯,不闻周舍之鄂鄂,是以忧也。"①简子由此能附赵
邑而怀晋人。

①《韩诗外传》曰:"周舍立于门下三日三夜,简子使问之曰:'子欲见寡人
　　何事?'对曰:'愿为鄂鄂之臣,墨笔操牍,从君之过,而日有记,月有成,
　　岁有效也。'"

晋定公十八年,赵简子围范、中行于朝歌,中行文子奔邯郸。①
明年,卫灵公卒。简子与阳虎送卫太子蒯聩于卫,卫不内,居戚。②

①[索隐]曰:荀寅也。

②[正义]曰:《括地志》云:"故戚城在相州澶水县东三十里。杜预云'戚,
　　卫邑,在顿丘县西有戚城'是也。"

晋定公二十一年,简子拔邯郸,中行文子奔柏人。简子又围柏
人,中行文子、范昭子遂奔齐。①赵竟有邯郸、柏人。范、中行余邑入
于晋。赵名晋卿,实专晋权,奉邑侔于诸侯。

①[索隐]曰:吉射也。

晋定公三十年,定公与吴王夫差争长于黄池,赵简子从晋定
公,卒长吴。定公三十七年卒,而简子除三年之丧,期而已。是岁,
越王勾践灭吴。

晋出公十一年，知伯伐郑。赵简子疾，使太子毋恤将而围郑。知伯醉，以酒灌击毋恤。毋恤群臣请死之。毋恤曰："君所以置毋恤，为能忍诟。"然亦愠知伯。知伯归，因谓简子，使废毋恤，简子不听。毋恤由此怨知伯。

晋出公十七年，简子卒，①太子毋恤代立，是为襄子。

①张华曰："赵简子冢在临水界，二冢并，上气成楼阁。"

赵襄子元年，越围吴。①襄子降丧食，使楚隆问吴王。②

①[正义]曰：年表及《赵世家》、《左传》越灭吴在简子三十五年，已在襄子元年前十五年矣，何得更有越围吴之事？从此下至"问吴王"是三十年事，文脱误在此耳。

②[正义]曰：《左传》云哀公二十年，简子死，襄子嗣立，以越围吴故降父之祭馔，而使楚隆慰问王，为哀公十三年简子在黄池之役，与吴王质言曰"好恶同之"，故减祭馔及问吴王也。而《赵世家》及《六国年表》云此年晋定公卒，简子除三年之丧，服期而已。按：简子死及使吴年月皆误，与《左传》文不同。

襄子姊前为代王夫人。简子既葬，未除服，北登夏屋，①请代王。使厨人操铜枓②以食代王及从者，行斟，阴令宰人各③以枓击杀代王及从官，遂兴兵平代地。其姊闻之，泣而呼天，摩笄自杀。代人怜之，所死地名之为摩笄之山。④遂以代封伯鲁子周为代成君。伯鲁者，襄子兄，故太子。太子早死，故封其子。

①徐广曰："山在广武。"[正义]曰：《括地志》云："夏屋山一名贾屋山，今名贾母山，在代州雁门县东北三十五里。夏屋与句注山相接，盖北方之险，亦天下之阻路，所以分别内外也。"

②[正义]曰：音斗。合作枓。其形方，有柄，取斟水器。《说文》云钩也。

③徐广曰："一作'雒'。"

④[正义]曰：笄，今簪也。《括地志》云："摩笄山一名磨笄山，亦名为山，在蔚州飞狐县东北百五十里。《魏土地记》云：'代郡东南二十五里有马头山。赵襄子既杀代王，使人迎其妇。代王夫人曰："以弟慢夫，非仁也；以夫怨弟，非义也。"磨笄自杀而死。使者亦自杀也'。"

襄子立四年，知伯与赵、韩、魏尽分其范、中行故地。晋出公怒，告齐、鲁,欲以伐四卿。四卿恐,遂共攻出公。出公奔齐,道死。知伯乃立昭公曾孙骄,是为晋懿公。①知伯益骄。请地韩、魏,韩、魏与之。请地赵,赵不与,以其围郑之辱。知伯怒,遂率韩、魏攻赵。赵襄子惧,乃奔保晋阳。

①［索隐］曰:或作"哀公"。其大父名雍,即昭公少子,号戴子也。

　　原过从,后,至于王泽。①见三人,自带以上可见,自带以下不可见。与原过竹二节,莫通。曰:"为我以是遗赵毋恤。"原过既至,以告襄子。襄子齐三日,亲自剖竹,有朱书曰:"赵毋恤,余霍泰山②山阳侯,天使也。三月丙戌,余将使女反灭知氏。女亦立我百邑,余将赐女林胡之地。至于后世,且有伉王,亦黑,龙面而鸟噣,鬓麋髭髯,大膺大胸,修下而冯,左衽界乘,③奄有河宗,④至于休溷诸貉,⑤南伐晋别,⑥北灭黑姑。"⑦襄子再拜,受三神之令。

①［正义］曰:《括地志》云:"王泽在绛州正平县南七里也。"
②徐广曰:"在河东永安县。"
③徐广曰:"修,或作'随'。界,一作'介'。"
④［正义］曰:《穆天子传》云:"河宗之子孙则柏絮。"按:盖在龙门河之上流,岚、胜二州之地也。
⑤［正义］曰:音陌。自河宗、休溷诸貉,乃戎狄之地也。
⑥［正义］曰:赵南伐晋之别邑,谓韩、魏之邑也。
⑦［正义］曰:亦戎国。

　　三国攻晋阳,岁余,引汾水灌其城,城不浸者三版。①城中悬釜而炊,易子而食。群臣皆有外心,礼益慢,唯高共②不敢失礼。襄子惧,乃夜使相张孟同私于韩、魏。③韩、魏与合谋,以三月丙戌,三国反灭知氏,共分其地。于是襄子行赏,高共为上。张孟同曰:"晋阳之难,唯共无功。"襄子曰:"方晋阳急,群臣皆懈,惟共不敢失人臣礼,是以先之。"于是赵北有代,南并知氏,强于韩、魏。遂祠三神于百邑,使原过主霍泰山祠祀。④

①［正义］曰:何休云:"八尺曰版。"
②徐广曰:"一作'赫'。"
③［索隐］曰:《战国策》作"张孟谈"。谈者,史迁之父名,迁例改为"同"。

④[正义]曰:《括地志》云:"三神祀今名原过祠,今在霍山侧也。"

其后娶空同氏,①生五子。襄子为伯鲁之不立也,不肯立子,且必欲传位与伯鲁子代成君。成君先死,乃取代成君子浣,立为太子。②

①[正义]曰:《括地志》云:"空峒山在肃州福禄县东南六十里,古西戎地。又原州平高县西百里亦有崆峒山,即黄帝问广成子道处。俱是西戎地,又原州平高县西百里亦有崆峒山,即黄帝问广成子道处。"俱是西戎地,未知孰是。

②[索隐]曰:代成君名周,伯鲁之子。《系本》云代成君子起即襄子之子,不云伯鲁,非也。

襄子立三十三年卒,浣立,是为献侯。献侯少即位,治中牟。①

①《地理志》曰河南中牟县,赵献侯自耿徙此。瓒曰:"中牟在春秋之时是郑之疆内也,及三卿分晋,则在魏之邦土也。赵界自漳水以北,不及此。《春秋传》曰'卫侯如晋过中牟',按中牟非卫适晋之次也。《汲郡古文》曰'齐师伐赵东鄙,围中牟',此中牟不在赵之东也。按中牟当漯水之北。"[索隐]曰,此赵中牟在河北,非郑之中牟。[正义]曰,按:五鹿在魏州元城县东十二里,邺即相州荡阳县西五十八里,有牟山,盖中牟邑在此山侧也。

襄子弟桓子逐献侯,自立于代,①一年卒。国人曰桓子立非襄子意,乃共杀其子而复迎立献侯。

①[索隐]曰:《系本》云襄子子桓子,与此不同。

十年,中山武公初立。①十三年,城平邑。②

①徐广曰:"西周桓公之子。桓公者,孝王弟而定王子。"[索隐]曰:中山,古鲜虞国,姬姓也。《系本》云中山武公居顾,桓公徙灵寿,为赵武灵王所灭,不言谁之子孙。徐广云西周桓公之子,亦无所据,盖未得其实。

②《地理志》曰代郡有平邑县。

十五年,献侯卒,子烈侯籍立。烈侯元年,魏文侯伐中山,使太子击守之。六年,魏、韩、赵皆相立为诸侯,追尊献子为献侯。

烈侯好音,谓相国公仲连曰:"寡人有爱,可以贵之乎?"公仲曰:"富之可,贵之则否。"烈侯曰:"然。夫郑歌者枪、石二人,①吾赐之田，人万亩。"公仲曰："诺。"不与。居一月，烈侯从代来，问歌者田。公仲曰："求，未有可者。"有顷，烈侯复问。公仲终不与，乃称疾不朝。番吾君②自代来，谓公仲曰："君实好善，而未知所持。今公仲相赵，于今四年，亦有进士乎？"公仲曰："未也。"番吾君曰："牛畜、荀欣、徐越皆可。"公仲乃进三人。及朝，烈侯复问："歌者田何如？"公仲曰："方使择其善者。"牛畜侍烈侯以仁义，约以王道，烈侯逌然。③明日，荀欣侍以选练举贤，任官使能。明日，徐越侍以节财俭用，察度功德。所与无不充，君说。烈侯使使谓相国曰："歌者之田且止。"官牛畜为师，荀欣为中尉，徐越为内史，④赐相国衣二袭。⑤

①[索隐]曰：枪，音七羊反。枪与石，二人名。

②徐广曰："番音盘。常山有番吾县"[正义]曰：《括地志》云："番吾故城在恒州房山县东二十里。"番蒲古今音异耳。

③[正义]曰：逌，音由，古字与"攸"同。言牛畜以仁义约以王道，故止歌者田。攸攸，气行貌，宽缓也。

④[正义]曰：《汉书·百官公卿表》云："少府内史，周官，秦因之，掌治京师。"

⑤单复具为一袭。

九年，烈侯卒，弟武公立。①武公十三年卒，赵复立烈侯太子章，是为敬侯。是岁，魏文侯卒。

①[索隐]曰：谯周云："《系本》及说《赵语》者并无其事，盖别有所据。"

敬侯元年，武公子朝作乱，不克，出奔魏。赵始都邯郸。二年，败齐于灵丘。①三年，救魏于廪丘，大败齐人。四年，魏败我兔台。筑刚平②以侵卫。五年，齐、魏为卫攻赵，取我刚平。六年，借兵于楚伐魏，取棘蒲。③八年，拔魏黄城。④九年，伐齐。齐伐燕，赵救燕。十年，与中山战于房子。⑤十一年，魏、韩、赵共灭晋，分其地。伐中山，又战于中人。⑥

①《地理志》曰代郡有灵丘县。

②[正义]曰：兔台、刚平并在河北。

③[正义]曰：今赵州平棘县，古棘蒲邑。

④杜预曰："陈留外黄县东有黄城。"[正义]曰：《括地志》云："故黄城在魏

州冠氏县南十里,因黄沟为名。"按:陈留外黄城非随所别也。

⑤[正义]曰:赵州房子县是。

⑥徐广曰:"中山唐县有中人亭。"[正义]曰:《括地志》云:"中山故城一名
　中人亭,在定州唐县东北四十一里,春秋时鲜虞国之中人邑也。"

十二年,敬侯卒,子成侯种立。

成侯元年,公子胜与成侯争立,为乱。二年六月,雨雪。三年,
大戊午为相①。伐卫,取乡邑七十三。魏败我蔺。②四年,与秦战高
安,③败之。五年,伐齐于鄄。④魏败我怀。攻郑,败之,以与韩,韩与
我长子。⑤六年,中山筑长城。伐魏,败涿泽,⑥围魏惠王。

①徐广曰:"戊,一作'成'。"

②[正义]曰:《地理志》云属西河郡也。

③[正义]曰:盖在河东。

④[正义]曰:濮州鄄城县是也。

⑤《地理志》曰上党有长子县。

⑥[正义]曰:涿,音浊。徐广云长杜有浊泽,非也。《括地志》云:"浊水源出
　蒲州解县东北平地。"尔时魏都安邑,韩、赵伐魏,岂河南至长杜也?解
　县浊水近于魏都,当是也。

七年,侵齐,至长城。①与韩攻周。八年,与韩分周以为两。②九
年,与齐战阿下。③十年,攻卫,取甄。十一年,秦攻魏,赵救之石
阿。④十二年,秦攻魏少梁,⑤赵救之。

①[正义]曰:齐长城西头在济州平阴县。《太山记》云:"太山西北有长城,
　缘河经太山千余里,琅邪入海。"《括地志》云:"所侵处在密州南三十里
　也。"

②徐广曰:"显王二年,《周纪》无此。"[正义]曰:《括地志》云:"《史记》周
　显二年,西周惠公封少子子班于巩,为东周。其子武公为秦所灭。郭缘
　生《述征记》云巩县本周巩伯邑。"

③徐广曰:"战,一作'会'也。"[正义]曰:阿,东阿也,今济州东阿县是也。

④[正义]曰:盖在石、隰等州界也。

⑤[正义]曰:少梁故城在同州韩城县南二十二里,古少梁国也。

十三年,秦献公使庶长国伐魏少梁,虏其太子、座。魏败我浍,

取皮牢。①成侯与韩昭侯遇上党。十四年,与韩攻秦。十五年,助魏
攻齐。

①徐广曰:"魏年表曰取赵皮牢。"[正义]曰:《括地志》云:"浍水县在绛州
　　翼城县东南二十五里。"按:皮牢当在浍之侧。

十六年,与韩、魏分晋,封晋君以端氏。①十七年,成侯与魏惠
王遇葛孽。②十九年,与齐、宋会平陆,③与燕会阿。④二十年,魏献
荣椽,因以为檀台。⑤二十一年,魏围我邯郸。二十二年,魏惠王拔
我邯郸,齐亦败魏于桂陵。⑥二十四年,魏归我邯郸,与魏盟漳水
上。秦攻我蔺。

①徐广曰:"在平阳。"[正义]曰:端氏,泽州县也。

②徐广曰:"在马丘。年表曰十八年赵孟如齐。"[正义]曰:《括地志》云:
　　"浍水县在绛州翼城县东南二十五里。"按皮牢当在浍之侧。

③[正义]曰:兖州县也。平陆城与即古厥国。

④[正义]曰:《括地志》云:"故葛城一名依城,又名西阿城,在瀛州高阳县
　　西北五十里。以徐、兖二水并过其西,又徂经其北。曲曰阿,以齐有东
　　阿,故曰西阿城。《地理志》云瀛州属河间,赵分也。"按:燕赵即此也。

⑤徐广曰:"襄国县有檀台。"[索隐]曰:刘氏云"荣椽盖地名,其中有高
　　处,可以为台",非也。按:荣椽是良材,可为椽,登饰有光荣,所以魏献
　　之,故赵因用之以为檀台。[正义]曰:郑玄云:"荣,屋翼也。"《说文》
　　云:"椽,榱也。屋桷之两头起者为荣也。"《括地志》云:"檀台在洺州临
　　洺县北二里。"

⑥[正义]曰:《括地志》云:"故桂城在曹州乘氏县东北二十一里。故老云
　　此即桂陵也。"

二十五年,成侯卒。公子绁①与太子肃侯争立,②绁败,亡奔
韩。

①音薛。

②[索隐]曰:《系本》云肃侯名语。

肃侯元年,夺晋君端氏,徙处屯留。①二年,与魏惠王遇于阴
晋。②三年,公子范袭邯郸,不胜而死。四年,朝天子。六年,攻齐,拔
高唐。七年,公子刻攻魏首垣。③十一年,秦孝公使商君伐魏,虏其

将公子卬。赵伐魏。十二年,秦孝公卒,商君死。十五年,起寿
陵。④

①[正义]曰:《括地志》云:"屯留故城在潞州长子县东北三十里,本汉屯
　留县城也。"

②[正义]曰:《地理志》云华阴县,魏之阴晋,秦惠文王更名宁秦,高帝更
　名华阴。今属华州。

③[正义]曰:盖在河北也。

④[正义]曰:徐广云:"在常州。"

　　魏惠王卒。

　　十六年,肃侯游大陵,①出于鹿门,②大戊午扣马③曰:"耕事
方急,一日不作,百日不食。"肃侯下车谢。十七年,围魏黄,不克。④
筑长城。⑤

①徐广曰:"太原有大陵县,亦曰陆。"[正义]曰:《括地志》云:"大陵城在
　并州文水县北十三里,汉大陵县城。"

②[正义]曰:并州盂县西有白鹿泓,魏出白鹿山南海,盖鹿门在北山水之
　侧也。

③吕忱曰:"扣,牵马。"

④《地理志》曰:"山阳有黄县。"[正义]曰:黄城在魏州,前拔之,却为魏,
　今赵围之矣。

⑤[正义]曰:刘伯庄云:"盖从云中以北至代"。按:赵长城从蔚州北,西至
　岚州北,尽赵界。又疑此长城在潭水之北,赵南界。

　　十八年,齐、魏伐我,我决河水灌之,兵去。二十二年,张仪相
秦。赵疵与秦战,败,秦杀疵河西,取我蔺、离石。二十三年,韩举①
与齐、魏战,死于桑丘。②

①徐广曰:"韩将。"

②《地理志》云泰山有桑丘县。[正义]曰:《括地志》云:"桑丘城在易州遂
　城县界。"或云在泰山,非也。此时齐伐燕桑丘,三晋皆来救之,不得在
　泰山有桑丘县,此说甚误也。

　　二十四年,肃侯卒。秦、楚、燕、齐、魏出锐师各万人来会葬。子
武灵王立。①

①[索隐]曰:名雍。

武灵王元年，①阳文君赵豹相。梁襄王与太子嗣，韩宣王与太子仓来朝信宫。②武灵王少，未能听政，博闻师三人，左右司过三人。及听政，先问先王贵臣肥义，加其秩；国三老年八十，月致其礼。

①徐广曰："年表云魏败我赵护。"

②〔正义〕曰：在洺州临洺县也。

三年，城鄗。四年，与韩会于区鼠。①五年，娶韩女为夫人。

①〔正义〕曰：盖在河北。

八年，韩击秦，不胜而去。五国相王，赵独否，曰："无其实，敢处其名乎！"令国人谓己曰"君。"

九年，与韩、魏共击秦，秦败我，斩首八万级。齐败我观泽。①十年，秦取我西都及中阳。②齐破燕。燕相子之为君，君反为臣。十一年，王召公子职于韩，立以为燕王，③使乐池送之。④十三年，秦拔我蔺，虏将军赵庄。⑤楚、魏王来，过邯郸。十四年，赵何攻魏。

①〔正义〕曰：《括地志》云："观泽故城在魏州顿丘县东十八里也。"

②徐广曰："年表云'秦取中都、西阳、安邑。十一年，秦败我将军英'。太原有中都县，西河有中阳县。"

③徐广曰："《纪年》亦云尔。"

④《燕世家》子之死后，燕人共立太子平，是为燕昭王，无赵送公子职为燕王之事，当是赵闻燕乱，遥立职为燕王，虽使乐池送之，竟不能就。〔索隐〕曰：《燕系家》无其事，盖是疏也。今此云"使乐池送之"，必是凭旧史为说。且《纪年》之书，其说又同，则裴骃之解得其旨。

⑤〔正义〕曰：本一作"茧"，音足婢反。

十六年，秦惠王卒。

王游大陵。他日，王梦见处女鼓琴而歌诗曰："美人荧荧兮，颜若苕之荣。①命乎命乎，曾无我嬴！"②异日，王饮酒乐，数言所梦，想见其状。吴广闻之，因夫人而内其女娃嬴，③孟姚也。④孟姚甚有宠于王，是为惠后。

①綦毋邃曰："陵苕之草其华紫。"〔正义〕曰：苕，音条。《毛诗疏》云："苕，饶也。幽州谓之翘饶。蔓似莹豆而细，叶似蒺藜而青，其华细绿色，可生

食,味如小豆藿也。"又《本草经》云:"陵苕生下湿水中,七八月生,华
紫,草可以染帛,煮沐头,发即黑也。"

②綦毋邃曰:"言有命禄,生遇其时,人莫知己贵盛盈端也。"[正义]曰:
按:命,名也。嬴,姓嬴也。言世众名其美好,曾无我好嬴也。重言"名
乎"者,以谈说众也。

③《方言》曰:"娃,美也。吴有馆娃之宫。"

④徐广曰:"《古史考》云内其女曰娃。"[索隐]曰:孟姚,吴广女。舜之后,
故上文云"余思虞舜之勋,故命其胄女孟姚以配而七代之孙"是也。然
后封虞,在河东太阳山西有上虞城是,亦曰吴城。虞、吴音相近,故舜后
亦姓吴,非独太伯、虞仲之裔。

十七年,王出九门,①为野台,②以望齐、中山之境。十八年,秦
武王与孟说举龙文赤鼎,绝膑而死。③赵王使代相赵固迎公子稷
于燕,送归,立为秦王,是为昭王。

①徐广曰:"在常山。"[正义]曰:本战国时赵邑。《战国策》云:"本有宫室
而居,赵武灵王改为九门。"

②徐广曰:"野,一作'望'。"[正义]曰:《括地志》云:"野台一名义台,在定
州乐县西南六十三里。"

③徐广曰:"一作'绝瞑'。音亡丁反。"

十九年春正月,大朝信宫。召肥义与议天下,五日而毕。王北
略中山之地,至于房子。①遂之代,北至无穷,西至河,登黄华之
上。②召楼缓谋曰:"我先王因世之变,以长南藩之地,属阻漳、滏之
险,立长城,又取蔺、郭狼,败林人③于荏,而功未遂。今中山在我腹
心,北有燕,④东有胡,⑤西有林胡、楼烦、秦、韩之边,⑥而无强兵
之救,是亡社稷,奈何?夫有高世之名,必有遗俗之累。吾欲胡服。"
楼缓曰:"善。"群臣皆不欲。

①[正义]曰:赵州县也。

②[正义]曰:黄华盖西河侧之山名也。

③[正义]曰:即林胡也。

④[正义]曰:《地理志》云赵分晋,北有信都、中山,又得郡之高阳、鄚州
乡;东有清河、河间,又得渤海郡东平舒等七县。在河以北,故言"北有

燕。"

⑤[正义]曰:赵东有瀛州之东北。营州之境即东胡、乌丸之地。服虔云:
"东胡,乌丸之先,后为鲜卑也。"

⑥[正义]曰:林胡、楼烦即岚、胜之北也。岚、胜以南石州、离石、蔺等,七
国时赵邑边也。秦隔河也。晋、洺、潞、泽等州皆七国时韩地,为并赵西
境也。

于是肥义侍,王曰:"简、襄主之烈,计胡、翟之利。为人臣者,宠
有孝悌长幼顺明之节,通有补民益主之业,①此两者臣之分也。今
吾欲继襄主之迹,开于胡、翟之乡,而卒世不见也。②为敌弱,③用
力少而功多,可以毋尽百姓之劳,而序往古之勋。④夫有高世之功
者,负遗俗之累;⑤有独智之虑者,任骜民之怨。⑥今吾将胡服骑射
以教百姓,而世必议寡人,奈何?"肥义曰:"臣闻疑事无功,疑行无
名。王既定负遗俗之虑,殆无顾天下之议矣。夫论至德者不和于俗,
成大功者不谋于众。昔者舜舞有苗,禹袒裸国,非以养欲而乐志也,
务以论德而约功也。愚者暗成事,智者睹未形,则王何疑焉。"王曰:
"吾不疑胡服也,吾恐天下笑我也。狂夫之乐,智者哀焉。愚者所笑,
贤者察焉。世有顺我者,胡服之功未可知也。虽驱世以笑我,胡地
中山吾必有之。"于是遂胡服矣。使王绁告公子成曰:"寡人胡服,将
以朝也,亦欲叔服之。家听于亲而国听于君,古今之公行也。子不
反亲,臣不逆君,兄弟之通义也。⑦今寡人作教易服而叔不服,吾恐
天下议之也。制国有常,利民为本。从政有经,令行为上。明德先
论于贱,而行政先信于贵。今胡服之意,非以养欲而乐志也。事有
所止而功有所出,⑧事成功立,然后善也。今寡人恐叔之逆从政之
经,以辅叔之议。且寡人闻之:事利国者行无邪,因贵戚者名不累。
故愿慕公叔之义,以成胡服之功。使绁谒之叔,⑨请服焉。"公子成
再拜稽首曰:"臣固闻王之胡服也。臣不佞,寝疾,未能趋走以滋进
也。王命之,臣敢对,因竭其愚忠。曰:"臣闻中国者,盖聪明徇智之
所居也,⑩万物财用之所聚也,贤圣之所教也,仁义之所施也,《诗》
《书》礼乐之所用也,异敏技能之所试也,远方之所观赴也,蛮夷之

所义行也。今王舍此而袭远方之服,变古之教,易古之道,逆人之心,而怫学者,离中国,故臣愿王图之也。”使者以报。王曰:“吾固闻叔之疾也,我将自往请之。”

①[正义]曰:宠,贵宠也。通,达理也。凡为人臣,有孝弟长幼顺明之节制者,得贵宠也;有补民益主之功业者,为达理也。

②[正义]曰:卒,子律反,尽也。言尽世间不见补民益主之忠臣也。

③[正义]曰:我为胡服,敌人必弱也。

④[正义]曰:序,重也。往古谓赵简子、襄子也。

⑤[正义]曰:负,留也。言古周公、孔子留衣冠礼义之俗,今变为胡服,是负留风俗之谴累也。

⑥[正义]曰:言世有独计智之思虑者,必任隐逸敖慢之民怨望也。

⑦徐广曰:“兄弟,一作‘元夷’。元,始也;夷,平也。”

⑧[正义]曰:郑玄云:“止,至也。为人君止于仁,为人臣止于敬,为人子止于孝,为人父止于慈,与国人交止于信。”按:出犹成也。

⑨[索隐]曰:绝句。

⑩徐广曰:“《五帝本纪》云幼而徇齐。”

王遂往之公子成家,因自请之曰:“夫服者,所以便用也;礼者,所以便事也。圣人观乡而顺宜,因事而制礼,所以利其民而厚其国也。夫剪发文身,错臂左衽①,瓯越之民也。②黑齿雕题,③却冠秫绌,④大吴之国也。故礼服莫同,其便一也。乡异而用变,事异而礼易。是以圣人果可以利其国,不一其用;果可以便其事,不同其礼。儒者一师而俗异,中国同礼而教离,况于山谷之便乎?故去就之变,智者不能一;远近之服,贤圣不能同。穷乡多异,曲学多辨。不知而不疑,异于己而不非者,公焉而众求尽善也。今叔之所言者,俗也;吾所言者,所以制俗也。吾国东有河、薄洛之水,⑤与齐、中山同之,⑥无舟楫之用。自常山以至代、上党,⑦东有燕、东胡之境,而西有楼烦、秦、韩之边,今无骑射之备。故寡人无舟楫之用,夹水居之民,将何以守河、薄洛之水?变服骑射,以备燕、三胡、秦、韩之边⑧。且昔者简主不塞晋阳以及上党,而襄主并戎取代以攘诸胡,此愚智所明也。先时,中山负齐之强兵,侵暴吾地,系累⑨吾民,引水围鄗,微社稷之神灵,则鄗几于不守也。先王丑之,而怨未能报也。今骑射之备,近可以便上党之形,而远可以报中山之怨。而叔顺中国之俗以逆简、襄之意,恶变服之名以忘鄗事之丑,非寡人之所望也。"公子成再拜稽首曰:"臣愚,不达于王之义,敢道世俗之闻,臣之罪也。今王将继简、襄之意以顺先王之志,臣敢不听命乎!"再拜稽首。乃赐胡服。明日,服而朝。于是始出胡服令也。

①[索隐]曰:错臂亦文身,谓以丹青错画其臂。孔衍作"右臂左衽",谓右袒其臂也。

②[索隐]曰:刘氏云:"今珠崖、儋耳谓之瓯人,是有瓯越。"[正义]曰:按:属南越,故言瓯越也。《舆地志》云:"交趾,周时为骆越,秦时曰西瓯,文身断发避龙。"则西瓯骆又在番吾之西。南越及瓯骆皆芈姓也。《世本》云:"越,芈姓也,与楚同祖"是也。

③刘逵曰:"以草染齿,用白作黑。"郑玄曰:"雕文谓刻其肌,以青丹涅之。"

④徐广曰:"《战国策》作'秫缝',绌亦缝缭之别名也。铢者,綦针也。古字多假借,故作'秫绌'耳。此盖言其女功针缕之粗拙也。又一本作'鲑冠黎绁'也。"

⑤徐广曰:"安平经县西有漳水,津名薄洛津。"[正义]曰:按:安平县属定州也。

⑥[正义]曰:尔时齐与中山相亲,中山、赵共薄洛水,故言"与齐、中山同之",须有舟楫之备。

⑦徐广曰:"一云'自常山以下,代、上党以东'。"

⑧[索隐]曰:林胡、楼烦、东胡,是三胡也。

⑨[正义]曰:上音计,下力追反。

赵文、赵造、周袑、①赵俊皆谏止王毋胡服,如故法便。王曰:"先王不同俗,何古之法?帝王不相袭,何礼之循?虙戏、神农教而不诛,黄帝、尧、舜诛而不怒。及至三王,随时制法,因事制礼。法度制令各顺其宜,衣服器械各便其用。故礼也不必一道,而便国不必古。圣人之兴也,不相袭而王;夏、殷之衰也,不易礼而灭。然则反古未可非,而循礼未足多也。且服奇者志淫,则是邹、鲁无奇行也;②俗辟者民易,则是吴、越无秀士也。③且圣人利身谓之服,便事谓之礼。夫进退之节,衣服之制者,所以齐常民也,非所以论贤者也。故齐民与俗流,贤者与变俱。故谚曰:'以书御者不尽马之情,以古制今者不达事之变'。循法之功,不足以高世;法古之学,不足以制今。子不及也。"遂胡服招骑射。

①徐广曰:"《战国策》作'绍'。祒,音绍。"

②[索隐]曰:按:邹、鲁好长缨,是奇服也,服非其志皆淫僻也,而有孔门颜、冉之属,岂是无奇行哉!

③[索隐]曰:言方俗僻处山谷,而人皆改易不通大化,则是吴、越无秀士,何得有延州来及大夫种之属哉!

二十年,王略中山地,至宁葭。①西略胡地,至榆中。②林胡王献马。归,使楼缓之秦,仇液之韩,王贲之楚,富丁之魏,赵爵之齐。代相赵固主胡,致其兵。二十一年,攻中山。赵祒为右军,许钧为左军,公子章为中军,王并将之。牛翦将车骑,赵希并将胡、代。赵与之陉,③合军曲阳,④攻取丹丘、⑤华阳、⑥鸱之塞。⑦王军取鄗、石邑、⑧封龙、⑨东垣。中山献四邑和,王许之,罢兵。二十三年,攻中山。二十五年,惠后卒。⑩使周袑胡服傅王子何。二十六年,复攻中山,攘地北至燕、代,西至云中、九原。

①[索隐]曰:一作"蔓葭",县名,在中山也。

②[正义]曰:胜州北河北岸也。

③徐广曰:"一作'陆',又作'陉'。或宜言'赵与之陉'。陉者山绝之名。常山有井陉,中山有苦陉,上党有阏与。"[正义]曰:与,音与。陉,音荆。陉,陉山也,在并州陉县东南十八里。然赵希并将代、赵之兵,与诸军向井陉之侧,共出定州上曲阳县,合军攻取丹丘、华阳、鸱上之关。

④徐广曰:"上曲阳在常山,下曲阳在巨鹿。"[正义]曰:《括地志》云:"上曲阳故城在定州曲阳县西五里。"按:合军曲阳,即上曲阳也,以在常山郡也。

⑤[正义]曰:盖邢州丹丘县也。

⑥[正义]曰:《括地志》云:"北岳有五别名,一曰兰台府,二曰列女宫,三

日华阳台,四曰紫台,五曰太一宫。"按:北岳恒山在定州恒阳县北百四
十里。

⑦[正义]曰:上昌之反,下先代反。徐广曰:"鸥,一作'鸿',"鸿上故关今
名汝城,在定州唐县东北六十里,本晋鸿上关城也。又有鸿上水,源出
唐县北葛洪山,接北岳恒山,与鸿上塞皆在定州。然一本作"鸣"字,误
也。

⑧徐广曰:"在常山。"〔正义〕曰:《括地志》云:"石邑故城在恒州鹿泉县南
三十五里,六国时旧邑。"

⑨[正义]曰:《括地志》云:"封龙山一名飞龙山,在恒州鹿泉县南四十五
里。邑因山为名。"

⑩[索隐]曰:谓武灵王之后,前太子章之母,惠文王之嫡母也。惠后卒后,
吴娃始当正室,至孝成二年称"惠文后卒"是也。而下文又云"吴娃死
后,娃子何宠衰,怜故太子,欲两王之",是误也。

二十七年,五月戊申,大朝于东宫,传国,立王子何以为王。王
庙见礼毕,出临朝。大夫悉为臣,肥义为相国,并傅王。是为惠文王。
惠文王,惠后吴娃子也。武灵王自号为主父。

主父欲令子主治国,而身胡服将士大夫西北略胡地,而欲从云
中、九原直南袭秦,于是诈自为使者入秦。秦昭王不知,已而怪其状
甚伟,非人臣之度,使人逐之,而主父驰已脱关矣。审问之,乃主父
也。秦人大惊。主父所以入秦者,欲自略地形,因观秦王之为人也。

惠文王①二年,主父行新地,遂出代,西遇楼烦王于西河而致
其兵。三年,灭中山,迁其王于肤施。②起灵寿,③北地方从,代道大
通。还归,行赏,大赦,置酒酺五日。封长子章为代安阳君。④章素
侈,心不服其弟所立。主父又使田不礼相章也。

①徐广曰:"元年,以公子胜为相,封平原。"
②徐广曰:"在上郡。"[正义]曰:今延州肤施县也。
③徐广曰:"在常山"。
④[正义]曰:《括地志》云:"东安阳故城在朔州定襄县界。《地理志》云东
　安阳县属代郡。"

李兑谓肥义曰:"公子章强壮而志骄,党众而欲大,殆有私乎?
田不礼之为人也,忍杀而骄。二人相得,必有谋阴贼起,一出身徼

幸。夫小人有欲,轻虑浅谋,徒见其利而不顾其害,同类相推,俱入祸门。以吾观之,必不久矣。子任重而势大,乱之所始,祸之所集也,子必先患。仁者爱万物而智者备祸于未形,不仁不智,何以为国?子奚不称疾毋出,传政于公子成?毋为怨府,毋为祸梯。"肥义曰:"不可。昔者主父以王属义也,曰:'毋变而度,毋异而虑,坚守一心,以殁而世。'义再拜受命而籍之。今畏不礼之难而忘吾籍,变孰大焉?进受严命,退而不全,负孰甚焉?变负之臣,不容于刑。谚曰'死者复生,生者不愧'。①吾言已在前矣,吾欲全吾言,安得全吾身!且夫贞臣也难至而节见,忠臣也累至而行明。子则有赐而忠我矣,虽然,吾有语在前者也,终不敢失。"李兑曰:"诺,子勉之矣!吾见子已今年耳。"涕泣而出。李兑数见公子成,以备田不礼之事。

> ①[正义]曰:肥义报李兑云:必尽傅何为王,不可惧章及田不礼而生异
> 心。使死者复更变生,并见在生者,并见傅王无变,令我不愧之,若荀
> 息也。

异日,肥义谓信期曰:①"公子与田不礼甚可忧也。其于义也声善而实恶,此为人也不子不臣。吾闻之也:奸臣在朝,国之残也;谗臣在中,主之蠹也。此人贪而欲大,内得主而外为暴。矫令为慢,以擅一旦之命,不难为也,祸且逮国。今吾忧之,夜而忘寐,饥而忘食。盗贼出入不可不备。自今以来,若有召王者必见吾面,我将先以身当之,无故而王乃入。"信期曰:"善哉,吾得闻此也。"

> ①[索隐]曰:即下文高信也。[正义]曰:上音申也。

四年朝群臣,安阳君亦来朝。主父令王听朝,而自从旁观窥群臣宗室之礼。见其长子章傫然也,反北面为臣屈于其弟,心怜之,于是乃欲分赵而王章于代,计未决而辍。

主父及王游沙丘,异宫,①公子章即以其徒与田不礼作乱,诈以主父令召王。肥义先入,杀之。高信即与王战。公子成与李兑自国至,乃起四邑之兵入距难,杀公子章及田不礼,灭其党贼而定王室。公子成为相,号安平君,李兑为司寇。公子章之败,往走主父,主父开之。②成、兑因围主父宫。公子章死,公子成、李兑谋曰:"以

章故围主父,即解兵,吾属夷矣。"乃遂围主父。令宫中人"后出者
夷",宫中人悉出。主父欲出不得,又不得食,探爵鷇而食之,③三月
余而饿死沙丘宫。④主父定死,乃发丧赴诸侯。

①[正义]曰:在邢州平乡县东北二十里也。

②[索隐]曰:开,谓开门而纳之。俗本亦作"闻"字者,非也。谯周及孔衍皆
作"闭之",闭谓藏也。[正义]曰:谓不责其反版之罪,容其入宫藏也。

③蔡毋邃曰:"鷇,爵子也。"[索隐]曰:"生受哺者谓之鷇"。

④应劭曰:"武灵王葬代郡灵丘县。"[正义]曰:《括地志》云:"赵武灵王墓
在蔚州灵丘县东三十里。"应说是也。

是时王少,成、兑专政,畏诛,故围主父。主父初以长子章为太
子,后得吴娃,爱之,为不出者数岁。生子何,乃废太子章而立何为
王。吴娃死,爱弛,怜故太子,欲两王之,犹豫未决,故乱起,以至父
子俱死,为天下笑,岂不痛乎!①

①徐广曰:"或无此十四字。"

主父死。惠文王立立五年,与燕鄚、易。①八年,城南行唐。②九
年,赵梁将,与齐合军攻韩,至鲁关下。③及十年,秦自置为西帝。十
一年,董叔与魏氏伐宋,得河阳于魏。④秦取梗阳。④十二年,赵梁将
攻齐。十三年,韩徐为将,攻齐。公主死。⑤十四年,相国乐毅将赵、
秦、韩、魏、燕攻齐,取灵丘⑥。与秦会中阳。⑦十五年,燕昭王来见。
赵与韩、魏、秦共击齐,齐王败走,燕独深入,取临菑。

①徐广曰:"皆属涿郡。鄚,音莫。"

②徐广曰:"在常山。"[正义]曰:行,寒庚反。《括地志》云:"行唐县属冀
州。"为南行唐筑城。

③[正义]曰:刘伯庄云:"盖在南河鲁阳关。"按:汝州鲁山县,古谷阳县。

④杜预曰:"太原晋阳县南梗阳城也。"[索隐]曰:《地理志》云太原榆次有
梗阳乡。与杜预所据小别也。[正义]曰:《括地志》云:"梗阳故城在并州
清源县南百二十步,分晋阳县置,本汉榆次县地,春秋晋大夫祁氏邑
也。"

⑤[索隐]曰:盖吴娃女,惠文王之妹。

⑥[索隐]曰：年表及韩、魏等系家，五国攻齐在明年，然此下文十五年重击齐，是此文为得，盖此年同伐齐耳。[正义]曰：蔚丘县也。

⑦[正义]曰：《括地志》云："中阳故县在汾州隰城县南十里，汉中阳县也。"

十六年，秦复与赵数击齐，齐人患之。苏厉为齐遗赵王书曰：

臣闻古之贤君，其德行非布于海内也，教顺非洽于民人也，祭祀时享非数常于鬼神也。甘露降，时雨至，年谷丰熟，民不疾疫，众人善之，然而贤主图之。

今足下之贤行功力，非数加于秦也；怨毒积怒，非素深于齐也。秦赵与国，以强征兵于韩，秦诚爱赵乎？其实憎齐乎？物之甚者，贤主察之。秦非爱赵而憎齐也，欲亡韩而吞二周，故以齐饵天下。恐事之不合，故出兵以劫魏、赵。恐天下畏己也，故出质以为信。恐天下亟反也，故征兵于韩以威之。声以德与国，实而伐空韩，①臣以秦计为必出于此。夫物固有势异而患同者，楚久伐而中山亡，今齐久伐而韩必亡。破齐，王与六国分其利也。亡韩，秦独擅之。收二周，西取祭器，秦独私之。赋田计功，王之获利孰与秦多？

①[索隐]曰：与国，赵也。秦赵今为与国，秦征兵于韩，共赵伐齐，以威声和赵，是以德与国也。

说士之计曰："韩亡三川，①魏亡晋国，②市朝未变而祸已及矣。"燕尽齐之北地，去沙丘、巨鹿敛三百里，③韩之上党去邯郸百里，燕、秦谋王之河山，间三百里而通矣。秦之上郡④近挺关，至于榆中者千五百里。秦以三郡攻王之上党，⑤羊肠之西，⑥勾注之南，⑦非王有已。逾勾注，斩常山而守之，三百里而通于燕，代马胡犬不东下，⑧昆山之玉不出，此三宝者亦非王有已。王久伐齐，从强秦攻韩，其祸必至于此。愿王孰虑之！

①[正义]曰：河南之地，两川之间。

②[正义]曰：河北之地，安邑、河内。

③[正义]曰：沙丘，邢州也。巨鹿，冀州也。齐北界，贝州也。敛，减也。言破齐灭韩之后，燕之南界，秦之东界，相去减三百里，赵国在中间也矣。

④[正义]曰:鄜、延等州也。

⑤[正义]曰:秦上党郡今泽、潞、仪、沁等四州之地,兼相州之半,韩总有
之。至七国时,赵得仪、沁二州之地,韩犹有潞州及泽州之半,半属赵、
魏。沁州在羊肠坂之西,仪、并、代三州在勾注山之南。秦以三郡攻赵之
泽、潞,则勾注之南赵无地。然秦始皇置上党郡,此言之者,太史公却引
前书也。他皆仿此。

⑥[正义]曰:太行山坂道名,南属怀州,北属泽州。

⑦[正义]曰:勾注山在代州西北也。

⑧[正义]曰:言秦逾勾注山,斩常山而守之,西北代马胡犬不东入赵,沙
州昆山之玉亦不出至赵矣。郭璞云:“胡地野犬似狐而小。”

　　且齐之所以伐者,以事王也;①天下属行,以谋王也。②燕
秦之约成而兵出有日矣。五国三分王之地,③齐倍五国之约而
殉王之患,④西兵以禁强秦,秦废帝请服,⑤反高平、根柔于
魏,⑥反巠分,⑦先俞于赵。⑧齐之事王,宜为上佼,⑨而今乃
抵罪,⑩臣恐天下后事王者之不敢自必也。愿王孰计之也。

①[正义]曰:以事王为事也,而秦必伐之也。

②[正义]曰:上音烛,下胡郎反。言秦欲令齐称帝,与约五国共灭赵,三分
赵地。

③[正义]曰:谓秦、齐、韩、魏、燕三分赵之地也。

④[正义]曰:齐王以身从赵王之患也。

⑤[正义]曰:言秦、齐相约,欲更重称帝,故言“废帝”也。

⑥徐广曰:《纪年》云魏哀王四年改阳曰河雍,向曰高平。根柔,一作‘榱
柔’,一作‘平柔’。”[正义]曰:返,还也。《括地志》云:“高平故城在怀州
河阳县西四十里。《纪年》云魏哀王改向曰高平也。”根柔未详。两邑,魏
地也。

⑦徐广曰:“一作‘王公’。巠,音胡鼎反。”

⑧徐广曰:“《尔雅》曰西俞,雁门是也。”[正义]曰:巠,音邢。分字误,当作
“山”字耳。《括地志》云:“勾注山一名西陉山,在代州雁门县西北四十
里。”俞,音戍。《郭注》云:“西隃即雁门山也。”按:西先声相近,盖陉山、
西隃二山之地并在代州雁门县,皆赵地也。

⑨[索隐]曰:佼犹行也。

⑩〔正义〕曰:谓共秦伐齐也。

今王毋与天下攻齐,天下必以王为义。齐抱社稷而厚事王,天下必尽重王义。王以天下善秦,秦暴,王以天下禁之,是一世之名宠制于王也。

于是赵乃辍,谢秦不击齐。

王与燕王遇。廉颇将,攻齐昔阳,①取之。②

①〔正义〕曰:《括地志》云:"昔阳故城一名阳城,在并州乐平县东。《春秋释地名》云'昔阳,肥国所都也。乐平城治县东昔阳城。肥,白狄别种也。乐平县城,汉治县城也'。"

②杜预曰:"乐平治县有昔阳城。"

十七年,乐毅将赵师攻魏伯阳。①而秦怨赵不与己击齐,伐赵,拔我两城。十八年,秦拔我石城。②王再之卫东阳,决河水,③伐魏氏。大潦,漳水出。魏冉来相赵。十九年,秦败我二城。赵与魏伯阳。赵奢将,攻齐麦丘,取之。二十年,廉颇将,攻齐。王与秦昭王遇西河外。④二十一年,赵徙漳水武平西。⑤二十二年,大疫。置公子丹为太子。二十三年,楼昌将,攻魏几,⑥不能取。十二月,廉颇将,攻几,取之。二十四年,廉颇将,攻魏房子,⑦拔之,因城而还。又攻安阳,取之。二十五年,燕周将,攻昌⑧城、高唐,取之。与魏共击秦。秦将白起破我华阳,⑨得一将军。二十六年,取东胡⑩欧代地。⑪

①〔正义〕曰:《括地志》云:"伯阳故城一名邯会城,在相州邺县西五十五里,七国时魏邑,汉邯会城。"

②〔正义〕曰:《地理志》云右北平有石城县。《括地志》云:"石城在相州林虑县西南九十里。"疑相州石城是。

③〔正义〕曰:《括地志》云:"东阳故城在贝州历亭县界。"按:东阳先属卫,今属赵。河历贝州南,东北流,过河南岸即魏地也。故言王再之卫东阳伐魏氏也。

④徐广曰:"年表云与秦会渑池。"

⑤〔正义〕曰:《括地志》云:"武平亭今名渭城,在瀛州文安县北七十二

里。"按:二十七年又徙漳水武平南。

⑥[正义]曰:音祈。《传》云伐齐几,拔之。又《战国策》云秦败阏与,及攻魏
　　几。按:几邑或属齐,或属魏,当在相、潞之间也。

⑦徐广曰:"属常山。"

⑧徐广曰:"属齐郡。"[索隐]曰:燕周,赵人,为赵将。〔正义〕曰:《括地志》
　　云:"故昌城在淄州淄川县东北四十里也。"

⑨[正义]曰:《括地志》云:"故华阳城在郑州管城县南四十里。司马彪云
　　华阳亭在今洛州密县。"是时,魏、韩、赵聚兵于华阳,西攻秦。

⑩[正义]曰:今营州也。

⑪[索隐]曰:盖东胡叛赵,驱略代地人众以叛,故取之也。

　　二十七年,徙漳水武平南。封赵豹为平阳君。①河水出,大潦。
二十八年,蔺相如伐齐,至平邑。②罢城北九门大城。③燕将成安君
公孙操弑其王。④二十九年,秦、韩相攻,而围阏与。⑤赵使赵奢将,
击秦,大破秦军阏与下,赐号为马服君。⑥

①《战国策》曰赵豹,平阳君,惠文王母弟。

②[正义]曰:《括地志》云:"平邑故城在魏州昌乐县东北四十里也。"

③[正义]曰:恒州九门县城。

④徐广曰:"年表云是燕武成王元年。"[索隐]曰:乐资云其王即惠王。

⑤[正义]曰:上于连反,下音预。《括地志》云:"阏与,聚落,今名乌苏城,
　　在潞州铜鞮县西北二十里。又仪州顺和县城,亦云韩阏与邑。二所未
　　详。又有阏与山在洛州武安县西五十里,盖是也。"

⑥[正义]曰:因马服山为号也,虞喜《志林》云:"马,兵之首也。号曰马服
　　者,言能服马也。"《括地志》云:"马服山,邯郸县西北十里也。"

　　三十三年,惠文王卒,太子丹立,是为孝成王。

　　孝成王元年,①秦伐我,拔三城。赵王新立,太后用事,秦急攻
之。赵氏求救于齐,齐曰:"必以长安君②为质,兵乃出。"③太后不
肯,大臣强谏。太后明谓左右曰:"复言长安君为质者,老妇必唾其
面。"左师触龙言愿见太后,太后盛气而胥之。入,④徐趋而坐,自谢
曰:"老臣病足,曾不能疾走,不得见久矣。窃自恕,而恐太后体之有
所苦也,故愿望见太后。"太后曰:"老妇恃辇而行。"⑤曰:"食得毋

衰乎？”曰：“恃粥耳。”曰：“老臣间者殊不欲食，乃强步，日三四里，少益嗜食，和于身也。”太后曰：“老妇不能。”太后不和之色少解。左师公曰：“老臣贱息舒祺最少，不肖，而臣衰，窃怜爱之，愿得补黑衣之缺以卫王宫，昧死以闻。”太后曰：“敬诺。年几何矣？”对曰：“十五岁矣。虽少，愿及未填沟壑而托之。”太后曰：“丈夫亦爱怜少子乎？”对曰：“甚于妇人。”太后笑曰：“妇人异甚。”对曰：“老臣窃以为媪之爱燕后贤于长安君。”太后曰：“君过矣，不若长安君之甚。”左师公曰：“父母爱子，则为之计深远。媪之送燕后也，持其踵，为之泣，念其远也，亦哀之矣。已行，非不思也，祭祀则祝之曰‘必勿使反’，岂非计长久，为子孙相继为王也哉？”太后曰：“然。”左师公曰：“今三世以前，至于赵主之子孙为侯者，其继有在者乎？”曰：“无有。”曰：“微独赵，诸侯有在者乎？”曰：“老妇不闻也。”曰：“此其近者祸及其身，远者及其子孙。岂人主之子侯则不善哉？位尊而无功，奉厚而无劳，而挟重器多也。今媪尊长安君之位，而封之以膏腴之地，多与之重器，而不及今令有功与国，一旦山陵崩，长安君何以自托于赵？老臣以媪为长安君之计短也，故以为爱之不若燕后。”太后曰：“诺，恣君之所使之。”于是为长安君约车百乘，质于齐，齐兵乃出。子义闻之，⑥曰：“人主之子，骨肉之亲也，犹不能持无功之尊，无劳之奉，而守金玉之重也，而况于予乎？”

①徐广曰：“平原君相也。”

②[正义]曰：长安君者，以长安善故名也。

③[索隐]曰：孔衍云：“长安君惠文后之少子也。赵亦有长安，今其地阙。”

④胥，犹须也。《谷梁传》曰：“胥其出也。”

⑤[索隐]曰：束晳云：“赵惠文王子何者，吴广之甥，娃嬴之子也。”如系家计之，则武灵王十六年梦吴娃而纳之，至二十七年王薨，及惠文王三十二年卒，孝成王元年遣长安君质于齐，若娃年二十入王宫，至此在六十左侧，亦可称老矣。而束广微言太后才三十有奇者，误也。

⑥[索隐]曰：子义，赵之贤人。

齐安平君①田单将赵师而攻燕中阳，②拔之。又攻韩注人，③

拔之。二年,惠文后卒。田单为相。

①[正义]曰:《括地志》云:"安平城在青州临海县东十九里,古纪之鄣邑
也。"

②徐广曰:"一作'人'。"[正义]曰:燕无中阳。《括地志》云:"中山故城一
名中人亭,在定州唐县东北四十一里,尔时属燕国也。"

③[正义]曰:邑名也。《括地志》云"注城在汝州梁县西十五里",盖是其地
也。

四年,王梦衣偏裻之衣,①乘飞龙上天,不至而坠,见金玉之积
如山。明日,王召筮史敢占之,曰:"梦衣偏裻之衣者,残也。乘飞龙
上天不至而坠者,有气而无实也。见金玉之积如山者,忧也。"

①[正义]曰:杜预云:"偏,左右异色。裻在中,左右异,故曰偏。"按:裻,衣
背缝也。

后三日,韩氏上党守冯亭使者至,曰:"韩不能守上党,入之于
秦。其史民皆安为赵,不欲为秦。有城市邑十七,愿再拜入之赵,财
王所以赐吏民。"王大喜,召平阳君豹告之曰:"冯亭入城市邑十七,
受之何如?"对曰:"圣人甚祸无故之利。"王曰:"人怀吾德,何谓无
故乎?"对曰:"夫秦蚕食韩氏地,中绝不令相通,固自以为坐而受上
党之地也。韩氏所以不入于秦者,欲嫁其祸于赵也。秦服其劳而赵
受其利,虽强大不能得之于小弱,小弱顾能得之于强大乎? 岂可谓
非无故之利哉! 且夫秦以牛田之①水通粮②蚕食,上乘倍战者,③
裂上国之地,④其政行,不可与为难,必勿受也。"王曰:"今发百万
之军而攻,逾年历岁未得一城也。今以城市邑十七币吾国,⑤此大
利也。"

①徐广曰:"一无此字。"[正义]曰:秦蚕食韩氏,国中断不通。夫牛耕田种
谷,至秋则收之,成熟之义也。言秦伐韩上党胜有日矣,若牛田之必冀
收获矣。

②[正义]曰:秦从渭水漕粮,东入河、洛,军击韩上党也。

③[正义]曰:乘,承证反。蚕食桑叶,渐进必尽也。《司马法》云:"百亩为
夫,夫三为屋,屋三为井,井十为通,通十为成。成出革车一乘,七十二
人也。"上乘,天下第一也。倍战,力攻也。韩国四战之地,军士惯习,倍

于余国。

④[正义]曰:上国,秦地也。言韩上党之地以列为秦国之地,其政已行,赵
　不可与秦作难,必莫受冯亭十七邑也。

⑤[正义]曰:冯亭将十七邑入赵,若币帛之见遗,此大利也。

赵豹出,王召平陵君与赵禹而告之。对曰:"发百万之军而攻,
逾岁未得一城,今坐受城市邑十七,此大利,不可失也。"王曰:
"善。"乃令赵胜受地,告冯亭曰:"敝国使者臣胜,敝国君使胜致命,
以万户都三封太守,①千户都三封县令,皆世世为侯,吏民皆益爵
三级。吏民能相安,皆赐之六金。"冯亭垂涕不见使者,曰:"吾不处
三不义也:为主守地,不能死固,不义一矣;入之秦,不听主令,不义
二矣;卖主地而食之,不义三矣。"赵遂发兵取上党。②廉颇将军军
长平。③

①[正义]曰:尔时未合言太守,至汉景帝始加太守,此言"太",衍字也。

②《汉书·冯奉世传》曰:"赵封冯亭为华陵君,与赵将括距秦,战死于长
　平,宗族由是分散,或在赵。在赵者为官师将,官师将子为代相。及秦灭
　六国,而冯亭之后冯无择、冯去疾、冯劫皆为秦将相焉。汉兴,冯唐即代
　相之子也。"《上党记》云:"冯亭冢在壶关城西五里。"

③[正义]曰:《括地志》云:"长平故城在泽州高平县西二十一里,即白起
　败括于长平处。"

七年,廉颇免而赵括代将。秦人围赵括,赵括以军降,卒四十余
万皆坑之。王悔不听赵豹之计,故有长平之祸焉。

王还,不听秦,秦围邯郸。①武垣令②傅豹、王容、苏射率燕众
反燕地。③赵以灵丘④封楚相春申君。

①徐广曰:"在九年。"

②徐广曰:"河间有武垣县,本属涿郡。"[正义]曰:《括地志》云:"武垣故
　城今瀛州城是也。"

③[正义]曰:武垣此时属赵,与燕接境,故云率燕众反燕地也。

④[正义]曰:《括地志》云:"灵丘,蔚州理县也。"

八年,平原君如楚请救。还,楚来救,及魏公子无忌亦来救,①
秦围邯郸乃解。

①[正义]曰:《魏公子传》云:"赵王以鄗为公子汤沐邑"。年表云:"九年,公子无忌救邯郸"。围在九年,其文错误耳。

十年,燕攻昌壮,①五月拔之。赵将乐乘、庆舍攻秦信梁军,破之。②太子死。③而秦攻西周,拔之。徒父祺出。④

①徐广曰:"一作'社'。"[正义]曰:壮字误,当作"城"。《括地志》云:"昌城故城在冀州信都县西北五里"。此时属赵,故攻之也。

②徐广曰:"年表云新中军也。"[索隐]曰:信梁,秦将也。[正义]曰:信梁盖王龁号也。《秦本纪》云"昭襄王五十年,王龁从唐拔宁新中,宁新中更名安阳",今相州理县也。年表云"韩、魏、楚救赵新中军,秦兵罢"是也。

③徐广曰:"是年周赧王卒,或者'太子'云'天子'乎?"[索隐]曰:赵太子也,史失名。

④[索隐]曰:徒父,赵大夫,名祺。[正义]曰:赵见秦拔西周,故令徒父旗将兵出境也。

十一年,城元氏,①县上原。武阳君郑安平死,②收其地。十二年,邯郸庑烧。③十四年,平原君赵胜死。④

①《地理志》常山有元氏县。[正义]曰:元氏,赵州县也。

②徐广曰:"故秦将降赵也。"

③徐广曰:"库,厩之名,音脍也。"[索隐]曰:庑,积刍藁之处,为火所烧也。

④[索隐]曰:年表在十五年。

十五年,以尉文封相国廉颇为信平君。①燕王令丞相栗腹约欢,以五百金为赵王酒。还归,报燕王曰:"赵氏壮者皆死长平,其孤未壮,可伐也。"王召昌国君乐间而问之。对曰:"赵四战之国也,其民习兵,伐之不可。"王曰:"吾以众伐寡,二而伐一,可乎?"对曰:"不可。"王曰:"吾即以五而伐一,可乎?"对曰:"不可。"燕王大怒。群臣皆以为可。燕卒起二军,车二千乘,栗腹将而攻鄗,卿秦将而攻代。②廉颇为赵将,破杀栗腹,虏卿秦、乐间。③

①[索隐]曰:尉文,盖地名。或曰,尉,官;文,名。谓以尉文所食之地以封

廉颇也。古文质略,文省耳。[正义]曰:尉文,盖蔚州地也。信平,廉颇
号也,言笃信而平和也。

②[索隐]曰:二人皆燕将姓名。

③[正义]曰:三人皆燕将姓也。

十六年,廉颇围燕。以乐乘为武襄君。①十七年,假相大将武襄
君攻燕,围其国。十八年,延陵钧②率师从相国信平君助魏攻燕。秦
拔我榆次③三十七城。十九年,赵与燕易土:④以龙兑、⑤汾门、⑥
临乐⑦与燕,燕以葛、武阳、⑧平舒⑨与赵。二十年,秦王政初立。秦
拔我晋阳。

①[正义]曰:襄,举也,上也。言乐乘功最高也。

②徐广曰:"代郡有延陵县。"

③徐广曰:"在太原。"

④[索隐]曰:音亦。谓与燕换易县也。

⑤[正义]曰:《括地志》云:"北新城故城在易州南遂城县西南二十里。按:
遂城县西南二十五里有龙山,邢子励《赵记》云:'龙山有四麓,各有一
穴,大如车轮,春风出东,秋风出西,夏风出南,冬风出北,不相夺伦'。
按盖谓龙兑也。"

⑥徐广曰:"在北新城。"[正义]曰:《括地志》云:"易州永乐县有徐水,出
广昌岭,三源奇发,同泻一涧,流至北平县东南,历石门中,俗谓之龙
门。水经其间,奔激南出,触石成井。"盖汾字误也,遂城及永乐、北新城
县地也。

⑦徐广曰:"方城有临乡。"[正义]曰:《括地志》云:"临乡故城在幽州同安
六十七里也。"

⑧徐广曰:"葛城在高阳。"[正义]曰:《括地志》云:"故葛城又名西河城,
在瀛州高阳县西北五十里。"

⑨徐广曰:"在代郡。"[正义]曰:《括地志》云:"平舒故城在蔚州灵丘县北
九十三里也。"

二十一年,孝成王卒。廉颇将,攻繁阳,①取之。使乐乘代之,廉
颇攻乐乘,乐乘走,廉颇亡入魏。子偃立,是为悼襄王。

①徐广曰:"在顿丘。"[正义]曰:《括地志》云:"繁阳故城在相州内黄县东
北二十七里。应劭云:'繁水之北,故曰繁阳也'。"

悼襄王元年，大备①魏。欲通平邑、中牟之道，不成。②

①徐广曰："一作'修'。"[正义]曰：行大备之礼也。

②[正义]曰：平邑在魏州昌乐县东北三十里。相州汾阴县西五十八里有
　　牟山。按：中牟山之侧，时二邑皆属魏，欲渡黄河作道相通，遂不成也。

二年，李牧将，攻燕，拔武遂、方城。①秦召春平君，因而留之。
泄钧②为之谓文信侯曰："春平君者，赵王甚爱之而郎中妒之，故相
与谋曰'春平君入秦，秦必留之'，故相与谋而内之秦也。今君留之，
是绝赵而郎中之计中也。君不如遣春平君而留平都。③春平君者言
行信于王，王必厚割赵而赎平都。"文信侯曰："善。"因遣之。④城韩
皋。

①徐广曰："武遂属安平。"[正义]曰：《括地志》云："易州遂城，战国时武
　　遂城也。方城故在幽州固安县南十七里。"时二邑属燕，赵使李牧拔之
　　也。

②[正义]曰：人姓名也。

③[正义]曰：《舆地志》云："平都县在今新兴郡，与阳周县相近。"

④徐广曰："年表云太子从质秦归。"[正义]曰：按：太子即春平君也。

三年，庞煖将，攻燕，禽其将剧辛。四年，庞煖将赵、楚、魏、燕之
锐师攻秦蕞，①不拔；移攻齐，取饶安。②五年，傅抵③将，居平邑。
庆舍将东阳④河外师，守河梁。⑤六年，封长安君以饶。⑥魏与赵
邺。

①徐广曰："在新丰。"

②徐广曰："在渤海。又云饶属北海，安属平原。"[正义]曰：饶安，沧州县
　　也，七国时属齐，战国时属赵。

③[正义]曰：上音付，下音邸。赵将姓名。

④[正义]曰：属贝州，在河北岸也。

⑤[正义]曰：河外，河南岸魏州地也。河梁，桥也。

⑥[正义]曰：即饶阳也。瀛州饶阳县东二十里饶阳故城，汉县也，明长安
　　县是号也。

九年，赵攻燕，取狸、阳城。①兵未罢，秦攻邺，拔之。②悼襄王

卒,子幽缪王迁立。

①[正义]曰:按:燕无狸阳,疑"狸"字误,当作"渔阳",故城在檀州密云县
　　南十八里,燕渔阳郡城也。按赵东界至瀛州,则檀州在北,赵攻燕取渔
　　阳城也。

②徐广曰:"今饶阳在河间。"又年表曰拔阏与、邺九城。

　　幽缪王迁元年,①城柏人。二年,秦攻武城,②扈辄率师救之,
军败,死焉。三年,秦攻赤丽、宜安,③李牧率师与战肥下,④却之。
封牧为武安君。四年,秦攻番吾,⑤李牧与之战,却之。

①徐广曰:"又云'潘王'。《世本》云孝成王丹生悼襄王偃,偃生今王迁。年
　　表及《史考》赵迁皆无谥。"[索隐]曰:徐广云王迁无谥,今惟此独称幽
　　缪王者,盖秦灭赵之后,人臣窃追谥之,太史公或别有所见而记也。

②徐广曰:"年表云秦败我平阳。"

③[正义]曰:《括地志》云:"宜安故城在恒州槁城县西南二十里也。"

④[正义]曰:《括地志》云:"肥累故城在恒州槁城县西七里,春秋时肥子
　　国,白狄别种也。"

⑤[正义]曰:上音婆,又音盘,又作"蒲"。《括地志》云:"蒲吾城在恒州房
　　山县东二十里也。"

　　五年,代地大动,自乐徐以西,①北至平阴,②台屋墙垣太半
坏,地坼东西百三十步。③

①徐广曰:"一作'除'。"

②[正义]曰:乐徐在晋州,平阴在汾也。

③[正义]曰:其坼沟见在,亦在晋、汾二州界也。

　　六年,大饥,民讹言曰:"赵为号,秦为笑。以为不信,视地之生
毛。"

　　七年,秦人攻赵,赵大将李牧、将军司马尚将,击之。李牧诛,司
马尚免,赵忽及齐将颜聚代之。赵忽军破,颜聚亡去。以王迁
降。①

①[正义]曰:《淮南子》云:"赵王迁流于房陵,思故乡,则为作山木之讴,
　　闻之者莫不陨涕。"《括地志》云:"赵王迁墓在房州房陵县西九里也。"

　　八年十月，邯郸为秦。①

　　①《淮南子》曰："赵王迁流于房陵，思故乡，作为山木之讴，闻之者莫不流
　　　涕。"

　　太史公曰：吾闻冯王孙曰："赵王迁，其母倡也，①嬖于悼襄王。
悼襄王废适子嘉而立迁。迁素无行，信谗，故诛其良将李牧，用郭
开。"岂不谬哉！秦既虏迁，赵之亡大夫共立嘉为王，王代。六岁，秦
进兵破嘉，遂灭赵以为郡。

　　①徐广曰："《列女传》曰邯郸之倡。"

　　索隐述赞曰：赵氏之世，与秦同祖。周穆平徐，乃封造父。带始
事晋，夙初有土。岸贾矫诛，韩厥立武。宝符临代，卒居伯鲁。简梦
翟犬，灵歌处女。胡服虽强，建立非所。颇牧不用，王迁囚房。

史记卷四四
世家第一四

魏

　　魏之先,毕公高之后也。毕公高与周同姓。①武王之伐纣,而高封于毕,②于是为毕姓。其后绝封,为庶人,或在中国,或在夷狄。其苗裔曰毕万,事晋献公。

　　①[索隐]曰:《左传》富辰说文王之子十六国,有毕、原、丰、郇,言毕公是文王之子。此云与周同姓,似不用《左氏》之说。马融亦云毕、毛,文王庶子。

　　②杜预曰:"毕在长安县西北。"[正义]曰:《括地志》云:"毕原在雍州万年县西南二十八里。"

　　献公之十六年,赵夙为御,毕万为右,以伐霍、耿、魏,灭之。以耿封赵夙,以魏封毕万,①为大夫。卜偃曰:②"毕万之后必大矣。万,满数也;魏,大名也。以是始赏,天开之矣。天子曰兆民,诸侯曰万民。今命之大,以从满数,其必有众。"

　　①[正义]曰:魏城在陕州芮城县北五里。郑玄《诗谱》云:"魏,姬姓之国,武王伐纣而封焉。"

　　②[索隐]曰:晋掌卜大夫郭偃也。

　　初,毕万卜事晋,遇《屯》之《比》。辛廖占之,曰:"吉。屯固比入,吉孰大焉,其必蕃昌。"

　　毕万封十一年,晋献公卒,四子争更立,晋乱。而毕万之世弥大,从其国名为魏氏。生武子。①魏武子以魏诸子事晋公子重耳。晋献公之二十一年,武子从重耳出亡。十九年反,重耳立为晋文公,而

令魏武子袭魏氏之后封，列为大夫，治于魏。生悼子。魏悼子徙治
霍。②生魏绛。

> ①[索隐]曰：《左传》武子名犨。《系本》云："毕万生芒季，芒季生武仲州"。
> 州与犨声相近，字因以异，代亦不同。
> ②[索隐]曰：《系本》云"武仲生庄子绛"，无悼子。又《系本·居篇》曰："魏
> 武子居魏，悼子徙霍"。宋忠曰："霍，地名，今河东彘县也"。则是有悼
> 子，《系本》卿大夫代自脱耳。然魏，今河北魏县是也。[正义]曰：晋州霍
> 邑县，汉彘县也，后汉改曰永安，隋改曰霍邑，本春秋时霍伯国也。

魏绛事晋悼公。悼公三年，会诸侯。悼公弟杨干乱行，魏绛僇
辱杨干。①悼公怒曰："合诸侯以为荣，今辱吾弟！"将诛魏绛。或说
悼公，悼公止。卒任魏绛政，使和戎、翟，戎、翟亲附。悼公之十一年，
曰："自吾用魏绛，八年之中九合诸侯，戎、翟和，子之力也。"赐之
乐，三让然后受之。徙治安邑。②

> ①[索隐]曰：《左传》云僇杨干之仆。
> ②[正义]曰：安邑在绛州夏县安邑故城是。

魏绛卒，谥为昭子。①生魏嬴。嬴生魏献子。②献子事晋昭公。
昭公卒而六卿强，公室卑。

> ①徐广曰："《世本》曰庄子。"[索隐]曰：《系本》错也。《居篇》又曰"昭子徙
> 安邑"，亦与此文同。
> ②[索隐]曰：《系本》云："献子名荼。荼，庄子之子"。无魏嬴也。

晋顷公之十二年，韩宣子老，魏献子为国政。晋宗室祁氏、羊舌
氏相恶，六卿诛之，尽取其邑为十县，六卿各令其子为之大夫。献子
与赵简子、中行文子、范献子并为晋卿。①

> ①[索隐]曰：简子，赵鞅。文子，荀寅。献子，范吉射。

其后十四岁而孔子相鲁。后四岁，赵简子以晋阳之乱也，而与
韩、魏共攻范、中行氏。魏献子生魏侈。①魏侈与赵鞅共攻范、中行
氏。

> ①[索隐]曰：侈，他本亦作"哆"，盖"哆"字误，代有数错也。《系本》"献子
> 生简子取，取生襄子多"，而《左传》云"魏曼多"是也。则侈是襄子，中间
> 少简子一代。

魏佟之孙曰魏桓子,①与韩康子、赵襄子共伐灭知伯,②分其地。③

①[索隐]曰:《系本》云:"襄子生桓子驹。"

②[正义]曰:知,音智。《括地志》云:"故智城在蒲州虞乡县西北四十里。《古今地名》云解县有智城,盖谓此也。"

③[索隐]曰:康子名虎。襄子名无恤。智伯,知瑶也,本姓荀,亦曰荀瑶。

桓子之孙曰文侯都。①魏文侯元年,秦灵公之元年也。与韩武子、赵桓子、周威王同时。②

①徐广曰:"《世本》云斯也。"[索隐]曰:《系本》"桓子生文侯斯",其传云"孺子癍是魏驹之子",与此系亦不同也。

②[索隐]曰:《系本》"武子名启章,康子之子"。桓子名嘉,襄子之子。

六年,城少梁。十三年,使子击围繁、庞,出其民。十六年,伐秦,筑临晋元里。

十七年,伐中山,使子击守之,赵仓唐傅之。子击逢文侯之师田子方于朝歌,引车避,下谒。田子方不为礼。子击因问曰:"富贵者骄人乎? 且贫贱者骄人乎?"子方曰:"亦贫贱者骄人耳。夫诸侯而骄人则失其国,大夫而骄人则失其家。贫贱者,行不合,言不用,则去之楚、越,若脱躧然,奈何其同之哉!"子击不怿而去。西攻秦,至郑而还,筑雒阴、合阳。①

①[正义]曰:雒,漆沮水也,城在水南。郃阳,郃水之北。《括地志》云:"郃阳故城在同州河西县南三里。雒阴在同州西也。"

二十二年,魏、赵、韩列为诸侯。二十四年,秦伐我,至阳狐。①二十五年,子击生子罃。②

①[正义]曰:《括地志》云:"阳狐郭在魏州元城县东北三十里也。"

②[索隐]曰:罃,音乙耕反。击,武侯名。

文侯受子夏经艺,客段干木,过其间未尝不轼也。①秦尝欲伐魏,或曰:"魏君贤人是礼,国人称仁,上下和合,未可图也。"文侯由此得誉于诸侯。任西门豹守邺,而河内称治。②

①[正义]曰:过,先卧反。文侯轼干木闾也。皇甫谧《高士传》云:"木,晋人

也，守道不仕。魏文侯欲见，造其门，干木逾墙避之。文侯以客礼待之，
出过其闾而轼。其仆曰：‘君何轼？’曰：‘段干木贤者也，不趣势利，怀君
子之道，隐处穷巷，声驰千里，吾安得勿轼！干木先乎德，寡人先乎势。
干木富乎义，寡人富乎财。势不若德贵，财不若义高。’又请为相，不肯。
后卑己固请见，与语，文侯立倦不敢息。”《淮南子》云：“段干木，晋之大
驵，而为文侯师。”《吕氏春秋》云：“魏文侯见段干木，立倦而不敢息。及
见翟璜，踞于堂而与之言。翟璜不悦。文侯曰：‘段干木官之则不肯，禄
之则不受。今汝欲官则相至，欲禄则上卿至，既受吾赏，又责吾礼，无乃
难乎？’”

②〔索隐〕曰：大河在邺东，故名邺为河内。〔正义〕曰：古帝王之都多在河
东、河北，故呼河北为河内，河南为河外。又云河从龙门南至华阴，东至
卫州，即东北入海，曲绕冀州，故言河内云也。

　　魏文侯谓李克曰：“先生尝教寡人曰：‘家贫则思良妻，国乱则
思良相’。今所置非成则璜，①二子何如？”李克对曰：“臣闻之：卑不
谋尊，疏不谋戚。臣在阙门之外，不敢当命。”文侯曰：“先生临事勿
让。”李克曰：“君不察故也。居视其所亲，富视其所与，达视其所举，
穷视其所不为，贫视其所不取，五者足以定之矣，何待克哉！”文侯
曰：“先生就舍，寡人之相定矣。”李克趋而出，过翟璜之家。翟璜曰：
“今者闻君召先生而卜相，果谁为之？”李克曰：“魏成子为相矣。”翟
璜忿然作色曰：“以耳目之所睹记，臣何负于魏成子？西河之守，臣
之所进也。君内以邺为忧，臣进西门豹。君谋欲伐中山，臣进乐羊。
中山已拔，无使守之，臣进先生。君之子无傅，臣进屈侯鲋。臣何以
负于魏成子！”李克曰：“且子之言克于子之君者，岂将比周以求大
官哉？君问而置相‘非成则璜，二子何如’？克对曰：‘君不察故也。
居视其所亲，富视其所与，达视其所举，穷视其所不为，贫视其所不
取，五者足以定之矣，何待克哉！’是以知魏成子之为相也。且子安
得与魏成子比乎？魏成子以食禄千钟，什九在外，什一在内，是以东
得卜子夏、田子方、段干木。此三人者，君皆师之。子之所进五人者，
君皆臣之。子恶得与魏成子比也？”翟璜逡巡再拜曰：“璜鄙人也，失
对。愿卒为弟子。”

①徐广曰:"文侯弟名成。"

二十六年,虢山崩,壅河。①三十二年,伐郑。城酸枣。败秦于注。②三十五年,齐伐取我襄陵。③三十六年,秦侵我阴晋。④

①徐广曰在陕。駰案:《地理志》曰弘农陕县故虢国。北虢在太阳,东虢在荥阳。[正义]曰:《括地志》云:"虢山在陕州陕县西二里,临黄河。今临河有冈阜,似是虢山之余也。"

②司马彪曰:"河南梁县有注城也。"[正义]曰:《括地志》云:"注城在汝州梁县西十五里。注,或作'铸'也。"

③徐广曰:"今在南平阳县也。"

④徐广曰:"今之华阴。"[索隐]曰:年表作"齐侵阴晋"。《秦本纪》云:"惠王六年,魏纳阴晋,更名曰宁秦"。徐氏云:"今之华阴也"。

三十八年,伐秦,败我武下,①得其将识。②是岁文侯卒,③子击立,是为武侯。

①[正义]曰:《括地志》云:"故武城一名武之平城,在华州郑县东十三里。"

②[索隐]曰:识,将名也。武下,魏地。

③[索隐]曰:《纪年》云五十年卒。

魏武侯元年,赵敬侯初立,①公子朔为乱,不胜,奔魏,与魏袭邯郸,魏败而去。

①[索隐]曰:《纪年》云:"魏武侯元年当赵烈侯之十四年,不同也。"又《系本》敬侯名章。

二年,城安邑、王垣。①七年,伐齐,至桑丘。②九年,翟败我于浍。③使吴起伐齐,至灵丘。④齐威王初立。⑤

①徐广曰:"垣县有王屋山也。"[索隐]曰:《纪年》十一年城洛阳及安邑、王垣。徐广云"垣县有王屋山,故曰王垣"。[正义]曰:《括地志》云:"故城汉垣县,本魏王垣也,在绛州垣县西北二十里也。"

②[正义]曰:年表云"齐伐燕,取桑丘",故魏救燕伐齐,至桑丘。《括地志》云:"桑丘故城俗名敬城,在易州遂城县界也。"

③[索隐]曰:浍,音古外反。于浍,于浍水之侧。[正义]曰:《括地志》云:"浍高山又云浍山,在绛州翼城县东北二十五里,浍水出此山也。"

④[正义]曰：灵丘，蔚州县也。时属齐，故三晋伐之也。

⑤[索隐]曰：按《纪年》，齐幽公之十八年而威王立。

十一年，与韩、赵三分晋地，灭其后。十三年，秦献公县栎阳。十五年，败赵北蔺。①

①[正义]曰：在石州，赵之西北。属赵，故云赵北蔺也。

十六年，代楚，取鲁阳。①武侯卒，②子罃立，是为惠王。

①[正义]曰：今汝州鲁山县也。

②[索隐]曰：《纪年》云武侯二十六年卒。

惠王元年。初，武侯卒也，子罃与公中缓①争为太子。公孙颀自宋入赵，②自赵入韩，谓韩懿侯曰：③"魏罃与公中缓争为太子，君亦闻之乎？今魏罃得王错，④挟上党，固半国也。因而除之，⑤破魏必矣，不可失也。"懿侯说，乃与赵成侯合军并兵以伐魏，战于浊泽，⑥魏氏大败，魏君为。赵谓韩曰："除魏君，立公中缓，割地而退，我且利。"韩曰："不可。杀魏君，人必曰暴；割地而退，人必曰贪。不如两分之。魏分为两，不强于宋、卫，则我终无魏之患矣。"赵不听。韩不说，以其少卒夜去。惠王之所以身不死，国不分者，二家谋不和也。若从一家之谋，则魏必分矣。故曰："君终无适子，其国可破也"。⑦

①[正义]曰：中，音仲。

②[索隐]曰：颀，音祁。《纪年》云"武侯元年封公子缓。赵侯种、韩懿侯伐我，取蔡。而惠成王伐赵，围浊阳。七年，公子缓如邯郸以作难"，是说此事矣。

③[索隐]曰：懿侯，哀侯之子。

④徐广曰："《汲冢纪年》惠王二年，魏大夫王错出奔韩也。"

⑤徐广曰："除，一作'倍'。"[正义]曰：按：除，除魏罃及王错也。

⑥徐广曰："长社有浊泽。"[索隐]曰：《系本》云："成侯名种。"

⑦[索隐]曰：此盖古人之言及俗说，故云"故曰"。

二年，魏败韩于马陵，败赵于怀。三年，齐败我观。①五年，与韩会宅阳。城②武堵。为秦所败。③六年，伐取宋仪台。④九年，伐败韩于浍。与秦战少梁,虏我将公孙座,⑤取庞。秦献公卒,子孝公立。十年,伐取赵皮牢。彗星见。十二年,星昼坠,有声。

①徐广曰:"《齐世家》云献观以和齐。年表曰伐魏取观。今之卫县也。"[索隐]曰:《田完系家》云:"败魏于浊津而围惠王,惠王请献观以和解。"[正义]曰:观,音馆。魏州观城县,古之观国。《国语》云:"观国,夏启子太康第五弟之所封也,夏衰,灭之矣。"

②[正义]曰:《括地志》云:"宅阳故城一名北宅,在郑州荣阳县东南十七里也。"

③徐广曰:"《秦年表》曰败韩、魏洛阴。"

④徐广曰:"一作'义台'。"[索隐]曰:表亦作"义台",然义台见《庄子》,司马彪亦曰台名,郭象云义台,灵台也。

⑤徐广曰:"年表云虏我太子也。"

十四年,与赵会鄗。十五年,鲁、卫、宋、郑君来朝。①十六年,与秦孝公会杜平。侵宋黄池,宋复取之。十七年,与秦战元里,秦取我少梁。围赵邯郸。十八年,拔邯郸。赵请救于齐,齐使田忌、孙膑救赵,败魏桂陵。十九年,诸侯围我襄陵。筑长城,塞固阳。②二十年,归赵邯郸,与盟漳水上。③二十一年,与秦会彤。赵成侯卒。④二十八年,齐威王卒。中山君相魏。⑤

①[索隐]曰:《纪年》鲁恭侯、宋桓侯、卫成侯、郑釐侯来朝,皆在十四年。郑釐侯者,韩昭侯也。韩哀侯灭郑而徙都之,遂改号曰郑。

②[正义]曰:塞,先代反。《括地志》云:"梱阳县,汉旧县也,在银州银城县界。"按:魏筑长城,自郑滨洛,北庭银州,至胜州固阳县为塞也。固阳有连山,东至黄河,西南至夏、会等州。梱,音固矣。

③[正义]曰:邯郸,洺州县也。漳,水名。漳水源出洺州武安县三门山也。

④徐广曰:"年表云二十七年,丹封名会。丹,魏大臣也。"

⑤[索隐]曰:魏文侯灭中山,使子击守之。后寻复国,至是始令相魏。其中山后又为赵所灭。

三十年,魏伐赵,①赵告急齐。齐宣王用孙子计,救赵击魏。魏遂大兴师,使庞涓将,而令太子申为上将军。过外黄,外黄徐子②谓太子曰:"臣有百战百胜之术。"太子曰:"可得闻乎?"客曰:"固愿效之。"曰:"太子自将攻齐,大胜并莒,③则富不过有魏,贵不益为王。

若战不胜齐,则万世无魏矣。此臣之百战百胜之术也。"太子曰:
"诺。请必从公之言而还矣。"客曰:"太子虽欲还,不得矣。彼劝太
子战攻,欲啜汁者众。④太子虽欲还,恐不得矣。"太子因欲还,其御
曰:"将出而还,与北同。"太子果与齐人战,败于马陵。⑤齐虏魏太
子申,杀将军涓,军遂大破。

①[正义]曰:《孙膑传》云"魏与赵攻韩,韩告急齐",此文误耳。魏伐赵,赵
　请救齐,齐使孙膑救赵,败魏桂陵,乃在十八年也。

②刘向《别录》曰:"徐子,外黄人也。"外黄时属宋。[正义]曰:《括地志》
　云:"故圉城有南北二城,在汴州雍丘县界,本属外黄,即太子申见徐子
　之地也。"

③[正义]曰:莒,密州县也,在齐东南。言从西破齐,并至莒地,则齐上尽
　矣。

④[正义]曰:啜,穿悦反。汁,之入反。冀功勋者众也。

⑤徐广曰:"在元城。"[索隐]曰:按《纪年》云二十八年与齐田朌战于马
　陵;又上二年,魏败韩马陵;十八年赵又败魏桂陵。桂陵与马陵异处。
　[正义]曰:虞喜《志林》云:"马陵在濮州鄄城县东北六十里,有陵,间谷
　深峻,可以置伏。"按:庞涓败即此也。徐说马陵在魏州元城县东南一
　里,庞涓败非此地也。《田完世家》云:"宣王二年,魏伐赵,赵与韩亲,共
　击魏,赵不利,战于南梁。韩氏请于齐,齐使田忌、婴将,孙子为师,救
　赵、韩。已击魏,大破之马陵"。按南梁在汝州。又此传云:"太子为上将
　军,过外黄"。又《孙膑传》云:"魏与赵攻韩,韩告急齐,齐使田忌将而
　往,直走大梁。魏将庞涓闻之,去韩而归,齐军已过而西矣"。按:孙子减
　灶退军,三日行至马陵,遂杀庞涓,虏魏太子申,大破魏军营,当如虞喜
　之说,从汴州外黄退至濮州东北六十里是也。然赵、韩共击魏,战困于
　南梁,韩急,请救于齐,齐师走大梁,败魏马陵,岂合更渡河北,至魏州
　元城哉? 徐说定非也。

三十一年,秦、赵、齐共伐我,①秦将商君诈我将军公子卬而袭
夺其军,破之。秦用商君,东地至河,而齐、赵数破我,安邑近秦,于
是徙治大梁。②以公子赫为太子。

①[索隐]曰:《纪年》云"二十九年五月,齐田朌伐我东鄙。九月,秦卫鞅伐
　我西鄙。十月,邯郸伐我北鄙。王攻卫鞅,我师败绩"是也。然言二十九

年,不同。

②徐广曰:"今浚仪。"骃案:《汲冢纪年》曰"梁惠成王九年四月甲寅,徙都大梁"也。[索隐]曰:《纪年》以为惠王九年,盖误也。[正义]曰:《陈留风俗传》云:"魏之都也,毕万十叶徙大梁"。按:今汴州浚仪也。

三十三年,秦孝公卒,商君亡秦归魏,魏怒,不入。三十五年,与齐宣王会平阿南。①

①《地理志》沛郡有平阿县也。

惠王数败于军旅,卑礼厚币以招贤者。邹衍、淳于髡、孟轲皆至梁。梁惠王曰:"寡人不佞,兵三折于外,太子虏,上将死,国以空虚,以羞先君宗庙社稷,寡人甚丑之。叟不远千里,①辱幸至弊邑之廷,将何以利吾国?"孟轲曰:"君不可以言利若是。夫君欲利则大夫欲利,大夫欲利则庶人欲利,上下争利,国则危矣。为人君,仁义而已矣,何以利为!"

①刘熙曰:"叟,长老之称,依皓首之言。"

三十六年,复与齐王会甄。是岁惠王卒,①子襄王立。②襄王元年,与诸侯会徐州,③相王也。追尊父惠王为王。④

①[索隐]曰:《纪年》云,惠成王三十六年改元称一年,未卒也。

②[索隐]曰:《系本》襄王名嗣。

③徐广曰:"今薛县。"

④徐广曰:"二年,伐赵。"

五年,秦败我龙贾军四万五千于雕阴,①围我焦、曲沃。②予秦河西之地。③六年,与秦会应。④秦取我汾阴、皮氏、⑤焦。魏伐楚,败之陉山。⑥七年,魏尽入上郡于秦。⑦秦降我蒲阳。⑧八年,秦归我焦、曲沃。十二年,楚败我襄陵。诸侯执政与秦相张仪会啮桑。⑨十三年,张仪相魏。魏有女子化为丈夫。秦取我曲沃、⑩平周⑪。

①徐广曰:"在上郡。"[正义]曰:《括地志》云:"雕阴故县在鄜州洛交县北三十里,雕阴故城是也。"

②[正义]曰:《括地志》云:"故焦城在陕县东北百步古虢城中东北隅,周同姓也。曲沃有城,在陕县西南三十二里。"按:今有曲沃店也。

③[正义]曰:自华州北至同州,并魏河北之地,尽入秦也。

④徐广曰:"颍川父城有应乡也。"[正义]曰:应,乙陵反。《括地志》云:"故
　应城,故应乡也,在汝州鲁山县东三十里。"

⑤[正义]曰:《括地志》云:"汾阴故城在蒲州汾阴县北九里。皮氏故城在
　绛州龙门县西一百八十步也。"

⑥徐广曰:"在密县。"[正义]曰:《括地志》云:"陉山在郑州新县西南三十
　里。"

⑦[正义]曰:《括地志》云:"上郡故城在绥州上县东南五十里,秦魏之上
　郡地也。"按:丹、鄜、延、绥等州,北至固阳,并上郡地。魏筑长城界秦,
　自华州郑县已北,滨洛至庆州洛源县白于山,即东北至胜州固阳县,东
　至河西上郡之地,尽入于秦。

⑧[正义]曰:在隰州,隰川县蒲邑故城是也。

⑨徐广曰:"在梁与彭城之间。"

⑩[正义]曰:绛州桐乡县,晋曲沃邑。

⑪[正义]曰:《十三州志》云:"古平周县在汾州介休县西五十里也。"

十六年,襄王卒,子哀王立。张仪复归秦。①

①荀勖曰:"和峤云:'《纪年》起自黄帝,终于魏之今王'。今王者,魏惠成
　王子。案:《太史公书》惠成王但言惠王,惠王子曰襄王,襄王子曰哀王。
　惠王三十六年卒,襄王立十六年卒,并惠、襄为五十二年。今案古文,惠
　成王立三十六年,改元称一年,改元后十七年卒。《太史公书》为误分
　惠、成之世,以为二王之年数也。《世本》惠王生襄王而无哀王,然则今
　王者魏襄王也。"[索隐]曰:《系本》襄王生昭王,而无哀王,盖脱一代
　耳。孔衍叙《魏语》亦有哀王,而《纪年》说惠成王三十六年,又称后元一
　十七年卒。此文分惠王之历以为二王之年,又有哀王,凡二十三年,纪
　事甚明,盖无足疑。然则是《纪年》之作失哀王之代,故分襄王之年为惠
　王后元,即以襄王之年包哀王之代耳。

哀王元年,五国共攻秦,①不胜而去。二年,齐败我观津。②五
年,秦使樗里子伐取我曲沃,③走犀首岸门。④六年,秦求立公子政
为太子。⑤与秦会临晋。七年,攻齐。⑥与秦伐燕。

①[正义]曰:韩、魏、楚、赵、燕也。

②[正义]曰:《括地志》云:"观津城在冀州枣阳县东南二十五里。"本赵

邑,今属魏也。

③[索隐]曰:樗里子,秦昭王弟名疾,居樗里,故因号焉。

④徐广曰:"颍阴有岸亭。"[索隐]曰:犀首,官名,即公孙衍。刘氏云"河东
　皮氏县有岸头亭"也。[正义]曰:《括地志》云:"岸门在许州长社县西北
　十八里,今名西武亭。"

⑤[索隐]曰:政,魏公子也。

⑥徐广曰:"年表云击齐,虏声子于濮也。"

八年,伐卫,拔列城二。①卫君患之。如耳②见卫君曰:"请罢魏
兵,免成陵君可乎?"卫君曰:"先生果能,孤请世世以卫事先生。"如
耳见成陵君曰:"昔者魏伐赵,断羊肠,拔阏与,③约斩赵,赵分而为
二,所以不亡者,魏为从主也。今卫已迫亡,将西请事于秦。与其以
秦醳卫,不如以魏醳卫,④卫之德魏必终无穷。"成陵君曰:"诺。"如
耳见魏王曰:"臣有谒于卫。卫故周室之别也,其称小国,多宝器。今
国迫于难而宝器不出者,其心以为攻卫醳卫不以王为主,故宝器虽
出必不入于王也。臣窃料之:先言醳卫者必受卫者也。"如耳出,成
陵君入,以其言见魏王。魏王听其说,罢其兵,免成陵君,终身不见。

①[索隐]曰:《纪年》云:"八年,翟章伐卫。"

②[正义]曰:魏大夫姓名也。

③徐广曰:"在上党。"[正义]曰:阏,于连反。与,音预。羊肠坂道在太行山
　上,南口怀州,北口潞州。阏与故城在潞州及仪州。若断羊肠,拔阏与,
　北连恒州,则赵国东西断而为三也。

④[正义]曰:醳,音释。

九年,与秦王会临晋。张仪、魏章皆归于魏。①魏相田需死,楚
害张仪、犀首、薛公。②楚相昭鱼谓苏代③曰:"田需死,吾恐张仪、
犀首、薛公有一人相魏者也。"代曰:"然相者欲谁而君便之?"昭鱼
曰:"吾欲太子之自相也。"④代曰:"请为君北,必相之。"昭鱼曰:
"奈何?"对曰:"君其为梁王,代请说君。"昭鱼曰:"奈何?"对曰:"代
也从楚来,昭鱼甚忧,曰:'田需死,吾恐张仪、犀首、薛公有一人相
魏者也。'代曰:'梁王,长主也,必不相张仪。张仪相,必右秦而左
魏。犀首相,必右韩而左魏。薛公相,必右齐而左魏。梁王,长主也,

必不便也。'王曰：'然则寡人孰相？'代曰：'莫若太子之自相。太子
之自相，是三人者皆以太子为非常相也，皆将务以其国事魏，欲得
丞相玺也。以魏之强，而三万乘之国辅之，魏必安矣。故曰莫若太
子之自相也。'"遂北见梁王，以此告之。太子果相魏。

①〔索隐〕曰：章为魏将，后又相秦。

②〔索隐〕曰：薛公田文也。

③〔索隐〕曰：昭鱼，昭奚恤也。

④〔索隐〕曰：太子即襄王也。

十年，张仪死。十一年，与秦武王会应。十二年，太子朝于秦。
秦来伐我皮氏，未拔而解。十四年，秦来归武王后。十六年，秦拔我
蒲反、阳晋、封陵。①十七年，与秦会临晋。秦予我蒲反。十八年，与
秦伐楚。②二十一年，与齐、韩共败秦军函谷。③

①〔索隐〕曰：《纪年》作"晋阳、封谷"。"〔正义〕曰：阳晋当作"晋阳"也，史文
误。《括地志》云："晋阳故城今名晋城，在蒲州虞乡县西三十五里。"表
云"魏哀王十六年秦杜阳、晋阳"，即此城也。封陵亦在蒲州。按阳晋故
城在曹州，解在《苏秦传》也。

②徐广曰："二十年，与齐王会于韩。"

③徐广曰："河、渭绝一日。"

二十三年，秦复予我河外及封陵为和。哀王卒，①子昭王
立。②

①〔索隐〕曰：《汲冢纪年》终于哀王二十年，昭王三年丧毕，始称元年也。

②〔索隐〕曰：《系本》昭王名遬。

昭王元年，秦拔我襄城。二年，与秦战，我不利。三年，佐韩攻
秦，秦将白起败我军伊阙二十四万。六年，予秦河东地方四百里。芒
卯以诈重。①七年，秦拔我城大小六十一。八年，秦昭王为西帝，齐
湣王为东帝，月余，皆复称王归帝。

①〔索隐〕曰：言卯以智诈见重于魏。

九年，秦拔我新垣、曲阳之城。①十年，齐灭宋，宋王死我温。十
二年，与秦、赵、韩、燕共伐齐，败之济西，湣王出亡。燕独入临菑。与

秦王会西周。②十三年,秦拔我安城。③兵到大梁,去。④十八年,秦
拔郢,楚王徙陈。

①[正义]曰:年表及《括地志》云:"曲阳故城在怀州济源县西十里。"新垣
　　近曲阳,未详端的所之处也。

②[正义]曰:即王城也,今河南郡城也。

③[正义]曰:《括地志》云:"安城故城。豫州汝陵县东南七十一里。"

④徐广曰:"十四年大水。"

十九年,昭王卒,子安釐王立。①

①[索隐]曰:《系本》安僖王名圉。

安釐王元年,秦拔我两城。二年,又拔我二城,军大梁下,韩来
救,予秦温以和。三年,秦拔我四城,斩首四万。四年,秦破我及韩、
赵,杀十五万人,走我将芒卯。魏将段干子请予秦南阳①以和。苏代
谓魏王曰:"欲玺者段干子也,欲地者秦也。今王使欲地者制玺,使
欲玺者制地,魏氏地不尽则不知已。且夫以地事秦,譬犹抱薪救火,
薪不尽火不灭。"王曰:"是则然也。虽然,事始已行,不可更矣。"对
曰:"王独不见夫博之所以贵枭者,便则食,不便则止矣。今王曰'事
始已行,不可更',是何王之用智不如用枭也?"②

①徐广曰:"在修武。"

②[正义]曰:博头有刻为枭鸟形者,掷得枭者合食其子,若不便则为余行
　　也。

九年,秦拔我怀。十年,秦太子外质于魏死。十一年,秦拔我郪
丘。①

①徐广曰:"郪,一作'廥丘',又作'邢丘'。郪丘今为宋公县。"[索隐]曰:
　　郪,七系反,又音妻。[正义]曰:郪,七私反,又音妻。《地理志》云汝南郡
　　新郪县。应劭曰:"秦伐魏,取郪丘,汉兴为新郪,章帝封殷后,更名宋
　　也。"

秦昭王谓左右曰:"今时韩、魏,与始孰强?"对曰:"不如始强。"
王曰:"今时如耳、魏齐与孟尝、芒卯孰贤?"对曰:"不如。"王曰:"以
孟尝、芒卯之贤,率强韩、魏以攻秦,犹无奈寡人何也。今以无能之

如耳、魏齐而率弱韩、魏以伐秦，其无奈寡人何亦明矣。"左右皆曰：
"甚然。"中旗冯琴对曰：①"王之料天下过矣。当晋六卿之时，知氏
最强，灭范、中行，又率韩、魏之兵以围赵襄子于晋阳，决晋水以灌
晋阳之城，②不湛者三版。知伯行水，魏桓子御，韩康子为参乘。知
伯曰：'吾始不知水之可以亡人之国也，乃今知之。'汾水可以灌安
邑，③绛水可以灌平阳。④魏桓子肘韩康子，韩康子履魏桓子，肘足
接于车上，而知氏地分，身死国亡，为天下笑。今秦兵虽强，不能过
知氏；韩、魏虽弱，尚贤其在晋阳之下也。此方其用肘足之时也，愿
王之必勿易也！"⑤于是秦王恐。

①[索隐]曰：《战国策》作"推琴"，《春秋后语》作"伏琴"，而《韩子》作"推
瑟"，《说苑》作"伏瑟"，五文各不同。

②[正义]曰：《括地志》云："晋水源出并州晋阳县西悬瓮山。《山海经》云
悬瓮之山，晋水出焉，东南流注汾水。昔赵襄子堡晋阳，智氏防山以水
灌之，不没者三版。其渎乘高西注入晋阳城，以周溉灌，东南出城注于
汾阳也。"

③[正义]曰：安邑在绛州夏县，本魏都。汾水东北历安邑西南入河也。

④[正义]曰：平阳，晋州，本韩都也。《括地志》云："绛水一名白水，今名弗
泉，源出绛山。飞泉奋涌，扬波注，县积壑二十许丈，望之极为奇观矣。"
按：引此灌平阳城也。

⑤[索隐]曰：易，音以豉反。

齐、楚相约而攻魏，魏使人求救于秦，冠盖相望也，而秦救不
至。魏人有唐雎者，年九十余矣，①谓魏王曰："老臣请西说秦王，令
兵先臣出。"魏王再拜，遂约车而遣之。唐雎到，入见秦王。秦王曰：
"丈人芒然乃远至此，甚苦矣！夫魏之来求救数矣，寡人知魏之急
已。"唐雎对曰："大王已知魏之急而救不发者，臣窃以为用策之臣
无任矣。夫魏，一万乘之国也，然所以西面而事秦，称东藩，受冠带，
祠春秋者，以秦之强足以为与也。②今齐、楚之兵已合于魏郊矣，而
秦救不发，亦将赖其未急也。使之大急，彼且割地而约从，王尚何救
焉？必待其急而救之，是失一东藩之魏而强二敌之齐、楚，则王何利

焉?"于是秦昭王遽为发兵救魏。魏氏复定。

①[索隐]曰:按睢字,音七余反。

②[索隐]曰:与,谓许与为亲而结和也。

赵使人谓魏王曰:"为我杀范痤,吾请献七十里之地。"魏王曰:
"诺。"使吏捕之,围而未杀。痤因上屋骑危,①谓使者曰:"与其以死
痤市,不如以生痤市。有如痤死,赵不予王地,则王将奈何?故不若
与先定割地,然后杀痤。"魏王曰:"善。"痤因上书信陵君曰:"痤,故
魏之免相也,赵以地杀痤而魏王听之,有如强秦亦将袭赵之欲,则
君且奈何?"信陵君言于王而出之。

①危,栋上也。[索隐]曰:骑,音奇。《礼》云:"中屋履危。"盖升屋以避兵
　也。

魏王以秦救之故,欲亲秦而伐韩,以求故地。无忌谓魏王曰:

秦与戎翟同俗,有虎狼之心,贪戾好利无信,不识礼义德
行。苟有利焉,不顾亲戚兄弟,若禽兽耳。此天下之所识也,非
有所施厚积德也。故太后母也,而以忧死;穰侯舅也,功莫大
焉,而竟逐之;两弟无罪,而再夺之国。此于亲戚若此,而况于
仇雠之国乎?今王与秦共伐韩而益近秦患,臣甚惑之。而王不
识则不明,群臣莫以闻则不忠。今韩氏以一女子奉一弱主,内
有大乱,外交强秦魏之兵,王以为不亡乎?韩亡,秦有郑地,与
大梁邻,①王以为安乎?王欲得故地,今负强秦之亲,王以为利
乎?

①[索隐]曰:《战国策》亦作"邻"字。俗本或作"郏",非。

秦非无事之国也,韩亡之后必将更事,更事必就易与利,
就易与利必不伐楚与赵矣。是何也?夫越山逾河,绝韩上党而
攻强赵,是复阏与之事,①秦必不为也。若道河内,倍邺、朝歌,
绝漳、滏水,与赵兵决于邯郸之郊,是知伯之祸也,秦又不敢。
伐楚,道涉山谷,②行三千里,③而攻冥厄之塞,④所行甚远,
所攻甚难,⑤秦又不为也。若道河外,倍大梁,⑥右蔡,左召

陵，⑦与楚兵决于陈郊，秦又不敢。故曰秦必不伐楚与赵矣，又不攻卫与齐矣。⑧

①〔索隐〕曰：复，音扶富反。谓前年秦、韩相攻阏与，而赵奢破秦军也。

②〔索隐〕曰：道，犹行也。涉谷是往楚之险路。从秦向楚有两道，涉谷是西道，河内是东道。

③〔正义〕曰：刘伯庄云："秦兵向楚有两道，涉谷西道，河外东道。从褒斜入梁州，即东南至申州攻石城山，险厄之塞也。"

④孙检曰："楚之险塞也。"徐广曰："或以为今江夏郢县。"〔正义〕曰：冥，音盲。《括地志》云："石城山在申州钟山县东南二十一里。魏攻冥厄即此，山上有故石城。《注水经》云'或言在郢'，指此山也。《吕氏春秋》云'九塞'，此其一也。"

⑤〔索隐〕曰：攻，亦作"致"。《战国策》见作"致军"，言致军粮难也。

⑥〔正义〕曰：从河外出函谷关，历同州南至郑州，东向陈州，则背大梁也。

⑦徐广曰："一无'左'字。"〔正义〕曰：上蔡县在豫州北七十里，邵陵故城亦在豫州郾城县东四十五里，并在陈州西。从汴州南行向陈州之西郊，则上蔡、邵陵在南面，向东皆身之右，定无"左"字也。

⑧〔正义〕曰：卫、齐皆在韩、赵、魏之东，故秦不伐也。

夫韩亡之后，兵出之日，非魏无攻已。秦固有怀、茅、①邢丘，②城垝津以临河内，③河内共、汲必危。④有郑地，⑤得垣雍，⑥决荥泽水灌大梁，大梁必亡。王之使者出过而恶安陵氏于秦，⑦秦之欲诛之久矣。秦叶阳、昆阳与武阳邻，⑧听使者之恶之⑨，随安陵氏而亡之，⑩绕舞阳之北，以东临许，南国必危，⑪国无害已？

①徐广曰："在修武轵县，有茅亭。"〔正义〕曰：茅，卯包反。怀州武陟县西十一里故怀城，本周邑，后属晋。《左传》云周与郑人苏忿生十二邑，其一曰攒茅。《括地志》云"在怀州获嘉县东北二十五里"也。获嘉，古修武也。

②徐广曰："在平皋。"〔正义〕曰：《括地志》云："平皋故城在怀州武德县东南二十里，本邢丘邑也，以其在河之皋地也。"

③〔索隐〕曰：《战国策》云邢丘、安城，此少"安"字。垝津在河北。垝，音九

毁反。[正义]曰：垲，音诡。字误，当作"延"。《括地志》云："延津故俗字
名临津，故城在卫州清淇县西南二十六里。杜预云'汲郡城南有延津'
是也。"

④徐广曰："汲县属河内。"[索隐]曰：汲，亦作"波"。波及汲皆县名，俱属
河内。

⑤徐广曰："成皋、荥阳亦属郑。"

⑥徐广曰："垣雍城在卷县，卷县属魏也。卷县又有长城，经阳武到密者
也。"[正义]曰：雍，于用反。《括地志》云："故城在郑州原武县西北七
里。"《释例》"地名卷县，理或垣城也。"言韩亡之后，秦有郑地，得垣雍
城，从荥泽决沟历雍灌大梁是也。

⑦徐广曰："召陵有安陵郡，征羌有安陵亭也。"[正义]曰：《括地志》云：
"鄢陵县西北十五里。李奇云六国时为安陵也。"言魏王使者出向秦
云，共伐韩以成过失，而更恶安陵氏于秦，今伐之，重非也。

⑧[正义]曰：《括地志》云："叶阳今许州叶县也。昆阳故城在许州叶县北
二十五里。舞阳故城在叶县东十里。"此时叶阳、昆阳属秦，舞阳属魏
也。

⑨[索隐]曰：听，平声，使，去声。

⑩[正义]曰：随，犹听也。无忌说言使者恶安陵氏，亦听秦亡安陵氏。然绕
舞阳之北以东临许，许必危矣。秦有许地，魏国可无害。

⑪[正义]曰：南国今许州许昌县南西四十里许昌故城是也。此是属韩，在
魏之南，故言南国。《括地志》云："周时为许国，武王伐纣所封。《地理
志》云颍川许县古许国，姜姓，四岳之后，大叔所封，二十四君，为楚所
灭。"三卿背晋，其地属韩。

　　夫憎韩不爱安陵氏可也，夫不患秦之不爱南国非也。异日
者，秦在河西晋，国去梁千里，①有河山以阑之，有周、韩以间
之。从林乡军②以至于今，秦七攻魏，五入囿中，③边城尽拔，
文台堕，垂都焚，④林木伐，麋鹿尽，而国继以围。又长驱梁北，
东至陶卫之郊，⑤北至平监。⑥所亡于秦者，山南山北，⑦河外
河内，⑧大县数十，⑨名都数百。⑩秦乃在河西晋，去梁千里，
而祸若是矣。又况于使秦无韩，有郑地，无河山而阑之，无周、
韩而间之，去大梁百里？祸必由此矣。

①徐广曰："魏国之界千里。又云河南县县有注城。"[正义]曰：河西，同州
　也。晋国都绛州，魏都安邑，皆在河东，去大梁有千里也。

②徐广曰："林乡在宛县。"[索隐]曰：刘氏云："林，地名，盖春秋时郑地之
　柴林，在大梁之西北"。徐广云在宛县非也。[正义]曰：《括地志》云："宛
　陵故城在郑州新郑县东北三十八里，本郑旧县也。"按刘徐二说，是其
　地也。

③徐广曰："一作'城'也。"[索隐]曰：圃，即圃田。圃田，郑薮，属魏。《战国
　策》作"国中"。[正义]曰：《括地志》云："圃田泽在郑州管城县东三里。
　《周礼》云豫州薮曰圃田也。"

④徐广曰："一云'魏山都焚'。句阳有垂亭。"[索隐]曰：文台，台名。《列士
　传》曰"隐陵君施酒文台"也。垂，地名。有庙曰都。并魏台邑名。[正
　义]曰：堕，许规反。《括地志》云："文台在曹州冤句县西北六十五里
　也。"

⑤[正义]曰：陶，曹州定陶也。卫即宋州楚丘县，卫文公都之，秦兵历取其
　郊也。

⑥徐广曰："平县属河南。平，或作'乎'字。《史记》齐闞止作'监'字。闞在
　东平须昌县。"

⑦[正义]曰：山，华山也。华山之东南，七国时邓州属韩，汝州属魏。华山
　之北，同、华、银、绥，并魏地也。

⑧[正义]曰：河外，谓华州以东至虢、陕；河内谓蒲州以东至怀、卫也。

⑨徐广曰："一作'百'。"

⑩徐广曰："一作'十'。"

　　异日者，从之不成也，①楚、魏疑而韩不可得也。今韩受兵
三年，秦桡之以讲，识亡不听②，投质于赵，请为天下雁行顿
刃，楚、赵必集兵，皆识秦之欲无穷也，非尽亡天下之国而臣海
内，必不休矣。是故臣愿以从事王，③王速受楚赵之约，赵挟韩
之质，④以存韩，而求故地，韩必效之。⑤此士民不劳而故地
得，其功多于与秦共伐韩，而又与强秦邻之祸也。

①[索隐]曰：从，音足松反。

②[索隐]曰：桡，音苦孝反。谓韩被秦之兵，桡扰已经三年，云欲讲说与韩
　和。识，犹知也。《战国策》云"韩知亡犹不听"也。

③〔索隐〕曰：从，足松反。从事，谓合从事王也。《战国策》亦然。

④〔索隐〕曰：言韩以质子入赵，则赵挟韩质而亲韩也。

⑤〔索隐〕曰：效，犹致也，谓致故地于赵也。〔正义〕曰：无忌令魏王速受楚、赵之从。赵、楚挟持韩之质以存韩，而魏以求地，韩必效之，胜于与秦伐韩又与秦邻之祸殃也。

　　夫存韩安魏而利天下，此亦王之天时已。通韩上党于共、宁，①使道安成，②出入赋之，是魏重质韩以其上党也。今有其赋，足以富国。韩必德魏爱魏重魏畏魏，韩必不敢反魏，是韩则魏之县也。魏得韩以为县卫，大梁、河外必安矣。今不存韩，二周、安陵必危，楚、赵大破，卫、齐甚畏，天下西乡而驰秦入朝而为臣不久矣。

①徐广曰："朝歌有宁乡。"〔正义〕曰：共，卫州共城县。宁，怀州修武县，本殷之宁邑。《韩诗外传》云："武王伐纣，勒兵于宁，故曰修武"。今魏开通共宁之道，使韩上党得直路而行也。

②〔正义〕曰：《括地志》云："故安城在郑州原武县东南二十里。"时属魏也。

　　二十年，秦围邯郸，信陵君无忌矫夺将军晋鄙兵以救赵，①赵得全。无忌因留赵。二十六年，秦昭王卒。

①〔正义〕曰：《括地志》云："魏德故城一名晋鄙城，在卫县西北五十里，即公子无忌矫夺晋鄙兵，故名魏德城也。"

　　三十年，无忌归魏，率五国兵攻秦，败之河内，走蒙骜。魏太子增质于秦，秦怒，欲囚魏太子增。或为增谓秦王曰：①"公孙喜固谓魏相曰'②请以魏疾击秦，秦王怒，必囚增。魏王又怒，击秦，秦必伤'。今王囚增，是喜之计中也。故不若贵增而合魏，以疑之于齐、韩。"秦乃止增。

①〔索隐〕曰：《战国策》作"苏秦为公子增谓秦王"。

②〔索隐〕曰：《战国策》作"公孙衍"。

　　三十一年，秦王政初立。

　　三十四年，安釐王卒，太子增立，是为景湣王。①信陵君无忌卒。

①〔索隐〕曰:《系本》云:安釐王生景愍王午也。

景湣王元年,秦拔我二十城,以为秦东郡。二年,秦拔我朝歌。卫徙野王。①三年,秦拔我汲。五年,秦拔我垣、蒲阳、衍。②

①徐广曰:"卫徙濮阳徙野王。"

②徐广曰:"十二年献城秦。"〔正义〕曰:《括地志》云:"故垣地本魏王垣也,在绛州垣县西北二十里。蒲邑故城在隰州隰川县南四十五里。"在蒲水之北,故曰蒲阳。衍,地名,在郑州。

十五年,景湣王卒,子王假立。

王假元年,燕太子丹使荆轲刺秦王,秦王觉之。①三年,秦灌大梁,虏王假,②遂灭魏以为郡县。

①徐广曰:"二年,新郑反。"

②《列女传》曰:"秦杀假。"

太史公曰:吾适故大梁之墟,墟中人曰:"秦之破梁,引河沟而灌大梁,三月城坏,王请降,遂灭魏。"说者皆曰魏以不用信陵君故,国削弱至于亡,余以为不然。天方令秦平海内,其业未成,魏虽得阿衡之佐,曷益乎?①

①〔索隐〕曰:谯周云:"以予所闻,所谓国之亡者,有贤者而不用也。如用之,何有亡哉?使纣用三仁,周不能王,况秦虎狼乎"?

索隐述赞曰:毕公之苗,因国为姓。大名始赏,盈数自正。胤裔繁昌,世载忠正。杨干就戮,智氏奔命。文始建侯,武实强盛。大梁东徙,长安北侦。卬即无功,卬亦外聘。王假削弱,虏于秦政。

史记卷四五
世家第一五

韩

韩之先与周同姓，姓姬氏。其后苗裔事晋，得封于韩原，①曰韩
武子。②

①〔正义〕曰：《括地志》云："韩原在同州韩城县西南八里。又韩城在县南
十八里，故古韩国也。《古今地名》云韩武子食采于韩原地城也。"

②〔索隐〕曰：按：《左氏传》云"邘、晋、应、韩，武之穆"则韩是武王之子。然
《诗》称"韩侯出祖"，则是有韩而先灭。今据此文，云"其后裔事晋，封于
原，曰韩武子"，则武子本是韩侯之后，晋又封之于韩原，即今之冯翊韩
城是也。然按《系本》及《左传》旧说，皆谓韩万是曲沃桓叔之子，即是晋
之支庶。又《国语》叔向谓韩宣子能修武子之德，起再拜谢曰"自桓叔已
下，嘉吾子之赐"，亦言桓叔是韩之祖也。今以韩侯之后别有桓叔，非关
曲沃之桓叔，如此则与太史公之意亦有违耳。

武子后三世有韩厥，①从封姓为韩氏。

①〔索隐〕曰：《系本》云："万生赇伯，赇伯生定伯简，简生舆，舆生献子
厥。"

韩厥，晋景公之三年，晋司寇屠岸贾将作乱，诛灵公之贼赵盾。
赵盾已死矣，欲诛其子赵朔。韩厥止贾，贾不听。厥告赵朔，令亡。
朔曰："子必能不绝赵祀，死不恨矣。"韩厥许之。及贾诛赵氏，厥称
疾不出。程婴、公孙杵臼之藏赵孤赵武也，厥知之。

景公十一年，厥与郤克将兵八百乘伐齐，败齐顷公于鞍，①获
逢丑父。于是晋作六卿，而韩厥在一卿之位，号为献子。

①〔正义〕曰：音安。《括地志》云："故鞍城今俗名马鞍城，在济州平阴县十

里。”

晋景公十七年,病,卜,大业之不遂者为祟。韩厥称赵成季之功,今后无祀,以感景公。景公问曰:“尚有世乎?”厥于是言赵武,而复与故赵氏田邑,续赵氏祀。

晋悼公之十年,韩献子老。献子卒,子宣子代。宣子徙居州。①

①[索隐]曰:宣子名起。州,今在河内是也。[正义]曰:《括地志》云:“怀州武德县,本周司寇苏忿生之州邑也。”

晋平公十四年,吴季札使晋,曰:“晋国之政卒归于韩、魏、赵矣。”

晋顷公十二年,韩宣子与赵、魏共分祁氏、羊舌氏十县。

晋定公十五年,宣子与赵简子侵伐范、中行氏。宣子卒,子贞子代立。贞子徙居平阳。①

①[索隐]曰:《系本》作“平子”,名顷,宣子子也。又云“景子居平阳”。平阳在山西。宋忠曰“今河东平阳县”。[正义]曰:平阳,晋州城是。

贞子卒,子简子代。①简子卒,子庄子代。庄子卒,子康子代②。康子与赵襄子、魏桓子共败知伯,分其地,地益大,大于诸侯。

①徐广曰:“《史记》多无简子、庄子,而云贞子生康子。班氏亦同。”[索隐]曰:按:《系本》有简子,名不信;庄子,名庚。《赵系家》亦有简子,名不佞也。

②[索隐]曰:康子名虎。

康子卒,子武子代①。武子二年,伐郑,杀其君幽公。

①[索隐]曰:武子名启章。

十六年,武子卒,子景侯立。①景侯虔元年,伐郑,取雍丘。二年,郑败我负黍。六年,与赵、魏俱得列为诸侯。

①[索隐]曰:《纪年》及《系本》皆作“景子”,名处。

九年,郑围我阳翟。景侯卒,子列侯取立。①列侯三年,聂政杀韩相侠累。②九年,秦伐我宜阳,取六邑。

①[索隐]曰:《系本》作“武侯”也。

②徐广曰:"六年救鲁也。"[索隐]曰:《战国策》作"杀韩傀",高诱曰"韩傀,侠累也"。

十三年,列侯卒,子文侯立。①是岁魏文侯卒。

①[索隐]曰:《纪年》无文侯,《系本》无列侯。

文侯二年,伐郑,取阳城。伐宋,到彭城,执宋君。七年,伐齐,至桑丘。郑反晋。九年,伐齐,至灵丘。①

①[正义]曰:灵丘,蔚州县也,此时属燕也。

十年,文侯卒,子哀侯立。哀侯元年,与赵、魏分晋国。二年,灭郑,因徙都郑。①

①[索隐]曰:《纪年》魏武侯二十一年,韩灭郑,哀侯入于郑。二十二年,晋桓公邑哀侯于郑。是韩既徙都,因改号曰郑,故《战国策》谓韩惠王曰郑惠王,犹魏徙大梁称梁王然也。

六年,韩严弑其君哀侯,而子懿侯立。①

①[索隐]曰:年表懿侯作"庄侯"。又《纪年》云:"晋桓公邑哀侯于郑,韩山坚贼其君哀侯而韩若山立"。若山即懿侯也,则韩严为韩山坚也。《战国策》又有严仲子,名遂,又恐是韩严也。

懿侯二年,魏败我马陵。①五年,与魏惠王会宅阳。②九年,魏败我浍。③

①[正义]曰:在魏州元城县东南一里。

②[正义]曰:在郑州也。

③徐广曰:"大雨三月也。"[正义]曰:浍,古外反,在陵州浍水之上也。

十二年,懿侯卒,子昭侯立。

昭侯元年,秦败我西山。二年,宋取我黄池。①魏取朱。六年,伐东周,②取陵观、邢丘。

①徐广曰:"在平丘。"

②[正义]曰:河南巩县。

八年,申不害相韩,修术行道,国内以治,诸侯不来侵伐。

十年,韩姬弑其君悼公。①十一年,昭侯如秦。二十二年,申不害死。二十四年,秦来拔我宜阳。

①[索隐]曰:"姬"亦作"玘",并音羊之反。姬是韩大夫,而王邵亦云不知

悼公何君也。

二十五年,旱,作高门。屈宜臼①曰:“昭侯不出此门。何也?不时。吾所谓时者,非时日也,人固有利不利时。昭侯尝利矣,不作高门。往年秦拔宜阳,今年旱,昭侯不以此时恤民之急,而顾益奢,此谓‘时绌举赢’。”②

①许慎曰:“屈宜臼,楚大夫,在魏也。”

②徐广曰:“时衰耗而作奢侈。”

二十六年,高门成,昭侯卒,果不出此门。子宣惠王立。①

①[索隐]曰:《纪年》“郑昭侯武薨,次威侯立。威侯七年,与邯郸围襄陵。五月,梁惠王会威侯于巫沙。十月,郑宣王朝梁”,不见威侯之卒。下败韩举在威侯八年,而此系家即以为宣惠王之年。又上有杀悼公,悼公又不知是谁之谥。则韩微小,国史失代系,故此文及《系本》不同,今亦不可考也。

宣惠王五年,张仪相秦。八年,魏败我将韩举。①十一年,君号为王。与赵会区鼠。十四年,秦伐败我鄢。②

①[索隐]曰:按:此则举是韩将不疑,而《纪年》云韩举,赵将。盖举本赵将,后入韩。又《纪年》云其败当韩威王八年,是不同也。

②徐广曰:“颍川鄢陵县。音于乾反。”[正义]曰:今许州鄢陵县西北十五里有鄢陵故城是也。

十六年,秦败我修鱼,虏得韩将鲠、申差于浊泽。①韩氏急,公仲谓韩王曰:②“与国非可恃也。今秦之欲伐楚久矣,王不如因张仪为和于秦,赂以一名都,具甲,与之南伐楚,此以一易二之计也。”③韩王曰:“善。”乃警公仲之行,④将西购于秦。⑤楚王闻之大恐,召陈轸告之。陈轸曰:“秦之欲伐楚久矣,今又得韩之名都一而具甲,秦韩并兵而伐楚,此秦所祷祀而求也。今已得之矣,楚国必伐矣。王听臣为之警四境之内,起师言救韩,命战车满道路,发信臣,多其车,重其币,使信王之救已也。纵韩不能听我,韩必德王也,⑥必不为雁行以来,⑦是秦韩不和也,兵虽至,楚不大病也。为能听我绝和于秦,秦必大怒,以厚怨韩。韩之南交楚,必轻秦;轻秦,其应秦必不敬。是因秦、韩之兵而免楚国之患也。”楚王曰:“善。”乃警四境之内,兴师言救韩。命战车满道路,发信臣,多其车,重其币。谓韩王曰:"不谷国虽小,已悉发之矣。愿大国遂肆志于秦,不谷将以楚殉韩。"⑧韩王闻之大说,乃止公仲之行。⑨公仲曰:"不可。夫以实伐我者秦也,以虚名救我者楚也。王恃楚之虚名,而轻绝强秦之敌,王必为天下大笑。且楚韩非兄弟之国也,又非素约而谋伐秦也。已有伐形,因发兵言救韩,此必陈轸之谋也。且王已使人报于秦矣,今不行,是欺秦也。夫轻欺强秦而信楚之谋臣,恐王必悔之。"韩王不听,遂绝于秦。秦因大怒,益甲伐韩,大战,楚救不至韩。十九年,大破我岸门。⑩太子仓质于秦以和。

①徐广曰:"一云鳔、申差。长社有浊泽。"[索隐]曰:修鱼,地名,鳔、申差,二将名。鳔,音瘦,亦作"鲠"。[正义]曰:按:浊泽者盖误,当作"观泽"。年表云秦惠文王更元八年,与韩战,斩首八万。韩宣惠王十六年,秦败我修鱼,得将军申差。魏哀王二年,齐败我观泽。赵武灵王九年,与韩、魏击秦。齐湣王七年,败魏。《世家》云浊泽定误矣。徐广又云"浊泽在长社",不晓错误之甚。《括地志》云:"观泽在魏州顿丘县东十八里"。

②[索隐]曰:公仲,韩相国,名侈。

③[索隐]曰:一,谓名都也。二,谓使不伐,韩而又与之伐楚也。

④[索隐]曰:謷,戒也。《战国策》作"儆",亦同。

⑤[索隐]曰:《战国策》作"讲"。讲亦谋议,与购求意通。

⑥[索隐]曰:言韩王信楚之救,虽不能听待楚救至,折入于秦,犹德于楚也。

⑦[索隐]曰:言韩以楚必救己,己虽随秦来战,犹德于王,故不为雁行而来,言不同心旅进也。

⑧[索隐]曰:徇,从死也。言以死助韩。

⑨[索隐]曰:止不令西之秦。

⑩徐广曰:"颍阴有岸亭。"[正义]曰:《括地志》云:"岸门在许州长社县西北十八里,今名西武亭矣。"

二十一年,①与秦共攻楚,②败楚将屈丐,斩首八万于丹阳。③是岁宣惠王卒,太子仓立,是为襄王。④

①徐广曰:"周王赧之三年也。"

②徐广曰:"围景座也。"

③[索隐]曰:故楚都,在今均州也。[正义]曰:《左传例》云:"楚居丹阳,今
　枝江县故城是也。"

④徐广曰:"一云周赧王六年,韩襄哀王三年,张仪死。赧王九年,襄哀王
　六年,秦昭王立。"

襄王四年,与秦武王会临晋。其秋,秦使甘茂攻我宜阳。五年,
秦拔我宜阳,①斩首六万。秦武王卒。六年秦复与我武遂。九年,秦
复取我武遂。十年,太子婴朝秦而归。②十一年,秦伐我,取穰。③与
秦伐楚,败我将唐眛。

①[正义]曰:《括地志》云:"故韩城一名宜阳城,在洛州福昌县东十四里,
　韩宜阳城也。"

②徐广曰:"与秦会临晋,因至咸阳而还。"

③[正义]曰:穰,人羊反,邓州县也。郭仲产《南雍州记》云:"楚之别邑。秦
　初侵楚,封公子悝为穰侯。后属韩,秦昭王取之也。"

十二年,太子婴死。公子咎、公子虮虱争为太子。时虮虱质于
楚。苏代谓韩咎曰:"虮虱亡在楚,楚王欲内之甚。今楚兵十余万在
方城之外,①公何不令楚王筑万室之都雍氏之旁,②韩必起兵以救
之,公必将矣。公因以韩楚之兵奉虮虱而内之,其听公必矣,必以楚
韩封公也。"韩咎从其计。

①[索隐]曰:方城,楚之北境。之外,谓北境之地也。[正义]曰:《括地志》
　云:"方城山在许州叶县西南十八里。《左传》云楚大夫屈完对齐侯曰
　'楚国方城以为城',杜注云'方城山在南阳叶县南'。"

②徐广曰:"在阳翟。"[正义]曰:《括地志》云:"故雍氏城在洛州阳翟县二
　十五里。故老云黄帝臣雍父作杵臼也。"

楚围雍氏,①韩求救于秦。秦未为发,使公孙昧入韩。公仲曰:
"子以秦为且救韩乎?"对曰:"秦王之言曰'请道南郑、蓝田,②出兵
于楚以待公',殆不合矣。③公仲曰:"子以为果乎?"对曰:"秦王必
祖张仪之故智。④楚威王攻梁也,张仪谓秦王曰:'与楚攻魏,魏折
而入于楚,韩固其与国也,是孤秦也。不如出兵以到之,⑤魏楚大
战,秦取西河之外以归。'今其状阳言与韩,其实阴善楚。公待秦而

到,必轻与楚战。楚阴得秦之不用也,必易与公相支也。⑥公战而胜楚,遂与公乘楚,弤三川而归。⑦公战不胜楚,楚塞三川守之,⑧公不能救也。窃为公患之。司马庚⑨三反于郢,甘茂与昭鱼⑩遇于商於,其言收玺,实类有约也。"⑪公仲恐,曰:"然则奈何?"曰:"公必先韩而后秦,先身而后张仪。⑫公不如亟以国合于齐、楚,齐、楚必委国于公。公之所恶者张仪也,⑬其实犹不无秦也。"于是楚解雍氏围。⑭

①徐广曰:"《秦本纪》惠王后元十三年,周赧王三年,楚怀王十七年,齐湣王十二年,皆云'楚围雍氏'。《纪年》于此亦说'楚景翠围雍氏。韩宣王卒,秦助韩共败楚屈丐'。又云'齐、宋围煮枣'。皆与《史记》年表及《田完世家》符同。然则此卷所云'襄王十二年,韩咎从其计'以上,是楚后围雍氏,赧王之十五年事也。又说'楚围雍氏'以下,是楚前围雍氏,赧王之三年事。"

②[正义]曰:南郑,梁州县。蓝田,雍州县。秦王言或出雍州西南至郑,或出雍州东南历蓝田出峣关,俱绕楚北境,以待韩使而东救雍氏。如此迟缓,近不合于楚矣。

③[索隐]曰:殆不合于南郑。

④徐广曰:"祖者,宗之习之谓也。故智,犹前时谋计也。"

⑤[索隐]曰:到,欺也,犹俗云"张到"。然《战国策》作"劲",劲,强也。

⑥[索隐]曰:言楚阴知秦不为公用,亦必易与公相支拒也。

⑦[正义]曰:施,犹设也。三川,周天子都也。言韩战胜楚,则秦与韩驾御于楚,即于天子之都,张设救韩之功,行霸王之迹,加威诸侯,乃归咸阳是也。

⑧[正义]曰:楚乃塞南河四关守之,韩不能救三川。

⑨徐广曰:"一作'唐'。"

⑩徐广曰:"楚相国。"[索隐]曰:《战国策》谓之昭献也。

⑪[索隐]曰:刘氏云:"诈言昭鱼来秦,欲得秦官之印玺"。收,即取之义也。

⑫[正义]曰:先以身存韩之计,而后知张仪为秦到魏之计,不如急以国合于齐楚。

⑬[正义]曰:恶,乌故反。公孙眛言公仲所恶者张仪到魏之计,虽以国合

于齐楚,其实犹不轻欺无秦也。

⑭徐广曰:"《甘茂传》曰:'楚怀王以兵围韩雍氏,韩使公仲告急于秦,秦
昭王新立,不肯救。甘茂为韩言之,乃下师于殽以救韩也'。又云:'周赧
王十五年,韩襄王十二年,秦击楚,斩首二万,败楚襄城,杀景缺'。《周
本纪》赧王八年之后云'楚围雍氏',此当韩襄王十二年,魏哀王十九
年。《纪年》于此亦说'楚入雍氏,楚人败'。然耳时张仪已死十年矣。"

[正义]曰:自此已上十二年,并是楚后围雍氏,赧王之十五年一段事
也。前注徐广云:"'楚围雍氏'之下,是楚前围雍氏,赧王三年事",徐说
非也。徐见下文云"先身而后张仪"及"公之所恶者张仪也",言张仪尚
存,张又两度围雍氏,故生此前后之见,甚误也。然是公孙昧却述张仪
时事,说韩相公仲耳。

苏代又谓秦太后弟芈戎①曰:"公叔伯婴恐秦楚之内蚔虮
也,②公何不为韩求质于楚?③楚王听入质子于韩,④则公叔伯婴
知秦楚之不以蚔虮为事,必以韩合于秦楚。秦楚挟韩以窘魏,魏氏
不敢合于齐,是齐孤也。公又为秦求质子于楚,⑤楚不听,怨结于
韩。韩挟齐魏以围楚,楚必重公。⑥公挟秦楚之重以积德于韩,公叔
伯婴必以国待公。"于是蚔虮竟不得归韩。⑦韩立咎为太子。齐、魏
王来。⑧

①徐广曰:"号新城君。"[索隐]曰:芈,姓;戎,名。秦宣太后弟,号新城君。

②[索隐]曰:《战国策》公叔伯婴与蚔虮及公子咎并是襄王子。然伯婴即
　太子婴,婴前死,故咎与蚔虮又争立。此取《战国策》说,伯婴未立之前
　亦与蚔虮争立,故事重而文到也。

③[索隐]曰:令韩求楚,更以别人为质,以替蚔虮也。[正义]曰:为,于伪
　反。后同。质子,蚔虮。苏代令芈戎为韩求蚔虮入于韩,楚不听。公叔
　伯婴知秦楚不以蚔虮为事,必以韩合于秦楚。"楚王听入质子相韩"当
　云"楚王不听入质子于韩",承前脱"不"字耳。次下云"知秦楚不以蚔虮
　为事",重明脱"不"字。

④[索隐]曰:质子,蚔虮也。

⑤[索隐]曰:令芈戎教秦,于楚索韩所送质子,令入之于秦也。

⑥[正义]曰:言韩合齐魏以围楚,楚必尊重芈戎以求秦救矣。

⑦[正义]曰:自此已前苏代数计皆不成,故韩竟立咎为太子也。

⑧[正义]曰:苏代为韩立计,故得齐、魏王来。

十四年,与齐、魏王共击秦,至函谷而军焉。

十六年,秦与我河外及武遂。襄王卒,太子咎立,是为釐王。

釐王三年,使公孙喜率周、魏攻秦。秦败我二十四万,虏喜伊阙。①五年,秦拔我宛。①六年,与秦武遂地二百里。②

①[正义]曰:宛,于元反。宛,邓州县也,时属韩也。

②[正义]曰:此武遂及上武遂皆宜阳近地。

十年,秦败我师于夏山。十二年,与秦昭王会西周而佐秦攻齐。齐败,湣王出亡。十四年,与秦会两周间。二十一年,使暴鸢①救魏,为秦所败,鸢走开封。

①[正义]曰:音捐。韩将姓名。

二十三年,赵、魏攻我华阳。①韩告急于秦,秦不救。韩相国谓陈筮②曰:"事急,愿公虽病,为一宿之行。"陈筮见穰侯。穰侯曰:"事急乎,故使公来?"陈筮曰:"未急也。"穰侯怒曰:"是可以为公之主使乎?夫冠盖相望,告敝邑甚急,公来言未急,何也?"陈筮曰:"彼韩急则将变而佗从,以未急,故复来耳。"穰侯曰:"公无见王,请今发兵救韩。"八日而至,败赵、魏于华阳之下。是岁,釐王卒,子桓惠王立。

①[正义]曰:司马彪云:"华阳,山名,在密县。"郑州管城县南四十里。

②徐广曰:"一作'筌'。"[索隐]曰:《战国策》作"田苓"。

桓惠王元年,伐燕。九年,秦拔我陉,城汾旁。①十年,秦击我于太行,②我上党郡守以上党郡降赵。十四年,秦拔赵上党,③杀马服子卒四十余万于长平。十七年,秦拔我阳城、负黍。④二十二年,秦昭王卒。二十四年,秦拔我城皋、荥阳。二十六年,秦悉拔我上党。二十九年,秦拔我十三城。

①[正义]曰:陉,音刑。秦拔陉城于汾水之旁。陉故城在绛州曲沃县西北二十里汾水之旁也。

②[正义]曰:太行山在怀州河内县北二十五里也。

③〔正义〕曰:韩上党也。从太行山西北泽、潞等州是也。

④徐广曰:"负黍在阳城。"〔正义〕曰:《古今地名》云:"负黍在洛州阳城西三十七里也。"

　　三十四年,桓惠王卒,子王安立。王安五年,秦攻韩,韩急,使韩非使秦,秦留非,因杀之。

　　九年,秦虏王安,尽入其地,为颍川郡。韩遂亡。①

①〔正义〕曰:亡在秦始皇帝十七年。

　　太史公曰:韩厥之感晋景公,绍赵孤之子武,以成程婴、公孙杵臼之义,此天下之阴德也。韩氏之功,于晋未睹其大者也。然与赵、魏终为诸侯十余世,宜乎哉!

　　索隐述赞曰:韩氏之先,实宗周武。事微国小,《春秋》无语。后裔事晋,韩原是处。赵孤克立,智伯可取。既徙平阳,又侵负黍。景赵据侯,惠文僭主。秦败修鱼,魏会区鼠。韩非虽使,不禁狼虎。

史记卷四六
世家第一六

田敬仲完

　　陈完者,陈厉公佗之子也。①完生,周太史过陈,陈厉公使卜完,封得《观》之《否》:"是为观国之光,利用宾于王。此其代陈有国乎? 不在此而在异国乎? 非此其身也,在其子孙。若在异国,必姜姓。姜姓四岳之后。②物莫能两大,陈衰,此其昌乎?"③

　　①[索隐]曰:他,音徒何反。此系家以他为厉公,而《左传》厉公名跃,《陈系家》又有利公跃,利即厉也,是厉公名跃,非名他也。盖他是厉公之兄,立未逾年,无谥。今此云"厉公他",非也。他一名五父,故《经》云"蔡人杀陈他",《传》又云"蔡人杀五父"是也。

　　②[正义]曰:杜预云:"姜姓之先,为尧四岳也。"

　　③[正义]曰:陈湣公,周敬王四十一年为楚惠王所灭。齐简公,周敬王三十九年被田常所杀。

　　厉公者,陈文公少子也。其母蔡女。文公卒,厉公兄鲍立,是为桓公。桓公与佗异母。及桓公病,蔡人为佗杀桓公鲍及太子免,而立佗,为厉公。

　　厉公既立,娶蔡女。蔡女淫于蔡人,数归,厉公亦数如蔡。桓公之少子林怨厉公杀其父与兄,乃令蔡人诱厉公而杀之。林自立,是为庄公。故陈完不得立,为陈大夫。厉公之杀,以淫出国,故《春秋》曰"蔡人杀陈佗",罪之也。

　　庄公卒,立弟杵臼,是为宣公。宣公十一年,杀其太子御寇。御寇与完相爱,恐祸及己,完故奔齐。齐桓公欲使为卿,辞曰:"羁旅之

臣幸得免负檐,君之惠也,不敢当高位。"桓公使为工正。①齐懿仲
欲妻完,卜之,占曰:"是谓凤皇于蜚,和鸣锵锵。有妫之后,将育于
姜。五世其昌,并于正卿。八世之后,莫之与京。"卒妻完。完之奔
齐,齐桓公立十四年矣。

　　①[正义]曰:工巧之长,若将作大匠。

　　完卒,谥为敬仲。仲生稚孟夷。①敬仲之如齐,以陈字为田
氏。②

　　①[索隐]曰:《系本》作"夷孟思"。盖稚是名,孟夷字也。

　　②徐广曰:"应劭云始食采地,由是改姓田氏。"[索隐]曰:据史,此文敬仲
　　　奔齐,以陈、田二字声相近,遂为田氏。[正义]曰:按:敬仲既奔齐,不欲
　　　称本故国号,故改陈字为田氏。

　　田稚孟夷生湣孟庄,①田湣孟庄生文子须无。田文子事齐庄
公。

　　①徐广曰:"一作'芷'。"[索隐]曰:《系本》作"闵孟克"。芷,昌改反。

　　晋之大夫栾逞作乱于晋,来奔齐。①齐庄公厚客之。晏婴与田
文子谏,庄公弗听。

　　①[索隐]曰:逞,音盈。《史记》多作"逞"字。

　　文子卒,生桓子无宇。田桓子无宇有力,事齐庄公,甚有宠。

　　无宇卒,生武子开与釐子①乞。田釐子乞事齐景公为大夫,其
收赋税于民以小斗受之,其粟予民以大斗,行阴德于民,而景公弗
禁。由此田氏得齐众心,宗族益强,民思田氏。晏子数谏景公,景公
弗听。已而使于晋,与叔向私语曰:"齐国之政,其卒归于田氏矣。"

　　①[正义]曰:釐,音僖也。

　　晏婴卒后,范、中行氏反晋。晋攻之急,范、中行请粟于齐。田
乞欲为乱,树党于诸侯,乃说景公曰:"范、中行数有德于齐,齐不可
不救。"齐使田乞救之,而输之粟。

　　景公太子死,后有宠姬曰芮子,生子荼①。景公病,命其相国惠
子与高昭子,以子荼为太子。②景公卒,两相高、国立荼,是为晏孺

子。而田乞不说，欲立景公佗子阳生，阳生素与乞欢。晏孺子之立
也，阳生奔鲁。田乞伪事高昭子、国惠子者，每朝代参乘。言曰："始
诸大夫不欲立孺子。孺子既立，君相之，大夫皆自危，谋作乱。"又绐
大夫曰："高昭子可畏也，及未发先之。"诸大夫从之。田乞、鲍牧与
大夫以兵入公室，攻高昭子。昭子闻之，与国惠子救公。公师败。田
乞之众追国惠子，惠子奔莒，遂反杀高昭子。晏孺子奔鲁。

①徐广曰："一作'粥子'。"[索隐]曰：荼，音舒。又如字。

②[索隐]曰：惠子名夏，昭子名张。

田乞使人之鲁，迎阳生。阳生至齐，匿田乞家。请诸大夫曰：
"常之母有鱼菽之祭，幸而来会饮。"会饮田氏。田乞盛阳生橐中，①
置坐中央。发橐，出阳生，曰："此乃齐君矣！"大夫皆伏谒。将盟立
之，田乞诬曰："吾与鲍牧谋共立阳生也。"鲍牧怒曰："大夫忘景公
之命乎？"诸大夫欲悔，阳生乃顿首曰："可则立之，不可则已。"鲍牧
恐祸及己，乃复曰："皆景公之子，何为不可！"遂立阳生于田乞之
家，是为悼公。乃使人迁晏孺子于骀，②而杀孺子荼。悼公既立，田
乞为相，专齐政。

①[索隐]曰：橐，音托。橐中，谓皮橐之中。

②[正义]曰：音臺，又音台。贾逵云："齐地也。"

四年，田乞卒，子常代立，是为田成子。

鲍牧与齐悼公有郤，弑悼公。齐人共立其子壬，是为简公。田
常成子与监止①俱为左右相，相简公。田常心害监止，监止幸于简
公，权弗能去。于是田常复修釐子之政，以大斗出贷，以小斗收。齐
人歌之曰："妪乎采芑，归乎田成子！"②齐大夫朝，御鞅谏简公③
曰："田、监不可并也，君其择焉。"君弗听。

①监，一作"阚"。[索隐]曰：监如字，又苦滥反。监，姓。止，名。

②[索隐]曰：言妪之采芑菜皆归入于田成子，以刺齐国之政将归陈氏也。

③[索隐]曰：御，官也；鞅，名也。亦田氏之族。

子我者，监止之宗人也，①常与田氏有郤。田氏疏族田豹事子

我有宠。子我曰："吾欲尽灭田氏適，以豹代田氏宗。"豹曰："臣于田氏疏矣。"不听。已而豹谓田氏曰："子我将诛田氏，田氏弗先，祸及矣。"子我舍公宫，田常兄弟四人乘如公宫，欲杀子我。子我闭门。简公与妇人饮檀台，②将欲击田常。太史子余曰："田常非敢为乱，将除害。"简公乃止。田常出，闻简公怒，恐诛，将出亡。田子行曰："需，事之贼也。"③田常于是击子我。子我率其徒攻田氏，不胜，出亡。田氏之徒追杀子我及监止。

①［索隐］曰：《齐系家》云"子我夕"，贾逵云"即监止也"。寻其文意，当是监止。今云"宗人"，太史误耳。

②［正义］曰：在青州临淄县东北一里。

③［索隐］曰：需，音须。需者，疑也。疑必致难，故云事之贼也。

　　简公出奔，田氏之徒追执简公于徐州。①简公曰："早从御鞅之言，不及此难！"田氏之徒恐简公复立而诛己，遂杀简公。简公立四年而杀。于是田常立简公弟骜，是为平公。平公即位，田常为相。

①［索隐］曰：徐，音舒。徐州，齐邑，薛县是也，非九州之徐。［正义］曰：齐之西北界上地名，在勃海郡东平县也。

　　田常既杀简公，惧诸侯共诛己，乃尽归鲁、卫侵地，西约晋、韩、魏、赵氏，南通吴、越之使，修功行赏，亲于百姓，以故齐复定。

　　田常言于齐平公曰："德施人之所欲，君其行之。刑罚人之所恶，臣请行之。"行之五年，齐国之政皆归田常。田常于是尽诛鲍、晏、监止及公族之强者，而割齐自安平以东①至琅邪，②自为封邑。封邑大于平公之所食。

①徐广曰："安平在北海。"［索隐］曰：司马彪《郡国志》"北海东安平，六国时曰安平"，徐广说是。［正义］曰：《括地志》云："安平城在青州临淄县东十九里，古纪国之酅邑。"青州即北海郡也。

②［正义］曰：琅耶，沂州也。从安平已东，莱、登、沂、密等州，皆自为田常封邑也。

　　田常乃选齐国中女长子七尺以上为后宫，后宫以百数，而使宾客舍人出入后宫者不禁。及田常卒，有七十余男。①

①［索隐］曰：鲍昱云"陈成子有数十妇，生男百余人"，与此亦异。然谯允

南按《春秋》，陈恒为人虽志大负杀君之名，至于行事亦修整，故能自保，非苟为禽兽之行。夫成事在奸，虽子七十，只以长乱，事岂然哉？言其非实也。

田常卒，子襄子盘代立①，相齐。常谥为成子。

①徐广曰："盘，一作'堅'。"[索隐]曰：堅，音许既反。《系本》作"班"。

田襄子既相齐宣公，三晋杀知伯，①分其地。襄子使其兄弟宗人尽为齐都邑大夫，与三晋通使，且以有齐国。

①徐广曰："宣公之三年时也。"

襄子卒，子庄子白立。①田庄子相齐宣公。宣公四十三年，伐晋，毁黄城，围阳狐。②明年，伐鲁、葛及安陵。③明年，取鲁之一城。

①[索隐]曰：《系本》名伯。

②[正义]曰：《括地志》云："故黄城在魏州寇氏县南十里。阳狐郭在魏州元城县东北三十二里也。"

③[正义]曰：《括地志》云："故鲁城在许昌县南四十里，本鲁朝宿邑。长葛故城在许州长葛县北十二里，郑之葛邑也。鄢陵故城在许州鄢陵县西北十五里。李奇云六国时为安陵也。"

庄子卒，子太公和立。①田太公相齐宣公。

①[索隐]曰：《纪年》："齐宣公十五年，田庄子卒。明年，立田悼子。悼子卒，乃次立田和"。是庄子后有悼子。盖立年无几，所以作《系本》及《史记》者不得录也。而庄周及鬼谷子亦云"田成子杀齐君，十二代而有齐国"。今据《系本》、系家，自成子至王建之灭，只十代。若如《纪年》，则悼子及侯剡即有十二代，与庄子、鬼谷说同，明《纪年》亦非妄说也。

宣公四十八年，取鲁之郕。①明年，宣公与郑人会西城。伐卫，取贯丘。②宣公五十一年卒，田会自廪丘反。③

①[正义]曰：音城。《括地志》云："故郕城在兖州泗水县西北五十里。《说文》云'郕，鲁孟邑'是也。"

②[索隐]曰：贯，音贯，古国名，卫之邑。今作"丗"者，字残缺耳。[正义]曰：《括地志》云："故贯城即古贯国，故贯，今名蒙泽城，在曹州济阴县南五十六里也。"

③[索隐]曰：《纪年》"宣公五十一年，公孙会以廪丘叛于赵。十二月，宣公薨"。于周正为明年二月。

宣公卒,子康公贷立。①贷立十四年,淫于酒、妇人,不听政。太公乃迁康公于海上,食一城,以奉其先祀。明年,鲁败齐平陆。②

①徐广曰:"十一年,伐鲁,取最。"[索隐]曰:贷,音土代反。最,音祖外反。

②徐广曰:"东平平陆。"[正义]曰:兖州县也。

三年,太公与魏文侯会浊泽,①求为诸侯。魏文侯乃使使言周天子及诸侯,请立齐相田和为诸侯。周天子许之。康公之十九年,田和立为齐侯,列于周室,纪元年。

①徐广曰:"康公之十六年。"[索隐]曰:徐广盖依年表为说,而不省此上文"贷立十四年",又云"明年会平陆",又"三年会浊泽",是十八年,表及此注并误。

齐侯太公和立二年,和卒,①子桓公午立。②桓公午五年,秦、魏攻韩,韩求救于齐。齐桓公召大臣而谋③曰:"早救之孰与晚救之?"驺忌曰:"不若勿救。"段干朋曰:④"不救则韩且折而入于魏,不若救之。"田臣思曰:⑤"过矣君之谋也!秦、魏攻韩,楚、赵必救之,是天以燕予齐也。"桓公曰:"善。"乃阴告韩使者而遣之。韩自以为得齐之救,因与秦、魏战。楚、赵闻之,果起兵而救之。齐因起兵袭燕国,取桑丘。⑥

①徐广曰:"伐鲁,破之。"

②[索隐]曰:《纪年》:"齐康公五年。田侯午生。二十二年,田侯剡立。后十年,齐田午弒其君及孺子喜而为公。"《春秋后传》亦云:"田午弒田侯及其孺子喜而兼齐,是为桓侯"。与此系家不同也。

③[索隐]曰:大臣,谓驺忌、段干朋。如《战国策》威王二十六年邯郸之役有此谋臣耳。又南梁之难在宣王二年,有驺子、田忌、孙膑之谋。《战国策》又有张丑。其词前后交互,是记者所取各异,故不同也。

④[索隐]曰:段干,姓;朋,名也。《战国策》作"段干纶"。

⑤[索隐]曰:《战国策》作"田期思",《纪年》谓之"徐州子期",盖即田忌也。

⑥[正义]曰:《括地志》云:"桑丘故城俗名敬城,在易州遂城县。"尔时齐伐燕桑丘,魏、赵来救之。魏、赵《世家》并云"伐齐至桑丘",皆是易州。

六年,救卫。桓公卒,①子威王因齐立。是岁,故齐康公卒,绝无后,奉邑皆入田氏。

①[索隐]曰:《纪年》梁惠王十三年当齐桓公十八年,后威王始见,则桓公十九年而卒,与此不同。

齐威王元年,三晋因齐丧,来伐我灵丘。①三年,三晋灭晋后而分其地。六年,鲁伐我,入阳关。②晋伐我,至博陵。③七年,卫伐我,取薛陵。九年,赵伐我,取甄。

①[正义]曰:灵丘,河东蔚州县。按:灵丘此时属齐,三晋因丧伐之。韩、魏、赵《世家》云"伐齐至灵丘",皆是蔚州。

②徐广曰:"在巨平。"[正义]曰:《括地志》云:"鲁阳关故城在兖州博城县南二十九里,西临汶水也。"

③[正义]曰:在济州西界也。

威王初即位以来,不治,委政卿大夫。九年之间,诸侯并伐,国人不治。于是威王召即墨大夫而语之曰:"自子之居即墨也,①毁言日至。然吾使人视即墨,田野辟,民人给,官无留事,东方以宁。是子不事吾左右以求誉也。"封之万家。召阿大夫语曰:"自子之守阿,誉言日闻。然使使视阿,田野不辟,民贫苦。昔日赵攻甄,②子弗能救。卫取薛陵,子弗知。是子以币厚吾左右以求誉也。"是日,烹阿大夫,及左右尝誉者皆并烹之。遂起兵,西击赵、卫。败魏于浊泽而围惠王,惠王请献观以和解。赵人归我长城。于是齐国震惧,人人不敢饰非,务尽其诚。齐国大治。诸侯闻之,莫敢致兵于齐二十余年。

①[正义]曰:莱州胶水县南六十里即墨故城是也。

②[正义]曰:音绢。即濮州甄城县北。合在即墨字上也。

驺忌子以鼓琴见威王,威王说而舍之右室。须臾,王鼓琴,驺忌子推户入曰:"善哉鼓琴!"王勃然不说,去琴按剑曰:"夫子见容未察,何以知其善也?"驺忌子曰:"夫大弦浊以春温者,君也;小弦廉折以清者,相也;①攫之深,②醇之愉者,③政令也;钧谐以鸣,大小相益,回邪而不相害者,四时也。吾是以知其善也。"王曰:"善语音。"驺忌子曰:"何独语音,夫治国家而弭人民,皆在其中。"王又勃然不说曰："若夫语五音之纪,信未有如夫子者也。若夫治国家而弭人民,又何为乎丝桐之间?"驺忌子曰:"夫大弦浊以春温者,君也;小弦廉折以清者,相也;攫之深而舍之愉者,政令也;钧谐以鸣,大小相益,回邪而不相害者。四时也。夫复而不乱者,所以治昌也;连而径者,所以存亡也;故曰琴音调而天下治。夫治国家而弭人民者,无若乎五音者。"王曰:"善。"

　　①《琴操》曰:"大弦者,君也,宽和而温。小弦者,臣也,清廉而不乱。"[索隐]曰:《春秋后语》"温"字作"春",春气温,义亦相通。蔡邕曰:"凡弦以缓急为清浊。琴,紧其弦则清,缓其弦则浊。"清浊者,言琴之声也。

　　②徐广曰:"以爪持也。攫,音己足反。"

　　③徐广曰:"一作'舒'。"[索隐]曰:醳,音释,与下文舍字并同。愉,音舒。

　　驺忌子见三月而受相印。淳于髡见之曰:"善说哉!髡有愚志,愿陈诸前。"驺忌子曰:"谨受教。"淳于髡曰:"得全全昌,失全全亡。"①驺忌子曰:"谨受令,请谨毋离前。"②淳于髡曰:"豨膏棘轴,所以为滑也,然而不能运方穿。"③驺忌子曰:"谨受令,请谨事左右。"淳于髡曰:"弓胶昔干,④所以为合也,然而不能傅合疏罅。"⑤驺忌子曰:"谨受令,请谨自附于万民。"淳于髡曰:"狐裘虽弊,不可补以黄狗之皮。"驺忌子曰:"谨受令,请谨择君子,毋杂小人其间。"淳于髡曰:"大车不较,不能载其常任;琴瑟不较,不能成其五音。"⑥驺忌子曰:"谨受令,请谨修法律而督奸吏。"淳于髡说毕,趋出,至门,而面其仆曰:"是人者,吾语之微言,五其应我若响之应声,是人必封不久矣。"⑦居期年,封以下邳,号曰成侯。

　　①[索隐]曰:得全,谓人臣事君之礼全具无失,故云得全也。全昌者,谓若无失则身名获昌,故云全昌也。

　　②[索隐]曰:谓佩服此言,常无离君,故曰谨毋离前。

　　③[索隐]曰:豨膏,猪脂也。棘轴,以棘木为车轮,至滑而坚也。然而穿孔若方,则不能运转,言逆理反经也。故下忌曰:"请谨事左右",言每事须顺从也。

　　④徐广曰:"一作'乾'。"

　　⑤[索隐]曰:干,音孤捍反。昔,久旧也。干,弓干也。《考工记》作"栉干",

则析,昔音相近。言作弓之法,以胶被昔干而纳诸檠中,是犹以势令人合也。傅,音附。鞾,音呼嫁反。以言胶干可以势暂合,而久亦不能常傅合于疏鞾隙缝。以言人臣自宜弥缝得所,岂待拘以礼制法式者。故下云"请自附于万人"也。

⑥[索隐]曰:较者,校量也。言有常制,若车不较,则车不能载常任,琴瑟不较,则琴不能成五音。

⑦《新序》曰:"齐稷下先生喜议政事。驺忌既为齐相,稷下先生淳于髡之属七十二人皆轻驺忌,以为设以微辞,驺忌必不能及,乃相与俱往见驺忌。淳于髡之徒礼踞,驺忌之礼卑。淳于髡等称辞,驺忌知之如应响。淳于髡等辞屈而去,驺忌之礼踞,淳于髡之礼卑。故所以尚干将、莫邪者,贵其立断也。所以尚骐骥者,为其立至也。必且历日旷久,则系牦能挈石,驽马亦能致远。是以聪明捷敏,人之美材也。"

威王二十三年,与赵王会平陆。二十四年,与魏王会田于郊。魏王问曰:"王亦有宝乎?"威王曰:"无有。"①梁王曰:"若寡人国小也,尚有径寸之珠照车前后各十二乘者十枚,奈何以万乘之国而无宝乎?"威王曰:"寡人之所以为宝与王异。吾臣有檀子者,②使守南城,则楚人不敢为寇东取,泗上十二诸侯皆来朝。③吾臣有肦子者,使守高唐,则赵人不敢东渔于河。吾吏有黔夫者,使守徐州,则燕人祭北门,赵人祭西门,④徙而从者七千余家。吾臣有种首者,使备盗贼,则道不拾遗。将以照千里,岂特十二乘哉!"梁惠王惭,不怿而去。

①[索隐]曰:韩婴《诗外传》以为齐宣王,其说不同,所以异也。

②[索隐]曰:檀子,齐臣。檀,姓;子,男子美称,大夫皆称子。肦子,田肦也。黔夫及种首皆臣名。事悉具《战国策》。

③[索隐]曰:邾、莒、宋、鲁之比。

④贾逵曰:"齐之北门西门也。言燕、赵之人畏见侵伐,故祭以求福。"

二十六年,魏惠王围邯郸,赵求救于齐。齐威王召大臣而谋曰:"救赵孰与勿救?"驺忌子曰:"不如勿救。"段干朋曰:"不救则不义,且不利。"威王曰:"何也?"对曰:"夫魏氏并邯郸,其于齐何利哉?且

夫救赵而军其郊，是赵不伐而魏全也。故不如南攻襄陵，①以弊魏，
邯郸拔而乘魏之弊。"威王从其计。

①［正义］曰：襄陵故城在兖州邹县也。

　　其后，成侯驺忌与田忌不善。公孙阅谓成侯忌曰：①"公何不谋
伐魏，田忌必将。战胜有功，则公之谋中也；战不胜，非前死则后北，
而命在公矣。"于是成侯言威王，使田忌南攻襄陵。十月，邯郸拔，齐
因起兵击魏，大败之桂陵。②于是齐最强于诸侯，自称为王，以令天
下。

①［索隐］曰：《战国策》作"公孙阅"。
②［索隐］曰：在威王二十六年。［正义］曰：在曹州乘氏县东北二十一里。

三十三年，杀其大夫牟辛。①

①徐广曰："一作'夫人'。"［索隐］曰：牟辛，大夫姓字也。徐广与年表并作
　　"夫人"。王劭按《纪年》云"齐桓公十一年弑其君母。宣王八年杀其王
　　后"。然则夫人之字，或如《纪年》之说。

　　三十五年，公孙阅又谓成侯忌曰："公何不令人操十金卜于市，
曰'我田忌之人也。吾三战而三胜，声威天下。欲为大事，亦吉乎不
吉乎'？"卜者出，因令人捕为卜者，验其辞于王之所。田忌闻之，
因遂率其徒袭攻临淄，求成侯，不胜而奔。①

①［索隐］曰：按：《战国策》田忌前败魏于马陵，因被购，不得入齐，历十年
　　乃出奔也。是时齐都临淄，且《孟尝列传》云"田忌袭齐之边邑"，其言为
　　得，即与系家不同也。

　　三十六年，威王卒，子宣王辟强立。宣王元年，秦用商鞅。周致
伯于秦孝公。

　　二年，魏伐赵。赵与韩亲，共击魏。赵不利，战于南梁。①宣王召
田忌复故位。韩氏请救于齐。宣王召大臣而谋曰："早救孰与晚救？"
驺忌子曰："不如勿救。"田忌曰："弗救，则韩且折而入于魏，不如早
救之。"②孙子曰：③"夫韩、魏之兵未弊而救之，是吾代韩受魏之
兵，顾反听命于韩也。且魏有破国之志，韩见亡，必东面而诉于齐
矣。吾因深结韩之亲而晚承魏之弊，则可重利而得尊名也。"宣王

曰:"善。"乃阴告韩之使者而遣之。韩因恃齐,五战不胜,而东委国于齐。齐因起兵,使田忌、田婴将,④孙子为帅,救韩、赵以击魏,大败之马陵,⑤杀其将庞涓,虏魏太子申。其后,三晋之王皆因田婴朝齐王于博望,⑥盟而去。⑦

①[索隐]曰:《晋太康地记》曰:"战国谓梁为南梁者,别之于大梁、少梁也。"[正义]曰:《括地志》云:"故梁在汝州西南二百步。《晋太康地记》云:'战国时谓南梁者,别之于大梁、少梁也'。古蛮子邑也。"

②[索隐]曰:《纪年》威王十四年,田盼伐梁,战马陵。《战国策》云南梁之难,有张田对云:"早救之"。此云邹忌者,王劭云"此时邹忌死已四年,又齐威此时未称王,故《战国策》谓之田侯。今此以田侯为宣王,又横称邹忌者,盖此说皆误耳。"

③[索隐]曰:孙膑。

④徐广曰:"婴,一作'盼'。"

⑤[索隐]曰:在宣王二年。

⑥[正义]曰:《括地志》云:"博望故城在邓州向城县东南四十五里。"

⑦徐广曰:"表云三年,与赵会博望伐魏。"

七年,与魏王会平阿南。①明年,复会甄。魏惠王卒。②明年,与魏襄王会徐州,诸侯相王也。十年,楚围我徐州。十一年,与魏伐赵,赵决河水灌齐、魏,兵罢。十八年,秦惠王称王。

①[正义]曰:沛郡平阿县也。

②[索隐]曰:按《纪年》,梁惠王乃是齐湣王为东帝、秦昭王为西帝时。此时梁惠王改元称一年,未卒也。而系家及其后即为魏襄王之年,又以此文当齐宣王时,实所不能详考。

宣王喜文学游说之士,自如驺衍、淳于髡、①田骈、②接予、③慎到、④环渊⑤之徒七十六人。皆赐列第,为上大夫,不治而议论。是以齐稷下学士复盛,且数百千人。⑥

①[正义]曰:赘聓,齐之稷下先生也。

②[正义]曰:白眠反。《艺文志》云田骈,齐人,游稷下,号天口骈,作《田子》二十五篇也。

③[正义]曰:齐人。《艺文志》云《接予》二篇,在道家流。

④[正义]曰:赵人,战国时处士。《艺文志》作《慎子》四十二篇也。

⑤〔正义〕曰：楚人。《孟子传》云环渊著书上下篇也。

⑥刘向《别录》曰："齐有稷门，城门也。谈说之士期会于稷下也。"〔索隐〕曰：《齐地记》曰："齐城西门侧，系水左右有讲室，趾往往存焉"。盖因侧系水，故曰稷门，古侧、稷音相近耳。又虞喜曰"齐有稷山，立馆其下以待游士"，亦异说也。《春秋传》曰："莒子如齐，盟于稷门"是也。

十九年，宣王卒，子湣王地立①。

①〔索隐〕曰：《系本》名遂。

湣王元年，秦使张仪与诸侯执政会于啮桑。三年，封田婴于薛。四年，迎妇于秦。七年，与宋攻魏，败之观泽。

十二年，攻魏。楚围雍氏，①秦败屈丐。苏代谓田轸曰："臣愿有谒于公，其为事甚完，使楚利公，成为福，不成亦为福。今者臣立于门，客有言曰魏王谓韩冯、张仪曰②'煮枣将拔，③齐兵又进，子来救寡人则可矣；不救寡人，寡人弗能拔。'④此特转辞也。秦、韩之兵毋东，旬余，则魏氏转韩从秦，秦逐张仪，⑤交臂而事齐、楚，此公之事成也。"田轸曰："奈何使无东？"对曰："韩冯之救魏之辞，必不谓韩王曰'冯以为魏'，必曰'冯将以秦、韩之兵东却齐、宋，冯因抟⑥三国之兵，乘屈丐之弊，南割于楚，故地必尽得之矣'。张仪救魏之辞，必不谓秦王曰'仪以为魏'，必曰'仪且以秦、韩之兵东距齐、宋，仪将抟三国之兵，乘屈丐之弊，⑦南割于楚，名存亡国，实伐三川而归，⑧此王业也'。公令楚王与韩氏地，⑨使秦制和，谓秦王曰'请与韩地，而王以施三川，⑩韩氏之兵不用而得地于楚'。韩冯之东兵之辞且谓秦何？曰'秦兵不用而得三川，伐楚、韩以窘魏，魏氏不敢东，是孤齐也'。张仪之东兵之辞且谓何？曰'秦韩欲地而兵有案，声威发于魏，魏氏之欲不失齐、楚者有资矣'。魏氏转秦、韩争事齐、楚，楚王欲而无与地，⑪公令秦、韩之兵不用而得地，有一大德也。⑫秦、韩之王劫于韩冯、张仪而东兵以徇服魏，公常执左券，以责于秦、韩，⑬此其善于公而恶张子多资矣。"

①徐广曰："在阳翟，属韩。"

②徐广曰："韩之公仲侈也。"

③徐广曰："在济阴宛朐。"

④[索隐]曰：能犹胜也。言不胜其拔，故听齐拔之耳。

⑤[索隐]曰：逐，谓随逐也。

⑥徐广曰："音专。专犹并合制领之谓也。"[索隐]曰：抟，音团。谓握领也。徐亦通。

⑦[正义]曰：屈丐，楚将，为秦所败，今更欲乘之。

⑧[索隐]曰：三川，韩也。

⑨[索隐]曰：公谓陈轸。

⑩[正义]曰：施，张设也。言秦王于天子都张设迫胁也。

⑪徐广曰："楚王欲得魏来事己，而不欲与韩地也。"

⑫[正义]曰：苏代谓陈轸，今秦、韩之兵不战伐而得地，陈轸于秦、韩岂不有大恩德。

⑬[索隐]曰：券，要也。左，不正也。言我以右执其左而责之。[正义]曰：左券下，右券上也。苏代说陈轸以上券令秦、韩不用兵得地，而以券责秦、韩却韩冯、张仪以徇服魏，故秦、韩善陈轸而恶张仪多取矣。

十三年，秦惠王卒。二十三年，与秦击败楚于重丘。①二十四年，秦使泾阳君质于齐。二十五年，归泾阳君于秦。孟尝君薛文入秦，即相秦。文亡去。

①徐广曰："表曰与秦击楚，使公子将，大有功。"

二十六年，①齐与韩、魏共攻秦，至函谷军焉。二十八年，秦与韩河外以和，兵罢。二十九年，赵杀其主父。齐佐赵灭中山。②

①徐广曰："孟尝君为相。"

②徐广曰："三十年，田甲劫王，相薛文走。"

三十六年，王为东帝，秦昭王为西帝。苏代自燕来，入齐，见于章华东门。①齐王曰："嘻！善，子来。秦使魏冉致帝，子以为何如？"对曰："王之问臣也卒，而患之所从来微，愿王受之而勿备称也。秦称之，天下安之，王乃称之，无后也。且让争帝名，无伤也。秦称之，天下恶之，王因勿称，以收天下，此大资也。且天下立两帝，王以天下为尊齐乎？尊秦乎？"王曰："尊秦。"曰："释帝，天下爱齐乎？爱秦乎？"王曰："爱齐而憎秦。"曰："两帝立约伐赵，孰与伐桀宋之利？”②王曰：“伐桀宋利。”对曰：“夫约钧，然与秦为帝而天下独尊秦而轻齐，释帝则天下爱齐而憎秦，伐赵不如伐桀宋之利，故愿王明释帝以收天下，倍约宾秦，无争重，而王以其间举宋。夫有宋，卫之阳地危；③有济西，赵之阿东国危；④有淮北，楚之东国危；⑤有陶、平陆，梁门不开。⑥释帝而贷之以伐桀宋之事，国重而名尊，燕、楚所以形服，天下莫敢不听，此汤武之举也。敬秦以为名，而后使天下憎之，此所谓以卑为尊者也。愿王孰虑之。”于是齐去帝复为王，秦亦去帝位。

①左思《齐都赋》注曰：“齐小城北门也。”而此言东门，不知为是一门非邪？［正义］曰：《括地志》云：“齐城章华之东有间门、武鹿门也。”

②《宋世家》云：“宋王偃，诸侯皆曰桀宋也。”

③阳地，濮阳之地。［正义］曰：按：卫此时河南独有濮阳也。

④［正义］曰：阿，东阿也。尔时属赵，故云东国危。

⑤［正义］曰：淮北，徐、泗也。东国谓下相、僮、取虑也。

⑥［正义］曰：陶，定陶，今曹州也。平陆，兖州县也，县在大梁东界。

三十八年，伐宋。秦昭王怒曰：“吾爱宋与爱新城、阳晋①同。韩聂与吾友也，而攻吾所爱，何也？”苏代为齐谓秦王曰：“韩聂之攻宋，所以为王也。齐强，辅之以宋，楚、魏必恐，恐必西事秦，是王不烦一兵，不伤一士，无事而割安邑也。②此韩聂之所祷于王也。”秦王曰：“吾患齐之难知。一从一衡，其说何也？”对曰：“天下国令齐可知乎？齐以攻宋，其知事秦以万乘之国自辅，不西事秦则宋治不安。③中国白头游敖之士皆积智欲离齐、秦之交，伏式结轶西驰者，未有一人言善齐者也；④伏式结轶东驰者，未有一人言善秦者也。何则？皆不欲齐、秦之合也。何晋、楚之智而齐、秦之愚也！晋、楚合必议齐、秦，齐、秦合必图晋、楚。请以此决事。”秦王曰：“诺。”于是齐遂伐宋，宋王出亡，死于温。⑤齐南割楚之淮北，西侵三晋，欲以并周室，为天子。泗上诸侯邹鲁之君皆称臣，诸侯恐惧。

①［正义］曰：《括地志》云：“新城故城在宋州宋城县界。阳晋故城在曹州

乘氏县西北三十里。"

②[正义]曰:年表云秦昭王二十一年,魏纳安邑及河内。

③[索隐]曰:《战国策》作"宋地不安"。

④[索隐]曰:轶音佚。轶者,车辙也,言车辙往还如结也。《战国策》作"结轶"。

⑤[正义]曰:怀州有温城。

三十九年,秦来伐,拔我列城九。

四十年,燕、秦、楚、三晋合谋,各出锐师以伐,败我济西。①王解而却。燕将乐毅遂入临淄,尽取齐之宝藏器。湣王出亡,之卫。卫君辟宫舍之,称臣而共具。湣王不逊,卫人侵之。湣王去,走邹、鲁,有骄色,邹、鲁君弗内,遂走莒。楚使淖齿将兵救齐,②因相齐湣王。淖齿遂杀湣王,而与燕共分齐之侵地卤器。③

①徐广曰:"案其余诸传无楚伐齐事。年表云楚取淮北。"

②[索隐]曰:淖,音女教反。

③[正义]曰:卤掠齐宝器也。

湣王之遇杀,其子法章变名姓为莒太史敫①家庸。太史敫女奇法章状貌,以为非恒人,怜而常窃衣食之,而与私通焉。淖齿既以去莒,莒中人及齐亡臣相聚求湣王子,欲立之。法章惧其诛己也,久之,乃敢自言"我湣子也"。于是莒人共立法章,是为襄王。以保莒城而布告齐国中:"王已立在莒矣。"襄王既立,立太史氏女为王后,是为君王后,生子建。太史敫曰:"女不取媒因自嫁,非吾种也,污吾世。"终身不睹君王后。君王后贤,不以不睹故失人子之礼。

①徐广曰:"音跃,一音皎。"

襄王在莒五年,田单以即墨攻破燕军,迎襄王于莒,入临菑。齐故地尽复属齐。齐封田单为安平君。①

①[正义]曰:安平城在青州临淄县东十九里,故纪之酅邑也。

十四年,秦击我刚寿。十九年,襄王卒,子建立。

王建立六年,秦攻赵,齐、楚救之。秦计曰:"齐、楚救赵,亲则退兵,不亲遂攻之。"赵无食,请粟于齐,齐不听。周子曰:①"不如听之以退秦兵,不听则秦兵不却,是秦之计中而齐、楚之计过也。且赵之于齐、楚,扞蔽也,②犹齿之有唇也,唇亡则齿寒。今日亡赵,明日患及齐、楚。且救赵之务,宜若奉漏瓮沃焦釜也。夫救赵,高义也;却秦兵,显名也。义救亡国,威却强秦之兵,不务为此而务爱粟,为国计者过矣。"齐王弗听。秦破赵于长平四十余万,遂围邯郸。

①[索隐]曰:盖齐之谋臣,史失名也。《战国策》以"周子"为"苏秦",而"楚"字皆作"燕",然此时苏秦死已久矣。

②[正义]曰:此时秦伐赵上党欲克,无意伐齐、楚,故言赵之于齐、楚为捍蔽也。

十六年,秦灭周。君王后卒。二十三年,秦置东郡。二十八年,王入朝秦,秦王政置酒咸阳。三十五年,秦灭韩。三十七年,秦灭赵。

三十八年,燕使荆轲刺秦王,秦王觉,杀轲。明年,秦破燕,燕王亡走辽东。明年,秦灭魏,秦兵次于历下。四十二年,秦灭楚。明年,虏代王嘉,灭燕王喜。

四十四年,秦兵击齐。齐王听相后胜计,不战,以兵降秦。秦虏王建,迁之共。①遂灭齐为郡。天下一并于秦,秦王政立号为皇帝。

①《地理志》河内有共县。[正义]曰:今卫州共城县也。

始,君王后贤,事秦谨,与诸侯信,齐亦东边海上,秦日夜攻三晋、燕、楚,五国各自救于秦,以故王建立四十余年不受兵。君王后死,后胜相齐,多受秦间金,多使宾客入秦,秦又多予金,客皆为反间,劝王去从朝秦,不修攻战之备,不助五国攻秦,秦以故得灭五国。五国已亡,秦兵卒入临淄,民莫敢格者。王建遂降,迁于共。故齐人怨王建不早与诸侯合从攻秦,听奸臣宾客以亡其国,歌之曰:"松耶柏耶?住建共者客耶?"①疾建用客之不详也。②

①徐广曰:"《战国策》曰秦处建于共松柏间也。"[索隐]曰:耶,音邪。谓是建客邪,客说建住言遂乃失策,今建迁共。共,今在河内也。

②[索隐]曰:谓不详审用客,不知其善否也。

太史公曰:盖孔子晚而喜《易》。《易》之为术,幽明远矣,非通人达才孰能注意焉!故周太史之卦田敬仲完,占至十世之后。及完奔齐,懿仲卜之亦云。田乞及常所以比犯二君,①专齐国之政,非必事势之渐然也,盖若遵厌兆祥云。

①[索隐]曰:比如字,又频律反。二君,即悼公、简公也。僖子废晏孺子,鲍牧以乞故杀悼公,而成子又杀简公,故云田氏比犯二君也。

索隐述赞曰:田完避难,奔于大姜。始辞羁旅,终然凤皇。物莫两盛,代五其昌。二君比犯,三晋争强。和始擅命,威遂称王。济急燕、赵,弟列康庄。秦假东帝,莒立法章。王建失国,松柏苍苍。

史记卷四七
世家第一七

孔子

[索隐]曰：教化之主，吾之师也。为帝王之仪表，示人伦之准的。自子思以下，代有哲人继世象贤，诚可仰同列国。前史既定，吾无间然。又孔子非有诸侯之位，而亦称系家者，以是圣人为教化之主，又代有贤哲，故亦称系家焉。[正义]曰：孔子无侯伯之位，而称世家者，太史公以孔子布衣传十余世，学者宗之，自天下王侯，中国言《六艺》者宗于夫子，可谓至圣，故为世家。

孔子生鲁昌平乡陬邑。①其先宋人也，曰孔防叔。②防叔生伯夏，伯夏生叔梁纥。③纥与颜氏女野合而生孔子，④祷于尼丘得孔子。鲁襄公二十二年而孔子生。⑤生而首上圩顶，⑥故因名曰丘云。字仲尼，姓孔氏。

①徐广曰："陬，音驺。孔安国曰'陬，孔子父叔梁纥所治邑'。"[索隐]曰：陬是邑名，昌平，乡号。孔子居鲁之邹邑昌平乡之阙里也。[正义]曰：《括地志》云："故邹城在兖州泗水县东南六十里。昌平山在泗水县南六十里。孔子生昌平乡，盖乡取山为名。故阙里在泗水县南五十里。《舆地志》云邹城西界阙里有尼丘山。"按：今尼丘山在兖州邹城，阙里即此也。《括地志》云："兖州曲阜县鲁城西南三里有阙里，中有孔子宅，宅中有庙。伍缉之《从征记》云阙里背邾面泗，即此也。"按：夫子生在邹，长徙曲阜，仍号阙里。

②[索隐]曰：《家语》："孔子，宋微子之后。宋襄公生弗父何，以让弟厉公。弗父何生宋父周，周生世子胜，胜生正考父，考父生孔父嘉，五世亲尽，别为公族，姓孔氏。孔父生子木金父，金父生睪夷。睪夷生防叔，畏华氏

之逼而奔鲁,故孔氏为鲁人。"

③[正义]曰:《括地志》云"叔梁纥庙亦名尼丘山祠,在兖州泗水县五十里尼丘山东趾。《地理志》云鲁县有尼丘山,有叔梁纥庙。"

④[索隐]曰:《家语》云"梁纥娶鲁之施氏,生九女。其妾生孟皮,孟皮病足,乃求婚为颜氏,征在从父命为婚"。其文甚明。今此云"野合"者,盖谓梁纥老而征在少,非当壮室初笄之礼,故云野合,谓不合礼仪。故《论语》云"野哉由也",又"先进于礼乐,野人也",皆言野者是不合礼耳。

[正义]曰:男八月生齿,八岁毁齿,二八十六阳道通,八八六十四阳道绝。女七月生齿,七岁毁齿,二七十四阴道通,七七四十九阴道绝。婚姻过此者,皆为野合。故《家语》云"梁纥娶鲁施氏女,生九女,乃求婚为颜氏,颜氏有三女,小女征在"。据此,婚过六十四明。

⑤[索隐]曰:《公羊传》:"襄公二十一年十有一月庚子,孔子生"。今以为二十二年,盖以周正十一月属明年,故误也。后序孔子卒,云七十二岁,每少一岁也。

⑥[索隐]曰:圩,音乌。顶,音鼎。圩鼎,言顶上窳也,故孔子顶如反宇。反宇者,若屋宇之反,中低而四傍高也。[正义]曰:《括地志》云:"女陵山在曲阜县南二十八里。干宝《三日纪》云:'征在生孔子空桑之地,今名空窦,在鲁南山之空窦中。无水,当祭时洒扫以告,辄有清泉自石门出,足以周用,祭讫泉枯。今俗名女陵山'。"

丘生而叔梁纥死。①葬于防山。②防山在鲁东,由是孔子疑其父墓处,母讳之也。③孔子为儿嬉戏,常陈俎豆,④设礼容。孔子母死,乃殡五父之衢,⑤盖其慎也。⑥耶人⑦挽父之母诲孔子父墓,然后往合葬于防焉。

①[索隐]曰:《家语》云生三岁而梁纥死。

②[正义]曰:《括地志》云:"防山在兖州曲阜县东二十五里。《礼记》云孔子母合葬于防也。"

③[索隐]曰:谓孔子少孤,不的知父坟处,非谓不知其茔地。征在笄年适于梁纥,无几而老死,是少寡,盖以为嫌,不从送葬,故不知坟处,遂不告耳,非讳之也。

④[正义]曰:俎豆以木为之,受四升,高尺二寸。大夫以上赤云气,诸侯加象饰足,天子玉饰也。

⑤[正义]曰:《括地志》云:"五父衢在兖州曲阜县西南二里,鲁城内衢道
　　也。"

⑥徐广曰:"鲁县有阙里,孔子所居也。又有五父之衢也。"[索隐]曰:谓孔
　　子不知父墓,乃且殡其母于五父之衢,是其谨慎也。[正义]曰:慎谓以
　　绋引棺就殡所也。

⑦[正义]曰:上音邹。

　孔子要绖,季氏飨士,孔子与往。①阳虎绌曰:"季氏飨士,非敢
飨子也!"②孔子由是退。

①[正义]曰:与,音预。季氏为馔饮鲁文学之士,孔子与迎而往,阳虎以孔
　　子少,故折之也。

②[索隐]曰:《家语》"孔子之母丧,既练而见",不非之也。今此谓孔子实
　　要绖与飨,为阳虎所绌,亦近诬矣。一作"要经"。要经犹带经也,故刘氏
　　云嗜学之意是也。

　孔子年十七,鲁大夫孟釐子病且死,①诫其嗣懿子曰:"孔丘,
圣人之后,②灭于宋。③其祖弗父何始有宋而嗣让厉公。④及正考
父佐戴、武、宣公,⑤三命兹益恭。故鼎铭云:⑥'一命而偻,再命而
伛,三命而俯,⑦循墙而走,⑧亦莫敢余侮。⑨饘于是,粥于是,以糊
余口。'⑩其恭如是。吾闻圣人之后虽不当世,必有达者。⑪今孔丘
年少好礼,其达者欤?吾即没,若必师之。"及釐子卒,懿子与鲁人南
宫敬叔往学礼焉。⑫是岁季武子卒,平子代立。

①[索隐]曰:昭七年《左传》云"孟僖子病不能相礼,乃讲学之,及其将死,
　　召大夫"云云。按:谓病者,不能礼为病,非疾困之谓也。至二十四年僖
　　子卒,贾逵云"仲尼时年三十五矣"。是此文误也。

②服虔曰:"圣人谓商汤。"

③杜预曰:"孔子六世祖孔父嘉为宋华督所杀,其子奔鲁也。"

④杜预曰:"弗父何,孔父嘉之高祖,宋愍公之长子,厉公之兄也。何嫡嗣,
　　当立,以让厉公也。"

⑤服虔曰:"正考父,弗父何之曾孙。"

⑥杜预曰:"三命,上卿也。考父庙之鼎。"

⑦服虔曰:"偻,伛,俯,皆恭敬之貌也。"

⑧杜预曰:"言不敢安行。"

⑨杜预曰："其恭如是，人亦不敢侮慢。"

⑩杜预曰："于是鼎中为饘粥。饘粥，餬属。言至俭也。"

⑪王肃曰："谓若弗父何，殷汤之后，而不继世为宋君也。"杜预曰："圣人
之后，有明德而不当大位，谓正考父。"

⑫[索隐]曰：《左传》及《系本》敬叔与懿子皆孟僖子之子，不应更言"鲁
人"，亦太史公之疏耳。

孔子贫且贱，及长，尝为季氏史，①料量平。尝为司职吏而畜蕃
息。由是为司空。已而去鲁，斥乎齐，逐乎宋、卫，困于陈、蔡之间，
于是反鲁。孔子长九尺有六寸，人皆谓之"长人"而异之。鲁复善待，
由是反鲁。

①[索隐]曰：有本作"委吏"。按：赵岐曰："委吏，主委积仓库之吏"。

鲁南宫敬叔言鲁君曰："请与孔子适周。"①鲁君与之一乘车，
两马，一竖子俱，适周问礼，盖见老子云。辞去，而老子送之曰："吾
闻富贵者送人以财，②仁人者送人以言。吾不能富贵，窃仁人之
号，③送子以言曰：'聪明深察而近于死者，好议人者也。博辩广大
危其身者，发人之恶者也。为人子者毋以有己，④为人臣者毋以有
己。'"⑤

①[索隐]曰：《庄子》云"孔子年五十一，南见老聃"。盖系家亦依此为说而
不究其旨，遂俱误也。何者？孔子适周，岂访礼之时即在十七耶？且孔
子见老聃，云"甚矣道之难行也"，此非十七之人语也，乃既仕之后言
耳。

②[索隐]曰：《庄周》"财"作"轩"。

③王肃曰："谦言窃仁者之名。"

④王肃曰："身父母之有。"[索隐]曰：《家语》作"无以有己为人子者"。

⑤[索隐]曰：《家语》作"无以恶己为人臣者"。王肃云："言听则仁，不用则
去，保身全行，臣之节也。"

孔子自周反于鲁，弟子稍益进焉。是时也，晋平公淫，六卿擅
权，东伐诸侯。楚灵王兵强，陵轹中国。齐大而近于鲁。鲁小弱，附
于楚则晋怒，附于晋则楚来伐；不备于齐，齐师侵鲁。

鲁昭公之二十年，而孔子盖年三十矣。齐景公与晏婴来适鲁，

景公问孔子曰:"昔秦穆公国小处辟,其霸何也?"对曰:"秦国虽小,其志大;处虽辟,行中正。身举五羖,①爵之大夫,起累绁之中,②与语三日,授之以政。以此取之,虽王可也,其霸小矣。"景公说。

　①[正义]曰:百里奚也。
　②[索隐]曰:《家语》无此一句。孟子以为"不然"之言也。

　　孔子年三十五,而季平子与郈昭伯以斗鸡故①得罪鲁昭公,昭公率师击平子。平子与孟氏、叔孙氏三家共攻昭公,昭公师败,奔于齐,齐处昭公乾侯。②其后顷之,鲁乱。孔子适齐,为高昭子家臣,欲以通乎景公。与齐太师语乐,闻《韶》音,学之,三月不知肉味,③齐人称之。

　①[正义]曰:郈,音后。《括地志》云:"斗鸡台二所,相去十五步,在兖州曲
　　阜县东南三里鲁城中。《左传》昭二十五年,季氏与郈昭伯斗鸡,季氏芥
　　鸡翼,郈氏为金距之处。"
　②[正义]曰:相州城安县东南三十里斥丘故城,本春秋时乾侯之邑。
　③周氏曰:"孔子在齐,闻习《韶》乐之盛美,故忘于肉味也。"[索隐]曰:按
　　《论语》,子语鲁太师乐,非齐太师也。又"子在齐闻《韶》,三月不知肉
　　味",无"学之"文。今此合《论语》齐、鲁两文而为此言,恐失事实。

　　景公问政孔子,孔子曰:"君君,臣臣,父父,子子。"①景公曰:"善哉! 信如君不君,臣不臣,父不父,子不子,虽有粟,吾岂得而食诸!"②他日,又复问政于孔子,孔子曰:"政在节财。"景公说,将欲以尼溪田封孔子。③晏婴进曰:"夫儒者滑稽而不可轨法;倨傲自顺,不可以为下;崇丧遂哀,破产厚葬,不可以为俗;游说乞贷,不可以为国。自大贤之息,周室既衰,礼乐缺有间。④今孔子盛容饰,繁登降之礼,趋详之节,累世不能殚其学,当年不能究其礼。君欲用之以移齐俗,非所以先细民也。"后,景公敬见孔子,不问其礼。异日,景公止孔子曰:"奉子以季氏,吾不能。"以季孟之间待之。⑤齐大夫欲害孔子,孔子闻之。景公曰:"吾老矣,弗能用也。"孔子遂行,反乎鲁。

　①孔安国曰:"当此之时,陈恒制齐,君不君,臣不臣,故以此对也。"

②孔安国曰:"言将危也。陈氏果灭齐。"

③[索隐]曰:此说出《晏子》及《墨子》,其文微异。

④[索隐]曰:息者,生也。言上古大贤生则有礼乐,至周室微而始缺有间
也。

⑤孔安国曰:"鲁三卿季氏为正卿,最贵;孟氏为下卿,不用事。言待之以
二者之间也。"[索隐]曰:刘氏奉,音扶用反,非也。今奉音如字,谓奉待
孔子如鲁季氏之职,故下文云"以季、孟之间待之"也。

孔子年四十二,鲁昭公卒于乾侯,定公立。定公立五年,夏,季
平子卒,桓子嗣立。季桓子穿井得土缶,中若羊,①问仲尼云"得
狗"。②仲尼曰:"以丘所闻,羊也。丘闻之:木石之怪夔、罔阆,③水
之怪龙、罔象,④土之怪坟羊。"⑤

①韦昭曰:"羊,生羊也,故谓之怪也。"[索隐]曰:《家语》云"桓子穿井于
费,得物如土缶,其中有羊焉"是也。

②韦昭曰:"获羊而言狗者,以孔子博物,测之。"

③韦昭曰:"木石谓山也。或云夔,一足,越人谓之山缫也,或言独足。魍
魉,山精,好学人声而迷惑人也。"[索隐]曰:夔,音逵。阆,音两。《家
语》作"魍魉"。缫,音骚。然山缫独一足是山神名,故谓之夔。夔,一足
兽,状如人也。

④韦昭曰:"龙,神兽也,非常见,故曰怪。或云'罔象食人,一名沐肿'。"
[索隐]曰:沐肿,音木踵。

⑤唐固曰:"坟羊,雌雄未成者也。"

吴伐越,堕会稽,①得骨节专车。②吴使使问仲尼:"骨何者最
大?"仲尼曰:"禹致群神于会稽山,③防风氏后至,禹杀而戮之,④
其节专车,此为大矣。"吴客曰:"谁为神?"仲尼曰:"山川之神足以
纲纪天下,其守为神,⑤社稷为公侯,⑥皆属于王者。"客曰:"防风
何守?"仲尼曰:"汪罔氏之君守封、禹之山,⑦为釐姓。⑧在虞、夏、
商为汪罔,于周为长翟,今谓之大人。"⑨客曰:"人长几何?"仲尼
曰:"僬侥氏三尺,短之至也。⑩长者不过十之,数之极也。"⑪于是
吴客曰:"善哉圣人!"

①王肃曰:"堕,毁也。"[索隐]曰:会稽。山名,越之所都。隳,毁也。吴伐
　越在鲁哀元年。

②韦昭曰:"骨一节,其长专车。专,擅也。"

③韦昭曰:"群神谓主山川之君为群神之主,故谓之神也。"

④韦昭曰:"防风氏违命后至,故禹杀之。陈尸为戮。"

⑤王肃曰:"守山川之祀者为神,谓诸侯也。"韦昭曰:"足以纲纪天下,谓
　名山大川能兴云致雨以利天下也。"

⑥王肃曰:"但守社稷无山川之祀者,直为公侯而已。"

⑦韦昭曰:"封,封山;禹,禹山。在吴郡永安县。"骃案:晋太康元年改永安
　为武康县,今属吴兴郡。

⑧[索隐]曰:釐,音僖。《家语》云姓漆,盖误。《系本》无漆姓。

⑨王肃曰:"周之初及当孔子之时,其名异也。"

⑩韦昭曰:"僬侥,西南蛮之列名也。"按:《括地志》"在大秦国北也"。

⑪王肃曰:"十之,谓三丈也,数极于此也。"

　　桓子嬖臣曰仲梁怀,与阳虎有隙。阳虎欲逐怀,公山不狃止
之。①其秋,怀益骄,阳虎执怀。桓子怒,阳虎因囚桓子,与盟而醳
之。②阳虎由此益轻季氏。季氏亦僭于公室,陪臣执国政,是以鲁自
大夫以下皆僭离于正道。故孔子不仕,退而修诗书礼乐,弟子弥众,
至自远方,莫不受业焉。

①孔安国曰:"不狃为季氏宰。"[索隐]曰:狃,音女久反。邹氏云一作
　"蹂"。《论语》作弗扰。

②[正义]曰:醳,音释。

　　定公八年,公山不狃不得意于季氏,因阳虎为乱,欲废三桓之
适,①更立其庶孽阳虎素所善者,遂执季桓子。桓子诈之,得脱。定
公九年,阳虎不胜,奔于齐。是时孔子年五十。

①[正义]曰:适音嫡。

　　公山不狃以费畔季氏,使人召孔子。孔子循道弥久,温温无所
试,莫能己用,曰:"盖周文武起丰镐而王,①今费虽小,傥庶几乎!"
欲往。子路不说,止孔子。孔子曰:"夫召我者岂徒哉? 如用我,其

为东周乎!"②然亦卒不行。

①[索隐]曰:检《家语》及孔氏之书,并无此言,故桓谭亦以为诬也。

②何晏曰:"兴周道于东方,故曰东周也。"

其后定公以孔子为中都宰,一年,四方皆则之。①由中都宰为司空,由司空为大司寇。

①[索隐]曰:《家语》作"西方"。王肃云:"鲁国近东,故西方诸侯皆取法则焉。"

定公十年春,及齐平。①夏,齐大夫黎锄言于景公曰:"鲁用孔丘,其势危齐。"乃使使告鲁为好会,会于夹谷。②鲁定公且以乘车好往。孔子摄相事,曰:"臣闻:有文事者必有武备,有武事者必有文备。古者诸侯出疆,必具官以从。请具左右司马。"定公曰:"诺。"具左右司马。会齐侯夹谷,为坛位,土阶三等,以会遇之礼相见,③揖让而登。献酬之礼毕,齐有司趋而进曰:"请奏四方之乐。"景公曰:"诺。"于是旍旄羽被矛戟剑拨鼓噪而至。④孔子趋而进,历阶而登,⑤不尽一等,举袂而言曰:"吾两君为好会,夷狄之乐何为于此!请命有司!"有司却之,不去,则左右视晏子与景公。景公心怍,麾而去之。有顷,齐有司趋而进曰:"请奏宫中之乐。"景公曰:"诺。"优倡侏儒为戏而前。孔子趋而进,历阶而登,不尽一等,曰:"匹夫而荧惑诸侯者,罪当诛!⑥请命有司!"有司加法焉,手足异处。景公惧而动,知义不若,归而大恐,告其群臣曰:"鲁以君子之道辅其君,而子独以夷狄之道教寡人,使得罪于鲁君,为之奈何?"有司进对曰:"君子有过则谢以质,小人有过则谢以文。君若悼之,则谢以实。"于是齐侯乃归所侵鲁之郓、汶阳、龟阴之田,⑦以谢过。⑧

①[索隐]曰:及,与也。平,成也。谓与齐和好,故云平。

②徐广曰:"司马彪云今在祝其县也。"

③王肃曰:"会遇之礼,礼之简略也。"

④[索隐]曰:《家语》作"莱人以兵鼓噪劫定公"。被,音弗,谓舞者所执,故《周礼》噪有《袯舞》。拨,音伐。拨谓大盾也。

⑤[索隐]曰:历阶,谓历阶级也。故王肃云"历阶,登阶不聚足。"

⑥[索隐]曰:营惑,谓经营而或乱也。《家语》作"荧侮"。

⑦[正义]曰:郓,今郓州郓城县,在兖州龚丘县东北五十四里。故谢城在龚丘县东七十里。齐归侵鲁龟阴之田以谢鲁,鲁筑城于此,以旌孔子之功,因名谢城。

⑧服虔曰:"三田,汶阳田也。龟,山名。阴之田,得其田不得其山也。"杜预曰:"太山博县北有龟山。"[索隐]曰:《左传》"郓、谨及龟阴之田",则三田皆在汶阳也。

定公十三年夏,孔子言于定公曰:"臣无藏甲,大夫毋百雉之城。"①使仲由为季氏宰,将堕三都。②于是叔孙氏先堕郈③季氏将堕费,公山不狃、叔孙辄率费人袭鲁。公与三子入于季氏之宫。④登武子之台。费人攻之,弗克,入及公侧。⑤孔子命申句须、乐颀下伐之,⑥费人北。国人追之,败诸姑蔑。⑦二子奔齐,遂堕费。将堕成。⑧公敛处父⑨谓孟孙曰:"堕成,齐人必至于北门。且成,孟氏之保鄣,无成是无孟氏也。我将弗堕。"十二月,公围成,弗克。

①王肃曰:"高丈长丈曰堵,三堵曰雉。"

②服虔曰:"三都,三家之邑也。"

③杜预曰:"东平无盐县东南郈乡亭。"[正义]曰:《括地志》云:"郈亭在郓州宿城县东三十二里。"

④服虔曰:"三子,季孙、孟孙、叔孙也。"

⑤服虔曰:"人有入及公之台侧。"

⑥服虔曰:"申句须、乐颀,鲁大夫。"

⑦杜预曰:"鲁国卞县南有姑蔑城。"[正义]曰:《括地志》云:"故蔑故城在兖州泗水县东四十五里。"按:泗水县本汉卞县地。

⑧杜预曰:"泰山巨平县东南有成城也。"[正义]曰:《括地志》云:"故郕城在兖州泗水县西北五十里。"

⑨服虔曰:"成宰也。"

定公十四年,孔子年五十六,由大司寇行摄相事,有喜色。门人曰:"闻君子祸至不惧,福至不喜。"孔子曰:"有是言也。不曰'乐其以贵下人'乎?"于是诛鲁大夫乱政者少正卯。

与闻国政三月,粥羔豚者弗饰贾;男女行者别于途;途不拾遗;

四方之客至乎邑者不求有司，①皆予之以归。②

　　①王肃曰："有司常供其职，客求而有在也。"

　　②[索隐]曰：《家语》作"皆如归"。

　　齐人闻而惧曰："孔子为政必霸，霸则吾地近焉，我之为先并矣。盍致地焉？"黎锄曰："请先尝沮之，沮之而不可则致地，庸迟乎！"于是选齐国中女子好者八十人，皆衣文衣而舞《康乐》，①文马三十驷，遗鲁君。陈女乐文马于鲁城南高门外。季桓子微服往观再三，将受，乃语鲁君为周道游，往观终日，②怠于政事。子路曰："夫子可以行矣。"孔子曰："鲁今且郊，如致膰乎大夫，③则吾犹可以止。"桓子卒受齐女乐，三日不听政。郊，又不致膰俎于大夫。孔子遂行，宿乎屯。④而师己送，曰："夫子则非罪。"孔子曰："吾歌可夫？"歌曰："彼妇之口，可以出走；彼妇之谒，可以死败。⑤盖优哉游哉，维以卒岁！"⑥师己反，桓子曰："孔子亦何言？"师己以实告。桓子喟然叹曰："夫子罪我以群婢故也夫！"

　　①[索隐]曰：《家语》作："容玑"。王肃云："舞曲名也。"

　　②[索隐]曰：谓请鲁君为周遍道路游行，因出观齐之女乐。

　　③王肃曰："膰，祭肉。"

　　④屯在鲁之南也。[索隐]曰：屯，地名。

　　⑤王肃曰："言妇人之口请谒，足以忧使人死败，故可以出走也。"

　　⑥王肃曰："言仕不遇也，故且优游以终岁。"

　　孔子遂适卫，主于子路妻兄颜浊邹家。①卫灵公问孔子："居鲁得禄几何？"对曰："奉粟六万。"卫人亦致粟六万。②居顷之，或谮孔子于卫灵公。灵公使公孙余假一出一入。③孔子恐获罪焉，居十月，去卫。

　　①[索隐]曰：《孟子》曰："孔子于卫主颜仇由，弥子之妻与子路之妻，兄弟也"。今此云浊邹是子路之妻兄，所说不同。

　　②[索隐]曰：若六万石似太多，当是六万斗，亦与汉之秩禄不同。[正义]曰：六万小斗，计当今二千石也。周之斗升斤两皆用小也。

　　③[索隐]曰：谓以兵仗出入，以胁夫子也。

　　将适陈,过匡,①颜刻为仆,以其策指之曰:"昔吾入此,由彼缺也。"②匡人闻之,以为鲁之阳虎。阳虎尝暴匡人,匡人于是遂止孔子。③孔子状类阳虎,拘焉五日。颜渊后,④子曰:"吾以汝为死矣。"颜渊曰:"子在,回何敢死!"⑤匡人拘孔子益急,弟子惧。孔子曰:"文王既没,文不在兹乎?⑥天之将丧斯文也,后死者不得与于斯文也。⑦天之未丧斯文也,匡人其如予何!"⑧孔子使从者为宁武子臣于卫,然后得去。⑨

　　①[正义]曰:故匡城在滑州城县西南十里。

　　②[索隐]曰:谓昔所被攻缺破之处也。[正义]曰:《琴操》云:"孔子到匡郭外,颜渊举策指匡穿垣曰:'往与阳货正从此入。'匡人闻其言,告君曰:'往者阳货今复来。'乃率众围孔子数日,乃和琴而歌,音曲甚哀,有暴风击军士僵仆,于是匡人乃知孔子圣人,自解也。"

　　③[索隐]曰:匡,宋邑也。《家语》云匡人、简子以甲士围夫子。

　　④孔安国曰:"言与孔子相失,故在后也。"

　　⑤包氏曰:"言夫子在,己无所致死也。"

　　⑥孔安国曰:"兹,此也。言文王虽已没,其文见在此。此,自谓其身也。"

　　⑦孔安国曰:"文王既没,故孔子自谓后死也。言天将丧此文者,本不当使我知之;今使我知之,未欲丧之也。"

　　⑧马融曰:"如予何,犹言'奈我何'也。天未丧此文,则我当传之,匡人欲奈我何! 言不能违天以害己。"

　　⑨[索隐]曰:《家语》"子路弹剑而歌,孔子和之,曲三终,匡人解围而去"。今此取《论语》"文王既没"之文,及从者臣宁武子然后得去。盖夫子再厄匡人,或设辞以解围,或弹剑而释难。今此合《论语》、《家语》之文以为一事,故彼此文交互耳。

　　去即过蒲。①月余,反乎卫,主蘧伯玉家。灵公夫人有南子者,使人谓孔子曰:"四方之君子不辱欲与寡君为兄弟者,必见寡小君。寡小君愿见。"孔子辞谢,不得已而见之。夫人在絺帷中。孔子入门,北面稽首。夫人自帷中再拜,环佩玉声璆然。②孔子曰:"吾乡为弗见,见之礼答焉。"③子路不说。孔子矢之曰:"予所不者,天厌之!天厌之!"④居卫月余,灵公与夫人同车,宦者雍渠参乘。出,使孔子为次乘,招摇市过人。⑤孔子曰:"吾未见好德如好色者也。"⑥于是丑之,去卫,过曹。是岁,鲁定公卒。

①徐广曰:"长垣县有匡城、蒲乡。"[正义]曰:《括地志》云:"故蒲城在滑州匡城县北十五里。匡城本汉长垣县。"

②[正义]曰:瓁,音虬。

③[索隐]曰:上"见"如字。下"见"音去声。言我不为相见之礼现而答之。

④栾肇曰:"见南子者,时不获已,犹文王之拘羑里也。天厌之者,言我之否屈乃天命所厌也。"蔡谟曰:"矢,陈也。夫子为子路陈天命也。"

⑤徐广曰:"招摇,翱翔也。"[索隐]曰:《家语》作"游过市"。

⑥何晏曰:"疾时薄于德,厚于色,故发此言也。"李充曰:"使好德如好色,则弃邪而反正矣。"

孔子去曹适宋,①与弟子习礼大树下。宋司马桓魋欲杀孔子,拔其树。孔子去。弟子曰:"可以速矣。"孔子曰:"天生德于予,桓魋其如予何!"②

①徐广曰:"年表定公十三年孔子至卫;十四年,至陈;哀公三年孔子过宋。"

②包氏曰:"天生德者,谓授以圣性,德合天地,吉无不利,故曰其如予何。"

孔子适郑,与弟子相失,孔子独立郭东门。郑人或谓子贡曰:①"东门有人,其颡似尧,②其项类皋陶,其肩类子产,然自要以下不及禹三寸,累累若丧家之狗。"③子贡以实告孔子。孔子欣然笑曰:"形状,末也。而似丧家之狗,然哉!然哉!"

①[索隐]曰:《家语》姑布子卿谓子贡曰。

②[索隐]曰:《家语》云"河目而隆颡,其颡似尧"。

③王肃曰:"丧家之狗。主人哀荒,不见饮食,故累然而不得意。孔子生于乱世,道不得行,故累然不得志之貌也。《韩诗外传》曰'丧家之狗。既敛而椁,有席而祭,顾望无人'也。"

孔子遂至陈,主于司城贞子家。岁余,吴王夫差伐陈,取三邑而去。赵鞅伐朝歌。楚围蔡,蔡迁于吴。吴败越王勾践会稽。

　　有隼集于陈廷而死,楛矢贯之,石砮,矢长尺有咫。①陈湣公使使问仲尼。②仲尼曰:“隼来远矣,此肃慎之矢也。③昔武王克商,通道九夷百蛮,④使各以其方贿来贡,⑤使无忘职业。于是肃慎贡楛矢石砮,长尺有咫。先王欲昭其令德,以肃慎矢分大姬,⑥配虞胡公而封诸陈。分同姓以珍玉,展亲;⑦分异姓以远方职,使无忘服。⑧故分陈以肃慎矢。”试求之故府,果得之。⑨

①韦昭曰:“隼,鸷鸟,今之鹗也。楛木名。砮,镞也,以石为之。八寸曰咫。楛矢贯之,坠而死。”[正义]曰:隼,音笋。《毛诗义疏》:“鹍,齐人谓之挚正,或谓之题眉,或曰省雁,春化为布谷。此属数种皆为隼。”

②[索隐]曰:《家语》、《国语》皆作“陈惠公”,非也。按:惠公以鲁昭元年立,定四年卒。又按系家,湣公十六年孔子适陈,十三年亦在陈,则此湣公为是。

③[正义]曰:《肃慎国记》云:“肃慎,其地在夫余国东北,河六十日行。其弓四尺,强劲弩射四百步。今之靺鞨国方有此矢。”

④王肃曰:“九夷,东方夷有九种也。百蛮,夷狄之百种。”

⑤王肃曰:“各以其方面所有之财贿而来贡。”

⑥韦昭曰:“大姬,武王元女也。”

⑦韦昭曰:“展,重也。玉谓若夏后氏之璜。”

⑧王肃曰:“使无忘服从于王也。”

⑨韦昭曰:“故府,旧府也。”

　　孔子居陈三岁,会晋楚争强,更伐陈。及吴侵陈,陈常被寇。孔子曰:“归与归与!吾党之小子狂简,进取不忘其初。”于是孔子去陈。

　　过蒲,会公叔氏以蒲畔,蒲人止孔子。弟子有公良孺者,以私车五乘从孔子。其为人长,贤,有勇力,谓曰:“吾昔从夫子遇难于匡,今又遇难于此,命也已。吾与夫子再罹难,宁斗而死。”斗甚疾。蒲人惧,①谓孔子曰:“苟毋适卫,吾出子。”与之盟,出孔子东门。孔子遂适卫。子贡曰:“盟可负邪?”孔子曰:“要盟也,神不听。”

①[索隐]曰:《家语》云“宁我斗死,挺剑而合众,将与之战,蒲人惧”是也。

　　卫灵公闻孔子来,喜,郊迎。问曰:“蒲可伐乎?”对曰:“可。”灵公曰:"吾大夫以为不可。今蒲,卫之所以待晋楚也,①以卫伐之,无乃不可乎?"孔子曰:"其男子有死之志,②妇人有保西河之志。③吾所伐者不过四五人。"④灵公曰:"善。"然不伐蒲。

①[正义]曰:卫在濮州,蒲在滑州,在卫西也。韩魏及楚从西向东伐,先在蒲,后及卫。

②王肃曰:"公叔氏欲以蒲适他国,而男子欲死之,不乐适他。"

③王肃曰:"妇人恐惧,欲保西河,无战意也。"[索隐]曰:此西河在卫地,非魏之西河也。

④王肃曰:"本与公叔同畔者。"

灵公老,怠于政,不用孔子。孔子喟然叹曰:"苟有用我者,期月而已,三年有成。"①孔子行。

①孔安国曰:"言诚有用我于政事者,期年而可以行其政教,必三年乃有成也。"

佛肸为中牟宰。①赵简子攻范、中行,伐中牟。②佛肸畔,使人召孔子。孔子欲往。子路曰:"由闻诸夫子'其身亲为不善者,君子不入也'。③今佛肸亲以中牟畔,子欲往,如之何?"孔子曰:"有是言也。不曰坚乎,磨而不磷;不曰白乎,涅而不淄。④我岂瓠瓜也哉,焉能系而不食?"⑤

①孔安国曰:"晋大夫赵简子之邑宰。"

②[索隐]曰:此河北之中牟,盖在汉阳西。

③孔安国曰:"不入其国。"

④孔安国曰:"磷,薄也。涅,可以染皂者也。言至坚者磨之而不薄,至白者染之于涅中而不黑,君子虽在浊乱,不能污也。"

⑤何晏曰:"言瓠得系一处者,不食故也。吾自食物,当东西南北,不得如不食之物系滞一处。"

孔子击磬。有荷蒉而过门者,曰:"有心哉,击磬乎!①硁硁乎,莫己知也夫而已矣!"②

①何晏曰:"蒉,草器也。有心,谓契契然也。"

②何晏曰:"此硁硁,信己而已,言亦无益也。"

孔子学鼓琴师襄子,①十日不进。师襄子曰:"可以益矣。"孔子曰:"丘已习其曲矣,未得其数也。"有间,曰:"已习其数,可以益矣。"孔子曰:"丘未得其志也。"有间,曰:"已习其志,可以益矣。"孔子曰:"丘未得其为人也。"有间,曰:"有所穆然深思焉,有所怡然高望而远志焉。"曰:"丘得其为人,黯然而黑,②几然而长,③眼如望羊,④如王四国,非文王其谁能为此也!"师襄子辟席再拜,曰:"师盖云《文王操》也。"

> ①〔索隐〕曰:《家语》师襄子曰:"吾虽以击磬为官,然能于琴"。盖师襄子鲁人,《论语》谓之"击磬襄"是也。
> ②王肃曰:"黯,黑貌。"
> ③徐广曰:"《诗》云:'颀而长兮'。"〔索隐〕曰:"几"与注"颀",并音祈,《家语》无此四字。
> ④王肃曰:"望羊,望羊视也。"

孔子既不得用于卫,将西见赵简子。至于河而闻窦鸣犊、舜华之死也,①临河而叹曰:"美哉水,洋洋乎!丘之不济此,命也夫!"子贡趋而进曰:"敢问何谓也?"孔子曰:"窦鸣犊、舜华,晋国之贤大夫也。赵简子未得志之时,须此两人而后从政;及其已得志,杀之乃从政。丘闻之也:刳胎杀夭则麒麟不至郊,竭泽涸渔则蛟龙不合阴阳,②覆巢毁卵则凤皇不翔。何则?君子讳伤其类也。夫鸟兽之于不义也,尚知辟之,而况乎丘哉!"乃还,息乎陬乡,作为《陬操》以哀之。③而反乎卫,入主蘧伯玉家。

> ①徐广曰:"或作'鸣铎窦犨',又作'窦鸣犊、舜华也'。"〔索隐〕曰:《家语》云"闻赵简子杀窦犨鸣犊及舜华",《国语》云"鸣铎窦犨",则窦犨字鸣犊,声转字异,或作"鸣铎"。庆华当作"舜华",诸说皆同。
> ②〔索隐〕曰:有角曰蚁龙。龙能兴云致雨,调和阴阳之气。
> ③王肃曰:"《陬操》,琴曲名也。"〔索隐〕曰:此陬乡非鲁之陬邑。《家语》云作"盘操"也。

他日,灵公问兵陈。①孔子曰:"俎豆之事则尝闻之,军旅之事未之学也。"②明日,与孔子语,见蜚雁,仰视之,色不在孔子。孔子遂行,复如陈。

> ①孔安国曰:"军陈行列之法。"
> ②郑玄曰:"万二千人为军,五百人为旅。军旅末事,本未立不可教以末也。"

夏,卫灵公卒,①立孙辄,是为卫出公。六月,赵鞅内太子蒯聩于戚。阳虎使太子绖,八人衰绖,伪自卫迎者,哭而入,遂居焉。冬,蔡迁于州来。是岁鲁哀公三年,而孔子年六十矣。齐助卫围戚,以卫太子蒯聩在故也。

> ①〔索隐〕曰:此鲁哀二年也。

夏,鲁桓釐燔,南宫敬叔救火。孔子在陈,闻之曰:"灾必于桓釐庙乎?"①已而果然。

> ①服虔曰:"桓釐当毁,而鲁事非礼之庙,故孔子闻有火灾,知其加桓僖也。"

秋,季桓子病,辇而见鲁城,喟然叹曰:"昔此国几兴矣!以吾获罪于孔子,故不兴也。"顾谓其嗣康子曰:"我即死,若必相鲁;相鲁,必召仲尼。"后数日,桓子卒,康子代立。已葬,欲召仲尼。公之鱼曰:"昔吾先君用之不终,终为诸侯笑。今又用之,不能终,是再为诸侯笑。"康子曰:"则谁召而可?"曰:"必召冉求。"于是使使召冉求。冉求将行,孔子曰:"鲁人召求,非小用之,将大用之也。"是日,孔子曰:"归乎归乎!吾党之小子狂简,斐然成章,吾不知所以裁之。"①子赣知孔子思归,送冉求,因诫曰"即用,以孔子为招"云。

> ①孔安国曰:"简,大也。孔子在陈思归欲去,曰:'吾党之小子狂者进取于大道,妄穿凿以成章,不知所以裁制,当归以裁耳。'"〔索隐〕曰:此系家再有"归与"之辞者,前辞出《孟子》,此辞见《论语》,盖止是一称"归与",二书各记之,今前后再引,亦失之也。

冉求既去,明年,孔子自陈迁于蔡。蔡昭公将如吴,吴召之也。前昭公欺其臣迁州来,后将往,大夫惧复迁,公孙翩射杀昭公。①楚侵蔡。秋,齐景公卒。②

> ①徐广曰:"哀公四年也。"

②徐广曰:"哀公五年也。"

　　明年,孔子自蔡如叶。叶公问政,孔子曰:"政在来远附迩。"他日,叶公问孔子于子路,子路不对。①孔子闻之,曰:"由,尔何不对曰'其为人也,学道不倦,诲人不厌,发愤忘食,乐以忘忧,不知老之将至'云尔。"

①孔安国曰:"叶公名诸梁,楚大夫,食采于叶,僭称公。不对,未知所以对也。"

　　去叶,反于蔡。长沮、桀溺耦而耕,孔子以为隐者,使子路问津焉。①长沮曰:"彼执舆者为谁?"子路曰:"为孔丘。"曰:"是鲁孔丘与?"曰:"然。"曰:"是知津矣。"②桀溺谓子路曰:"子为谁?"曰:"为仲由。"曰:"子,孔丘之徒与?"曰:"然。"桀溺曰:"悠悠者天下皆是也,而谁以易之?③且与其从辟人之士,岂若从辟世之士哉!"④耰而不辍。⑤子路以告孔子,孔子怃然,⑥曰:"鸟兽不可与同群。⑦天下有道,丘不与易也。"⑧

①郑玄曰:"耜广五寸,二耜为耦。津,济渡处也。"[正义]曰:《括地志》云:"黄城山俗名菜山,在许州叶县西南二十五里。《圣贤冢墓记》云黄城山即长沮、桀溺所耕处。下有东流,则子路问津处也。"

②马融曰:"言数周流,自知津处。"

③孔安国曰:"悠悠者,周流之貌也。言当今天下治乱同,空舍此适彼,故曰'谁以易之'。"

④何晏曰:"士有辟人之法,有辟世之法。长沮、桀溺谓孔子为士,从辟人之法者也;己之为士,则从辟世之法也。"

⑤郑玄曰:"耰,覆种也。辍,止也。覆种不止,不以津告者。"

⑥何晏曰:"为其不达己意而非己。"

⑦孔安国曰:"隐于山林是同群。"

⑧何晏曰:"凡天下有道者,丘皆不与易也,已大而人小故也。"

　　他日,子路行,遇荷蓧丈人,①曰:"子见夫子乎?"丈人曰:"四体不勤,五谷不分,孰为夫子!"②植其杖而芸。③子路以告,孔子曰:"隐者也。"复往,则亡。④

①包氏曰:"丈人,老者。蓧,草器名。"

②包氏曰："丈人曰不勤劳四体,分植五谷,谁为夫子而索也。"

③孔安国曰："植,倚也。除草曰芸。"

④孔安国曰："子路反至其家,丈人出行不在。"

　　孔子迁于蔡三岁,吴伐陈。楚救陈,①军于城父。闻孔子在陈蔡之间,楚使人聘孔子。孔子将往拜礼,陈蔡大夫谋曰："孔子贤者,所刺讥皆中诸侯之疾。今者久留陈蔡之间,诸大夫所设行皆非仲尼之意。今楚,大国也,来聘孔子。孔子用于楚,则陈蔡用事大夫危矣。"于是乃相与发徒役,围孔子于野。不得行,绝粮。从者病,莫能兴。②孔子讲诵弦歌不衰。子路愠见曰："君子亦有穷乎?"孔子曰："君子固穷,小人穷斯滥矣。"③

①徐广曰："哀公四年也。"

②孔安国曰："兴,起也。"

③何晏曰："滥,溢也。君子固亦有穷时,但不如小人穷则滥溢为非。"

　　子贡色作,孔子曰："赐,尔以予为多学而识之者与?"曰:"然。①非与?"②孔子曰："非也。予一以贯之。"③

①孔安国曰："然谓多学而识之。"

②孔安国曰："问今不然耶。"

③何晏曰："善有元,事有会,天下殊途而同归,百虑而一致。知其元则众善举也,故不待学,以一知之。"

　　孔子知弟子有愠心,乃召子路而问曰:"《诗》云:'匪兕匪虎,率彼旷野'。①吾道非邪?吾何为于此?"子路曰："意者吾未仁耶?人之不我信也。②意者吾未知耶? 人之不我行也。"③孔子曰："有是乎!由,譬使仁者而必信,安有伯夷、叔齐?④使智者而必行,安有王子比干?"⑤

①王肃曰："率,循也。言非兕虎而循旷野也。"

②王肃曰："言人不信吾,岂以未仁故乎?"

③王肃曰："言人不使通行而困穷者,岂以吾未智乎?"

④[正义]曰:言仁者必使四方信之,安有伯夷、叔齐饿死乎?

⑤[正义]曰:言智者必使处事通行,安有王子比干剖心哉?

　　子路出，子贡入见。孔子曰：“赐，《诗》云：‘匪兕匪虎，率彼旷野’。吾道非耶？吾何为于此？子贡曰：“夫子之道至大也，故天下莫能容夫子。夫子盖少贬焉？”孔子曰：“赐，良农能稼而不能为穑，①良工能巧而不能为顺。②君子能修其道，纲而纪之，统而理之，而不能为容。今尔不修尔道而求为容。赐，而志不远矣！”

　　①王肃曰：“种之为稼，敛之为穑。言良农能善种之，未必能敛获之。”
　　②王肃曰：“言良工能巧而已，不能每顺人之意。”

　　子贡出，颜回入见。孔子曰：“回，《诗》云：‘匪兕匪虎，率彼旷野’。吾道非耶？吾何为于此？”颜回曰：“夫子之道至大，故天下莫能容。虽然，夫子推而行之，不容何病？不容然后见君子！夫道之不修也，是吾丑也。夫道既已大修而不用，是有国者之丑也。不容何病？不容然后见君子！”孔子欣然而笑曰：“有是哉！颜氏之子！使尔多财，吾为尔宰。”①

　　①王肃曰：“宰，主财者也。为汝主财，言志之同也。”

　　于是使子贡至楚。楚昭王兴师迎孔子，然后得免。

　　昭王将以书社地七百里封孔子。①楚令尹子西曰：“王之使使诸侯有如子贡者乎？”曰：“无有。”“王之辅相有如颜回者乎？”曰：“无有”。“王之将率有如子路者乎？”曰：“无有。”“王之官尹有如宰予者乎？”曰：“无有。”“且楚之祖封于周，号为子男五十里。今孔丘述三王之法，明周、召之业，王若用之，则楚安得世世堂堂方数千里乎？夫文王在丰，武王在镐，百里之君卒王天下。今孔丘得据土壤，贤弟子为佐，非楚之福也。”昭王乃止。

　　①服虔曰：“书，籍也。”[索隐]曰：古者二十五家为里，里则各立社，则书社者，书其社之人名于籍。盖以七百里书社之人封孔子也，故下冉求云“虽累千社而夫子不利”是也。

　　其秋，楚昭王卒于城父。

　　楚狂接舆歌而过孔子，①曰：“凤兮凤兮，何德之衰！②往者不可谏兮，③来者犹可追也！④已而已而，今之从政者殆而！”⑤孔子下，欲与之言。⑥趋而去，弗得与之言。

①孔安国曰："接舆，楚人也。佯狂而来歌，欲以感切夫子也。"

②孔安国曰："比孔子于凤鸟，待圣君乃见。非孔子周行求合，故曰衰也。"

③孔安国曰："已往所行，不可复谏止也。"

④孔安国曰："自今已来，可追自止，避乱隐居。"

⑤孔安国曰："言'已而'者，言世乱已甚，不可复治也。再言之者，伤之深也。"

⑥包氏曰："下，下车也。"

于是孔子自楚反乎卫。是岁也，孔子年六十三，而鲁哀公六年也。其明年，吴与鲁会缯，征百牢。①太宰嚭召季康子。康子使子贡往，然后得已。孔子曰："鲁卫之政，兄弟也。"②是时卫君辄父不得立，在外，诸侯数以为让。而孔子弟子多仕于卫，卫君欲得孔子为政。子路曰："卫君待子而为政，子将奚先？"③孔子曰："必也正名乎！"④子路曰："有是哉，子之迂也！何其正也？"⑤孔子曰："野哉由也！⑥夫名不正，则言不顺；言不顺，则事不成；事不成，则礼乐不兴；礼乐不兴，则刑罚不中；⑦刑罚不中，则民无所错手足矣。夫君子为之必可名，言之必可行。⑧君子于其言，无所苟而已矣。"

①〔索隐〕曰：此哀七年时也。百牢，牢具一百也。《周礼》：上公九牢，侯伯七牢，子男五牢。今吴征百牢，夷不识礼故。子贡对以周礼，而后吴亡是征也。〔正义〕曰《括地志》云："故鄫城在沂丞县。《地理志》云缯县属东海县也。"

②包氏曰："周公、康叔既为兄弟，康叔睦于周公，其国之政亦如兄弟也。"

③包氏曰："问往将何所先行。"

④马融曰："正百事之名也。"

⑤包氏曰："迂，犹远也。言孔子之言远于事也。"

⑥孔安国曰："野，不达也。"

⑦孔安国曰："礼以安上，乐以移风。二者不行，则有淫刑滥罚也。"

⑧王肃曰："所名之事，必可得明言；所言之事，必可得遵行者。"

其明年，冉有为季氏将师，与齐战于郎，克之。①季康子曰："子之于军旅，学之乎？性之乎？"冉有曰："学之于孔子。"季康子曰："孔子何如人哉?"对曰:"用之有名;播之百姓,质诸鬼神而无憾。求之至于此道,虽累千社,夫子不利也。"②康子曰:"我欲召之,可乎?"对曰:"欲召之,则毋以小人固之,则可矣。"

①徐广曰:"此哀公十一年也。去吴会缯已四年矣。年表哀公十年,孔子自卫至陈也。"[索隐]曰:徐说去会四年,是也。按:《左氏》及此文,孔子是时在卫归鲁,不见有在陈之文。在陈当哀公之初,盖年表误尔。[正义]曰:《括地志》云:"郎亭在徐州滕县西五十三里。"

②[索隐]曰:二十五家为社,千社即二万五千家。

　　而卫孔文子①将攻太叔,②问策于仲尼。仲尼辞不知,退而命载而行,曰:"鸟能择木,木岂能择鸟乎!"③文子固止。会季康子逐公华、公宾、公林,以币迎孔子,孔子归鲁。孔子之去鲁凡十四岁而反乎鲁。④

①服虔曰:"文子,卫卿也。"

②《左传》曰太叔名疾。

③服虔曰:"鸟喻己,木以喻所之之国。"

④[索隐]曰:前文孔子以定公十四年去鲁,计至此十三年。《鲁系家》云定公十二年孔子去鲁,则首尾计十五年矣。

　　鲁哀公问政,对曰:"政在选臣。"季康子问政,曰:"举直错诸枉,①则枉者直。"康子患盗,孔子曰:"苟子之不欲,虽赏之不窃。"②然鲁终不能用孔子,孔子亦不求仕。

①包氏曰:"错,置也。举正直之人用之,废置邪枉之人。"[索隐]曰:《论语》:"季康子问政,子曰:'政者,正也'。"又:"哀公问曰'何为则人服?'子曰:'举直错诸枉则人服。'"今此初论康子问政,未合以孔子答哀公使人服,盖太史撮略《论语》为文而失事实。

②孔安国曰:"欲,情欲也。言民化于上,不从其所令,从其所好也。"

　　孔子之时,周室微而礼乐废,《诗》《书》缺。追迹三代之礼,序《书传》,上纪唐虞之际,下至秦缪,编次其事。曰:"夏礼吾能言之,杞不足征也。殷礼吾能言之,宋不足征也。①足,则吾能征之矣。"观殷夏所损益,曰:"后虽百世可知也,②以一文一质。周监二代,郁郁乎文哉！吾从周。"③故《书传》、《礼记》自孔氏。

①包氏曰："征，成也。杞宋二国，夏殷之后也。夏殷之礼吾能说之，杞宋之
　君不足以成也。"

②何晏曰："物类相召，势数相生，其变有常，故可预知者也。"

③孔安国曰："监，视也。言周文章备于二代，当从之周。"

　　孔子语鲁太师："乐其可知也。始作翕如，①纵之纯如，②皦
如，③绎如也，以成。④吾自卫反鲁，然后乐正，《雅》《颂》各得其
所。"⑤

①何晏曰："太师，乐官名也。五音始奏，翕如盛也。"

②何晏曰："言五音既发放纵尽，其声纯和谐也。"

③何晏曰："言其音节明。"

④何晏曰："纵之以纯如，皦如，绎如，言乐始于翕如而成于三者也。"

⑤郑玄曰："反鲁，鲁哀公十一年冬。是时道衰乐废，孔子来还，乃正之，故
　《雅》《颂》各得其所。"

　　古者《诗》三千余篇，及至孔子，去其重，①取可施于礼义，上采
契、后稷，中述殷周之盛，至幽厉之缺，始于衽席，故曰："关雎之乱
以为《风》始，②《鹿鸣》为《小雅》始，③《文王》为《大雅》始，④《清
庙》为《颂》始。"⑤三百五篇孔子皆弦歌之，以求合《韶》《武》《雅》
《颂》之音。礼乐自此可得而述，以备王道，成六艺。

①［正义］曰：去，丘吕反。重，逐龙反。

②［正义］曰：乱，理也。《诗小序》云："《关雎》，后妃之德也，风之始也，所
　以风天下而正夫妇也。"毛苌云："关关，和声。雎鸠，王雎也，鸟挚而有
　别。后妃悦乐君子之德，无不和谐，又不淫色，慎固幽深，若雎鸠之有
　别，然后可以风化天下。夫妇有别则父子亲，父子亲则君臣敬，君臣敬
　则朝廷正，朝廷正则王化成也。"按：王雎，金口鹗也。

③［正义］曰：《小序》云："《鹿鸣》，宴群臣嘉宾也。既饮食之，又实币帛筐
　筐以将其厚意，然后忠臣嘉宾得尽其心矣。"毛苌云："鹿得苹，呦呦鸣
　而相呼，恳诚发乎中，以与嘉乐宾客，当有恳诚相招呼以成礼也。"

④［正义］曰：《小序》云："《文王》，文王受命作周。"郑玄云："文王初为西
　伯，有功于民，其德著见于天，故天命之以为王，使君天下。"

⑤［正义］曰：《小序》云："《清庙》，祀文王也。周公既成雒邑，朝诸侯，率以

祀文王焉。"毛苌云:"《清庙》者,祭有清明之德者之宫也。谓祭文王,天德清明,文王象焉,故祭之而歌此诗也。"

孔子晚而喜《易》,序①《彖》、②《系》、③《象》、④《说卦》、⑤《文言》。⑥读《易》,韦编三绝。曰:"假我数年,若是,我于《易》则彬彬矣。"

①[正义]曰:序,《易·序卦》也。夫子作《十翼》,谓《上彖》、《下彖》、《上象》、《下象》、《上系》、《下系》、《文言》、《序卦》、《说卦》、《杂卦》也。《易正义》曰:"文王既繇六十四卦分为上下篇,先后之次,其理不易。孔子就上下二经,各究其相次之义。"

②[正义]曰:吐乱反。《上象》,卦下辞。《下象》,爻卦下辞。《易正义》曰:"夫子所作,统论一卦之义,或说其卦德,或说其卦义,或说其卦名。庄氏云'彖,断也,言断定一卦之义'也。"

③[正义]曰:如字,又音系。《易正义》云:"《系辞》者,圣人系属此辞于爻卦之下。分为上下篇者,以简编重大,是以分之。"又言"系辞者,取网系之义"也。

④[正义]曰:《上象》,卦辞。《下象》,爻辞。《易正义》云:"万物之体自然,各有形象,圣人设卦以写万物之象,今夫子释此卦之象也。"

⑤[正义]曰:《易正义》云:"《说卦》者,陈说八卦德业变化法象所为也。"

⑥[正义]曰:《易正义》云:"夫子赞明《易》道,申说义理,释《乾》《坤》二卦经文之言,故称《文言》。"又:"杂卦者,六十四卦以为义,于序卦之外,别言圣人之兴,因时而作,随其事宜,不必相因袭,当有损益。"又云:"杂揉众卦,错综其义,或以同相类,或以异相明。"按:史不出《杂卦》,故附之。

孔子以《诗》《书》礼乐教,弟子盖三千焉,身通六艺者七十有二人。如颜浊邹之徒,①颇受业者甚众。

①[正义]曰:浊,音卓。邹,音聚。颜浊邹,非七十二人数也。

孔子以四教:文,行,忠,信。①绝四:毋意,②毋必,③毋固,④毋我。⑤所慎:斋,战,疾。⑥子罕言利与命与仁。⑦不愤不启,举一隅不以三隅反,则弗复也。⑧

①何晏曰:"四者有形质,可举以教。"

②何晏曰:"以道为度,故不任意也。"

③何晏曰："用之则行,舍之则藏,故无专必。"

④何晏曰："无可无不可,故无固行也。"

⑤何晏曰："述古而不自作,处群萃而不自异,唯道是从,故不有其身。"

⑥何晏曰："此三者人所不能慎,而夫子慎也。"

⑦何晏曰："罕者,希也。利者,义之和也。命者,天之命也。仁者,行之盛也。寡能及之,故希言之。"

⑧郑玄曰："孔子与人言,必待其人心愤愤,口悱悱,乃后启发为说之,如此则识思之深也。说则举一端以语之,其人不思其类,则不重教也。"

其于乡党,恂恂似不能言者。①其于宗庙朝廷,辩辩言,唯谨尔。②朝,与上大夫言,闿闿如也;③与下大夫言,侃侃如也。④入公门,鞠躬如也;趋进,翼如也。⑤君召使傧,⑥色勃如也。⑦君命召,不俟驾行矣。⑧

①王肃曰："恂恂,温恭貌也。"[索隐]曰:有本作"逡逡",音七旬反。

②郑玄曰："唯辩而谨敬也。"[索隐]曰:《论语》作"便便"。

③孔安国曰："中正之貌也。"

④孔安国曰："和乐貌。"

⑤孔安国曰："言端好也。"

⑥郑玄曰："有宾客,使迎之也。"

⑦孔安国曰："必变色。"

⑧郑玄曰："急趋君命也,既行出而车驾随之。"

鱼馁,肉败,割不正,不食。①席不正,不坐。食于有丧者之侧,未尝饱也。

①孔安国曰："鱼败曰馁也。"

是日哭,则不歌。见齐衰、瞽者,虽童子必变。①

①包氏曰："瞽,盲。"

"三人行,必得我师。"①"德之不修,学之不讲,闻义不能徙,不善不能改,是吾忧也。"②

①何晏曰："言我三人行,本无贤愚,择善而从之,不善而改之,无常师。"

②孔安国曰："夫子常以此四者为忧也。"

使人歌,善,则使复之,然后和之。①

①何晏曰："乐其善,故使重歌而自和也。"

　　子不语怪、力、乱、神。①

　　①王肃曰："怪，怪异也。力谓若奡荡舟，乌获举千钧之属也。乱谓臣弑君，
　　　　子弑父也。神谓鬼神之事。或无益于教化，或所不忍言也。"李充曰："力
　　　　不由理，斯怪力也。神不由正，期乱神也。怪力乱神，有与于邪，无益于
　　　　教，故不言也。"

　　子贡曰："夫子之文章，可得闻也。①夫子言天道与性命，弗可
得闻也已。"②颜渊喟然叹曰："仰之弥高，钻之弥坚。③瞻之在前，
忽焉在后。④夫子循循然善诱人，⑤博我以文，约我以礼，欲罢不
能。既竭我才，如有所立，卓尔。虽欲从之，蔑由也已。"⑥达巷党人
童子曰："大哉孔子，博学而无所成名。"⑦子闻之曰："我何执？执御
乎？执射乎？我执御矣。"⑧牢曰："子云：'不试，故艺'。"⑨

　　①何晏曰："章，明。文，彩。形质著见，可以耳目循也。"

　　②何晏曰："性者，人之所受以生也。天道者，元亨日新之道。深微，故不可
　　　　得而闻之。"

　　③何晏曰："言不可穷尽。"

　　④何晏曰："言忽恍不可为形象。"

　　⑤何晏曰："循循，次序貌也。诱，进也。言夫子正以此道进劝人学有次序
　　　　也。"

　　⑥孔安国曰："言夫子既以文章开博我，又以礼节节约我，使我欲罢不能。
　　　　已竭吾才矣，其有所立，则卓然不可及。言己虽蒙夫子之善诱，犹不能
　　　　及夫子所立也。"

　　⑦郑玄曰："达巷者，党名。五百家为党。此党之人美孔子博学道艺，不成
　　　　一名而已。"

　　⑧郑玄曰："闻人美之，承以谦也。吾执御者，欲明六艺之卑。"

　　⑨郑玄曰："牢者，弟子子牢也。试，用也。言孔子自云我不见用故多伎艺
　　　　也。"

　　鲁哀公十四年春，狩大野。①叔孙氏车子钼商获兽，②以为不
祥。仲尼视之，曰："麟也。"取之。③曰："河不出图，雒不出书，吾已
矣夫！"④颜渊死，孔子曰："天丧予！"⑤及西狩见麟，曰："吾道穷
矣！"⑥喟然叹曰："莫知我夫！"子贡曰："何为莫知子？"⑦子曰："不

怨天,不尤人,⑧下学而上达,⑨知我者其天乎!"⑩"不降其志,不辱其身,伯夷、叔齐乎!"⑪谓:"柳下惠、少连降志辱身矣。"谓:"虞仲、夷逸隐居放言,⑫行中清,废中权。"⑬"我则异于是,无可无不可。"⑭

①服虔曰:"大野,薮名,鲁田圃之常处,盖今巨野是也。"[正义]曰:《括地志》云:"获麟堆在郓州巨野县东十二里。《春秋》哀十四年《经》云'西狩获麟'。《国都城记》云'巨野故城东十里泽中有土台,广轮四五十步,俗云获麟堆,去鲁城可三百余里'。"

②服虔曰:"车子,微者也;钮商,名也。"[索隐]曰:《春秋传》及《家语》并云车子钮商",而服虔以"子"为姓,非也。今以车子为主车车士,微者之人也。人微故略其姓,则"子"非姓也。

③服虔曰:"麟非时所常见,故怪之,以为不祥也。仲尼名之曰'麟',然后鲁人乃取之也。明麟为仲尼至也。"

④孔安国曰:"圣人受命,则河出图,今无此瑞。吾已矣夫者,不得见。河图,八卦是也。"

⑤何休曰:"予,我也。天生颜渊为夫子辅佐,死者是天将亡夫子之证者也。"

⑥何休曰:"麟者,太平之兽,圣人之类也。时得而死,此天亦告夫子将殁之证,故云尔。"

⑦何晏曰:"子贡怪夫子言何为莫知己,故问之。"

⑧马融曰:"孔子不用于世,而不怨天不知己,亦不尤人。"

⑨孔安国曰:"下学人事,上达天命。"

⑩何晏曰:"圣人与天地合其德,故曰唯天知己。"

⑪郑玄曰:"言其直己之心,不入庸君之朝。"

⑫包氏曰:"放,置也。置不复言世务也。"

⑬马融曰:"清,纯洁也。遭世乱,自废弃以免患,合于权也。"

⑭马融曰:"亦不必进,亦不必退,唯义所在。"

子曰:"弗乎弗乎,君子病没世而名不称焉。吾道不行矣,吾何以自见于后世哉?"乃因史记作《春秋》,上至隐公,下讫哀公十四年,十二公。据鲁,亲周,①故殷,运之三代。②约其文辞而指博。故吴楚之君自称王,而《春秋》贬之曰"子";践土之会实召周天子,而

《春秋》讳之曰"天王狩于河阳";推此类以绳当世。贬损之义,后有王者举而开之。《春秋》之义行,则天下乱臣贼子惧焉。

①[索隐]曰:言夫子修《春秋》,以鲁为主,故云据鲁。时周虽微而亲周王者,以见天下之有宗主也。

②[正义]曰:殷,中也。又中运夏、殷、周之事也。

孔子在位听讼,文辞有可与人共者,弗独有也。至于为《春秋》,笔则笔,削则削,子夏之徒不能赞一辞。弟子受《春秋》,孔子曰:"后世知丘者以《春秋》,而罪丘者亦以《春秋》。"①

①刘熙曰:"知者,行尧舜之道者也。罪者,在王公之位,见贬绝者。"

明岁,子路死于卫。孔子病,子贡请见。孔子方负杖逍遥于门,曰:"赐,汝来何其晚也?"孔子因叹,歌曰:"太山坏乎!①梁柱摧乎!哲人萎乎!②因以涕下。谓子贡曰:"天下无道久矣,莫能宗予。③夏人殡于东阶,周人于西阶,殷人两柱间。昨暮,予梦坐奠两柱之间,予殆殷人也。"后七日卒。④

①郑玄曰:"太山,众山所仰。"

②王肃曰:"萎,顿也。"

③王肃曰:"伤道之不行也。"

④郑玄曰:"明圣人知命也。"[正义]曰:《括地志》云:"汉封夫子十二代孙志为褒成侯。生光,为丞相,封侯。平帝封孔霸孙莽二千户为褒成侯。后汉封十七代孙志为褒成侯。魏封二十二代孙羡为崇圣侯。晋封二十三代孙震为奉圣亭侯。后魏封二十七代孙为崇圣大夫。孝文帝又封三十一代孙珍为崇圣侯。高齐改封珍为恭圣侯,周武帝改封邹国公。隋文帝仍旧封邹国公,炀帝改为绍圣侯。皇唐给复二千户,封孔子裔孙孔德伦为褒圣侯也。"

孔子年七十三,以鲁哀公十六年四月己丑卒。①

①[索隐]曰:若孔子以鲁襄二十一年生,至哀十六年为七十三;若襄二十二年生,则孔子年七十二。《经》《传》生年不定,使孔子寿数不明。

哀公诔之曰:"旻天不吊,不慭遗一老,①俾屏余一人以在位,茕茕余在疚。②呜呼哀哉!尼父,毋自律!"③子贡曰:"君其不没于鲁乎!夫子之言曰:'礼失则昏,名失则愆。失志为昏,失所为愆。'④

生不能用,死而诔之,非礼也。称'余一人',非名也。"⑤

①王肃曰:"吊,善也。愁,且也。一老谓孔子也。"

②王肃曰:"疾,病也。"

③王肃曰:"父,丈夫之显称也。律,法也。言毋以自为法也。"

④[索隐]曰:《左传》及《家语》文皆同。

⑤服虔曰:"天子自谓一人,非诸侯所当名也。"

　　孔子葬鲁城北泗上,①弟子皆服三年。三年心丧毕,相诀而去,②则哭,各复尽哀;或复留。唯子贡庐于冢上,③凡六年,然后去。弟子及鲁人往从冢而家者百有余室,因命曰孔里。鲁世世相传以岁时奉祠孔子冢,而诸儒亦讲礼乡饮大射于孔子冢。孔子冢大一顷。故所居堂,弟子内后世因庙,藏孔子衣冠琴车书,④至于汉二百余年不绝。高皇帝过鲁,以太牢祠焉。诸侯卿相至,常先谒然后从政。

①《皇览》曰:"孔子冢去城一里。冢茔百亩,冢南北广十步,东西十三步,高一丈二尺。冢前以瓴甓为祠坛,方六尺,与地平。本无祠堂。冢茔中树以百数,皆异种,鲁人世世无能名其树者。民传言'孔子弟子异国人,各持其方树来种之'。其树柞、枌、雒离、女贞、五味、毚檀之树。孔子茔中不生荆棘及刺人草。"[索隐]曰:离,音藜,藜,草名也。女贞一作安贵,香名,出西域。五味,药草也。毚,音谗。毚檀,檀树之别种。

②[索隐]曰:诀,音决。别也。

③[索隐]曰:《家语》无"上"字。且《礼》云"适墓不登陇",岂合庐于冢上乎? 盖"上"者,亦边侧之义。

④[索隐]曰:谓孔子所居之堂,其弟子之中,孔子没后,后代因庙,藏夫子平生衣冠琴书于寿堂中。

　　孔子生鲤,字伯鱼。①伯鱼年五十,先孔子死。②

①[索隐]曰:《家语》孔子年十九,娶于宋之上官氏之女,一岁而生伯鱼。伯鱼之生也,鲁昭公使人遗之鲤鱼。夫子荣君之赐,因以名其子为鲤也。

②《皇览》曰:"伯鱼冢在孔子冢东,与孔子并大小相望也。"

　　伯鱼生伋,字子思,年六十二。尝困于宋。子思作《中庸》。①

①《皇览》曰:"子思冢在孔子冢南,大小相望。"

　　子思生白，字子上，年四十七。子上生求，字子家，年四十五。子家生箕，字子京，年四十六。子京生穿，字子高，年五十一。子高生子慎，年五十七，尝为魏相。

　　子慎生鲋，年五十七，为陈王涉博士，死于陈下。鲋弟子襄，年五十七。尝为孝惠皇帝博士，迁为长沙太守。长九尺六寸。子襄生忠，年五十七。忠生武，武生延年及安国。安国为今皇帝博士，至临淮太守，早卒。安国生卬，卬生谨。

　　太史公曰：《诗》有之："高山仰止，景行行止。"虽不能至，然心乡往之。余读孔氏书，想见其为人。适鲁，观仲尼庙堂车服礼器，诸生以时习礼其家，余祇回留之不能去云。① 天下君王至于贤人众矣，当时则荣，没则已焉。孔子布衣，传十余世，学者宗之。自天子王侯，中国言《六艺》者折中于夫子，② 可谓至圣矣！

　　① [索隐]曰：祇，敬也。言祇敬迟回不能去之。有本亦作"低回"，义亦通。
　　② [索隐]曰：《离骚》云"明五帝以折中"。王师叔云："折中，正也"。宋均云："折，断也。中，当也"。言欲折断其物而用之，与度相中当也。

　　索隐述赞曰：孔子之先，胄于商国。弗父能让，正考铭勒。防叔来奔，邹人倚立。尼丘诞圣，阙里生德。七十升堂，四方取则。行诛两观，摄相夹谷。叹凤遽衰，泣麟何促！九流仰镜，万古钦躅！

史记卷四八
世家第一八

陈涉

[索隐]曰：胜立数月而死，无后，亦称"系家"者，以其所遣王侯将相竟灭秦，为首事故也。然时因扰攘，起自匹夫，假托妖祥，一朝称楚，历年不永，勋业蔑如。继之齐鲁，曾何等级，可降为例传。

陈胜者，阳城人也，①字涉。吴广者，阳夏人也，②字叔。陈涉少时，尝与人佣耕，③辍耕之垄上，怅恨久之，曰："苟富贵，无相忘。"庸者笑而应曰："若为庸耕，何富贵也！"陈涉太息曰："嗟乎，燕雀安知鸿鹄之志哉！"④

①[索隐]曰：韦昭云阳城属颍川，《地理志》云属汝南。不同者，按郡县之名随代分割。盖阳城旧属汝南，史迁云今为汝阴，后又分隶颍川，韦昭据以为说，故其不同。他皆放此。[正义]曰：即河南阳城县也。

②[索隐]曰：夏，音贾。韦昭云："淮阳县，后属陈。"[正义]曰：《括地志》云："陈州太康县，本汉阳夏县也。"

③[索隐]曰：《广雅》云："佣，役也。"谓役力而受雇直也。

④[索隐]曰：《尸子》云"鸿鹄之鷇，羽翼未合，而有四海之心"是也。鸿鹄是一鸟，若凤皇然，非鸿雁与黄鹄也。鹄，音户酷反。

二世元年七月，发闾左適戍渔阳，九百人屯大泽乡。①陈胜、吴广皆次当行，为屯长。会天大雨，道不通，度已失期。失期，法皆斩。陈胜、吴广乃谋曰："今亡亦死，举大计亦死，等死，死国可乎？"②陈胜曰："天下苦秦久矣！吾闻二世少子也，不当立；③当立者乃公子

扶苏。扶苏以数谏故,上使外将兵。今或闻无罪,二世杀之。百姓
多闻其贤,未知其死也。④项燕为楚将,数有功,爱士卒,楚人怜之。
或以为死,或以为亡。今诚以吾众诈自称公子扶苏、项燕,为天下
唱,宜多应者。”⑤吴广以为然。乃行卜。⑥卜者知其指意,曰:“足下
事皆成,有功。然足下卜之鬼乎!”⑦陈胜、吴广喜,念鬼,⑧曰:“此
教我先威众耳。”乃丹书帛曰“陈胜王”,置人所罾鱼腹中。⑨卒买鱼
烹食,得鱼腹中书,固以怪之矣。又间令吴广之次近所旁丛祠中,⑩
夜篝火,⑪狐鸣呼曰:“大楚兴,陈胜王”。卒皆夜惊恐。旦日,卒中往
往语,皆指目陈胜。

①徐广曰:“在沛郡蕲县。”[索隐]曰:闾左,谓居闾里之左也。秦时复除者
　居闾左。今力役凡在闾左者尽发之也。又云凡居以富强为右,贫弱为
　左。秦役戍多,富者役尽,兼取贫弱者而发之者也。適,音直革反,又音
　磔。故《汉书》有七科適。戍者,屯兵而守也。《地理志》渔阳县名,在渔
　阳郡也。[正义]曰:《括地志》云:“渔阳故城在檀州密云县南十八里,在
　渔水之阳也。”

②[索隐]曰:谓欲经营图国,假使不成而败,犹愈为戍卒而死也。

③[索隐]曰:姚氏按:隐士遗章邯书云“李斯为二世废十七兄而立今王”,
　则二世是始皇第十八子也。

④[索隐]曰:如淳云:“扶苏自杀,故人不知其死”。或以为不知何坐而死,
　故天下冤二世杀之,或说为非。今宜依文而解,直是扶苏为二世所杀,
　而百姓未知,故欲诈自称也。

⑤[索隐]曰:《汉书》作“倡”,倡谓先也。《说文》云:“倡,首也。”

⑥[索隐]曰:行者,先也。一云行,往也。

⑦苏林曰:“狐鸣祠中则是也。”瓒曰:“假托鬼神以威众也,故胜、广曰‘此
　教我威众也’。”[索隐]曰:裴注引苏林、臣瓒义亦当矣。而李奇又云“卜
　者戒曰‘所卜事虽成,当死为鬼’,恶指斥言之,而胜失其旨,用依鬼神
　起怪”,盖亦得其指也。

⑧[索隐]曰:念者,思也。谓思念欲假鬼神之事。

⑨《汉书音义》曰:“罾,音曾。”文颖曰:“罾,鱼网也。”

⑩张晏曰:“戍人所止处也。丛,鬼所凭焉。”[索隐]曰:服虔云:“间,音‘中
　间’之‘间’”。郑氏云“间,谓窃令人行也”。孔文祥又云:“伺窃间隙,不

欲令众知之"。次，师所次舍处也。《墨子》云："建国必择木之修茂者以
为丛位"。高诱注《战国策》云："丛祠，神祠。丛，树也。"

⑪徐广曰："或作'带'也。篝者，笼也，音沟。"[索隐]曰：《汉书》作"构火"。
郭璞云："篝，笼也。"

吴广素爱人，士卒多为用者。将尉醉，①广故数言欲亡，忿恚
尉，令辱之，以激怒其众。尉果笞广。尉剑挺，②广起，夺而杀尉。陈
胜佐之，并杀两尉。召令徒属曰："公等遇雨，皆已失期，失期当斩。
藉第令毋斩，③而戍死者固十六七。且壮士不死即已死，即举大名
耳。④王侯将相宁有种乎！"徒属皆曰："敬受命。"乃诈称公子扶苏、
项燕，从民欲也。袒右，称大楚。为坛而盟，祭以尉首。陈胜自立为
将军，吴广为都尉。攻大泽乡，收而攻蕲。蕲下，⑤乃令符离人葛婴
将兵徇蕲以东。⑥攻铚、酂、苦、柘、谯，皆下之。⑦行收兵。比至
陈，⑧车六七百乘，骑千余，卒数万人。攻陈，⑨陈守令皆不在，⑩独
守丞与战谯门中，⑪弗胜，守丞死。乃入据陈。数日，号令召三老、豪
杰与皆来会计事。三老、豪杰皆曰："将军身被坚执锐，伐无道，诛暴
秦，复立楚国之社稷，功宜为王。"陈涉乃立为王，号为张楚。⑫

①[索隐]曰：尉，官也。《汉旧仪》"大县三人，其尉将屯九百人"，故云将尉
也。

②徐广曰："挺犹脱也。"[索隐]曰：按：脱即夺也。《说文》云："挺，拔也。"
案：谓尉剑拔而广因夺之，故得杀尉。

③服虔曰："藉，假也。第，次第也。"应劭曰："藉，吏士名藉也。今失期当
斩，就使藉第幸得不斩，戍死者固十六七。此激怒其众也。"苏林曰：
"第，且也。"[索隐]曰：第一音"次第"之"第"。小颜云："第，但也。"刘氏
云"藉，音子夜反。"应劭读如字。各以意言，苏说为近也。

④[索隐]曰：大名，谓大名称也。

⑤[索隐]曰：蕲，音机，又音祈，县名，属沛郡。下者，降也。谓以兵临蕲而
即降也。

⑥[索隐]曰：韦昭云："符离属沛郡。"李奇云："徇，略也。音辞峻反。"

⑦徐广曰："苦、柘属陈，余皆在沛也。"

⑧[索隐]曰：《地理志》陈县属淮阳。

⑨［正义］曰：今陈州城也。本楚襄王筑，古陈国城也。

⑩［索隐］曰：张晏云："郡守县令皆不在"，非也。《地理志》及秦三十六郡
　　并无陈郡，则陈止是县。今言守令，则守非官也，与下守丞同也，则"皆"
　　是衍字也。

⑪［索隐］曰：盖谓陈县之城门，一名丽谯，故曰谯门中，非上谯县之门也。
　　谯县守前已下故。

⑫［索隐］曰：李奇云："欲张大楚国，故称张楚也。"

　　当此时，诸郡县苦秦吏者，皆刑其长吏，杀之以应陈涉。乃以吴
叔为假王，监诸将以西击荥阳。令陈人武臣、张耳、陈余徇赵地，令
汝阴人邓宗徇九江郡。当此时，楚兵数千人为聚者不可胜数。

　　葛婴至东城，立襄强为楚王。①婴后闻陈王已立，因杀襄强，还
报。至陈，陈王诛杀葛婴。陈王令魏人周市北徇魏地。吴广围荥阳。
李由为三川守，②守荥阳，吴叔弗能下。陈王征国之豪杰与计，以上
蔡人房君蔡赐为上柱国。③

①［索隐］曰：东城，县名，《地理志》属九江。［正义］曰：《括地志》云："东城
　　故城在濠州定远县东南五十里也。"

②［索隐］曰：三川，今洛阳也。地有伊、洛、河，故曰三川。秦曰三川，汉曰
　　河南郡。李由，李斯子也。

③《汉书音义》曰："房君，官号也，姓蔡，名赐。"瓒曰："房邑君也。"［索隐］
　　曰：房，邑也。爵之于房，号曰房君，晋灼按《张耳传》，言"相国房君"者，
　　盖误耳。涉始号楚，因楚有柱国之官，故以官蔡赐。盖其时草创，亦未置
　　相国之官也。［正义］曰：豫州吴房县，本房子国，是所封也。

　　周文，陈之贤人也，①尝为项燕军视日，②事春申君，自言习
兵，陈王与之将军印，西击。行收兵至关，车千乘，卒数十万，至
戏，③军焉。秦令少府章邯免郦山徒、人奴产子，④悉发以击楚大
军，尽败之。周文败，走出关，止次曹阳⑤二三月。章邯追败之，复
走，次渑池⑥十余日。章邯击，大破之。周文自刭，军遂不战。⑦

①文颖曰："即周章。"

②如淳曰："视日时吉凶举动之占也。司马季主为日者。"

③［正义］曰:即京东戏亭也。

④服虔曰:“家人之产奴也。”［索隐］曰:小颜云“犹今言家产奴也”。

⑤［索隐］曰:晋灼云:“亭名也,在弘农东十三里。”小颜云:“曹水之阳也。
其水出陕县西南岘头山,北流入河。魏武帝改为好阳也。”［正义］曰:
《括地志》云:“曹阳故亭亦名好阳亭,在陕州桃林县东南十四里。崔浩
云‘曹阳,坑名,自南出,北通于河’。”按:魏武帝改曰好阳也。

⑥［正义］曰:黾池,河南府县是也。

⑦徐广曰:“十二月也。”［索隐］曰:《越系家》:“勾践使罪人三行,属剑于
颈,曰‘不敢逃刑’,乃自到”。郭璞注《三苍》,以为到,刺也。

武臣到邯郸,自立为赵王,陈余为大将军,张耳、召骚为左右丞
相。陈王怒,捕系武臣等家室,欲诛之。柱国曰:“秦未亡而诛赵王
将相家属,此生一秦也。不如因而立之。”陈王乃遣使者贺赵,而徙
系武臣等家属宫中,而封其子张敖为成都君,①趣赵兵,亟入关。②
赵王将相相与谋曰:“王王赵,非楚意也。楚已诛秦,必加兵于赵。计
莫如毋西兵,使使北徇燕地以自广也。赵南据大河,北有燕、代,楚
虽胜秦,不敢制赵。若楚不胜秦,必重赵。赵乘秦之弊,可以得志于
天下。”赵王以为然,因不西兵,而遣故上谷卒史韩广将兵北徇燕
地。

①［正义］曰:成都,蜀郡县,涉遥封之。

②［索隐］曰:趣,音促。谓催促也。亟,音棘。亟,急也。

燕故贵人豪杰谓韩广曰:“楚已立王,赵又已立王。燕虽小,亦
万乘之国也,愿将军立为燕王。”韩广曰:“广母在赵,不可。”燕人
曰:“赵方西忧秦,南忧楚,其力不能禁我。且以楚之强,不敢害赵王
将相之家,赵独安敢害将军之家!”韩广以为然,乃自立为燕王。居
数月,赵奉燕王母及家属归之燕。

当此之时,诸将之徇地者不可胜数。周市北徇地至狄,①狄人
田儋杀狄令,自立为齐王,以齐反,击周市。市军散,还至魏地,欲立
魏后故宁陵君咎为魏王。②时咎在陈王所,不得之魏。魏地已定,欲
相与立周市为魏王,周市不肯。使者五反,陈王乃立宁陵君咎为魏

王,遣之国。周市卒为相。

①徐广曰:"今之临济。"

②应劭曰:"魏诸公子咎。欲立六国后以树党。"[索隐]曰:晋灼云:"宁陵,今在梁国"。按:今梁国有宁陵县是,字转异耳。[正义]曰:《括地志》云:"宋州宁陵县城,古宁陵城也。"

将军田臧等相与谋曰:"周章军已破矣,秦兵旦暮至。我围荥阳城弗能下,秦军至,必大败。不如少遣兵,足以守荥阳,①悉精兵迎秦军。今假王骄,不知兵权,不可与计。非诛之,事恐败。"因相与矫王令以诛吴叔,献其首于陈王。陈王使使赐田臧楚令尹印,使为上将。田臧乃使诸将李归等守荥阳城,自以精兵西迎秦军于敖仓。与战,田臧死,军破。章邯进兵击李归等荥阳下,破之,李归等死。

①[索隐]曰:"遣"作"遗"。遗,谓留余也。

阳城人邓说将兵居郯,①章邯别将击破之,邓说军散走陈。铚人伍徐②将兵居许,③章邯击破之,伍徐军皆散走陈。陈王诛邓说。

①[索隐]曰:《地理志》阳城县属颍川。说,音悦。凡人名皆音悦。郯,音谈。小颜云"郯,东海之县名",非也。按:章邯军此时未至东海,此郯别是地名。或恐"郯"当作"郏",郏是郏鄏之地,或见下有东海郯县,故误也。[正义]曰:属海州,疑"郯"当作"郏",音纪洽反。郏即春秋时郏地,楚郏敖葬之,今汝州郏县城是。邓悦是阳城人,阳城河南府县,与郏城县相近,又走陈,盖"郏"字误作"郯"耳。

②徐广曰:"一作'逢'。"[索隐]曰:《地理志》铚,县名,属沛。《汉书》作"伍逢"。

③[正义]曰:《括地志》云:"许州许昌县,本汉许县。《地理志》云许县故国,姜姓,四岳之后,大叔所封,二十四君,为楚所灭,汉以为县。魏文帝即位,改许曰许昌也。"

陈王初立时,陵人秦嘉、①铚人董缲、符离人朱鸡石、取虑人郑布、②徐人丁疾等皆特起,将兵围东海,③守庆于郯。陈王闻,乃使武平君畔为将军,④监郯下军。秦嘉不受命,嘉自立为大司马,恶属武平君。告军吏曰:"武平君年少,不知兵事,勿听。"因矫以王命杀武平君畔。

①《地理志》泗水国有陵县也。

②[索隐]曰：《地理志》取虑，县名，属临淮。音秋间二音。取，又音子史反。

③[正义]曰：今海州也。

④张晏曰："畔，名也。"

　　章邯已破伍徐，击陈，柱国房君死。章邯又进兵击陈西张贺军。陈王出监战，军破，张贺死。

　　腊月，①陈王之汝阴，还至下城父，②其御庄贾杀以降秦。陈胜葬砀，③谥曰隐王。

①张晏曰："秦之腊月，夏之九月。"瓒曰："建丑之月也。"[索隐]曰：颜游秦云："按《史记》表'二世十月，诛葛婴，十一月，周文死，十二月，陈涉死'是也。"宗懔《荆楚记》云："腊节在十二月，故因是谓之腊月也。"

②[索隐]曰：按：旧读以陈王从汝阴还至城父县，因降下之，故云"还至下城父"。又顾氏按《郡国志》，山乘县有下城父聚，在城父县东，下读如字。其说为得之。

③[正义]曰：音唐。今宋州砀山县是。

　　陈王故涓人将军吕臣①为仓头军，起新阳，②攻陈，下之，杀庄贾，复以陈为楚。③

①应劭曰："涓人，知谒者。将军姓吕名臣也。"晋灼曰："《吕氏春秋》'荆柱国庄伯令谒者驾，令涓人取冠'。"[索隐]曰：涓，音公玄反。服虔云："给通，如今谒者。"

②徐广曰："在汝南也。"[索隐]曰：韦昭云："军皆著青帽，故曰仓头。"[正义]曰：《括地志》云："新阳故城在豫州真阳县西南四十二里，汉新阳县城。应劭云在新水之阳也。"

③[索隐]曰：为，如字读。谓以陈地为楚国。

　　初，陈王至陈，令铚人宋留将兵定南阳，入武关。留已徇南阳，闻陈王死，南阳复为秦。宋留不能入武关，乃东至新蔡，遇秦军，宋留以军降秦。秦传留至咸阳，车裂留以徇。

　　秦嘉等闻陈王军破出走，乃立景驹为楚王。①引兵之方与，②

欲击秦军定陶下。③使公孙庆使齐王,欲与并力俱进。齐王曰:"闻
陈王战败,不知其死生,楚安得不请而立王!"公孙庆曰:"齐不请楚
而立王,楚何故请齐而立王?且楚首事,当令于天下。"田儋诛杀公
孙庆。

①徐广曰:"正月,嘉为上将军。"

②[正义]曰:房预二音。方与,兖州县也。

③[正义]曰:今曹州也。

秦左右校①复攻陈,下之。吕将军走,收兵复聚。鄱盗②当阳君
黥布之兵相收,复击秦左右校,破之青波,③复以陈为楚。会项梁立
怀王孙心为楚王。陈胜王凡六月。已为王,王陈。其故人尝与庸耕
者闻之,之陈,扣宫门曰:"吾欲见涉。"宫门令欲缚之。自辨数,乃
置,④不肯为通。陈王出,遮道而呼涉。陈王闻之,乃召见,载与俱
归。入宫,见殿屋帷帐,客曰:"夥颐!涉之为王沈沈者!"⑤楚人谓多
为夥,故天下传之,夥涉为王,由陈涉始。客出入愈益发舒,言陈王
故情。或说陈王曰:"客愚无知,颛妄言,轻威。"陈王斩之。诸陈王
故人皆自引去,由是无亲陈王者。⑥陈王以朱房为中正,胡武为司
过,主司群臣。诸将徇地,至,令之不是者,系而罪之,以苛察为忠。
其所不善者,弗下吏,辄自治之。⑦陈王信用之,诸将以其故不亲
附。此其所以败也。

①[索隐]曰:即左右校尉军也。

②鄱,音婆。英布居江中为群盗,陈胜之起,布归番君吴芮,故谓之"鄱盗"
者也。

③《汉书音义》曰:"地名也。"

④晋灼曰:"数,音'朋友数,斯疏矣'。"[索隐]曰:数,音疏主反。谓自辨
说,数与涉有故旧事验也。又音朔。数谓自辨往数与涉有故也。

⑤应劭曰:"沈沈,宫室深邃之貌也。沈,音长含反。含一作'金'。"[索隐]
曰:服虔云:"楚人谓多为夥。"又言"颐"者,助声之辞也。谓涉为王,宫
殿帷帐庶物夥多,惊而伟之,故称夥颐也。刘伯庄以"沈沈"犹"谈谈",
谓故人呼为"沈沈",犹俗云"谈谈汉"也。

⑥[索隐]曰:顾氏引《孔丛子》云:"陈胜为王,妻之父兄往焉。胜以众宾待

之。妻父怒云:'怙号而傲长者,不能久焉。'不辞而去。"是其事类也。
⑦[索隐]曰:谓朱房、胡武等以素所不善者,即自验问,不往下吏也。

　　陈胜虽已死,其所置遣侯王将相竟亡秦,由涉首事也。高祖时,
为陈涉置守冢三十家砀,至今血食。

　　褚先生曰:①地形险阻,所以为固也。兵革形法,所以为治也。
犹未足恃也。夫先王以仁义为本,而以固塞文法为枝叶,岂不然哉!
吾闻贾生之称曰:

①徐广曰:"一作'太史公'。"骃案:《班固奏事》云"太史迁取贾谊《过秦》
上下篇,以为《秦始皇本纪》、《陈涉世家》下赞文",然则言"褚先生"者,
非也。[索隐]曰:徐广、裴骃据所见别本及《班彪奏事》,皆云合作"太史
公"。今据此是褚先生述《史记》,加此赞首"地形险阻"数句,然后始称
贾生之言,因即改太史公之目,而自题己位号也。已下义并已见始皇之
本纪。

　　秦孝公据殽、函之固,①拥雍州之地,君臣固守,以窥周
室。有席卷天下,包举宇内,囊括四海之意,并吞八荒之心。当
是时也,商君佐之,内立法度,务耕织,修守战之备,外连衡而
斗诸侯。于是秦人拱手而取西河之外。

①韦昭曰:"殽谓二殽。函,函谷关也。"

　　孝公既没,惠文王、武王、昭王蒙故业,因遗策,南取汉中,
西举巴蜀,东割膏腴之地,收要害之郡。诸侯恐惧,会盟而谋弱
秦。不爱珍器重宝肥饶之地,以致天下之士。合从缔交,相与
为一。当此之时,齐有孟尝,赵有平原,楚有春申,魏有信陵。此
四君者,皆明知而忠信,宽厚而爱人,尊贤而重士。约从连衡,
兼韩、魏、燕、赵、宋、卫、中山之众。于是六国之士有宁越、徐
尚、苏秦、杜赫之属为之谋,齐明、周最、①陈轸、邵滑、②楼缓、
翟景、苏厉、乐毅之徒通其意,吴起、孙膑、带他、兒良、王廖、田
忌、廉颇、赵奢之伦制其兵。尝以什倍之地,百万之师,仰关而
攻秦。③秦人开关而延敌,九国之师遁逃而不敢进。④秦无亡
矢遗镞之费,而天下固已困矣。于是从散约败,争割地而赂秦。

秦有余力而制其獘,追亡逐北,伏尸百万,流血漂橹,⑤因利乘便,宰割天下,分裂山河。强国请服,弱国入朝。

①[正义]曰:音聚。

②邵,[正义]作"昭"。

③[索隐]曰:仰字亦作"卬",并音仰。谓秦地形高,故并仰向关门而攻秦。有作"叩"字,非也。

④[索隐]曰:九国者,谓六国之外更有宋、卫、中山。

⑤[索隐]曰:《说文》云:"橹,大盾也。"

施及孝文王、庄襄王,享国之日浅,国家无事。

及至始皇,奋六世之余烈,振长策而御宇内。吞二周而亡诸侯,履至尊而制六合。执敲朴以鞭笞天下,①威振四海。南取百越之地,以为桂林、象郡,百越之君俯首系颈,委命下吏。乃使蒙恬北筑长城而守藩篱,却匈奴七百余里,胡人不敢南下而牧马,士亦不敢贯弓而报怨。②于是废先王之道,燔百家之言,以愚黔首。堕名城,杀豪俊,收天下之兵聚之咸阳,销锋镝,③铸以为金人十二,④以弱天下之民。然后践华为城,因河为池,据亿丈之城,临不测之溪以为固。良将劲弩守要害之处,信臣精卒陈利兵而谁何。⑤天下已定,始皇之心,自以为关中之固,金城千里,子孙帝王万世之业也。

①[索隐]曰:臣瓒云:"短曰敲,长曰朴。"

②[索隐]曰:贯,音乌还反,又如字。贯,谓上弦也。

③徐广曰:"一作'镝'。"

④[索隐]曰:各重千石,坐高二丈,号曰"翁仲"。

⑤[索隐]曰:犹今巡更问何谁也。

始皇既没,余威振于殊俗。然而陈涉瓮牖绳枢之子,氓隶之人,①而迁徙之徒也。材能不及中人,非有仲尼、墨翟之贤,陶朱、猗顿之富也。蹑足行伍之间,俯仰阡陌之中,②率罢散之卒,将数百之众,而转攻秦。斩木为兵,揭竿为旗,天下云会响应,赢粮而景从,山东豪俊遂并起而亡秦族矣。

①徐广曰:"田民曰氓。音亡更反。"

②［索隐］曰：仟佰，谓千人百人之长也，《汉书》作"阡陌"，如淳云："时皆僻屈在阡陌之中"。陌，音貊。

　　且天下非小弱也，雍州之地，殽函之固自若也。陈涉之位，非尊于齐、楚、燕、赵、韩、魏、宋、卫、中山之君也；锄耰棘矜，非铦于句戟长铩也，①適戍之众，非俦于九国之师也；深谋远虑，行军用兵之道，非及乡时之士也。②然而成败异变，功业相反也。尝试使山东之国与陈涉度长絜大，③比权量力，则不可同年而语矣。然而秦以区区之地，致万乘之权，抑八州而朝同列，④百有余年矣。然后以六合为家，殽函为宫。一夫作难而七庙堕，身死人手，为天下笑者，何也？仁义不施，而攻守之势异也。⑤

①［索隐］曰：锄耰谓锄木也。《论语》曰"耰而不辍"是也。棘，戟也。矜，戟柄，音勤。

②［索隐］曰：乡，音香亮反。乡时，犹往时也。盖谓孟尝、信陵、苏秦、陈轸之比也。

③［索隐］曰：絜，音下结反。谓如结束知其大小也。

④［索隐］曰：谓秦强而抑八州使朝己也。《汉书》作"招八州"，亦通。

⑤［索隐］曰：施，音式豉反。言秦虎狼之国，其仁心不施及于天下，故亡也。

　　索隐述赞曰：天下匈匈，海内乏主。掎鹿争捷，瞻乌爰处。陈胜首事，厥号张楚。鬼怪是凭，鸿鹄自许。葛婴东下，周文西拒。始亲朱房，又任胡武。夥颐见杀，腹心不与。庄贾何人，反噬城父。

史记卷四九
世家第一九

外戚

[索隐]曰:外戚,纪后妃也,后族亦代有封爵故也。《汉书》则编之列传中。王隐则谓之纪,而在列传之首。

自古受命帝王及继体守文之君,①非独内德茂也,盖亦有外戚之助焉。②夏之兴也以涂山,③而桀之放也以末喜。④殷之兴也以有娀,⑤纣之杀也嬖妲己。⑥周之兴也以姜原及大任,⑦而幽王之禽也淫于褒姒。⑧故《易》基《乾》、《坤》,《诗》始《关雎》,书美釐降,《春秋》讥不亲迎。⑨夫妇之际,人道之大伦也。礼之用,唯婚姻为兢兢。夫乐调而四时和,阴阳之变,万物之统也。⑩可不慎与?人能弘道,无如命何。甚哉!妃匹之爱,⑪君不能得之于臣,⑫父不能得之于子,况卑下乎!既欢合矣,或不能成子姓;⑬能成子姓矣,或不能要其终;⑭岂非命也哉?孔子罕称命,盖难言之也。非通幽明之变,恶能识乎性命哉?⑮

①[索隐]曰:继体,谓非创业之主,而是嫡子继先帝之正体而立者也。守文者犹法也,谓非受命创制之君,但守先帝法度为之主耳。

②[索隐]曰:谓非独君德于内茂盛,亦有贤后妃外戚之亲以助教化也。

③[索隐]曰:韦昭云:"涂山,国名,禹所娶,在今九江。"应劭云:"九江当涂有禹墟。《大戴礼》云'禹娶涂山氏之女,谓之女侨,生启也'。"

④[索隐]曰:《国语》"桀伐有施,有施人以末喜女焉",韦昭云:"有施,喜姓之国,末喜,其女也。"

⑤[索隐]曰:有娀国名。其女简狄吞燕卵而生契,故《诗》云"天命玄鸟,降

而生商",是也。

⑥[索隐]曰:《国语》:"殷辛伐有苏,有苏氏以妲己女焉"。按:有苏,国也。己,姓也。妲,字也。包恺云:"妲,音丁达反。"

⑦[索隐]曰:《系本》云:"帝喾上妃有邰氏之女,曰姜原。"郑玄笺《诗》云:"姜姓,嫄名,履大人迹生后稷。"大任,文王之母,故《诗》云"挚仲氏任",《毛诗》云"挚国任姓之中女也。"

⑧[索隐]曰:《国语》曰:"幽王伐有褒,有褒人以褒姒女焉。"按:褒是国名,姒是其姓,即龙漦之子,褒人育而以女于幽王也。然此文自"夏之兴"至"褒姒",皆是史苏之词,见《国语》及《列女传》。

⑨[索隐]曰:《公羊》"纪裂繻来逆女",《传》曰外逆女,不书。此何以书?讥也,何讥尔?始不亲迎也。"

⑩[索隐]曰:以言若乐声调,能令四时和,而阴阳变,阴阳变,则能生万物,是阴阳即夫妇也。夫妇道和而能化生万物。万物,人为之本,故云"万物之统"也。

⑪[索隐]曰:妃,音配,又如字。

⑫[索隐]曰:以言夫妇亲爱之情,虽君父之尊而不夺臣子所好爱,使移其本意,是不能得也。故曰"匹夫不可夺志"也。

⑬[索隐]曰:郑玄注《礼记》云"姓者,子姓,谓众孙也"。即赵飞燕等是也。

⑭[索隐]曰:按:谓有始不能要其终也。以言虽有子姓而意不能要终,如栗姬、卫后等是也。

⑮[索隐]曰:恶,音乌。犹于何也。

　　太史公曰:秦以前尚略矣,其详靡得而记焉。汉兴,吕娥姁①为高祖正后,男为太子。及晚节色衰爱弛,而戚夫人有宠,②其子如意几代太子者数矣。及高祖崩,吕氏夷戚氏,诛赵王,而高祖后宫唯独无宠疏远者得无恙。③

①徐广曰:"姁音况羽反。吕后姊字长姁也。"[索隐]曰:娥姁,吕后字。按《汉书》小颜云"吕后名雉,字娥姁"。

②[索隐]曰:《汉书》云得定陶戚姬。

③[索隐]曰:《尔雅》云:"恙,忧也"。一说古者野居露宿,恙,噬人虫也,故人相恤云"得无恙乎"。

　　吕后长女为宣平侯张敖妻,敖女为孝惠皇后。①吕太后以重亲故,欲其生子万方,终无子,诈取后宫人子为子。及孝惠帝崩,天下初定未久,继嗣不明。于是贵外家,王诸吕以为辅,而以吕禄女为少帝后,欲连固根本牢甚,然无益也。

　　①〔索隐〕曰:皇甫谧云名嫣。

　　高后崩,合葬长陵。①禄、产等惧诛,谋作乱。大臣征之,天诱其统,②卒灭吕氏。唯独置孝惠皇后居北宫。③迎立代王,是为孝文帝,奉汉宗庙。此岂非天邪?非天命孰能当之?

　　①《关中记》曰:“高祖陵在西,吕后陵在东。汉帝后同茔,则为合葬,不合陵也。诸陵皆如此。”

　　②徐广曰:“一作‘衷’。”

　　③〔索隐〕曰:在未央北,故曰北宫。〔正义〕曰:《括地志》云:“北宫在雍州长安县西北十三里,与桂宫相近,在长安故城中。”

　　薄太后,父吴人,姓薄氏,秦时与故魏王宗家女魏媪通,①生薄姬,而薄父死山阴,因葬焉。②

　　①〔索隐〕曰:媪,音乌老反。然媪是妇人之老者通号,故赵太后自称媪,及刘媪、卫媪之属是也。

　　②〔索隐〕曰:顾氏按《冢墓记》,薄父冢在会稽县,西北檈山上今犹有兆域。檈,音庄沿反。〔正义〕曰:《括地志》云:“楒山在越州会稽县西北三里,一名稷山。”楒,音庄沿反。

　　及诸侯畔秦,魏豹立为魏王,而魏媪内其女于魏宫。媪之许负所相,相薄姬,云当生天子。是时,项羽方与汉王相距荥阳,天下未有所定。豹初与汉击楚,及闻许负言,心独喜,因背汉而畔,中立,更与楚连和。汉使曹参等击虏魏王豹,以其国为郡,而薄姬输织室。豹已死,汉王入织室,见薄姬有色,诏内后宫,岁余不得幸。始姬少时,与管夫人、赵子儿相爱,约曰:“先贵无相忘。”已而管夫人、赵子儿先幸汉王。汉王坐河南宫成皋台,①此两美人相与笑薄姬初时约。汉王闻之,问其故,两人具以实告汉王。汉王心惨然,怜薄姬,是日召而幸之。薄姬曰:“昨暮夜妾梦苍龙据吾腹。”高帝曰:“此贵征也,吾为女遂成之。"一幸生男,是为代王。其后薄姬希见高祖。

①[索隐]曰:按:是河南宫之成皋台,《汉书》作"成皋灵台"。《西征记》云:
"武牢城内有高祖殿,西南有武库也"。[正义]曰:《括地志》云:"洛州氾
水县,古东虢州,故郑之制邑,汉之成皋县也。"

高祖崩,诸御幸姬戚夫人之属,吕太后怒,皆幽之,不得出宫。
而薄姬以希见故,得出,从子之代,为代王太后。太后弟薄昭从如
代。

代王立十七年,高后崩。大臣议立后,疾外家吕氏强,皆称薄氏
仁善,故迎代王,立为孝文皇帝,而太后改号曰皇太后,弟薄昭封为
轵侯。①

①[索隐]曰:《地理志》云,轵县在河内,恐地远非其封。案:长安东有轵道
亭,或当是所封也。

薄太后母亦前死,葬栎阳北。于是乃追尊薄父为灵文侯,会稽
郡置园邑三百家,长丞已下吏奉守冢,寝庙上食祠如法。而栎阳北
亦置灵文侯夫人园,如灵文侯园仪。薄太后以为母家魏王后,早失
父母,其奉薄太后诸魏有力者,于是召复魏氏,及尊赏赐,各以亲疏
受之。薄氏侯者凡一人。

薄太后后文帝二年,以孝景帝前二年崩,葬南陵。①以吕后会
葬长陵,故特自起陵,近孝文皇帝霸陵。②

①[索隐]曰:按:《庙记》云"在霸陵南十里,故谓之南陵"。按:今在长安东
浐水东原上,名曰少阴。在霸陵西南,故曰"东望吾子,西望吾夫"是也。
[正义]曰:《括地志》云:"南陵故县在雍州万年县东南二十四里。汉南
陵县,本薄太后陵邑。陵在东北,去县六里。"

②徐广曰:"霸陵县有轵道亭。"

窦太后,①赵之清河观津人也。②吕太后时,窦姬以良家子入
宫侍太后。太后出宫人以赐诸王,各五人,窦姬与在行中。窦姬家
在清河,欲如赵近家,请其主遣宦者吏:③"必置我籍赵之伍中。"宦
者忘之,误置其籍代伍中。籍奏,诏可,当行。窦姬涕泣,怨其宦者,
不欲往,相强,乃肯行。至代,代王独幸窦姬,生女嫖,④后生两男。

而代王王后生四男。先代王未入立为帝而王后卒。后代王立为帝，而王后所生四男更病死。孝文帝立数月，公卿请立太子，而窦姬长男最长，立为太子。立窦姬为皇后，女嫖为长公主。其明年，立少子武为代王，已而又徙梁，是为梁孝王。

①〔索隐〕曰：皇甫谧云名猗房。
②〔正义〕曰：在冀州枣强县东北二十五里。
③〔正义〕曰：谓宦者为吏，主发遣宫人也。
④〔索隐〕曰：嫖，音疋消反。

　　窦皇后亲早卒，葬观津。①于是薄太后乃诏有司，追尊窦后父为安成侯，母曰安成夫人。令清河置园邑二百家，长丞奉守，比灵文园法。

①〔索隐〕曰：挚虞注《决录》云："窦太后父少遭秦乱，隐身渔钓，坠泉而死。景帝立，太后遣使者填父所坠渊，起大坟于观津城南，人间号为窦氏青山。"〔正义〕曰：《括地志》云："窦少君墓在冀州武邑县东南二十七里。"

　　窦皇后兄窦长君；①弟曰窦广国，字少君。少君年四五岁时，家贫，为人所略卖，其家不知其处。传十余家，至宜阳，为其主入山作炭，寒卧岸下百余人，岸崩，尽压杀卧者，少君独得脱，不死。自卜数日当为侯，从其家之长安。②闻窦皇后新立，家在观津，姓窦氏。广国去时虽小，识其县名及姓，又常与其姊采桑堕，用为符信，上书自陈。窦皇后言之于文帝，召见，问之，具言其故，果是。又复问他何以为验？对曰："姊去我西时，与我决于传舍中，③丐沐沐我，④请食饭我，乃去。"于是窦后持之而泣，泣涕交横下。侍御左右皆伏地泣，助皇后悲哀。乃厚赐田宅金钱，封公昆弟，家于长安。⑤

①〔索隐〕曰：《决录》云建字长君。
②〔索隐〕曰：谓从逐其宜阳之主人家，而皆往长安为居也。
③〔索隐〕曰：决，别也。传，音转。传舍，谓邮亭传置之舍。盖窦后初入宫时，别其弟于传舍之中也。
④〔索隐〕曰：丐，音盖。丐者，乞也。沐，米潘也。谓乞潘为弟沐也。
⑤〔索隐〕曰：公亦祖也，谓皇后同祖之昆弟，如窦婴，即皇后从昆弟子之

比,亦得家于长安。故刘氏云"公昆弟谓广国等"也。

绛侯、灌将军等曰:"吾属不死,命乃且县此两人。两人所出微,不可不为择师傅宾客,又复效吕氏大事也。"于是乃选长者士之有节行者与居。窦长君、少君由此为退让君子,不敢以尊贵骄人。

窦皇后病,失明。文帝幸邯郸慎夫人、尹姬,皆毋子。孝文帝崩,孝景帝立,乃封广国为章武侯。①长君前死,封其子彭祖为南皮侯。②吴楚反时,窦太后从昆弟子窦婴,任侠自喜,将兵,以军功为魏其侯。③窦氏凡三人为侯。

①[索隐]曰:《地理志》县名,属渤海。[正义]曰:《括地志》云:"沧州鲁城县。"

②[索隐]曰:《地理志》县名,属渤海。[正义]曰:《括地志》云:"故南皮城在沧州南皮县北四里,汉南皮县也。"

③[索隐]曰:《地理志》县名,属琅邪。

窦太后好黄帝、老子言,帝及太子、诸窦不得不读《黄帝》、《老子》,尊其术。窦太后后孝景帝六岁建元六年崩,①合葬霸陵。遗诏尽以东宫金钱财物赐长公主嫖。

①[索隐]曰:当武帝建元六年,此文是也。而《汉书》作"元光",误也。

王太后,槐里人,①母曰臧儿。臧儿者,故燕王臧荼孙也。臧儿嫁为槐里王仲妻,生男曰信,与两女。②而仲死,臧儿更嫁长陵田氏,生男蚡、胜。臧儿长女嫁为金王孙妇,生一女矣,而臧儿卜筮之,曰两女皆当贵。因欲奇两女,③乃夺金氏。金氏怒,不肯予决,乃内之太子宫。太子幸爱之,生三女一男。男方在身时,王美人梦日入其怀。以告太子,太子曰:"此贵征也。"未生而孝文帝崩,孝景帝即位,王夫人生男。④

①[索隐]曰:皇甫谥云后名姪,音志。《地理志》右扶风槐里,本名废丘。[正义]曰:《括地志》云:"太丘故城一名槐里,亦曰废丘,城在雍州始平县东南十里也。"

②[索隐]曰:即后及儿姁也。

③[索隐]曰:奇者,异之也。《汉书》作"倚"。倚,依也。

④[索隐]曰：即武帝也。《汉武故事》云"帝以乙酉年七月七日得于猗兰殿"也。

　　先是，臧儿又入其少女儿姁，①儿姁生四男。②

①[索隐]曰：姁，音况羽反。

②[索隐]曰：谓广川王越、胶东王寄、清河王舜、常山王宪也。

　　景帝为太子时，薄太后以薄氏女为妃。及景帝立，立妃曰薄皇后。皇后毋子，毋宠。薄太后崩，废薄皇后。

　　景帝长男荣，其母栗姬。栗姬，齐人也。立荣为太子。长公主嫖有女，欲予为妃。栗姬妒，而景帝诸美人皆因长公主见景帝，得贵幸，皆过栗姬。①栗姬日怨怒，谢长公主，不许。长公主欲予王夫人，王夫人许之。长公主怒，而日谗栗姬短于景帝曰："栗姬与诸贵夫人幸姬会，常使侍者祝唾其背，挟邪媚道。"景帝以故望之。②

①[索隐]曰：过，音戈。谓逾之。

②[索隐]曰：望，犹责望，谓恨之也。

　　景帝尝体不安，心不乐，属诸子为王者于栗姬，曰："百岁后，善视之。"栗姬怒，不肯应，言不逊。景帝恚，心嗛之而未发也。①

①[索隐]曰：嗛，音衔。《汉书》作衔。衔，犹恨也。

　　长公主日誉王夫人男之美，景帝亦贤之，又有曩者所梦日符，计未有所定。王夫人知帝望栗姬，因怒未解，阴使人趣大臣立栗姬为皇后。大行奏事毕，①曰："子以母贵，母以子贵'。②今太子母无号，宜立为皇后。"景帝怒曰："是而所宜言邪！"遂案诛大行，而废太子为临江王。栗姬愈恚恨，不得见，以忧死。卒立王夫人为皇后，其男为太子，封皇后兄信为盖侯。③

①[索隐]曰：大行，礼官。行，音衡。

②[索隐]曰：此皆《公羊传》之文也。

③[索隐]曰：《地理志》县名，属太山。

　　景帝崩，太子袭号为皇帝。尊皇太后母臧儿为平原君。①封田蚡为武安侯，②胜为周阳侯。③

①[正义]曰：德州县也。

②[索隐]曰：《地理志》县名，属魏郡。[正义]曰：《括地志》云："武安故城

在洛州武安县西南七里,六国时赵邑,汉武安县城也。"

③[索隐]曰:《地理志》县名,属上郡。[正义]曰:《括地志》云:"周阳故城
　　在绛州闻喜县东二十九里也。"

景帝十三男,一男为帝,十二男皆为王。而儿姁早卒,其四子皆
为王。王太后长女号曰平阳公主,①次为南宫公主,②次为林虑公
主。③

①[正义]曰:《括地志》云:"平阳故城即晋州城西面,今平阳故城东面也。
　　《城记》云尧筑也。"

②[正义]曰:南宫,冀州县也。

③[索隐]曰:林虑,县名,属河内。本名隆虑,避殇帝讳,改名林虑。虑,音
　　庐。[正义]曰:林虑,相州县也。

盖侯信好酒。田蚡、胜贪,巧于文辞。王仲早死,葬槐里,追尊
为共侯,置园邑二百家。及平原君卒,从田氏葬长陵,置园比共侯
园。而王太后后孝景帝十六岁,以元朔四年崩,合葬阳陵。①王太后
家凡三人为侯。

①[正义]曰:《括地志》云:"阳陵在雍州咸阳县东四十里。"

卫皇后字子夫,生微矣。盖其家号曰卫氏,①出平阳侯邑。②子
夫为平阳主讴者。武帝初即位,数岁无子。平阳主求诸良家子女十
余人,饰置家。武帝祓③霸上还,因过平阳主。主见所侍美人,上弗
说。既饮,讴者进,上望见,独说卫子夫。是日,武帝起更衣,子夫侍
尚衣轩中,得幸。④上还坐,欢甚,赐平阳主金千斤。主因奏子夫奉
送入宫。子夫上车,平阳主拊其背曰:"行矣,强饭,勉之!即贵,无
相忘。"入宫岁余,竟不复幸。武帝择宫人不中用者斥出归之。卫子
夫得见,涕泣请出。上怜之,复幸,遂有身,尊宠日隆。召其兄卫长
君、弟青为侍中。而子夫后大幸,有宠,凡生三女一男。⑤男名
据。⑥

①[正义]曰:《卫青传》云:"父郑季为吏,给事平阳侯家,与侯妾卫媪通,
　　生青,故冒卫氏。"

②徐广曰:"平阳侯曹寿尚平阳公主。"

③徐广曰："三月上巳,临水祓除谓之禊。《吕后本纪》亦云'三月祓,还过
　轵道'。盖与'游'字相似,故或定之也。"[索隐]曰:小颜祓,音废,今亦
　音拂,谓祓禊之,游水自洁,故云祓除也。

④[正义]曰:尚,主也。于主衣车中得幸也。

⑤[索隐]曰:三女,谓诸邑、石邑及卫长公主后封为当利公主也。

⑥[索隐]曰:即戾太子。

　　初,上为太子时,娶长公主女为妃。立为帝,妃立为皇后,姓陈
氏,①无子。上之得为嗣,大长公主有力焉,②以故陈皇后骄贵。闻
卫子夫大幸,恚,几死者数矣。上愈怒。陈皇后挟妇人媚道,其事颇
觉,于是废陈皇后,③而立卫子夫为皇后。陈皇后母大长公主,景帝
姊也,数让武帝姊平阳公主曰:"帝非我不得立,已而弃捐吾女,壹
何不自喜而倍本乎!"平阳公主曰:"用无子,故废耳。"陈皇后求子,
与医钱凡九千万,然竟无子。

①[索隐]曰:《汉武故事》云"后名阿娇",即长公主嫖女也。曾祖父婴,堂
　邑侯,传至午,尚长公主,生后也。

②徐广曰:"即景帝姊嫖也。"

③[索隐]曰:《汉书》云"女子楚服等坐为皇后咒诅,大逆无道,相连诛者
　三百余人",乃废后居长门宫。故司马相如赋云"陈皇后别在长门宫,
　怨闷悲思,奉黄金百斤为相如取酒,乃为作颂以奏,皇后复亲幸"。作
　颂信工也,复亲幸之恐非实也。

　　卫子夫已立为皇后,先是卫长君死,乃以卫青为将军,击胡。有
功,封为长平侯。①青三子在襁褓中,皆封为列侯。及卫皇后所谓姊
卫少儿,少儿生子霍去病,以军功封冠军侯,②号骠骑将军。青号大
将军。立卫皇后子据为太子。卫氏枝属以军功起家,五人为侯。

①[索隐]曰:《地理志》县名,属汝南。

②[索隐]曰:《地理志》冠军属河阳。

　　及卫后色衰,赵之王夫人幸,有子,为齐王①。

①[索隐]曰:名闳。

　　王夫人早卒,而中山李夫人有宠,有男一人,为昌邑王。①

①[索隐]曰:名髆。[正义]曰:名贺。

李夫人早卒,①其兄李延年以音幸,号协律。协律者,故倡也。兄弟皆坐奸,族。是时其长兄广利为贰师将军,伐大宛,不及诛,还,而上既夷李氏,后怜其家,乃封为海西侯。②

①[索隐]曰:李延年之女弟。《汉书》云:"帝悼之,李少翁致其形,帝为作赋"。

②[正义]曰:汉武帝令李广利征大宛,国近西海,故号海西侯也。

他姬子二人为燕王、广陵王。①其母无宠,以忧死。及李夫人卒,则有尹婕好之属更有宠。然皆以倡见,非王侯有土之士女,不可以配人主也。

①[索隐]曰:《汉书》云安姬生广陵王胥、燕王旦也。

褚先生曰:①臣为郎时,闻习汉家故事者钟离生曰:王太后在民间时,所生子女者,②父为金王孙。王孙已死。景帝崩后,武帝已立,王太后独在。而韩王孙名嫣素得幸武帝,承间白言太后有女在长陵也。武帝曰:"何不早言!"乃使使往先视之,在其家。武帝乃自往迎取之。跸道,先驱旄骑出横城门,③乘舆驰至长陵。当小市西入里,里门闭,暴开门,乘舆直入此里,通至金氏门外止。使武骑围其宅,为其亡走,身自往取不得也。即使左右群臣入呼求之。家人惊恐,女亡匿内中床下。扶持出门,令拜谒。武帝下车泣曰:"嚄!④大姊,何藏之深也!"诏副车载之,回车驰还,而直入长乐宫。行诏门著引籍,⑤通到谒太后。太后曰:"帝倦矣,何从来!"帝曰:"今者至长陵得臣姊,与俱来。"顾曰:"谒太后!"太后曰:"女某邪?"曰:"是也。"太后为下泣,女亦伏地泣。武帝奉酒前为寿,奉钱千万,奴婢三百人,公田百顷,甲第,以赐姊。太后谢曰:"为帝费焉。"于是召平阳主、南宫主、林虑主三人俱来谒见姊,因号曰修成君。有子男一人,女一人。男号为修成子仲,⑥女为诸侯王王后。⑦此二子非刘氏,以故太后怜之。修成子仲骄恣,陵折吏民,皆患苦之。

①[正义]曰:疑此元成之间褚少孙续之也。

②徐广曰:"名俗。"[正义]曰:按:后封修成君者。

③如淳曰:"横,音光。《三辅黄图》云北面西头门。"[正义]曰:《括地志》云:"渭桥本名横桥,架渭水上,在淮州咸阳县东南二十二里。"按:此桥

対门也。

④[索隐]曰:乌百反。盖恡之辞耳。[正义]曰:嘆,责,失声惊愕貌也。

⑤[正义]曰:武帝道上诏令通名状于门使,引入至太后所。

⑥[索隐]曰:金氏之甥,修成君之子也。而名仲者,又与大外祖王氏同字,恐非也。

⑦徐广曰:"嫁为淮南王安太子妃也。"

卫子夫立为皇后后,弟卫青字仲卿,以大将军封为长平侯。四子:长子伉为侯世子,侯世子常侍中,贵幸。其三弟皆封为侯,各千三百户,一曰阴安侯,①二曰发干侯,②三曰宜春侯,③贵震天下。天下歌之曰:"生男无喜,生女无怒,独不见卫子夫霸天下!"

①[索隐]曰:名不疑。《地理志》阴安,县名,属魏郡。[正义]曰:《括地志》云:"阴安故城在魏州顿丘县北六十里也。"

②[索隐]曰:名登。《地理志》发干,县名,属东郡。[正义]曰:《括地志》云:"发干故城在博州堂邑县西南二十三里。"

③[索隐]曰:名伉。《地理志》宜春,县名,属汝南。[正义]曰:《括地志》云:"宜春故城在豫州汝阳县西六十七里。"

是时平阳主寡居,当用列侯尚主。主与左右议长安中列侯可为夫者,皆言大将军可,主笑曰:"此出吾家,常使令骑从我出入耳,奈何用为夫乎?"左右侍御者曰:"今大将军姊为皇后,三子为侯,富贵振动天下,主何以易之乎?"于是主乃许之。言之皇后,令白之武帝,乃诏卫将军尚平阳公主焉。

褚先生曰:"丈夫龙变。《传》曰:"蛇化为龙,不变其文;家化为国,不变其姓。"丈夫当时富贵,百恶灭除,光耀荣华,贫贱之时何足累之哉!

武帝时,幸夫人尹婕妤。①邢夫人号娙娥,②众人谓之"娙何"。娙何秩比中二千石,③容华秩比二千石,④婕妤秩比列侯。常从婕妤迁为皇后。

①[索隐]曰:韦昭云:"婕,承;妤,助也"。一云"美好也"。《声类》云幸也,字亦从女。《汉旧仪》云:"皇后为婕妤下舆,礼比丞相。"

②[索隐]曰：服虔云："姪，音近妍。"徐广音五耕反。邹诞生音莘。《字林》
　音五经反。《说文》云："姪，长也，好也。"许慎云"秦晋之间谓好为姪"。
　又《方言》云"美貌谓之姪娥"。《汉旧仪》云"姪娥秩比将军、御史大夫"。
③[索隐]曰：崔浩云"中犹满也。汉制九卿已上秩一岁满二千斛"。又《汉
　官仪》云"中二千石俸月百八十斛"。
④[索隐]曰：二千石是郡守之秩。《汉官仪》云"其俸月百二十斛"。又有真
　二千石者，如淳云"诸侯王相在郡守上，秩真二千石"。《汉律》真二千石
　俸月二万。按是二万斗，则二万斗亦是二千石也。崔浩云"列卿已上秩
　石皆正二千石"。则是真二千石也。其云中二千石，亦不满二千，盖千八
　九百耳。此崔氏说，今兼引而解之。

　尹夫人与邢夫人同时并幸，有诏不得相见。尹夫人自请武帝，
愿望见邢夫人，帝许之。即令他夫人饰，从御者数十人。为邢夫人
来前。尹夫人前见之，曰："此非邢夫人身也。"帝曰："何以言之！"对
曰："视其身貌形状，不足以当人主矣。"于是帝乃诏使邢夫人衣故
衣，独身来前。尹夫人望见之，曰："此真是也。"于是乃低头俯而泣，
自痛其不如也。谚曰："美女入室，恶女之仇。"

　褚先生曰："浴不必江海，要之去垢；马不必骐骥，要之善走；士
不必贤世，要之知道；女不必贵种，要之贞好。《传》曰："女无美恶，
入室见妒；士无贤不肖，入朝见嫉。"美女者恶女之仇。岂不然哉！

　钩弋夫人姓赵氏，河间人也。①得幸武帝，生子一人，昭帝是
也。武帝年七十，乃生昭帝。昭帝立时，年五岁耳。②
①[索隐]曰：《汉书》云："武帝过河间，望气者言此有奇女，天子亟使使召
　之。女两手皆拳，上自披之，手即伸。由是得幸，号曰拳夫人。后居钩弋
　宫，号曰钩弋夫人。"《列仙传》云"发手得一玉钩，故号焉"。《黄图》云
　"钩弋宫在城外。"《汉武故事》云"宫在直门南"。《庙记》云"宫有千门万
　户，不可记其名也。"昭帝即位，追尊太后父赵父为顺成侯。[正义]曰：
　《括地志》云："钩弋宫在长安城中，门名尧母门也。"
②徐广曰："武帝崩年正七十，昭帝年八岁耳。"[索隐]曰：此褚先生之记。
　《汉书》云"元始三年，生昭帝"，又误。按：元始当作"太始"也。
　卫太子废后，未复立太子。而燕王旦上书，愿归国入宿卫。武

帝怒,立斩其使者于北阙。

　　上居甘泉宫,召画工图画周公负成王也。于是左右群臣知武帝意欲立少子也。后数日,帝谴责钩弋夫人。夫人脱簪珥叩头。帝曰:"引持去,送掖庭狱。"夫人还顾,帝曰:"趣行!女不得活!"夫人死云阳宫。①时暴风扬尘,百姓感伤。使者夜持棺往葬之,②封识其处。

　　　①[索隐]曰:《三辅故事》云"葬甘泉宫南。后昭帝起云陵,邑三千户。"《汉
　　　　武故事》云:"既殡,香闻十里,上疑非常人,发棺,无尸,衣履存焉。"[正
　　　　义]曰:《括地志》云:"云阳宫,秦之甘泉宫,在雍州云阳县西北八十里。
　　　　秦始皇作甘泉宫,去长安三百里,黄帝以来祭圆丘处也。"

　　　②[正义]曰:《括地志》云:"云阳陵,汉钩弋夫人陵也,在云阳县西北五十
　　　　八里。孝武帝钩弋赵婕妤,昭帝之母,齐人,姓赵。少好清静,六年卧病,
　　　　右手卷,饮食少。望气者云'东北有贵人',推而得之。召到,姿色甚佳。
　　　　武帝持其手伸之,得玉钩。后生昭帝。武帝末年杀夫人,殡之而尸香一
　　　　日。昭帝更葬之,棺但存丝履也。《宫记》云'武帝思之,为起通灵台于甘
　　　　泉,常有一青鸟集台上往来,至宣帝时乃止'。"

　　其后帝闲居,问左右曰:"人言云何?"左右对曰:"人言且立其子,何去其母乎?"帝曰:"然。是非儿曹愚人所知也。往古国家所以乱也,由主少母壮也。女主独居骄蹇,淫乱自恣,莫能禁也。女不闻吕后邪?"故诸为武帝生子者,无男女,其母无不谴死,岂可谓非贤圣哉!昭然远见,为后世计虑,固非浅闻愚儒之所及也。谥为"武",岂虚哉!

　　索隐述赞曰:《礼》贵夫妇,《易》叙《乾坤》。配阳成化,比月居尊。河洲降淑,天曜垂轩。德著任、姒,庆流娥、嫄。建我炎历,斯道克存。吕权大宝,窦善玄言。自兹已降,立嬖以恩。内无常主,后嗣不繁。

史记卷五〇
世家第二〇

楚元王

楚元王刘交者，①高祖之同母②少弟也，字游。

①〔正义〕曰：年表云都彭城。

②徐广曰："一作'父'。"〔索隐〕曰：《汉书》作"同父"。言同父，以明异母
也。

高祖兄弟四人，长兄伯，伯早卒。始高祖微时，尝辟事，时时与
宾客过巨嫂食。①嫂厌叔，叔与客来，嫂详为羹尽，栎釜，②宾客以
故去。已而视釜中尚有羹，高祖由此怨其嫂。及高祖为帝，封昆弟，
而伯子独不得封。太上皇以为言，高祖曰："某非忘封之也，为其母
不长者耳。"于是乃封其子信为羹颉侯。③而王次兄仲于代。④

①徐广曰："《汉书》云丘嫂也。"〔索隐〕曰：应劭云："丘，姓也"。孟康云：
　"丘，空也。兄亡，空有嫂也"。今此作"巨"，巨，大也，谓长嫂也。刘氏
　云"巨，一作'丘'"也。

②〔索隐〕曰：栎，音历。谓以杓历釜旁，使为声。《汉书》作"轑"，音劳。

③徐广曰："羹颉侯以高祖七年封，封十三年，高后元年有罪，削爵一级，
　为关内侯。"〔索隐〕曰：羹颉，爵号，非县名，以其栎釜故也。〔正义〕曰：
　《括地志》云："羹颉山在妫州怀戎县东南十五里。"按：高祖取其山名为
　侯号者，怨故也。

④徐广曰："次兄名喜，字仲。以六年立为代王，其年罢。卒谥顷王。有子
　曰濞。"

高祖六年，已禽楚王韩信于陈，乃以弟交为楚王，都彭城。①即

位二十三年卒,子夷王郢立。② 夷王四年卒,子王戊立。

①[索隐]曰:《汉书》云楚王王薛郡、东海、彭城三十六郡也。

②[索隐]曰:《汉书》名郢客也。

王戊立二十年,冬,坐为薄太后服私奸,削东海郡。①春,戊与吴王合谋反,其相张尚、太傅赵夷吾谏,不听。戊则杀尚、夷吾,起兵与吴西攻梁,破棘壁。②至昌邑南,③与汉将周亚夫战。汉绝吴楚粮道,士卒饥,吴王走,楚王戊自杀,军遂降汉。

①[索隐]曰:《汉书》云"私奸服舍中"。姚察云"奸于服舍,非必宫中。"又按:《集注》服虔云"私奸中人"。盖以罪重,故至削郡也。

②[正义]曰:《括地志》云:"大棘故城在宋州宁陵县西七十里,州即梁棘壁。"

③[正义]曰:《括地志》云"有梁丘故城在曹州成武县东北三十二里"也。

汉已平吴楚,孝景帝欲以德侯子续吴,①以元王子礼续楚。窦太后曰:"吴王老人也,宜为宗室顺善。今乃首率七国,纷乱天下,奈何续其后!"不许吴,许立楚后。是时礼为汉宗正。乃拜礼为楚王,奉元王宗庙,是为楚文王。

①徐广曰:"德侯名广,吴王濞之弟也。其父曰仲。"

文王立三年卒,子安王道立。安王二十二年卒,子襄王经立。襄王立十四年卒,子王纯代立。王纯立,地节二年,中人上书告楚王谋反,王自杀,国除,入汉为彭城郡。①

①徐广曰:"纯立十七年卒,谥节。三子延寿立,十九年死。"[索隐]曰:太史公唯记王纯为国人告反,国除。盖延寿后更封,至十九年又谋反诛死,故不同也。《正义》曰:《汉书》云王纯嗣十六年,子延寿嗣,与赵何齐谋反,延寿自杀,立三十二年国除。于此不同。地节是宣帝年号,去天汉四年二十九,仍隔昭帝世。言到地节二年以下者,盖褚先生误也。

赵王刘遂者,①其父高祖中子,名友,谥曰"幽"。幽王以忧死,故为"幽"。高后王吕禄于赵,一岁而高后崩。大臣诛诸吕吕禄等,乃立幽王子遂为赵王。

①[正义]曰:年表云都邯郸。

孝文帝即位二年，立遂弟辟强，①取赵之河间郡为河间王，②以为文王。立十三年卒，子哀王福立。一年卒，无子，绝后，国除，入于汉。

①[索隐]曰：音璧强，又音辟疆。

②[正义]曰：河间，今瀛州也。

遂既王赵二十六年，孝景帝时坐晁错以適削赵王常山之郡。吴楚反，赵王遂与合谋起兵。其相建德、①内史王悍谏，不听。遂烧杀建德、王悍，发兵屯其西界，欲待吴与俱西。北使匈奴，与连和攻汉。汉使曲周侯郦寄击之。赵王遂还，城守邯郸，相距七月。吴楚败于梁，不能西。匈奴闻之亦止，不肯入汉边。栾布自破齐还，乃并兵引水灌赵城。赵城坏，赵王自杀，邯郸遂降。②赵幽王绝后。

①[索隐]曰：建德，其相名，史先失姓也。

②[正义]曰：邯郸，洺州县也。

太史公曰：国之将兴，必有祯祥，君子用而小人退。国之将亡，贤人隐，乱臣贵。使楚王戊毋刑申公，遵其言，①赵任防与先生，②岂有篡杀之谋，为天下僇哉？贤人乎，贤人乎！非质有其内，恶能用之哉？甚矣，"安危在出令，存亡在所任"，诚哉是言也！

①[索隐]曰：《汉书》申公名培，王戊胥靡之。

②《赵尧传》曰："赵人防与公也。"[索隐]曰：此及《汉书》虽不见赵不用防与公，盖当时犹知事迹，或别有所见，故太史公明引以结其赞。

索隐述赞曰：汉封同姓，楚有令名。既灭韩信，王失彭城。穆生致醴，韦孟作程。王戊弃德，与吴连兵。太后命礼，为楚罪轻。文襄继立，世挺才英。如何赵遂，代殒厥声！兴亡之兆，所任宜明。

史记卷五一
世家第二一

荆燕

　　荆王刘贾,①诸刘者,不知其何属。②初起时汉王元年,还定三秦,刘贾为将军,定塞地,③从东击项籍。

　　①[正义]曰:年表云都吴也。

　　②《汉书》贾,高帝从父兄。[索隐]曰:注引《汉书》,则班固或别有所见也。

　　③[索隐]曰:即桃林之塞。

　　汉四年,汉王之败成皋,北渡河,得张耳、韩信军,军修武,深沟高垒。使刘贾将二万人,骑数百,渡白马津入楚地,①烧其积聚,以破其业,无以给项王军食。而已楚兵击刘贾,贾辄壁不肯与战,而与彭越相保。

　　①[正义]曰:《括地志》云:“黎阳,一名白马津,在滑州白马县北三十里。”
　　　按:贾从此津南过入楚地也。

　　汉五年,汉王追项籍至固陵,①使刘贾南渡淮,围寿春。②还至,使人间招楚大司马周殷。周殷反楚,佐刘贾举九江,迎武王黥布兵,皆会垓下,共击项籍。汉王因使刘贾将九江兵,与太尉卢绾西南击临江王共尉。③共尉已死,以临江为南郡。④

　　①徐广曰:“在阳夏。”[正义]曰:《括地志》云:“固陵,陵名。在陈州宛丘县西北四十二里。”

　　②[正义]曰:今寿州寿春县是也。

　　③[索隐]曰:共敖之子。

　　④[正义]曰:今荆州也。

汉六年春,会诸侯于陈,①废楚王信,囚之,分其地为二国。当是时也,高祖子幼,昆弟少,又不贤,欲王同姓以镇天下。乃诏曰:"将军刘贾有功,及择子弟可以为王者。"群臣皆曰:"立刘贾为荆王,王淮东五十二城;②高祖弟交为楚王,王淮西三十六城。"③因立子肥为齐王。始王昆弟刘氏也。

①[正义]曰:今陈州也。

②[索隐]曰:表云刘贾都吴。又《汉书》以东阳郡封贾。东阳即临淮,故云王淮东。[正义]曰:《括地志》云西北四十里,盖此县是也。

③[正义]曰:淮以西徐、泗、濠等州也。

高祖十一年秋,淮南王黥布反,东击荆。荆王贾与战,不胜,走富陵,①为布军所杀。高祖自击破布。十二年,立沛侯刘濞为吴王,王故荆地。

①[索隐]曰:《地理志》县名,属临淮。[正义]曰:《括地志》云:"富陵故城在楚州盱眙县东北六十里。"

燕王刘泽者,诸刘远属也。①高帝三年,泽为郎中。高帝十一年,泽以将军击陈豨,得王黄,为营陵侯。②

①《汉书》:"泽,高祖从祖昆弟。"[索隐]曰:《楚汉春秋》田子春说张卿云"刘泽,宗家也"。按:言"宗家",似疏远矣。然则班固言"从祖昆弟",当别有所见。

②[索隐]曰:《地理志》县名,在北海。[正义]曰:《括地志》云:"营陵故城在青州北海县南三十里。"

高后时,齐人田生①游乏资,以画干营陵侯泽。②泽大说之,用金二百斤为田生寿。田生已得金,即归齐。二年,泽使人谓田生曰:"弗与矣。"③田生如长安,不见泽,而假大宅,令其子求事吕后所幸大谒者张子卿。④居数月,田生子请张卿临,亲修具。张卿许往。田生盛帷帐共具,譬如列侯。张卿惊。酒酣,乃屏人说张卿曰:"臣观诸侯王邸第百余,皆高祖一切功臣。⑤今吕氏雅故本推毂高帝就天下,⑥功至大,又亲戚太后之重。太后春秋长,诸吕弱,太后欲立吕产为吕王,王代。太后又重发之,⑦恐大臣不听。今卿最幸,大臣所

敬,何不风大臣以闻太后,太后必喜。诸吕已王,万户侯亦卿之
有。⑧太后心欲之,而卿为内臣,不急发,恐祸及身矣。"张卿大然
之,乃风大臣语太后。太后朝,因问大臣。大臣请立吕产为吕王。太
后赐张卿千斤金,张卿以其半与田生。田生弗受,因说之曰:"吕产
王也,诸大臣未大服。今营陵侯泽,诸刘,为大将军,独此尚觖望。⑨
今卿言太后,列十余县王之,彼得王,喜去,诸吕王益固矣。"张卿入
言,太后然之。乃以营陵侯刘泽为琅邪王。琅邪王乃与田生之国。
田生劝泽急行,毋留。出关,太后果使人追止之,已出,即还。

①晋灼曰:"《楚汉春秋》田子春。"

②服虔曰:"以计画干之也。"文颖曰:"以工画得宠也。"[索隐]曰:两家之
　义并通。

③孟康曰:"与,党与。言不复与我为与也。"文颖曰:"不得与汝相知。"

④徐广曰:"名泽。"骃案:如淳曰阉人也。

⑤[索隐]曰:此一切犹一例,同时也,非如他一切训权时也。

⑥如淳曰:"吕公知高祖相贵,以女妻之,推毂使为长者。"瓒曰:"谓诸吕
　共推毂高祖征伐成帝业。雅,正意也。"[索隐]曰:雅训素也。谓吕氏素
　心奉推高祖取天下,若人推毂欲前进途然也,推,音昌谁反。

⑦文颖曰:"欲发之,恐大臣不听。"邓展曰:"重难发事。"

⑧[正义]曰:《高后纪》云封张卿为建陵侯。

⑨[索隐]曰:觖:音决,又音窥睡反。

　　及太后崩,琅邪王泽乃曰:"帝少,诸吕用事,刘氏孤弱。"乃引
兵与齐王合谋西,①欲诛诸吕。至梁,闻汉遣灌将军屯荥阳,泽还兵
备西界,遂跳驱至长安。②代王亦从代至。诸将相与琅邪王共立代
王为天子。天子乃徙泽为燕王,乃复以琅邪予齐,复故地。③

①《汉书音义》曰:"泽至齐,为齐王所劫,不得去。乃说王,求诣京师,齐具
　车送之。不为本与齐合谋也。"[索隐]曰:《汉书·齐王传》云使祝午结
　琅邪王至齐,因留琅邪王不得反国。泽乃说求入关,齐乃送之。与此文
　不同者,刘氏以为燕、齐两史各言其主立功之迹,太史公间疑,遂各记
　之,则所谓实录。

②《汉书音义》曰:"跳驱,驰至长安也。"[索隐]曰:跳,他雕反,脱独去也。

又音条,谓疾去也。

③李奇曰:"本齐地,分以王泽,今复与齐也。"

泽王燕二年,薨,谥为敬王。传子嘉,为康王。

至孙定国,与父康王姬奸,生子男一人。夺弟妻为姬。与子女三人奸。定国有所欲诛杀,臣肥如令郢人,①郢人等告定国,定国使谒者以他法劾捕格杀郢人以灭口。至元朔元年,郢人昆弟复上书具言定国阴事,以此发觉。诏下公卿,皆议曰:"定国禽兽行,乱人伦,逆天,当诛。"上许之。定国自杀,国除为郡。

①如淳曰:"定国自欲有所杀余臣,肥如令郢人以告之。"[索隐]曰:如淳意以肥如亦臣名,令郢人以告定国也。小颜以为定国欲有所诛杀余臣,而肥如令郢人乃告定国也。按:《地理志》,肥如在辽西。

太史公曰:荆王王也,由汉初定,天下未集,故刘贾虽属疏,然以策为王,填江淮之间。刘泽之王,权激吕氏,①然刘泽卒南面称孤者三世。事发相重,岂不为伟乎!②

①[索隐]曰:谓田子春欲王刘泽,先使张卿说封吕产,乃恐以大臣觖望,泽卒得王,故为权激诸吕也。

②晋灼曰:"泽以金与田生以事张卿,张卿言之吕后,而刘泽得王,故曰'事发相重'。或曰事起于相重也。"[索隐]曰:谓先发吕氏令重,而我亦得其功,是事发相重也。伟,盛也,盖盛其能激发也。

索隐述赞曰:刘贾初从,首定三秦。既渡白马,遂围寿春。始迎黥布,绝间周殷。赏功胙土,与楚为邻。营陵始爵,勋由击陈。田生游说,受赐千斤。权激诸吕,事发荣身。徙封传嗣,亡于郢人。

史记卷五二
世家第二二

齐悼惠王

　　齐悼惠王①刘肥者,高祖长庶男也。其母外妇也,曰曹氏。高祖六年,立肥为齐王,食七十城,诸民能齐言者皆予齐王。②

　　①[正义]曰:年表云都临淄。
　　②[索隐]曰:谓其语音及名物异于楚魏。一云此时人多流亡,故使齐言者皆还齐王。

　　齐王,孝惠帝兄也。孝惠帝二年,齐王入朝。惠帝与齐王燕饮,亢礼如家人。①吕太后怒,且诛齐王。齐王惧不得脱,乃用其内史勋计,献城阳郡,②以为鲁元公主汤沐邑。吕太后喜,乃得辞就国。

　　①[索隐]曰:谓齐王是兄,不为君臣礼,而乃自亢敌如家人,行兄弟之礼,故太后怒。
　　②[正义]曰:《括地志》云:“濮州雷泽县,本汉城阳县。”按:后为郡也。

　　悼惠王即位十三年,以惠帝六年卒。子襄立,是为哀王。哀王元年,孝惠帝崩,吕太后称制,天下事皆决于高后。二年,高后立其兄子郦侯①吕台为吕王,②割齐之济南郡③为吕王奉邑。哀王三年,其弟章入宿卫于汉,吕太后封为朱虚侯,④以吕禄女妻之。后四年,封章弟兴居为东牟侯,⑤皆宿卫长安中。哀王八年,高后割齐琅邪郡,⑥立营陵侯刘泽为琅邪王。其明年,赵王友入朝,幽死于邸。三赵王皆废。高后立诸吕为三王,⑦擅权用事。

　　①徐广曰:“一作‘郦’。”[索隐]曰:二字皆音孚。郦,县名,在冯翊。郦县在南阳。[正义]曰:按:音呈益反。《括地志》云“故郦城在邓州新城县西北

四十里"，盖此县是也。

②[索隐]曰：音眙。吕后兄子。

③[正义]曰：《括地志》云："济南故城在淄州长山县西北二十五里。"

④[索隐]曰：《地理志》县名，属琅邪。

⑤[索隐]曰：《地理志》县名，属东莱。

⑥[正义]曰：今沂州也。

⑦徐广曰："燕、赵、梁。"

朱虚侯年二十，有气力，忿刘氏不得职。尝入侍高后燕饮，高后令朱虚侯刘章为酒吏。章自请曰："臣，将种也，请得以军法行酒。"高后曰："可。"酒酣，章进饮歌舞。已而曰："请为太后言耕田歌。"高后儿子畜之，笑曰："顾而父知田耳。若生而为王子，安知田乎？"①章曰："臣知之。"太后曰："试为我言田。"章曰："深耕穊种，立苗欲疏，非其种者，锄而去之。"吕后默然。顷之，诸吕有一人醉，亡酒，章追，拔剑斩之而还，报曰："有亡酒一人，臣谨行法斩之。"太后左右皆大惊。业已许其军法，无以罪也。因罢。自是之后，诸吕惮朱虚侯，虽大臣皆依朱虚侯，刘氏为益强。

①[索隐]曰：顾，犹念也。而及若皆训汝。

其明年，高后崩。赵王吕禄为上将军，吕王产为相国，皆居长安中，聚兵以威大臣，欲为乱。朱虚侯章以吕禄女为妇，知其谋，乃使人阴出告其兄齐王，欲令发兵西，朱虚侯、东牟侯为内应，以诛诸吕，因立齐王为帝。

齐王既闻此计，乃与其舅父驷钧、①郎中令祝午、中尉魏勃阴谋发兵。齐相召平闻之，②乃发卒卫王宫。魏勃绐召平曰："王欲发兵，非有汉虎符验也。而相君围王，固善。勃请为君将兵卫卫王。"召平信之，乃使魏勃将兵围王宫。勃既将兵，使围相府。召平曰："嗟乎！道家之言'当断不断，反受其乱'，乃是也。"遂自杀。于是齐王以驷钧为相，魏勃为将军，祝午为内史，悉发国中兵。使祝午东诈琅邪王曰："吕氏作乱，齐王发兵欲西诛之。齐王自以儿子，年少，不习兵革之事，愿举国委大王。大王自高帝将也，习战事。齐王不敢

离兵,③使臣请大王幸之临菑见齐王计事,并将齐兵以西平关中之
乱。"琅邪王信之,以为然,乃驰见齐王。齐王与魏勃等因留琅邪王,
而使祝午尽发琅邪国而并将其兵。

①〔索隐〕曰:舅,谓舅父,犹姨称姨母。

②〔索隐〕曰:广陵人召平与东陵侯召平及此召平皆似别人也。《功臣表》
平子奴以父功封黎侯也。

③〔索隐〕曰:服虔云"不敢离其兵而到琅邪"。

　　琅邪王刘泽既见欺,不得反国,乃说齐王曰:"齐悼惠王高皇帝
长子,推本言之,而大王高皇帝適长孙也,当立。今诸大臣狐疑未有
所定,而泽于刘氏最为长年,大臣固待泽决计。今大王留臣无为也,
不如使我入关计事。"齐王以为然,乃益具车送琅邪王。

　　琅邪王既行,齐遂举兵西攻吕国之济南。于是齐哀王遗诸侯王
书曰:"高帝平定天下,王诸子弟,悼惠王于齐。悼惠王薨,惠帝使留
侯张良立臣为齐王。惠帝崩,高后用事,春秋高,听诸吕,擅废高帝
所立,又杀三赵王,①灭梁、燕、赵②以王诸吕,分齐国为四。③忠臣
进谏,上惑乱不听。今高后崩,皇帝春秋富,④未能治天下,固恃大
臣诸将。今诸吕又擅自尊官,聚兵严威,劫列侯忠臣,矫制以令天
下,宗庙所以危。今寡人率兵入诛不当为王者。"

①〔正义〕曰:隐王如意、幽王友、梁王恢徙燕赵,并高祖子也。

②〔正义〕曰:梁王恢、燕王建,梁王恢徙赵,分无后也。

③〔索隐〕曰:谓济南、琅邪、城阳并齐为四也。〔正义〕曰:琅邪郡封刘泽,
济南郡以为吕王奉邑,城阳为鲁元公主汤沐邑也。

④〔索隐〕曰:小颜云"年幼也,比之于财,方未匮竭,故谓之富"也。

　　汉闻齐发兵而西,相国吕产乃遣大将军灌婴东击之。灌婴至荥
阳,乃谋曰:"诸吕将兵居关中,欲危刘氏而自立。我今破齐还报,是
益吕氏资也。"乃留兵屯荥阳,使使喻齐王及诸侯,与连和,以待吕
氏之变而共诛之。齐王闻之,乃西取其故济南郡,亦屯兵于齐西界
以待约。

　　吕禄、吕产欲作乱关中,朱虚侯与太尉勃、丞相平等诛之。朱虚
侯首先斩吕产,于是太尉勃等乃得尽诛诸吕。而琅邪王亦从齐至长

安。大臣议欲立齐王,而琅邪王及大臣曰:"齐王母家驷钧,恶戾,虎而冠者也。①方以吕氏故,几乱天下,今又立齐王,是欲复为吕氏也。代王母家薄氏,君子长者。且代王又亲高帝子,于今见在,且最为长。以子则顺,以善人则大臣安。"于是大臣乃谋迎立代王,而遣朱虚侯以诛吕氏事告齐王,令罢兵。

①张晏曰:"言钧恶戾,如虎而著冠。"

灌婴在荥阳,闻魏勃本教齐王反,既诛吕氏,罢齐兵,使使召责问魏勃。勃曰:"失火之家,岂暇先言大人而后救火乎!"①因退立,股战而栗,恐不能言者,终无他语。灌将军熟视笑曰:"人谓魏勃勇,妄庸人耳,②何能为乎!"乃罢魏勃。③魏勃父以善鼓琴见秦皇帝。及魏勃少时,欲求见齐相曹参,家贫无以自通,乃常独早夜扫齐相舍人门外。相舍人怪之,以为物,而伺之,④得勃。勃曰:"愿见相君,无因,故为子扫,欲以求见。"于是舍人见勃曹参,因以为舍人。一为参御,言事,参以为贤,言之齐悼惠王。悼惠王召见,则拜为内史。始,悼惠王得自置二千石。及悼惠王卒,而哀王立,勃用事,重于齐相。

①〔索隐〕曰:此盖旧俗之言,谓救火之急,不暇先启家,长也。亦犹国家有难,不暇待诏命也。

②〔索隐〕曰:妄庸,言凡妄庸劣之人。

③〔索隐〕曰:罢,谓不罪而放遣之。

④〔索隐〕曰:姚氏云:"物,怪物。"

王既罢兵归,而代王来立,是为孝文帝。

孝文帝元年,尽以高后时所割齐之城阳、琅邪、济南郡复与齐,而徙琅邪王王燕,益封朱虚侯、东牟侯各二千户。

是岁,齐哀王卒,太子侧立,是为文王。

齐文王元年,汉以齐之城阳郡立朱虚侯为城阳王,以齐济北郡①立东牟侯为济北王。

①〔正义〕曰:今济州,济北王所都。

二年,济北王反,汉诛杀之,地入于汉。后二年,孝文帝尽封齐悼惠王子罢军等七人①皆为列侯。

①[正义]曰:罢,音不。

齐文王立十四年卒,无子,国除,地入于汉。

后一岁,孝文帝以所封悼惠王子分齐为王,齐孝王将闾以悼惠王子杨虚侯为齐王。故齐别郡尽以王悼惠王子,子志为济北王,子辟光为济南王,子贤为菑川王,子卬为胶西王,子雄渠为胶东王,与城阳、齐凡七王。①

①[索隐]曰:谓将闾为齐王,志为济北王,卬胶西王,辟光济南王,贤菑川王,章城阳王,雄渠为胶东王。

齐孝王十一年,吴王濞、楚王戊反,兴兵西,告诸侯曰"将诛汉贼臣晁错以安宗庙"。胶西、胶东、菑川、济南皆擅发兵应吴楚。欲与齐,齐孝王狐疑,城守不听,三国兵共围齐。①齐王使路中大夫②告于天子。天子复令路中大夫还告齐王:"善坚守,吾兵今破吴楚矣。"路中大夫至,三国兵围临菑数重,无从入。三国将劫与路中大夫盟,曰:"若反言汉已破矣,齐趣下三国,不且见屠。"路中大夫既许之,至城下,望见齐王,曰:"汉已发兵百万,使太尉周亚夫击破吴楚,方引兵救齐,齐必坚守无下!"三国将诛路中大夫。

①张晏曰:"胶西、菑川、济南也。"

②张晏曰:"姓路,为中大夫。"[索隐]曰:史失名,故言姓及官。顾氏按《路氏谱》中大夫名卬也。卬,五刚反。

齐初围急,阴与三国通谋,约未定,会闻路中大夫从汉来,喜,及其大臣乃复劝王毋下三国。居无何,汉将栾布、平阳侯等兵至齐,①击破三国兵,解齐围。已而复闻齐初与三国有谋,将欲移兵伐齐。齐孝王惧,乃饮药自杀。景帝闻之,以为齐首善,以迫劫有谋,非其罪也,乃立孝王太子寿为齐王,是为懿王,续齐后。而胶西、胶东、济南、菑川王咸诛灭,地入于汉。徙济北王王菑川。齐懿王立二十二年卒,子次景立,是为厉王。

①[索隐]曰:平阳侯,按表是简侯曹奇。

　　齐厉王，其母曰纪太后。太后取其弟纪氏女为厉王后。王不爱纪氏女。太后欲其家重宠，①令其长女纪翁主入王宫②，正其后宫，毋令得近王，欲令爱纪氏女。王因与其姊翁主奸。

①[索隐]曰：重，直宠反。谓欲世宠贵于王宫。

②[索隐]曰：如淳云："诸王女云翁主。称其母姓，故谓之纪翁主。"

　　齐有宦者徐甲，入事汉皇太后。①皇太后有爱女曰修成君，修成君非刘氏，②太后怜之。修成君有女名娥，太后欲嫁之于诸侯，宦者甲乃请使齐，必令王上书请娥。皇太后喜，使甲之齐。是时，齐人主父偃知甲之使齐以取后事，亦因谓甲："即事成，幸言偃女愿得充王后宫。"甲既至齐，风以此事。纪太后大怒，曰："王有后，后宫具备。且甲，齐贫人，急③乃为宦者，入事汉，无补益，乃欲乱吾王家！且主父偃何为者？乃欲以女充后宫！"徐甲大穷，还报皇太后曰："王已愿尚娥，然有一害，恐如燕王。"燕王者，与其子昆弟奸，新坐以死，亡国，故以燕感太后。太后曰："无复言嫁女齐事。"事浸浔不得闻于天子。

①[索隐]曰：谓王太后，武帝母也。

②张晏曰："王太后前嫁金氏所生。"

③徐广曰："一作'及'。"

　　主父偃由此亦与齐有郤。主父偃方幸于天子，用事，因言："齐临菑十万户，市租千金，①人众殷富，巨于长安，此非天子亲弟爱子不得王此。今齐王于亲属益疏。"乃从容言："吕太后时齐欲反，吴楚时孝王几为乱。今闻齐王与其姊乱。"于是天子乃拜主父偃为齐相，且正其事。主父偃既至齐，乃急治王后宫宦者为王通于姊翁主所者，令其辞证皆引王。王年少，惧大罪为吏所执诛，乃饮药自杀。绝无后。

①[索隐]曰：市，租，谓所卖之物出租，日得千金，言齐人众而且富也。

　　是时赵王惧主父偃一出废齐，恐其渐疏骨肉，乃上书言偃受金及轻重之短。①天子亦既囚偃。公孙弘言："齐王以忧死毋后，国入汉，非诛偃无以塞天下之望。"遂诛偃。

①[索隐]曰：谓偃挟齐不娶女之恨，因言齐之短，为轻重之辞，盖言临菑富及吴、楚、孝王时事是也。

齐厉王立五年死，毋后，国入于汉。

齐悼惠王后尚有二国，城阳及菑川。菑川地比齐。天子怜齐，为悼惠王冢园在郡，割菑东环悼惠王冢园邑尽以予菑川，以奉悼惠王祭祀。

城阳景王章，①齐悼惠王子。以朱虚侯与大臣共诛诸吕，而章身首先斩相国吕王产于未央宫。孝文帝既立，益封章二千户，赐金千斤。孝文二年，以齐之城阳郡立章为城阳王。立二年卒，子喜立，是为共王。

①[正义]曰：年表云都莒也。

共王八年，徙王淮南。①四年，复还王城阳。凡三十三年卒，子建延立，是为顷王。

①[索隐]曰：当孝文帝之十二年也。[正义]曰：年表云都陈也。

顷王二十八年卒，子义立，是为敬王。敬王九年卒，子武立，是为惠王。惠王十一年卒，子顺立，是为荒王。荒王四十六年卒，子恢立，①是为戴王。戴王八年卒，子景立，至建始三年，②十五岁，卒。

①徐广曰："甘露二年。"

②[正义]曰：建始，成帝年号。从建始四年上至天汉四年，六十七矣，盖褚先生次之。

济北王兴居，①齐悼惠王子。以东牟侯助大臣诛诸吕，功少。及文帝从代来，兴居曰："请与太仆婴入清宫。"废少帝，共与大臣尊立孝文帝。孝文帝二年，以齐之济北郡立兴居为济北王，与城阳王俱立。

①[正义]曰：都济州也。

立二年，反。始大臣诛吕氏时，朱虚侯功尤大，许尽以赵地王朱虚侯，尽以梁地王东牟侯。及孝文帝立，闻朱虚、东牟之初欲立齐王,故绌其功。及二年,王诸子,乃割齐二郡以王章、兴居。章、兴居自以失职夺功。章死,而兴居闻匈奴大入汉,汉多发兵,使丞相灌婴击之,文帝亲幸太原。以为天子自击胡,遂发兵反于济北。天子闻之,罢丞相及行兵,皆归长安。使棘蒲侯柴将军①击破虏济北王,王自杀,地入于汉,为郡。

①张晏曰:"柴武。"

后十二年,文帝十六年,复以齐悼惠王子安都侯①志为济北王。②十一年,吴楚反时,志坚守,不与诸侯合谋。吴楚已平,徙志王菑川。

①[正义]曰:安都故城在瀛州高阳县西南三十九里。

②[索隐]曰:《地理志》安都阙。

济南王辟光,①齐悼惠王子。以勒侯②孝文十六年为济南王。十一年,与吴楚反。汉击破,杀辟光,以济南为郡,地入于汉。

①[正义]曰:辟,音壁。都济南郡。

②[索隐]曰:勒,《汉书》作"扐",皆音力。《地理志》,县名,属平原也。

菑川王贤,①齐悼惠王子。以武城侯②文帝十六年为菑川王。十一年,与吴楚反,汉击破,杀贤。

①[正义]曰:年表云淄川王都剧。故城在青州寿光县西三十一里。

②[索隐]曰:按《地理志》,县名,属平原也。[正义]曰:贝州县。

天子因徙济北王志王菑川。志亦齐悼惠王子,以安都侯王济北。菑川王反,毋后,乃徙济北王王菑川。凡立三十五年卒,谥为懿王。子建代立,是为靖王。二十年卒,子遗代立,是为顷王。三十六年卒,子终古立,是为思王。二十八年卒,子尚立,是为孝王。五年卒,子横立,至建始①三年,十一岁,卒。

①[正义]曰:亦褚少孙次之。

胶西王卬,①齐悼惠王子。以昌平侯②文帝十六年为胶西王。十一年,与吴楚反。汉击破,杀卬,地入于汉,为胶西郡。

①[正义]曰:卬,五郎反。年表云都高苑。《括地志》云:"西苑故城在淄州长川县北四里。"

②〔正义〕曰:《括地志》云:"昌平故城在幽州东南六十里也。"

胶东王雄渠,①齐悼惠王子,以白石侯②文帝十六年为胶东王。十一年,与吴楚反,汉击破,杀雄渠,地入于汉,为胶东郡。

①〔正义〕曰:年表云都即墨。按即墨故城在莱州胶东县南六十里。

②〔索隐〕曰:《地理志》县名,属金城。〔正义〕曰:白石古城在德州安德县北二十里。

太史公曰:诸侯大国无过齐悼惠王。以海内初定,子弟少,激秦之无尺土封,故大封同姓,以填万民之心。及后分裂,固其理也。

索隐述赞曰:汉矫秦制,树屏自强。表海大国,悉封齐王。吕后肆怒,乃献城阳。哀王嗣立,其力不量。朱虚仕汉,功大策长。东牟受赏,称乱贻殃。胶东济北,雄渠辟光。齐虽七国,忠孝者昌。

史记卷五三
世家第二三

萧相国

萧相国何者,沛丰人也。①以文无害②为沛主吏掾。③

①[索隐]曰:《春秋纬》"萧何感昂精而生,典狱制律"。

②《汉书音义》曰:"文无害,有文无所枉害也。律有无害都吏,如今言公平
　吏。一曰,无害者如言'无比',陈留间语也。"[索隐]曰:裴注已列数家,
　今更引二说。应劭云:"虽为吏,而不刻害"。韦昭云"为有文理,无伤害
　也。"

③[索隐]曰:《汉书》云"何为主吏"。主吏,功曹也。又云"何为沛掾",是何
　为功曹掾。

高祖为布衣时,何数以吏事护高祖。①高祖为亭长,常左右之。
高祖以吏繇咸阳,吏皆送奉钱三,何独以五。②

①[索隐]曰:《说文》云:"护,救视也。"

②李奇曰:"或三百,或五百也。"[索隐]曰:奉,音扶万反。谓资俸之。如字
　读,谓奉送之也。刘氏云:"时钱有重者一当百,故有送钱三者。"

秦御史监郡者与从事,常辨之。①何乃给泗水卒史②事,第
一。③秦御史欲入言征何,何固请,得毋行。

①张晏曰:"何与共事修辨明,何素有方略也。"苏林曰:"辟何与从事也。
　秦时无刺史,以御史监郡。"[索隐]曰:何与御史从事常辨明,言称职
　也。

②徐广曰:"沛县有泗水亭。又秦以沛为泗水郡。"骃按:文颖曰:"何为泗
　水郡卒史。"[索隐]曰:如淳按:律,郡卒史书佐各十八也。卒,祖忽反。

③〔索隐〕曰:谓课最居第一。

　　及高祖起为沛公,何常为丞督事。①沛公至咸阳,诸将皆争走
金帛财物之府分之,②何独先入收秦丞相御史律令图书藏之。沛公
为汉王,以何为丞相。项王与诸侯屠烧咸阳而去。汉王所以具知天
下厄塞,户口多少,强弱之处,民所疾苦者,以何具得秦图书也。何
进言韩信,汉王以信为大将军。语在《淮阴侯》事中。

　　①〔索隐〕曰:谓高祖起沛,令何为丞,常监督庶事也。

　　②〔索隐〕曰:走,音奏。奏者,趋向之也。

　　汉王引兵东定三秦,何以丞相留收巴蜀,填抚谕告,使给军食。
汉二年,汉王与诸侯击楚,何守关中,侍太子,治栎阳。为法令约束,
立宗庙社稷宫室县邑,辄奏上,可,许以从事;即不及奏上,辄以便
宜施行,上来以闻。①关中事:计户口转漕给军②。汉王数失军遁
去,何常兴关中卒,辄补缺。上以此专属任何关中事。

　　①应劭曰:“上来还,乃以所为闻之。”

　　②〔索隐〕曰:转,刘氏音张恋反。漕,水运也。

　　汉三年,汉王与项羽相距京索之间,上数使使劳苦丞相。鲍生
谓丞相曰:“王暴衣露盖,数使使劳苦君者,有疑君心也。为君计,莫
若遣君子孙昆弟能胜兵者悉诣军所,上必益信君。”于是何从其计,
汉王大说。

　　汉五年,既杀项羽,定天下,论功行封。群臣争功,岁余功不决。
高祖以萧何功最盛,封为酂侯,①所食邑多。功臣皆曰:“臣等身被
坚执锐,多者百余战,少者数十合,攻城略地大小各有差。今萧何未
尝有汗马之劳,徒持文墨议论,不战,顾反居臣等上,何也?”高帝
曰:“诸君知猎乎?”曰:“知之。”“知猎狗乎?”曰:“知之。”高帝曰:
“夫猎,追杀兽兔者狗也,而发踪指示兽处者人也。今诸君徒能得走
兽耳,功狗也。至如萧何,发踪指示,功人也。且诸君独以身随我,

多者两三人。今萧何举宗数十人皆随我,功不可忘也。"群臣皆莫敢
言。

①文颖曰:"音赞。"瓒曰:"今南阳酂县也。孙检曰'有二县,音字多乱。其
　属沛郡者音嵯,属南阳者音赞'。按《茂陵书》,萧何国在南阳,宜呼赞。
　今多呼嵯,嵯旧字作'酇',今皆作'酂',所以乱也。"[索隐]曰:瓒云:
　"今南阳酂县。"顾氏云:"南阳,郡名也。《太康地理志》云'魏武帝建安
　中分南阳立南乡郡,晋武帝改曰顺阳郡是也'。"

　列侯毕已受封,及奏位次,皆曰:"平阳侯曹参身被七十创,攻
城略地,功最多,宜第一。"上已桡功臣,多封萧何,①至位次未有以
复难之,然必欲何第一。关内侯鄂君进曰:②"群臣议皆误。夫曹参
虽有野战略地之功,此特一时之事。夫上与楚相距五岁,常失军亡
众,逃身遁者数矣。然萧何常从关中遣军补其处,非上所诏令召,而
数万众会上之乏绝者数矣。夫汉与楚相守荥阳数年,军无见粮,萧
何转漕关中,给食不乏。陛下虽数亡山东,萧何常全关中以待陛下,
此万世之功也。今虽亡曹参等百数,何缺于汉?汉得之不必待以全。
奈何欲以一旦之功而加万世之功哉!萧何第一,曹参次之。"高祖
曰:"善。"于是乃令萧何赐带剑履上殿,入朝不趋。

①应劭曰:"桡,屈也。"[索隐]曰:音女教反。

②[索隐]曰:《功臣表》,鄂千秋封安平侯。

　上曰:"吾闻进贤受上赏。萧何功虽高,得鄂君乃益明。"于是因
鄂君故所食关内侯邑封为安平侯。①是日,悉封何父子兄弟十余
人,皆有食邑。乃益封何二千户,以帝尝徭咸阳时何送我独赢奉钱
二也。②

①徐广曰:"以谒者从定诸侯有功,秩举萧何功,故因侯二千户。封九年
　卒。至玄孙但,坐与淮南王安通,弃市,国除。"[正义]曰:《括地志》云:
　"泽州安平县,本汉安平县。"

②[索隐]曰:谓人皆三,何独五,所以为赢二也。音盈。

　汉十一年,陈豨反,高祖自将,至邯郸。未罢,淮阴侯谋反关中,
吕后用萧何计,诛淮阴侯,语在《淮阴》事中。上已闻淮阴侯诛,使使

拜丞相何为相国,益封五千户,令卒五百人一都尉为相国卫。诸君皆贺,召平独吊。召平者,故秦东陵侯。秦破,为布衣,贫,种瓜于长安城东,瓜美,故世俗谓之"东陵瓜",从召平以为名也。召平谓相国曰:"祸自此始矣!上暴露于外而君守于中,非被矢石之事而益君封置卫者,以今者淮阴侯新反于中,疑君心矣。夫置卫卫君,非以宠君也。愿君让封勿受,悉以家私财佐军,则上心说。"相国从其计,高帝乃大喜。

汉十二年秋,黥布反,上自将击之,数使使问相国何为。相国为上在军,乃拊循勉力百姓,悉以所有佐军,如陈豨时。客有说相国曰:"君灭族不久矣!夫君位为相国,功第一,可复加哉?然君初入关中,得百姓心十余年矣,皆附君,常复孳孳得民和。上所为数问君者,畏君倾动关中。今君胡不多买田地,贱贳贷①以自污?上心乃安。"于是相国从其计,上乃大说。

①[正义]曰:贳,音世,又食夜反,赊也。下天得反。

上罢布军归,民道遮行上书,言相国贱强买民田宅数千万。上至,相国谒。上笑曰:"夫相国乃利民!"①民所上书皆以与相国,曰:"君自谢民。"相国因为民请曰:"长安地狭,上林中多空地,弃。愿令民得入田,毋收稿为禽兽食。"②上大怒曰:"相国多受贾人财物,乃为请吾苑!"乃下相国廷尉,械系之。数日,王卫尉侍,③前问曰:"相国何大罪,陛下系之暴也?"上曰:"吾闻李斯相秦皇帝,有善归主,有恶自与。今相多受贾竖金而为民请吾苑,以自媚于民,故系治之。"王卫尉曰:"夫职事苟有便于民而请之,真宰相事,陛下奈何乃疑相国受贾人钱乎?且陛下距楚数岁,陈豨、黥布反,陛下自将而往,当是时,相国守关中,摇足则关以西非陛下有也。相国不以此时为利,今乃利贾人之金乎?且秦以不闻其过亡天下,李斯之分过,④又何足法哉。陛下何疑宰相之浅也!"⑤高帝不怿。是日,使使持节赦出相国。相国年老,素恭谨,入,徒跣谢。高帝曰:"相国休矣!相国为民请苑,吾不许,我不过为桀纣主,而相国为贤相。吾故系相国,欲令百姓闻吾过也。"

①［索隐］曰：谓相国取人田宅以为己利，故云"乃利人"也。所以令相国自
　　谢之。

②［索隐］曰：苗子还种田人，留槁入宫。

③如淳曰："《百官公卿表》卫尉王氏，无名字。"

④［索隐］曰：李斯归恶而自予，是分过也。

⑤韦昭曰："用意浅。"

　　何素不与曹参相能，乃何病，孝惠自临视相国病，因问曰："君
即百岁后，谁可代君者？"对曰："知臣莫如主。"孝惠曰："曹参何
如？"何顿首曰："帝得之矣！臣死不恨矣！"

　　何置田宅必居穷处，为家不治垣屋。曰："后世贤，师吾俭；不
贤，毋为势家所夺。"

　　孝惠二年，相国何卒，①谥为文终侯。②

①《东观汉记》云："萧何墓在长陵东司马门道北百步。"［正义］曰：《括地
　　志》云："萧何墓在雍州咸阳县东北三十七里。"

②徐广曰："《功臣表》萧何以客初起从也。"

　　后嗣以罪失侯者四世，绝，天子辄复求何后，封续酂侯，功臣莫
得比焉。

　　太史公曰：萧相国何于秦时为刀笔吏，录录未有奇节。①及汉
兴，依日月之末光，何谨守管籥，因民之疾，秦法顺流，与之更始。淮
阴、黥布等皆以诛灭，而何之勋烂焉。位冠群臣，声施后世，与闳夭、
散宜生等争烈矣。

①［索隐］曰：录音禄。

　　索隐述赞曰：萧何为吏，文而无害。及佐兴王，举宗从沛。关中
既守，转输是赖。汉军屡疲，秦兵必会。约法可久，收图可大。指兽
发踪，其功实最。政称画一，居乃非泰。继绝宠勤，式旌砺带。

史记卷五四
世家第二四

曹相国

[索隐]曰:萧相国、曹相国、留侯、绛侯、五宗、三王六篇,可合为一篇。

平阳侯①曹参者,沛人也。②秦时为沛狱掾,而萧何为主吏,居县为豪吏矣。

①[正义]曰:晋州城即平阳故城也。

②张华曰:"曹参字敬伯。"[索隐]曰:《地理志》平阳县属河东。《春秋纬》及《博物志》,并云参字敬伯。[正义]曰:按:沛,今徐州县也。

高祖为沛公而初起也,参以中涓从。①将击胡陵、②方与,③攻秦监公军,④大破之。东下薛,击泗水守军薛郭西。复攻胡陵,取之。徙守方与。方与反为魏,击之。⑤丰反为魏,⑥攻之。赐爵七大夫。击秦司马尼⑦军砀东,破之,取砀、狐父、⑧祁善置。⑨又攻下邑以西,至虞,⑩击章邯车骑。攻爰戚⑪及亢父,⑫先登。迁为五大夫。北救东阿,⑬击章邯军,陷陈,追至濮阳。攻定陶,取临济。⑭南救雍丘,击李由军,破之,杀李由,虏秦侯一人。

①《汉书音义》曰:"中涓如中谒者。"[索隐]曰:涓,音古玄反。

②[正义]曰:县名,在方与南。

③[索隐]曰:《地理志》二县皆属山阳。[正义]曰:方,音房,与,音预,兖州县也。

④《汉书音义》曰:"监,御史监郡者。公,名。秦一郡置守、尉、监三人。"[索隐]曰:本纪泗川监名平,则平是名,公为相尊之称。

⑤[正义]曰:曹参击方与。

⑥[索隐]曰:时雍齿守丰,为魏反沛公。

⑦[正义]曰:音夷。

⑧徐广曰:"伍被曰'吴濞败于狐父'。"[索隐]曰:《地理志》砀属梁国。狐父,地名,在梁砀之间。徐氏引伍被云"吴濞败于狐父",是吴与梁相拒而败处。[正义]曰:《括地志》云:"狐父亭在宋州砀山县东南三十里。"

⑨文颖曰:"善置,置名也。"晋灼曰:"祁,音坻。孙检曰'汉谓驿曰置。善,名也'。"[索隐]曰:司马彪《郡国志》谷熟有祁亭。刘氏音迟,又如字。善置,置名。[正义]曰:《括地志》云:"故祁城在宋州下邑县东北四十九里,汉祁城县也。"言取砀、狐父及祁县之善置。

⑩[索隐]曰:《地理志》下邑、虞皆属梁国。[正义]曰:宋州下邑县在州东百一十里。汉下邑城,今砀山县是。虞城县在州北五十里,古虞国,商均所封。

⑪徐广曰:"宣帝时有爰戚侯。"[索隐]曰:苏林云:"县名,属山阳。"《功臣表》爰戚侯赵成。[正义]曰:音寂。刘音七历反。今在兖州南,近亢父县。

⑫[索隐]曰:《地理志》县名,属东平。[正义]曰:《括地志》:"亢父故城在兖州任城县南五十一里。"

⑬[索隐]曰:时章邯围田荣于东阿。[正义]曰:今济州东阿也。

⑭[正义]曰:淄州高苑县西北二里有狄故城,安帝改曰临济。

秦将章邯破杀项梁也,沛公与项羽引而东。楚怀王以沛公为砀郡长,将砀郡兵。于是乃封参为执帛,①号曰建成君。②迁为戚公,③属砀郡。

①张晏曰:"孤卿也。或曰楚官名。"

②[索隐]曰:《地理志》建成县属沛郡。

③[索隐]曰:迁参为戚令。[正义]曰:即爰戚县也,是时属沛郡。

其后,从攻东郡尉军,破之成武南。①击王离军成阳南,②复攻之杠里,大破之。追北,西至开封,击赵贲军,破之,③围赵贲开封城中。西击秦将杨熊军于曲遇,④破之,虏秦司马及御史各一人。迁为执圭。⑤从攻阳武,⑥下轘辕、缑氏,⑦绝河津,⑧还击赵贲军尸北,破之。⑨从南攻犨,与南阳守齮战阳城郭东,⑩陷陈,⑪取宛,虏齮,尽定南阳郡。从西攻武关、峣关,⑫取之。前攻秦军蓝田南,⑬又夜击其北,秦军大破,遂至咸阳,灭秦。

①[索隐]曰:《地理志》成武县属山阳。

②[索隐]曰:《地理志》县名,在济阴。成,地名。周武王封弟季载于成,其后代迁于成之阳,故曰成阳。[正义]曰:成阳故城,濮州雷泽县是。《史记》云武王封弟季载于成。其后迁于成之阳,故曰成阳也。

③[索隐]曰:贲,音奔。

④徐广曰:"在中牟。"[索隐]曰:曲,丘禹反。遇,牛凶反。[正义]曰:曲,丘羽反。遇,牛恭反。司马彪《郡国志》云中牟有曲遇聚。按:中牟,郑州县也。

⑤张晏曰:"侯伯执圭以朝,位比之。"如淳曰:"《吕氏春秋》'得伍员者位执圭'。古爵名。"

⑥[正义]曰:《括地志》云:"阳武故城在郑州阳武县东立十八里,汉阳武县城也。"

⑦[索隐]曰:《地理志》阳武、缑氏二县属河南。辕辕,道名,在缑氏南。[正义]曰:缑氏,洛州县也。《括地志》云:"辕辕故关在洛州缑氏县东南四十里。《十三州志》云辕辕道凡十二曲,是险道。"

⑧[正义]曰:津,济渡处。《括地志》曰:"平阴故津在洛州洛阳县东北五十里。"

⑨徐广曰:"尸在偃师。"孟康曰:"尸乡北。"[正义]曰:破赵贲军于尸乡之北也。《括地志》云:"尸乡亭在洛州偃师县,在洛州东南也。"

⑩应劭曰:"今赭阳。"[索隐]曰:徐广云"阳城在南阳",应劭云"今赭阳"。赭阳是南阳之县。

⑪[正义]曰:陷南阳守于阳城郭东也。

⑫[正义]曰:《括地志》云:"故武关在商州商洛县东九十里。蓝田关在雍州蓝田县东南九十里,即秦峣关也。"

⑬[正义]曰:雍州蓝田县在州东南八十里,因蓝田山为名。

项羽至,以沛公为汉王。汉王封参为建成侯。从至汉中,①迁为将军。从还定三秦,初攻下辩、故道、②雍、㯭。③击章平军于好畤南,④破之,围好畤,取壤乡。⑤击三秦军壤东及高栎,⑥破之。复围章平,章平出好畤走。因击赵贲、内史保军,破之。东取咸阳,更命曰新城。⑦参将兵守景陵⑧二十日,三秦使章平等攻参,参出击,大破之。赐食邑于宁秦。⑨参以将军引兵围章邯于废丘。⑩以中尉从汉王出临晋关。⑪至河内，下修武，⑫渡围津，⑬东击龙且、项他定陶，破之。东取砀、萧、彭城。⑭击项籍军，汉军大败走。参以中尉围取雍丘。王武反于黄，⑮程处反于燕，⑯往击，尽破之。柱天侯反于衍氏，⑰又进破取衍氏。击羽婴于昆阳，追至叶。还攻武强，⑱因至荥阳。参自汉中为将军中尉，从⑲击诸侯及项羽，败还至荥阳，凡二岁。

①［正义］曰：梁州本汉中郡。

②［索隐］曰：《地理志》二县名，属武都。辩，音皮苋反。［正义］曰：《括地志》云："成州同谷县，本汉下辩道。"又云："凤州两当县，本汉故道县，在州西五十里。"

③［索隐］曰：《地理志》二县名，属右扶风。斄，音胎。［正义］曰：斄作"邰"，音贻。《括地志》云："故雍县南七里。故斄城一名武功，县西南二十二里，古邰国也。"

④［正义］曰：《括地志》云："好畤城在雍州好畤县东南十三里。"

⑤文颖曰："地名。"

⑥［索隐］曰：栎，音历。按：文颖云"壤乡、高栎皆地名。"在右扶风，今其地阙。［正义］曰：贲音历。皆村邑名。壤乡，今在雍州武功县东南二十余里高壤坊，是高栎近壤乡也。

⑦［索隐］曰：《汉书》高帝元年咸阳名新城，武帝改名曰渭城。

⑧《汉书音义》曰："县名也。"

⑨苏林曰："今华阴。"

⑩［正义］曰：周曰犬丘，秦更名废丘，汉更名槐里，今故城在雍州始平县东南十里。

⑪［正义］曰：即蒲津关也，在临晋县。故言临晋关，今在同州也。

⑫［正义］曰：今怀州获嘉县，古修武也。

⑬徐广曰："东郡白马有围津。"［索隐］曰：顾氏按：《水经注》白马津有韦乡、韦津城。"围"与"韦"同，古今字变尔。［正义］曰：《括地志》云："黎阳津一名白马津，在滑州白马县北三十里。《帝王世纪》云'白马县南有韦城，故豕韦国也'。《续汉书·郡国志》云'白马县有韦城'。"

⑭［正义］曰：徐州二县。

⑮徐广曰："内黄县有黄泽。"

⑯徐广曰:"东郡燕县。"骃案:《汉书音义》曰"皆汉将"。

⑰[索隐]曰:柱天侯不知其谁封。衍氏,魏邑。《地理志》云柱天在庐江潜县。

⑱瓒曰:"武强城在阳武。"[正义]曰:《括地志》云:"武强故城中郑州管城县东北三十一里。"

⑲[索隐]曰:才用反。

　高祖三年,拜为假左丞相,入屯兵关中。月余,魏王豹反,以假左丞相别与韩信东攻魏将军孙遫军东张,①大破之。因攻安邑,得魏将王襄。击魏王于曲阳,②追至武垣,③生得魏王豹。取平阳,④得魏王母妻子,尽定魏地,凡五十二城。赐食邑平阳。因从韩信击赵相国夏说军于邬东,⑤大破之,斩夏说。韩信与故常山王张耳引兵下井陉,击成安君,而令参还围赵别将戚将军于邬城中。戚将军出走,追斩之。乃引兵诣敖仓汉王之所。韩信已破赵,为相国,东击齐。参以右丞相属韩信,攻破齐历下军,遂取临菑。还定济北郡,攻著、漯阴、平原、鬲、卢。⑥已而从韩信击龙且军于上假密,⑦大破之,斩龙且,虏其将军周兰。定齐,凡得七十余县。得故齐王田广相田光,其守相许章,及故齐胶东将军田既。韩信为齐王,引兵诣陈,与汉王共破项羽,而参留平齐未服者。

①徐广曰:"张者,地名。《功臣表》有张侯毛泽之。"骃按:苏林曰属河东。[索隐]曰:遫,音速。[正义]曰:《括地志》云:"张阳故城一名东张城,在蒲州虞乡县西北四十里。"

②[正义]曰:《括地志》云:"上曲阳,定州恒阳县是。下曲阳在定州鼓城县西五里。"

③徐广曰:"河东有垣县。"[正义]曰:《括地志》云:"武垣县,今瀛州城是。《地理志》云武垣县属涿郡也。"

④[正义]曰:晋州城是。

⑤徐广曰:"邬县在太原。音乌古反。"

⑥[索隐]曰:《地理志》著县属济南,卢县属泰山,漯阴、平原、鬲三县属平原。漯,音吐答反。[正义]曰:《括地志》云:"平原故城在德州平原县东南十里。故鬲城在德州安德县西北十五里。"卢县,今济州理县是也。

⑦文颖曰:"或以为高密。"[索隐]曰:《汉书》亦作"假密"。按:下定齐七十

县,则上假密非高密,亦是齐地,今阙。

项籍已死,天下定,汉王为皇帝,韩信徙为楚王,齐为郡。参归汉相印。高帝以长子肥为齐王,而以参为齐相国。以高祖六年赐爵列侯,与诸侯剖符,世世勿绝。食邑平阳万六百三十户,号曰平阳侯。除前所食邑。

以齐相国击陈豨将张春军,破之。黥布反,参以齐相国从悼惠王将兵车骑十二万人,与高祖会击黥布军,大破之。南至蕲,还定竹邑、相、萧、留。①

　①[索隐]曰:《地理志》蕲、竹邑、相.萧四县属沛。韦昭云"留今属彭城",
　　则汉初亦属沛也。[正义]曰:《括地志》云:"徐州扶离县城,汉竹邑城
　　也。李奇云'今竹邑也'。故相城在符离县西北九十里。《舆地志》云'宋
　　共公自睢阳徙相子城,又还睢阳'。萧,徐州县也,古萧叔国城也。故留
　　城在徐州沛县东南五十里,张良所封。"

参功:凡下二国,县一百二十二;得王二人,相三人,将军六人,大莫敖、①郡守、司马、候、御史各一人。

　①《汉书音义》曰:"楚之卿号。"

孝惠帝元年,除诸侯相国法,更以参为齐丞相。参之相齐,齐七十城。天下初定,悼惠王富于春秋,参尽召长老诸生,问所以安集百姓,如齐故俗。诸儒以百数,言人人殊,参未知所定。闻胶西有盖公,善治黄老言,使人厚币请之。既见盖公,盖公为言治道贵清静而民自定,推此类具言之。参于是避正堂,舍盖公焉。其治要用黄老术,故相齐九年,齐国安集,大称贤相。

惠帝二年,萧何卒。参闻之,告舍人"趣治行,吾将入相"。居无何,使者果召参。参去,属其后相曰:"以齐狱市为寄,慎勿扰也。"后相曰:"治无大于此者乎?"参曰:"不然。夫狱市者,所以并容也,今君扰之,奸人安所容也? 吾是以先之。"①

　①《汉书音义》曰:"夫狱市兼受善恶,若穷极,奸人无所容窜;奸人无所容
　　窜,久且为乱。秦人极刑而天下畔,孝武峻法而狱繁,此其效也。《老

子》曰'我无为而民自化,我好静而民自正'。参欲以道化其本,不欲扰
其末。"

参始微时,与萧何善;及为将相,有郤。至何且死,所推贤唯参。
参代何为汉相国,举事无所变更,一遵萧何约束。择郡国吏木讷于
文辞,重厚长者,即召除为丞相史。吏之言文刻深,欲务声名者,辄
斥去之。日夜饮醇酒。卿大夫已下吏及宾客见参不事事,①来者皆
欲有言。至者,参辄饮以醇酒。间之欲有所言,复饮之,醉而后去,
终莫得开说,②以为常。

①如淳曰:"不事丞相之事。"
②如淳曰:"开,谓有所启白。"

相舍后园近吏舍,吏舍日饮歌呼。从吏恶之,无如之何,乃请参
游园中,闻吏醉歌呼,从吏幸相国召按之。乃反取酒张坐饮,亦歌呼
与相应和。

参见人之有细过,专掩匿覆盖之,府中无事。

参子窋①为中大夫。惠帝怪相国不治事,以为"岂少朕与"?②
乃谓窋曰:"若归,试私从容问而父曰:'高帝新弃群臣,帝富于春
秋,君为相,日饮,无所请事,何以忧天下乎?'然无言吾告若也。"③
窋既洗沐归,间侍,自从其所谏参。参怒,而答窋二百,曰:"趣入侍!
天下事非若所当言也。"至朝时,惠帝让参曰:"与窋胡治乎?④乃者
我使谏君也。"参免冠谢曰:"陛下自察圣武孰与高帝?"上曰:"朕乃
安敢望先帝乎!"曰:"陛下观臣能孰与萧何贤?"上曰:"君似不及
也。"参曰:"陛下言之是也。且高帝与萧何定天下,法令既明,今陛
下垂拱,参等守职,遵而勿失,不亦可乎?"惠帝曰:"善。君休矣!"

①[索隐]曰:音张律反。
②[索隐]曰:少者,不足之词,故胡亥亦云"丞相岂少我哉"。盖帝以丞相
　岂不是嫌少于我哉。小颜以为"我年少",非也。
③[索隐]曰:谓惠帝语窋,无得言我告汝令谏汝父,当自云是己意也。
④如淳曰:"犹言用窋为治。"[索隐]曰:胡,何也,言语参"何为治窋"也。

参为汉相国,出入三年。卒,谥懿侯。子窋代侯。百姓歌之曰:
"萧何为法,颟若画一。①曹参代之,守而勿失。载其清净,民以宁

一。"

　　①徐广曰:"颣,音古项反,一音较。"[索隐]曰:《汉书》颣,作"讲",画,训
　　　直,又训明,言法明直若画一也。讲,亦作"觏"。小颜云"讲,和也。画
　　　一,言其法整齐也。"

　　平阳侯窋,高后时为御史大夫。孝文帝立,免为侯。立二十九
年卒,谥为静侯。子奇代侯,立七年卒,谥为简侯。子时代侯。时尚
平阳公主,生子襄。时病疠,归国。立二十三年卒,谥夷侯。子襄代
侯。襄尚卫长公主,生子宗。立十六年卒,谥为共侯。子宗代侯。征
和二年中,宗坐太子死,国除。

　　太史公曰:曹相国参攻城野战之功所以能多若此者,以与淮阴
侯俱。及信已灭,而列侯成功,唯独参擅其名。参为汉相国,清静极
言合道。然百姓离秦之酷后,参与休息无为,故天下俱称其美矣。

　　索隐述赞曰:曹参初起,为沛豪吏。始从中涓,先图善置。执圭
执帛,攻城略地。衍氏既诛,昆阳失位。北禽夏说,东讨田既。剖符
定封,功无与二。市狱勿扰,清净不事。尚主平阳,代享其利。

史记卷五五
世家第二五

留侯

留侯①张良者，其先韩人也。②大父开地，③相韩昭侯、宣惠王、襄哀王。父平，相釐王、悼惠王。④悼惠王二十三年，平卒。卒二十岁，秦灭韩。良年少，未官事韩。韩破，良家僮三百人，弟死不葬，悉以家财求客刺秦王，为韩报仇，以大父父五世相韩故。⑤

①[正义]曰：《括地志》云："故留城在徐州沛县东南五十五里。今城内有张良庙也。"

②[索隐]曰：韦昭云："留，今属彭城。"按：良求封留，以始见高祖于留故也。《汉书》云良字子房。按：王符、皇甫谧并以良为韩之公族，姬姓也。秦索贼急，乃改姓名。而韩先有张去疾及张谴，恐非良之先代也。良既历代相韩，故知其先韩人。顾氏按：《后汉书》云"张良出于城父"，城父县属颍川也。[正义]曰：《括地志》云："城父在汝州郏县东三十里韩里也。"

③应劭曰："大父，祖父。开，地名。"

④[索隐]曰：《韩系家》及《系本》并作桓惠王。

⑤[索隐]曰：谓大父及父相韩五王，故云五世。

良尝学礼淮阳。①东见仓海君。②得力士，为铁椎，重百二十斤。秦皇帝东游，良与客狙③击秦皇帝博浪沙中，④误中副车。⑤秦皇帝大怒，大索天下，求贼甚急，为张良故也。良乃更名姓，亡匿下邳。

①[正义]曰：今陈州也。

②如淳曰：“秦郡县无仓海。或曰东夷君长。”［索隐］曰：姚察以武帝时东
　夷秽君降，为仓海郡，或因以名，盖得其近耳。［正义］曰：《汉书·武帝
　纪》云“元年，东夷秽君南闾等降，为仓海郡，今貊秽国”，得之。太史公
　修史时已降为郡，自书之。《括地志》云：“秽貊在高丽南，新罗北，东至
　大海西。”

③服虔曰：“狙，伺候也。”“狙，七预反，伺也。”徐广曰：“伺候也，音千恕
　反。”［索隐］曰：应劭云：“狙，伺也。”一云狙，伏伺也，谓狙之伺物，必
　伏而候之，故今云“狙候”是也。

④［索隐］曰：服虔云：“地在阳武南。”按：今浚仪西北四十里有博浪城。
　［正义］曰：《晋地理记》云“郑州阳武县有博浪沙”。按：今当官道也。

⑤［索隐］曰：《汉官仪》天子属车三十六乘。属车即副车，而奉车郎御而从
　后。

　　良尝闲从容步游下邳圯上，①有一老父，衣褐，至良所，直堕其
履圯下，②顾谓良曰：“孺子，下取履！”良鄂然，欲殴之。③为其老，
强忍，下取履。父曰：“履我！”良业为取履，因长跪履之。④父以足
受，笑而去。良殊大惊，随目之。父去里所，复还，⑤曰：“孺子可教
矣！后五日平明与我会此。”良因怪之，跪曰：“诺。”五日平明，良往。
父已先在，怒曰：“与老人期，后，何也？”去，曰：“后五日早会。”五日
鸡鸣，良往。父又先在，复怒曰：“后，何也？”去，曰：“后五日复早
来。”五日，良夜未半往。有顷，父亦来，喜曰：“当如是。”出一编
书，⑥曰：“读此则为王者师矣。后十年兴。十三年孺子见我济北，谷
城山下黄石即我矣。”⑦遂去，无他言，不复见。旦日视其书，乃《太
公兵法》也。⑧良因异之，常习诵读之。

①徐广曰：“圯，桥也，东楚谓之圯。音怡。”［索隐］曰：尝训经也。閒，闲字
　也。从容，闲暇也。从容，谓从任其容止，不矜庄也。邳，被眉反。按：
　《地理志》下邳县属东海。又云邳在薛，从徙此。有上邳，故此云下邳。李
　奇云：“上下邳人谓桥为圯。”文颖云“沂水上桥也”。应劭云“圯水之上
　也”。姚察见《史记》本有作土旁者，乃引今会稽东湖大桥名为灵圯。圯
　亦音夷，理或然也。

②[索隐]曰：崔浩云"直犹故也"，亦恐不然。直言正也，谓至良所正堕其
　　履也。

③徐广："一曰'良怒，欲骂之'。"[索隐]曰：欧，音乌后反。

④[索隐]曰：业，犹本先也。谓良心先已为取，故遂跪而履之。

⑤徐广："一曰'为其老，强忍，下取履，因进之。父以足受，笑而去。良殊
　　大惊。父去里所，复还'。"

⑥徐广曰："编，一作'篇'。"

⑦[正义]曰：《括地志》云："谷城山一名黄山，在济州东阿县东。济州，故
　　济北郡。孔文祥云'黄石公须眉皆白状，杖丹黎，履赤舄'。"

⑧[正义]曰：《七录》云："《太公兵法》一秩三卷。太公，姜子牙，周文王师，
　　封齐侯也。"

　　居下邳，为任侠。项伯尝杀人，从良匿。

　　后十年，陈涉等起兵，良亦聚少年百余人。景驹自立为楚假王，
在留。良欲往从之，道遇沛公。沛公将数千人，略地下邳西，遂属焉。
沛公拜良为厩将。①良数以《太公兵法》说沛公，沛公善之，常用其
策。良为他人言，皆不省。良曰："沛公殆天授。"②故遂从之，不去见
景驹。及沛公之薛，见项梁。项梁立楚怀王。良乃说项梁曰："君已
立楚后，而韩诸公子横阳君成贤，可立为王，益树党。"项梁使良求
韩成，立以为韩王。以良为韩申徒，③与韩王将千余人西略韩地。得
数城，秦辄复取之，往来为游兵颍川。

①《汉书音义》曰："官名。"

②[索隐]曰：殆训近也。

③徐广曰："即司徒耳，但语音讹转，故字亦随改。"

　　沛公之从雒阳南出轘辕，良引兵从沛公，下韩十余城，击破杨
熊军。沛公乃令韩王成留守阳翟，与俱南，攻下宛，西入武关，沛公
欲以兵二万人击秦峣下军，①良说曰："秦兵尚强，未可轻。臣闻
其将屠者子，贾竖易动以利。愿沛公且留壁，使人先行，为五万人具
食，②益为张旗帜诸山上，为疑兵，③令郦食其持重宝啖秦将。"秦
将果畔，欲连和，俱西袭咸阳。沛公欲听之。良曰："此独其将欲叛

耳,恐士卒不从。不从必危,不如因其解击之。"④沛公乃引兵击秦军,大破之。遂北至蓝田,再战,秦兵竟败。遂至咸阳,秦王子婴降沛公。

①徐广曰:"峣,音尧。"
②徐广曰:"五,一作'百'。"
③〔索隐〕曰:旗帜,音其试。
④〔索隐〕曰:谓卒将离心而懈怠。

沛公入秦宫,宫室帷帐狗马重宝妇女以千数,意欲留居之。樊哙谏沛公出舍,沛公不听。①良曰:"夫秦为无道,故沛公得至此。夫为天下除残贼,宜缟素为资。②今始入秦即安其乐,此所谓'助桀为虐'。且'忠言逆耳利于行,毒药苦口利于病,'③愿沛公听樊哙言。"沛公乃还军霸上。

①徐广曰:"一本'哙谏曰:"沛公欲有天下耶?将欲为富家翁邪?"沛公曰:"吾欲有天下。"哙曰:"今臣从入秦宫,所观宫室帷帐珠玉重宝钟鼓之饰,奇物不可胜极;入其后宫,美人妇女以千数;此皆秦所以亡天下也。愿沛公急还霸上,无留宫中。"沛公不听。'"
②晋灼曰:"资,籍也。欲沛公反秦奢泰,服俭素以为籍也。"
③〔索隐〕曰:见《孔子家语》。

项羽至鸿门下,欲击沛公,项伯乃夜驰入沛公军,私见张良,欲与俱去。良曰:"臣为韩王送沛公,今事有急,亡去不义。"乃具以语沛公。沛公大惊,曰:"为将奈何?"良曰:"沛公诚欲倍项羽邪?"沛公曰:"鲰生①教我距关,无内诸侯,秦地可尽王,故听之。"良曰:"沛公自度能却项羽乎?"沛公默然良久,曰:"固不能也。今为奈何?"良乃固要项伯。项伯见沛公。沛公与饮为寿,结宾婚。令项伯具言沛公不敢倍项羽,所以距关者,备他盗也。及见项羽后解,语在《项羽》事中。

①徐广曰:"吕静曰鲰,鱼也,音此垢反。"〔索隐〕曰:"鲰,谓小鱼也,音趋勾反。"臣瓒按:《楚汉春秋》鲰生本姓解。

汉元年正月,沛公为汉王,王巴蜀。汉王赐良金百溢,珠二斗,

良具以献项伯。汉王亦因令良厚遗项伯，使请汉中地。①项王乃许
之，遂得汉中地。汉王之国，良送至褒中，②遣良归韩。良因说汉王
曰："王何不烧绝所过栈道，示天下无还心，以固项王意？"乃使良
还。行，烧绝栈道。良至韩，韩王成以良从汉王故，项王不遣成之国，
从与俱东。良说项王曰："汉王烧绝栈道，无还心矣。"乃以齐王田荣
反书告项王。项王以此无西忧汉心，而发兵北击齐。

　　①如淳曰："本但与巴蜀，故请汉中地。"

　　②[正义]曰：《括地志》云："褒谷在梁州褒城县北五十里南中山。昔秦欲
　　　伐蜀，路无由入，乃刻石为牛五头，置金于后，伪言此牛能屎金，以遗
　　　蜀。蜀侯贪，信之，乃令五丁共引牛，堑山堙谷，至之成都。秦遂寻道伐
　　　之，因号曰石牛道。《蜀赋》以石门在汉中之西，褒中之北是。"又云："斜
　　　水源出褒城县西北衙岭山，与褒水同源而流派。《汉书·沟洫志》云褒
　　　水通沔，斜水通渭，皆以行船。"

　　项王竟不肯遣韩王，乃以为侯，又杀之彭城。良亡，间行归汉
王，汉王亦已还定三秦矣。复以良为成信侯，从东击楚。至彭城，汉
败而还。至下邑，汉王下马踞鞍而问曰："吾欲捐关以东等弃之，谁
可与共功者？"良进曰："九江王黥布，楚枭将，与项王有郤；彭越与
齐王田荣反梁地。此两人可急使。而汉王之将独韩信可属大事，当
一面。即欲捐之，捐之此三人，则楚可破也。"汉王乃遣随何说九江
王布，而使人连彭越。及魏王豹反，使韩信将兵击之，因举燕、代、
齐、赵。然卒破楚者，此三人力也。张良多病，未尝特将也，常为画
策臣，时时从汉王。

　　汉三年，项羽急围汉王荥阳，汉王恐忧，与郦食其谋桡楚权。食
其曰："昔汤伐桀，封其后于杞。武王伐纣，封其后于宋。今秦失德
弃义，侵伐诸侯社稷，灭六国之后，使无立锥之地。陛下诚能复立六
国后，世毕已受印，此其君臣百姓必皆戴陛下之德，莫不乡风慕义，
愿为臣妾。德义已行，陛下南乡称霸，楚必敛衽而朝。"汉王曰"善。
趣刻印，先生因行佩之矣。"

食其未行,张良从外来谒。汉王方食,曰:"子房,前! 客有为我计桡楚权者。"具以郦生语告于子房,曰:"何如?"良曰:"谁为陛下画此计者? 陛下事去矣。"汉王曰:"何哉?"张良对曰:"臣请藉前箸为大王筹之。"①曰:"昔者汤伐桀而封其后于杞者,度能制桀之死命也。今陛下能制项籍之死命乎?"曰:"未能也。""其不可一也。武王伐纣封其后于宋者,度能得纣之头也。今陛下能得项籍之头乎?"曰:"未能也。""其不可二也。武王入殷,表商容之闾,②释箕子之拘,③封比干之墓。今陛下能封圣人之墓,表贤者之闾,式智者之门乎?"曰:"未能也。""其不可三也。发巨桥之粟,散鹿台之钱,以赐贫穷。今陛下能散府库以赐贫穷乎?"曰:"未能也。""其不可四矣。殷事已毕,偃革为轩,④倒置干戈,覆以虎皮,以示天下不复用兵。今陛下能偃武行文,不复用兵乎?"曰:"未能也。""其不可五矣。休马华山之阳,示以无所为。今陛下能休马无所用乎?"曰:"未能也。""其不可六矣。放牛桃林之阴,⑤以示不复输积。今陛下能放牛不复输积乎?"曰"未能也。""其不可七矣。且天下游士离其亲戚,弃坟墓,去故旧,从陛下游者,徒欲日夜望咫尺之地。今复六国,立韩、魏、燕、赵、齐、楚之后,天下游士各归事其主,从其亲戚,反其故旧坟墓,陛下与谁取天下乎? 其不可八矣。且夫楚唯无强,六国立者复桡而从之,⑥陛下焉得而臣之? 诚用客之谋,陛下事去矣。"汉王辍食吐哺,骂曰:"竖儒! 几败而公事!"⑦令趣销印。

①张晏曰:"求借所食之箸用指画也。或曰前世汤武箸明之事,以筹度今时之不若也。"

②[索隐]曰:崔浩云:"表者,标榜其里门。"商容,纣时贤人也。《韩诗外传》曰:"商容执羽龠冯于马徒,欲以化纣而不能,遂去,伏于太行山。武王欲以为三公,固辞而不受。"余解在《商纪》。

③徐广曰:"释,一作'式'。拘,一作'囚'。"

④如淳曰:"革者,革车也。轩者,赤毂乘轩也。偃武备而治礼乐也。"[索隐]曰:苏林云:"革者,兵车也。轩者,朱轩皮轩也。谓废兵车而用乘车也。"《说文》云:"轩,曲周屏车。"

⑤[索隐]曰:晋灼云:"在弘农南门乡谷中"。应劭:"《十二州记》'弘农有

桃丘聚,古桃林也'。《山海经》云'夸父之山,北有桃林,广三百里'。"

⑥《汉书音义》曰:"唯当使楚无强,强则六国弱从之。"[索隐]曰:荀悦《汉纪》此事云"独可使楚无强,强则六国屈桡而从之"。又韦昭云"今无强楚者,若六国立必复屈桡从楚"。是二说之意同。

⑦[索隐]曰:高祖骂郦生为竖儒,谓此儒生竖子耳。几,音祈。几,殆近也。而公,高祖自谓也。《汉书》作"乃公"。

　　汉四年,韩信破齐,而欲自立为齐王,汉王怒。张良说汉王,汉王使良授齐王信印,语在《淮阴》事中。其秋,汉王追楚至阳夏南,战不利而壁固陵,诸侯期不至。良说汉王,汉王用其计,诸侯皆至。语在《项籍》事中。

　　汉六年正月,封功臣。良未尝有战斗功,高帝曰:"运筹策帷帐中,决胜千里外,子房功也。自择齐三万户。"良曰:"始臣起下邳,与上会留,此天以臣授陛下。陛下用臣计,幸而时中,臣愿封留足矣,不敢当三万户。"乃封张良为留侯,与萧何等俱封。

　　六年,上已封大功臣二十余人,其余日夜争功不决,未得行封。上在雒阳南宫,从复道①望见诸将往往相与坐沙中语。上曰:"此何语?"留侯曰:"陛下不知乎?此谋反耳。"上曰:"天下属安定,何故反乎?"留侯曰:"陛下起布衣,以此属取天下,今陛下为天子,而所封皆萧、曹故人所亲爱,而所诛者皆生平所仇怨。今军吏计功,以天下不足遍封,此属畏陛下不能尽封,恐又见疑平生②过失及诛,故即相聚谋反耳。"上乃忧曰:"为之奈何?"留侯曰:"上平生所憎,群臣所共知,谁最甚者?"上曰:"雍齿与我故,③数尝窘辱我。我欲杀之,为其功多,故不忍。"留侯曰:"今急先封雍齿以示群臣,群臣见雍齿封,则人人自坚矣。"于是上乃置酒,封雍齿为什方侯,④而急趣丞相、御史定功行封。群臣罢酒,皆喜曰:"雍齿尚为侯,我属无患矣。"

①如淳曰:"复,音复,上下有道,故谓之复道。"韦昭曰:"阁道。"

②徐广曰:"多作'生平'。"

③《汉书音义》曰:"未起时有故怨。"

④[索隐]曰：县名，属广汉。[正义]曰：《括地志》云："雍齿城在益州什邡县南四十步。汉什邡县，汉初封雍齿为侯国。"

刘敬说高帝曰："都关中。"上疑之。左右大臣皆山东人，多劝上都雒阳："雒阳东有成皋，西有殽黾，倍河，向伊雒，其固亦足恃。"留侯曰："雒阳虽有此固，其中小，不过数百里，田地薄，四面受敌，此非用武之国也。夫关中左殽函，①右陇蜀，②沃野千里，南有巴蜀之饶，北有胡苑之利，③阻三面而守，独以一面东制诸侯。诸侯安定，河渭漕挽天下，西给京师；诸侯有变，顺流而下，足以委输。此所谓金城千里，天府之国也！④刘敬说是也。"于是高帝即日驾西，都关中。⑤留侯从入关。留侯性多病，即道引不食谷，⑥杜门不出岁余。

①[正义]曰：殽，二殽山也，在洛州永宁县西北二十八里。函谷关在陕州桃林县西南十二里。

②[正义]曰：陇山南连蜀之崌山，故云右陇蜀也。

③[索隐]曰：崔浩云："苑马牧外接胡地，马生于胡，故云胡苑之利。"[正义]曰：《博物志》云"北有胡苑之塞"。按：上郡、北地之北与胡接，可以牧养禽兽，又多至胡马，故谓胡苑之利也。

④[索隐]曰：此言"谓"者，盖是依凭古语。金城，言秦有四塞之国，如金城也。故《淮南子》云："虽有金城，非粟不守"。又苏秦说秦惠王云"秦地势形便，所谓天府。"是所凭也。

⑤[索隐]曰：《周礼》"三曰询国迁"，乃为大事。高祖即日西迁者，盖谓其日即定计，非即日遂行也。

⑥《汉书音义》曰："服辟谷之药，而静居行气。"

上欲废太子，立戚夫人子赵王如意。大臣多谏争，未能得坚决者也。吕后恐，不知所为。人或谓吕后曰："留侯善画计策，上信用之。"吕后乃使建成侯吕泽劫留侯，曰："君常为上谋臣，今上欲易太子，君安得高枕而卧乎？"留侯曰："始上数在困急之中，幸用臣策。今天下安定，以爱欲易太子，骨肉之间，虽臣等百余人何益。"吕泽强要曰："为我画计。"留侯曰："此难以口舌争也。顾上有不能致者，天下有四人。①四人者年老矣,皆以为上慢侮人,故逃匿山中,义不为汉臣。然上高此四人。今公诚能无爱金玉璧帛,令太子为书,卑辞安车,因使辩士固请,宜来。来,以为客,时时从入朝,令上见之,则必异而问之。问之,上知此四人贤,则一助也。"于是吕后令吕泽使人奉太子书,卑辞厚礼,迎此四人。四人至,客建成侯所。

①[索隐]曰:四人,四皓也,谓东园公、绮里季、夏黄公、角里先生。按:《陈留志》云"园公姓唐,字宣明,居园中,因以为号。夏黄公姓崔名广,字少通,齐人,隐居夏里修道,故号曰夏黄公。角里先生河内轵人,太伯之后,姓周名术,字元道,京师号曰霸上先生,一曰角里先生。"孔父《秘记》作"禄里"。皆王劭据崔氏、周氏世谱及陶潜《四八目》而为此说。

汉十一年,黥布反,上病,欲使太子将,往击之。四人相谓曰:"凡来者,将以存太子。太子将兵,事危矣。"乃说建成侯曰:"太子将兵,有功则位不益太子;无功还,则从此受祸矣。且太子所与俱诸将,皆尝与上定天下枭将也,今使太子将之,此无异使羊将狼也,皆不肯为尽力,其无功必矣。臣闻'母爱者子抱',①今戚夫人日夜侍御,赵王如意常抱居前,上曰'终不使不肖子居爱子之上',明乎其代太子位必矣。君何不急请吕后承间为上泣言:'黥布,天下猛将也,善用兵,今诸将皆陛下故等夷,②乃令太子将此属,无异使羊将狼,莫肯为用,有使布闻之,则鼓行而西耳。③上虽病,强载辎车,卧而护之,诸将不敢不尽力。上虽苦,为妻子自强。'"于是吕泽立夜见吕后,吕后承间为上泣涕而言,如四人意。上曰"吾唯竖子固不足遣,而公自行耳。"于是上自将兵而东,群臣居守,皆送至灞上。留侯病,自强起,至曲邮,④见上曰:"臣宜从,病甚。楚人剽疾,愿上无与楚人争锋。"因说上曰:"令太子为将军,监关中兵。"上曰:"子房虽病,强卧而傅太子。"是时叔孙通为太傅,留侯行少傅事。

①[索隐]曰:此语出《韩子》。

②徐广曰:"夷,犹侪也。"[索隐]曰:如淳云:"等夷,言等辈。"

③晋灼曰:"鼓行而西,言无所畏也。"

④司马彪曰:"长安县东有曲邮聚。"[索隐]曰:邮,音尤。按:司马彪《汉书·郡国志》长安有曲邮聚。今在新丰西,俗谓之邮头。《汉书旧仪》云"五

里一邮,邮人居间,相去二里半"。按:邮乃今之候。

汉十二年,上从击破布军归,疾益甚,愈欲易太子。留侯谏,不听,因疾不视事。叔孙太傅称说引古今,以死争太子。上详许之,犹欲易之。及燕,置酒,太子侍。四人从太子,年皆八十有余,须眉皓白,衣冠甚伟。上怪之,问曰:"彼何为者?"四人前对,各言名姓,曰东园公,角里先生,绮里季,夏黄公。上乃大惊,曰:"吾求公数岁,公辟逃我,今公何自从吾儿游乎?"四人皆曰:"陛下轻士善骂,臣等义不受辱,故恐而亡匿。窃闻太子为人仁孝,恭敬爱士,天下莫不延颈欲为太子死者,故臣等来耳。"上曰:"烦公幸卒调护太子。"①四人为寿已毕,趋去。上目送之,召戚夫人指示四人者曰:"我欲易之,彼四人辅之,羽翼已成,难动矣。吕后真而主矣。"戚夫人泣,上曰:"为我楚舞,吾为若楚歌。"歌曰:"鸿鹄高飞,一举千里。羽翮已就,横绝四海。横绝四海,当可奈何!虽有矰缴,②尚安所施!"歌数阕,③戚夫人嘘唏流涕。上起去,罢酒。竟不易太子者,留侯本招此四人之力也。

①如淳曰:"调护,犹营护也。"
②韦昭曰:"缴,弋射也。其矢曰矰。"[索隐]曰:马融注《周礼》云:"矰者,缴系短矢谓之矰。"一说云矰,一弦,可以仰射高者,故云矰也。
③[索隐]曰:音曲穴反,谓曲终也。《说文》云:"阕,事也。"

留侯从上击代,出奇计马邑下,①及立萧何相国,②所与上从容言天下事甚众,非天下所以存亡,故不著。留侯乃称曰:"家世相韩,及韩灭,不爱万金之资,为韩报仇强秦,天下振动。今以三寸舌为帝者师,③封万户,位列侯,此布衣之极,于良足矣。愿弃人间事,欲从赤松子游耳。"④乃学辟谷,道引轻身。⑤会高帝崩,吕后德留侯,乃强食之,曰:"人生一世间如白驹过隙,何至自苦如此乎!"留侯不得已,强听而食。

①徐广曰:"一云'出奇计下马邑'。"
②《汉书音义》曰:"何时未为相国,劝高祖立之。"
③[索隐]曰:《春秋纬》云:"舌在口,长三寸,象斗玉衡。"
④[索隐]曰:赤松子,神农时雨师,能入火自烧,昆仑山上随风雨上下也。

⑤徐广曰:"一云'乃学道引,欲轻举'也。"[索隐]曰:辟,音宾亦反。

后八年卒,谥为文成侯。子不疑代侯。①

①徐广曰:"文成侯立十六年卒,子不疑代立。十年,坐与门大夫吉谋杀故
　　楚内史,当死,赎为城旦,国除。"

子房始所见下邳圮上老父与《太公书》者,后十三年从高帝过
济北,果见谷城山下黄石,取而葆祠之。①留侯死,并葬黄石冢。②
每上冢伏腊,祠黄石。

①徐广曰:"《史记》珍宝字皆作'葆'。"

②[正义]曰:《括地志》云:"汉张良墓在徐州沛县东六十五里,与留城相
　　近也。"

留侯不疑,孝文帝五年坐不敬,国除。

太史公曰:学者多言无鬼神,然言有物。①至如留侯所见老父
予书,亦可怪矣。②高祖离困者数矣,而留侯常有功力焉,岂可谓非
天乎?上曰:"夫运筹策帷帐之中,决胜千里外,吾不如子房。"余以
为其人计魁梧奇伟,③至见其图,状貌如妇人好女。盖孔子曰:"以
貌取人,失之子羽。"④留侯亦云。

①[索隐]曰:物谓精怪及药物也。

②[索隐]曰:《诗纬》云"风后,黄帝师,又化为老子,以书授张良"。亦异说
　　耳。父后化为黄石。

③应劭曰:"魁梧,丘虚壮大之意。"[索隐]曰:苏林云:"梧,音忤"。萧该
　　云:"今读为吾,非也"。小颜云:"言其可警悟于人"。

④[索隐]曰:子羽,澹台灭明字也。《仲尼弟子传》云"状貌甚恶"。又《家
　　语》云"子羽有君子之容,而行不称其貌",与《史记》文同也。

索隐述赞曰:留侯倜傥,志怀愤惋。五代相韩,一朝归汉。进履
宜假,运筹神算。横阳既立,申徒作扞。灞上扶危,固陵静乱。人称
三杰,辩推八难。赤松愿游,白驹难绊。嗟彼雄略,曾非魁岸。

史记卷五六
世家第二六

陈丞相

　　陈丞相平者,阳武户牖乡人也。①少时家贫,好读书,有田三十亩,独与兄伯居。伯常耕田,纵平使游学。平为人长美色。人或谓陈平曰:"贫何食而肥若是?"其嫂嫉平之不视家生产,曰:"亦食糠覈耳。②有叔如此,不如无有。"伯闻之,逐其妇而弃之。

　　①徐广曰:"阳武属魏地。户牖,今为东昏县,属陈留。"[索隐]曰:徐广云"阳武属魏",而《地理志》属河南郡,盖后阳武分属梁国耳。徐又云"户牖,今为东昏县,属陈留",与《汉书·地理志》同。按:是秦时户牖乡属阳武,至汉以户牖为东昏县,隶陈留郡也。[正义]曰:《陈留风俗传》云:"东昏县,卫地,故阳武之户牖乡也。"《括地志》云:"东昏故城在汴州陈留县东北九十里。"

　　②徐广曰:"覈,音核。"骃案:孟康曰:"麦糠中不破者也"。晋灼曰:"核,音纥,京师谓粗屑为纥头"。

　　及平长,可娶妻,富人莫肯与者,贫者平亦耻之。久之,户牖富人有张负,①张负女孙五嫁而夫辄死,人莫敢娶。平欲得之。邑中有丧,平贫,侍丧,以先往后罢为助。张负既见之丧所,独视伟平,平亦以故后去。负随平至其家,家乃负郭穷巷,②以弊席为门,然门外多有长者车辙。③张负归,谓其子仲曰:"吾欲以女孙予陈平。"张仲曰:"平贫不事事,一县中尽笑其所为,独奈何予女乎?"负曰:"人固有好美如陈平而长贫贱者乎?"卒与女。为平贫,乃假贷币以聘,予酒肉之资以内妇。负诫其孙曰:"毋以贫故,事人不谨。事兄伯如事父,事嫂如母。"④平既娶张氏女,赍用益饶,游道日广。里中社,平为宰,⑤分肉食甚均。父老曰:"善,陈孺子之为宰!"平曰:"嗟乎,使平得宰天下,亦如是肉矣。"

①[索隐]曰:按:负是妇人老宿之称,犹"武负"之类也。然此张负既称富人,或恐是丈夫尔。

②[索隐]曰:高诱注《战国策》云"负背郭居也"。

③[索隐]曰:一作"轵"。按:言长者所乘安车,与载运之车轨辙或别。

④兄伯已逐其妇,此嫂疑后娶也。

⑤[索隐]曰:其里名库上里。知者,据蔡邕《陈留东昏库上里社碑》云"惟斯库里,古阳武之牖乡"。陈平由此社宰,遂相高祖也。

　　陈涉起而王陈,使周市略定魏地,立魏咎为魏王,与秦军相攻于临济。陈平固已前谢其兄伯,①从少年往事魏王咎于临济。魏王以为太仆。说魏王不听,人或谗之,陈平亡去。

①《汉书音义》曰:"谢语其兄往事魏。"

　　久之,项羽略地至河上,陈平往归之,从入破秦。赐平爵卿。①项羽之东王彭城也,汉王还定三秦而东,殷王反楚。项羽乃以平为信武君,将魏王咎客在楚者以往,击降殷王而还。项王使项悍拜平为都尉,赐金二十溢。居无何,汉王攻下殷王。项王怒,将诛定殷者将吏。陈平惧诛,乃封其金与印,使使归项王,而平身间行杖剑亡。渡河,船人见其美丈夫独行,疑其亡将,要中当有金玉宝器,目之,欲杀平。平恐,乃解衣裸而佐刺船。船人知其无有,乃止。

①张晏曰:"礼秩如卿,不治事。"

　　平遂至修武降汉,①因魏无知求见汉王,②汉王召入。是时,万石君奋为汉王中涓,③受平谒,入见平。平等七人俱进,赐食。王曰:"罢,就舍矣。"平曰:"臣为事来,所言不可以过今日。"于是汉王与语,而说之,问曰:"子之居楚何官?"曰:"为都尉。"是日乃拜平为都尉,使为参乘,典护军。诸将尽欢,④曰:"大王一日得楚之亡卒,未知其高下,而即与同载,反使监护军长者!"汉王闻之,愈益幸平。

①徐广曰:"汉二年。"

②［索隐］曰：《汉书》张敞与朱邑书云"陈平须魏倩而后进"，孟康云即无

　　知也。

③徐广曰："亦曰涓人。"

④［索隐］曰：欢，哗也。音欢，又音喧。《汉书》作"皆怨"。

　　遂与东伐项王。至彭城，为楚所败。引而还，收散兵至荥阳。以平为亚将，属于韩王信，军广武。

　　绛侯、灌婴等咸谗陈平曰："平虽美丈夫，如冠玉耳，其中未必有也。①臣闻平居家时，盗其嫂，事魏不容，亡归楚。归楚不中，又亡归汉。今日大王尊官之，令护军。臣闻平受诸将金，金多者得善处，金少者得恶处。平，反覆乱臣也，愿王察之！"汉王疑之，召让魏无知。无知曰："臣所言者，能也。陛下所问者，行也。今有尾生、孝己之行，②而无益于胜负之数，陛下何暇用之乎？楚汉相距，臣进奇谋之士，顾其计诚足以利国家不耳。且盗嫂受金又何足疑乎？"汉王召让平曰："先生事魏不中，遂事楚，而去。今又从吾游，信者固多心乎？"平曰："臣事魏王，魏王不能用臣说，故去事项王。项王不能信人，其所任爱非诸项即妻之昆弟，虽有奇士不能用，平乃去楚。闻汉王之能用人，故归大王。臣裸身来，不受金无以为资。诚臣计画有可采者，顾大王用之；使无可用者，金具在，请封输官，得请骸骨。"汉王乃谢，厚赐，拜为护军中尉，尽护诸将。诸将乃不敢复言。

①《汉书音义》曰："饰冠以玉，光好外见，中非所有。"

②如淳曰："孝己，高宗之子，有孝行。"

　　其后楚急攻，绝汉甬道，围汉王于荥阳城。久之，汉王患之，请割荥阳以西以和。项王不听。汉王谓陈平曰："天下纷纷，何时定乎？"陈平曰："项王为人恭敬爱人，士之廉节好礼者多归之。至于行功爵邑，重之，士亦以此不附。今大王慢而少礼，士廉节者不来。然大王能饶人以爵邑，士之顽钝①嗜利无耻者亦多归汉。诚各去其两短，袭其两长，天下指麾则定矣。然大王恣侮人，不能得廉节之士。顾楚有可乱者，彼项王骨鲠之臣亚父、钟离眛、龙且、周殷之属，不

过数人耳。大王诚能出捐数万斤金，行反间，间其君臣，以疑其心，项王为人意忌信谗，必内相诛。汉因举兵而攻之，破楚必矣。"汉王以为然，乃出黄金四万斤与陈平，恣所为，不问其出入。

①如淳曰："犹无廉隅。"

陈平既多以金纵反间于楚军，宣言诸将钟离眜等为项王将，功多矣，然而终不得裂地而王，欲与汉为一，以灭项氏而分王其地。项羽果意不信钟离眜等。项王既疑之，使使至汉。汉王为太牢具，举进。见楚使，即详惊曰："吾以为亚父使，乃项王使！"复持去，更以恶草具①进楚使。楚使归，具以报项王。项王果大疑亚父。亚父欲急攻下荥阳城，项王不信，不肯听。亚父闻项王疑之，乃怒曰："天下事大定矣，君王自为之！愿请骸骨归。"归未至彭城，疽发背而死。陈平乃夜出女子二千人荥阳城东门，楚因击之，陈平乃与汉王从城西门夜出，去。遂入关，收散兵复东。

①《汉书音义》曰："草，粗也。"［索隐］曰：《战国策》云"食冯煖以草具"。如淳云"藁草粗恶之具也"。

其明年，淮阴侯破齐，自立为齐王，使使言之汉王。汉王大怒而骂，陈平蹑汉王。①汉王亦悟，乃厚遇齐使，使张子房卒立信为齐王。封平以户牖乡。用其奇计策，卒灭楚。常以护军中尉从定燕王臧荼。

①《汉书音义》曰："蹑，谓蹑汉王足。"

汉六年，人有上书告楚王韩信反。高帝问诸将，诸将曰："亟发兵坑竖子耳。"高帝默然。问陈平，平固辞谢，曰："诸将云何？"上具告之。陈平曰："人之上书言信反，有知之者乎？"曰："未有。"曰："信知之乎？"曰："不知。"陈平曰："陛下精兵孰与楚？"上曰："不能过。"平曰："陛下将用兵有能过韩信者乎？"上曰："莫及也。"平曰："今兵不如楚精，而将不能及，而举兵攻之，是趣之战也，窃为陛下危之。"上曰："为之奈何？"平曰："古者天子巡狩，会诸侯。南方有云梦，陛下第出伪游云梦，①会诸侯于陈。陈，楚之西界。②信闻天子以好出游,其势必无事而郊迎谒。谒,而陛下因禽之,此特一力士之事耳。"高帝以为然,乃发使告诸侯会陈:"吾将南游云梦。"上因随以行。行未至陈,楚王信果郊迎道中。高帝豫具武士,见信至,即执缚之,载后车。信呼曰:"天下已定,我固当烹!"高帝顾谓信曰:"若毋声!而反,明矣!"武士反接之。③遂会诸侯于陈,尽定楚地。还至雒阳,赦信以为淮阴侯,而与功臣剖符定封。

①[索隐]曰:苏林云:"第,且也。"小颜云"但也"。

②[正义]曰:陈,今陈州也。韩信都彭城,号楚王,故陈州为楚西界也。

③《汉书音义》曰:"反缚两手。"

　于是与平剖符,世世勿绝,为户牖侯。平辞曰:"此非臣之功也。"上曰:"吾用先生谋计,战胜克敌,非功而何?"平曰:"非魏无知,臣安得进?"上曰:"若子可谓不背本矣。"乃复赏魏无知。其明年,以护军中尉从攻反者韩王信于代。卒至平城,为匈奴所围,七日不得食。高帝用陈平奇计,使单于阏氏,①围以得开。高帝既出,其计秘,世莫得闻。②

①苏林曰:"阏氏,音焉支。如汉皇后。"

②桓谭《新论》:"或云:'陈平为高帝解平城之围,则言其事秘,世莫得而闻也。此以工妙踔善,故藏隐不传焉。子能权知斯事否?'吾应之曰:'此策乃反薄陋拙恶,故隐而不泄。高帝见围七日,而陈平往说阏氏,阏氏言于单于而出之,以是知其所用说之事矣。彼陈平必言汉有好丽美女,为道其容貌天下无有,今困急,已驰使归迎取,欲进与单于,单于见此人必大好爱之,爱之则阏氏日以远疏,不如及其未到,令汉得脱去,去,亦不持女来矣。阏氏妇女,有妒媢之性,必增恶而事去之。此说简而要,及得其用,则欲使神怪,故隐匿不泄也。'刘子骏闻吾言,乃立称善焉。"按:《汉书音义》应劭说此事大旨与桓《论》略同,不知是应全取桓《论》,或别有所闻乎?今观桓《论》似本无说。

　高帝南过曲逆,①上其城,望见其屋室甚大,曰:"壮哉县!吾行天下,独见洛阳与是耳。"顾问御史曰:"曲逆户口几何?"对曰:"始秦时三万余户。间者兵数起,多亡匿,今见五千户。"于是乃诏御史,更以陈平为曲逆侯,尽食之,除前所食户牖。

①《地理志》县属中山也。［索隐］曰：章帝丑其名，改云蒲阴也。

其后常以护军中尉从攻陈豨及黥布。凡六出奇计，辄益邑，凡六益封。奇计或颇秘，世莫能闻也。

高帝从破布军还，病创，徐行至长安。燕王卢绾反，上使樊哙以相国将兵攻之。既行，人有短恶哙者。高帝怒曰："哙见吾病，乃冀我死也！"用陈平谋而召绛侯周勃受诏床下，曰："陈平亟驰传载勃代哙将，平至军中即斩哙头！"二人既受诏，驰传未至军，行计之曰："樊哙帝之故人也，功多，且又乃吕后弟吕婆之夫，有亲且贵。帝以忿怒故欲斩之，则恐后悔。宁囚而致上，上自诛之。"未至军，为坛，以节召樊哙。哙受诏，即反接载槛车，传诣长安，而令绛侯勃代将，将兵定燕反县。平行闻高帝崩，平恐吕太后及吕婆谗怒，乃驰传先去。逢使者，诏平与灌婴屯于荥阳。平受诏，立复驰至宫，哭甚哀，因奏事丧前。吕太后哀之，曰："君劳，出休矣。"平畏谗之就，因固请得宿卫中。太后乃以为郎中令，曰："傅教孝惠。"①是后吕婆谗乃不得行。樊哙至，则赦复爵邑。

①如淳曰："傅相之傅也。"

孝惠帝六年，相国曹参卒，以安国侯王陵为右丞相，①陈平为左丞相。

①徐广曰："王陵以客从起丰，以厩将别守丰，上东，因从战，不利，奉孝惠、鲁元出睢水中，封为雍侯。高祖八年，定食安国。二十一年卒，谥武侯。至玄孙，坐酎金，国除。"

王陵者故沛人，始为县豪。高祖微时，兄事陵。陵少文，任气，好直言。及高祖起沛，入至咸阳，陵亦自聚党数千人，居南阳，不肯从沛公。及汉王之还攻项籍，陵乃以兵属汉。项羽取陵母置军中，陵使至，则东乡坐陵母，欲以招陵。陵母既私送使者，泣曰："为老妾语陵，谨事汉王。汉王长者也，无以老妾故持二心。妾以死送使者！"遂伏剑而死。项王怒，烹陵母。陵卒从汉王定天下。以善雍齿，雍齿高帝之仇，而陵本无意从高帝，以故晚封，为安国侯。

安国侯既为右丞相，二岁，孝惠帝崩。高后欲立诸吕为王，问王陵，王陵曰："不可。"问陈平，陈平曰："可。"吕太后怒，乃详迁陵为帝太傅，实不用陵。陵怒，谢疾免，杜门竟不朝请，七年而卒。

陵之免丞相，吕太后乃徙平为右丞相，以辟阳侯审食其为左丞相。左丞相不治，常给事于中。[1]食其亦沛人。汉王之败彭城，西，楚取太上皇、吕后为质，食其以舍人侍吕后。其后从破项籍，为侯，幸于吕太后。及为相，居中，百官皆因决事。

①孟康曰："不在治处，便止宫中也。"

吕媭常以前陈平为高帝谋执樊哙，数谗曰："陈平为相非治事，日饮醇酒，戏妇女。"陈平闻，日益甚。吕太后闻之，私独喜。面质吕媭于陈平曰："鄙语曰'儿妇人口不可用'，顾君与我何如耳？无畏吕媭之谗也！"

吕太后立诸吕为王，陈平伪听之。及吕太后崩，平与太尉勃合谋，卒诛诸吕，立孝文皇帝，陈平本谋也。审食其免相。[1]

①徐广曰："审食其初以舍人起，侍吕后、孝惠帝于沛，又从在楚。封二十五年，文帝三年死，子平代。代二十二年，景帝三年坐谋反，国除。一本云'食其免后三岁，为淮南王所杀。文帝令其子平嗣侯。蕾川王反，辟阳近蕾川，平降之，国除'。"

孝文帝立，以为太尉勃亲以兵诛吕氏，功多。陈平欲让勃尊位，乃谢病。孝文帝初立，怪平病，问之。平曰："高祖时，勃功不如臣平。及诛诸吕，臣功亦不如勃。愿以右丞相让勃。"于是孝文帝乃以绛侯勃为右丞相，位次第一；平徙为左丞相，位次第二。赐平金千斤，益封三千户。

居顷之，孝文皇帝既益明习国家事，朝而问右丞相勃曰："天下一岁决狱几何？"勃谢曰："不知。"问："天下一岁钱谷出入几何？"勃又谢不知，汗出沾背，愧不能对。于是上亦问左丞相平，平曰："有主者。"上曰："主者谓谁？"平曰："陛下即问决狱，责廷尉；问钱谷，责治粟内史。"上曰:"苟各有主者,而君所主者何事也?"平谢曰:"主臣。①陛下不知其驽下,使待罪宰相。宰相者,上佐天子理阴阳,顺四时,下育万物之宜,外镇抚四夷诸侯,内亲附百姓,使卿大夫各得任其职焉。"孝文帝乃称善。右丞相大惭,出而让陈平曰:"君独不素教我对!"陈平笑曰:"君居其位,不知其任邪?且陛下即问长安中盗贼数,②君欲强对邪?"于是绛侯自知其能不如平远矣。居顷之,绛侯谢病请免相,陈平专为一丞相。

①张晏曰:"若今人谢曰'惶恐'也。马融《龙虎赋》曰'勇怯见之,莫不主臣'。"孟康曰:"主臣,主群臣也,若今言人主也。"韦昭曰:"言主臣道,不敢欺也。"[索隐]曰:苏林与孟康同,既古人所未了,故并存两解。
②《汉书音义》曰:"头数也。"

孝文帝二年,丞相陈平卒,谥为献侯。子共侯买代侯。二年卒,子简侯恢代侯。二十三年卒,子何代侯。二十三年,何坐略人妻,弃市,国除。

始陈平曰:"我多阴谋,是道家之所禁。吾世即废,亦已矣,终不能复起,以吾多阴祸也。"然其后曾孙陈掌以卫氏亲贵戚,愿得续封陈氏,然终不得。①

①徐广曰:"陈掌者,卫青之子婿。"

太史公曰:陈丞相平少时,本好黄帝、老子之术。方其割肉俎上之时,其意固已远矣。倾侧扰攘楚魏之间,卒归高帝。常出奇计,救纷纠之难,振国家之患。及吕后时,事多故矣,然平竟自脱,定宗庙,以荣名终,称贤相,岂不善始善终哉!非知谋孰能当此者乎?

索隐述赞曰:曲逆穷巷,门多长者。宰肉先均,佐丧后罢。魏楚更用,复心难假。弃印封金,刺船露裸。间行归汉,委质麾下。荥阳计全,平城围解。推陵让勃,哀多益寡。应变合权,克定宗社。

史记卷五七
世家第二七

绛侯周勃

　　绛侯周勃者，沛人也。其先卷人，①徙沛。勃以织薄曲为生，②常为人吹箫给丧事，③材官引强。④

①徐广曰："卷县在荥阳。"[索隐]曰：韦昭云属河南，《地理志》亦然。然则后置荥阳郡，而卷隶焉。音丘玄反，《字林》音丘权反。[正义]曰：《括地志》云："故卷城在郑州原武县西北七里。"《释例·地名》云："卷县所理垣雍城也。"

②苏林曰："薄，一名曲。《月令》曰'具曲植'。"[索隐]曰：谓勃本以织蚕薄为生业也。韦昭云"北方谓薄为曲"。许慎注《淮南》云："曲，苇薄也。"郭璞注《方言》云："植，悬曲柱也"。音直吏反。

③如淳曰："以乐丧家，若俳优。"瓒曰："吹箫以乐丧宾，若乐人也。"[索隐]曰：《左传》"歌虞殡"，犹今挽歌类也。歌者或有箫管。

④《汉书音义》曰："能引强弓官，如今挽强司马也。"[索隐]曰：晋灼云"申屠嘉为材官蹶张"。

　　高祖之为沛公初起，勃以中涓从攻胡陵，下方与。方与反，与战，却适。攻丰。击秦军砀东。还军留及萧。复攻砀，破之。下下邑，先登。赐爵五大夫。攻蒙、虞，取之。①击章邯车骑，殿。②定魏地。攻爰戚、东缗，③以往至栗，④取之。攻啮桑，先登。⑤击秦军阿下，破之。⑥追至濮阳，下甄城。攻都关、⑦定陶，袭取宛朐，⑧得单父⑨令。夜袭取临济，攻张，⑩以前至卷，破之。击李由军雍丘下。攻开封，先至城下为多。⑪后章邯破杀项梁，沛公与项羽引兵东如砀。

①[索隐]曰：二县名。《地理志》属梁国。

②服虔曰："略得殿兵也。"如淳曰："殿，不进也。"瓒曰："在军后曰殿。"孙
检曰："一说上功曰最，下功曰殿，战功曰多。周勃事中有此三品，与诸
将俱计功则曰殿最，独捷则曰多。多义见《周礼》。故此云'击章邯车骑，
殿'，又云'先至城下为多'，又云'攻槐里、好畤，最'是也。"

③徐广曰："属山阳。"[索隐]曰：小颜音昏，非也。《地理志》山阳有东缗
县，音旻。然则户牖之为东缗，音昏是。属陈留者音昏，属山阳者音旻
也。[正义]曰：缗，眉贫反。《括地志》云："东缗故城，汉县也，在兖州金
乡县界。"

④[正义]曰：《括地志》云属沛郡也。

⑤[索隐]曰：徐氏云在梁、彭城间。

⑥[索隐]曰：谓东阿之下也。

⑦[索隐]曰：《地理志》县名，属山阳。

⑧[正义]曰：冤朐二音，今曹州县，在州西四十七里。

⑨[正义]曰：善甫二音，宋州县也。

⑩《汉书音义》曰："攻寿张。"[索隐]曰：《地理志》东郡寿梁县，光武改曰
寿张。

⑪文颖曰："勃士卒至者多。"如淳曰："《周礼》'战功曰多'。"

　　自初起沛还至砀，一岁二月。①楚怀王封沛公号安武侯，为砀
郡长。沛公拜勃为虎贲令。②以令从沛公定魏地。攻东郡尉于城武，
破之。击王离军，破之。攻长社，先登。攻颍阳、缑氏，③绝河津。④
击赵贲军尸北。⑤南攻南阳守齮，破武关、峣关。破秦军于蓝田，至
咸阳，灭秦。

①[索隐]曰：谓初起沛及还至砀，得一岁又更二月也。

②徐广曰："一云《句盾令》。"[索隐]曰：《汉书》云"襄贲令"。贲，音肥，县
名，属东海。徐广又云"句盾令"，所见本各别也。

③[正义]曰：缑，音勾。洛州县。

④[正义]曰：即古平阴津，在洛州洛阳县东北五十里。

⑤[索隐]曰：贲，音肥，人姓名也。尸即尸乡，今偃师也。谓尸县之北。

　　项羽至，以沛公为汉王。汉王赐勃爵为威武侯。①从入汉中，拜
为将军。还定三秦，至秦，赐食邑怀德。②攻槐里、好畤，最。③击赵

贲、内史保于咸阳,最。北攻漆。④击章平、姚卬军。⑤西定汧。⑥还下郿、⑦频阳。⑧围章邯废丘。⑨破西丞。⑩击盗巴军,破之。⑪攻上邽。⑫东守峣关。转击项籍。攻曲逆,最。还守敖仓。追项籍,籍已死,因东定楚地泗川东海郡,凡得二十二县。还守雒阳、栎阳,赐与颍阳侯共食钟离。⑬

①[索隐]曰:或是封号,未必县名也。

②[正义]曰:《括地志》云:"怀德故城在同州朝邑县西南四十三里。"

③如淳曰:"于将率之中功为最。"[索隐]曰:《地理志》二县属右扶风。

④[索隐]曰:《地理志》漆县在右扶风。[正义]曰:今豳州新平县,古漆县也。

⑤[索隐]曰:卬,音五郎反。平下将。

⑥[正义]曰:口肩反。今陇州汧源县,本汉汧县地也。

⑦[正义]曰:音眉。《括地志》云:"郿县故城在岐州郿县东北十五里。"

⑧[索隐]曰:《地理志》郿属古扶风,频阳属左冯翊也。[正义]曰:《括地志》云:"频阳故城在宜州土门县南三里。"今土门县并入同官县,属雍州,宜州废也。

⑨[索隐]曰:《地理志》:"槐里,周曰犬丘,懿王都之,秦更名废丘,高祖三年更名槐里。"而此云槐里者,槐里据后而书之。又云废丘者,以章邯本都废丘而亡,亦据旧书之。

⑩徐广曰:"天水有西县。"[正义]曰:《括地志》云:"西县故城在秦州上邽县西南九十里,本汉西县也。"破西县丞。

⑪如淳曰:"章邯将。"

⑫[正义]曰:音圭。秦州县也。

⑬[索隐]曰:《地理志》县名,属九江,故钟离子国。[正义]曰:《括地志》云:"颍阳故城在陈州南顿县西北。钟离故城在濠州钟离县东北五里。"

以将军从高帝击反者燕王臧荼,破之易下。①所将卒当驰道为多。②赐爵列侯,剖符世世勿绝。食绛③八千一百八十户,号绛侯。

①[索隐]曰:荼,如字读。易,水名,因以为县,在涿郡。谓破荼军于易水之下,言近水也。[正义]曰:《括地志》云:"易县故城在幽州归义县东南十五里,燕桓侯所徙都临易是也。"

②[索隐]曰:小颜以当高祖所行之道。或以驰道为秦之驰道,故《贾山传》

云:"秦为驰道,东穷燕、齐"也。

③[正义]曰:《括地志》云:"绛邑城,汉绛县,在绛州曲沃县南二里。或以
　为秦之旧驰道也。"

以将军从高帝击反韩王信于代,降下霍人。①以前至武泉,②
击胡骑,破之武泉北。转攻韩信军铜鞮,③破之。还,降太原④六城。
击韩信胡骑晋阳下,破之,下晋阳。后击韩信军于砥石,⑤破之,追
北八十里。还攻楼烦⑥三城,因击胡骑平城下,⑦所将卒当驰道为
多。

①[索隐]曰:萧该云:"《左传》'以偪阳子归纳诸霍人',杜预云晋邑也。或
　作'霍'。"[正义]曰:霍,音琐,又音苏寡反。颜师古云:"音山寡反。"按:
　"霍"字当作"霍",《地理志》云霍人县,属太原郡。《括地志》云:"霍人故
　城在代州繁畤县界,汉霍人县也。"按:《樊哙列传》作"霍人",其音亦
　同。

②徐广曰:"属云中。"[正义]曰:《括地志》云:"武泉故城在朔州北二百二
　十里。"

③[正义]曰:《括地志》云:"铜鞮故城在潞州铜鞮县东十五里,州西六十
　五里,在并州东南也。"

④[正义]曰:并州县。从铜鞮还并,降六城也。

⑤应劭曰:"砥,音沙。或曰地名。"[索隐]曰:晋灼音赤座反。[正义]曰:
　按:在楼烦县西北。

⑥[正义]曰:《地理志》云在雁门郡,《括地志》云在并州崞县界。

⑦[正义]曰:《地理志》云在雁门郡。《括地志》云:"朔州定襄,本汉平城
　县。"

勃迁为太尉。击陈豨,屠马邑。所将卒斩豨将军乘马絺。①击韩
信、陈豨、赵利军于楼烦,破之。得豨将宋最、雁门守圂。②因转攻,
得云中守遬、③丞相箕肆、将勋。④定雁门郡十七县,云中郡十二
县。因复击豨灵丘,破之,⑤斩豨得豨丞相程纵、将军陈武、都尉高
肆。定代郡九县。

①徐广曰:"姓乘马。"[索隐]曰:絺,名也。乘,音始证反。

②[索隐]曰:圂,守之名,音胡困反。

③[索隐]曰:音速。[正义]曰:《括地志》云:"云中故城在胜州榆林县东北

四十里,秦云中郡。"

④徐广曰:"箕,一作'萁'。勋,一作'专',一作'转'。"[索隐]曰:刘氏肆音
　　如字,包恺音以四反。《汉书》"勋"亦作"博"字,并误耳。

⑤[索隐]曰:《地理志》县名,属代郡。[正义]曰:《括地志》云:"灵丘故城
　　在蔚州灵丘县东十里,汉县也。"

燕王卢绾反,勃以相国代樊哙将,击下蓟,得绾大将抵、丞相
偃、守陉、①太尉弱、御史大夫施、屠浑都。②破绾军上兰,③复击破
绾军沮阳。④追至长城,⑤定上谷十二县,右北平十六县,辽西、辽
东二十九县,渔阳二十二县。最从高帝⑥得相国一人,丞相二人,将
军、二千石各三人;别破军二,下城三,定郡五,县七十九,得丞相、
大将各一人。

①张晏曰:"卢绾郡守,陉其名。"

②徐广曰:"在上谷。"[索隐]曰:施,名也。屠,灭之也。《地理志》浑都县属
　　上谷。一云御史大夫姓施屠,名浑都。[正义]曰:《括地志》云:"幽州昌
　　平县,本汉浑都县。"

③[正义]曰:《括地志》云"妫州怀戎县东北有马兰溪水",恐是也。

④徐广曰:"在上谷。"骃案:服虔曰:"沮,音阻。"[索隐]曰:按:《地理志》
　　沮阳县属上谷。[正义]曰:《括地志》云:"上谷郡故城在妫州怀戎县东
　　北百一十里。燕上谷,秦因不改,汉为沮阳县。"

⑤[正义]曰:即马邑长城,亦名燕长城,在妫州北,今是。

⑥[索隐]曰:最,都凡也。谓总举其从高祖攻战克获之数也。

勃为人木强敦厚,高帝以为可属大事。勃不好文学,每召诸生
说士,东乡坐而责之:①"趣为我语。"其椎少文如此。②

①如淳曰:"勃自东乡坐,责诸生说士,不以宾主之礼。"

②瓒曰:"令直言,勿称经书也。"韦昭曰:"椎不桡曲,直至如椎。"[索隐]
　　曰:大颜云:"俗谓愚为钝椎,音直追反。"今按:椎如字读之。谓勃召说
　　士东向而坐,责之云"趣为我语",其质朴之性,以斯推之,其少文皆如
　　此。

勃既定燕而归,高祖已崩矣,以列侯事孝惠帝。孝惠帝六年,置
太尉官,①以勃为太尉。十岁。高后崩。吕禄以赵王为汉上将军,吕

产以吕王为汉相国。秉汉权，欲危刘氏。勃为太尉，不得入军门。陈平为丞相，不得任事。于是勃与平谋，卒诛诸吕而立孝文皇帝。其语在《吕后》、《孝文》事中。

①徐广曰："《功臣表》及《将相表》皆高后四年始置太尉。"[正义]曰：下云"以勃为太尉。十岁高后崩"。按：孝惠六年高后八年崩，是十年耳。而《功臣表》及《将相表》云高后四年置太尉官，未详。

文帝既立，以勃为右丞相，赐金五千斤，食邑万户。居月，余人或说勃曰："君既诛诸吕，立代王，威震天下，而君受厚赏，处尊位，以宠，久之即祸及身矣！"勃惧，亦自危，乃谢请归相印，上许之。岁余，丞相平卒，上复以勃为丞相。十余月，上曰："前日吾诏列侯就国，或未能行，丞相吾所重，其率先之。"乃免相就国。

岁余，每河东守尉行县至绛，绛侯勃自畏恐诛，常被甲，令家人持兵以见之。其后人有上书告勃欲反，①下廷尉。廷尉下其事长安，逮捕勃治之。勃恐，不知置辞。吏稍侵辱之。勃以千金与狱吏，狱吏乃书牍背示之。②曰"以公主为证"。公主者，孝文帝女也，勃太子胜之尚之，③故狱吏教引为证。勃之益封受赐，尽以予薄昭。及系急，薄昭为言薄太后，太后亦以为无反事。文帝朝，太后以冒絮提文帝，④曰："绛侯绾皇帝玺，⑤将兵于北军，不以此时反，今居一小县，顾欲反邪？"文帝既见绛侯狱辞，乃谢曰："吏事方验而出之。"于是使使持节赦绛侯，复爵邑。绛侯既出，曰："吾尝将百万军，然安知狱吏之贵乎！"

①徐广曰："文帝四年时。"

②李奇曰："吏所执簿。"韦昭曰："牍版。"[索隐]曰：簿即牍也。故《魏志》"秦宓以簿击颊"，则亦简牍之类也。

③韦昭曰："尚，奉也。不敢言娶。"

④徐广曰："提，音弟。"駰案：应劭曰"陌额絮也"。如淳曰："太后恚怒，遭得左右物提之也。"晋灼曰：《巴蜀异物志》谓头上巾为冒絮"。[索隐]曰：服虔云"纶絮也。提音弟，又音啼"，非也。萧该音底。提者，掷也，萧音为得。恚者，嗔也。遭者，逢也。谓太后嗔，乃逢冒絮，因以提帝。陌，音"蛮陌"之"陌"，入声。《方言》云"蒙巾，南楚之间云'陌额'也"。

⑤应劭曰:"言勃诛诸吕,废少帝,手贯玺时尚不反,况今更有异乎?"

绛侯复就国。孝文帝十一年卒,谥为武侯。子胜之代侯。六岁,尚公主,不相中,①坐杀人,国除。绝一岁,文帝乃择绛侯勃子贤者河内守亚夫,封为条侯,②续绛侯后。

①如淳曰:"犹言不相合当。"

②徐广曰:"表皆作'蓨'字。"骃案:服虔曰:"蓨,音条。"[索隐]曰:《地理志》条县属渤海郡。[正义]曰:《括地志》云:"故蓨城俗名南条城,在德州条县南十二里,汉县。"

条侯亚夫自未侯为河内守时,许负相之,①曰:"君后三岁而侯。侯八岁为将相,持国秉,②贵重矣,于人臣无两。其后九岁而君饿死。"亚夫笑曰:"臣之兄已代父侯矣,有如卒,子当代,亚夫何说侯乎?然既已贵如负言,又何说饿死?指示我。"许负指其口曰:"有从理入口,③此饿死法也。"居三岁,其兄绛侯胜之有罪,孝文帝择绛侯子贤者,皆推亚夫,乃封亚夫为条侯,续绛侯后。

①[索隐]曰:应劭云:"负,河内温人,老妪也。"姚氏按:《楚汉春秋》高祖封负为鸣雌亭侯,是知妇人亦有封邑。

②[索隐]曰:音柄。

③[索隐]曰:从,音子容反。从理,横理。

文帝之后六岁,匈奴大入边。乃以宗正刘礼为将军,军霸上;①祝兹侯徐厉为将军,军棘门;②以河内守亚夫为将军,军细柳;③以备胡。上自劳军。至霸上及棘门军,直驰入,将以下骑送迎。已而之细柳军,军士吏被甲,锐兵刃,彀弓弩,持满。④天子先驱至,不得入。先驱曰:"天子且至!"军门都尉曰:"将军令曰'军中闻将军令,不闻天子之诏'。"⑤居无何,上至,又不得入。于是上乃使使持节诏将军:"吾欲入劳军。"亚夫乃传言开壁门。壁门士吏谓从属车骑曰:"将军约,军中不得驱驰。"于是天子乃按辔徐行。至营,将军亚夫持兵揖曰:"介胄之士不拜,请以军礼见。"⑥天子为动,改容式车。⑦使人称谢:"皇帝敬劳将军。"成礼而去。既出军门,群臣皆惊。文帝曰:"嗟乎,此真将军矣!曩者霸上、棘门军,若儿戏耳,其将固可袭

而虏也。至于亚夫,可得而犯邪!"称善者久之。月余,三军皆罢。乃
拜亚夫为中尉。⑧

①[正义]曰:《庙记》云:"霸陵即霸上。"按:霸陵城在雍州万年县东北二
　　十五里。

②[正义]曰:孟康云:"秦时宫也。"《括地志》云:"棘门在渭北十余里,秦
　　王门名也。"

③[正义]曰:《括地志》云:"细柳仓在雍州咸阳县西南二十里也。"

④[索隐]曰:毂者,张也。

⑤[索隐]曰:《六韬》云:"军中之事,不闻君命。"

⑥应劭曰:"《礼》'介者不拜'。"[索隐]曰:应劭云:"《左传》'晋郤克三肃
　　使者而退',杜预注'肃,若今揖'。郑众注《周礼》'肃拜'云'但俯下手,
　　今时揖是'。"

⑦[索隐]曰:轼者,车前横木。若上有敬,则俯身而凭之。

⑧[正义]曰:《汉书·百官表》云:"中尉,秦官,掌徼巡京师。武帝太初元
　　年,更名执金吾。"应劭云:"吾者,御也。掌执金吾以御非常。"颜师古
　　云:"金吾,鸟名,主辟不祥。天子出行,职主先导,以备非常,故执此鸟
　　之象,因以名官也。"

孝文且崩时,诫太子曰:"即有缓急,周亚夫真可任将兵。"文帝
崩,拜亚夫为车骑将军。

孝景三年,吴楚反。亚夫以中尉为太尉,①东击吴楚。因自请上
曰:"楚兵剽轻,②难与争锋。愿以梁委之,③绝其粮道,乃可制。"上
许之。

①[正义]曰:《汉书·百官表》云:"太尉,秦官,掌武。元狩四年置大将军
　　大司马。"即今十二卫大将军及兵部尚书也。

②[索隐]曰:《汉书》亚夫至淮阳,问邓都尉,为画此计,亚夫从之。今此云
　　"自请"者,盖此亦闻疑而传疑,汉史得其实也。剽,音七妙反。轻,读从
　　去声。

③[索隐]曰:谓以梁委之于吴,使吴兵不得过也。亦有作倭音,亦通。

太尉既会兵荥阳,吴方攻梁,梁急,请救。太尉引兵东北走昌

邑,深壁而守。梁日使使请太尉,太尉守便宜,不肯往。梁上书言景帝,景帝使使诏救梁。太尉不奉诏,坚壁不出,而使轻骑兵弓高侯等①绝吴楚兵后食道。吴兵乏粮,饥,数欲挑战,终不出。夜,军中惊,内相攻击扰乱,至于太尉帐下。太尉终卧不起。顷之,复定。后吴奔壁东南陬,②太尉使备西北。已而其精兵果奔西北,不得入。吴兵既饿,乃引而去。太尉出精兵追击,大破之。吴王濞弃其军,而与壮士数千人亡走,保于江南丹徒。③汉兵因乘胜,遂尽虏之,降其兵,购吴王千金。月余,越人斩吴王头④以告。凡相攻守三月,而吴楚破平。于是诸将乃以太尉计谋为是。由此梁孝王与太尉有郤。归,复置太尉官。五岁,迁为丞相,景帝甚重之。景帝废栗太子,丞相固争之,不得。景帝由此疏之。而梁孝王每朝,常与太后言条侯之短。

①[索隐]曰:韩颓当也。[正义]曰:弓高,沧州县也。

②如淳曰:"陬,隅也。"[索隐]曰:音邹,又音子侯反。

③[索隐]曰:《地理志》县属会稽。[正义]曰:《括地志》云:"丹徒故城在润州丹徒县东南十八里,汉丹徒县也。《晋太康地志》云'吴王濞反,走丹徒,越人杀之于此城南'。《徐州记》云'秦使赭衣凿其地,因谓之丹徒。凿处今在故县西北六里。丹徒岘东南连亘,盘纡屈曲,有象龙形,故秦凿绝颈,阔百余步,又夹坑龙首,以毁其形。坑之所在,即今龙、目二湖,悉成田也'。"

④[正义]曰:越人即丹徒人。越灭吴,丹徒地属楚。秦灭楚后,置三十六郡,丹徒县属会稽郡,故以丹徒为越人也。

窦太后曰:"皇后兄王信可侯也。"景帝让曰:"始南皮、章武侯①先帝不侯,及臣即位乃侯之。信未得封也。"窦太后曰:"人主各以时行耳。②自窦长君在时,竟不得侯,死后乃封,其子彭祖顾得侯。③吾甚恨之。帝趣侯信也!"景帝曰:"请得与丞相议之。"丞相议之,亚夫曰:"高皇帝约:'非刘氏不得王,非有功不得侯。不如约,天下共击之!'今信虽皇后兄,无功,侯之,非约也。"景帝默然而止。

①瓒曰:"南皮,窦彭祖,太后兄子。章武侯,太后弟广国。"

②[索隐]曰:谓人主各当其时而行事,不必一一相法也。[正义]曰:人主作"人生"。

③[索隐]曰:许慎注《淮南子》云:"顾,反也。"

　　其后匈奴王徐卢等五人降,景帝欲侯之以劝后。丞相亚夫曰:
"彼背其主降陛下,陛下侯之,则何以责人臣不守节者乎?"景帝曰:
"丞相议不可用。"乃悉封徐卢等为列侯。①亚夫因谢病。景帝中三
年,以病免相。

①[索隐]曰:《功臣表》唯徐卢封容城侯。

　　顷之,景帝居禁中,召条侯,赐食。独置大胾,①无切肉,又不置
箸。条侯心不平,顾谓尚席取箸。②景帝视而笑曰:"此不足君所
乎?"③条侯免冠谢。上起,条侯因趋也。景帝以目送之,曰:"此怏怏
者非少主臣也!"

①韦昭曰:"大脔也。胾,音侧吏反。"[索隐]曰:胾,音李转反。谓肉胾也。
②应劭曰:"尚席,主席者。"[索隐]曰:顾氏按《舆服杂事》云"六尚,尚席,
　掌武帐帷幔也"。箸,音箸。《汉书》作"筯"。筯者,食所用也。留侯云:
　"借前箸以筹之"。《礼》曰:"羹之有菜者用梜"。梜亦箸之类,故郑玄云
　"今人谓箸为梜"是也。
③孟康曰:"设胾无箸者,此非不足满于君所乎?嫌恨之。"如淳曰:"非故
　不足君之食具也,偶失之。"[索隐]曰:言不设箸者,此盖非我意,于君
　有不足乎?故如淳云"非故不足君之食具,隅失之耳"。盖当然也,所以
　帝视而笑也。若本不为足,当别有辞,未必为之笑也。孟康、晋灼虽探古
　人之情,亦未必能得其实。顾氏亦同孟氏之说,又引魏武赐荀彧虚器,
　各记异说也。

　　居无何,条侯子为父买工官尚方①甲盾五百被②可以葬者。取
庸苦之,不予钱。庸知其盗买县官器,③怒而上变告子,事连污条
侯。④书既闻上,上下吏。吏簿责条侯,⑤条侯不对。景帝骂之曰:
"吾不用也。"⑥召诣廷尉。⑦廷尉责曰:"君侯欲反邪?"亚夫曰:"臣
所买器乃葬器也,何谓反邪?"吏曰:"君侯纵不反地上,即欲反地下
耳。"吏侵之益急。初,吏捕条侯,条侯欲自杀,夫人止之,以故不得
死,遂入廷尉。因不食五日,呕血而死。国除。

①徐广曰:"一作'西'。"[索隐]曰:工官即尚方之工,所作物属尚方,故云
　工官尚方。

②徐广曰："音披。"骃案：如淳曰："工官，官名也"。张晏曰："被，具也。五百具甲盾"。

③[索隐]曰：县官，谓天子也。所以谓国家为县官者，《夏家》王畿内县即国都也。王者官天下，故曰县官也。

④[索隐]曰：污，音乌故反。

⑤如淳曰："簿问责其情。"

⑥孟康曰："不用女对，欲杀之也。"如淳曰："恐狱吏畏其复用事，不敢折辱。"[索隐]曰：孟康、如淳已备两解，大颜以孟说为得。而姚察又别一解，云"帝责此吏不得亚夫直辞，以为不足任用，故召亚夫别诣廷尉，使责问"。

⑦[正义]曰：景帝见条侯不对簿，因责骂之曰："吾不任用汝也。"故召诣廷尉，使重推劾耳。余说皆非也。

绝一岁，景帝乃更封绛侯勃他子坚为平曲侯，续绛侯后。十九年卒，谥为共侯。子建德代侯，十三年，为太子太傅。坐酎金不善，元鼎五年，有罪，国除。①

①徐广曰："诸列侯坐酎金失侯者，皆在元鼎五年，但此辞句如有颠倒。"[索隐]曰：纪云"坐酎金不善"，复云"元鼎五年有罪国除"，似重有罪，故云颠倒。而《汉书》云"为太子太傅，坐酎金免官。后有罪，国除"，其文又错也。按：表坐免官，至元鼎五年坐酎金又失侯，所以二史记之各有不同也。

条侯果饿死。死后，景帝乃封王信为盖侯。

太史公曰：绛侯周勃始为布衣时，鄙朴人也，才能不过凡庸。及从高祖定天下，在将相位，诸吕欲作乱，勃匡国家难，复之乎正。虽伊尹、周公何以加哉！亚夫之用兵，持威重，执坚刃，穰苴曷有加焉！足己而不学，①守节不逊，②终以穷困。悲夫！

①[索隐]曰：亚夫自以己之智谋足，而虚己不学古文，所以不体权变，而动有违忤。

②[索隐]曰：守节谓争栗太子，不封王信、徐卢等。不逊，谓顾尚席取箸，不对制狱是也。

索隐述赞曰：绛侯佐汉，质厚敦笃，始击砀东，亦围尸北，所攻必取,所讨咸克。陈豨伏诛,臧荼破国。事居送往,推功伏德。列侯就第,太尉下狱。继相条侯,绍封平曲。惜哉贤将,父子代辱!

史记卷五八
世家第二八

梁孝王

　　梁孝王武者,孝文皇帝子也,而与孝景帝同母。母,窦太后也。孝文帝凡四男:长子曰太子,是为孝景帝;次子武;次子参;次子胜。①孝文帝即位二年,以武为代王②以参为太原王,③以胜为梁王。④二岁,徙代王为淮阳王。⑤以代尽与太原王,号曰代王。参立十七年,孝文后二年卒,谥为孝王。子登嗣立,是为代共王。立二十九年,元光二年卒。子义立,是为代王。十九年,汉广关,以常山为限,而徙代王王清河。⑥清河王徙以元鼎三年也。

①[正义]曰:《汉书》"胜"作"揖"。又云"诸姬生代孝王参、梁怀王揖"。言诸姬者,众妾卑贱,史不书姓,故云诸姬也。

②徐广曰:"都中都。"[正义]曰:《括地志》云:"中都故城在汾州平通县西十二里。"

③徐广曰:"都晋阳。"[正义]曰:《括地志》云:"并州太原地名大明城,即古晋阳城。智伯与韩魏攻赵襄子于晋阳,即此城是也。"

④徐广曰:"者睢阳。"[索隐]曰:《汉书》梁王名揖,盖是矣。按:景帝子中山靖王名胜,是《史记》误耳。[正义]曰:《括地志》云:"宋州宋城县在州南二里外城中,本汉之睢阳县也。汉文帝封子武于大梁,以其卑湿,徙睢阳,故改曰梁也。"

⑤徐广曰:"都陈。"[正义]曰:即古陈国城也。

⑥徐广曰:"都清阳。"[正义]曰:《括地志》云:"清阳故城在贝州清县西北八里也。"

初,武为淮阳王十年,而梁王胜卒,谥为梁怀王。怀王最少子,爱幸异于他子。其明年,徙淮阳王武为梁王。梁王之初王梁,孝文帝之十二年也。梁王自初王通历已十一年矣。①

①[索隐]曰:谓自文帝二年初封代,后徙淮阳,又徙梁,通数文帝二年至十二年徙梁为十一年也。

梁王十四年,入朝。十七年,十八年,比年入朝,留。其明年,乃之国。二十一年,入朝。二十二年,孝文帝崩。二十四年,入朝。二十五年,复入朝。是时上未置太子也。上与梁王燕饮,尝从容言曰:"千秋万岁后,传于王。"王辞谢。虽知非至言,然心内喜,太后亦然。

其春,吴楚齐赵七国反。吴楚先击梁棘壁,①杀数万人。梁孝王城守睢阳,而使韩安国、张羽等为大将军,以距吴楚。吴楚以梁为限,不敢过而西,与太尉亚夫等相距三月。吴楚破,而梁所破杀虏略与汉中分。②明年,汉立太子。其后梁最亲,有功,又为大国,居天下膏腴地。地北界泰山,西至高阳,③四十余城,皆多大县。

①文颖曰:"地名。"[索隐]曰:按《左氏传》宣公二年,宋华元战于大棘。杜预云在襄邑东南,盖即棘壁是也。[正义]曰:《括地志》云:"大棘故城在宋州宁陵县西南七十里。"

②《汉书音义》曰:"梁所虏吴楚之捷,略与汉等。"

③徐广曰:"在陈留圉县。"骃案:司马彪曰"圉有高阳亭"也。[索隐]曰:圉县属陈留。高阳,乡名也。注引司马彪者,出《续汉书·郡国志》也。

孝王,窦太后少子也,爱之,赏赐不可胜道。于是孝王筑东苑,①方三百余里。②广睢阳城七十里。③大治宫室,为复道,自宫连属于平台三十余里。④得赐天子旌旗,出从千乘万骑。⑤东西驰猎,拟于天子。出言跸,入言警。⑥招延四方豪桀,自山以东,游说之士莫不毕至。齐人羊胜、公孙诡、邹阳之属。公孙诡多奇邪计,⑦初见王,赐千金,官至中尉,梁号之曰公孙将军。梁多作兵器弩弓矛数十万,而府库金钱且百巨万,⑧珠玉宝器多于京师。

①[索隐]曰:筑谓建也。《白虎通》云:"苑所以东者何? 盖以东方生物故也。"

②[索隐]曰:盖言其奢,非实辞。或者梁国封域之方。[正义]曰:《括地

志》云："苑园在宋州宋城县东南十里。葛洪《西京杂记》云'梁孝王苑中
有落猿岩、栖龙岫、雁池、鹤洲、凫岛。诸宫观相连，奇果佳树，瑰禽异
兽，靡不毕备'。俗人言梁孝王竹园也。"

③〔索隐〕曰：苏林云："广其径也。"《太康地理记》云："城方十三里，梁孝
王筑之。鼓倡节杼而后下和之者，称《睢阳曲》。今踵以为故，所以乐家
有《睢阳曲》，盖采其遗音也。"

④徐广曰："睢阳有平台里。"骃案：如淳曰"在梁东北，离宫所在也"。晋灼
曰"或说在城中东北角"。〔索隐〕曰：如淳云"在梁东北，离宫所在"者，
按今城东二十里临新河，有故台址，不甚高，俗云平台，又一名修竹苑。
《西京杂记》云"有落猿岩、凫洲、雁渚，连亘七十余里"是也。

⑤〔索隐〕曰：《汉官仪》曰："天子法驾三十六乘，大驾八十一乘，皆备千乘
万骑而出也。"

⑥〔索隐〕曰：《汉旧仪》云："皇帝辇动称警，出殿则传跸，止人清道。"言出
入者，互文耳，出亦有跸。

⑦〔索隐〕曰：《周礼》"有奇衺之人"，郑玄云"奇衺，谲怪非常也。奇，音纪
宜反，邪，音斜"也。

⑧〔索隐〕曰：如淳云："巨亦大，与大百万同也。"韦昭云："大百万，今万
万。"

二十九年十月，梁孝王入朝。景帝使使持节乘舆驷马，迎梁王
于关下。①既朝，上疏因留。以太后亲故，王入则侍景帝同辇，出则
同车游猎，射禽兽上林中。梁之侍中、郎、谒者著籍引出入②天子殿
门，与汉官宦无异。十一月，上废栗太子，窦太后心欲以孝王为后
嗣。大臣及袁盎等有所关说于景帝，③窦太后义格，④亦遂不复言
以梁王为嗣事。由此以事秘，世莫知。乃辞归国。

①邓展曰："但将驷马往。"瓒曰："称乘舆驷马，则车马皆往，言不驾六马
耳。天子副车驾驷马。"

②〔正义〕曰：著，竹略反。籍，谓名簿也，若今通引出入门也。

③〔索隐〕曰：袁盎云"汉家法周道立子"，是有所关涉之说于帝也。一云关
者，隔也。引事而关隔，其说不得行也。

④如淳曰："扢阁不得下。"〔索隐〕曰：张晏云"格，止也"。服虔云"格谓格
斗不行"。苏林音阁。周成《杂字》"扢阁也"。《通俗文》云"高置立扢棚

云跂阁"。《字林》音纪,又音诡也。

其夏四月,上立胶东王为太子。梁王怨袁盎及议臣,乃与羊胜、公孙诡之属阴使人刺杀袁盎及他议臣十余人。逐其贼,未得也。于是天子意梁王,①逐贼,果梁使之。乃遣使冠盖相望于道,覆按梁,捕公孙诡、羊胜。公孙诡、羊胜匿王后宫。使者责二千石急,梁相轩丘豹②及内史韩安国进谏王,王乃令胜、诡皆自杀,出之。上由此怨望于梁王。梁王恐,乃使韩安国因长公主谢罪太后,然后得释。上怒稍解。

①〔索隐〕曰:谓意疑梁刺之。

②〔正义〕曰:姓轩丘,名豹也。

因上书请朝。既至关,茅兰说王,①使乘布车,②从两骑入,匿于长公主园。汉使使迎王,王已入关,车骑尽居外,不知王处。太后泣曰:"帝杀吾子!"景帝忧恐。于是梁王伏斧质于阙下,谢罪,然后太后、景帝大喜,相泣,复如故。悉召王从官入关。然景帝益疏王,不同车辇矣。

①《汉书音义》曰:"茅兰,孝王臣。"

②张晏曰:"布车,降服,自比丧人。"

三十五年冬,复朝。上疏欲留,上弗许。归国,意忽忽不乐。北猎良山,①有献牛,足出背上,②孝王恶之。六月中,病热,六日卒,谥曰孝王。③

①〔索隐〕曰:《汉书》作"梁山"。《述征记》云"良山际清水"。今寿张县南有良山,服虔云是此山也。〔正义〕曰:《括地志》云"梁山在郓州寿张县南三十五里",即猎处也。

②〔索隐〕曰:张晏云:"足当处下,所以辅身也;今出背上,象孝王背朝以干上也。北者,阴也。又在梁山,明为梁也。牛者,丑之畜,冲在六月。北方数六,故六月六日薨也。"

③〔索隐〕曰:《述征记》:"砀有梁孝王之冢。"

孝王慈孝,每闻太后病,口不能食,居不安寝,常欲留长安侍太后。太后亦爱之。及闻梁王薨,窦太后哭极哀,不食,曰:"帝果杀吾

子!"景帝哀惧,不知所为。与长公主计之,乃分梁为五国,①尽立孝
王男五人为王,女五人皆食汤沐邑。于是奏之太后,太后乃说,为帝
加一餐。

　　①〔索隐〕曰:长子买,梁共王。子明,济川王。子彭离,济东王。子定,山阳
　　　　王。子不识,济阴王。

　　梁孝王长子买为梁王,是为共王;子明为济川王;子彭离为济
东王;子定为山阳王;子不识为济阴王。

　　孝王未死时,财以巨万计,不可胜数。及死,藏府余黄金尚四十
余万斤,他财物称是。

　　梁共王三年,景帝崩。共王立七年卒,子襄立,是为平王。

　　梁平王襄①十四年,母曰陈太后。共王母曰李太后,李太后,亲
平王之大母也。而平王之后姓任,曰任王后。任王后甚有宠于平王
襄。初,孝王在时,有罍樽,②直千金。孝王诫后世,善保罍樽,无得
以与人。任王后闻而欲得罍樽。平王大母李太后曰:"先王有命,无
得以罍樽与人。他物虽百巨万,犹自恣也。"任王后绝欲得之。平王
襄直使人开府取罍樽,赐任王后。李太后大怒,汉使者来,欲自言,
平王襄及任王后遮止,闭门,李太后与争门,措指,③遂不得见汉使
者。李太后亦私与食官长及郎中尹霸等士通乱,④而王与任王后以
此使人风止李太后,李太后内有淫行,亦已。后病薨。病时,任后未
尝请病;薨,又不持丧。

　　①[索隐]曰:《汉书》作"让"。
　　②郑德曰:"上盖刻为云雷象。"[索隐]曰:应劭曰:"《诗》云'酌彼金罍'。
　　　　罍有画云雷之象以金饰之。"
　　③晋灼曰:"许慎'措,置'。措以为笮。"[索隐]曰:措,音连,侧格反。《汉书
　　　　·王陵传》"迫连前队",皆作此字。《说文》云"迫,笮也"。谓为门扇所
　　　　笮。
　　④[正义]曰:张先生旧本有"士"字,先生疑是衍字,又不敢除,故以朱大
　　　　点其字中心。今按:候官长及郎中尹霸等是士人,太后与通乱,其义亦
　　　　通矣。

元朔中,睢阳人类犴反者,①人有辱其父,而与淮阳太守客出同车。太守客出下车,类犴反杀其仇于车上而去。淮阳太守怒,以让梁二千石。二千石以下求反甚急,执反亲戚。反知国阴事,乃上变事,具告知王与大母争樽状。时丞相以下见知之,欲以伤梁长吏,其书闻天子。天子下吏验问,有之。公卿请废襄为庶人。天子曰:"李太后有淫行,而梁王襄无良师傅,故陷不义。"乃削梁八城,枭任王后首于市。梁余尚有十城。襄立三十九年卒,谥为平王。子无伤立为梁王也。

①[索隐]曰:韦昭云"犴,音岸"。按:类犴反,人姓名也。反字或作"友"。

济川王明者,梁孝王子,以桓邑侯①孝景中六年为济川王。七岁,坐射杀其中尉,汉有司请诛。天子弗忍诛,废明为庶人,迁房陵,地入于汉为郡。

①[索隐]曰:《地理志》桓邑阙。

济东王彭离者,梁孝王子,以孝景中六年为济东王。二十九年,彭离骄悍,无人君礼,昏暮私与其奴、亡命少年数十人行剽杀人,取财物以为好。①所杀发觉者百余人,国皆知之,莫敢夜行。所杀者子上书言,汉有司请诛。上不忍,废以为庶人,迁上庸,地入于汉,为大河郡。

①如淳曰:"以是为好喜之事。"

山阳哀王定者,梁孝王子,以孝景中六年为山阳王。九年卒,无子,国除,地入于汉,为山阳郡。

济阴哀王不识者,梁孝王子,以孝景中六年为济阴王。一岁卒,无子,国除,地入于汉,为济阴郡。

太史公曰:梁孝王虽以亲爱之故,王膏腴之地,然会汉家隆盛,百姓殷富,故能植其财货,广宫室,车服拟于天子。然亦僭矣。

褚先生曰:臣为郎时,闻之于宫殿中老郎吏好事者称道之也。

—

窃以为令梁孝王怨望，欲为不善者，事从中生。今太后，女主也，以爱少子故，欲令梁王为太子。大臣不时正言其不可状，阿意治小，私说意以受赏赐，非忠臣也。齐如魏其侯窦婴之正言也，[①]何以有后祸？景帝与王燕见，侍太后饮，景帝曰："千秋万岁之后传王。"太后喜说。窦婴在前，据地言曰："汉法之约，传子適孙，今帝何以得传弟，擅乱高帝约乎！"于是景帝默然无声。太后意不说。

①[索隐]曰：窦婴、袁盎皆言如周家立子，不合立弟。

故成王与小弱弟立树下，取一桐叶以与之，曰："吾用封汝。"周公闻之，进见曰："天王封弟。甚善。"成王曰："吾直与戏耳。"周公曰："人主无过举，不当有戏言，言之必行之。"于是乃封小弟以应县。[①]是后成王没齿不敢有戏言，言必行之。《孝经》曰："非法不言，非道不行。"此圣人之法言也。今主上不宜出好言于梁王。梁王上有太后之重，骄蹇日久，数闻景帝好言，千秋万世之后传王，而实不行。

①[索隐]曰：此说与《晋世家》不同，事与封叔虞同，彼云封唐，此云封应，应亦成王之弟，或别有所见，故不同。[正义]曰：《括地志》云："故应城，故应乡也，在汝州鲁山县东四十里。"《吕氏春秋》云"成王戏削桐叶为圭，以封叔虞"，非应侯也。又《汲冢古文》云殷时已有应国，非成王所造也。

又诸侯王朝见天子，汉法凡当四见耳。始到，入小见。到正月朔旦，奉皮荐璧玉贺正月，法见。后三日，为王置酒，赐金钱财物。后二日，复入小见，辞去。凡留长安不过二十日。小见者，燕见于禁门内，饮于省中，非士人所得入也。今梁王西朝，因留，且半岁。入与人主同辇，出与同车。示风以大言而实不与，令出怨言，谋畔逆，乃随而忧之，不亦远乎！非大贤人，不知退让。今汉之仪法，朝见贺正月者，常一王与四侯俱朝见，十余岁一至。今梁王常比年入朝见，久留。鄙语曰"骄子不孝"，非恶言也。故诸侯王当为置良师傅，相忠言之士，如汲黯、韩长孺等敢直言极谏，安得有患害！

盖闻梁王西入朝，谒窦太后，燕见，与景帝俱侍坐于太后前，语言私说。太后谓帝曰:"吾闻殷道亲亲,周道尊尊,①其义一也。安车大驾,用梁孝王为寄。"景帝跪席举身曰:"诺。"罢酒出,帝召袁盎诸大臣通经术者曰:"太后言如是,何谓也?"皆对曰:"太后意欲立梁王为帝太子。"帝问其状,袁盎等曰:"殷道亲亲者,立弟。周道尊尊者,立子。殷道质,质者法天,亲其所亲,故立弟。周道文,文者法地,尊者敬也,敬其本始,故立长子。周道,太子死,立適孙。殷道,太子死,立其弟。"帝曰:"于公何如?"皆对曰:"方今汉家法周,周道不得立弟,当立子。故《春秋》所以非宋宣公。宋宣公死,不立子而与弟。弟受国死,复反之与兄之子。弟之子争之,以为我当代父后,即刺杀兄子,为故国乱,祸不绝。故《春秋》曰'君子大居正,宋之祸宣公为之。'臣请见太后白之。"袁盎等入见太后:"太后言欲立梁王,梁王即终,欲谁立?"太后曰:"吾复立帝子。"袁盎等以宋宣公不立正,生祸,祸乱后五世不绝,小不忍害大义状报太后。太后乃解说,即使梁王归就国。而梁王闻其义出于袁盎诸大臣所,怨望,使人来杀袁盎。袁盎顾之曰:"我所谓袁将军者也,公得毋误乎?"刺者曰:"是矣!"刺之,置其剑,剑著身。视其剑,新治。问长安中削厉工,工曰:"梁郎某子来治此剑。"②以此知而发觉之,发使者捕逐之。独梁王所欲杀大臣十余人,文吏穷本之,谋反端颇见。太后不食,日夜泣不止。景帝甚忧之,问公卿大臣,大臣以为遣经术吏往治之,乃可解。于是遣田叔、吕季主往治之。此二人皆通经术,知大礼。来还,至霸昌厩,③取火悉烧梁之反辞,但空手来对景帝。景帝曰:"何如?"对曰:"言梁王不知也。造为之者,独其幸臣羊胜、公孙诡之属为之耳。谨以伏诛死,梁王无恙也。"景帝喜说,曰:"急趋谒太后。"太后闻之,立起坐餐,气平复。故曰,不通经术知古今之大礼,不可以为三公及左右近臣。少见之人,如从管中窥天也。

①[索隐]曰:殷人尚质,亲亲,谓亲其弟而授之。周人尚文,尊尊,谓尊祖之正体。故立其子,尊其祖也。

②[索隐]曰:谓梁国之郎,是孝王官属。某子,史失其姓名也。

③[正义]曰:《括地志》云:"汉霸昌厩在雍州万年县东北三十八里。"

　　索隐述赞曰:文帝少子,徙封于梁。太后钟爱,广筑睢阳。旌旗警跸,势拟天王。功扞吴楚,计丑孙羊。窦婴正议,袁盎劫伤。汉穷梁狱,冠盖相望。祸成骄子,致此猖狂。虽分五国,卒亦不昌。

史记卷五九
世家第二九

五宗

[索隐]曰:景帝子十四人,一武帝,余十三人为王,《汉书》谓之"景十三王"。此名"五宗"者,十三人为王。其母五人,同母者为宗也。

孝景皇帝子凡十三人为王,而母五人,同母者为宗亲。栗姬子曰荣、德、阏于。①程姬子曰余、非、端。贾夫人子曰彭祖、胜。唐姬子曰发。王夫人兒姁子曰越、寄、乘、舜。②

①[索隐]曰:阏,音遏。《汉书》无"于"字。

②[索隐]曰:姁,音况羽反。兒姁,夫人名。王皇后之妹也。

河间献王德,①以孝景帝前二年用皇子为河间王。好儒学,被服造次必于儒者。山东诸儒多从之游。二十六年卒,②子共王不害立。四年卒,子刚王基代立。十二年卒,子顷王授代立。③

①[索隐]曰:《汉书》云"大行令奏:《谥法》曰聪明睿智曰献"。

②《汉名臣奏》:"杜业奏曰'河间献王经术通明,积德累行,天下雄俊众儒皆归之。孝武帝时,献王朝,被服造次必于仁义。问以五策,献王辄对无穷。孝武帝色然难之,谓献王曰:"汤以七十里,文王百里,王其勉之。"王知其意,归即纵酒听乐,因以终'。"[索隐]曰:问以五策。按:《汉书》诏策问三十余事。"被服造次"。按:小颜云"被服,言常居处其中,造次,谓所向所行皆法于儒者"。

③[索隐]曰:《汉书》云授谥顷,音倾。

临江哀王阏于,以孝景帝前二年用皇子为临江王。三年卒,无后,国除为郡。

临江闵王荣,以孝景前四年为皇太子。四岁废,用故太子为临江王。四年,坐侵庙壖垣为宫,①上征荣。荣行,祖于江陵北门。②既已上车,轴折车废。江陵父老流涕窃言曰:"吾王不反矣!"荣至,诣中尉府簿。中尉郅都责讯王,王恐,自杀。葬蓝田。燕数万衔土置冢上,百姓怜之。荣最长,死③无后,国除,地入于汉,为南郡。

①[索隐]曰:服虔云:"宫外之余地"。顾野王云"墙外行马内田"。音人橡反,又音软,又音奴乱反。壖垣,墙外之短垣也。

②[索隐]曰:祖者行神,行而祭之,故曰祖也。《风俗通》云"共工氏之子曰修,好远游,故祀为祖神"。又崔浩云"黄帝之子㮨祖,好远游而死于道,因以为行神",亦不知其何据。盖见其谓之祖,因以为㮨祖,非也。据《帝系》及本纪,皆言㮨祖黄帝妃,无为行神之由也。又《聘礼》云"出祖释軷,祭脯酒"而已。按:今祭礼,以軷壤土为坛于道,则用黄羝,或用狗,以其羝血衅左轮。[正义]曰:《荆州图副》云:"汉临江闵王荣始都江陵城,坐侵庙壖地为宫,被征,出城北门而车轴折。父老窃流涕曰'吾王不反矣!'既而为郅都所讯。惧而缢死。自此后北门存而不启,盖为荣不以道终也。"

③[正义]曰:颜师古云:"荣实最长,而传居二王后者,以其从太子废后乃为王也。"

右三国本王皆栗姬之子也。

鲁共王余,以孝景前二年用皇子为淮阳王。二年,吴楚反破后,以孝景前三年徙为鲁王。好治宫室苑囿狗马。季年好音,不喜辞辩。为人吃。

二十六年卒,子光代为王。初好音舆马;晚节啬,①惟恐不足于财。

①[正义]曰:晚节,犹言末年时。啬,贪吝也。

　　江都易王非，①以孝景前二年用皇子为汝南王。吴楚反时，非
年十五，有材力，上书愿击吴。景帝赐非将军印，击吴。吴已破，二
岁，徙为江都王，治吴故国，以军功赐天子旌旗。元光五年，匈奴大
入汉为贼，非上书愿击匈奴，上不许。非好气力，治宫观，招四方豪
杰，骄奢甚。

　　①〔索隐〕曰：《谥法》"好更故旧曰易"。

　　立二十六年卒，子建立为王。七年自杀。淮南、衡山谋反时，建
颇闻其谋。自以为国近淮南，恐一日发，为所并，即阴作兵器，而时
佩其父所赐将军印，载天子旗以出。易王死未葬，建有所说易王宠
美人淖姬，①夜使人迎，与奸服舍中。②及淮南事发，治党与颇及江
都王建。建恐，因使人多持金钱，事绝其狱。而又信巫祝，使人祷祠
妄言。建又尽与其姊弟奸。③事既闻，汉公卿请捕治建。天子不忍，
使大臣即讯王。王服所犯，遂自杀。国除，地入于汉，为广陵郡。

　　①苏林曰："淖，音泥淖"。〔正义〕曰：淖，女孝反。

　　②〔索隐〕曰：淖，音女教反，淖，姓也，齐有淖齿是也。《汉书》云"建召易王
　　　所爱淖姬等十人，与奸服舍中"也。

　　③〔索隐〕曰：《汉书》云建女弟征臣为盖侯子妇，以易王丧来归，建复与奸
　　　也。

　　胶西于王端，①以孝景前三年吴楚七国反破后，端用皇子为胶
西王。端为人贼戾，又阴痿，②一近妇人，病之数月。而有爱幸少年
为郎。为郎者顷之与后宫乱，端禽灭之，及杀其子母。数犯上法，汉
公卿数请诛端，天子为兄弟之故不忍，而端所为滋甚。有司再请削
其国，去太半。端心愠，遂为无赏省。③府库坏漏，尽腐财物，以巨万
计，终不得收徙。令吏毋得收租赋。端皆去卫，④封其宫门，从一门
出游。数变名姓，为布衣，之他郡国。相、二千石往者，奉汉法以治，
端辄求其罪告之，无罪者诈药杀之。所以设诈究变，⑤强足以距谏，
智足以饰非。相、二千石从王治，则汉绳以法。故胶西小国，而所杀

伤二千石甚众。

① [索隐]曰：按：《广周书谥法》云"能优其德曰于"。

② [正义]曰：委危反。不能御妇人。

③ 苏林曰："为无所赀录，无所省录。"[正义]曰：颜师古云："赀，财也。省，视也。言不能视录资财。"

④ [索隐]曰：谓不置宿卫人。

⑤ [索隐]曰：究，穷也。故郭璞云"究谓穷尽"。

立四十七年，卒。竟无男代后，国除，地入于汉，为胶西郡。

右三国本王皆程姬之子也。

赵王彭祖，以孝景前二年用皇子为广川王。赵王遂反破后，彭祖王广川。四年，徙为赵王。十五年，孝景帝崩。彭祖为人巧佞卑谄，足恭而心刻深。①好法律，持诡辩以中人。②彭祖多内宠姬及子孙。相、二千石欲奉汉法以治，则害于王家。是以每相、二千石至，彭祖衣皂布衣，自行迎，除二千石舍，③多设疑事以作动之。得二千石失言，中忌讳，辄书之。二千石欲治者，则以此迫劫。不听，乃上书告，及污以奸利事。彭祖立五十余年，相、二千石无能满二岁，辄以罪去，大者死，小者刑，以故二千石莫敢治。

① [索隐]曰：刻害深，无仁恩。

② [索隐]曰：谓诡诳之辩，以伤中人。

③ [索隐]曰：谓彭祖自为二千石扫除其舍，以迎之也。

而赵王擅权，使使即县为贾人榷会，①入多于国经租税。②以是赵王家多金钱，然所赐姬诸子，亦尽之矣。彭祖取故江都易王宠姬王建所盗与奸淖姬者为姬，甚爱之。

① 韦昭曰："平会两家买卖之贾也。榷者，禁他家，独王家得为之。"[索隐]曰：榷，音角。独言榷，谓酤榷也。会，音侩，古外反。谓为贾人专，榷买卖之贾，侩以取利，若今之和市矣。韦昭则训榷为平，其注解亦得。

② [索隐]曰：经，常也。谓王家入多于国家常纳之租税。

彭祖不好治宫室、禨祥，①好为吏事。上书愿督国中盗贼。常夜从走卒行徼②邯郸中。诸使过客以彭祖险陂,莫敢留邯郸。

　①服虔曰:"求福也。"[索隐]曰:按:《埤苍》云"禓,祆祥也"。《列子》云"荆
　　人鬼,越人禓"。谓楚信鬼神,越信禓祥者也。

　②[索隐]曰:上下孟反,下工吊反。徼是郊外路,谓巡徼而伺察境界。

　　其太子丹与其女及同产姊奸,与其客江充有郤。充告丹,丹以
故废。赵更立太子。

　　中山靖王胜,以孝景前三年用皇子为中山王。十四年,孝景帝
崩。胜为人乐酒①好内,有子枝属百二十余人。常与兄赵王相非,
曰:"兄为王,专代吏治事。王者当日听音乐声色。"赵王亦非之,曰:
"中山王徒日淫,不佐天子拊循百姓,何以称为藩臣!"

　①[正义]曰:乐,五教反。

　　立四十二年卒,①子哀王昌立。一年卒,子昆侈代为中山
王。②

　①[索隐]曰:《汉书》建元三年,济川、中山王等来朝,闻乐而泣。天子问其
　　故,对以大臣内谗,肺腑日疏,其言甚雄壮,词切而理文。天子加亲亲之
　　好。可谓汉之英藩矣。

　②[索隐]曰:《汉书》昆侈谥康王,子顷王辅嗣,至孙国除也。

　　右二国本王皆贾夫人之子也。

　　长沙定王发,发之母唐姬,故程姬侍者。景帝召程姬,程姬有所
辟,不愿进,①而饰侍者唐儿使夜进。上醉不知,以为程姬而幸之,
遂有身。已乃觉非程姬也。及生子,因命曰发。以孝景前二年用皇
子为长沙王。以其母微,无宠,故王卑湿贫国。②

　①[索隐]曰:姚氏按:《释名》云"天子诸侯群妾以次进御,有月事者止不
　　御,更不口说,故以丹注面目的的为识,令女史见之"。王察《神女赋》
　　以为"脱桂裳,免簪笄,施玄的,结羽钗"。的即《释名》所云也。《说文》
　　云:"靺,女污也。"《汉律》云"见靺变,不得侍祠"。靺,音半。

　②应劭曰:"景帝后二年,诸王来朝,有诏更前称寿歌舞。定王但张袖小举

手。左右笑其拙，上怪问之，对曰：'臣国小地狭，不足回旋。'帝以武陵、零陵、桂阳属焉。"

立二十七年卒，子康王庸立。二十八年，卒，子鲋鮈立①为长沙王。

①服虔曰："鮈，音拘。"

右一国本王唐姬之子也。

广川惠王越，以孝景中二年用皇子为广川王。

十二年卒，子齐立为王。①齐有幸臣桑距。已而有罪，欲诛距，距亡，王因禽其宗族。距怨王，乃上书告王齐与同产奸。自是之后，王齐数上书告言汉公卿及幸臣所忠等。②

①[索隐]曰：《汉书》齐谥缪王。《谥法》"伤人蔽贤曰缪"。

②[索隐]曰：《汉书》"告中尉蔡彭祖"。子去嗣，坐暴虐勃乱，国除也。[正义]曰：所忠，姓名。

胶东康王寄，以孝景中二年用皇子为胶东王。二十八年卒。淮南王谋反时，寄微闻其事，私作楼车镞矢①战守备，候淮南之起。及吏治淮南之事，辞出之。②寄于上最亲，③意伤之，发病而死，不敢置后，于是上闻。寄有长子者名贤，母无宠；少子名庆，母爱幸，寄常欲立之，为不次，因有过，遂无言。上怜之，乃以贤为胶东王，奉康王嗣，而封庆于故衡山地，为六安王。

①应劭曰："楼车，所以窥看敌国营垒之虚实也。"[索隐]曰：《左传》云"登楼车以窥宋人"，谓看敌国营垒之虚实也。李巡注《尔雅》"金矢，以金为箭镝"。镞，《字林》音子木反。

②如淳曰："穷治其辞，出此事。"

③徐广曰："其母武帝母妹。"[正义]曰：寄母王夫人即王皇后之妹，于上为从母，故寄于诸兄弟最为亲爱也。

胶东王贤立十四年卒，谥为哀王。子庆为王。①

①徐广曰："他本亦作'庆'字，惟一本作'建'。不宜得与叔父同名，相承之误。"

六安王庆，以元狩二年用胶东康王子为六安王。

清河哀王乘，以孝景中三年用皇子为清河王。十二年卒，无后，国除，地入于汉，为清河郡。

常山宪王舜，以孝景中五年用皇子为常山王。舜最亲，景帝少子，骄怠多淫，数犯禁，上常宽释之。立三十二年卒，太子勃代立为王。

初，宪王舜有所不爱姬生长男棁。①棁以母无宠故，亦不得幸于王。王后修生太子勃。王内多，所幸姬生子平、子商，王王后希得幸。及宪王病甚，诸幸姬常侍病，故王后亦以妒媚不常侍病，②辄归舍。医进药，太子勃不自尝药，又不宿留侍病。及王薨，王后、太子乃至。宪王雅不以长子棁为人数，及薨，又不分与财物。郎或说太子、王后，令诸子与长子棁共分财物，太子、王后不听。太子代立，又不收恤棁。棁怨王后、太子。汉使者视宪王丧，棁自言宪王病时，王后、太子不侍；及薨，六日出舍，③太子勃私奸，饮酒，博戏，击筑，与女子载驰，环城过市，入牢视囚。天子遣大行骞④验王后及问王勃，请逮勃所与奸诸证左，王又匿之。史求捕，勃大急，使人致击笞掠，擅出汉所疑囚者。有司请诛宪王后修及王勃。上以修素无行，使棁陷之罪，勃无良师傅，不忍诛。有司请废王后修，徙王勃以家属处房陵，上许之。

　①苏林曰："音夺。"[索隐]曰：邹氏音之悦反。苏林音夺。许慎《说解字林》云"他活反，字从木"。

　②[索隐]曰：媚，音亡报反。邹氏作"媚"。郭璞注《三苍》云"媚，丈夫妒也"。又云妒女为媚。

　③如淳曰："服舍也。"

　④[索隐]曰：按：是张骞。

勃王数月，迁于房陵，国绝。月余，天子为最亲，乃诏有司曰："常山宪王早夭，后妾不和，适孽诬争，陷于不义以灭国，朕甚闵焉。

其封宪王子平三万户,为真定王;封子商三万户,为泗水王。"①

　　①[正义]曰:泗水,海州。

　　真定王平,元鼎四年用常山宪王子为真定王。

　　泗水思王商,以元鼎四年用常山王宪王子为泗水王。十一年卒,子哀王安世立。十一年卒,无子。于是上怜泗水王绝,乃立安世弟贺为泗水王。

　　右四国本王皆王夫人兒姁子也。其后汉益封其支子为六安王、泗水王二国。凡兒姁子孙,于今为六王。

　　太史公曰:高祖时诸侯皆赋,①得自除内史以下。汉独为置丞相,黄金印。诸侯自除御史、廷尉正、博士,拟于天子。自吴楚反后,五宗王世,汉为置二千石,去丞相曰"相",银印。诸侯独得食租税,夺之权。其后诸侯贫者或乘牛车也。

　　①徐广曰:"国所出有皆入于王也。"

　　索隐述赞曰:景十三子,五宗亲睦。栗姬既废,临江折轴。阏于早薨,河间儒服。余好宫苑,端事驰逐。江都有才,中山提福。长沙地小,胶东造镞。仁贤者代,悖乱者族。兒姁四王,分封为六。

史记卷六〇
世家第三〇

三王

　　"大司马臣去病①昧死再拜上疏皇帝陛下：陛下过听，使臣去病待罪行间。宜专边塞之思虑，暴骸中野无以报，乃敢惟他议以干用事者，诚见陛下忧劳天下，哀怜百姓以自忘，亏膳贬乐，损郎员。皇子赖天，能胜衣趋拜，至今无号位师傅官。陛下恭让不恤，群臣私望，不敢越职而言。臣窃不胜犬马心，昧死愿陛下诏有司，因盛夏吉时定皇子位。②唯陛下幸察。臣去病昧死再拜以闻皇帝陛下。"三月乙亥，御史臣光守尚书令奏未央宫。制曰："下御史。"

　　①〔索隐〕曰：姓霍。

　　②〔索隐〕曰：《明堂月令》云"季夏月，可以封诸侯，立大官"是也。

　　六年三月戊申朔，乙亥，御史臣光，守尚书令丞非，①下御史书到，言："丞相臣青翟、②御史大夫臣汤、③太常臣充、④大行令臣息、⑤太子少傅臣安⑥行宗正事昧死上言：大司马去病上疏曰：'陛下过听，使臣去病待罪行间。宜专边塞之思虑，暴骸中野无以报，乃敢惟他议以干用事者，诚见陛下忧劳天下，哀怜百姓以自忘，亏膳贬乐，损郎员。皇子赖天，能胜衣趋拜，至今无号位师傅官。陛下恭让不恤，群臣私望，不敢越职而言。臣窃不胜犬马心，昧死愿陛下诏有司，因盛夏吉时定皇子位。唯愿陛下幸察。'制曰'下御史'。臣谨与中二千石、二千石臣贺等⑦议：古者裂地立国，并建诸侯以承天子，所以尊宗庙、重社稷也。今臣去病上疏，不忘其职，因以宣恩，乃道天子卑让自贬以劳天下,虑皇子未有号位。臣青翟、臣汤等宜奉义遵职,愚憧而不逮事。方今盛夏吉时,臣青翟、臣汤等昧死请立皇子臣闳、⑧臣旦、臣胥为诸侯王。昧死请所立国名。"

①〔索隐〕曰:奏状有尚书令官位,而史阙其名耳。丞非者,或尚书左右丞,非其名也。

②〔索隐〕曰:庄青翟也。

③〔索隐〕曰:张汤。

④〔索隐〕曰:赵充。

⑤〔索隐〕曰:李息。

⑥〔索隐〕曰:任安也。

⑦〔正义〕曰:公孙贺。

⑧徐广曰:"一作'关'。"

制曰:"盖闻周封八百,姬姓并列,或子、男、附庸。《礼》'支子不祭'。云并建诸侯所以重社稷,朕无闻焉。且天非为君生民也。①朕之不德,海内未洽,乃以未教成者强君连城,即股肱何劝?②其更议以列侯家之。"

①〔索隐〕曰:《传》曰"天生蒸民,立君以司牧之",是言生人为立君长司牧之耳,非天为君而生人也。

②徐广曰:"一作'敦',一作'勖',一作'观'也。"〔索隐〕曰:谓皇子等并未习教义也。皇子未习教义,而强使为诸侯王,君以连城之人,则大臣何有所劝?

三月丙子,奏未央宫。"丞相臣青翟、御史大夫臣汤昧死言:臣谨与列侯臣婴齐、中二千石二千石臣贺、谏大夫博士臣安等议曰:伏闻周封八百,姬姓并列,奉承天子。康叔以祖考显,而伯禽以周公立,咸为建国诸侯,以相傅为辅。百官奉宪,各遵其职,而国统备矣。窃以为并建诸侯所以重社稷者,四海诸侯各以其职奉贡祭。支子不得奉祭宗祖,礼也。封建使守藩国,帝王所以扶德施化。陛下奉承天统,明开圣绪,尊贤显功,兴灭继绝。续萧文终之后于酂,①褒厉群臣平津侯等。②昭六亲之序,明天施之属,使诸侯王封君得推私恩分子弟户邑,锡号尊建百有余国。③而家皇子为列侯,则尊卑相逾,④列位失序,不可以垂统于万世。臣请立臣闳。⑤臣旦、⑥臣胥⑦为诸侯王。"三月丙子,奏未央宫。

①[索隐]曰:萧何谥文终也。萧何初封沛之酂,音赞。后其子续封南阳之酂,音嵯也。

②[索隐]曰:公孙弘之封平津侯也。平津,高成之乡名。[正义]曰:公孙弘所封平津乡,在沧州盐山南四十一里也。

③[索隐]曰:武帝广推恩之诏,分王诸侯王子弟,故有百余国。

④[索隐]曰:谓诸侯王子已为列侯,而今又家皇子为列侯,是尊卑相逾越矣。

⑤[索隐]曰:齐王也,王夫人子。

⑥[索隐]曰:燕王也。《汉书》云李姬之子。

⑦[索隐]曰:广陵王也。

制曰:"康叔亲属有十而独尊者,褒有德也。周公祭天命郊,故鲁有白牡、骍刚之牲。①群公不毛,②贤不肖差也。'高山仰之,景行向之',朕甚慕焉!所以抑未成,家以列侯可。"

①《公羊传》曰:"鲁祭周公,牲用白牡,鲁公用骍刚。"何休曰:"白牡,殷牲也。骍刚,赤脊,周牲也。"

②何休曰:"不毛,不纯色也。"

四月戊寅,奏未央宫。"丞相臣青翟、御史大夫臣汤昧死言:臣青翟等与列侯、吏二千石、谏大夫、博士臣庆等议:昧死奏请立皇子为诸侯王。制曰:'康叔亲属有十而独尊者,褒有德也。周公祭天命郊,故鲁有白牡、骍刚之牲。群公不毛,贤不肖差也。"高山仰之,景行向之",朕甚慕焉。所以抑未成,家以列侯可。'臣青翟、臣汤、博士臣将行等伏闻康叔亲属有十,武王继体。周公辅成王,其八人皆以祖考之尊建为大国。康叔之年幼,周公在三公之位,而伯禽据国于鲁,盖爵命之时,未至成人。康叔后捍禄父之难,伯禽珍淮夷之乱。昔五帝异制,周爵五等,春秋三等,①皆因时而序尊卑。高皇帝拨乱世反诸正,②昭至德,定海内,封建诸侯,爵位二等。③皇子或在襁褓而立为诸侯王,奉承天子,为万世法则,不可易。陛下躬亲仁义,体行圣德,表里文武。显慈孝之行,广贤能之路。内褒有德,外讨强

暴。极临北海，④西凑月氏，⑤匈奴、西域举国奉师。舆械之费不赋
于民。虚御府之藏以赏元戎，⑥开禁仓以振贫穷，减戍卒之半。百蛮
之君，靡不乡风承流称意。远方殊俗重译而朝，泽及方外。故珍兽
至，嘉谷兴，天应甚彰。今诸侯支子封至诸侯王，⑦臣青翟、臣汤等
窃伏熟计之，皆以为尊卑失序，使天下失望，不可。臣请立臣闳、臣
旦、臣胥为诸侯王。"四月癸未，奏未央宫，留中不下。

①郑玄曰："春秋变周之文，从殷之质，合伯、子、男以为一，则殷爵三等
　者，公、侯、伯也。"

②[索隐]曰：《春秋公羊传》文。

③[索隐]曰：谓王与列侯也。

④[正义]曰：《匈奴传》云霍去病伐匈奴，北临翰海。

⑤[正义]曰：凑，音臻。氏，音支。至月氏。月氏，西域国名，在葱岭之西也。

⑥《诗》云："元戎十乘，以先启行。"韩婴《章句》曰："元戎，大戎，谓兵车
　也。车有大戎十乘，谓车缦轮，马被甲，衡扼之上尽有剑戟，名曰陷军之
　车，所以冒突先启敌家之行伍也。"《毛传》曰："夏后氏曰钩车，先正也。
　殷曰寅车，先疾也。周曰元戎，先良也。"

⑦[索隐]曰：谓立胶东王子庆为六安王，常山王子平为真定王，商为泗水
　王是也。

　　"丞相臣青翟．太仆臣贺、行御史大夫事太常臣充、太子太傅臣
安行宗正事昧死言：臣青翟等前奏大司马臣去病上疏言皇子未有
号位，臣谨与御史大夫臣汤、中二千石、二千石、谏大夫、博士臣庆
等昧死请立皇子臣闳等为诸侯王。陛下让文武，躬自切，及皇子未
教。群臣之议，儒者称其术，或悖其心。陛下固辞弗许，家皇子为列
侯。臣青翟等窃与列侯臣寿成①等二十七人议，皆曰以为尊卑失
序。高皇帝建天下，为汉太祖，王子孙，广支辅。先帝法则弗改，所
以宣至尊也。臣请令史官择吉日，具礼仪上，御史奏舆地图，②他皆
如前故事。"制曰："可。"

①徐广曰："萧何之玄孙酂侯寿成，后为太常也。"

②[索隐]曰：谓地为"舆"者，天地有覆载之德，故谓天为"盖"，谓地为
　"舆"，故地图称"舆地图"。疑自古有此名，非始汉也。

　　四月丙申,奏未央宫。"太仆臣贺行御史大夫事昧死言:太常臣充言卜入四月二十八日乙巳,可立诸侯王。臣昧死奏舆地图,请所立国名。礼仪别奏。臣昧死请。"制曰:"立皇子闳为齐王,旦为燕王,胥为广陵王。"

　　四月丁酉,奏未央宫。六年①四月戊寅朔,癸卯,御史大夫汤下丞相,丞相下中二千石,二千石下郡太守、诸侯相,丞书从事下当用者。如律令。

　　①徐广曰:"一云元狩。"

　　"维六年四月乙巳,皇帝使御史大夫汤庙立子闳为齐王。曰:於戏! 小子闳,①受兹青社。②朕承祖考,维稽古建尔国家,封于东土,世为汉藩辅。於戏念哉! 恭朕之诏,惟命不于常。人之好德,克明显光。义之不图,俾君子怠。③悉尔心,允执其中,天禄永终。厥有愆不臧,乃凶于而国,害于尔躬。於戏! 保国艾民,可不敬与! 王其戒之。"④

　　①[索隐]曰:此封齐王策文也。按《武帝策》,此三王皆自手制。於戏,如言呜呼。戏音羲。

　　②张晏曰:"王者以五色土为太社,封四方诸侯,各以其方色土与之,苴以白茅,归以立社。"[索隐]曰:蔡邕《独断》云:"皇子封为王,受天子太社之土。若封东方诸侯,则割青土,藉以白茅,授之以立社,谓之'茅土'。"齐在东方,故云青社。

　　③[索隐]曰:谓若不图于义,则君子懈怠,无归附心。

　　④徐广曰:"立八年,无后,绝。"

　　右齐王策。

　　维六年四月乙巳,皇帝使御史大夫汤庙立子旦为燕王。曰:於戏! 小子旦,受兹玄社! 朕承祖考,维稽古,①建尔国家,封于北土,世为汉藩辅。於戏! 荤粥氏虐老兽心,②侵犯寇盗,加以奸巧边萌。③於戏! 朕命将率徂征厥罪,万夫长,千夫长,三十有二君皆

来，④降期奔师。⑤荤粥徙域，⑥北州以绥。⑦悉尔心，毋作怨，毋俶
德，⑧毋乃废备！⑨非教士不得从征。⑩於戏，保国艾民，可不敬与！
王其戒之。"⑪

①[索隐]曰：褚先生解云："维者，度也。稽者，当也。言当顺古道也。"魏高
　　贵乡公云："稽，同也。古，天也。谓尧能同天。"

②[索隐]曰：按《匈奴传》"其国贵壮贱老，壮者食肥美，老者食其余"也，
　　是虐老也。

③[索隐]曰：萌，一作氓。韦昭云："氓，民也。"《三仓》云"边人云氓"也。

④张晏曰："时所获三十二师也。"

⑤如淳曰："僵其旗鼓而来降。"[索隐]曰：《汉书》"君"作"师"，"期"作
　　"旗"。而服虔云以三十二军中之将，下旗去之也。如淳云即昆邪王僵
　　旗鼓降时也。若如此意，则三十二军非军将，盖戎狄酋帅有三十二君
　　来降也。

⑥张晏曰："匈奴徙东也。"

⑦臣瓒曰："绥，安也。"

⑧徐广曰："俶，一作'菲'。"[索隐]曰：苏林云："柴，废也。本亦作'俶'，
　　俶，败也。"孔文祥云："菲，薄也。"《汉书》作"柴"。[正义]曰：俶，音符
　　味反。

⑨[索隐]曰：褚先生解云："言无乏武备，常备匈奴也。"

⑩张晏曰："士不素习，不应召。"[索隐]曰：韦昭云："士非素教习，不得从
　　军征发。故孔子曰'不教人战，是谓弃之'，正谓此也。"褚先生解云："非
　　习礼义，不得在于侧也。"

⑪徐广曰："立三十年，自杀，国除。"

　右燕王策。

"维六年四月乙巳，皇帝使御史大夫汤庙立子胥为广陵王。曰：
"於戏！小子胥，受兹赤社。朕承祖考，维稽古建尔国家，封于南土，
世为汉藩辅。古人有言曰：'大江之南，①五湖之间，②其人轻心。杨
州保疆，③三代要服，不及以政。'於戏！悉尔心，战战兢兢，乃惠乃
顺，毋侗好佚，毋迩宵人，④维法维则。《书》云'臣不作威，不作福'，

靡有后羞。於戏！保国艾民，可不敬与！王其戒之。"⑤

①[正义]曰：谓京口南至荆州以南也。

②[索隐]曰：五湖者，具区、洮滆、彭蠡、青草、洞庭。或曰太湖五百里，故曰五湖也。

③徐广曰："一作'壇'。"骃案：李奇曰："保，恃也"。

④应劭曰："无好逸游之事，迩近小人。"张晏曰："佀，音同。"[索隐]曰：褚先生解云："无好佚乐驰骋弋猎。"邹氏宵音谡，谡亦小人也。或作"佞人"。

⑤徐广曰："立六十四年，自杀。"

右广陵王策。

太史公曰：古人有言曰"爱之欲其富，亲之欲其贵"。故王者疆土建国，封立子弟，所以褒亲亲，序骨肉，尊先祖，贵支体，广同姓于天下也。是以形势强而王室安。自古至今，所由来久矣。非有异也，故弗论箸也。燕齐之事，无足采者。然封立三王，天子恭让，群臣守义，文辞灿然，甚可观也，是以附之世家。

索隐述赞曰：三王封世，旧史烂然。褚氏后补，册书存焉。去病建议，青翟上宣。天子冲挹，志在急贤。太常具礼，请立齐燕。闳国负海，旦社惟玄。宵人不通，荤粥远边。明哉监戒，式防厥愆。

褚先生曰：臣幸得以文学为侍郎，好览观太史公之列传。列传中称《三王世家》文辞可观，求其世家，终不能得。窃从长老好故事者取其封策书，编列其事而传之，令后世得观贤主之指意。

盖闻孝武帝之时，同日而俱拜三子为王。封一子于齐，一子于广陵，一子于燕。各因子才力智能，及土地之刚柔，人民之轻重，为作策以申戒之。谓王："世为汉藩辅，保国治民，可不敬与！王其戒之。"夫贤主所作，固非浅闻者所能知，非博闻强记君子者所不能究竟其意。至其次序分绝，文字之上下，简之参差长短，皆有意，人莫之能知。谨论次其真草诏书，编于左方，令览者自通其意而解说之。

　　王夫人者,赵人也,与卫夫人并幸武帝,而生子闳。闳且立为王时,其母病,武帝自临问之。曰:"子当为王,欲安所置之?"王夫人曰:"陛下在,妾又何等可言者。"帝曰:"虽然,意所欲,欲于何所王之?"王夫人曰:"愿置之雒阳。"武帝曰:"雒阳有武库敖仓,天下冲厄,汉国之大都也。先帝以来,无子王于雒阳者。去雒阳,余尽可。"王夫人不应。武帝曰:"关东之国无大于齐者。齐东负海而城郭大,古时独临菑中十万户,天下膏腴地莫盛于齐者矣。"王夫人以手击头,谢曰:"幸甚。"王夫人死而帝痛之,使使者拜之曰:"皇帝谨使使太中大夫明奉璧一,赐夫人为齐王太后。"子闳王齐,年少,无有子,立,不幸早死,国绝,为郡。天下称齐不宜王云。

　　所谓"受此土"者,诸侯王始封者必受土于天子之社,归立之以为国社,以岁时祠之。《春秋大传》曰:"天子之国有泰社。东方青,南方赤,西方白,北方黑,上方黄。"故将封于东方者取青土,封于南方者取赤土,封于西方者取白土,封于北方者取黑土,封于上方者取黄土。各取其色物,里以白茅,封以为社。此始受封于天子者也。此之为"主土"。主土者,立社而奉之也。"朕承祖考",祖者先也,考者父也。"维稽古",维者度也,念也;稽者当也,当顺古之道也。

　　齐地多变诈,不习于礼义,故戒之曰"恭朕之诏,唯命不可为常。人之好德,能明显光。不图于义,使君子怠慢。悉若心,信执其中,天禄长终。有过不善,乃凶于而国,而害于若身。"齐王之国,左右维持以礼义,不幸中年早夭。然全身无过,如其策意。

　　传曰"青采出于蓝,而质青于蓝"者,教使然也。远哉贤主,昭然独见:诫齐王以慎内;诫燕王以无作怨,无俷德;①诫广陵王以慎外,无作威与福。

①[索隐]曰:本亦作"肥"。案:上策云"作菲德",下云"勿使王背德也",则肥当音扶味反,亦音匪。

　　夫广陵在吴越之地,其民精而轻,故诫之曰"江湖之间,其人轻心。杨州葆疆,三代之时,迫要使从中国俗服,不大及以政教,以意御之而已。无侗好佚,无迩宵人,维法是则。无长好佚乐驰骋弋猎淫康,而近小人。常念法度,则无羞辱矣"。三江、五湖有鱼盐之利,铜山之富,天下所仰。故诫之曰"臣不作福"者,勿使行财币,厚赏赐,以立声誉,为四方所归也。又曰"臣不作威"者,勿使因轻以倍义也。

会孝武帝崩,孝昭帝初立,先朝广陵王胥,厚赏赐金钱财币,直三千余万,益地百里,邑万户。

会昭帝崩,宣帝初立,缘恩行义,以本始元年中,裂汉地,尽以封广陵王胥四子:一子为朝阳侯;①一子为平曲侯;②一子为南利侯;③最爱少子弘,立以为高密王。④

①[正义]曰:《括地志》云:"朝阳故城在邓州穰县南八十里。应劭云在朝水之阳也。"

②[正义]曰:《地理志》云平曲县属东海郡。又云在瀛州文安县北七十里。

③[正义]曰:《括地志》云:"南利故城在豫州上蔡县东八十五里。"

④[正义]曰:《括地志》云:"高密故城在密州高密县西南四十里。"

其后胥果作威福,通楚王使者。楚王宣言曰:"我先元王,高帝少弟也,封三十二城。今地邑益少,我欲与广陵王共发兵云。广陵王为上,我复王楚三十二城,如元王时。"事发觉,公卿有司请行罚诛。天子以骨肉之故,不忍致法于胥,下诏书无治广陵王,独诛首恶楚王。传曰"蓬生麻中,不扶自直;①白沙在泥中,与之皆黑"者,土地教化使之然也。其后胥复祝诅谋反,自杀,国除。

①[索隐]曰:已下并见《荀卿子》。

燕土硗确,北迫匈奴,其人民勇而少虑。故诫之曰"荤粥氏无有孝行而禽兽心,以窃盗侵犯边民。朕诏将军往征其罪,万夫长,千夫长,三十有二君皆来,降旗奔师。荤粥徙域远处,北州以安矣"。"悉若心,无作怨"者,勿使从俗以怨望也。"无偭德"者,勿使上背德也。"无废备"者,无乏武备,常备匈奴也。"非教士不得从征"者,言非习礼义不得在于侧也。

会武帝年老长,而太子不幸薨,未有所立,而旦使来上书,请身入宿卫于长安。孝武见其书,击地,怒曰:"生子当置之齐鲁礼义之

乡,乃置之燕赵,果有争心! 不让之端见矣。"于是使使即斩其使者
于阙下。

　　会武帝崩,昭帝初立,旦果作怨而望大臣。自以长子当立,与齐
王子刘泽等谋为叛逆,出言曰:"我安得弟在者!①今立者乃大将军
子也。"欲发兵。事发觉,当诛。昭帝缘恩宽忍,抑案不扬。公卿使
大臣请,遣宗正与太中大夫公户满意、御史二人,偕往使燕,风喻
之。②到燕各异日,更见责王。宗正者,主宗室诸刘属籍,先见王,为
列陈道昭帝实武帝子状。侍御史乃复见王,责之以正法,问:"王欲
发兵罪名明白,当坐之。汉家有正法,王犯纤介小罪过,即行法直断
耳,安能宽王!"惊动以文法。王意益下,心恐。公户满意习于经术,
最后见王,称引古今通义,国家大礼,文章尔雅。③谓王曰:"古者天
子必内有异姓大夫,所以正骨肉也;外有同姓大夫,所以正异族
也。④周公辅成王,诛其两弟,故治。武帝在时,尚能宽王。今昭帝始
立,年幼,富于春秋,未临政,委任大臣。古者诛罚不阿亲戚,故天下
治。方今大臣辅政,奉法直行,无敢所阿,恐不能宽王。王可自谨,
无自令身死国灭,为天下笑。"于是燕王旦乃恐惧服罪,叩头谢过。
大臣欲和合骨肉,难伤之以法。

①[索隐]曰:案:昭帝,钩弋夫人所生,武帝崩时年才七八岁耳。胥、旦早
　　封在外,实合有疑。然武帝春秋高,惑于内宠,诛太子而立童孺,能不使
　　胥、旦疑怨。亦由权臣辅政,贪立幼主之利,遂得钩弋子当阳。斯实父德
　　不弘,遂令子道不顺。然犬各吠非其主,太中、宗正,人臣之职,亦当使
　　燕喻之。

②[索隐]曰:宗正,官名,必以宗室有德者为之,不知时何人。公户,姓;满
　　意,名;为太中大夫。是使二人,又有侍御史二人,皆往使治燕也。

③[索隐]曰:尔,近也。雅,正也。其书于"正"字义训为近,故云尔雅。相
　　承云周公作以教成王,又云子夏作之以解《诗》、《书》。

④[索隐]曰:内云有异姓大夫以正骨肉,盖错也。"内"合言"同姓",宗正
　　是也。"外"合言"异姓",太中大夫是也。

　　其后,旦复与左将军上官桀等谋反,宣言曰"我次太子,太子不
在,我当立,大臣共抑我"云云。大将军光辅政,与公卿大臣议曰:

"燕王旦不改过悔正,行恶不变。"于是修法直断,行罚诛。旦自杀。
国除,如其策指。有司请诛旦妻子。孝昭以骨肉之亲,不忍致法,宽
赦旦妻子,免为庶人。传曰"兰根与白芷,渐之滫中,①君子不近,庶
人不服"者,所以渐然也。

　　①徐广曰:"滫者,淅米汁也。音先纠反。"[索隐]曰:白芷,香草也,音止,
　　又音昌改反。渐,渍也。滫,如《礼》"滫瀡"之"滫",谓洗也,音思酒反。
　　[正义]曰:言虽香草,以米汁渍之,无复香气。君子不欲附近,庶人不服
　　者,为渐渍然也。以旦谋叛,君子庶人皆不附近。

　　宣帝初立,推恩宣德,以本始元年中尽复封燕王旦两子:一子
为安定侯;①立燕故太子建为广阳王,②以奉燕王祭祀。

　　①[正义]曰:《汉表》在巨鹿郡。
　　②[正义]曰:《括地志》云:"广阳故城今在幽州良乡县东北三十七里。"

史记卷六一
列传第一

伯夷

[索隐]曰：列传者，谓叙列人臣事迹，令可传于后世，故曰列传。[正义]曰：其人行迹可序列，故云列传。

夫学者载籍极博，犹考信于六艺。《诗》、《书》虽缺，①然虞夏之文可知也。②尧将逊位，让于虞舜，舜禹之间，岳牧咸荐，乃试之于位，典职数十年，③功用既兴，然后授政。示天下重器，④王者大统，传天下若斯之难也。而说者曰尧让天下于许由，⑤许由不受，耻之逃隐。乃夏之时，有卞随、务光者。此何以称焉？⑥

①[索隐]曰：《孔子系家》称古诗三千余篇，孔子删三百五篇为《诗》，今亡五篇。又《书纬》称孔子求得黄帝玄孙帝魁之书，迄秦穆公，凡三千三百三十篇，乃删以一百篇为《尚书》，十八篇为《中候》。今百篇之内见亡四十二篇，是《诗》、《书》又有缺亡者也。

②[索隐]曰：《尚书》有《尧典》、《舜典》、《大禹谟》，备言虞夏禅让之事，故云"虞夏之文可知也"。

③[正义]曰：舜禹皆典职事二十余年，然后践帝位。

④[索隐]曰：言天下者是王者之重器，故《庄子》云"天下之大器"是也。则大器亦谓之重器。

⑤[正义]曰：皇甫谧《高士传》云："许由字武仲。尧闻致天下而让焉，乃退而遁于中岳颍水之阳，箕山之下隐。尧又召为九州长，由不欲闻之，洗耳于颍水滨。时有巢父牵犊欲饮之，见由洗耳，问其故。对曰：'尧欲召我为九州长，恶闻其声，是故洗耳。'巢父曰：'子若处高岸深谷，人道不通，谁能见子？子故浮游，欲闻求其名誉。污吾犊口。'牵犊上流饮之。许

由殁,葬此山,亦名许由山。"在洛州阳城县南十三里。

⑥[索隐]曰:"说者",谓诸子杂记也。然尧让于许由,及夏时有卞随、务光
等,殷汤让之天下,并不受而逃,事具庄周《让王》篇。[正义]曰:经史唯
称伯夷、叔齐,不及许由、卞随、务光者,不少概见,何以哉? 故言"何以
称焉",为不称说之也。

　　太史公曰:余登箕山,①其上盖有许由冢云。孔子序列古之仁
圣贤人,如吴太伯、伯夷之伦详矣。余以所闻由、光义至高,②其文
辞不少概见,何哉?③

①[索隐]曰:盖杨恽、东方朔见其文称"余",而加"太史公曰"也。

②[索隐]曰:谓太史公闻庄周说许由、务光等也。《庄子》尧让天下于许
由,由遂逃箕山,洗耳于颍水;卞随自投于桐水;务光负石自沉卢水;是
义至高。

③[索隐]曰:按:概是梗概,谓略也。盖以由、光义至高,而《诗》《书》之文
辞遂不少梗概载见,何以如此哉? 是太史公疑于说者之言或非实也。
[正义]曰:概,古代反。

　　孔子曰:"伯夷、叔齐,不念旧恶,怨是用希。""求仁得仁,又何
怨乎?"余悲伯夷之意,睹轶诗可异焉。①其传曰:

①[索隐]曰:谓悲其兄弟相让,又义不食周粟而饿死。睹,音覩。轶,音逸。
谓见逸诗之文,即下《采薇》之诗是也。不编入三百篇,故云逸诗也。可
异焉者,按《论语》云"求仁得仁,又何怨乎"。今其诗云"我安适归矣,于
嗟徂兮,命之衰矣"。是怨词也,故云可异焉。

　　伯夷、叔齐,孤竹君之二子也。①父欲立叔齐,及父卒,叔
齐让伯夷。伯夷曰:"父命也。"遂逃去。叔齐亦不肯立而逃之。
国人立其中子。于是伯夷、叔齐闻西伯昌善养老,盍往归焉。②
及至,西伯卒,武王载木主,号为文王,东伐纣。伯夷、叔齐叩马
而谏曰:"父死不葬,爰及干戈,可谓孝乎? 以臣弑君,可谓仁
乎?"左右欲兵之。太公曰:"此义人也。"扶而去之。武王已平
殷乱,天下宗周,而伯夷、叔齐耻之,义不食周粟,隐于首阳
山,③采薇而食之。④及饿且死,作歌。其辞曰:"登彼西山兮,

采其薇矣。⑤以暴易暴兮,不知其非矣。⑥神农、虞、夏忽焉没兮,我安适归矣?⑦于嗟徂兮,命之衰矣!"⑧遂饿死于首阳山。

①[索隐]曰:"其传"盖《韩诗外传》及《吕氏春秋》也。其传云孤竹君,是殷汤三月丙寅日所封。相传至夷、齐之父,名初,字子朝。伯夷名元,字公信。叔齐名致,字公达。解者云夷、齐谥也;伯、仲,又其长少之字。《地理志》孤竹城在辽西令支县。应劭云盖伯夷之国,君姓墨胎氏。[正义]本前注"丙寅"作"殷汤正月三日丙寅"。《括地志》云:"孤竹古城在卢龙县南十二里,殷时诸侯孤竹国也。"

②[索隐]曰:刘氏云:"盍者,疑辞。盖谓其年老归就西伯也。"

③马融曰:"首阳山在河东蒲坂华山之北,河曲之中。"[正义]曰:曹大家注《幽通赋》云:"夷齐饿于首阳山,在陇西首。"又戴延之《西征记》云:"洛阳东北首阳山有夷齐祠。"今在偃师县西北。又《孟子》云:"夷、齐避纣,居北海之滨。"首阳山,《说文》云首阳山在辽西。史传及诸书,夷、齐饿于首阳凡五所,各有案据,先后不详。《庄子》云:"伯夷、叔齐西至歧阳,见周武王伐殷,曰:'吾闻古之士,遭治世不避其任,遇乱世不为苟存。今天下暗,周德衰,其并乎周以涂吾身也,不若避之以洁吾行。'二子北至于首阳之山,遂饥饿而死。"又下诗"登彼西山",是今清源县首阳山,在歧阳西北,明即夷、齐饿死处也。

④[索隐]曰:薇,蕨也。《尔雅》云:"蕨,鳖也。"[正义]曰:陆玑《毛诗草木疏》云:"薇,山菜也。茎叶皆似小豆,蔓生,其味亦如小豆藿,可作羹,亦可生食也。"

⑤[索隐]曰:西山即首阳山。

⑥[索隐]曰:以武王之暴臣易殷纣之暴主,而不自知其非矣。

⑦[索隐]曰:牺、农、虞、夏敦朴禅让之道,超忽久矣,终没矣。今逢此君臣争夺,故我安适归。

⑧[索隐]曰:于嗟,嗟叹之辞也。徂者,往也,死也。言己今日饿死,亦是运命之衰薄,不遇大道之时,至忧而饿死。

由此观之,怨耶非耶?①

①[索隐]曰:太史公言已观此诗之情,似是有怨耶?又疑其云非是怨耶?

或曰:"天道无亲,常与善人。"若伯夷、叔齐,可谓善人者非耶?①积仁洁行如此而饿死!且七十子之徒,仲尼独荐颜渊为好学。

然回也屡空,糟糠不厌,②而卒早夭。天之报施善人,其何如哉?盗跖日杀不辜,③肝人之肉,④暴戾恣睢,⑤聚党数千人横行天下,竟以寿终。⑥是遵何德哉!⑦此其尤大彰明较著者也。⑧若至近世,操行不轨,专犯忌讳,而终身逸乐,⑨富厚累世不绝。或择地而蹈之,⑩时然后出言,⑪行不由径,⑫非公正不发愤,而遇祸灾者,不可胜数也。⑬余甚惑焉:倘所谓天道是耶非耶?⑭

①[索隐]曰:又自起论,云若夷、齐之行如此,可谓善人者耶?又非善人者耶?亦疑也。

②[索隐]曰:厌,言饫也,谓不饫饱也。糟糠,贫者之所食也,故曰“糟糠之妻”是也。然颜子一箪食瓢饮,未见有“糟糠”之文。

③[索隐]曰:“蹠”与“跖”同,并音之石反。盗跖,柳下惠之弟,见《庄子》,为篇名。[正义]曰:按:蹠者,黄帝时大盗之名。以柳下惠弟为天下大盗,故世放古,号之盗蹠。

④[索隐]曰:刘氏云“谓取人肉为生肝”,非也。《庄子》云:“跖方休卒太山之阳,脍人肝而铺之。”

⑤[索隐]曰:暴戾,谓凶暴而恶戾也。邹诞生恣,音资;睢,音千余反。刘氏恣,音如字;睢,音休季反。恣睢,谓恣行为睢恶之貌也。[正义]曰:睢,仰白目,怒貌也。言盗跖凶暴,恶戾,恣性,怒白目也。

⑥《皇览》曰:“盗跖冢在河东大阳,临河曲,直弘农华阴山潼乡。”盗跖即柳下惠弟也。[索隐]曰:直,音如字。直者,当也。或音值,非也。潼,音同。按:潼,水名,因为乡,今之潼津关是,亦为县。[正义]曰:《括地志》云:“盗跖冢在陕州河北县西二十里。河北县本汉大阳县也。又今齐州平陵县有盗跖冢,未详也。”

⑦[索隐]曰:言盗跖无道,横行天下,竟以寿终,是其人遵行何德而致此哉?

⑧[索隐]曰:较,明也。言伯夷有德而饿死,盗跖暴戾而寿终,是贤不遇而恶道长,尤大著明之证。

⑨[索隐]曰:谓若鲁桓、楚灵、晋献、齐襄之比皆是。

⑩[索隐]曰:谓不仕暗君,不饮盗泉,裹足高山之顶,窜迹沧洲之滨是也。[正义]曰:谓北郭骆、鲍焦等是也。

⑪[索隐]曰:《论语》“夫子时然后言”。

⑫[索隐]曰:澹台灭明之行。

⑬[索隐]曰:谓人臣之节,非公正之事不感激发愤。或出忠言,或致身命,
而卒遇祸灾者,不可胜数。谓龙逢、比干、屈平、伍胥之比。

⑭[索隐]曰:太史公感于不轨而逸乐,公正而遇害,为天道之非而又是
耶?深惑之也。盖天道玄远,聪听暂遗,或穷通数会,不由行事,所以行
善未之福,行恶未之祸,故先达皆犹昧之也。[正义]曰:倘,音他荡反。
倘,未定之词也。为天道不敢的言是非,故云倘也。

　　子曰"道不同不相为谋",亦各从其志也。①故曰"富贵如可求,
虽执鞭之士,吾亦为之。②如不可求,从吾所好"。③"岁寒,然后知
松柏之后凋"。④举世混浊,清士乃见。⑤岂以其重若彼,其轻若此
哉?⑥

①[正义]曰:太史公引孔子之言证前事也。言天道人道不同,一任其运
遇,亦各从其志意也。

②郑玄曰:"富贵不可求而得之,当修德以得之。若于道可求而得之者,虽
执鞭贱职,我亦为之。"

③孔安国曰:"所好者古人之道。"

④何晏曰:"大寒之岁,众木皆死,然后松柏少凋伤。平岁众木亦有不死
者,故须岁寒然后别之。喻凡人处治世,亦能自修整,与君子同,在浊世
然后知君子之正不苟容也。"

⑤[索隐]曰:《老子》曰"国家昏乱,有忠臣",是举代混浊,则士之清洁者
乃彰见,故上文"岁寒然后知松柏之后凋",先为此言张本也。[正义]
曰:言天下泯乱,清洁之士不挠,不苟合于盗跖也。

⑥[索隐]曰:谓伯夷让德之重若彼,采薇饿死之轻若此。又一解云,操行
不轨,富厚累代,是其重若彼;公正发愤而遇祸灾,是其轨若此也。[正
义]曰:重谓盗跖等也。轻谓夷、齐、由、光等也。

　　"君子疾没世而名不称焉。"①贾子曰:②"贪夫徇财,③烈士徇
名,夸者死权,④众庶冯生。"⑤"同明相照,⑥同类相求。"⑦"云从
龙,风从虎,⑧圣人作而万物睹。"⑨伯夷、叔齐虽贤,得夫子而名益
彰。⑩颜渊虽笃学,附骥尾而行益显。⑪岩穴之士,趣舍有时若此,
类名堙灭而不称,悲夫!⑫闾巷之人欲砥行立名者,⑬非附青云之
士,恶能施于后世哉!

①[索隐]曰：自此已下，虽论伯夷得夫子而名彰，颜回附骥尾而行著，盖亦欲微见己之著撰不已，亦是疾没世而名不称焉，故引贾子"贪夫徇财，烈士徇名"是也。又引"同明相照，同类相求"，"云从龙，风从虎"者，言物各从类以相求。太史公言己亦是操行廉直而不用于代，卒陷非罪，与伯夷相类，故寄此而发论。[正义]曰：君子疾没后惧名埋灭而不称，若夷、齐、颜回洁行立名，后代称述，亦太史公欲渐见己立名著述之美也。

②[索隐]曰：贾谊也。作鹏鸟赋云然，故太史公引而称之也。

③[正义]曰：徇，财迅反。徇，求也。瓒云："已身从物曰徇。"

④[索隐]曰：言贪权势以矜夸者，至死不休，故云"死权"也。

⑤[索隐]曰：冯者，恃也，音凭。言众庶之情，盖冯恃矜其生也。邹诞生作"每生"。每者，冒也。冒即贪之义。[正义]曰：太史公引贾子譬作《史记》，若贪夫徇财，烈士徇名，夸者死权，众庶贪生，乃成其《史记》。

⑥[索隐]曰：已下并《系辞》云。

⑦[正义]曰：天欲雨而柱础润，谓同德者相应。

⑧王肃曰："龙举而景云属，虎啸而谷风兴。"张璠曰："犹言龙从云，虎从风也。"

⑨马融曰："作，起也。"[索隐]曰：又引此句者，谓圣人起而居位，则万物之情皆得睹见，故己今日又得著书言世情之轻重也。[正义]曰：此有识也。圣人有养生之德，万物有长养之情，故相感应也。此以上至"同明相照"是《周易·乾·象辞》也。太史公引此等相感者，欲见述作之意，合万物有睹也。孔子殁后五百岁而己当之，故作《史记》，使万物见睹之也。《太史公序传》云："先人有言：'自周公卒五百岁而有孔子，孔子卒后至于今五百岁，有能绍明世，正《易传》，继《春秋》，本《诗》、《书》、《礼》、《乐》之际，意在斯乎！'小子何敢让焉。"作述《六经》云："《易》著天地阴阳四时五行，故长于变。《礼》经纪人伦，故长于行。《书》记先王之事，故长于政。《诗》记山川溪谷禽兽草木牝牡雌雄，故长于风。《乐》乐所以立，故长于和。《春秋》辨是非，故长于治人。是故《礼》以节人，《乐》以发和，《书》以导事，《诗》以达意，《易》以道化，《春秋》以道义。拨乱世反之正，莫近于《春秋》。"按：述作而万物睹见。

⑩[正义]曰：伯夷、叔齐虽有贤行，得夫子称扬而名益彰著。万物虽有生养之性，得太史公作述而世事益睹见。

⑪〔索隐〕曰：苍蝇附骥尾而致千里，以喻颜回因孔子而名彰。

⑫〔正义〕曰：趣，音趋。舍，音舍。趣，向也。舍，废也。言隐处之士，时有
　　附骥尾而名晓达；若埋灭不称数者，亦可悲痛。

⑬〔正义〕曰：砥，音旨。砺行修德在乡间者，若不托贵大之士，何得封侯爵
　　赏而名留后代也？

　　索隐述赞曰：天道平分，与善徒云。贤而饿死，盗且聚群。吉凶
倚伏，报施纠纷。子罕言命，得自前闻。嗟彼素士，不附青云！

史记卷六二
列传第二

管晏

　　管仲夷吾者,颍上人也。①少时常与鲍叔牙游,鲍叔知其贤。管仲贫困,常欺鲍叔,②鲍叔终善遇之,不以为言。

　　①[索隐]曰:颍,水名。《地理志》颍水出阳城。汉有颍阳、临颍二县,今有
　　　　有颍上县。[正义]曰:韦昭云:"管夷,姬姓之后,管严之子敬仲也。"

　　②[索隐]曰:《吕氏春秋》:"管仲与鲍叔同贾南阳,及分财利,而管仲尝欺
　　　　鲍叔,多自取。鲍叔知其有母,不以为贪。"

　　已而鲍叔事齐公子小白,管仲事公子纠。及小白立为桓公,公子纠死,管仲囚焉。鲍叔遂进管仲。①管仲既用,任政于齐。②齐桓公以霸,九合诸侯,一匡天下,管仲之谋也。

　　①[正义]曰:《齐世家》云:"鲍叔曰:'君将治齐,则高傒与叔牙足矣。且欲
　　　　霸王,非管夷吾不可。夷吾之居国国重,不可失也。'桓公从之。"韦昭
　　　　云:"鲍叔,齐大夫,姒姓之后,鲍叔之子叔牙也。"

　　②[正义]曰:《管子》云:"相齐以九惠之教:一曰老,二曰慈,三曰孤,四曰
　　　　疾,五曰独,六曰病,七曰通,八曰赈,九曰绝也。"

　　管仲曰:"吾始困时,尝与鲍叔贾,①分财利多自与,鲍叔不以我为贪,知我贫也。吾尝为鲍叔谋事而更穷困,鲍叔不以我为愚,知时有利不利也。吾尝三仕三见逐于君,鲍叔不以我为不肖,知我不遭时也。吾尝三战三走,鲍叔不以我为怯,知我有老母也。公子纠败,召忽死之,吾幽囚受辱,鲍叔不以我为无耻,知我不羞小节而耻功名不显于天下也。生我者父母,知我者鲍子也!"

①[正义]曰:贾,音古。

鲍叔既进管仲,以身下之。子孙世禄于齐,有封邑者十余世,①
常为名大夫。天下不多管仲之贤而多鲍叔能知人也。

①[索隐]曰:《世本》云"庄仲山产敬仲夷吾,夷吾产武子鸣,鸣产桓子启
方,启方产成子孺,孺产庄子卢,卢产悼子其夷,其夷产襄子武,武产景
子耐涉,耐涉产徽,凡十代"。

管仲既任政相齐,①以区区之齐在海滨,②通货积财,富国强
兵,与俗同好恶。故其称曰:③"仓廪实而知礼节,衣食足而知荣辱,
上服度则六亲固。④四维不张,国乃灭亡。⑤下令如流水之原,令顺
民心。"故论卑而易行。⑥俗之所欲,因而予之。俗之所否,因而去
之。其为政也,善因祸而为福,转败而为功。贵轻重,⑦慎权衡。⑧

①[正义]曰:《国语》云:"齐桓公使鲍叔为相,辞曰:'臣之不若夷吾者五:
宽和惠民,不若也;治国家不失其柄,不若也;忠惠可结于百姓,不若
也;制礼义可法于四方,不若也;执桴鼓立于军门,使百姓皆加勇,不若
也。'"

②[正义]曰:齐国东滨海也。

③[索隐]曰:是夷吾著书所称《管子》者,其书有此言,今举其大略。

④[正义]曰:上之服御物有制度,则六亲坚固也。六亲,谓外祖父母一,父
母二,姊妹三,妻兄弟之子四,从母之子五,女之子六也。王弼云"父、
母、兄、弟、妻、子也"。

⑤《管子》曰:"四维,一曰礼,二曰义,三曰廉,四曰耻。"

⑥[正义]曰:言为政令卑下鲜少,而百姓易作行也。

⑦[索隐]曰:轻重,谓钱也。《管子》有《轻重篇》。

⑧[正义]曰:轻重,谓耻辱也。权衡,谓得失也。有耻辱甚贵重之,有得失
甚戒慎之。

桓公实怒少姬,①南袭蔡,管仲因而伐楚,责包茅不入贡于周
室。桓公实北征山戎,而管仲因而令燕修召公之政。于柯之会,②桓
公欲背曹沫之约,③管仲因而信之,④诸侯由是归齐。故曰:"知与
之为取,政之宝也。"⑤

①[索隐]曰:谓怒荡舟,归而未绝,蔡人嫁之。

②〔正义〕曰：今齐州东河也。

③〔索隐〕曰：沫，音妹。《左传》作"曹刿"。〔正义〕曰：沫，莫葛反。

④〔正义〕曰：以劫许之归鲁侵地。

⑤〔索隐〕曰：《老子》曰"将欲取之，必固与之"，是知此为政之所宝也。

　　管仲富拟于公室，有三归、反坫，①齐人不以为侈。管仲卒，②齐国遵其政，常强于诸侯。后百余年而有晏子焉。

①〔正义〕曰：三归，三姓女也。妇人谓嫁曰归。

②〔正义〕曰：《括地志》云："管仲冢在青州临淄县南二十一里牛山之阿。《说苑》云：'齐桓公使管仲治国，管仲对曰："贱不能临贵。"桓公以为上卿，而国不治，曰："何故？"管仲对曰："贫不能使富。"桓公赐之齐市租，而国不治。桓公曰："何故？"对曰："疏不能制近。"桓公立以为仲父，齐国大安，而遂霸天下'。孔子曰：'管仲之贤而不得此三权者，亦不能使其君南面而称伯。'"

　　晏平仲婴者，莱之夷维人也。①事齐灵公、庄公、景公，②以节俭力行重于齐。既相齐，食不重肉，妾不衣帛。其在朝，君语及之，即危言；③语不及之，即危行。④国有道，即顺命；无道，即衡命。⑤以此三世显名于诸侯。

①刘向《别录》曰："莱者，今东莱地也。"〔索隐〕曰：名婴，平谥，仲字。父桓子名弱也。〔正义〕曰：晏氏《齐记》云齐城三百里有夷安，即晏平仲之邑。汉为夷安县，属高密国。应劭云故莱夷维邑。

②〔索隐〕曰：《世本》及系家灵公名环，庄公名光，景公名杵白。

③〔正义〕曰：谓己谦让，非云功能。

④〔正义〕曰：行，下孟反。谓君不知己，增修业行，畏责及也。

⑤〔正义〕曰：衡，秤也。谓国无道则制秤量之，可行即行。

　　越石父贤，在缧绁中。①晏子出，遭之涂，解左骖赎之，载归。弗谢，入闺。久之，越石父请绝。晏子憱然，②摄衣冠谢曰："婴虽不仁，免子于厄，何子求绝之速也？"石父曰："不然。吾闻君子诎于不知己而信于知己者。③方吾在缧绁中，彼不知我也。夫子既以感寤而赎我，是知己；知己而无礼，固不如在缧绁之中。"晏子于是延入为上客。

①[正义]曰：缧，音力追反。缧，黑索也。绁，系也。《晏子春秋》云："晏子
　　之晋，至中牟，睹弊冠反裘负薪，息于途侧。晏子问曰：'何者？'对曰：
　　'我石父也。苟免饥冻，为人臣仆。'晏子解左骖赎之，载与俱归"。按：与
　　此文小异也。

②[正义]曰：缦，床缚反。注《皇览》云："晏子冢在临淄城南菑水南桓公冢
　　西北。"《括地志》云："齐桓公墓在青州临淄县东南二十三里鼎足上。"
　　又云："齐晏婴冢在齐子城北门外。《晏子》云：'吾生近市，死岂易吾
　　志'。乃葬故宅后，人名曰清节里。"按：恐《皇览》误，乃管仲冢也。

③[索隐]曰：信读曰申，《周礼》皆然。申于知己，谓以彼知我而我志获申。

　　晏子为齐相，出，其御之妻从门间而窥其夫。其夫为相御，拥大
盖，策驷马，意气扬扬，甚自得也。既而归，其妻请去。夫问其故，妻
曰："晏子长不满六尺，身相齐国，名显诸侯。今者妾观其出，志念深
矣，常有以自下者。今子长八尺，乃为人仆御，然子之意自以为足，
妾是以求去也。"其后夫自抑损。晏子怪而问之，御以实对。晏子荐
以为大夫。

　　太史公曰：吾读管氏《牧民》、《山高》、《乘马》、《轻重》、《九
府》，①及《晏子春秋》，②详哉其言之也。既见其著书，欲观其行事，
故次其传。至其书，世多有之，是以不论，论其轶事。③

①刘向《别录》曰："《九府》书民间无有。《山高》一名《形势》。"[索隐]曰：
　　皆管仲所著书篇名。九府，盖钱之府藏，其书论铸钱之轻重，故云《轻重》、
　　《九府》。余如《别录》之说。[正义]曰：《七略》云《管子》十八篇，在法家。

②[索隐]曰：婴所著书名《晏子春秋》。今其书有七十篇，故下云"其书世
　　多有"也。[正义]曰：《七略》云《晏子春秋》七篇，在儒家。

③[正义]曰：轶，音逸。

　　管仲，世所谓贤臣，然孔子小之。岂以为周道衰微，桓公既贤，
而不勉之至王，乃称霸哉？①语曰"将顺其美，匡救其恶，故上下能
相亲也"。②岂管仲之谓乎？

①[正义]曰：言管仲世所谓贤臣，孔子所以小之者，盖以为周道衰，桓公
　　贤主，管仲何不劝勉辅弼至于帝王，乃自称霸主哉？故孔子小之云。盖

为前疑夫子小管仲为此。

②［正义］曰：言管仲相齐，顺百姓之美，匡救国家之恶，令君臣百姓相亲者，是管之能也。

　　方晏子伏庄公尸哭之，成礼然后去，①岂所谓"见义不为无勇"者邪？至其谏说，犯君之颜，此所谓"进思尽忠，退思补过"者哉！假令晏子而在，余虽为之执鞭，所忻慕焉。②

①［索隐］曰：《左传》崔杼弑庄公，晏婴入，枕庄公尸股而哭之，成礼而出，崔杼欲杀之是也。

②［索隐］曰：太史公之羡慕仰企平仲之行，假令晏生在世，己虽与之为仆隶，为之执鞭，亦所忻慕。其好贤乐善如此。贤哉良史！可以示人臣之炯戒也。

　　索隐述赞曰：夷吾成霸，平仲称贤。粟乃实廪，豆不掩肩。转祸为福，危言获全。孔赖左衽，史忻执鞭。成礼而去，人望存焉。

史记卷六三
列传第三

老子韩非

　　老子者，①楚苦县厉乡曲仁里人也。②姓李氏，名耳，字伯阳，
谥曰聃，③周守藏室之史也。④

　　①〔正义〕曰：《朱韬玉札》及《神仙传》云："老子，楚国苦县濑乡曲仁里人。
　　　　姓李，名耳，字伯阳，一名重耳，外字聃。身长八尺八寸，黄色美眉，长耳
　　　　大目，广额疏齿，方口厚唇，额有三五达理，日角月悬，鼻有双柱，耳有
　　　　三门，足蹈二五，手把十文。周时人，李母八十一年而生。"又《玄妙内
　　　　篇》云："李母怀胎八十一载，逍遥李树下，乃割左腋而生。"又云："玄妙
　　　　玉女梦流星入口而有娠，七十二年而生老子。"又《上元经》云："李母昼
　　　　夜见五色珠，大如弹丸，自天下，因吞之，即有娠。"张君相云："老子者
　　　　是号，非名。老，考也。子，孳也。考教众理，达成圣孳，乃孳生万物，善
　　　　化济物无遗也。"

　　②《地理志》曰：苦县属陈国。〔索隐〕曰：《地理志》苦县属陈国者，误也。苦
　　　　县本属陈，春秋时楚灭陈，而苦又属楚，故云楚苦县。至高帝十一年，立
　　　　淮阳国，陈县、苦县皆属焉。裴氏所引不明，见苦县在陈县下，因云苦属
　　　　陈。今检《地理志》，苦实属淮阳郡。苦，音怙。〔正义〕曰：按：年表云淮
　　　　阳国，景帝三年废。至天汉修史之时，楚节王纯都彭城，相近。疑苦此时
　　　　属楚国，故太史公书之。《括地志》云："苦县在亳州谷阳县界。有老子宅
　　　　及庙，庙中有九井尚存，在今亳州真源县也。"厉，音赖。《晋太康地记》
　　　　云："苦县城东有濑乡祠，老子所生地也。"

　　③〔索隐〕曰：按：葛玄云："李氏女所生，因母姓也。"又云："生而指李树，
　　　　因以为姓。"许慎云："聃，耳曼也。"故名耳，字聃。今作字伯阳，非正

也。然老子号伯阳父,此传不称。[正义]曰:耼,耳漫无轮也。《神仙
传》云:"外字曰耼。"按:字,号也。疑老子耳漫无轮,故世号曰耼。

④[索隐]曰:按:藏室史,乃周藏书室之史也。又《张苍传》"老子为柱下
史",即藏室之柱下,因以为官名。[正义]曰:藏,在浪反。

孔子适周,将问礼于老子。①老子曰:"子所言者,其人与骨皆
已朽矣,独其言在耳。且君子得其时则驾,不得其时则蓬累而行。②
吾闻之:良贾深藏若虚,君子盛德,容貌若愚。③去子之骄气与多
欲,态色与淫志,④是皆无益于子之身。吾所以告子,若是而已。"孔
子去,谓弟子曰:"鸟,吾知其能飞,鱼,吾知其能游,兽,吾知其能
走。走者可以为罔,游者可以为纶,飞者可以为矰。至于龙吾不能
知,其乘风云而上天。吾今日见老子,其犹龙邪?

①[索隐]曰:《大戴记》亦云然。

②[索隐]曰:刘氏云:"蓬累犹扶持也。累,音六水反。说者云头戴物,两手
扶之而行,谓之蓬累也。"蓬,盖也;累,随也。以言君得明君则驾车服
冕,不遭时则自覆盖相携随而去也。[正义]曰:蓬,沙碛上转蓬也。累,
转行貌也。言君子得明主则驾车而事,不遭时则若蓬转流移而行,可止
则止也。蓬,其状若蟠蒿,细叶,蔓生于沙漠中,风吹则根断,随风转移
也。蟠蒿,江东呼为斜蒿云。

③[索隐]曰:良贾,谓善货卖之人。贾,音古。深藏,谓隐其宝货不令人见,
故云"若虚"。而君子之人身有盛德,其容貌谦退有若愚鲁之人然。嵇康
《高士传》亦载此语,文则小异,云"良贾深藏,外形若虚;君子盛德,容
貌若不足"也。

④[正义]曰:姿态之容色与淫欲之志皆无益于夫子,须去除也。

老子修道德,其学以自隐无名为务。居周久之,见周之衰,乃遂
去。至关,①关令尹喜曰:"子将隐矣,强为我著书。"②于是老子乃
著书上下篇,言道德之意五千余言而去,莫知其所终。③

①[正义]曰:《抱朴子》云:"老子西游,遇关令尹喜于散关,为喜著《道德
经》一卷,谓之《老子》。"或以为函谷关。《括地志》云:"散关在岐州陈仓
县东南五十二里。函谷关在陕州桃林县西南十二里。"

②[索隐]曰:李尤《函谷关铭》云"尹喜要老子留作二篇",而崔浩以尹喜
又为散关令是也。[正义]曰:强,其两反。为,于伪反。

③《列仙传》曰:"关令尹喜者,周大夫也。善内学星宿,服精华,隐德行仁,时人莫知。老子西游,喜先见其气,知真人当过,候物色而迹之,果得老子。老子亦知其奇,为著书。与老子俱之流沙之西,服巨胜实,莫知其所终。亦著书九篇,名《关令子》。"[索隐]曰:《列仙传》是刘向所记。物色而迹之,谓视其气物有异色而寻迹之。又按:《列仙传》"老子西游,关令尹喜望见有紫气浮关,而老子果乘青牛而过也。"

或曰:老莱子亦楚人也,①著书十五篇,言道家之用,与孔子同时云。

①[正义]曰:太史公疑老子或是老莱子,故书之。《列仙传》云:"老莱子,楚人。当时世乱,逃世耕于蒙山之阳。莞葭为墙,蓬蒿为室,枝木为床,著艾为席,菹芰为食,垦山播种五谷。楚王至门迎之,遂去。至于江南而止,曰:'鸟兽之解毛可绩而衣,其遗粒足食也。'"

盖老子百有六十余岁,或言二百余岁,①以其修道而养寿也。

①[索隐]曰:此前古好事者据《外传》,以老子生年至孔子时,故百六十岁。或言二百余岁者,即以周太史儋为老子,故二百余岁也。[正义]曰:盖或,皆疑辞也。世不昀知,故言"盖"及"或"也。《玉清》云老子以周平王时见衰,于是去。《孔子世家》云孔子问礼于老子在周景王时,孔子盖年三十也,去平王十二王。此传云儋即老子也,秦献公与烈王同时,去平王二十一王,说者不一,不可知也。故葛仙公序云"老子体于自然,生乎大始之先,起乎无因,经历天地终始,不可称载。"

自孔子死之后百二十九年,①而史记周太史儋见秦献公曰:"始秦与周合,合五百岁而离,离七十岁而霸王者出焉。"②或曰儋即老子,或曰非也,世莫知其然否。老子,隐君子也。

①徐广曰:"实百一十九年。"

②[索隐]曰:《周》、《秦》二本纪并云"始周与秦国合,合而别,别五百载又合,合七十岁而霸王者出。"然与此传离合正反,寻其意义,亦并不违也。

老子之子名宗,宗为魏将,封于段干。①宗子注,②注子宫。宫玄孙假,③假仕于汉孝文帝。而假之子解为胶西王卬太傅,因家于齐焉。

①此云封于段干,段干应是魏邑名也。而《魏世家》有段干木、段干子,《田

完世家》有段干朋,疑此三人是姓段干也。本盖因邑为姓,《左传》所谓
"邑亦如之"是也。《风俗通·氏姓注》云姓段,名干木,恐或失之矣。天
下自别有段姓,何必段干木邪!

②[索隐]曰:音铸。[正义]曰:之树反。

③[索隐]曰:音古雅反。[正义]作"瑕",音霞。

世之学老子者则绌儒学,①儒学亦绌老子。"道不同不相为
谋",岂谓是邪? 李耳无为自化,清静自正。②

①[索隐]曰:按:绌,音黜。黜,退而后之也。

②[索隐]曰:此太史公因其行事,于当篇之末结以此言,亦是赞也。按:老
　　子曰"我无为而民自化,我好静而民自正",此是昔人所评老聃之德,故
　　太史公于此引以记之。[正义]曰:此都结老子之教也。言无所造为而自
　　化,清净不挠而民自归正也。

庄子者,蒙人也,①名周。周尝为蒙漆园吏,②与梁惠王、齐宣
王同时。其学无所不窥,然其要本归于老子之言。故其著书十余万
言,大抵率寓言也。③作《渔父》、《盗跖》、《胠箧》,④以诋讹孔子之
徒,⑤以明老子之术。《畏累虚》、《亢桑子》之属,皆空语无事实。⑥
然善属书离辞,⑦指事类情,用剽剥儒、墨,⑧虽当世宿学不能自解
免也。其言洸洋自恣以适己,⑨故自王公大人不能器之。

①《地理志》蒙县属梁国。[索隐]曰:刘向《别录》云宋之蒙人也。[正义]
　　曰:郭缘生《述征记》云蒙县,庄周之本邑也。

②[正义]曰:《括地志》云:"漆园故城在曹州冤句县北十七里。"此庄周为
　　漆园吏,即此。按:其城古属蒙县。

③[索隐]曰:大抵,犹言大略。其书十余万言,率皆立主客,使之相对语,
　　故云"偶言"。又音寓,寓,奇也。故《别录》云"作人姓名,使相与语,是寄
　　辞于其人,故《庄子》有《寓言》篇。"[正义]曰:率,音律。寓,音遇。率犹
　　类也。寓,寄也。

④[索隐]曰:胠箧,犹言开箧。胠,音祛,亦有音去。箧,音去劫反。[正
　　义]曰:胠,音丘鱼反。箧,音苦颊反。胠,开也。箧,箱类也。此《庄子》
　　三篇名,皆诬毁自古圣君、贤臣、孔子之徒,尝求名誉,咸以丧身,非抱
　　素任真之道也。

⑤[索隐]曰:诋,音邸。讯,音訾。谓诋诃毁訾孔子也。

⑥[索隐]曰:按:《庄子》"畏累虚",篇名也,即老聃弟子畏累。邹氏畏,音
於鬼反;累,音垒。刘氏畏,音乌罪反;累,路罪反。郭象云"今东莱也"。
亢,音庚。亢仓子,王劭本作"庚桑"。司马彪云:"庚桑,楚人姓名。"[正
义]曰:《庄子》云:"庚桑楚者,老子弟子,北居畏累之山。"成瑛云:"山
在鲁,亦云在深州。"此篇寄庚桑楚以明至人之德,卫生之经,若槁木无
情,死灰无心,祸福不至,恶有人灾。言《庄子》杂篇《庚桑楚》已下,皆空
设言语,无有实事也。

⑦[正义]曰:属,音烛。离辞,犹分析其辞句也。

⑧[正义]曰:剽,疋妙反。剽,犹攻击也。

⑨[索隐]曰:洸洋,音汪洋二字,又音晃养。又作"潢"。[正义]曰:洋,音
翔。己,音纪。

楚威王闻庄周贤,①使使厚币迎之,许以为相。庄周笑谓楚使
者曰:"千金,重利;卿相,尊位也。子独不见郊祭之牺牛乎?养食之
数岁,衣以文绣,以入太庙。当是之时,虽欲为孤豚,岂可得乎?②子
亟去,③无污我。④我宁游戏污渎之中自快,⑤无为有国者所羁。终
身不仕,以快吾志焉。"⑥

①[正义]曰:威王当周显王三十年。

②[索隐]曰:孤,小也,特也。愿为小豚不可得。[正义]曰:不群也。豚,猪。
临宰时,愿为孤小豚不可得也。

③[索隐]曰:音棘。亟,犹急也。

④[索隐]曰:污,音乌故反。

⑤[索隐]曰:污渎音乌读。潢污之小渠渎也。

⑥[正义]曰:《庄子》云:"庄子钓于濮水之上。楚王使大夫往,曰:'愿以境
内累。'庄子持竿不顾,曰:'吾闻楚有神龟,死二千岁矣,巾笥藏之庙堂
之上。此龟宁死为留骨而贵乎?宁生曳尾泥中乎?'大夫曰:"宁曳尾涂
中。'庄子曰:'往矣!吾将曳尾于涂中。'与此传不同也。

申不害者,京人也,①故郑之贱臣。学术以干韩昭侯,②昭侯用
为相。内修政教,外应诸侯十五年。终申子之身,国治兵强,无侵韩
者。③

①[索隐]曰:申子名不害。按:《别录》云"京,今河南京县也"。[正义]曰:

按:《括地志》云京县故城在郑州荥阳县东南二十里,郑之京邑也。

②[索隐]曰:术即刑名法术。

③[索隐]曰:王劭按《纪年》"韩昭侯之世,兵寇屡交",异乎此言。

申子之学本于黄老而主刑名。著书二篇,号曰《申子》①

①刘向《别录》曰:"今民间所有上下二篇,中书六篇,皆合二篇,已备,过
　太史公所记也。"[正义]曰:阮孝绪《七略》云申子三卷也。

韩非者,①韩之诸公子也。喜刑名法术之学,②而其归本于黄
老。③非为人口吃,④不能道说,而善著书。与李斯俱事荀卿,⑤斯
自以为不如非。

①[正义]曰:阮孝绪《七略》云:"《韩子》二十卷。"《韩世家》云:"王安五
　年,非使秦。九年,虏王安,韩非亡。"

②《新序》曰:"申子之书言人主当执术无刑,因循以督责臣下,其责深刻,
　故号曰'术'。商鞅所为书号曰'法'。皆曰刑名,故号曰'刑名法术之
　书'。"[索隐]曰:著书三十余篇,号曰《韩子》。

③[索隐]曰:刘氏云:"黄老之法不尚繁华,清简无为,君臣自正。韩非之
　论诋驳浮淫,法制无私,而名实相称。故曰'归于黄老'。"斯未为得其本
　旨。今按:《韩子》书有《解老》、《喻老》二篇,是大抵亦崇黄老之学也。

④[正义]曰:音讫。

⑤[正义]曰:《孙卿子》二十二卷。名况,赵人,楚兰陵令。避汉宣帝讳,改
　姓孙也。

非见韩之削弱,数以书谏韩王,①韩王不能用。于是韩非疾治
国不务修明其法制,执势以御其臣下,富国强兵而以求人任贤,反
举浮淫之蠹而加之于功实之上。以为儒者用文乱法,而侠者以武犯
禁。宽则宠名誉之人,急则用介胄之士。②今者所养非所用,③所用
非所养。④悲廉直不容于邪枉之臣,⑤观往者得失之变,⑥故作《孤
愤》、《五蠹》、《内外储》、《说林》、《说难》十余万言。⑦

①[索隐]曰:韩王安也。

②[正义]曰:介,甲也。胄,兜鍪也。

③[索隐]曰:言非疾时君以禄养其臣者,乃皆安禄养交之臣,非勇悍忠梗
　及折冲御侮之人也。

④[索隐]曰:言人主临事任用,并非常所禄养之士,故难可尽其死力也。

⑤〔索隐〕曰：又非奸邪诡诛之臣不容廉直之士。

⑥〔正义〕曰：韩非见王安不用忠良，令国消弱，故观往古有国之君，则得失之变异，而作《韩子》二十卷。

⑦〔索隐〕曰：此皆非所著书篇名也。《孤愤》，愤孤直不容于时也。《五蠹》，蠹政之事有五也。《内外储》，按《韩子》有《内外储》说篇，《内储》言明君执术以制臣下，利之在己，故曰内也；《外储》言明君观听臣下之言行，以断其赏罚在彼，故曰"外"也。储畜二事，所谓明君也。《说林》者，广说诸事，其多若林，故曰"说林"也。今《韩子》有《说林》上下二篇。《说难》者，说前人行事与己不同而诘难之，故其书有《说难》篇。

然韩非知说之难，为《说难》书甚具，终死于秦，不能自脱。《说难》曰：①

①〔索隐〕曰：说，音税。难，音奴干反。言游说之道为难，故曰《说难》。其书词甚高，故特载之。然此篇亦与《韩子》微异，烦省小不同。刘伯庄亦申其意，粗释其微文幽旨，故有刘说也。

凡说之难，非吾知之有以说之难也，①又非吾辩之难能明吾意之难也，②又非吾敢横失能尽之难也。③凡说之难，在知所说之心，可以吾说当之。④

①〔正义〕曰：凡说难识情理，不当人主之心，恐犯逆鳞。说之难知，故言非吾知之有以说之乃为难。

②〔正义〕曰：能分明吾意以说之，亦又未为难也，尚非甚难。

③〔索隐〕曰：《韩子》"横失"作"横佚"。刘氏云："吾之所言，无横无失，陈辞发策，能尽说情，此虽是难，尚非难也。"〔正义〕曰：横，扩孟反。又非吾敢有横失，词理能尽说己之情，此虽是难，尚非极难。

④〔索隐〕曰：刘氏云："关说之难，正在于此也。"按：说之心者，谓人君之心也。言以人臣疏末射尊重之意，贵贱隔绝，旨趣难知，自非高识，莫近几会，故曰"说之难"也。乃须审明人主之意，必以说合其情，故云"吾说当之"也。〔正义〕曰：前者三说并未为难，凡说之难者，正在于此。言深辨知前人意，可以吾说当之，暗与前人心会，说则行，乃是难矣。

所说出于为名高者也，而说之以厚利，则见下节而遇卑贱，必弃远矣。①所说出于厚利者也，而说之以名高，则见无心而远事情，必不收矣。②所说实为厚利而显为名高者也，③而说之以名高,则阳收其身而实疏之;若说之以厚利,则阴用其言而显弃其身。④此之不可不知也。

①[索隐]曰:谓所说之主,中心本出欲立高名者也。说臣乃陈厚利,是其见下节也,既不会高情,故遇卑贱必弃远矣。刘氏云"稽古羲黄,祖述尧舜",是为名高也。

②[索隐]曰:亦谓所说之君,出意本规厚利,而说臣乃陈名高之节,则是说者无心,远于我之事情,必不收用也。故刘氏云"若秦孝公志于强国,而商鞅说以帝王,故怒而不用也。"

③[索隐]曰:《韩子》"实"字作"阴"。显者,阳也。谓其君实为厚利,而诈作欲为名高之节也。[正义]曰:前人必欲厚利,诈慕名高,则阳收其说,实疏远之。

④[索隐]曰:谓若下文云郑武公阴欲伐胡,而关其思极论深计,虽知说当,终遭显戮也。[正义]曰:前人好利厚,诈慕名高,说之以厚利,则阴用说者之言而显不收其身。说士不可不察。

夫事以密成,语以泄败。未必其身泄之也,而语及其所匿之事,①如是者身危。贵人有过端,而说者明言善议以推其恶者,则身危。②周泽未渥也而语极知,③说行而有功则德亡,说不行而有败则见疑,如是者身危。④夫贵人得计而欲自以为功,说者与知焉,则身危。⑤彼显有所出事,乃自以为也故,说者与知焉,则身危。⑥强之以其所必不为,⑦止之以其所不能已者,身危。⑧故曰:与之论大人,则以为间己;⑨与之论细人,则以为鬻权。⑩论其所爱,则以为借资;⑪论其所憎,则以尝己,⑫径省其辞,则不知而屈之;⑬泛滥博文,则多而久之。⑭顺事陈意,则曰怯懦而不尽;⑮虑事广肆,则曰草野而倨侮。⑯此说之难,不可不知也。

①[正义]曰:事多相类,语言或说其相类之事,前人觉悟,便成漏泄,故身危也。

②[正义]曰:人主有过失之端绪,而引美善之议以推人主之恶,则身危。

③[正义]曰:渥,沾濡也。人臣事君未满周至之恩泽,而说事当理,事行有功,君不以为恩德,故德亡。

④[索隐]曰：谓人臣事上，其道未合，至周之恩未沾渥于下，而辄吐诚极
　知，其道说有功则其德亦亡。亡，无也。《韩子》作"则见忘"，然"见忘"胜
　于"德亡"也。又若说不行崦有败则见疑，如是者身危。是恩意未深，辄
　评时政，不为所信，更致嫌疑，若下文所云邻人父以墙坏有盗，却为见
　疑，即其类也。[正义]曰：说事不行，或行有败坏，则必致危殆，若此者
　身危也。

⑤[正义]曰：与，音预。人主先得其计己功，说者知前发其踪迹，身必危
　亡。

⑥[索隐]曰：谓人主明有所出事乃自以为功，而说者与知，是则以为间，
　故身危。[正义]曰：人主明所出事，乃以有所营为，说者预知其计，而说
　者身亡危。

⑦[索隐]曰：刘氏云："若项羽必欲衣锦东归，而说者强述关中，违旨忤
　情，自招诛灭也。"[正义]曰：强，其两反。人主必不欲有为，而说者强
　令为之。

⑧[索隐]曰：刘氏云："若汉景帝决废栗太子，而周亚夫强欲止之，竟不从
　其言，后遂下狱也。"[正义]曰：人主已营为，而说者强止之者，身危。

⑨[正义]曰：间，音纪苋反。说彼大人之短，以为窃己之事情，乃为刺讥间
　之。

⑩[索隐]曰：《韩子》"粥权"作"卖重"。谓荐彼细微之人，言堪大用，则疑
　其挟诈而卖我之权。[正义]曰：鬻，音育。刘伯庄云："论则疑其挟诈卖
　己之权。"

⑪[正义]曰：说人主爱行，人主以为借己之资籍也。

⑫[正义]曰：论说人主所憎恶，人主则以为尝试于己也。

⑬[索隐]曰：谓人主意在文华，而说者但径捷省略其辞，则以说者为无知
　而见屈辱也。[正义]省，山景反。

⑭[索隐]曰：谓人主志在简要，而说者务于浮辞泛滥，博涉文华，则君上
　嫌其多迂诞，文而不当。[正义]曰：泛滥，浮辞也。博闻，广言句也。言
　浮说广陈，必多词理，时乃永久，人主疲倦。

⑮[正义]曰：懦，音乃乱反。说者陈言顺人主之意，则或怯懦而不尽事情
　也。

⑯[正义]曰：野草，犹鄙陋也。广陈言词，多有鄙陋，乃成倨傲侮慢。

　　凡说之务，在知饰所说之所敬，而灭其所丑。①彼自知其

计,则无以其失穷之;②自勇其断,则无以其敌怒之;③自多其
力,则无以其难概之。④规异事与同计,誉异人与同行者,则以
饰之无伤也。⑤有与同失者,则明饰其无失也。⑥大忠无所拂
辞,⑦悟言无所击排,⑧乃后申其辩知焉。此所以亲近不疑,⑨
知尽之难也。⑩得旷日弥久,而周泽既渥,⑪深计而不疑,交争
而不罪,乃明计利害以致其功,直指是非以饰其身,以此相持,
此说之成也。⑫

①〔索隐〕曰:所说,谓所说之主也。饰其所敬者,说士当知人主之所敬,而
　　时以文饰之。灭其所丑,谓人主有所避讳而丑之,游说者当灭其事端而
　　不言也。

②〔正义〕曰:前人自知其失误,说士无以失误穷极之,乃为讪上也。

③〔索隐〕曰:谓人主自勇其断,说士无以己意而攻间之,是以卑下之谋自
　　敌于上,以致谴怒也。〔正义〕曰:断,音端乱反。刘伯庄云:"贵人断甲为
　　是,说者以乙破之,乙之理难同,怒以下敌上也。"

④〔索隐〕曰:概,犹格也。刘氏云:"秦昭王决欲攻赵,白起苦说其难,遂己
　　之心,拒格君上,故致杜邮之僇。"〔正义〕概,古代反。

⑤〔正义〕曰:刘伯庄云:"贵人与甲同计,与乙同行者,说士陈言无伤甲乙
　　也。"

⑥〔索隐〕曰:按:上文言人主规事誉人,与人同计同行,今说者之词不得
　　伤于同计同行之人,仍可文饰其类也。又若人主与同失者,而说者则可
　　明饰其无失也。〔正义〕曰:人主与甲同失,说者文饰甲之无失。

⑦〔索隐〕曰:拂,音佛。大忠志在匡君于善,君初不从,则且退止,待君之
　　悦而又几谏,即不拂悟于君也。

⑧〔索隐〕曰:谓大忠说谏之词,本欲归于安人兴化,亦无别有所击射排
　　摈。按:《韩子》作"击摩"。

⑨〔正义〕曰:拂悟当为"咈忤",古字假借耳。咈,违也。忤,逆也。言大忠
　　之事,拟安民兴化,事在匡弼。君初亦不击排,乃后周泽霑濡,君臣道
　　合,乃敢辩智说焉。此所以亲近而不见疑,是知尽之难。

⑩徐广曰:"知,一作'得'。难,一作'辞'。"〔索隐〕曰:谓人臣尽知事上之
　　道难也。《韩子》作"得尽之辞"。〔正义〕曰:言说士知谈说之难也,为能
　　尽此谈说之道,得当人主之心,君臣相合,乃是知尽之难也。

⑪〔索隐〕曰：谓君臣道合，旷日已久，诚著于君也。君之渥泽周浃于臣，鱼水相须，盐梅相和也。

⑫〔正义〕曰：夫知尽之难，则君臣道合，故得旷日弥久。而周泽既渥，深计而君不疑，与君交争而不罪，而得明计国之利害以致其功，直指是非，任爵禄于身，以此君臣相执持，此说之成也。

　　伊尹为庖，①百里奚为虏，②皆所由干其上也。故此二子者，皆圣人也。犹不能无役身而涉世如此其污也，③则非能仕之所设也。④

①〔正义〕曰：《殷本纪》云"乃为有莘氏媵臣，负鼎俎，以滋味说汤致王道"是也。

②〔正义〕曰：《晋世家》云袭灭虞公，及大夫百里以媵秦穆姬也。

③〔正义〕曰：污，音乌故反。庖虏是污。

④〔索隐〕曰：《韩子》作"能士之所耻也。"

　　宋有富人，天雨墙坏。其子曰："不筑且有盗。"其邻人之父亦云。暮而果大亡其财，其家甚智其子，而疑邻人之父。①昔者郑武公欲伐胡，②乃以其子妻之。因问群臣曰："吾欲用兵，谁可伐者？"关其思曰："胡可伐。"乃戮关其思，曰："胡，兄弟之国也，子言伐之，何也？"胡君闻之，以郑为亲己而不备郑。郑人袭胡，取之。此二说者，其知皆当矣，③然而甚者为戮，薄者见疑。非知之难也，处知则难矣。

①〔正义〕曰：其子邻父说皆当矣，而切见疑，非处知则难乎！

②〔正义〕曰：《世本》云："胡，归姓也。"《括地志》云："胡城在豫州郾城县界。"

③〔正义〕当，当浪反。

　　昔者弥子瑕见爱于卫君。卫国之法，窃驾君车者罪至刖。既而弥子之母病，人闻，往夜告之。弥子矫驾君车而出。君闻之而贤之，曰："孝哉，为母子故而犯刖罪！"与君游果园，弥子食桃而甘，不尽而奉君。君曰："爱我哉，忘其口而念我！"及弥子色衰而爱弛，得罪于君。君曰："是尝矫驾吾车，又尝食我以其余桃。"故弥子之行未变于初也，前见贤而后获罪者，爱憎之至变也。故有爱于主则知当而加亲；见憎于主，则罪当而加疏。
故谏说之士不可不察爱憎之主而后说之矣。

　　夫龙之为虫也，①可扰狎而骑也。然其喉下有逆鳞径尺，
人有婴之，则必杀人。人主亦有逆鳞，说之者能无婴人主之逆
鳞，则几矣！②

①〔正义〕曰：龙，虫类也。故言“龙之为虫。”

②〔索隐〕曰：几，庶也。谓庶几于善谏说。〔正义〕曰：说者能不犯人主逆
　　鳞，则庶几矣。

　　人或传其书至秦。秦王见《孤愤》、《五蠹》之书，曰："嗟乎！寡
人得见此人与之游，死不恨矣！"李斯曰："此韩非之所著书也。"秦
因急攻韩。韩王始不用非，及急，乃遣非使秦。秦王悦之，未信用。
李斯、姚贾害之，毁之曰："韩非，韩之诸公子也。今王欲并诸侯，非
终为韩不为秦，此人之情也。今王不用，久留而归之，此自遗患也。
不如以过法诛之。"秦王以为然，下吏治非。李斯使人遗非药，使自
杀。韩非欲自陈，不得见。秦王后悔之，使人赦之，非已死矣。①

①《战国策》曰："秦王封姚贾千户，以为上卿。韩非短之曰：'贾，梁监门
　　子，盗于梁，臣于赵而逐。取世监门子梁大盗赵逐臣与同社稷之计，非
　　所以励群臣也。'王召贾问之，贾答云云，乃诛韩非也。"

　　申子、韩子皆著书，传于后世，学者多有。余独悲韩子为《说
难》而不能自脱耳！

　　太史公曰：老子所贵道，虚无，因应变化于无为，故著书辞称微
妙难识。庄子散道德，放论，要亦归之自然。申子卑卑，①施之于名
实。韩子引绳墨，切事情，明是非，其极惨礉②少恩。皆原于道德之
意，而老子深远矣。

①自勉励之意也。

②胡革反。用法惨急而鞠礉深刻。

　　索隐述赞曰：伯阳立教，清净无为。道尊东鲁，迹窜西垂。庄蒙
栩栩，申害卑卑。刑名有术，说难极知。悲彼周防，终亡李斯。

史记卷六四
列传第四

司马穰苴

司马穰苴者，田完之苗裔也。①

①〔索隐〕曰：穰苴，田氏之族，为大司马，故曰司马穰苴也。〔正义〕曰：穰，
　音若羊反。苴，音子徐反。田穰苴为司马官，主兵。

齐景公时，晋伐阿、甄，而燕侵河上，①齐师败绩。景公患之。晏
婴乃荐田穰苴曰："穰苴虽田氏庶孽，然其人文能附众，武能威敌，
愿君试之。"景公召穰苴，与语兵事，大说之，以为将军，②将兵扞燕
晋之师。穰苴曰："臣素卑贱，君擢之间伍之中，加之大夫之上，士卒
未附，百姓不信，人微权轻。愿得君之宠臣，国之所尊，以监军，乃
可。"于是景公许之，使庄贾往。穰苴既辞，与庄贾约曰："旦日日中
会于军门。"③穰苴先驰至军，立表下漏待贾。④贾素骄贵，以为将
己之军而己为监，不甚急。⑤亲戚左右送之，留饮。日中，而贾不至。
穰苴则仆表决漏，⑥入，行军勒兵，申明约束。约束既定，夕时，庄贾
乃至。穰苴曰："何后期为？"贾谢曰："不佞大夫亲戚送之，故留。"穰
苴曰："将受命之日则忘其家，临军约束则忘其亲，援枹鼓之急则忘
其身。⑦今敌国深侵，邦内骚动，士卒暴露于境，君寝不安席，食不
甘味，百姓之命皆悬于君，何谓相送乎！"召军正问曰："军法期而后
至者云何？"对曰："当斩。"庄贾惧，使人驰报景公，请救。既往，未及
反，于是遂斩庄贾以徇三军。三军之士皆振慄。久之，景公遣使者
持节赦贾，驰入军中。穰苴曰："将在军，君令有所不受。"⑧问军正

曰："军中不驰,今使者驰云何?"正曰:"当斩。"使者大惧。穰苴曰:
"君之使不可杀之。"乃斩其仆,车之左驸,马之左骖,以徇三军。⑨
遣使者还报,然后行。士卒次舍井灶饮食问疾医药,身自拊循之。悉
取将军之资粮享士卒,身与士卒平分粮食。最比⑩其羸弱者,三日
而后勒兵。病者皆求行,争奋出为之赴战。晋师闻之,为罢去。燕
师闻之,度水而解。⑪于是追击之,遂取所亡封内故境,而引兵归。
未至国,释兵旅,解约束,誓盟而后入邑。景公与诸大夫郊迎,劳师
成礼,然后反归寝。既见穰苴,尊为大司马。田氏日以益尊于齐。

①〔索隐〕曰:阿、甄皆齐邑。《晋太康地记》曰:"阿即东阿也。"《地理志》云
　　甄城县属济阴。〔正义〕曰:河上,黄河南岸地,即沧德二州北界。

②〔索隐〕曰:谓命之为将,以将军也。将,音即匠反。遂以将军为官名。故
　　《尸子》曰:"十万之师,无将军则乱。"六国时有此官。

③〔索隐〕曰:按:旦日,谓明日。日中时期会于军门。

④〔索隐〕曰:立表谓立木为表以视日景,下漏谓下滴漏以知刻数也。

⑤〔正义〕己,音纪。监,甲暂反。

⑥〔索隐〕曰:仆,音赴。仆者,卧其表也。决漏,谓决去壶中漏水。以贾失
　　期,过日中故也。

⑦〔索隐〕曰:援,音袁。枹,音浮。〔正义〕援,作"操"。枹,音孚,谓鼓挺也。

⑧魏武帝:"苟便于事,不拘君命。"

⑨〔索隐〕曰:谓斩其使者仆,车之左驸,又斩马之左骖,以御者在左故也。
　　〔正义〕曰:驸,音附。刘伯庄云:"驸者,箱外之立木,承重校者。"殉,行
　　示也。

⑩〔正义〕比作"毕",必耳反。

⑪〔正义〕曰:度黄河水北去而解。

已而大夫鲍氏、高、国之属害之,潜于景公。景公退穰苴,苴发
疾而死。田乞、田豹之徒由此怨高、国等。①其后及田常杀简公,尽
灭高子、国子之族。至常曾孙和,因自立为齐威王,②用兵行威,大
放穰苴之法,③而诸侯朝齐。

①〔索隐〕曰:田乞,田僖子。豹亦僖子之族也。

②〔索隐〕曰:此文误也。当云田和自立,至其孙,因号为齐威王。故世家云
　　田和自立,号太公,其孙号威王也。

③〔正义〕放,方往反。

齐威王使大夫追论古者《司马兵法》,而附穰苴于其中,因号曰《司马穰苴兵法》。

太史公曰:余读《司马兵法》,闳廓深远,虽三代征伐未能竟其义、如其文也,亦少褒矣。①若夫苴,区区为小国行师,何暇及《司马兵法》之揖让乎?世既多《司马兵法》,以故不论,著穰苴之列传焉。

①〔索隐〕曰:谓《司马法》说行兵揖让,有三代之法,而齐区区小国,又当战国之时,故云“少褒。”

索隐述赞曰:燕侵河上,齐师败绩。婴荐穰苴,武能威敌。斩贾以徇,三军惊惕。我卒既强,彼寇退壁。法行《司马》,实赖宗戚。

史记卷六五
列传第五

孙子吴起

　　孙子武者,齐人也。①以兵法见于吴王阖庐。阖庐曰"子之十三篇②吾尽观之矣。可以小试勒兵乎"对曰:"可。"阖庐曰:"可试以妇人乎?"曰:"可。"于是许之,出宫中美女,得百八十人。孙子分为二队,以王之宠姬二人各为队长,③皆令持戟。令之曰:"汝知而心与左右手背乎?"妇人曰:"知之。"孙子曰:"前,则视心;左,视左手;右,视右手;后,即视背。"妇人曰:"诺。"约束既布,乃设铁钺,即三令五申之。于是鼓之右,妇人大笑。孙子曰:"约束不明,申令不熟,将之罪也。"复三令五申。而鼓之左,妇人复大笑。孙子曰:"约束不明,申令不熟,将之罪也。既已明而不如法者,吏士之罪也。"乃欲斩左右队长。吴王从台上观,见且斩爱姬,大骇。趣使使下令④曰:"寡人已知将军能用兵矣!寡人非此二姬,食不甘味,愿勿斩也。"孙子曰:"臣既已受命为将,将在军,君命有所不受。"遂斩队长二人以徇。用其次为队长,于是复鼓之。妇人左右前后跪起皆中规矩绳墨,无敢出声。于是孙子使使报王曰:"兵既整齐,王可试下观之,唯王所欲用之,虽赴水火犹可也。"吴王曰:"将军罢休就舍,寡人不愿下观。"孙子曰:"王徒好其言,不能用其实。"于是阖庐知孙子能用兵,卒以为将。西破强楚,入郢;北威齐晋。显名诸侯,孙子与有力焉。

　　①[正义]曰:魏武帝云:"孙子者,齐人。事于吴王阖闾间,为吴将,作《兵法》十三篇。"

②〔正义〕曰:《七录》云《孙子兵法》三卷。案:十三篇为上卷,又有中下二卷。

③〔索隐〕曰:队,徒对反。长,竹两反。

④〔索隐〕曰:趣,音促,急也。使,音色吏反。

孙武既死,①后百余岁有孙膑。膑生阿鄄之间,膑亦孙武之后世子孙也。

①《越绝书》曰:"吴县巫门外大冢,孙武冢也,去县十里。"〔索隐〕曰:《越绝书》子贡所著,恐非也。其书多记吴越亡后土地,或后人所录。〔正义〕曰:《七录》云《越绝》十六卷,或云伍子胥撰。

孙膑尝与庞涓俱学兵法。①庞涓既事魏,得为惠王将军,而自以为能不及孙膑,乃阴使召孙膑。膑至,庞涓恐其贤于己,疾之,则以法刑断其两足而黥之,欲隐勿见。齐使者如梁,②孙膑以刑徒阴见,说齐使。齐使以为奇,窃载与之齐。齐将田忌善而客待之。

①〔索隐〕曰:膑,频忍反。庞,皮江反。涓,古玄反。

②〔正义〕曰:今汴州。

忌数与齐诸公子驰逐重射。孙子见其马足不甚相远,马有上、中、下辈。于是孙子谓田忌曰:"君弟重射,①臣能令君胜。"田忌信然之,与王及诸公子逐射千金。②及临质,③孙子曰:"今以君之下驷与彼上驷,取君上驷与彼中驷,取君中驷与彼下驷。"既驰三辈毕,而田忌一不胜而再胜,卒得王千金。于是忌进孙子于威王。威王问兵法,遂以为师。

①〔索隐〕曰:弟,且也。重射,好射也。

②〔正义〕曰:射,音石。随逐而射赌千金。

③〔索隐〕曰:质,犹对也。将欲对射之时也。一云质谓堋,非也。

其后魏伐赵,赵急,请救于齐。齐威王欲将孙膑,膑辞谢曰:"刑余之人,不可。"于是乃以田忌为将,而孙子为师,居辎车中坐为计谋。田忌欲引兵之赵,孙子曰:"夫解杂乱纷纠者不控卷,①救斗者不搏撠,②批亢捣虚,③形格势禁,则自为解耳。④今梁赵相攻,轻兵锐卒必竭于外,老弱罢于内。君不若引兵疾走大梁,据其街路,冲

其方虚,彼必释赵而自救。是我一举解赵之围而收毙魏也。"⑤田忌
从之,魏果去邯郸,与齐战于桂陵,大破梁军。

①[索隐]曰:谓事之杂乱纷纠也。解杂乱纷纠者,当善以手解之,不可控
　　卷而击之。卷即拳也。刘氏云"控,总;卷,缩",非也。

②[索隐]曰:音博戟。谓救斗者当善挈解之,无以手肋相搏撠,则其怒益
　　炽矣。按:撠,谓以手持戟刺人也。

③[索隐]曰:批,音白结反。亢,音苦浪反。按:批者,相排批也。音白灭反。
　　言敌人相亢拒也。捣者,击也,冲也。虚者,空也。按:谓前人相亢,必须
　　批之。彼兵若虚,则冲捣之。欲令击梁之虚。此当是旧语,故孙子以
　　言之也。

④[索隐]曰:谓若批其相亢,击捣彼虚,则是事形相格,而其势自禁止,则
　　彼自为解兵也。

⑤[索隐]曰:谓齐今引兵据大梁之冲,是冲其方虚之时,梁必释赵而自
　　救,是一举释赵而毙魏。

　　后十五年,①魏与赵攻韩,韩告急于齐。齐使田忌将而往,直走
大梁。魏将庞涓闻之,去韩而归,齐军既已过而西矣。孙子谓田忌
曰:"彼三晋之兵素悍勇而轻齐,齐号为怯,善战者因其势而利导
之。兵法,百里而趣利者蹶上将,②五十里而趣利者军半至。使齐军
入魏地为十万灶,明日为五万灶,又明日为三万灶。"庞涓行三日,
大喜,曰:"我固知齐军怯,入吾地三日,士卒亡者过半矣。"乃弃其
步军,与其轻锐倍日并行逐之。孙子度其行,暮当至马陵。马陵道
狭,而旁多阻隘,可伏兵。乃斫大树白而书之曰"庞涓死于此树之
下。"于是令齐军善射者万弩,夹道而伏,期曰"暮见火举而俱发。"
庞涓果夜至斫木下,见白书,乃钻火烛之。读其书未毕,齐军万弩俱
发,魏军大乱相失。庞涓自知智穷兵败,乃自刭,曰:"遂成竖子之
名!"③齐因乘胜尽破其军,虏魏太子申以归。孙膑以此名显天下,
世传其兵法。

①[索隐]曰:王劭按:《纪年》"梁惠王十七年,齐田忌败梁桂陵,至二十七
　　年十二月,齐田朌败梁马陵",计相去无十五岁也。

②魏武帝曰:"蹶犹挫也。"[索隐]曰:蹶,音巨月反。刘氏云:"蹶犹毙。"

③[索隐]曰：竖子谓膑。

　　吴起者，卫人也，好用兵。尝学于曾子，事鲁君。齐人攻鲁，鲁欲将吴起，吴起取齐女为妻，而鲁疑之。吴起于是欲就名，遂杀其妻，以明不与齐也。鲁卒以为将。将而攻齐，大破之。

　　鲁人或恶吴起曰："起之为人，猜忍人也。其少时家累千金，游仕不遂，遂破其家。乡党笑之，吴起杀其谤己者三十余人，而东出卫郭门。与其母诀，啮臂而盟曰：'起不为卿相，不复入卫。'遂事曾子。居顷之，其母死，起终不归。曾子薄之，而与起绝。起乃之鲁，学兵法以事鲁君，鲁君疑之，起杀妻以求将。夫鲁小国，而有战胜之名，则诸侯图鲁矣。且鲁卫，兄弟之国也，而君用起，则是弃卫。"鲁君疑之，谢吴起。

　　吴起于是闻魏文侯贤，欲事之。文侯问李克曰："吴起何如人哉？"李克曰："起贪而好色，①然用兵司马穰苴不能过也。"于是魏文侯以为将，击秦，拔五城。

①[索隐]曰：王劭云："此李克言吴起贪。下文云'魏文侯知起廉，尽能得士心'，又公叔之仆称起'为人节廉'。岂前贪而后廉，何言之相反也？"今李克言起贪者，起本家累千金，破产求仕，非实贪也。盖言贪者，是贪荣名耳，故母死不赴，杀妻将鲁是也。或者起未委质于魏，犹有贪迹，及其见用，则尽廉能，亦何异乎陈平之为人也。

　　起之为将，与士卒最下者同衣食。卧不设席，行不骑乘，亲裹赢粮，与士卒分劳苦。卒有病疽者，起为吮之。①卒母闻而哭之。人曰："子卒也，而将军自吮其疽，何哭为？"母曰："非然也。往年吴公吮其父，其父战不旋踵，遂死于敌。吴公今又吮其子，妾不知其死所矣。是以哭之。"

①[索隐]曰：吮，音弋软反，又才软反。

　　文侯以吴起善用兵，廉平，尽能得士心，乃以为西河守，以拒秦、韩。

　　魏文侯既卒，起事其子武侯。武侯浮西河而下，中流，顾而谓吴起曰："美哉乎山河之固！此魏国之宝也。"起对曰："在德不在险。昔三苗氏左洞庭，右彭蠡，德义不修，禹灭之。夏桀之居左河济，右泰华，伊阙在其南，羊肠在其北，①修政不仁，汤放之。殷纣之国左孟门，②右太行，常山在其北，大河经其南，修政不德，武王杀之。由此观之，在德不在险。若君不修德，舟中之人尽为敌国也。"③武侯曰："善。"即封吴起为西河守，甚有声名。

　　①瓒曰："今河南城为直之。"皇甫谧曰："壶关有羊肠阪，在太原晋阳西北
　　　九十里。"

　　②[索隐]曰:刘氏按:纣都朝歌，今孟山在其西。今言左，则东边别有孟门
　　　也。

　　③扬子《法言》曰："美哉言乎！使起之用兵每若斯，则太公何以加诸！"

　　魏置相，相田文。①吴起不悦，谓田文曰："请与子论功，可乎？"田文曰："可。"起曰："将三军，使士卒乐死，敌国不敢谋，子孰与起？"文曰："不如子。"起曰："治百官，亲万民，实府库，子孰与起？"文曰："不如子。"起曰："守西河而秦兵不敢东乡，韩赵宾从，子孰与起？"文曰："不如子。"起曰："此子三者，皆出吾下，而位加吾上，何也？"文曰："主少国疑，大臣未附，百姓不信。方是之时，属之于子乎？属之于我乎？"起默然良久，曰："属之子矣。"文曰："此乃吾所以居子之上也。"吴起乃自知弗如田文。

　　①[索隐]曰:《吕氏春秋》作"商文"。

　　田文既死，公叔为相，①尚魏公主，而害吴起。公叔之仆曰："起易去也。"公叔曰："奈何？"其仆曰："吴起为人节廉而自喜名也。君因先与武侯言曰：'夫吴起贤人也，而侯之国小，又与强秦壤界，臣窃恐起之无留心也。'武侯即曰：'奈何？'君因谓武侯曰：'试延以公主，起有留心则必受之，无留心则必辞矣。以此卜之'。君因召吴起而与归，即令公主怒而轻君。吴起见公主之贱君也，则必辞。"于是吴起见公主之贱魏相，果辞魏武侯。武侯疑之而弗信也。吴起惧得罪，遂去，即之楚。

　　①[索隐]曰:韩之公族。

楚悼王素闻起贤，至则相楚。明法审令，捐不急之官，废公族疏远者，以抚养战斗之士。要在强兵，破驰说之言从横者。于是南平百越；北并陈、蔡，却三晋；西伐秦。诸侯患楚之强。故楚之贵戚尽欲害吴起。及悼王死，宗室大臣作乱而攻吴起，吴起走之王尸而伏之。击起之徒因射刺吴起，并中悼王。①悼王既葬，太子立，②乃使令尹尽诛射吴起而并中王尸者。坐射起而夷宗死者七十余家。

①［索隐］曰：《楚系家》悼王名疑。

②［索隐］曰：肃王臧也。

太史公曰：世俗所称师旅，皆道《孙子》十三篇，吴起《兵法》，世多有，故弗论，论其行事所施设者。语曰："能行之者未必能言，能言之者未必能行。"孙子筹策庞涓明矣，然不能早救患于被刑。吴起说武侯以形势不如德，然行之于楚，以刻暴少恩亡其躯。悲夫！

索隐述赞曰：《孙子兵法》，一十三篇。美人既斩，良将得焉。刖孙膑脚，筹策庞涓。吴起相魏，西河称贤。惨礉事楚，死后留权。

史记卷六六
列传第六

伍子胥

伍子胥者，楚人也，名员。员父曰伍奢。员兄曰伍尚。其先曰伍举，以直谏事楚庄王，[①]有显，故其后世有名于楚。

①[索隐]曰：举直谏，见《左氏》、《楚世家》。

楚平王有太子名曰建，使伍奢为太傅，费无忌为少傅。[①]无忌不忠于太子建。平王使无忌为太子取妇于秦，秦女好。无忌驰归报平王曰："秦女绝美，王可自取，而更为太子取妇。"平王遂自取秦女而绝爱幸之，生子轸。更为太子取妇。

①[索隐]曰：《左氏》作"费无极。"

无忌既以秦女自媚于平王，因去太子而事平王。恐一旦平王卒而太子立，杀己，乃因谗太子建。建母蔡女也，无宠于平王。平王稍益疏建，使建守城父，[①]备边兵。

①《地理志》颍川有城父县。[索隐]曰：城父本陈邑，楚伐陈而有之。

顷之，无忌又日夜言太子短于王曰："太子以秦女之故，不能无怨望，愿王少自备也。自太子居城父，将兵，外交诸侯，且欲入为乱矣。"平王乃召其太傅伍奢考问之。伍奢知无忌谗太子于平王，因曰："王独奈何以谗贼小臣疏骨肉之亲乎？"无忌曰："王今不制，其事成矣，王且见禽。"于是平王怒，囚伍奢，而使城父司马奋扬往杀太子。[①]行未至，奋扬使人先告太子："太子急去，不然将诛。"太子建亡奔宋。

①［索隐］曰：奋扬，城父司马之姓名也。

　　无忌言于平王曰："伍奢有二子，皆贤，不诛且为楚忧。可以其父质而召之，不然且为楚患。"王使使谓伍奢曰："能致汝二子则生，不能则死。"伍奢曰："尚为人仁，呼必来。员为人刚戾忍诟，①能成大事，彼见来之并禽，其势必不来。"王不听，使人召二子曰："来，吾生汝父。不来，今杀奢也。"伍尚欲往，员曰："楚之召我兄弟，非欲生我父也，恐有脱者后生患，故以父为质，诈召二子。二子到，则父子俱死。何益父之死？往而令仇不得报耳。不如奔他国，借力以雪父之耻，俱灭无为也。"伍尚曰："我知往终不能全父命。然恨父召我以求生而不往，后不能雪耻，终为天下笑耳。"谓员："可去矣！汝能报杀父之仇，我将归死。"尚既就执，使者捕伍胥。伍胥贯②弓执矢向使者，③使者不敢进，伍胥遂亡。闻太子建之在宋，往从之。奢闻子胥之亡也，曰："楚国君臣且苦兵矣。"伍尚至楚，楚并杀奢与尚也。

①音火候反。［索隐］曰：邹氏作"诟"。诟，骂也，音遘。

②乌还反。

③［索隐］曰：刘氏贯，音弯，又音古患反。谓满张弓。

　　伍胥既至宋，宋有华氏之乱，①乃与太子建俱奔于郑。郑人甚善之。太子建又适晋，晋顷公曰："太子既善郑，郑信太子。太子能为我内应，而我攻其外，灭郑必矣。灭郑而封太子。"太子乃还郑。事未会，会自私欲杀其从者，从者知其谋，乃告之于郑。郑定公与子产诛杀太子建。建有子名胜，伍胥惧，乃与胜俱奔吴。到昭关，②昭关欲执之。伍胥遂与胜独身步走，几不得脱。追者在后。至江，江上有一渔父乘船，知伍胥之急，乃渡伍胥。伍胥既渡，解其剑曰："此剑直百金，以与父。"父曰："楚国之法，得伍胥者赐粟五万石，爵执珪，岂徒百金剑邪！"不受。伍胥未至吴而疾，止中道，乞食。③至于吴，吴王僚方用事，公子光为将。伍胥乃因公子光以求见吴王。

①［索隐］曰：《春秋》昭二十年，宋华亥、向宁、华定与君争而出奔是也。

②[索隐]曰：其关在西江，乃吴楚之境。

③张勃曰：“子胥乞食处在丹阳溧阳县。”[索隐]曰：张勃，晋人，吴鸿胪俨
　　之子，作《吴录》故裴氏注引之。溧，音栗，水名也。

　　久之，楚平王以其边邑钟离与吴边邑卑梁氏俱蚕，两女子争桑
相攻，乃大怒，至于两国举兵相伐。吴使公子光伐楚，拔其钟离、居
巢而归。①伍子胥说吴王僚曰：“楚可破也。愿复遣公子光。”公子光
谓吴王曰：“彼伍胥父兄为戮于楚，而劝王伐楚者，欲以自报其仇
耳。伐楚未可破也。”伍胥知公子光有内志，欲杀王而自立，未可说
以外事，乃进专诸于公子光，②退而与太子建之子胜耕于野。

①[索隐]曰：二邑，楚县也。钟离在六安，古钟离子之国，《世本》谓之“终
　　犁”，嬴姓之国。居巢亦国也。桀奔南巢，其国盖远。《尚书序》“巢伯来
　　朝”，盖因居之于淮南楚地。

②[索隐]曰：《左传》谓“专设诸”。

　　五年而楚平王卒，初，平王所夺太子建秦女生子轸。及平王卒，
轸竟立为后，是为昭王。吴王僚因楚丧，使二公子将兵往袭楚。楚
发兵绝吴兵之后，不得归。吴国内空，而公子光乃令专诸袭刺吴王
僚而自立，是为吴王阖庐。阖庐既立，得志，乃召伍员以为行人，而
与谋国事。楚诛其大臣郤宛、伯州犁，伯州犁之孙伯嚭亡奔吴，①吴
亦以嚭为大夫。前王僚所遣二公子将兵伐楚者，道绝不得归。②后
闻阖庐弑王僚自立，遂以其兵降楚，楚封之于舒。

①徐广曰：“伯州犁者，晋伯宗之子也。伯州犁之子曰郤宛，郤宛之子曰伯
　　嚭。宛亦姓伯，又别氏郤。《楚世家》云杀郤宛，宛之宗姓伯子曰嚭。《吴
　　世家》云楚诛伯州犁，其孙伯嚭奔吴也。”

②[索隐]曰：公子烛庸及盖余也。

　　阖庐立三年，乃兴师与伍胥、伯嚭伐楚，拔舒，遂禽故吴反二将
军。因欲至郢，将军孙武曰：“民劳，未可，且待之。”乃归。

　　四年，吴伐楚，取六与潜。①五年，伐越，败之。六年，楚昭王使
公子囊瓦②将兵伐吴。吴使伍员迎击，大破楚军于豫章，③取楚之
居巢。

①六，古国，皋陶之后所封。潜县有天柱山。

②案：《左传》楚公子贞字子囊，其孙名瓦，字子常。此言公子，又兼称囊
　瓦，误也。

③豫章在江南。[索隐]曰：按：杜预云："昔豫章在江北，盖后徙之于江南
　也。"

　　九年，吴王阖庐谓子胥、孙武曰："始子言郢未可入，今果何
如？"二子对曰："楚将囊瓦贪，而唐、蔡皆怨之。王必欲大伐之，必先
得唐、蔡乃可。"阖庐听之，悉兴师与唐、蔡伐楚，与楚夹汉水而陈。
吴王之弟夫概将兵请从，①王不听，遂以其属五千人击楚将子
常。②子常败走，奔郑。于是吴乘胜而前，五战，遂至郢。③己卯，楚
昭王出奔。庚辰，吴王入郢。

①[索隐]曰：概，音古贵反。

②子常，公孙瓦。

③郢，楚都。[索隐]曰：郢，音以正反，又以井反。

　　昭王出亡，入云梦。盗击王，王走郧。①郧公弟怀曰："平王杀我
父，我杀其子，不亦可乎！"郧公恐其弟杀王，与王奔随。②吴兵围
随，谓随人曰："周之子孙在汉川者，楚尽灭之。"随人欲杀王，王子
綦匿王，己自为王以当之。随人卜与王于吴，不吉，乃谢吴，不与王。

①音云，国名。[索隐]曰：走，音奏。走，向也。郧，古之郧国。

②[正义]曰：今有楚昭王故城，昭王奔随之处，宫之北城即是。

　　始，伍员与申包胥为交。员之亡也，谓包胥曰："我必覆楚。"包
胥曰："我必存之。"及吴兵入郢，伍子胥求昭王。既不得，乃掘楚平
王墓，出其尸，鞭之三百，然后已。申包胥亡于山中，使人谓子胥曰：
"子之报仇，其以甚乎！吾闻之：人众者胜天，天定亦能破人。①今子
故平王之臣，亲北面而事之，今至于僇死人，此岂其无天道之极
乎！"伍子胥曰："为我谢申包胥曰：吾日暮途远，吾故倒行而逆施
之。"②

①[正义]曰：申包胥言闻人众者虽一时凶暴胜天，及天降其凶，亦破于强
　暴之人。

②［索隐］曰：倒，音丁老反。施如字。子胥言志在复仇，常恐且死，不遂本
心，今幸而报，岂论道理乎！譬如人行，前途尚远，而日势已暮，故其在
颠倒疾行，逆理施事，何得责吾顺理乎。

　于是申包胥走秦告急，求救于秦。秦不许，包胥立于秦廷，昼夜
哭，七日七夜不绝其声。秦哀公怜之，曰："楚虽无道，有臣若是，可
无存乎！"乃遣车五百乘救楚击吴。六月，败吴兵于稷。①会吴王久
留楚求昭王，而阖庐弟夫概乃亡归，自立为王。阖庐闻之，乃释楚而
归，击其弟夫概。夫概败走，遂奔楚。楚昭王见吴有内乱，乃复入郢。
封夫概于堂溪，②为堂溪氏。楚复与吴战，败吴，吴王乃归。

　①稷丘，地名，在郊外。［索隐］曰：《左传》作"稷丘"。
　②徐广曰："在慎县。"骃案：《地理志》汝南有吴房县。应劭曰："夫概奔楚，
　　封于堂溪，本房子国，以封吴，故曰吴房"，然则不得在慎县也。［正义］
　　曰：案：今豫州吴县在州西北九十里。

　后二岁，阖庐使太子夫差将兵伐楚，取番。①楚惧吴复大来，乃
去郢，徙于鄀。②当是时，吴以伍子胥、孙武之谋，西破强楚，北威齐
晋，南服越人。

　①音普寒反，又音婆。［索隐］曰：盖鄱阳也。
　②楚地，音若。［索隐］曰：今关。

　其后四年，孔子相鲁。

　后五年，伐越。越王勾践迎击，败吴于姑苏，伤阖庐指，①军却。
阖庐病创②将死，谓太子夫差曰："尔忘勾践杀尔父乎？"夫差对曰：
"不敢忘！"是夕阖庐死。

　①［正义］曰：姑苏当作"槜李"，乃文误也。《左传》云"战槜李，伤将指，卒
　　于陉"是也。解在《吴世家》。
　②楚良反。

　夫差既立为王，以伯嚭为太宰，习战射。二年，后伐越，败越于
夫湫。①越王勾践乃以余兵五千人栖于会稽之上，②使大夫种厚币
遗吴③太宰嚭以请和，求委国为臣妾。吴王将许之，伍子胥谏曰：
"越王为人能辛苦，今王不灭，后必悔之。"吴王不听，用太宰嚭计，
与越平。

①音椒。[索隐]曰：又如字。[正义]曰：太湖中椒山也。解在《吴世家》。

②[正义]曰：土地名，在越州会稽县东南十二里。

③[索隐]曰：刘氏云"大夫姓，种名"，非也。按：今吴南有文种埭，则种姓
　　文，为大夫官也。[正义]曰：高诱云："大夫种，姓文氏，字子禽，楚之郢
　　人。"

　　其后五年，而吴王闻齐景公死而大臣争宠，新君弱，乃兴师北
伐齐。伍子胥谏曰："勾践食不重味，吊死问疾，且欲有所用之也。此
人不死，必为吴患。今吴之有越，犹人之有腹心疾也！而王不先越
而乃务齐，不亦谬乎？"吴王不听，伐齐，大败齐师于艾陵，①遂威邹
鲁之君以归。②益疏子胥之谋。

①[正义]曰：《括地志》云："艾山在兖州博城县南百六十里，本齐博邑。"

②[正义]曰：邹君居兖州邹县。鲁，曲阜县。

　　其后四年，吴王将北伐齐，越王勾践用子贡之谋，乃率其众以
助吴，而重宝以献遗太宰嚭。太宰嚭既数受越赂，其爱信越殊甚，日
夜为言于吴王。吴王信用嚭之计。伍子胥谏曰："夫越，腹心之病，
今信其浮辞诈伪而贪齐。破齐，譬犹石田，无所用之。且《盘庚之
诰》曰'有颠越不恭，劓殄灭之，俾无遗育，无使易种于兹邑。'此商
之所以兴。愿王释齐而先越。若不然，后将悔之无及。"而吴王不听，
使子胥于齐。子胥临行，谓其子曰："吾数谏王，王不用，吾今见吴之
亡矣。汝与吴俱亡，无益也。"乃属其子于齐鲍牧，而还报吴。

　　吴太宰嚭既与子胥有隙，因谗曰："子胥为人刚暴，少恩猜贼，
其怨望恐为深祸也。前日王欲伐齐，子胥以为不可，王卒伐之而有
大功。子胥耻其计谋不用，乃反怨望。而今王又复伐齐，子胥专愎
强谏，①沮毁用事，②徒幸吴之败以自胜其计谋耳。今王自行，悉国
中武力以伐齐，而子胥谏不用，因辍谢，详病不行。王不可不备，此
起祸不难。且嚭使人微伺之，其使于齐也，乃属其子于齐之鲍氏。夫
为人臣，内不得意，外倚诸侯，自以为先王之谋臣，今不见用，常鞅
鞅怨望。愿王早图之。"吴王曰："微子之言，吾亦疑之。"乃使使赐伍
子胥属镂之剑，③曰："子以此死。"伍子胥仰天叹曰："嗟乎！谗臣嚭

为乱矣,王乃反诛我! 我令若父霸。自若未立时,诸公子争立,我以死争之于先王,几不得立。④若既得立,欲分吴国予我,我顾不敢望也。然今若听谀臣言以杀长者!”乃告其舍人曰:“必树吾墓上以梓,令可以为器;⑤而抉吾眼⑥县吴东门之上,⑦以观越寇之入灭吴也。”乃自刭死。吴王闻之大怒,乃取子胥尸,盛以鸱夷革,⑧浮之江中。⑨吴人怜之,为立祠于江上,⑩因命曰胥山。⑪

① [索隐]曰:愎,音皮逼反。

② 沮,音自吕反。

③ 镂,录于反。

④ [正义]曰:几,音祈。

⑤ [正义]曰:器,谓棺也,以吴必亡也。《左传》云:“树吾墓槚,槚可材也,吴其亡乎!”

⑥ [索隐]曰:抉,音乌穴反。抉亦决也。

⑦ [正义]曰:东门,鳝门,谓鲟门也,今名葑门。鳝,音普姑反。鲟,音覆浮反。越军开示浦,子胥涛荡罗城,开此门,有鳝鲟随涛入,故以名门。顾野王云“鳝鱼一名江豚,欲风则涌”也。

⑧ 应劭曰:“取马革为鸱夷。鸱夷,榼形。”[正义]曰:盛,音成。榼,音古曷反。

⑨ 徐广曰:“鲁哀公十一年。”[正义]曰:案:年表云吴王夫差十一年也。

⑩ [正义]曰:《吴地记》曰:“越军于苏州东南三十里三江口,又向下三里,临江北岸立坛,杀白马祭子胥,杯动酒尽,后因立庙于此江上。今其侧有浦名上坛浦。至晋会稽太守麋豹,移庙吴郭东门内道南,今庙见在。”

⑪ 张晏曰:“胥山在在大湖边,去江不远百里,故云江上。”[正义]曰:《吴地记》云:“胥山,太湖边胥湖东岸山,西临胥湖,山有古葬胥二王庙。”按:其庙不干子胥事,太史误矣,张注又非。

　　吴王既诛伍子胥,遂伐齐。齐鲍氏杀其君悼公而立阳生。吴王欲讨其贼,不胜而去。其后二年,吴王召鲁卫之君会之橐皋。①其明年,因北大会诸侯于黄池,②以令周室。越王勾践袭杀吴太子,③破吴兵。吴王闻之,乃归,使使厚币与越平。后九年,越王勾践遂灭吴,杀王夫差。而诛太宰嚭,以不忠于其君,而外受重赂,与己比周也。④

①[索隐]曰：音拓皋。杜预云："地名，在淮南逡遒县东南。"[正义]曰：橐
　皋故县在庐州巢县西北五十六里。

②[正义]曰：在汴州封丘县南七里。

③[索隐]曰：《左传》太子名友。

④[正义]曰：纪鼻二音。

　　伍子胥初所与俱亡故楚太子建之子胜者，在于吴。吴王夫差之
时，楚惠王欲召胜归楚。叶公谏曰：①"胜好勇而阴求死士，殆有私
乎？"惠王不听。遂召胜，使居楚之边邑鄢，②号为白公。③白公归楚
三年，而吴诛子胥。

①[正义]曰：上式涉反。杜预云："子高，沉诸梁。"

②徐广曰："颍川鄢陵是。"[正义]曰：鄢，音偃。《括地志》云："故鄢城在豫
　州鄢城县南五里，与襄信白亭相近。"

③徐广曰："汝南襄信县有白亭。"[正义]曰：《括地志》云："白亭在豫州襄
　南四十二里，又有白公故城。又许州扶沟县北四十五里北又有白亭
　也。"

　　白公胜既归楚，怨郑之杀其父，乃阴养死士求报郑。归楚五年，
请伐郑，楚令尹子西许之。兵未发而晋伐郑，郑请救于楚。楚使子
西往救，与盟而还。白公胜怒曰："非郑之仇，乃子西也。"胜自砺剑，
人问曰：①"何以为？"胜曰："欲以杀子西。"子西闻之，笑曰："胜如
卵耳，何能为也。"

①[索隐]曰：《左传》作"子期之子平见曰'王孙何自砺也'。"

　　其后四岁，白公胜与石乞袭杀楚令尹子西、司马子綦于朝。①
石乞曰："不杀王，不可。"乃劫之王如高府。②石乞从者屈固③负楚
惠王亡走昭夫人之宫。④叶公闻白公为乱，率其国人攻白公。白公
之徒败，亡走山中，自杀。⑤而虏石乞，而问白公尸处，不言将亨。石
乞曰："事成为卿，不成而亨，固其职也。"终不肯告其尸处。遂亨石
乞，而求惠王复立之。

①[索隐]曰：《左传》作"子期"也。

②[索隐]曰：杜预云："楚之别府。"

③徐广曰："一作'惠王从者屈固。'《楚世家》亦云'王从者'。"[索隐]曰：
　盖此本为得。而《左传》云："石乞尹门，围公阳穴宫，负王以如昭夫人之
　宫"，则公阳是楚之大夫，王之从者也。

④[索隐]曰：昭王夫人即惠王母，乃越女是也。

⑤[正义]曰：《左传》云白公奔而缢。

　　太史公曰：怨毒之于人甚矣哉！王者尚不能行之于臣下，况同
列乎？向令伍子胥从奢俱死，何异蝼蚁。弃小义，雪大耻，名垂于后
世，悲夫！方子胥窘于江上，①道乞食，志岂尝须臾忘郢邪？故隐忍
就功名，非烈丈夫孰能致此哉！白公如不自立为君者，其功谋亦不
可胜道者哉！

①[索隐]曰：窘，音求殒反。

　　索隐述赞曰：谗人罔极，交乱四国。嗟彼伍氏，被兹凶慝。员独
忍诟，志复冤毒。霸吴起师，伐楚逐北。鞭尸雪耻，抉眼弃德。

史记卷六七
列传第七

仲尼弟子

　　孔子曰"受业身通者七十有七人,"①皆异能之士也。德行:颜渊,闵子骞,冉伯牛,仲弓。政事:冉有,季路。言语:宰我,子贡。②文学:子游,子夏。师也僻,③参也鲁,④柴也愚,⑤由也喭,⑥回也屡空。赐不受命而货殖焉,亿则屡中。⑦

　　①[索隐]曰:《孔子家语》亦有七十七人,唯文翁《孔庙图》作七十二人。

　　②[索隐]曰:《论语》一曰德行,二曰言语,三曰政事,四曰文学。今此文政事在言语上,是其记有异也。

　　③马融曰:"子张才过人,失于邪僻文过。"[正义]曰:音癖。

　　④孔安国曰:"鲁,钝也。曾子迟钝。"

　　⑤何晏曰:"愚直之愚。"

　　⑥郑玄曰:"子路之行,失于吭喭。"[正义]曰:吭音畔。[索隐]曰:《论语》先言柴,次参,次师,次由。今此传序之亦与《论语》不同,不得辄言其误也。[正义]曰:音岸。

　　⑦何晏曰:"言回庶几于圣道,虽数空匮而乐在其中。赐不受教命,唯财货是殖,亿度是非。盖美回所以励赐也。一曰屡犹每也,空犹虚中也。以圣人之善道,教数子之庶几,犹不至于知道者,各内有此害也。其于庶几每能虚中者唯回,怀道深远。不虚心不能知道。子贡无数子之病,然亦不知道者,虽不穷理而幸中,虽非天命而偶富,亦所以不虚心也。"

　　孔子之所严事:于周则老子;于卫蘧伯玉;①于齐晏平仲;于楚老莱子;于郑子产,②于鲁孟公绰。数称臧文仲、柳下惠、③铜鞮伯华、介山子然，孔子皆后之，不并世。④

①外宽而内直，自娱于隐括之中，直己而不直人，汲汲于仁，以善自终，盖蘧伯玉之行。"

②君择臣而使之，臣择君而事之，有道顺命无道衡命，盖晏平仲之行也。[索隐]曰：《大戴记》云："蹈忠而行信，终日言不在尤之内，国无道，处贱而不闷，贫而能乐，盖老莱子之行。"

③孝恭慈仁，允德图义，约货去怨，盖柳下惠之行。

④《大戴礼》曰："孔子云'国家有道，其言足以兴，国家无道，其默足以容，盖铜鞮伯华之所行。观于四方，不忘其亲，苟思其亲，不尽其乐，盖介山子然之行也'。"《说苑》曰："孔子叹曰'铜鞮伯华无死，天下有定矣'。"《晋太康地记》云："铜鞮，晋大夫羊舌赤之邑，世号赤曰铜鞮伯华。"[索隐]曰：自臧文仲已下，孔子皆后之，不并世。其所严事，自老子及公绰已上，皆孔子同时人也。按：戴德撰《礼》，号曰《大戴礼》，合八十五篇，其四十七篇亡，见今存者有三十八篇。今裴氏所引在《卫将军》篇。孔子称祁奚对晋平公之辞，唯举铜鞮、介山二人之行也。《家语》又云："不克不忌，不念旧怨，盖伯夷、叔齐之行。思天而敬人，服义而行信，盖赵文子之行。事君不爱其死，谋身不遗其友，盖随武子之行。"《地理志》铜鞮县名，属上党。[正义]曰：鞮，丁奚反。按：铜鞮，潞州县。

颜回者，鲁人也，字子渊。少孔子三十岁。①

①[正义]曰：少，戌妙反。

颜渊问仁，孔子曰："克己复礼，天下归仁焉。"①

①马融曰："克己，约身也。"孔安国曰："复，反也。身能反礼则为仁矣。"

孔子曰："贤哉回也！①一箪食，一瓢饮，②在陋巷。人不堪其忧，回也不改其乐。"③"回也如愚；④退而省其私，亦足以发，回也不愚。"⑤"用之则行，舍之则藏，唯我与尔有是夫！"⑥

①卫瓘曰："非大贤乐道，不能若此，故以称之。"[索隐]曰：卫瓘字伯玉，晋太保，亦注《论语》，故裴引之。

②孔安国曰："箪，笥也。"

③孔安国曰："颜回乐道，虽箪食在陋巷，不改其所乐也。"

④孔安国曰："于孔子之言，默而识之，如愚也。"

⑤孔安国曰:"察其退还,与二三子说释道义,发明大体,知其大愚。"

⑥孔安国曰:"言可行则行,可止则止,唯我与颜回同也。"栾肇曰:"用己
　　而后行,不假隐以自高,不屈道以要名,时人无知其实者,唯我与尔有
　　是行。"[正义]曰:肇字永,高平人,晋尚书郎,作《论语疑释》十卷,及
　　《论语驳虚》二卷。

　　回年二十九,发尽白,早死。①孔子哭之恸曰:"自吾有回,门人
益亲。"②鲁哀公问:"弟子孰为好学?"孔子对曰:"有颜回者好学,
不迁怒,不贰过。不幸短命死矣,今也则亡。"③

①[索隐]曰:《家语》亦云"年二十九而发白,三十二而死"。王肃云"此久
　　远之书,年数错误,未可详也。校其年,则颜回死时,孔子年六十一。然
　　则伯鱼年五十先孔子卒,卒时孔子且七十也。今此为颜回先伯鱼死,而
　　《论语》曰颜回死,颜路请子之车,子曰'鲤也死,有棺而无椁',或为设
　　事之辞"。按:颜回死在伯鱼之前,故知以《论语》为设词。

②王肃曰:"颜回为孔子胥附之友,能使门人日亲孔子。"

③何晏曰:"凡人任情,喜怒违理。颜回任道,怒不过分。迁者,移也。怒当
　　其理,不移易也。不贰过者,有不善未尝复行。"

　　闵损字子骞。①少孔子十五岁。

①郑玄曰:"《孔子弟子目录》云鲁人。"

　　孔子曰:"孝哉闵子骞!人不间于其父母昆弟之言。"①不仕大
夫,不食污君之禄。②"如有复我者,③必在汶上矣。"④

①陈群曰:"言子骞上事父母,下顺兄弟,动静尽善,故人不得有非间之
　　言。"

②[索隐]曰:《论语》季氏使闵子骞为费宰,子骞曰"善为我辞焉",是不仕
　　大夫,不食污君之禄也。

③孔安国曰:"复我者,重来召我。"

④孔安国曰:"去之汶水上,欲北如齐。"

　　冉耕字伯牛。①孔子以为有德行。

①郑玄曰:"鲁人。"

　　伯牛有恶疾。孔子往问之,自牖执其手,①曰:"命也夫!斯人也

而有斯疾,命也夫!"②

　　①包氏曰:"牛有恶病,不欲见人,孔子从牖执其手。"

　　②包曰:"再言之者,痛之甚也。"

　　冉雍字仲弓。①

　　① 郑玄曰:"鲁人。"[索隐]曰:《家语》云:"伯牛之宗族,少孔子二十九岁。"

　　仲弓问政,孔子曰:"出门如见大宾,使民如承大祭。①在邦无怨,在家无怨。"②

　　①孔安国曰:"莫尚乎敬。"

　　②包氏曰:"在邦为诸侯,在家为卿大夫。"

　　孔子以仲弓为有德行,曰:"雍也可使南面。"①

　　①包曰:"可使南面,言任诸侯之治。"

　　仲弓父,贱人。孔子曰:"犁牛之子骍且角,虽欲勿用,山川其舍诸?"①

　　①何晏曰:"犁,杂文。骍,赤色也。角者,角周正,中牺牲。虽欲以其所生犁而不用,山川宁肯舍之乎? 言父虽不善,不害于子之美。"

　　冉求字子有,①少孔子二十九岁。为季氏宰。

　　①郑玄曰:"鲁人。"

　　季康子问孔子曰:"冉求仁乎?"曰:"千室之邑,百乘之家,①求也可使治其赋。仁则吾不知也。"②复问:"子路仁乎?"孔子对曰:"如求。"

　　①孔安国曰:"千室,卿大夫之邑。卿大夫称家。诸侯千乘,大夫故曰百乘。"

　　②孔安国曰:"赋,兵赋也。仁道至大,不可全名也。"

　　求问曰:"闻斯行诸?"①子曰:"行之。"子路问:"闻斯行诸?"子曰:"有父兄在,如之何其闻斯行之!"②子华怪之:"敢问问同而答异?"孔子曰:"求也退,故进之。由也兼人,故退之。"③

　　①包氏曰:"赈穷救乏之事也。"

②孔安国曰:"当白父兄,不可自专。"

③郑玄曰:"言冉有性谦退,子路务在胜尚人,各因其人之失而正之。"

仲由,字子路,卞人也。①少孔子九岁。

①徐广曰:"《尸子》曰子路,卞之野人。"[索隐]曰:《家语》一字季路,亦云
　　是卞人也。

子路性鄙,好勇力,志伉直,冠雄鸡,佩豭豚,①陵暴孔子。孔子
设礼稍诱子路,子路后儒服委质,②因门人请为弟子。

①冠以雄鸡,佩以豭豚。二物皆勇,子路好勇,故冠带之。

②[索隐]曰:服虔注《左氏》云"古者始事,必先书其名于策,委死之质于
　　君,然后为臣,示必死节于其君也"。

子路问政,孔子曰:"先之,劳之。"①请益。曰:"无倦。"②

①孔安国曰:"先导之以德,使民信之,然后劳之。《易》曰'悦以使民,民忘
　　其劳'。"

②孔安国曰:"子路嫌其少,故请益。曰'无倦'者。行此上事无倦则可。"

子路问:"君子尚勇乎?"孔子曰:"义之为上。君子好勇而无义
则乱,①小人好勇而无义则盗。"子路有闻,未之能行,唯恐有闻。②

①李充曰:"既称君子,不职为乱阶也。若君亲失道,国家昏乱,其干赴患
　　致命而不知正顾义者,则亦陷乎为乱而受不义之责也。"[索隐]曰:充
　　字弘度,晋中书侍郎,亦作《论语解》。

②孔安国曰:"前所闻未及行,故恐复有闻不得并行。"

孔子曰:"片言可以折狱者,其由也与。"①"由也好勇过我,无
所取材。"②"若由也,不得其死然。"③衣敝缊袍④与衣狐貉者立而
不耻者,其由也欤!""由也升堂矣,未入于室也。"⑤

①孔安国曰:"片犹偏也。听讼必须两辞以定是非,偏信一言折狱者,唯子
　　路可也。"

②栾肇曰:"适用曰材,好勇过我用,故云'无所取'。"[索隐]曰:肇字求
　　初,晋尚书郎,作《论语义》也。

③孔安国曰:"不得以寿终也。"

④孔安国曰:"缊,枲著也。"

⑤马融曰:"升我堂矣,未入于室耳。"

季康子问："仲由仁乎？"孔子曰："千乘之国可使治其赋，不知其仁。"

子路喜从游，遇长沮、桀溺、荷蓧丈人。

子路为季氏宰，季孙问曰："子路可谓大臣与？"孔子曰："可谓具臣矣。"①

①孔安国曰："言备臣数而已。"

子路为蒲大夫，①辞孔子。孔子曰："蒲多壮士，又难治。然吾语汝：恭以敬，可以执勇；②宽以正，可以比众；③恭正以静，可以报上。"

①[索隐]曰：蒲，卫邑，子路为之宰。

②言恭谨谦敬，勇猛不能害，故曰"执"也。

③音鼻。言宽大清正，众必归近之。

初，卫灵公有宠姬曰南子。灵公太子蒉聩得过南子，惧诛出奔。及灵公卒，而夫人欲立公子郢。郢不肯，曰："亡人太子之子辄在。"于是卫立辄为君，是为出公。出公立十二年，其父蒉聩居外，不得入。子路为卫大夫孔悝之邑宰。①蒉聩乃与孔悝作乱，②谋入孔悝家，遂与其徒袭攻出公。出公奔鲁，而蒉聩入立，是为庄公。方孔悝作乱，子路在外，闻之而驰往。遇子羔出卫城门，谓子路曰："出公去矣，而门已闭，子可还矣，毋空受其祸。"子路曰："食其食者不避其难。"子羔卒去。有使者入城，城门开，子路随而入。造蒉聩，蒉聩与孔悝登台。子路曰："君焉用孔悝？请得而杀之！"蒉聩弗听。于是子路欲燔台，蒉聩惧，乃下石乞、壶黡攻子路，击断子路之缨。子路曰："君子死而冠不免。"遂结缨而死。孔子闻卫乱曰："嗟乎，由死矣。"已而果死，故孔子曰："自吾得由恶言不闻于耳。"③是时子贡为鲁使于齐。④

①[索隐]曰：服虔云："为孔悝之邑宰。"

②[索隐]曰：《左传》蒉聩入孔悝家，悝母伯姬劫悝于厕，强与之盟而立蒉聩，非悝本心自作乱也。

③王肃曰："子路为孔子侍卫，故悔慢之人不敢有恶言，是以恶言不闻于孔子耳。"

④［索隐］曰：《左传》子贡为鲁使齐在哀公十五年，盖此文错误也，聊亦记之。

　　宰予字子我。①利口辩辞。

①郑玄曰："鲁人。"

　　既受业，问："三年之丧不已久乎？君子三年不为礼，礼必坏；三年不为乐，乐必崩。旧谷既没，新谷既升，钻燧改火，期可已矣。"①子曰："于汝安乎？"曰："安。""汝安则为之。君子居丧，食旨不甘，闻乐不乐，故弗为也。"②宰我出，子曰："予之不仁也！子生三年然后免于父母之怀。③夫三年之丧，天下之通义也。"④

①马融曰："《周书·月令》有更火之文。春取榆柳之火，夏取枣杏之火，季夏取桑柘之火，秋取柞楢之火，冬取槐檀之火。一年之中，钻火各异木，故曰'改火'。"

②孔安国曰："旨，美也。责其无仁于亲，故言'汝安则为之'。"

③马融曰："生未三岁，为父母所怀抱也。"

④孔安国曰："自天子达于庶人。"

　　宰我昼寝。子曰："朽木不可雕也，①粪土之墙不可圬也！"②

①包氏曰："朽，腐也。雕，雕琢刻画。"

②王肃曰："圬，墁也。二者喻虽施功犹不成也。"

　　宰我问五帝之德，子曰："予非其人也。"①

①王肃曰："言不足以明五帝之德也。"

　　宰我为临菑大夫，①与田常作乱，以夷其族，孔子耻之。②

①［索隐］曰：谓仕齐。齐都临菑，故云"为临菑大夫"。

②［索隐］曰：《左氏》无宰我与田常作乱之文，然有阚止字子我，而固争宠，子我为陈恒所杀。恐字与宰予相涉，因误云然。

　　端木赐，卫人，字子贡。少孔子三十一岁。

　　子贡利口巧辞，孔子常黜其辩。问曰："汝与回也孰愈？"①对曰："赐也何敢望回！回也闻一以知十，赐也闻一以知二。"子贡既已受业，问曰："赐何人也？"孔子曰："汝器也。"②曰："何器也？"曰：

"瑚琏也。"③

　①孔安国曰："愈犹胜也。"

　②孔安国曰："言汝器用之人。"

　③包氏曰："瑚琏，黍稷器。夏曰瑚，殷曰琏，周曰簠簋，宗庙之贵器。"

　　陈子禽问子贡曰："仲尼焉学?"子贡曰："文武之道未坠于地，在人。贤者识其大者，不贤者识其小者，莫不有文武之道。夫子焉不学，①而亦何常师之有!"②又问曰："孔子适是国必闻其政，求之与? 抑与之与?"③子贡曰："夫子温良恭俭让以得之。夫子之求之也，其诸异乎人之求之也。"④

　①孔安国曰："文武之道未坠落于地，贤与不贤各有所识，夫子无所不从学。"

　②孔安国曰："无所不从学，故无常师。"

　③郑玄曰："怪孔子所至之邦必与闻国政，求而得之邪? 抑人君自愿与之为治?"

　④郑玄曰："言夫子行此五德而得之，与人求之异，明人君自与之。"

　　子贡问曰："富而无骄，贫而无谄，何如?"孔子曰："可也。①不如贫而乐道，富而好礼。"②

　①孔安国曰："未足多也。"

　②郑玄曰："乐谓志于道，不以贫为忧苦也。"

　　田常欲作乱于齐，惮高、国、鲍、晏，故移其兵欲以伐鲁。孔子闻之，谓门弟子曰："夫鲁，坟墓所处，父母之国。国危如此，二三子何为莫出?"子路请出，孔子止之。子张、子石①请行，孔子弗许。子贡请行，孔子许之。

　①〔索隐〕曰:公孙龙也。

　　遂行，至齐，说田常曰："君之伐鲁过矣。夫鲁，难伐之国，其城薄以卑，①其地狭以泄，其君愚而不仁，大臣伪而无用，其士民又恶甲兵之事，此不可与战。君不如伐吴。夫吴，城高以厚，地广以深，甲坚以新，士选以饱，重器精兵尽在其中，又使明大夫守之，此易伐也。"田常忿然作色，曰："子之所难，人之所易;子之所易，人之所难。而以教常,何也?"子贡曰:"臣闻之,忧在内者攻强,忧在外者攻弱。今君忧在内。吾闻君三封而三不成者,大臣有不听者也。今君破鲁以广齐,战胜以骄主,破国以尊臣,②而君之功不与焉,则交日疏于主。是君上骄主心,下恣群臣,求以成大事,难矣。夫上骄则恣,臣骄则争,是君上与主有隙,下与大臣交争也。如此,则君之立于齐危矣!故曰不如伐吴。伐吴不胜,民人外死,大臣内空,是君上无强臣之敌,下无民人之过,孤主制齐者唯君也。"田常曰:"善。虽然,吾兵业已加鲁矣,去而之吴,大臣疑我,奈何?"子贡曰:"君按兵无伐,臣请往使吴王,令之救鲁而伐齐,君因以兵迎之。"田常许之,使子贡南见吴王。

①[索隐]曰:《越绝书》其"泄"字作"浅"。

②王肃曰:"鲍、晏等帅师,若破国则臣尊矣。"

说曰:"臣闻之,王者不绝世,霸者无强敌,千钧之重加铢两而移。今以万乘之齐而私千乘之鲁,与吴争强,窃为王危之。且夫救鲁,显名也;伐齐,大利也。以抚泗上诸侯,诛暴齐以服强晋,利莫大焉。名存亡鲁,实困强齐,智者不疑也。"吴王曰:"善。虽然,吾尝与越战,栖之会稽。越王苦身养士,有报我心。子待我伐越而听子。"子贡曰:"越之劲不过鲁,吴之强不过齐。王置齐而伐越,则齐已平鲁矣。且王方以存亡继绝为名,夫伐小越而畏强齐,非勇也。夫勇者不避难,仁者不穷约,智者不失时,王者不绝世,以立其义。今存越示诸侯以仁,救鲁伐齐,威加晋国,诸侯必相率而朝吴,霸业成矣。且王必恶越,①臣请东见越王,令出兵以从,此实空越,名从诸侯以伐也。"吴王大说,乃使子贡之越。

①[索隐]曰:恶犹畏也。

越王除道郊迎,身御至舍而问曰:"此蛮夷之国,大夫何以俨然辱而临之?"子贡曰:"今者吾说吴王以救鲁伐齐,其志欲之而畏越,曰'待我伐越乃可'。如此破越必矣。且夫无报人之志而令人疑之,拙也;有报人之意,使人知之,殆也;事未发而先闻,危也。三者,举事之大患。"勾践顿首再拜曰:"孤尝不料力,乃与吴战,困于会稽,痛入于骨髓,日夜焦唇干舌,徒欲与吴王接踵而死,孤之愿也。"遂问子贡。子贡曰:"吴王为人猛暴,群臣不堪;国家敝于数战,士卒弗忍;百姓怨上,大臣内变;子胥以谏死,①太宰嚭用事,顺君之过以安其私。是残国之治也。今王诚发士卒佐之以徼②其志,③重宝以说其心,卑辞以尊其礼,其伐齐必也。彼战不胜,王之福矣。战胜,必以兵临晋,臣请北见晋君,令共攻之,弱吴必矣。其锐兵尽于齐,重甲困于晋,而王制其敝,此灭吴必矣。"越王大说,许诺。送子贡金百镒,剑一,良矛二。子贡不受,遂行。

①[索隐]曰:王劭按:《家语》、《越绝书》并无此五字。是时子胥未死。

②音结尧反。

③王肃曰:激射其志。

　　报吴王曰:"臣敬以大王之言告越王,越王大恐,曰:'孤不幸,少失先人,内不自量,抵罪于吴,军败身辱,栖于会稽,国为虚莽。①赖大王之赐,使得奉俎豆而修祭祀,死不敢忘,何谋之敢虑!'"后五日,越使大夫种顿首言于吴王曰:"东海役臣孤勾践使者臣种,敢修下吏问于左右。今窃闻大王将兴大义,诛强救弱,困暴齐而抚周室,请悉起境内士卒三千人,孤请自被坚执锐,以先受矢石。因越贱臣种奉先人藏器甲二十领,铁屈卢之矛,②步光之剑,以贺军吏。"吴王大说,以告子贡曰:"越王欲身从寡人伐齐,可乎?"子贡曰:"不可。夫空人之国,悉人之众,又从其君,不义。君受其币,许其师,而辞其君。"君王许诺,乃谢越王。于是吴王乃遂发九郡兵伐齐。

①虚,音墟。莽,音莫朗反。[索隐]曰:有本作"棘",恐误也。

②[索隐]曰:铁音跌,谓斧也。刘氏云一本无此字。屈卢,矛名。

　　子贡因去之晋,谓晋君曰:"臣闻之:虑不先定不可以应卒,①兵不先辨不可以胜敌。今夫齐与吴将战,彼战而不胜,越乱之必矣;与齐战而胜,必以其兵临晋。"晋君大恐,曰:"为之奈何?"子贡曰:"修兵休卒以待之。"晋君许诺。

①[索隐]曰:卒谓急卒也。言计虑不先定,不可以应卒有非常之事。

　　子贡去而之鲁。吴王果与齐人战于艾陵,①大破齐师,获七将军之兵。而不归,果以兵临晋,与晋人相遇黄池之上。②吴晋争强,晋人击之,大败吴师。越王闻之,涉江袭吴,去城七里而军。吴王闻之,去晋而归,与越战于五湖。三战不胜,城门不守。越遂围王宫,杀夫差而戮其相。③破吴三年,东向而霸。故子贡一出,存鲁,乱齐,破吴,强晋而霸越。子贡一使,使势相破。十年之中五国各有变。④

①[索隐]曰:《左传》在哀十一年。

②[索隐]曰:《左传》黄池之会在哀十三年。越入吴,吴与越平也。

③[索隐]曰:《左传》越灭吴在哀二十二年,则事并悬隔数年。盖此文欲终说其事,故其辞相连也。

④[索隐]曰:《左传》谓鲁、齐、晋、吴、越也,故云"子贡一出,存鲁,乱齐,破吴,强晋而霸越"。

子贡好废举,与时转货资。①喜扬人之美,不能匿人之过。常相鲁卫,家累千金,卒终于齐。

①废举,谓停贮也。与时,谓逐时也。夫物贱则买而停贮,值贵即逐时转易,货卖取资利也。[索隐]曰:《家语》"货"作"化"。王肃云:"废举,谓买贱卖贵也。转化,谓随时转货以殖其资也。"刘氏云:"废谓物贵而卖之,举谓物贱而买之,转货谓转贵收贱也。"

言偃,吴人,①字子游。少孔子四十五岁。

①[索隐]曰:《家语》云鲁人。按:偃仕鲁为武城宰耳。今吴郡有言偃冢,盖吴郡人为是也。

子游既已受业,为武城宰。①孔子过,闻弦歌之声。孔子莞尔而笑②曰:"割鸡焉用牛刀?"③子游曰:"昔者偃闻诸夫子曰:君子学道则爱人,小人学道则易使。"④孔子曰:"二三子,⑤偃之言是也。前言戏之耳。"⑥孔子以为子游习于文学。

①[正义]曰:《括地志》云:"在兖州,即南城也。《舆地志》云南武城县,鲁武邑城,子游为宰者也,在泰山郡。"

②何晏曰:"莞尔,小笑貌。"

③孔安国曰:"言治小何须用大道。"

④孔安国曰:"道谓礼乐也。乐以和人,人和则易使。"

⑤孔安国曰:"从行者。"

⑥孔安国曰:"戏以治小而用大。"

卜商字子夏。①少孔子四十四岁。

①《家语》云卫人。郑玄曰温国卜商。[索隐]曰:温国,今河内温县,元属卫
　　故。

子夏问:"'巧笑倩兮,美目盼兮,素以为绚兮',何谓也?"①子
曰:"绘事后素。"②曰:"礼后乎?"③孔子曰:"商始可与言《诗》已
矣。"④

①马融曰:"倩,笑貌。盼,动目貌。绚,文貌。此上二句在《卫风·硕人》之
　　二章,其下一句逸诗。"

②郑玄曰:"绘,画文也。凡画绘先布众色,然后以素分布其间以成其文,
　　喻美女虽有倩盼美质,亦须礼以成也。"

③何晏曰:"孔言缋事后素,子夏闻而解知以素喻礼,故曰'礼后乎'。"

④包曰:"能发明我意,可与言《诗》矣。"

子贡问:"师与商孰贤?"子曰:"师也过,商也不及。"①"然则师
愈与?"曰:"过犹不及。"

①孔安国曰:"言俱不得中。"

子谓子夏曰:"汝为君子儒,无为小人儒。"①

①何晏曰:"君子之儒将以明道,小人为儒则矜其名。"

孔子既没,子夏居西河教授,①为魏文侯师。②其子死,哭之失
明。

①[索隐]曰:在河东郡之西界,盖近龙门。刘氏云:"今同州河西县有子夏
　　石室学堂在也。"[正义]曰:西河郡,今汾州也。《尔雅》云:"两河间曰冀
　　州。"《礼记》云:"自东河至于西河。"河东故号龙门河为西河,汉因为西
　　河郡,汾州也,子夏所教处。《括地志》云:"竭泉山一名隐泉山,在汾州
　　堰城县北四十里。《注水经》云'其山岸壁五,崖半有一石室,去地五十
　　丈,顶上平地十许顷。《随国集记》云此为子夏石室,退老西河居此'。有
　　卜商神祠,今见在。"

②[索隐]曰:子夏文学著于四科,序《诗》,传《易》。又孔子以《春秋》属商。

又传《礼》,著在《礼志》。而此史并不论,空记《论语》小事,亦其疏也。

[正义]曰:文侯都安邑。孔子卒后,子夏教于西河之上,文侯师事之,咨问国政焉。

颛孙师,陈人,①字子张。少孔子四十八岁。

①[索隐]曰:郑玄《目录》阳城人。阳城,县名,亦属陈郡也。

子张问干禄,①孔子曰:“多闻阙疑,慎言其余,则寡尤。②多见阙殆,慎行其余,则寡悔。③言寡尤,行寡悔,禄在其中矣。”④

①郑玄曰:“干,求也。禄,禄位也。”

②包氏曰:“尤,过也。疑则阙之,其余不疑,犹慎言之,则少过。”

③包氏曰:“殆,危也。所见危者,阙而不行,则少悔。”

④郑玄曰:“言行如此,虽不得禄,得禄之道。”

他日,从在陈蔡间。困,问行。孔子曰:“言忠信,行笃敬,虽蛮貊之国行也。言不忠信,行不笃敬,虽州里行乎哉!①立则见其参于前也,在舆则见其倚于衡,夫然后行。”②子张书诸绅。③

①郑玄曰:“二千五百家为州,五家为邻,五邻为里。行乎哉,言不可行。”

②包氏曰:“衡,轭也。言思念忠信,立则常想见,参然在前;在舆则若倚于车轭。”

③孔安国曰:“绅,大带也。”

子张问:“士何如斯可谓之达矣?”孔子曰:“何哉,尔所谓达者?”子张对曰:“在国必闻,在家必闻。”①孔子曰:“是闻也,非达也。夫达者,质直而好义,察言而观色,虑以下人,②在国及家必达。③夫闻也者,色取仁而行违,居之不疑,④在国及家必闻。”⑤

①郑玄曰:“言士之所在,皆能有名誉。”

②马融曰:“常有谦退之志,察言语,观颜色,知其所欲,其念虑常欲下于人。”

③马融曰:“谦尊而光,卑而不可逾。”

④马融曰:“此言佞人也。佞人假仁者之色,行之则违;安居其伪而不自疑。”

⑤马融曰:“佞人党多。”

曾参，南武城人，①字子舆。少孔子四十六岁。

①［索隐］曰：武城属鲁。当时鲁更有北武城，故言南也。［正义］曰：《括地
　志》云："南武城在兖州，子游为宰者。《地理志》云定襄有武城，清河有
　武城，故此云南武城也。"

孔子以为能通孝道，①故授之业。作《孝经》。死于鲁。

①［正义］曰：《韩诗外传》云："曾子曰：'吾尝仕为吏，禄不过钟釜，尚犹欣
　欣而喜者，非以为多也，乐养亲也。亲没之后，吾尝南游于越，得尊
　官，堂高九仞，榱题三尺，辇毂百乘，然犹北向而泣者，非为贱也，悲不
　见吾亲也。'"

澹台灭明，①武城人，②字子羽。少孔子三十九岁。状貌甚恶。

①包氏曰："澹台，姓；灭明，名。"［正义］曰：《括地志》云："延津在滑州灵
　昌县东北里。《注水经》云：'黄河水至此为之延津。昔澹台子羽赍千金
　之璧渡河，阳侯波起，两蛟夹舟。子羽曰："吾可以义求，不可以威劫。"
　操剑斩蛟。蛟死，乃投璧于河，三投而辄跃出，乃毁璧而去，亦无怪意。'
　即此津也。"

②［正义］曰：《括地志》云亦在兖州。

欲事孔子，孔子以为材薄。既已受业，退而修行，行不由径，非
公事不见卿大夫。①

①包氏曰："言其公且方。"

南游至江，①从弟子三百人，设取予去就，名施乎诸侯。孔子闻
之，曰："吾以言取人，失之宰予；以貌取人，失之子羽。"②

①［索隐］曰：今吴国东南有澹台湖，即其遗迹所在也。

②［索隐］曰：《家语》"子羽有君子之容，而行不胜其貌。宰我有文雅之辞，
　而智不充其辩。孔子曰：'以容取人，则失之子羽。以言取人，则失之宰
　予。'"今云"灭明状貌甚恶"，则以子羽形陋也，正与《家语》相反。［正
　义］曰：按：澹子羽墓在兖州邹城县是也。

密不齐，字子贱。①少孔子四十九岁。②

①孔安国曰："鲁人。"［正义］曰：《颜氏家训》云："兖州永郡城，旧单父县
　地也。东有子贱碑，世所立，乃云济南伏生即子贱之后，是'虑'之与

‘伏’古来通,字误为‘密’,较可明矣。虑字从音呼,宁从音绵。下俱为
‘必’,世传写误也。”

②[索隐]曰:《家语》“少孔子三十岁”,此云“四十九”,不同。

孔子谓:“子贱君子哉! 鲁无君子,斯焉取斯?”①

①包氏曰:“如鲁无君子,子贱安得此行而学?”

**子贱为单父宰,①反命于孔子,曰:“此国有贤不齐者五人,②
教不齐所以治者。”孔子曰:“惜哉,不齐所治者小,所治者大则庶几
矣。”**

①[正义]曰:宋州县也。《说苑》云:“宓子贱理单父,弹琴,身不下堂,单父
　　理。巫马期以星出,以星入,而单父亦理。巫马期问其故。宓子贱曰:
　　‘我之谓在人,子之谓在力。任力者劳,任人者逸。’”

②[索隐]曰:《家语》云“不齐所父事者三人,所兄事者五人,所友者十一
　　人”,与此不同。

原宪字子思。①

①郑玄曰:“鲁人。”[索隐]曰:《家语》云宋人,所记不同。少孔子三十六
　　岁。

子思问耻。孔子曰:“国有道,谷。①国无道,谷,耻也。”②

①孔安国曰:“谷,禄也。邦有道,当食禄。”

②孔安国曰:“君无道而在其朝,食其禄,是耻辱也。”

**子思曰:“克伐怨欲不行焉,可以为仁乎?”①孔子曰:“可以为
难矣,仁则吾弗知也。”②**

①马融曰:“克,好胜人也。伐,自伐其功。怨,忌也。欲,贪欲也。”

②包氏曰:“四者行之难,未知以为仁。”

**孔子卒,原宪亡在草泽中。①子贡相卫,而结驷连骑,排藜藿入
穷阎,过谢原宪。宪摄敝衣冠见子贡。子贡耻之,曰:“夫子岂病乎?”
原宪曰:“吾闻之,无财者谓之贫,学道而不能行者谓之病。若宪,贫
也,非病也。”子贡惭,不怿而去,终身耻其言之过也。**

①[索隐]曰:《家语》云:“隐居卫。”

公冶长,齐人,字子长。①

①[索隐]曰:《家语》云:"鲁人,名苌。"范宁云:"字子芝。"

孔子曰:"长可妻也,虽在累绁之中,①非其罪也。"以其子妻之。②

①孔安国曰:"累,黑索也。绁,挛也。所以拘罪人。"

②张华曰:"公冶长墓在城阳姑幕城东南五里所,墓极高。"

南宫括,字子容。①

①孔安国曰:"容,鲁人"。[索隐]曰:《家语》作"南宫绍"。按:其人是孟僖子之子仲孙阅也,盖居南宫因姓焉。

问孔子曰:"羿善射,奡荡舟,①俱不得其死然。禹稷躬稼而有天下。"孔子弗答。②容出,孔子曰:"君子哉若人!上德哉若人!"③"国有道,不废;④国无道,免于刑戮。"三复"白珪之玷",⑤以其兄之子妻之。

①孔安国曰:"羿,有穷之君,篡夏后位。其徒寒浞杀之,因其室而生奡。奡多力,能陆地行舟,为夏后少康所杀。"[正义]羿,音诣。荡,大浪反。

②马融曰:"禹尽力于沟洫,稷播百谷,故曰'躬稼'也。禹及其身,稷及后世,皆王。括意欲以禹稷比孔子,孔子谦,故不答。"

③孔安国曰:"贱不义而贵德,故曰君子。"

④孔安国曰:"不废,言见用。"

⑤孔安国曰:"《诗》云'白珪之玷,尚可磨也;斯言之玷,不可为也'。南容读《诗》至此,三反之,是其心敬慎于言。"

公皙哀字季次。①

①《孔子家语》云齐人。[索隐]曰:《家语》作"公皙克"。

孔子曰:"天下无行,多为家臣,仕于都。唯季次未尝仕。"①

①[索隐]曰:《家语》云:"未尝屈节为人臣,故子特赏叹之。"亦见《游侠传》。

曾蒧①字皙。②

①音点。

②孔安国曰:"皙,曾参父。"

侍孔子。孔子曰:"言尔志。"蒇曰:"春服既成,冠者五六人,童子六七人,浴乎沂,风乎舞雩,咏而归。"①孔子喟尔叹曰:"吾与蒇也。"②

①徐广曰:"一作'馈'。"骃案:包氏曰"暮春者,季春三月也。春服既成,衣单袷之时,我欲得冠者五六人,童子六七人,浴于沂水之上,风凉于舞雩之下,歌咏先王之道,归于夫子之门。"

②周氏曰:"善蒇之独知时也。"

颜无繇①字路。路者,颜回父,②父子尝各异时事孔子。

①音遥。[正义]曰:繇,音由。

②[索隐]曰:《家语》"颜由字路,回之父也。孔子始教于阙里而受学焉。少孔子六岁",故此传云"父子异时事孔子"。故《易》称"颜氏之子"也。

颜回死,颜路贫,请孔子车以葬。①孔子曰:"材不材,亦各言其子也。鲤也死,有棺而无椁,吾不徒行以为之椁,以吾从大夫之后,不可以徒行。"②

①孔安国曰:"卖以作椁。"

②孔安国曰:"鲤,孔子子伯鱼。孔子时为大夫,言从大夫之后,不可徒行,谦辞也。"

商瞿,①鲁人,字子木。少孔子二十九岁。

①[正义]曰:具俱反。

孔子传《易》于瞿,瞿传楚人馯①臂子弘,②弘传江东人矫③子庸疵,④疵传燕人周子家竖,⑤竖传淳于人光子乘羽,⑥羽传齐人田子庄何,⑦何传东武人⑧王子中同,⑨同传菑川人杨何。⑩何元朔中以治《易》为汉中大夫。

①徐广曰:"音寒。"

②[正义]曰:馯,音汗。颜师古云:"馯,姓也。"《汉书》及《荀卿子》皆云字子弓,此作"弘",盖误也。应劭云:"子弓,子夏门人。"

③音桥。

④音自移反。[正义]曰:《汉书》作"桥庇",云鲁人。颜师古云桥庇字子庸。

⑤[正义]曰:竖,音时与反。周竖字子家,《汉书》作"周丑"也。

⑥[正义]曰:光乘字羽。《括地志》云:"淳于国,在密州安丘县东三十里,古之州国,周武王封淳于国。"

⑦[正义]曰:《儒林传》云:"田何字子庄。"

⑧徐广曰:"属琅邪。"

⑨[正义]曰:《括地志》云:"东武县,今密州诸城县是也。"《汉》作"王同字子仲"。

⑩[正义]曰:《汉书》云字叔元。按:商瞿至杨何凡八代。

高柴字子羔。①**少孔子三十岁。**

①郑玄曰:"卫人。"[正义]曰:《家语》云齐人。

子羔长不盈五尺,受业孔子,孔子以为愚。

子路使子羔为费郈宰,①孔子曰:"贼夫人之子!"②子路曰:"有民人焉,有社稷焉,何必读书然后为学!"③孔子曰:"是故恶夫佞者。"④

①[正义]曰:《括地志》云:"郓州宿县二十三里郈亭。"

②包氏曰:"子羔学未熟习而使为政,所以贼害人。"

③孔安国曰:"言治人事神,于是而习,亦学也。"

④孔安国曰:"疾其以给应,遂己非而不知穷也。"

漆彫开字子开。①

①郑玄曰鲁人也。[正义]曰:《家语》云:"蔡人,字子若,少孔子十一岁。习《尚书》,不乐仕。"

孔子使开仕,对曰:"吾斯之未能信。"①孔子说。②

①孔安国曰:"仕进之道。未能信者,未能究习。"

②郑玄曰:"善其志道深。"

公伯僚字子周。①

①马融曰鲁人。[正义]曰:《家语》有申缭字子周。《古史考》云:"疑公伯僚是

谗诉之人，孔子不责，而云命，非弟子之流也。"

　周诉子路于季孙。子服景伯以告孔子，曰："夫子固有惑志。①僚也，吾力犹能肆诸市朝。"②孔子曰："道之将行，命也；道之将废，命也。公伯僚其如命何！"

　①孔安国曰："季孙信谮，惠子路也。"

　②郑玄曰："吾势犹能辩子路之无罪于季孙，使人诛僚而肆之也。有罪既刑，陈其尸曰肆。"

　司马耕字子牛。①

　①孔安国曰："宋人。"

　牛多言而躁。问仁于孔子，孔子曰："仁者其言也讱。"①曰："其言也讱，斯可谓之仁乎？"子曰："为之难，言之得无讱乎！"②

　①孔安国曰："讱，难也。"

　②孔安国曰："行仁难，言仁亦不得不难也。"

　问君子。子曰："君子不忧不惧。"①曰："不忧不惧，斯可谓之君子乎？"子曰："内省不疚，夫何忧何惧！"②

　①孔安国曰："牛兄桓魋将为乱，牛自宋来学，常忧惧，故孔子解之也。"

　②包氏曰："疚，病。自省无罪恶，无可忧惧。"

　樊须字子迟。①少孔子三十六岁。

　①郑玄曰："齐人。"[正义]曰：《家语》云鲁人。

　樊迟请学稼，孔子曰："吾不如老农。"请学圃，曰："吾不如老圃。"①樊迟出，孔子曰："小人哉！樊须也。上好礼，则民莫敢不敬。上好义，则民莫敢不服；上好信，则民莫敢不用情。②夫如是，则四方之民襁负其子而至矣，焉用稼！"③

　①马融曰："树五谷曰稼，树菜蔬曰圃。"

　②孔安国曰："情，实也。言民化上各以实应。"

　③包氏曰："礼义与信足以成德，何用学稼以教民乎！负子之器曰襁。"

　樊迟问仁，子曰："爱人。"问智，曰："知人。"

有若①少孔子十三岁。

①郑玄曰:"鲁人。"[正义]曰:《家语》云"鲁人,字有,少孔子三十三岁",
　不同。

有若曰:"礼之用,和为贵,先王之道斯为美。小大由之,有所不
行;知和而和,不以礼节之,亦不可行也。"①"信近于义,言可复
也;②恭近于礼,远耻辱也;③因不失其亲,亦可宗也。"④

①马融曰:"人知礼贵和,而每事从和,不以礼为节,亦不可以行之。"

②何晏曰:"复,犹覆也。义不必信,信非义也。以其言可覆,故曰近义。"

③何晏曰:"恭不合礼,非礼也。以其能远耻辱,故曰近礼。"

④孔安国曰:"因,亲也。言所亲不失其亲,亦可宗敬。"

孔子既没,弟子思慕。有若状似孔子,弟子相与共立为师,师之
如夫子时也。他日,弟子进问曰:"昔夫子当行,使弟子持雨具,已而
果雨。弟子问曰:'夫子何以知之?'夫子曰:'《诗》不云乎?"月离于
毕,俾滂沱矣。"①昨暮月不宿毕乎?'他日,月宿毕,竟不雨。商瞿年
长无子,其母为取室。②孔子使之齐,瞿母请之。孔子曰:'无忧,瞿
年四十后当有五丈夫子。'③已而果然。敢问夫子何以知此?"有若
默然无以应。弟子起曰:"有子避之,此非子之座也!"

①《毛传》曰:"毕,噣也。月离阴星则雨。"

②[正义]曰:《家语》云:"瞿年三十八无子,母欲更娶室。孔子曰:'瞿年过
　四十,当有五丈夫子。'果然。"《中备》云:"鲁人商瞿使向齐国,瞿年四
　十,今后使行远路,畏虑,恐绝无子。夫子正月与瞿母筮,告曰:'后有五
　丈夫子。'子贡曰:'何以知?'子曰:'卦遇《大畜》,《艮》之二世。九二甲
　寅木为世,立五景行水为应。世生外象生象来爻生互内象,《艮》别子,
　应有五子,一子短命。'颜回云:'何以知之?'内象是本子,一《艮》变为
　二五三阳爻五,于是五子,一子短命。'何以知短命?'他以故也。'"

③五男也。

公西赤字子华。①少孔子四十二岁。

①郑玄曰:"鲁人。"

子华使于齐,冉有为其母请粟。孔子曰:"与之釜。"①请益曰:

"与之庾。"②冉子与之粟五秉。③孔子曰:"赤之适齐也,乘肥马,衣
轻裘。吾闻君子周急不继富。"④

①马融曰:"六斗四升曰釜。"

②包氏曰:"十六斗曰庾。"

③马融曰:"十六斛曰秉,五秉合八十斛。"

④郑玄曰:"非冉有与之太多。"

　　巫马施字子旗。①少孔子三十岁。

①郑玄曰:"鲁人。"[正义]曰:音其。

　　陈司败①问孔子曰:"鲁昭公知礼乎?"孔子曰:"知礼。"退而揖
巫马旗曰:"吾闻君子不党,君子亦党乎? 鲁君娶吴女为夫人,命之
为孟子。孟子姓姬,讳称同姓,故谓之孟子。鲁君而知礼,孰不知
礼!"②施以告孔子,孔子曰:"丘也幸,苟有过,人必知之。臣不可言
君亲之恶,为讳者,礼也。"③

①孔安国曰:"司败,官名,陈大夫也。"

②孔安国曰:"相助匿非曰党。礼同姓不婚,而君娶之。当称'吴姬',讳曰
　'孟子'。"

③孔安国曰:"以司败之言告也。讳国恶,礼也。圣人之道弘,故受之为过
　也。"

　　梁鳣①字叔鱼。少孔子二十九岁。②

①一作"鲤"。

②《孔子家语》曰:"齐人。"

　　颜幸字子柳。少孔子四十六岁。①

①郑玄曰:"鲁人。"

　　冉孺字子鲁。①少孔子五十岁。②

①一作"曾"。

②《家语》曰:"鲁人。"

曹邺字子循。少孔子五十岁。

伯虔字子析。少孔子五十岁。①

①[正义]曰:《家语》云"子皙"。

公孙龙字子石。少孔子五十三岁。①

①郑玄曰:"楚人。"[正义]曰:《家语》云卫人,《孟子》云赵人,《庄子》云"坚白之谈"也。

自子石已右三十五人,显有年名及受业闻见于书传。其四十有二人,无年及不见书传者纪于左:①

①[索隐]曰:《家语》此例唯有三十七人。其公良孺、秦商、颜亥、叔仲会四人,《家语》有事迹,《史记》阙。然自公伯辽、秦冉、邬单三人,《家语》不载,而别有琴牢、陈亢、县亶当此三人之数,皆互有也。如文翁图所记,又有林放、蘧伯玉、申枨、申堂,俱是后人以所见增益,今殆不可考。

冉季字子产。①

①郑玄曰:"鲁人。"[正义]曰:《家语》云冉季字子产。

公祖句兹字子之。①

①[正义]曰:句,音钩。

秦祖字子南。①

①郑玄曰:"秦人。"

漆雕哆①字子敛。②

①音赤者反。

②郑玄曰:"鲁人。"

颜高字子骄。①

①[正义]曰:孔子在卫,南子招夫子为次乘过市,颜高为御。

漆雕徒父。

壤驷赤字子徒。①

①郑玄曰:"秦人。"

商泽。①

①《家语》曰:"字子季。"

石作蜀字子明。

任不齐字选。①

①郑玄曰:"楚人。"

公良孺字子正。①

①郑玄曰:"陈人,贤而有勇。"[正义]曰:孔子周游,常以家车五乘从孔
　　子。《孔子世家》亦云语在三十五人中,今在三十二人数,恐太史公误
　　也。

后处字子里。①

①郑玄曰:"齐人。"

秦冉字开。①

①[正义]曰:《家语》云无此人。王肃《家语》此等惟三十七人,其公良孺、
　　秦商、颜亥、仲叔会四人,《家语》有事迹,而《史记》阙。公伯寮、秦冉、郑
　　单,《家语》不载,而别有琴牢、陈亢、县亶三人。

公夏首字乘。①

①郑玄曰:"鲁人。"

奚容箴字子皙。①

①[正义]曰:卫人。

公坚定字子中。①

①郑玄曰:"鲁人。或曰晋人。"

颜祖字襄。①

①[正义]曰:鲁人。

郑①单②字子家。③

①苦尧反。

②音善。

③徐广曰:"一云'邬单'。巨鹿有鄡县,太原有邬县。"

句井疆。①

①郑玄曰:"卫人。"[正义]句作"钩"。

罕父黑字子索。①

①《家语》曰:"罕父黑字索。"

　秦商字子丕。①

①郑玄曰:"楚人。"[正义]曰:《家语》云:"鲁人,字丕兹。"

　申党字周。①

①[正义]曰:鲁人。

　颜之仆字叔。①

①郑玄曰:"鲁人。"

　荣旂字子祺。

　縣成字子祺。①

①郑玄曰:"鲁人。"[正义]縣音玄。

　左人郢字行。①

①郑玄曰:"鲁人。"

　燕伋字思。

　郑国字子徒。①

①[正义]曰:《家语》云薛邦字徒,《史记》作国者,避高祖讳。"薛"字与
　　"郑"字误耳。

　秦非字子之。①

①郑玄曰:"鲁人。"

　施之常字子恒。

　颜哙字子声。①

①郑玄曰:"鲁人。"

　步叔乘字子车。①

①郑玄曰:"齐人。"

　原亢籍。①

①《家语》曰:"名亢,字籍。"[正义]曰:亢作"冗",仁勇反。

　乐欬字子声。①

①[正义]曰:鲁人。

　廉洁字庸。①

①郑玄曰:"卫人。"

　叔仲会字子期。①

①郑玄曰:"鲁人。"[索隐]曰:《家语》:"鲁人。少孔子五十四岁。与孔璇年
　相比,二孺子俱执笔迭侍于夫子,孟武伯见而访之"。

　颜何字冉。①

①郑玄曰:"鲁人。"[索隐]曰:《家语》字称。

　狄黑字晳。①

①[索隐]曰:《家语》载本各异。

　邦巽字子敛。①

①郑玄曰:"鲁人。"[索隐]曰:《家语》作"选",字子敛。文翁图作"国选",
　盖亦避汉讳改之。刘氏作"邦巽",邦音圭。所见各异。

　孔忠。①

①《家语》曰:"忠字子蔑,孔子兄之子。"

　公西舆如字子上。①

①[索隐]曰:《家语》载亦同此。

　公西蒧字子上。①

①郑玄曰:"鲁人。"[索隐]曰:《家语》作"子尚"也。

　　太史公曰:学者多称七十子之徒,誉者或过其实,毁者或损其
真,钧之未睹厥容貌,则论言弟子籍,出孔氏古文近是。余以弟子名
姓文字悉取《论语》弟子问并次为篇,疑者阙焉。

　　索隐述赞曰:教兴阙里,道在陬乡。异能就列,秀士升堂。依仁
游艺,合志同方。将师宫尹,俎豆琳琅。惜哉不霸,空臣素王。

史记卷六八
列传第八

商君

商君者，①卫之诸庶孽公子也，名鞅，姓公孙氏，其祖本姬姓也。

①[正义]曰：秦封于商，故号商君。

鞅少好刑名之学，事魏相公叔座，①为中庶子。②公叔座知其贤，未及进。会座病，魏惠王亲往问病，③曰："公叔病有如不可讳，将奈社稷何？"公叔曰："座之中庶子④公孙鞅，年虽少，有奇才，愿王举国而听之。"王嘿然。王且去，座屏人言曰："王既不听用鞅，必杀之，无令出境。"王许诺而去。公叔座召鞅谢曰："今者王问可以为相者，我言若，王色不许我。我方先君后臣，因谓王：即弗用鞅，当杀之。王许我。汝可疾去矣，且见禽。"鞅曰："彼王不能用君之言任臣，又安能用君之言杀臣乎？"卒不去。惠王既去，而谓左右曰："公叔病甚，悲乎！欲令寡人以国听公孙鞅也，岂不悖哉！"⑤

①[索隐]曰：公叔，氏；座，名也。座，音在戈反。

②[索隐]曰：官名也。魏已置之，非自秦也。《周礼·夏官》谓之"诸子"，《礼记·文王世子》谓之"庶子"，掌公族也。

③[索隐]曰：即魏侯之子，名䓨，后徙大梁而称梁也。

④[索隐]曰：《战国策》云御庶子也。

⑤[索隐]曰：疾重而悖乱也。[正义]曰：悖，音背。

公叔既死，公孙鞅闻秦孝公下令国中求贤者，将修缪公之业，东复侵地，乃遂西入秦，因孝公宠臣景监以求见孝公。①孝公既见卫鞅,语事良久,孝公时时睡,弗听。罢而孝公怒景监曰:"子之客妄人耳,安足用邪!"景监以让卫鞅。卫鞅曰:"吾说公以帝道,其志不开悟矣。"后五日,复求见鞅。鞅复见孝公,益愈,然而未中旨。罢而孝公复让景监,景监亦让鞅。鞅曰:"吾说公以王道而未入也。请复见鞅。"鞅复见孝公,孝公善之而未用也。罢而去,孝公谓景监曰:"汝客善,可与语矣。"鞅曰:"吾说公以霸道,其意欲用之矣。诚复见我,我知之矣。"卫鞅复见孝公,公与语,不自知跀之前于席也。语数日不厌。景监曰:"子何以中吾君? 吾君之欢甚也。"鞅曰:"吾说君以帝王之道,比三代,②而君曰:'久远,吾不能待。且贤君者,各及其身显名天下,安能邑邑待数十百年以成帝王乎?'故吾以强国之术说君,③君大说之耳。④然亦难以比德于殷周矣。"

①[索隐]曰:景姓,楚之族也。监音甲乡,去声平声并通。

②[正义]曰:比,必寐反。说者以五帝三王之事比至孝公,以三代帝王之道方兴。孝公曰"太久远,吾不能"。

③[索隐]曰:音税。

④[索隐]曰:音悦。

孝公既用卫鞅,鞅欲变法,恐天下议己。卫鞅曰:"疑行无名,疑事无功。且夫有高人之行者,固见非于世;①有独知之虑者,必见敖于民。②愚者暗于成事,知者见于未萌。民不可与虑始,而可与乐成。论至德者不和于俗,成大功者不谋于众。是以圣人苟可以强国,不法其故;③苟可以利民,不循其礼。"孝公曰:"善。"甘龙曰:④"不然。圣人不易民而教,知者不变法而治。因民而教,不劳而成功;缘法而治者,吏习而民安之。"卫鞅曰:"龙之所言,世俗之言也。常人安于故俗,学者溺于所闻。以此两者居官守法可也,非所与论于法之外也。三代不同礼而王,五伯不同法而霸。智者作法,愚者制焉;贤者更礼,不肖者拘焉。"⑤杜挚曰:"利不百不变法,功不十不易器。法古无过,循礼无邪。"卫鞅曰:"治世不一道,便国不法古。故汤武不循古而王,⑥夏殷不易礼而亡。⑦反古者不可非,而循礼者不足多。"孝公曰:"善。"以卫鞅为左庶长,卒定变法之令。

①〔索隐〕曰：《商君书》"非"作"负"。

②〔索隐〕曰：《商君书》作"必见誉于人"也。〔正义〕曰：敤，五到反。

③〔索隐〕曰：言救弊为政之术，所为苟可以强国，则不必要须法于故事也。

④〔索隐〕曰：孝公之臣，甘姓，名龙也。甘氏出春秋时甘昭公子带之后。

⑤〔索隐〕曰：言贤智之人作法更礼，而愚不肖者不明变通，而辄拘制不使之行，斯亦信然矣。

⑥〔索隐〕曰：《商君书》作"修古"。

⑦〔索隐〕曰：指殷纣、夏桀也。

令民为什伍，①而相收司连坐。②不告奸者腰斩，告奸者与斩敌首同赏，③匿奸者与降敌同罚。④民有二男以上不分异者，倍其赋。⑤有军功者，各以率⑥受上爵；为私斗者，各以轻重被刑大小。僇力本业，耕织致粟帛多者复其身。事末利及怠而贫者，举以为收孥。⑦宗室非有军功论，不得为属籍。⑧明尊卑爵秩等级，各以差次名田宅，臣妾衣服以家次。⑨有功者显荣，无功者虽富无所芬华。

①〔索隐〕曰：刘氏云"五家为保，十家相连"也。〔正义〕曰：或为十保，或为伍保。

②〔索隐〕曰：收司，谓相纠发也。一家有罪而九家连举发，若不纠举则十家连坐。恐变令不行，故设重禁。

③〔索隐〕曰：谓告奸一人则得爵一级，故云"与斩敌首同赏"也。

④〔索隐〕曰：律，降敌者诛其身，没其家。今匿奸者，言当与之同罚也。

⑤〔正义〕曰：民有二男不别为活者，一人出两课。

⑥音律。

⑦〔索隐〕曰：末利，谓工商也。盖农桑为本，故上云"本业耕织"也。怠者，懈也。《周礼》谓之"疲民"。以言懈怠不事事之人而贫者，则纠举而收录其妻子，没为官奴婢，盖其法特又重于古制也。孥，音奴。

⑧〔索隐〕曰：谓宗室若无军功，则不得入属籍。谓除其籍，则虽无功不及爵秩也。

⑨〔索隐〕曰：谓各随其家爵秩之班次，亦不使僭侈逾等。

令既具，未布，恐民之不信，已乃立三丈之木于国都市南门，募民有能徙置北门者予十金。民怪之，莫敢徙。复曰："能徙者予五十金。”有一人徙之，辄予五十金，以明不欺。卒下令。

令行于民期年，秦民之国都言初令之不便者以千数。① 于是太子犯法。卫鞅曰：“法之不行，自上犯之。”将法太子。太子，君嗣也，不可施刑。刑其傅公子虔，黥其师公孙贾。明日，秦人皆趋令。②

①［索隐］曰：谓鞅新变之法令为初令。

②［索隐］曰：趋，音七逾反。趋者，向也，附也。

行之十年，秦民大说，道不拾遗，山无盗贼，家给人足。民勇于公战，怯于私斗，乡邑大治。秦民初言令不便者有来言令便者，卫鞅曰：“此皆乱化之民也。”尽迁之于边城。其后民莫敢议令。

于是以鞅为大良造。① 将兵围魏安邑，降之。居三年，作为筑冀阙宫庭于咸阳，② 秦自雍徙都之。而令民父子兄弟同室内息者为禁。而集小都乡邑聚为县，置令、丞，凡三十一县。为田开阡陌封疆，③ 而赋税平。平斗桶④权衡丈尺。行之四年，公子虔复犯约，劓之。

①［索隐］曰：即大上造也，秦之第十六爵名也。今云“良造”者，或后变其名耳。

②［索隐］曰：冀阙即魏阙也。冀，记也。记列教令，当于此门阙。

③［正义］曰：南北曰阡，东西曰陌。按：谓驿塍也。疆，音疆。封，聚土也；疆，界也。谓界上封记也。

④郑玄曰：“音勇。今之斛也。”［索隐］曰：音统，量器名也。

居五年，秦人富强，天子致胙①于孝公，诸侯毕贺。其明年，齐败魏兵于马陵，虏其太子申，杀将军庞涓。

①［正义］曰：音左故反。

其明年，卫鞅说孝公曰：“秦之与魏，譬若人之有腹心疾，非魏并秦，秦即并魏。何者？魏居岭厄之西，都安邑，①与秦界河而独擅山东之利。利则西侵秦，病则东收地。今以君之贤圣，国赖以盛。而魏往年大破于齐，诸侯畔之，可因此时伐魏。魏不支秦，必东徙。东徙，秦据河山之固，东乡以制诸侯，此帝王之业也。”孝公以为然，使卫鞅将而伐魏。魏使公子卬将而击之。

①［索隐］曰：盖安邑之东，山岭险厄之地，即今蒲州之中条已东，连汾、晋

之崄嶻是也。厄，阻也。

军既相距，卫鞅遗魏将公子卬书曰："吾始与公子欢，今俱为两国将，不忍相攻，可与公子面相见，盟，乐饮而罢兵，以安秦魏。"魏公子卬以为然。会盟已，饮，而卫鞅伏甲士而袭虏魏公子卬。因攻其军，尽破之以归秦。魏惠王兵数破于齐秦，国内空，日以削，恐，乃使使割河西之地献于秦以和。而魏遂去安邑，徙都大梁。①梁惠王曰："寡人恨不用公叔座之言也！"卫鞅既破魏还，秦封之於商②十五邑，号为商君。

①〔索隐〕曰：《纪年》曰："梁惠王二十九年，秦卫鞅伐梁西鄙"，则徙大梁在惠王之二十九年也。〔正义〕曰：从蒲州安邑徙汴州浚仪也。

②徐广曰："弘农商县也。"〔索隐〕曰：於、商，二县名，在弘农。《纪年》云秦封商鞅在惠王三十年，与此文亦同。〔正义〕曰：於、商在邓州内乡县东七里，古於邑也。商洛县在商州东八十九里，本商邑，周之商国。按：十五邑近此三邑。

商君相秦十年，①宗室贵戚多怨望者。赵良见商君。商君曰："鞅之得见也，从孟兰皋，②今鞅请得交，可乎？"赵良曰："仆弗敢愿也。孔丘有言曰：'推贤而戴者进，聚不肖而王者退。'仆不肖，故不敢受命。仆闻之曰：'非其位而居之曰贪位，非其名而有之曰贪名。'仆听君之义，则恐仆贪位贪名也，故不敢闻命。"商君曰："子不说吾治秦与？"③赵良曰："反听之谓聪，内视之谓明，自胜之谓强。④虞舜有言曰：'自卑也尚矣。'君不若道虞舜之道，无为问仆矣。"商君曰："始秦戎翟之教，父子无别，同室而居。今我更制其教，而为其男女之别，大筑冀阙，营如鲁卫矣。子观我治秦也，孰与五羖大夫贤？"赵良曰："千羊之皮，不如一狐之掖；千人之诺诺，不如一士之谔谔。武王谔谔以昌，殷纣墨墨以亡。⑤君若不非武王乎，则仆请终日正言而无诛，可乎？"商君曰："语有之矣：貌言华也，至言实也，苦言药也，甘言疾也。夫子果肯终日正言，鞅之药也。鞅将事子，子又何辞焉！"赵良曰："夫五羖大夫，荆之鄙人也。⑥闻秦缪公之贤而愿望见，行而无资，自粥于秦客，被褐食牛。期年，缪公知之，举之牛口之

下,而加之百姓之上,秦国莫敢望焉。相秦六七年,而东伐郑,三置
晋国之君,⑦一救荆国之祸。⑧发教封内,而巴人致贡。施德诸侯,
而八戎来服。由余闻之,款关请见。⑨五羖大夫之相秦也,劳不坐
乘,暑不张盖。行于国中,不从车乘,不操干戈。功名藏于府库,德
行施于后世。五羖大夫死,秦国男女流涕,⑩童子不歌谣,舂者不相
杵。⑪此五羖大夫之德也。今君之见秦王也,因嬖人景监以为主,非
所以为名也。相秦不以百姓为事,而大筑冀阙,非所以为功也。刑
黥太子之师傅,残伤民以骏刑,是积怨畜祸也。教之化民也深于
命,⑫民之效上也捷于令。⑬今君又左建外易,非所以为教也。⑭君
又南面也称寡人,日绳秦之贵公子。《诗》曰:'相鼠有体,人而无礼;
人而无礼,何不遄死?'以《诗》观之,非所以为寿也。公子虔杜门不
出已八年矣,君又杀祝懽而黥公孙贾。《诗》曰:'得人者兴,失人者
崩。'此数事者,非所以得人也。君之出也,后车十数,从车载甲,多
力而骈胁者为骖乘,持矛而操阘⑮戟者⑯旁车而趋。此一物不具,
君固不出。《书》曰:'恃德者昌,恃力者亡。'⑰君之危若朝露,尚将
欲延年益寿乎?则何不归十五都,⑱灌园于鄙,劝秦王显岩穴之士,
养老存孤,敬父兄,序有功,尊有德,可以少安。君尚将贪商于之富,
宠秦国之教,畜百姓之怨,秦王一旦捐宾客而不立朝,秦国之所以
收君者,岂其微哉?⑲亡可翘足而待。"商君弗从。

①[索隐]曰:《战国策》云孝公行商君法十八年而死,与此文不同者。按此
　直云相秦十年耳,而《战国策》乃云行商君法十八年,盖连其未作相之
　年说也。

②[索隐]曰:孟兰皋,人姓名也,言鞅前因兰皋得与赵良相见也。

③[索隐]曰:说,音悦。与,音予。

④[索隐]曰:谓守谦敬人自伏,非是为自胜,若是者乃为强。若争名得胜,
　此非强之道。

⑤[正义]曰:以殷纣比商君。

⑥[正义]曰:百里奚,南阳宛人。属楚,故云荆。

⑦[索隐]曰:谓立晋惠公、怀公、文公也。

⑧[索隐]曰:《十二诸侯年表》穆公二十八年会晋,救楚,朝周。此云救荆,

未详。

⑨韦昭曰:"款,叩也。"

⑩[正义]曰:音体。

⑪郑玄曰:"相谓送杵声,以音声自劝也。"

⑫[索隐]曰:刘氏云:"教谓商鞅之令也,命谓秦君之命也。言人畏鞅甚于
　　秦君。"

⑬[索隐]曰:上谓商鞅之处分。令谓秦君之教令。

⑭[索隐]曰:左建,谓以左道建立威权也。外易,谓在外革易君命也。

⑮所及反。

⑯徐广曰:"一作'寮'。屈卢之劲矛,干将之雄戟。"[索隐]曰:阘,亦作
　　"钑",同所及反。邹诞音吐腾反。寮,音辽。屈,音九勿反。按:屈卢、干
　　将并古良匠造矛戟者名。[正义]曰:顾野王云:"铤也。"《方言》云:"矛,
　　吴、扬、江、淮、南楚、五湖之间谓铤。其柄谓之矜。"《释名》云:"戟,格
　　也。"旁有格。

⑰[索隐]曰:此是《周书》之言,孔子所删之余。

⑱[索隐]曰:卫鞅所封商於二县以为国,其中凡有十五都,故赵良劝令归
　　之。[正义]曰:公孙鞅封商於十五邑,故云"十五都"。

⑲[索隐]曰:谓鞅于秦无仁恩,故秦国之所以将收录鞅者其效甚明,故云
　　"岂其微哉"。

　　后五月,而秦孝公卒,太子立。公子虔之徒告商君欲反,发吏捕
商君。商君亡至关下,欲舍客舍。客人不知其是商君也,曰:"商君
之法,舍人无验者坐之。"商君喟然叹曰:"嗟乎,为法之敝一至此
哉!"去之魏,魏人怨其欺公子卬而破魏师,弗受。商君欲之他国,魏
人曰:"商君,秦之贼。秦强而贼入魏,弗归,不可。"遂内秦。商君既
复入秦,走商邑,①与其徒属发邑兵北出击郑。②秦发兵攻商君,杀
之于郑黾池。③秦惠王车裂商君以徇,曰:"莫如商鞅反者!"遂灭商
君之家。

①[索隐]曰:走,音奏。走,向也。

②徐广曰:"京兆郑县也。"[索隐]曰:《地理志》京兆有郑县。《秦本纪》云
　　"初县杜、郑",按其地是郑桓公友之所封。

③徐广曰:"黾,或作'彭'。"[索隐]曰:郑黾池者,时黾池属郑故也。而徐

广云"黾或作彭"者，按《盐铁论》云"商君困于彭池"故也。黾，音亡忍反。[正义]曰：黾池去郑三百里，盖秦兵至郑破商邑兵，而商君东走至黾，乃擒杀之。

太史公曰：商君，其天资刻薄人也。①迹其欲干孝公以帝王术，挟持浮说，非其质矣。②且所因由嬖臣，及得用，刑公子虔，欺魏将卬，不师赵良之言，亦足发明商君之少恩矣。余尝读商君开塞耕战书，与其人行事相类。③卒受恶名于秦，有以也夫！④

①[索隐]曰：谓天资其人为刻薄之行。刻，谓用刑深刻；薄，谓弃仁义，不恂诚也。

②[索隐]曰：说，音如字。浮说，即虚说也。谓鞅得用，刑政深刻，又欺魏将，是其天资自有狙诈，则初为孝公论帝王之术是浮说耳，非本性也。

③[索隐]曰：按《商君书》，开谓刑严峻则政化开，塞谓布恩赏则政化塞，其意本于严刑少恩。又为田开阡陌，及言斩敌首赐爵，是耕战书也。

④《新序》论曰："秦孝公保崤函之固，以广雍州之地，东并河西，北收上郡，国富兵强，长雄诸侯，周室归籍，四方来贺，为战国霸君，秦遂以强，六世而并诸侯，亦皆商君之谋也。夫商君极身无二虑，尽公不顾私，使民内急耕织之业以富国，外重战伐之赏以劝戎士，法令必行，内不私贵宠，外不偏疏远，是以令行而禁止，法出而奸息。故虽《书》云'无偏无党'，《诗》云'周道如砥，其直如矢'，《司马法》之励戎士，周后稷之劝农业，无以易此。此所以并诸侯也。故孙卿曰'四世有胜，非幸也，数也。'然无信，诸侯畏而不亲。夫霸君若齐桓、晋文者，桓不倍柯之盟，文不负原之期，而诸侯畏其强而亲信之，存亡继绝，四方归之，此管仲、舅犯之谋也。今商君倍公子卬之旧恩，弃交魏之明信，诈取三军之众，故诸侯畏其强而不亲信也。藉使孝公遇齐桓、晋文，得诸侯之统将，合诸侯之君，驱天下之兵以伐秦，秦则亡矣。天下无桓文之君，故秦得以兼诸侯。卫鞅始自以为知霸王之德，原其事不谕也。昔周召施善政，及其死也，后世思之，'蔽芾甘棠'之诗是也。尝舍于树下，后世思其德不忍伐其树，况害其身乎！管仲夺伯氏邑三百户，无怨言。今卫鞅内刻刀锯之刑，外深铁钺之诛，步过六尺者有罚，弃灰于道者被刑，一日临渭而论囚七百余人，渭水尽赤，号哭之声动于天地，畜怨积

仇比于丘山，所逃莫之隐，所归莫之容，身死车裂，灭族无姓，其去霸王之佐亦远矣！然惠王杀之亦非也，可辅而用也。使卫鞅施宽平之法，加之以恩，申之以信，庶几霸者之佐哉！"[索隐]曰：《新序》是刘歆所撰，其中论商君，故裴氏引之。藉，音胙。字合作"胙"，误为"藉"耳。按：本纪"周归文武胙于孝公"者是也。《说苑》云"秦法，弃灰于道者刑"，是其事也。

索隐述赞曰：卫鞅入秦，景监是因。王道不用，霸术见亲。政必改革，礼岂因循。既欺魏将，亦怨秦人。如何作法，逆旅不宾。

史记卷六九
列传第九

苏秦

　　苏秦者，东周雒阳人也。①东事师于齐，而习之于鬼谷先生。②

　　①[索隐]曰：苏秦字季子，盖苏忿生之后，己姓也。谯周云："秦兄弟五人，
　　　　秦最少。兄代，代弟厉及辟、鹄，并为游说之士。"此下云"秦弟代，代弟
　　　　厉"未详。[正义]曰：《战国策》云："苏秦，雒阳轩里之人也。"《艺文志》
　　　　云苏子三十一篇，在纵横流。敬王以子朝之乱从王城东迁雒阳故城，乃
　　　　号东周，以王城为西周。

　　②徐广曰："颍川阳城有鬼谷，盖是其人所居，因为号。"骃案：《风俗通义》
　　　　曰"鬼谷先生，六国时从横家。"[索隐]曰：鬼谷，地名也。扶风池阳、颍
　　　　川阳城并有鬼谷墟，盖是其人所居，因为号。又乐壹注《鬼谷子》书云：
　　　　"苏秦欲神秘其道，故假名鬼谷。"

　　出游数岁，大困而归。①兄弟嫂妹妻妾窃皆笑之，曰："周人之
俗，治产业，力工商，逐什二以为务。今子释本而事口舌，困不亦宜
乎！"苏秦闻之而惭，自伤。乃闭室不出，出其书遍观之。②曰："夫士
业已屈首受书，③而不能以取尊荣，虽多，亦奚以为！"于是得周书
《阴符》，伏而读之。期年，以出揣摩，④曰："此可以说当世之君矣。"
求说周显王。显王左右素习知苏秦，皆少之，⑤弗信。

　　①[索隐]曰：《战国策》此语在说秦王之后。
　　②[索隐]曰：音遍观。谓尽观览其书也。
　　③[索隐]曰：谓士之立操。业者，素也，本也。言本已屈首低头，受书于师
　　　　也。

④《战国策》曰："乃发书,陈箧数十,得太公《阴符》之谋,伏而诵之,简练以为揣摩。读书欲睡,引锥自刺其股,血流至踵。曰:'安有说人主不能出其金玉锦绣,取卿相之尊者乎?'期年,揣摩成。"《鬼谷子》有《揣摩篇》也。[索隐]曰:《战国策》云"得太公《阴符》之谋",则《阴符》是太公兵法。揣,音初委反。摩,音姥何反。邹诞本作"揣靡",靡读亦为摩。王劭云:"《揣情》、《摩意》是《鬼谷》之二章名,非为一篇也。高诱曰"揣,定也。摩,合也。定诸侯使仇其术,以成六国之从也"。江邃曰"揣人主之情,摩而近之",其意当矣。

⑤[索隐]曰:谓王之左右素惯习知秦浮说,多不中当世,而以为苏秦智识浅,故少之。刘氏云:"少谓轻之。"

乃西至秦。秦孝公卒。说惠王曰:"秦四塞之国,①被山带渭,东有关河,②西有汉中,南有巴蜀,北有代马,③此天府也。④以秦士民之众,兵法之教,可以吞天下,称帝而治。"秦王曰:"毛羽未成,不可以高蜚;文理未明,不可以并兼。"方诛商鞅,疾辩士,弗用。

①[正义]曰:东有黄河,有函谷、蒲津、龙门、合河等关;南山及武关、尧关;西有大陇山及陇山关、大震、乌兰等关;北有黄河南塞。是四塞之国,被山带渭。

②[正义]曰:又为界,地里。江谓岷江,渭州陇山之西南流入蜀,东至荆阳入海也。河谓黄河,从同州小积石山东北流,至胜州即南流,至华州又东北流,经魏、沧等州入海。各是万里已下。

③[索隐]曰:谓代郡马邑也。《地理志》代郡又有马城县。一云代马,谓代郡兼有胡马之利也。

④[索隐]曰:《周礼·春官》有天府。郑玄曰:"府,物所藏。言尊此所藏若天府然。"

乃东之赵。赵肃侯令其弟成为相,号奉阳君。奉阳君弗说之。去。

游燕,岁余而后得见。说燕文侯①曰:"燕东有朝鲜、辽东,②北有林胡、楼烦,③西有云中、九原,④南有呼沱、易水,⑤地方二千余里,带甲数十万,车六百乘,骑六千匹,粟支数年。⑥南有碣石、雁门之饶,⑦北有枣栗之利,民虽不佃作而足于枣栗矣。此所谓天府者也。"

①[索隐]曰:说,音税。燕文侯,史名。

②[索隐]曰:朝鲜,音潮仙,二水名。

③[索隐]曰:《地理志》楼烦属雁门郡。[正义]曰:二胡国名,朔、岚已北。

④[索隐]曰:《地理志》云中、九原二郡名。秦曰九原,汉武帝改曰五原郡。
　　[正义]曰:二郡并在胜州也。云中郡城在林榆县东北四十里,九原郡在
　　林榆县西界。

⑤《周礼》曰:"正北曰并州,其川呼沱。"郑玄曰:"呼沱出卤城。"[索隐]
　　曰:呼沱,水名,并州之川也,音呼淹。《地理志》卤城,县名,属代郡。呼
　　沱河自县东至参谷,又东至文安入海也。[正义]曰:呼沱出代州繁畤
　　县,东南流经五台山北,东南流过定州,流入海。易水出易州县,东流过
　　幽州归义县,东与呼沱河合也。

⑥[索隐]曰:《战国策》"车七百乘,粟支十年"。

⑦[索隐]曰:《战国策》碣石山在常山九门县。《地理志》大碣石山在右北
　　平骊城县西南是也。[正义]曰:雁门山在代,燕西门。

　　"夫安乐无事,不见覆军杀将,无过燕者。大王知其所以然乎?
夫燕之所以不犯寇被甲兵者,以赵之为蔽其南也。秦赵五战,秦再
胜而赵三胜。秦赵相毙,而王以全燕制其后,此燕之所以不犯寇也。
且夫秦之攻燕也,逾云中、九原,过代、上谷,弥地数千里,虽得燕
城,秦计固不能守也。秦之不能害燕亦明矣。今赵之攻燕也,发号
出令,不至十日而数十万之军军于东垣矣。①渡呼沱,涉易水,不至
四五日而距国都矣。故曰秦之攻燕也,战于千里之外;赵之攻燕也,
战于百里之内。夫不忧百里之患而重千里之外,计无过于此者。是
故愿大王与赵从亲,天下为一,则燕国必无患矣。"

①[索隐]曰:《地理志》高帝改曰真定。[正义]曰:赵之东邑,在恒州真定
　　县南八里,故常山城是也。

　　文侯曰:"子言则可,然吾国小,西迫强赵,①南近齐,②齐、赵
强国也。子必欲合从以安燕,寡人请以国从。"于是资苏秦车马金帛
以至赵。

①[正义]曰:贝、冀、燕、赵四州,七国时属赵,即燕西界。

②[正义]曰:河北博、沧、德三州,齐地北境,与燕相接,隔黄河。

　　而奉阳君已死,即因说赵肃侯①曰:"天下卿相人臣及布衣之士,皆高贤君之行义,皆愿奉教陈忠于前之日久矣。②虽然,奉阳君妒君而不任事,是以宾客游士莫敢自尽于前者。今奉阳君捐馆舍,君乃今复与士民相亲也,臣故敢进其愚虑。"

　　①[索隐]曰:《世本》云肃侯名言。

　　②[正义]曰:奉,符用反。

　　"窃为君计者,莫若安民无事,且无庸有事于民也。安民之本,在于择交,择交而得则民安,择交而不得则民终身不安。请言外患:齐秦为两敌而民不得安,倚秦攻齐而民不得安,倚齐攻秦而民不得安。故夫谋人之主,伐人之国,常苦出辞断绝人之交也。愿君慎勿出于口!请别白黑,所以异阴阳而已矣。①君诚能听臣,燕必致旃裘狗马之地,齐必致鱼盐之海,楚必致橘柚之园,韩、魏、中山皆可使致汤沐之奉,而贵戚父兄皆可以受封侯。夫割地包利,五伯之所以覆军禽将而求也;封侯贵戚,汤武之所以放弑而争也。今君高拱而两有之,此臣之所以为君愿也。

　　①[索隐]曰:《战国策》云"请屏左右,白言所以异阴阳",其说异此。然则别白黑者,苏秦言己今论赵国之利,必使分明,有如白黑分别,阴阳殊异也。

　　"今大王与秦,则秦必弱韩、魏;与齐,则齐必弱楚、魏。①魏弱则割河外,韩弱则效宜阳,宜阳效则上郡绝,②河外割则道不通,③楚弱则无援。此三策者,不可不孰计也。

　　①[正义]曰:楚东淮、泗之上,与齐接境。

　　②[正义]曰:宜阳即韩城也,在洛州西,韩大郡也。上郡在同州西北。言韩弱,与秦宜阳城,则上郡路绝矣。

　　③[正义]曰:河外,同、华等地也。言魏弱,与秦河外地,则道路不通上郡矣。《华山记》云:"此山分秦晋之境,晋之西鄙则曰阴晋,秦之东邑则曰宁秦。"

　　"夫秦下轵道,①则南阳危;②劫韩包周,③则赵氏自操兵;④据卫取淇卷,⑤则齐必入朝秦。秦欲已得乎山东,则必举兵而向赵矣。秦甲渡河逾漳,据番吾,⑥则兵必战于邯郸之下矣。此臣之所为君患也。

①〔正义〕曰:轵,音止。故亭在雍州万年县东北十六里苑中。

②〔正义〕曰:南阳,怀州河南也,七国时属韩。言秦兵下轵道,从东渭桥历北道过蒲津攻韩,即南阳危矣。

③〔正义〕曰:周都洛阳,秦若劫取韩南阳,是包裹周都也。赵邯郸故须危起兵自守。

④〔索隐〕曰:《战国策》作“销铄”。

⑤丘权反。〔索隐〕曰:《地理志》卷县属河南。《战国策》云“据卫取淇”,无“卷”字。〔正义〕曰:卫地濮阳也。卷城在郑州武原县西北七里。言秦守卫得卷,则齐必以来朝秦。

⑥徐广曰:“常山有蒲吾县。”〔索隐〕曰:徐氏所引,据《地理志》而知也。〔正义〕曰:番,音婆,又音蒲,又音盘。疑古番吾公邑也。《括地志》云:“蒲吾故城在镇州旁山县东二十里。”漳水在潞州。言秦兵渡河,历南阳,入羊肠,经泽、潞,渡漳水,守蒲吾城,则与赵战于都城下矣。

“当今之时,山东之建国莫强于赵。赵地方二千余里,带甲数十万,车千乘,骑万匹,粟支数年。西有常山,①南有河漳,②东有清河,③北有燕国。④燕固弱国,不足畏也。秦之所害于天下者莫如赵,然而秦不敢举兵伐赵者,何也?畏韩、魏之议其后也。然则韩、魏,赵之南蔽也。秦之攻韩、魏也,无有名山大川之限,稍蚕食之,傅⑤国都而止。韩、魏不能支秦,必入臣于秦。秦无韩、魏之规,则祸必中于赵矣。此臣之所为君患也。

①〔正义〕在镇州西。

②〔正义〕曰:“河”字一作“清”,即漳河也,在潞州。《地理志》浊漳出长子鹿谷山,东至邺,入清漳。

③〔正义〕曰:清河,今贝州也。

④〔正义〕曰:然三家分晋,赵得晋阳,襄子又伐戎取代。既云“西有常山”者,赵都邯郸近北燕也。

⑤音附。

“臣闻尧无三夫之分,舜无咫尺之地,以有天下;禹无百人之聚,以王诸侯;汤武之士不过三千,车不过三百乘,卒不过三万,立为天子。诚得其道也。是故明主外料其敌之强弱,内度其士卒贤不肖,不待两军相当,而胜败存亡之机固已形于胸中矣,岂掩于众人之言而以冥冥决事哉!

"臣窃以天下之地图案之:诸侯之地五倍于秦,料度诸侯之卒十倍于秦,六国为一,并力西乡而攻秦,秦必破矣。今西面而事之,见臣于秦。夫破人之与见破于人也,①臣人之与见臣于人也,②岂可同日而论哉?③

①[正义]曰:破人,谓破前敌也。破于人,为被前敌破。

②[正义]曰:臣人,谓己得人为臣。臣于人,谓己事他人。

③[索隐]曰:臣人,谓己为彼臣也。臣于人者,谓我为主,使彼臣己也。

"夫衡人者,①皆欲割诸侯之地以予秦。②秦成,则高台榭,美宫室,听竽瑟之音,前有楼阙轩辕,③后有长姣④美人,国被秦患而不与其忧。是故夫衡人日夜务以秦权恐愒诸侯,⑤以求割地,故愿大王孰计之也。臣闻明主绝疑去谗,屏流言之迹,塞朋党之门,故尊主广地强兵之计臣得陈忠于前矣。

①[正义]上音横。谓为秦人。

②[索隐]曰:按:衡人即游说从横之士也。东西为横,南北为从。秦地形东西横长,故张仪相秦,为秦连横。

③[索隐]曰:《战国策》云"前有轩辕"。又《史记》俗本有作"轩冕"者,非本文也。

④[索隐]曰:姣,音绞。《说文》云:"姣,美也。"

⑤愒,音呼曷反。[索隐]曰:恐,音起拱反。愒,音许曷反。谓相恐胁也。邹氏愒,音憩,义疏。

"故窃为大王计,莫如一韩、魏、齐、楚、燕、赵以从亲,以畔秦。令天下之将相会于洹水之上,①通质,刳白马而盟。②要约曰:'秦攻楚,齐、魏各出锐师以佐之,韩绝其粮道,③赵涉河漳,④燕守常山之北。秦攻韩、魏,⑤则楚绝其后,⑥齐出锐师而佐之,赵涉河漳,燕守云中。秦攻齐,则楚绝其后,韩守城皋,⑦魏塞其道,⑧赵涉河、博阙,⑨燕出锐师以佐之。秦攻燕,则赵守常山,楚军武关,齐涉勃海,⑩韩、魏皆出锐师以佐之。秦攻赵,则韩军宜阳,楚军武关,魏军

河外，⑪齐涉清河，⑫燕出锐师以佐之。诸侯有不如约者，以五国之
兵共伐之。'六国从亲以宾秦，⑬则秦甲必不敢出于函谷以害山东
矣。如此则霸王之业成矣！"

①徐广曰："洹水出汲郡林虑县。"

②[索隐]曰：质如字，又音颤。以言通其交质之情也。

③[索隐]曰：谓拥兵于峣关之外，又守宜阳也。

④[索隐]曰：谓赵亦涉河漳而西，欲与韩相援，以阻秦军。

⑤[正义]曰：谓道蒲津之东攻之。

⑥[索隐]曰：谓出兵武关，以绝秦兵之后。

⑦[正义]曰：在洛州氾水县。

⑧[索隐]曰：其道即河内之道。《战国策》"其"作"午"。

⑨徐广曰："齐威王六年，晋伐齐到博陵。东郡有博平县。"

⑩[正义]曰：齐从沧州渡河至瀛州。

⑪[索隐]曰：河外，谓陕及曲沃等处也。[正义]曰：谓同、华州。

⑫[正义]曰：齐从贝州过河而西。

⑬[索隐]曰：谓六国之军共为合从相亲，独以秦为宾而共伐之。

　　赵王曰："寡人年少，立国日浅，未尝得闻社稷之长计也。今上
客有意存天下，安诸侯，寡人敬以国从。"乃饰车百乘，黄金千镒，白
璧百双，锦绣千纯，①以约诸侯。

①纯，匹端名。《周礼》曰："纯帛不过五两。"[索隐]曰：按：一镒，一金也。
　郑玄云一溢二十四分之一，其说各异。纯，音淳。高诱注《战国策》音屯。
　屯，束也。又《礼乡射》云"某贤于某若干纯"。纯，数也。音旋。

　　是时周天子致文武之胙于秦惠王。惠王使犀首攻魏，禽将龙
贾，取魏之雕阴，①且欲东兵。苏秦恐秦兵之至赵也，乃激怒张仪，
入之于秦。

①[索隐]曰：魏地也。刘氏曰"在龙门河之西北"。按：《地理志》雕阴县属
　上郡。[正义]曰：在鄜州洛交县北三十四里。

　　于是说韩宣惠王①曰："韩北有巩、洛、成皋②之固，西有宜阳、
商阪之塞，③东有宛、穰、洧水，④南有陉山，⑤地方九百余里，带甲
数十万，天下之强弓劲弩皆从韩出。谿子、⑥少府时力、距来者，⑦

皆射六百步之外。韩卒超足而射，百发不暇止，⑧远者括蔽洞胸，近者镝弇心。韩卒之剑戟皆出于冥山、⑨棠溪、⑩墨阳、⑪合赙、⑫邓师、宛冯、⑬龙渊、太阿、⑭皆陆断牛马，水截鹄雁，当敌则斩坚甲铁幕、⑮革抉⑯吸芮、⑰无不毕具。以韩卒之勇，被坚甲，蹠劲弩，带利剑，一人当百不足言也。夫以韩之劲与大王之贤，乃西面事秦，交臂而服，羞社稷而为天下笑，无大于此者矣！是故愿大王孰计之。

①[索隐]曰：《世本》韩宣王，昭侯之子也。

②[索隐]曰：二邑本属东周，后为韩邑。《地理志》二县并属河南。

③徐广曰："商，一作'常'。"[索隐]曰：刘氏云"商阪之塞，盖在商洛之间，适秦楚之险塞也"。[正义]曰：宜阳在洛州福昌县东十四里。商阪即商山也，在商洛县南一里，亦曰楚山，武关在焉。

④宛，于袁反。洧，于鬼反。[索隐]曰：《地理志》宛、穰二县名，并属南阳。洧，水名，出南方。[正义]曰：在新郑东南，流入颍。

⑤徐广曰："召陵有陉亭。密县有陉山。"[正义]曰：在新郑西南三十里。

⑥许慎云："南方谿子蛮夷柘弩，皆善材。"[索隐]曰：许慎注《淮南子》，以为南方蛮出柘弩及竹弩。

⑦韩有谿子弩，又有少府所造二种之弩。案：时力者，谓作之得时，力倍于常，故名时力也。距来者，谓弩势劲利，足以距来敌也。[索隐]曰：韩又有少府所造时力，距来二种之弩。其名并具《淮南子》。

⑧[索隐]曰：超足，谓超腾用势，盖起足蹋之而射也，故下云"蹠劲弩"是也。[正义]曰：超足，齐足也。夫欲放弩，皆坐，举足踏弩材，手引揍机，然始发之。

⑨徐广曰："《庄子》曰南行至郢，北面而不见冥山。"骃案：司马彪曰"冥山在朔州北。"[索隐]曰：郭象云"冥山在乎太极"。李轨云在韩国。

⑩徐广曰："汝南吴房有棠溪亭。"[正义]曰：故城在豫州偃城县西八十里。《盐铁论》云"有棠溪之剑"是。

⑪《淮南子》曰："墨阳之莫邪也。"

⑫音附。徐广曰："一作'伯'。"[索隐]曰：《战国策》作"合伯"，《春秋后语》作"合相"。

⑬徐广曰："荥阳有冯池。"[索隐]曰：邓国有工铸剑，因名邓师。宛人于冯池铸剑，故号宛冯。

⑭《吴越春秋》曰:"楚王召风胡子而告之曰:'寡人闻吴有干将,越有欧冶,寡人欲因子请此二人作剑,可乎?'风胡子曰:'可。'乃往见二人,作剑,一曰龙渊,二曰太阿。"[索隐]曰:案:《晋太康地理记》曰:"汝南西平有龙泉水,可以淬刀剑,特坚利,故有龙泉水之剑,楚之宝剑也。以特坚利,故有坚白之论云:'黄,所以为坚;白,所以为利也。'齐辨之曰:'白,所以为不坚;黄,所以为不利也。'故天下之宝剑韩为众,一曰棠溪,二曰墨阳,三曰合伯,四曰邓师,五曰宛冯,六曰龙泉,七曰太阿,八曰莫邪,九曰干将也。"然干将、莫邪匠名也,其剑皆出西平县,今有铁官令,别领户,是古铸剑之地。

⑮徐广曰:"阳城出铁。"[索隐]曰:《战国策》云:"当敌则斩坚甲盾鞸鳌铁幕"。邹诞云"莫"一作"陌"。刘氏云:"谓以铁为臂胫之衣,言其剑皆能斩之。"

⑯徐广曰:"一作'决'。"[索隐]曰:谓以革为射决。决,射講也

⑰呹,音伐。[索隐]曰:呹与"廐"同,谓楯也。芮,音如字,谓系楯之纷绶也。[正义]曰:《方言》云:"盾,自关东谓之廐,关西谓之盾。"

"大王事秦,秦必求宜阳、成皋。今兹效之,明年又复求割地。①与则无地以给之,不与则弃前功而受后祸。且大王之地有尽而秦之求无已,以有尽之地而逆无已之求,此所谓市怨结祸者也,不战而地已削矣。臣闻鄙谚曰:'宁为鸡口,无为牛后。'②今西面交臂而臣事秦,何异于牛后乎?夫以大王之贤,挟强韩之兵,而有牛后之名,臣窃为大王羞之!"

①[索隐]曰:郑玄注《礼》云:"效,犹呈见也。"

②[索隐]曰:《战国策》云:"宁为鸡尸,不为牛从"。延笃注云:"尸,鸡中主也。从,谓牛子也。言宁为鸡中之主,不为牛子之从后也"。[正义]曰:鸡口虽小,犹进食;牛后虽大,乃出粪也。

于是韩王勃然作色,攘臂瞋目,按剑,仰天太息曰:①"寡人虽不肖,必不能事秦!今主君诏以赵王之教,敬奉社稷以从。"②

①[索隐]曰:太息,谓久蓄气而大呼也。

②[索隐]曰:主君,指苏秦也。礼,卿大夫称主。今嘉苏子合从诸侯,襄而美之,故称曰主君。

又说魏襄王①曰:"大王之地,南有鸿沟、②陈、汝南、许、郾、③

昆阳、召陵、舞阳、新都、新郪，④东有淮、颍、⑤煮枣、⑥无胥，⑦西有长城之界，北有河外、⑧卷、衍、酸枣，⑨地方千里。地名虽小，然而田舍庐庑之数，曾无所刍牧。人民之众，车马之多，日夜行不绝，輷輷殷殷，⑩若有三军之众。臣窃量大王之国不下楚。然衡人怵王⑪交强虎狼之秦以侵天下，卒有秦患，⑫不顾其祸。夫挟强秦之势以内劫其主，罪无过此者。魏，天下之强国也。王，天下之贤王也。今乃有意西面而事秦，称东藩，筑帝宫，⑬受冠带，祠春秋，⑭臣窃为大王耻之！

①［索隐］曰：《世本》惠王子，名嗣。

②徐广曰："在荥阳。"

③徐广曰："在颍川。于虇切。"［索隐］曰：音偃，又于建反。《战国策》作"鄢"。《地理志》颍川有许、鄢二县，又有鄢陵县。鄢、鄢不同，必有一误。鄢，音焉。［正义］曰：陈、汝南，今汝州、豫州县也。

④《地理志》颍川有昆阳、舞阳县，汝南有新郪县，南阳有新都县。［索隐］曰：《地理志》昆阳、舞阳属颍川，召陵、新郪属汝南。按：新郪即郪丘，章帝建初四年徙封殷后宋公于此，更名郪新都，属南阳。《战国策》直云新郪，无"新都"二字。［正义］曰：召陵在豫州，舞阳在许州。

⑤［正义］曰：淮阳、颍川二郡。

⑥徐广曰："在宛句。"［正义］曰：在宛朐。按：宛朐，曹州县也。

⑦［索隐］曰：按：其地阙。

⑧［正义］曰：谓河南地。

⑨徐广曰："荥阳卷县有长城，经阳武到密。衍，地名。"［索隐］曰：徐广云"荥阳卷县有长城"，盖据地险为说。［正义］曰：卷在郑州原武县北七里。酸枣在滑州。衍，徐云地名。

⑩［正义］曰：輷，麾宏反。殷，音隐。

⑪［正义］曰：衡，音横。怵，音恤。

⑫［正义］卒，音匆忽反。

⑬［索隐］曰：谓为秦筑宫，备其巡狩而舍之，故谓之帝宫。

⑭［索隐］曰：谓冠带制度皆受秦之法。言春秋贡奉，以助奉祭祀。

"臣闻：越王勾践战敝卒三千人，禽夫差于干遂；①武王卒三千人，革车三百乘，制纣于牧野。②岂其士卒众哉？诚能奋其威也。今窃闻大王之卒,武士二十万,③苍头二十万,④奋击二十万,厮徒十万,⑤车六百乘,骑五千匹。此其过越王勾践、武王远矣,今乃听于群臣之说而欲臣事秦!夫事秦必割地以效实,⑥故兵未用而国已亏矣。凡群臣之言事秦者,皆奸人,非忠臣也。夫为人臣,割其主之地以求外交,偷取一时之功而不顾其后,破公家而成私门,外挟强秦之势以内劫其主,以求割地,愿大王孰察之!《周书》曰:'绵绵不绝,蔓蔓奈何?毫牦不伐,将用斧柯。'前虑不定,后有大患,将奈之何?

①[索隐]曰:干遂,地名,不知所在。然干是水旁之高地,故有"江干"、"河干"是也。又左思《吴都赋》云"长干延属",是干为江旁之地。遂者,道也。于江干有遂道,因为名也。[正义]曰:在苏州吴县西北四十余里万安山前墭西南山太湖。夫差败于姑苏,禽于干墭,相去四十余里。

②[正义]曰:今卫州城是也。周武王伐纣于牧野,筑之。

③《汉书·刑法志》曰:"魏氏武卒衣三属之甲,操十二石之弩,负矢五十,置戈其上,冠胄带剑,赢三日之粮,日中而趋百里。中试则复其户,利其田宅。"[索隐]曰:衣,音意。属,音烛。三属,谓甲衣也:覆膊,一也;甲裳,二也;胫衣,三也。甲之有裳,见《左传》。赢,音盈。谓赍襃粮。中,音竹仲反。谓其筋力能负重,所以得中试。复,音福。中试之人,国家当优复,赐之上田宅,故云"利其田宅"也。

④[索隐]曰:谓以青巾裹头,以异于众。《荀卿子》"魏有苍头二十万"是也。

⑤[索隐]曰:厮,音斯。谓厮养之卒。厮,养马之贱者,今起之为卒。[正义]曰:厮,音斯。谓炊烹供养杂役。

⑥[索隐]曰:谓割地献秦,以效己之诚实。

"大王诚能听臣,六国从亲,专心并力一意,则必无强秦之患。故敝邑赵王使臣效愚计,①奉明约,在大王之诏诏之。"

①[索隐]曰:此"效"犹呈见也。

魏王曰:"寡人不肖,未尝得闻明教。今主君以赵王之诏诏之,敬以国从。"

因东说齐宣王①曰:"齐南有泰山,东有琅邪,西有清河,②北有勃海,此所谓四塞之国也。齐地方二千余里,带甲数十万,粟如丘山。三军之良,五家之兵,③进如锋矢,④战如雷霆,解如风雨。即有军役,未尝倍泰山,绝清河,涉勃海也。⑤临菑之中七万户,臣窃度之:不下户三男子,三七二十一万,不待发于远县,而临菑之卒固已二十一万矣。临菑甚富而实,其民无不吹竽鼓瑟,弹琴击筑,⑥斗鸡走狗,六博蹹鞠⑦者。临菑之途,车毂击,人肩摩,连衽成帷,举袂成幕,挥汗成雨,家殷人足,志高气扬。夫以大王之贤与齐之强,天下莫能当。今乃西面而事秦,臣窃为大王羞之!

①[索隐]曰:《世本》名辟强,威王之子也。

②[正义]曰:即贝州。

③[索隐]曰:高诱注《战国策》云:"五家即五国"。

④[索隐]曰:《战国策》作"疾如锥矢"。高诱曰:"锥,小矢,喻径疾也"。《吕氏春秋》:"所贵锥矢者,为其应声而至"。[正义]曰:齐君之进,若锋芒之刃,良弓之矢,用之有进而无退。

⑤[正义]曰:言临淄自足也。绝、涉,皆度也。勃海,沧州也。齐有军役,不用度河取二部。

⑥[正义]曰:筑似琴而大,头圆,五弦,击之不鼓。

⑦刘向《别录》曰:"蹹鞠者,传言黄帝所作,或曰起战国之时。蹹鞠,兵势也,所以练武士,知有材也,皆因嬉戏而讲练之。"蹹,徒猎反。鞠,求六反。[索隐]曰:王逸注《楚词》云:"博,著也。行六棋,故云六博"。《别录》云:"蹹鞠者,蹹亦蹹也。促六反。"崔豹云:"起黄帝时,习兵之势也。"

"且夫韩、魏之所以重畏秦者,为与秦接境壤界也。兵出而相当,不出十日而战胜存亡之机决矣。韩、魏战而胜秦,则兵半折,四境不守;战而不胜,则国已危亡随其后。是故韩、魏之所以重与秦战,而轻为之臣也。今秦之攻齐则不然。倍韩、魏之地,过卫阳晋之道,①径乎亢父之险,②车不得方轨,③骑不得比行,百人守险,千人不敢过也。秦虽欲深入,则狼顾,④恐韩、魏之议其后也。是故恫疑虚喝,⑤骄矜而不敢进,⑥则秦之不能害齐亦明矣。

①徐广曰:"魏哀王十六年,秦拔魏蒲坂、阳晋、封陵。"[索隐]曰:阳晋,魏邑也。刘氏云:"阳晋,地名,盖适齐之道,在卫国之西南也"。[正义]曰:

言秦伐齐,背韩、魏地而与齐战。徐说阳晋非也,乃是晋阳耳。卫地曹、
濮等州也。杜预云:"曹,魏下邑也。"阳晋故在曹州乘氏县西北三十七
里。

②[索隐]曰:亢,音刚,又苦浪反。《地理志》县名,属梁国。[正义]曰:故县
在兖州任城县南五十一里。

③[正义]曰:言不得两车并行。

④[正义]曰:狼性怯,走常还顾。

⑤呼葛反。[索隐]曰:恫,音通。恫,恐惧之心也。喝,本亦作"猲",并呼合
反。高诱曰:"虚猲,喘息惧貌也。"刘氏云:"秦自疑惧,不敢进兵,虚作
恐猲之词,以胁韩、魏也。"

⑥[正义]曰:言秦虽至亢父,犹恐惧狼顾,虚作喝骂,骄溢矜夸,不敢进伐
齐明矣。

"夫不深料秦之无奈齐何,而欲西面而事之,是群臣之计过也。
今无臣事秦之名而有强国之实,臣是故愿大王少留意计之。"

齐王曰:"寡人不敏,僻远守海,穷道东境之国也,未尝得闻余
教。今足下以赵王诏诏之,敬以国从。"

乃西南说楚威王:①曰:"楚,天下之强国也。王,天下之贤王
也。西有黔中、②巫郡,③东有夏州、海阳,④南有洞庭、苍梧,⑤北
有陉塞、郇阳,⑥地方五千余里,带甲百万,车千乘,骑万匹,粟支十
年。此霸王之资也。夫以楚之强与王之贤,天下莫能当也。今乃欲
西面而事秦,则诸侯莫不西面而朝于章台之下矣。秦之所害莫如
楚,楚强则秦弱,秦强则楚弱,其势不两立。故为大王计:莫如从亲
以孤秦。大王不从,秦必起两军,一军出武关,一军下黔中,则鄢郢
动矣。⑦

①[索隐]曰:威王名商,宣王之子。

②徐广曰:"今之武陵也。"[正义]曰:今朗州,楚黔中郡,其故城在辰州西
二十里,皆盘瓠后也。

③徐广曰:"巫郡者,南郡之西界。"[正义]曰:巫郡,夔州巫山县是。

④徐广曰:"楚考烈王元年,秦取夏州。"骃案:《左传》"楚庄王伐陈,乡取
一人焉以归,谓之夏州"。而注者不说夏州所在。车胤撰《桓温集》云:
"夏口城上数里有洲,名夏州。""东有夏州"谓此也。[索隐]曰:裴骃据

《左氏》及杜预说夏州，其文甚明，而刘伯庄以为夏州，州侯之本国，亦未之为得。《地理志》海阳地阙。刘氏云"楚之东境也"。[正义]曰：大江中州也。夏水口在荆州江陵县东南二十五里。

⑤[索隐]曰：今青草湖是也，在岳州界。苍梧，地名。《地理志》有苍梧郡。[正义]曰：苍梧山在道州南。

⑥徐广曰："《春秋》曰'遂伐楚，次于陉'。楚威王十一年，魏败楚陉山。析县有钧水，或者郇阳今之顺阳乎？一本'北有汾、陉之塞'也。"[索隐]曰：陉山在楚北境。郇，音荀。郇阳，地当在汝南、颍川之界。检《地理志》及《太康地记》，北境并无郇邑。郇邑在河东，晋地。计郇阳当是新阳，声相近，字变耳。汝南有新阳县，应劭云"在新水之阳"，犹齮邑变为枸邑，圉阴变为圜阴尔，郇亦当然也。徐氏云"郇阳当是顺阳"，盖疏。[正义]曰：陉山在郑州新郑县西南三十里。顺阳故城在郑州穰县西百四十里。

⑦徐广曰："今南郡宜城。"[正义]曰：鄢乡故城在襄州率道县南九里。安郢城在荆州江陵县东北六里。秦兵出武关则临鄢矣，兵下黔中则临郢矣。

"臣闻治之其未乱也，为之其未有也。患至而后忧之，则无及已。故愿大王早孰计之！大王诚能听臣，臣请令山东之国奉四时之献，以承大王之明诏，委社稷，奉宗庙，练士厉兵，在大王之所用之。大王诚能用臣之愚计，则韩、魏、齐、燕、赵、卫之妙音美人必充后宫，燕、代橐驼良马必实外厩。故从合则楚王，衡成则秦帝。今释霸王之业，而有事人之名，臣窃为大王不取也！

"夫秦，虎狼之国也，有吞天下之心。秦，天下之仇雠也。衡人皆欲割诸侯之地以事秦，此所谓养仇而奉雠者也。夫为人臣，割其主之地以外交强虎狼之秦，以侵天下，卒有秦患，不顾其祸。夫外挟强秦之威以内劫其主，以求割地，大逆不忠无过此者。故从亲则诸侯割地以事楚，衡合则楚割地以事秦，此两策者相去远矣。二者大王何居焉？故敝邑赵王使臣效愚计，奉明约，在大王诏之。"

楚王曰："寡人之国西与秦接境，秦有举巴蜀并汉中之心。秦，虎狼之国，不可亲也。而韩、魏迫于秦患，不可与深谋，与深谋恐反人以入于秦,故谋未发而国已危矣。寡人自料以楚当秦,不见胜也。内与群臣谋,不足恃也。寡人卧不安席,食不甘味,心摇摇然如县旌而无所终薄。①今主君欲一天下,收诸侯,存危国,寡人谨奉社稷以从。”

　　①白洛反。

　　于是六国从合而并力焉。苏秦为从约长,并相六国。

　　北报赵王,乃行过雒阳,车骑辎重,诸侯各发使送之甚众,拟于王者。①周显王闻之恐惧,除道,使人郊劳。②苏秦之昆弟妻嫂侧目不敢仰视,俯伏侍取食。苏秦笑谓其嫂曰:“何前倨而后恭也?”嫂委蛇蒲服,以面掩地而谢③曰:“见季子位高金多也。”④苏秦喟然叹曰:“此一人之身,富贵则亲戚畏惧之,贫贱则轻易之,况众人乎!且使我有雒阳负郭田二顷,⑤吾岂能佩六国相印乎!”于是散千金以赐宗族朋友。初,苏秦之燕,贷百钱为资。及得富贵,以百金偿之。遍报诸所尝见德者。其从者有一人独未得报,乃前自言。苏秦曰:“我非忘子。子之与我至燕,再三欲去我易水之上,方是时我困,故望子深,是以后子。子今亦得矣。”

　　①[索隐]曰:疑作“拟”读。

　　②《仪礼》曰:“宾至近郊,君使卿朝服用束帛劳。”

　　③[索隐]曰:委蛇,谓面掩地而进,若蛇行也。蒲服即匍匐,并音蒲仆。

　　④谯周曰:“苏秦字季子。”[索隐]曰:其嫂呼小叔为季子耳,未必即其字。
　　　允南即以为字,未之得也。

　　⑤[索隐]曰:负,背也,枕也。近城之地沃润流泽,最为膏腴,故云“负郭”。

　　苏秦既约六国从亲,归赵,赵肃侯封为武安君,乃投从约书于秦。①秦兵不敢窥函谷关十五年。

　　①[索隐]曰:投,当作“设”。今本并作“投”。言设者,谓宣布其从约六国之
　　　事以告于秦。若作“投”,甚为易解。

　　其后,秦使犀首欺齐、魏,与共伐赵,欲败从约。齐、魏伐赵,赵

王让苏秦。苏秦恐，请使燕，必报齐。苏秦去赵①而从约皆解。

①徐广曰:"自初说燕至此三年。"

秦惠王以其女为燕太子妇。是岁,文侯卒,太子立,是为燕易王。易王初立,齐宣王因燕丧伐燕,取十城。易王谓苏秦曰:"往日先生至燕,而先王资先生见赵,遂约六国从。今齐先伐赵,次至燕,以先生之故为天下笑,先生能为燕得侵地乎?"苏秦大惭,曰:"请为王取之。"

苏秦见齐王,再拜,俯而庆,仰而吊。①齐王曰:"是何庆吊相随之速也?"苏秦曰:"臣闻饥人所以饥而不食乌喙者,②为其愈充腹而与饿死同患也。③今燕虽弱小,即秦王之少婿也。大王利其十城而长与强秦为仇。今使弱燕为雁行而强秦敝其后,以招天下之精兵,是食乌喙之类也。"齐王愀然变色,④曰:"然则奈何?"苏秦曰:"臣闻古之善制事者,转祸为福,因败为功。大王诚能听臣计,即归燕之十城。燕无故而得十城必喜,秦王知以己之故而归燕之十城亦必喜。此所谓弃仇雠而得石交者也。夫燕、秦俱事齐,则大王号令天下,莫敢不听。是王以虚辞附秦,以十城取天下。此霸王之业也。"王曰:"善。"于是乃归燕之十城。

①[索隐]曰:刘氏云:"当时庆吊应有其词,但史家不录耳。"

②《本草经》曰:"乌头,一名乌喙。"[索隐]曰:音卓,又许秽反。今之毒药乌头是。[正义]曰:《广雅》云:"苏奥,毒附子也。一岁为乌喙,三岁为附子,四岁为乌头,五岁为天雄。"

③[索隐]曰:刘氏以愈犹暂,非也。按:谓饥人食乌头则愈益充腹,少时毒发而毙,亦与饥死同患也。毙,音弊。

④[索隐]曰:愀,音自酋反,又七小反。

人有毁苏秦者曰:"左右卖国反覆之臣也,将作乱。"苏秦恐得罪。归,而燕王不复官也。苏秦见燕王曰:"臣,东周之鄙人也。无有分寸之功,而王亲拜之于庙而礼之于廷。今臣为王却齐之兵而攻得十城,宜以益亲。今来而王不官臣者,人必有以不信伤臣于王者。臣之不信,王之福也。臣闻忠信者,所以自为也;进取者,所以为人也。且臣之说齐王,曾非欺之也。臣弃老母于东周,固去自为而行进取也。今有孝如曾参,廉如伯夷,信如尾生。得此三人者以事大王,何若?"王曰:"足矣。"苏秦曰:"孝如曾参,义不离其亲一宿于外,王又安能使之步行千里而事弱燕之危王哉?廉如伯夷,义不为孤竹君之嗣,不肯为武王臣,不受封侯而饿死首阳山下。有廉如此,王又安能使之步行千里而行进取于齐哉?信如尾生,与女子期于梁下,女子不来,水至不去,抱柱而死。有信如此,王又安能使之步行千里却齐之强兵哉?臣所谓以忠信得罪于上者也。"燕王曰:"若不忠信耳,岂有以忠信而得罪者乎?"苏秦曰:"不然。臣闻客有远为吏而其妻私于人者,其夫将来,其私者忧之。妻曰:'勿忧,吾已作药酒待之矣'。居三日,其夫果至,妻使妾举药酒进之。妾欲言酒之有药,则恐其逐主母也;欲勿言乎,则恐其杀主父也。于是乎详僵而弃酒。①主父大怒,笞之五十。故妾一僵而覆酒,上存主父,下存主母,然而不免于笞,恶在乎忠信之无罪也?夫臣之过,不幸而类是乎!"燕王曰:"先生复就故官。"益厚遇之。

　　①[索隐]曰:详,音羊。详,诈也。僵,仆也,音姜。

　　易王母,文侯夫人也,与苏秦私通。燕王知之,而事之加厚。苏秦恐诛,乃说燕王曰:"臣居燕不能使燕重,而在齐则燕必重。"燕王曰:"唯先生之所为。"于是苏秦详为得罪于燕而亡走齐,齐宣王以为客卿。①

　　①徐广曰:"燕易王之十年时。"

　　齐宣王卒,潜王即位,说潜王厚葬以明孝,高宫室大苑囿以明得意,欲破敝齐而为燕。

　　燕易王卒,①燕哙立为王。其后齐大夫多与苏秦争宠者,而使人刺苏秦,不死,殊而走。②齐王使人求贼不得。苏秦且死,乃谓齐王曰:"臣即死,车裂臣以徇于市,曰'苏秦为燕作乱于齐',如此则臣之贼必得矣。"于是如其言,而杀苏秦者果自出,齐王因而诛之。燕闻之曰:"甚矣,齐之为苏生报仇也!"③

　　①徐广曰:"易王十二年卒。"

②《风俗通义》称汉令"蛮夷戎狄有罪当殊"。殊者,死也,与诛同指。而此
　云"不死,殊而走"者,苏秦时虽不即死,然是死创,故云"殊"。
③徐广曰:"生,一作'先'。"

　　苏秦既死,其事大泄。齐后闻之,乃恨怒燕。燕甚恐。苏秦之
弟曰代,代弟苏厉,见兄遂,亦皆学。及苏秦死,代乃求见燕王,欲袭
故事。曰:"臣,东周之鄙人也。窃闻大王义甚高,鄙人不敏,释锄耨
而干大王。至于邯郸,所见者绌于所闻于东周,臣窃负其志。及至
燕廷,观王之群臣下吏,王,天下之明王也。"燕王曰:"子所谓明王
者何如也?"对曰:"臣闻明王务闻其过,不欲闻其善。臣请谒王之
过。夫齐、赵者,燕之仇雠也;楚、魏者,燕之援国也。今王奉仇雠以
伐援国,非所以利燕也。王自虑之,此则计过。无以闻者,非忠臣
也。"王曰:"夫齐者固寡人之仇,所欲伐也,直患国敝力不足也。子
能以燕伐齐,则寡人举国委子。"对曰:"凡天下战国七,燕处弱焉。
独战则不能,有所附则无不重。南附楚,楚重;西附秦,秦重;中附
韩、魏,韩、魏重。且苟所附之国重,此必使王重矣。①今夫齐,长主
而自用也。②南攻楚五年,畜聚竭;西困秦三年,士卒罢敝;北与燕
人战,覆三军,得二将。③然而以其余兵南面举五千乘之大宋,④而
包十二诸侯。此其君欲得,其民力竭,恶足取乎!且臣闻之:数战则
民劳,久师则兵敝矣。"燕王曰:"吾闻齐有清济、浊河⑤可以为固,
长城、巨防⑥足以为塞,诚有之乎?"对曰:"天时不与,虽有清济、浊
河,恶足以为固!民力罢敝,虽有长城、巨防,恶足以为塞!且异日
济西不师,⑦所以备赵也;河北不师,⑧所以备燕也。今济西河北尽
已役矣,封内敝矣。夫骄君必好利,而亡国之臣必贪于财。王诚能
无羞宠子母弟以为质,⑨宝珠玉帛以事左右,彼将有德燕而轻亡
宋,则齐可亡已。"燕王曰:"吾终以子受命于天矣。"燕乃使一子质
于齐。而苏厉因燕质子而求见齐王。齐王怨苏秦,欲囚苏厉。燕质
子为谢,已遂委质为齐臣。⑩

　　①[正义]曰:言附诸国,诸国重燕而燕尊重。

②[索隐]曰:谓齐王年长也。或作"齐强,故言长主"。

③徐广曰:"齐覆三军而燕失二将。"[索隐]曰:《战国策》云"获二将",亦
　　谓燕之二将,是燕之失也。

④[正义]曰:《齐表》云"齐湣王三十八年灭宋",乃当赧王二十九年。此说
　　乃燕哙之时,当周慎王之时,齐宋在前三十余年,恐文误矣。

⑤[正义]曰:济、漯二水上承黄河,并淄、青之北流入海。黄河又一源从
　　洺、魏二州界北流入海,亦齐西北界。

⑥徐广曰:"齐北卢县有防门,又有长城东至海。"[正义]曰:长城西头在
　　齐州平阴县界。《竹书纪》云:"梁惠王二十年,齐闵王筑防以为长城。"
　　《太山记》云:"太山西有长城,缘河经太山,余一千里,至琅耶台入海。"

⑦[正义]曰:齐州已西也。

⑧[正义]曰:谓沧、博等州,在漯河之北。

⑨[正义]曰:音致。

⑩[正义]曰:质,真栗反。

　　燕相子之与苏代婚,而欲得燕权,乃使苏代侍质子于齐。齐使
代报燕,燕王哙问曰:"齐其霸乎?"曰:"不能。"曰:"何也?"曰:
"不信其臣。"于是燕王专任子之,已而让位,燕大乱。齐伐燕,杀王
哙、子之。①燕立昭王,而苏代、苏厉遂不敢入燕,皆终归齐,齐善待
之。

　　①徐广曰:"是周赧王之元年时也。"

　　苏代过魏,魏为燕执代。齐使人谓魏王曰:"齐请以宋地封泾阳
君,①秦必不受。秦非不利有齐而得宋地也,②不信齐王与苏子也。
今齐魏不和如此其甚,则齐不欺秦。秦信齐,齐秦合,泾阳君有宋
地,非魏之利也。故王不如东苏子,秦必疑齐而不信苏子矣。齐秦
不合,天下无变,伐齐之形成矣。"于是出苏代。代之宋,宋善待之。

　　①[正义]曰:泾阳君,秦王弟,名悝也。泾阳,雍州县也。齐苏子告秦共伐
　　　宋以封泾阳君,然齐假设此策以救苏代。

　　②[正义]曰:齐言秦相亲共伐宋,秦得宋地,又得齐事秦,然秦不信齐及
　　　苏代,恐为不成也。

齐伐宋,宋急,苏代乃遗燕昭王书曰:^①

①[正义]曰:此书为宋说燕,令莫助齐、梁。

夫列在万乘而寄质于齐,^①名卑而权轻;奉万乘助齐伐宋,民劳而实费;夫破宋,残楚淮北,肥大^②齐,仇强而国害,此三者,皆国之大败也。然且王行之者,将以取信于齐也。齐加不信于王,而忌燕愈甚,是王之计过矣。夫以宋加之淮北,强万乘之国也,而齐并之,是益一齐也。北夷方七百里,^③加之以鲁、卫,强万乘之国也,而齐并之,是益二齐也。夫一齐之强,燕犹狼顾而不能支,今以三齐临燕,其祸必大矣。

①[正义]曰:燕前有一子质于齐。

②[正义]曰:更以淮北之地加于齐都,是强万乘之国而齐总并之,是益一齐。

③[索隐]曰:谓山戎、北狄附齐者。[正义]曰:齐桓公伐山戎、令支,斩孤竹而南归海滨,诸侯莫不来服。

虽然,智者举事,因祸为福,转败为功。齐紫,败素也,^①而贾十倍。^②越王勾践栖于会稽,复残强吴而霸天下。此皆因祸为福,转败为功者也。

①徐广曰:“取败素染以为紫。”[正义]曰:齐君好紫,故齐俗尚之。取恶素帛染为紫,其价十倍贵于余。喻齐虽有大名,而国中以困弊也。《韩子》云:“齐桓公好服紫,一国尽服紫,当时十素不得一紫,公患之。管仲曰:‘君欲止之,何不试勿衣也?’公谓左右曰:‘恶紫臭。’公语三日,境内莫有衣紫者。”

②[索隐]曰:谓紫色价贵于帛十倍,而本是败素。以喻齐虽有大名,而其国中困弊也。

今王若欲因祸为福,转败为功,则莫若挑霸齐而尊之,^①使使盟于周室,焚秦符,曰^②“其大上计,破秦。其次,必长宾之”。^③秦挟宾以待破,秦王必患之。秦五世伐诸侯,今为齐下,秦王之志苟得穷齐,不惮以国为功。然则王何不使辩士以此言说秦王曰:“燕、赵破宋肥齐,尊之为之下者,燕、赵非利之也。燕、赵不利而势为之者,以不信秦王也。然则王何不使可信者接收燕、赵,令泾阳君、高陵君④先于燕、赵?秦有变,因以为质,则燕、赵信秦。秦为西帝,燕为北帝,赵为中帝,立三帝以令于天下。韩、魏不听则秦伐之,齐不听则燕、赵伐之,天下孰敢不听?天下服听,因驱韩、魏以伐齐,曰'必反宋地,归楚淮北'。反宋地,归楚淮北,燕、赵之所利也。并立三帝,燕、赵之所愿也。夫实得所利,尊得所愿,燕、赵弃齐如脱躧矣。今不收燕、赵,齐霸必成。诸侯赞齐而王不从,是国伐也。诸侯赞齐而王从之,是名卑也。今收燕、赵,国安而名尊;不收燕、赵,国危而名卑。夫去尊安而取危卑,智者不为也。"秦王闻若说,必若刺心然。则王何不使辩士以此苦言说秦?秦必取,齐必伐矣。夫取秦,厚交也;伐齐,正利也。尊厚交,务正利,圣王之事也。

①[正义]曰:挑,田鸟反,执持也。

②[正义]曰:符,征兆也。

③[索隐]曰:长如字。宾,音摈。[正义]曰:大好上计策,破秦。次计,长摈弃关西。

④徐广曰:"冯翊高陵县。"[索隐]曰:二人,秦王母弟也。高陵君名显,泾阳君名悝。

燕昭王善其书,曰:"先人尝有德苏氏,子之之乱而苏氏去燕。燕欲报仇于齐,非苏氏莫可。"乃召苏代,复善待之,与谋伐齐。竟破齐湣王出走。

久之,秦召燕王,燕王欲往。苏代约燕王曰:"楚得枳①而国亡,②齐得宋而国亡。③齐、楚不得以有枳、宋而事秦者,何也?则有功者,秦之深仇也。秦取天下,非行义也,暴也。秦之行暴,正告天下。④

①徐广曰:"巴郡有枳县。"[正义]曰:枳,支是反。今涪州城。在秦,枳县在江南。

②徐广曰:"燕昭王三十三年,秦拔楚鄢。"[正义]曰:西陵在黄州。

③[正义]曰:年表云齐湣王三十八年灭宋。四十年,五国共击湣王,王走莒。

④[索隐]曰:正告,谓显然而告天下。

"告楚曰:'蜀地之甲,乘船浮于汶,①乘夏水而下江,②五日而
至郢。汉中之甲,乘船出于巴,③乘夏水而下汉,四日而至五渚。④
寡人积甲宛东下随,⑤智者不及谋,勇士不及怒,寡人如射隼矣。⑥
王乃欲待天下之攻函谷,不亦远乎!'楚王为是故,十七年事秦。

①眉贫反。[索隐]曰:即江所出之岷山。

②[索隐]曰:夏,音暇。谓夏潦之水盛涨时也。

③[索隐]曰:巴,水名,与汉水相近。[正义]曰:巴岭山在梁州南一百九十
里。《周地志》云:"南渡老子水,登巴岭山。南回记大江。此南是古巴国,
因以名山。"

④《战国策》曰:"秦与荆人战,大破荆,袭郢,取洞庭、五渚。"然则五渚在
洞庭。[索隐]曰:五渚,五处洲也。刘氏以为五渚宛邓之间,临汉水,不
得在洞庭。或说五渚即五湖,与刘说各不同。

⑤[索隐]曰:宛县之东而下随邑。

⑥[索隐]曰:《易》曰"射隼于高墉之上,获之,无不利"。秦王言我今伐楚,
必当捷获也。[正义]曰隼,若今之鹘也。

"秦正告韩曰:'我起乎少曲,①一日而断太行。②我起乎宜阳
而触平阳,③二日而莫不尽繇。④我离两周⑤而触郑,五日而国
举。'⑥韩氏以为然,故事秦。

①[索隐]曰:地名,近宜阳也。[正义]曰:在怀州河阳县西北,解在《范睢
传》。

②[正义]曰:太行山羊肠坂道,北过韩上党也。

③[正义]曰:宜阳、平阳皆韩大都也,隔河也。

④[索隐]曰:音摇。摇,动也。

⑤[正义]曰:离,历山也。历二周而东解新郑州,韩国都拔矣。

⑥[索隐]曰:离,如字。谓屯兵以离二周也,而乃触击于郑,故五日国举。
举,犹拔也。

"秦正告魏曰:'我举安邑,塞女戟,韩氏太原卷。①我下轵,道
南阳,封冀,②包两周。③乘夏水,浮轻舟,强弩在前,锬戈在后,④
决荥口,魏无大梁;⑤决白马之口,魏无外黄、济阳;⑥决宿胥之
口,⑦魏无虚、顿丘。⑧陆攻则击河内,水攻则灭大梁。'魏氏以为

然,故事秦。

①[正义]曰:卷,轨免反。刘伯庄云:"太原当为太行。卷犹断绝。"

②徐广曰:"霸陵有轵道亭,河东皮氏有冀亭也。"[索隐]曰:女戟,地名,
　　在太行山之西,刘氏卷,音轨免反,又音丘权反。按:举安邑,塞女戟及
　　至韩氏韩国宜阳也。太原,县名,魏地不至太原,亦无别名。"太"衍字,
　　原当为"京"。京及卷皆属荥阳,是魏之境。轵是河内轵县,言"道"者,亦
　　衍字。徐广引"霸陵有轵道亭,非魏之境,盖误。南阳即河内也。封,封
　　陵也。冀,冀邑也。皆在魏境,故徐广引"河东皮氏县有冀亭"是也。

③徐广曰:"张仪曰'下河东,取成皋'也。"[正义]曰:两周,王城及巩。

④徐广曰:"锬由冉反。"[正义]曰:刘伯庄云:"音四廉反,利也。"

⑤[索隐]曰:荥泽之口与今汴河口通,其水深,可以灌大梁,故云"无大
　　梁"也。

⑥[索隐]曰:白马津津在东郡,决其流以灌外黄、济阳也。[正义]曰:故黄
　　城在曹州考城县东二十四里。济阳故城在曹州冤朐县西南三十五里。

⑦徐广曰:"《纪年》曰魏救山塞集胥口。"[正义]曰:淇水出卫州淇县界之
　　淇水,东至黎阳入河。《魏志》云:"武帝于清淇口东因宿胥故渎开白沟,
　　道清淇二水入焉。"[索隐]曰:《纪年》作"胥",盖亦津名,今其地不知所
　　在。

⑧徐广曰:"秦始皇五年,取魏酸枣、燕虚、长平。"[索隐]曰:虚,顿丘,地
　　名,与酸枣相近。[正义]曰:虚谓殷墟,今相州所理是。顿丘故城在魏州
　　顿丘县东北二十里。《括地志》云:"二国地时属魏。"

"秦欲攻安邑,恐齐救之,则以宋委于齐。曰:'宋王无道,为木
人以写寡人,射其面。寡人地绝兵远,不能攻也。王苟能破宋有之,
寡人如自得之。'已得安邑,塞女戟,因以破宋为齐罪。①

①[索隐]曰:秦令齐灭宋,仍以破宋为齐之罪名。

"秦欲攻韩,恐天下救之,则以齐委于天下。曰:'齐王四与寡人
约,四欺寡人,必率天下以攻寡人者三。有齐无秦,有秦无齐。必伐
之! 必亡之!'已得宜阳、少曲,致蔺石,因以破齐为天下罪。

"秦欲攻魏重楚,①则以南阳委于楚。曰:②'寡人固与韩且绝
矣。残均陵,塞郇厄,③苟利于楚,寡人如自有之。'魏弃与国而合于
秦,因以塞郇厄楚罪。

①[索隐]曰:重,犹附也,尊也。[正义]曰:畏楚救魏。

②[正义]曰:南阳邓州地,本韩地也。韩先事秦,今楚取南阳,故言"与韩
　且绝矣"。

③徐广曰:"鄳,江夏鄳县。均,一作'灼'。鄳,音盲。"[索隐]曰:均陵在南
　阳,今之均州。鄳,县名,在江夏。[正义]曰:均州故城在随州西南五十
　里,盖均陵也。又申州罗山县本汉鄳县。申州有平清关,盖古盲县之厄
　塞。

　　"兵困于林中,①重燕、赵,以胶东委于燕,以济西委于赵。已得
讲于魏,至公子延,因犀首属行而攻赵。②兵伤于谯石,遇败于阳
马,③而重魏,则以叶、蔡委于魏。已得讲于赵,则劫魏,不为割。困
则使太后弟穰侯为和,嬴则兼欺舅与母。④

①徐广曰:"河南苑陵有林乡。"

②[索隐]曰:讲,和也,解也。秦与魏和也。至,当为"质",谓以公子延为质
　也。犀首者,公孙衍也,本魏将,因之以属军行。行,音胡郎反。谓连兵
　相续也。

③[索隐]曰:谯石、阳马并赵之地名,非县邑也。

④[索隐]曰:嬴,犹胜也。舅,穰侯魏冉也。母,太后也。

　　"適燕者曰'以胶东',①適赵者曰'以济西',適魏者曰'以叶、
蔡',適楚者曰'以塞鄳厄,'適齐者曰'以宋'。此必令言如循环,用
兵如刺蜚,母不能制,舅不能约。

①[索隐]曰:適,音宅。適者,责也。下同。

　　"龙贾之战,①岸门之战,②封陵之战,③高商之战,④赵庄之
战,⑤秦之所杀三晋之民数百万,今其生者皆死秦之孤也。西河之
外,上雒之地,三川晋国之祸,三晋之半。秦祸如此其大也!⑥而燕、
赵之秦者,皆以争事秦说其主,⑦此臣之所大患也。"

①魏襄王五年,秦败我龙贾军。

②韩宣惠王十九年,秦大破我岸门。

③魏哀王十六年,秦败我封陵。

④此战事不见。

⑤赵肃侯二十二年,赵庄与秦战,败,秦杀赵庄河西。

⑥[索隐]曰：以言西河之外，上雒之地及三川晋国，皆是秦与魏战之处，秦兵祸败我三晋之半，是秦祸如此其大者。

⑦[索隐]曰：燕、赵之人往秦者，谓游说之士。

燕昭王不行。苏代复重于燕。

燕使约诸侯从亲如苏秦时，或从或不，而天下由此宗苏氏之从约。代、厉皆以寿死，名显诸侯。

太史公曰：苏秦兄弟三人，皆游说诸侯以显名，①其术长于权变。而苏秦被反间以死，天下共笑之，讳学其术。然世言苏秦多异，异时事有类之者皆附之苏秦。夫苏秦起闾阎，连六国从亲，此其智有过人者。吾故列其行事，次其时序，毋令独蒙恶声焉。

①[索隐]曰：谯允南以为苏氏兄弟五人，更有苏辟、苏鹄。《典略》亦同其说。盖按《苏氏谱》云然也。

索隐述赞曰：季子周人，师事鬼谷。揣摩既就，《阴符》伏读。合从离衡，佩印者六。天王除道，家人扶服。贤哉代、厉，断荣党族。

史记卷七〇
列传第一〇

张仪

张仪者,魏人也。①始尝与苏秦俱事鬼谷先生,学术,苏秦自以不及张仪。

①《吕氏春秋》曰:"仪,魏氏余子。"[索隐]曰:晋有大夫张老,又河东有张城,张氏为魏人必也。而《吕览》以为魏氏余子,则盖魏之支庶也。又《书略说》以余子谓之季子也。[正义]曰:《传》云晋有公族、余子、公行。杜预云:"皆宦卿之嫡,以为公族大夫。余子,嫡子之母弟也。公行,庶子掌公戎行也。"《艺文志》云《张子》十篇,在纵横流。

张仪已学而游说诸侯。①尝从楚相饮,已而楚相亡璧,门下意张仪,曰:"仪贫无行,必此盗相君之璧。"共执张仪,掠笞数百,不服,醳之。②其妻曰:"嘻!③子毋读书游说,安得此辱乎?"张仪谓其妻曰:"视吾舌尚在不?"其妻笑曰:"舌在也。"仪曰:"足矣。"

①[索隐]曰:说,音税。

②醳,音释。[索隐]曰:古释字。

③[索隐]曰:音僖。郑玄曰:"嘻,悲恨之声。"

苏秦已说赵王而得相约从亲,①然恐秦之攻诸侯,败约后负,念莫可使用于秦者,乃使人微感张仪曰:"子始与苏秦善,今秦已当路,子何不往游,以求通子之愿?"张仪于是之赵,上谒求见苏秦。苏秦乃诫门下人不为通,又使不得去者数日。已而见之,坐之堂下,赐仆妾之食。因而数让之②曰:"以子之材能,乃自令困辱至此!吾宁不能言而富贵子,子不足收也。"谢去之。张仪之来也,自以为故人,求益,反见辱,怒。念诸侯莫可事,独秦能苦赵,乃遂入秦。

①[索隐]曰:从,音足容反。

②[索隐]曰:按:谓数设词而让之。让亦责也。数,音朔。

苏秦已而告其舍人曰:"张仪,天下贤士,吾殆弗如也,今吾幸先用。而能用秦柄者,独张仪可耳。然贫,无因以进。吾恐其乐小利而不遂,故召辱之,以激其意。子为我阴奉之。"乃言赵王,发金币车马,使人微随张仪,与同宿舍。稍稍近就之,奉以车马金钱。所欲用,为取给而弗告。张仪遂得以见秦惠王。惠王以为客卿,与谋伐诸侯。

苏秦之舍人乃辞去。张仪曰:"赖子得显,方且报德,何故去也?"舍人曰:"臣非知君,知君乃苏君。苏君忧秦伐赵败从约,以为非君莫能得秦柄,故感怒君,使臣阴奉给君资,尽苏君之计谋。今君已用,请归报。"张仪曰:"嗟乎! 此在吾术中而不悟,吾不及苏君明矣。吾又新用,安能谋赵乎? 为吾谢苏君:苏君之时,仪何敢言。且苏君在,仪宁渠能乎!"①

①渠,音讵。[索隐]曰:古字少,假借耳。

张仪既相秦,为文檄①告楚相曰:"始吾从若饮,②我不盗而璧,若笞我。若善守汝国,我顾且盗而城!"

①徐广曰:"一作'恐尺之檄'。"[索隐]曰:王劭按《春秋后语》云"丈二尺檄"。许慎云:"檄,二尺书也。"

②[索隐]曰:若,汝也。下文而亦训汝。

苴蜀相攻击,①各来告急于秦。秦惠王欲发兵以伐蜀,以为道险狭难至,而韩又来侵秦。秦惠王欲先伐韩,后伐蜀,恐不利;欲先伐蜀,恐韩袭秦之敝;犹豫未能决。司马错与张仪争论于惠王之前。②司马错欲伐蜀,张仪曰:"不如伐韩。"王曰:"请闻其说。"

①徐广曰:"谯周曰益州'天苴'读为'包黎'之'包',音与'巴'相近,以为今之巴郡。"[索隐]曰:苴,音巴。谓巴、蜀之夷自相攻击也。今作"苴"者,按巴苴,草名,今论巴,遂误作"苴"也。或巴人、巴郡本因芭苴得名,所以其字遂以"苴"为"巴"也。注引"天苴",即巴苴也。谯周,蜀人

也,知"天苴"之音读为"芭犁"之"芭"。按:芭犁即织木荢所以为苇篱
也。今江南亦谓苇篱曰芭篱。[正义]曰:《华阳国志》云:"昔蜀王封其
弟子于汉中,号曰苴侯,因命之邑曰葭萌。苴侯与巴王为好,巴与蜀为
仇,故蜀王怒,伐苴。苴奔巴,求救于秦。秦遣张仪从子午道伐蜀。王
自葭萌御之,败绩,走至武阳,为秦军所害。秦遂灭蜀,因灭巴蜀二
郡。"《括地志》云:"苴侯都葭萌,今利州益昌县五十里葭萌故城是。蜀
侯都益州巴子城,在合州石饶县南五里,故垫江县也。巴子都江州,在
都之北,又峡州界也。"

②[索隐]曰:错。音七各反,又音七故反。

仪曰:"亲魏善楚,下兵三川,塞什谷之口,①当屯留之道,②魏
绝南阳,③楚临南郑,④秦攻新城、宜阳,⑤以临二周之郊,诛周王
之罪,侵楚、魏之地。周自知不能救,九鼎宝器必出。据九鼎,案图
籍,挟天子以令于天下,天下莫敢不听,此王业也。今夫蜀,西僻之
国而戎翟之伦也,敝兵劳众不足以成名,得其地不足以为利。臣闻
争名者于朝,争利者于市。今三川、周室,天下之朝市也,而王不争
焉,顾争于戎翟,去王业远矣。"⑥

①徐广曰:"一作'寻',成皋巩县有寻口。"[索隐]曰:寻、什声相近,故其
　名惑也。《战国策》作"镮辕、缑氏之口",亦其地相近也。什谷,地名。
　[正义]曰:《括地志》云:"温泉水即寻,源出洛州巩县西南四十里。《注
　水经》云郭城水出北山郭溪。又有故郭城,在巩县西南五十八里。"按:
　洛州维氏县东南四十里,与郭溪相近之地。

②[正义]曰:屯留,潞州县也。道,即太行羊肠阪道也。

③[正义]曰:南阳,怀州也。是当屯留之道,今魏绝断坏羊肠、韩上党之路
　也。

④[正义]曰:是塞什谷之口也。令楚兵临郑南,塞镮辕郭口,断韩南阳之
　兵也。

⑤[索隐]曰:新城当在河南伊阙之左右。[正义]曰:洛州福昌县也。

⑥[索隐]曰:王,音于放反。

司马错曰:"不然。臣闻之:欲富国者务广其地,欲强兵者务富
其民,欲王者务博其德,三资者备而王随之矣。今王地小民贫,故臣
愿先从事于易。夫蜀,西僻之国也,而戎翟之长也,有桀纣之乱。以

秦攻之,譬如使豺狼逐群羊。得其地足以广国,取其财足以富民,①
缮兵,不伤众而彼已服焉。②拔一国而天下不以为暴,利尽西海而
天下不以为贪,③是我一举而名实附也,④而又有禁暴止乱之名。
今攻韩,劫天子,恶名也,而未必利也,又有不义之名,而攻天下所
不欲,危矣。臣请论其故:⑤周,天下之宗室也。齐,韩之与国也。周
自知失九鼎,韩自知亡三川,⑥将二国并力合谋,以因乎齐、赵而求
解乎楚、魏,以鼎与楚,以地与魏,王弗能止也。此臣之所谓危也。不
如伐蜀完。"

①[索隐]曰:《战国策》"取"作"得"。

②[正义]曰:缮,音膳,同"膳",具食也。

③[索隐]曰:西海,谓蜀川也。海者珍藏所聚生,犹谓秦中为"陆海"然也。
其实西方亦有海,所以云西海。[正义]曰:海之言晦也,西夷晦昧无知,故
言海也。言利尽西方羌戎。

④[索隐]曰:名谓博其德也,实谓得土地财宝也。

⑤[索隐]曰:论者,告也,陈也。故,谓陈不宜伐之端由也。

⑥[正义]曰:韩自知亡二周,故与周并力合谋也。

　　惠王曰:"善,寡人请听子。"卒起兵伐蜀,十月,取之,①遂定
蜀。②贬蜀王更号为侯,而使陈庄相蜀。蜀既属秦,秦以益强,富厚,
轻诸侯。

①[索隐]曰:《六国年表》在惠王二十二年十月也。

②[正义]曰:表云秦惠王后元年十月击灭之。

　　秦惠王十年,使公子华①与张仪围蒲阳,②降之。仪因言秦复
与魏,而使公子繇质于魏。仪因说魏王曰:"秦王之遇魏甚厚,魏不
可以无礼。"魏因入上郡、少梁,谢秦惠王。惠王乃以张仪为相,更名
少梁曰夏阳。③

①徐广曰:"一作'革'。"

②[索隐]曰:魏之邑名。[正义]曰:在隰州隰川县,蒲邑故城是也。

③徐广曰:"夏阳在梁山龙门。"[索隐]曰:夏,音下。山名,亦曰大夏,禹所
都。[正义]曰:少梁城,同州韩城县南二十三里。夏阳城在县南二十里。

梁山在县东南十九里。龙门山在县北五十里。

仪相秦四岁,立惠王为王。①居一岁,为秦将,取陕。筑上郡塞。

①[正义]曰:表云惠王之十三年,周显王之三十四年也。

其后二年,使与齐、楚之相会啮桑。东还而免相,相魏以为秦,欲令魏先事秦而诸侯效之。魏王不肯听仪。秦王怒,伐取魏之曲沃、平周,复阴厚张仪益甚。张仪惭,无以归报。留魏四岁而魏襄王卒,哀王立。张仪复说哀王,哀王不听。于是张仪阴令秦伐魏。魏与秦战,败。

明年,齐又来败魏于观津。①秦复欲攻魏,先败韩申差军,斩首八万,诸侯震恐。而张仪复说魏王曰:"魏地方不至千里,卒不过三十万。地四平,诸侯四通辐凑,无名山大川之限。从郑至梁二百余里,车驰人走,不待力而至。梁南与楚境,西与韩境,北与赵境,东与齐境,卒戍四方,守亭鄣者不下十万。梁之地势固战场也。梁南与楚而不与齐,则齐攻其东;东与齐而不与赵,则赵攻其北;不合于韩,则韩攻其西;不亲于楚,则楚攻其南。此所谓四分五裂之道也。

①观音贯。

"且夫诸侯之为从者,将以安社稷尊主强兵显名也。今从者一天下,约为昆弟,刑白马以盟洹①水之上,以相坚也。而亲昆弟同父母,尚有争钱财,而欲恃诈伪反覆苏秦之余谋,其不可成亦明矣。

①音桓。

"大王事秦,秦下兵攻河外,①据卷、衍、酸枣,②劫卫取阳晋,③则赵不南,赵不南而梁不北,梁不北则从道绝,从道绝则大王之国欲毋危不可得也。秦折韩而攻梁,④韩怯于秦,秦韩为一,梁之亡可立而须也。此臣之所为大王患也。

①[索隐]曰:河之西,即曲沃、平周之邑也。[正义]曰:河外,即卷、衍、燕、酸枣。

②卷,丘权反。衍,以善反。[索隐]曰:卷在河南。衍,地名。[正义]曰:卷、衍属郑州。燕,滑州胙城县。酸枣属滑州。皆黄河南岸地。

③[正义]曰:故城在曹州乘氏县西北三十七里。

④[索隐]曰:《战国策》"折"作"挟"也。

"为大王计,莫如事秦。事秦则楚、韩必不敢动。无楚、韩之患,则大王高枕而卧,①国必无忧矣。

①[正义]曰:枕,针鸩反。

"且夫秦之所欲弱者莫如楚,而能弱楚者莫如梁。楚虽有富大之名而实空虚,其卒虽多,然而轻走易北,不能坚战。悉梁之兵南面而伐楚,胜之必矣。割楚而益梁,亏楚而适秦,嫁祸安国,此善事也。大王不听臣,秦下甲士而东伐,虽欲事秦,不可得矣。

"且夫从人多奋辞而少可信。说一诸侯而成封侯,是故天下之游谈士莫不日夜扼腕瞋目切齿以言从之便,以说人主。人主贤其辩而牵其说,岂得无眩哉?

"臣闻之:积羽沉舟,群轻折轴,众口铄金,积毁销骨。故愿大王审定计议,且赐骸骨辟魏。"

哀王于是乃倍从约,而因仪请成于秦。张仪归,复相秦。三岁而魏复背秦为从。秦攻魏,取曲沃。明年,魏复事秦。

　秦欲伐齐,齐、楚从亲,于是张仪往相楚。楚怀王闻张仪来,虚上舍而自馆之。曰:"此僻陋之国,子何以教之?"仪说楚王曰:"大王诚能听臣,闭关绝约于齐,臣请献商於之地六百里,①使秦女得为大王箕帚之妾。秦楚娶妇嫁女,长为兄弟之国。此北弱齐而西益秦也,计无便此者。"楚王大说而许之。群臣皆贺,陈轸独吊之。楚王怒曰:"寡人不兴师发兵得六百里地,群臣皆贺,子独吊,何也?"陈轸对曰:"不然,以臣观之,商於之地不可得而齐秦合,齐秦合则患必至矣。"楚王曰:"有说乎?"陈轸对曰:"夫秦之所以重楚者,以其有齐也。今闭关绝约于齐,则楚孤。秦奚贪夫孤国,而与之商於之地六百里? 张仪至秦,必负王,是北绝齐交,西生患于秦也,而两国之兵必俱至。善为王计者,不若阴合而阳绝于齐,使人随张仪。苟与吾地,绝齐未晚也。不与吾地,阴合谋计也。"楚王曰:"愿陈子闭口毋复言,以待寡人得地。"乃以相印授张仪,厚赂之。于是遂闭关绝约于齐,使一将军随张仪。

①[索隐]曰:刘氏云:"商,今之商州有古商城,其西二百余里有古于城。"

张仪至秦,详失绥堕车,不朝三月。①楚王闻之,曰:"仪以寡人绝齐未甚邪?"乃使勇士至宋,借宋之符,北骂齐王。齐王大怒,折节而下秦。秦齐之交合,张仪乃朝,谓楚使者曰:"臣有奉邑六里,愿以献大王左右。"楚使者曰:"臣受令于王,以商於之地六百里,不闻六里。"还报楚王,楚王大怒,发兵而攻秦。陈轸曰:"轸可发口言乎?攻之不如割地反以赂秦,与之并兵而攻齐,是我出地于秦,取偿于齐也,王国尚可存。"楚王不听,卒发兵,而使将军屈丐击秦。秦齐共攻楚,斩首八万,杀屈丐,遂取丹阳、②汉中之地。③楚又复益发兵而袭秦,至蓝田,大战,楚大败,于是楚割两城以与秦平。

①[正义]曰:详,音羊。

②徐广曰:"在枝江。"

③[正义]曰:今梁州也,在汉水北。

秦要楚,欲得黔中地,①欲以武关外易之。②楚王曰:"不愿易地,愿得张仪而献黔中地。"秦王欲遣之,口弗忍言。张仪乃请行。惠王曰:"彼楚王怒子之负以商於之地,是且甘心于子。"张仪曰:"秦强楚弱。臣善靳尚,尚得事楚夫人郑袖,袖所言皆从。且臣奉王之节使楚,楚何敢加诛?假令诛臣而为秦得黔中之地,臣之上愿。"遂使楚。楚怀王至则囚张仪,将杀之。靳尚谓郑袖曰:"子亦知子之贱于王乎?"郑袖曰:"何也?"靳尚曰:"秦王甚爱张仪而不欲出之,③今将以上庸之地六县④赂楚,以美人聘楚,以宫中善歌讴者为媵。楚王重地尊秦,秦女必贵而夫人斥矣。不若为言而出之。"于是郑袖日夜言怀王曰:"人臣各为其主用。今地未入秦,秦使张仪来,至重王。王未有礼而杀张仪,秦必大怒攻楚。妾请子母俱迁江南,毋为秦所鱼肉也。"怀王后悔,赦张仪,厚礼之如故。

①[正义]曰:要,音腰。

②[正义]曰:即商於之地。

③[索隐]曰:"不"字当作"必"。时张仪为楚所囚,故必欲出之也。[正义]曰:秦王不欲出张仪使楚,若欲自行,今秦欲以上庸地及美人赎仪。

④[正义]曰:今房州也。

张仪既出，未去，闻苏秦死。①乃说楚王曰："秦地半天下，兵敌
四国，被险带河，四塞以为固。虎贲之士百余万，车千乘，骑万匹，积
粟如丘山。法令既明，士卒安难乐死，主明以严，将智以武。虽无出
甲，度卷常山之险，必折天下之脊，②天下有后服者先亡。且夫为从
者，无以异于驱群羊而攻猛虎，虎之与羊不格明矣。今王不与猛虎
而与群羊，臣窃以为大王之计过也。"

①[索隐]曰：此时当秦惠王之后元十四年。

②[索隐]曰：常山于天下在北，有若人之背脊也。[正义]曰：古之帝王多
　都河北、河东故也。

"凡天下强国，非秦而楚，非楚而秦，两国交争，其势不两立。大
王不与秦，秦下甲据宜阳，韩之上地不通。下河东，取成皋，韩必入
臣，梁则从风而动。秦攻楚之西，韩、梁攻其北，社稷安得毋危？

"且夫从者聚群弱而攻至强，不料敌而轻战，国贫而数举兵，危
亡之术也。臣闻之：兵不如者勿与挑战，①粟不如者勿与持久。夫从
人饰辩虚辞，高主之节，言其利不言其害，卒有秦祸，②无及为已。
是故愿大王之孰计之。

①[正义]挑，田鸟反。

②[正义]卒，葱勿反。

"秦西有巴蜀，大船积粟，起于汶山，①浮江已下，至楚三千余
里。舫船载卒，②一舫载五十人与三月之食，下水而浮，一日行三百
余里，里数虽多，然而不费牛马之力，不至十日而拒扞关。③扞关
惊，则从境以东尽城守矣，黔中、巫郡非王之有。秦举甲出武关，南
面而伐，则北地绝。④秦兵之攻楚也，危难在三月之内；而楚待诸侯
之救，在半岁之外。此其势不相及也。夫待弱国之救，忘强秦之祸，
此臣所以为大王患也。

①[正义]汶，音泯。

②[索隐]曰：舫，音方，谓并两船也。

③徐广曰："巴郡鱼复有扞水扞关。"[索隐]曰：扞关在楚之西界。复，音
　伏。《地理志》巴郡有鱼复县。[正义]曰：在硖州巴山县界。

④[正义]曰：楚之北境断绝。

"大王尝与吴人战,五战而三胜,阵卒尽矣;偏守新城,存民苦矣。①臣闻功大者易危,而民敝者怨上。夫守易危之功而逆强秦之心,臣窃为大王危之。

　①[索隐]曰:偏,音匹连反。此"新城"当在吴楚之间也。[正义]曰:新攻得
　　之城,未详所在。

"且夫秦之所以不出兵函谷十五年以攻齐、赵者,阴谋有合①天下之心。楚尝与秦构难,战于汉中,②楚人不胜,列侯执珪死者七十余人,遂亡汉中。楚王大怒,兴兵袭秦,战于蓝田。此所谓两虎相搏③者也。夫秦楚相敝,而韩魏以全制其后,计无危于此者矣!愿大王孰计之。

　①徐广曰:"一作'吞'。"
　②[索隐]曰:其地在秦之山南,楚之西北,汉水南之地,名曰汉中也。
　③徐广曰:"或音'戟'。"

"秦下甲攻卫阳晋,必大关天下之匈。①大王悉起兵以攻宋,不至数月而宋可举。举宋而东指,则泗上十二诸侯尽王之有也。"②

　①徐广曰:"关,一作'开'。"[索隐]曰:以常山为天下脊,则此卫及阳晋当
　　天下胸,盖其地是秦、晋、齐、楚之交道也。以言秦兵据阳晋,是大关天
　　下胸,则他国不得动也。
　②[索隐]曰:边近泗水之侧,当战国之时有十二诸侯,宋、鲁、邾、莒之比
　　也。

"凡天下而以信约从亲相坚者苏秦,封武安君。相燕,即阴与燕王谋伐破齐而分其地。乃详有罪,出走入齐,齐王因受而相之。居二年而觉,齐王大怒,车裂苏秦于市。夫以一诈伪之苏秦,而欲经营天下,混壹诸侯,①其不可成亦明矣。

　①[索隐]曰:混,本一作"棍",同胡本反。

"今秦与楚接境壤界,固形亲之国也。大王诚能听臣,臣请使秦太子入质于楚,楚太子入质于秦,请以秦女为大王箕帚之妾,效万室之都以为汤沐之邑,长为昆弟之国,终身无相攻伐。臣以为计无便于此者。"

于是楚王已得张仪而重出黔中地与秦,欲许之。屈原曰:"前大

王见欺于张仪,张仪至,臣以为大王烹之。今纵弗忍杀之,又听其邪说,不可。"怀王曰:"许仪而得黔中,美利也。后而倍之,不可。"故卒许张仪,与秦亲。

张仪去楚,因遂之韩。说韩王曰:"韩地险恶山居,五谷所生非菽而麦,民之食大抵饭菽藿羹。一岁不收,民不餍糟糠。地不过九百里,无二岁之食。料大王之卒,悉之不过三十万,而厮徒负养在其中矣。①除守徼亭鄣塞,见卒不过二十万而已矣。秦带甲百余万,车千乘,骑万匹,虎贲之士跿跔科头②贯颐奋戟者,至不可胜计。③秦马之良,戎兵之众,探前趹后,蹄间三寻④腾者,不可胜数。山东之士被甲蒙胄以会战;秦人捐甲徒裼以趋敌,⑤左挈人头,右挟生虏。夫秦卒与山东之卒,犹孟贲之与怯夫。以重力相压,犹乌获之与婴儿。夫战孟贲、乌获之士以攻不服之弱国,无异垂千钧之重于鸟卵之上,必无幸矣。夫群臣诸侯不料地之寡,而听从人之甘言好辞,比周以相饰也。皆奋曰'听吾计可以强霸天下'。夫不顾社稷之长利而听须臾之说,诖误人主,无过此者。

①[索隐]曰:厮徒,谓杂役之贱者。负养,谓负檐以给养公家,亦贱人也。

②跿跔,音徒俱,跳跃也。又云偏举一足曰跿跔。科头,谓不著兜鍪入敌。

[索隐]曰:跔,又音劬。《战国策》作"虎挚之士"。

③言执戟奋怒而入陈也。[索隐]曰:两手捧颐而直入敌,言其勇也。又有执戟者奋怒而趋入阵也。

④[索隐]曰:谓马前足探向前,后足趹于后。趹,音乌穴反。趹谓后足抉地,言马之走势疾也。七尺曰寻。言马走之疾,前后蹄间一掷而过三寻也。

⑤[索隐]曰:徒,跣也。裼,袒也,谓袒而见肉也。

"大王不事秦,秦下甲据宜阳,断韩之上地,东取成皋、荥阳,则鸿台之宫、桑林之苑①非王之有也。夫塞成皋,绝上地,则王之国分矣。先事秦则安,不事秦则危。夫造祸而求其福报,计浅而怨深,逆秦而顺楚,虽欲毋亡,不可得也。

①徐广曰:"桑,一作'栗'。"[索隐]曰:此皆韩之宫苑,亦见《战国策》。

"故为大王计,莫如为①秦。秦之所欲莫如弱楚,而能弱楚者莫如韩。非以韩能强于楚也，其地势然也。今王西面而事秦以攻楚，秦王必喜。夫攻楚以利其地，转祸而说秦，计无便于此者。"

①于伪反。

韩王听仪计。张仪归报，秦惠王封仪五邑，号曰武信君。使张仪东说齐湣王曰："天下强国无过齐者，大臣父兄殷众富乐。然而为大王计者，皆为一时之说，不顾百世之利。从人说大王者，必曰'齐西有强赵，南有韩与梁。齐，负海之国也，地广民众，兵强士勇，虽有百秦，将无奈齐何'。大王贤其说而不计其实。夫从人朋党比周，莫不以从为可。

"臣闻之：齐与鲁三战而鲁三胜，国以危亡随其后，虽有战胜之名，而有亡国之实。是何也？齐大而鲁小也。今秦之与齐也，犹齐之与鲁也。秦赵战于河漳之上，再战而赵再胜秦。战于番吾之下，再战又胜秦。①四战之后，赵之亡卒数十万，邯郸仅存，虽有战胜之名而国已破矣。是何也？秦强而赵弱。

①[索隐]曰：番，音盘，又音婆。赵之邑也。

"今秦楚嫁女娶妇，为昆弟之国。韩献宜阳，梁效河外。①赵入朝渑②池，割河间以事秦。③大王不事秦，秦驱韩梁攻齐之南地，悉赵兵渡清河，指博关，④临淄、即墨非王之有也。国一日见攻，虽欲事秦不可得也。是故愿大王孰计之也。"齐王曰："齐僻陋，隐居东海之上，未尝闻社稷之长利也。"乃许张仪。

①[索隐]曰：河外，河之南邑，若曲沃、平周等也。[正义]曰：谓同、华州地也。

②绵善反。

③[索隐]曰：河漳之间邑，割以事秦耳。[正义]曰：河间，瀛州县。

④[正义]曰：博关在博州。赵兵从贝州度黄河，指博关，则漯河南临菑、即墨危矣。

张仪去，西说赵王曰："敝邑秦王使使臣效愚计于大王。大王收率天下以宾秦，秦兵不敢出函谷关十五年。大王之威行于山东，敝邑恐惧慑伏，缮甲厉兵，饰车骑，①习驰射，力田积粟，守四封之内，愁居慑处，不敢动摇，唯大王有意督过之也。②

①〔正义〕饰,音敕。

②〔索隐〕曰:督者,正其事而责之。督过,是深责其过也。

"今以大王之力,举巴蜀,并汉中,包两周,迁九鼎,守白马之津。秦虽僻远,然而心忿含怒之日久矣。今秦有敝甲凋兵,军于渑池,愿渡河逾漳,据番吾,会邯郸之下。愿以甲子合战,以正殷纣之事,敬使使臣先闻左右。

"凡大王之所信为从者,恃苏秦。苏秦荧惑诸侯,以是为非,以非为是,欲反齐国,而自令车裂于市。夫天下之不可一亦明矣。今楚与秦为昆弟之国,而韩梁称为东藩之臣,齐献鱼盐之地,此断赵之右臂也。夫断右臂而与人斗,失其党而孤居,求欲毋危,岂可得乎?

"今秦发三将军:其一军塞午道,①告齐使兴师渡清河,军于邯郸之东。一军军成皋,驱韩梁军于河外。②一军军于渑池,约四国为一以攻赵,赵服必四分其地。是故不敢匿意隐情,先以闻于左右。臣窃为大王计,莫如与秦王遇于渑池,面相见而口相结,请案兵无攻。愿大王之定计。"

①〔索隐〕曰:此午道当在赵之东,齐之西也。午道,地名也。郑玄云"一纵一横为午",谓交道也。

②〔正义〕曰:河外谓郑、滑州,北临河。

赵王曰:"先王之时,奉阳君专权擅势,蔽欺先王,独擅绾事。寡人居属师傅,不与国谋计。先王弃群臣,寡人年幼,奉祀之日新,心固窃疑焉,以为一从不事秦,非国之长利也。乃且愿变心易虑,割地谢前过以事秦。方将约车趋行,①适闻使者之明诏。"赵王许张仪,张仪乃去。

①〔正义〕趋,音趣。

北之燕,说燕昭王曰:"大王之所亲莫如赵。昔赵襄子尝以其姊为代王妻,欲并代,约与代王遇于句注之塞。①乃令工人作为金斗,长其尾,②令可以击人。与代王饮,阴告厨人曰:'即酒酣乐,进热啜,③反斗以击之。'④于是酒酣乐,进热啜,厨人进斟,因反斗以击代王,杀之,王脑涂地。其姊闻之,因摩笄以自刺,故至今有摩笄之山。⑤代王之亡,天下莫不闻。

①[正义]曰:句注山在代州也。上音勾。

②[索隐]曰:斗,音主。凡方者为斗,若安长柄,则名为枓,音主。尾即斗之柄,其形若刀者是也。

③[索隐]曰:音昌悦反。谓热而啜,是羹也。下云"厨人进斟",斟谓羹汁,故名汁曰斟。《左氏传》《公羊传》云:"羊羹不斟"是也。

④[正义]曰:反斗,即倒柄击也。

⑤笄,妇人之首饰,如今象牙擿。[正义]曰:笄,今簪也。摩笄山在蔚州飞狐县东北百五十里。

"夫赵王之狼戾无亲,大王之所明见,且以赵王为可亲乎?赵兴兵攻燕,再围燕都而劫大王,大王割十城以谢。今赵王已入朝渑池,效河间以事秦。今大王不事秦,秦下甲云中、九原,驱赵而攻燕,则易水、长城①非大王之有也。

①[正义]曰:并在易州界。

"且今时赵之于秦,犹郡县也,不敢妄举师以攻伐。今王事秦,秦王必喜,赵不敢妄动,是西有强秦之援,而南无齐赵之患,是故愿大王执计之。"

燕王曰:"寡人蛮夷僻处,虽大男子裁①如婴儿,言不足以采正计。今上客幸教之,请西面而事秦,献恒山之尾五城。"②燕王听仪。

①音在。

②[索隐]曰:尾犹末也。谓献恒山之东五城以与秦。

仪归报,未至咸阳而秦惠王卒,武王立。武王自为太子时不说张仪,及即位,群臣多谗张仪曰:"无信,左右卖国以取容。秦必复用之,恐为天下笑。"诸侯闻张仪有隙武王,皆畔衡,复合从。

秦武王元年,群臣日夜恶张仪未已,而齐让又至。张仪惧诛,乃因谓秦武王曰:"仪有愚计,愿效之。"王曰:"奈何?"对曰:"为秦社稷计者,东方有大变,然后王可以多割得地也。今闻齐王甚憎仪,仪之所在,必兴师伐之。故仪愿乞其不肖之身之梁,齐必兴师而伐梁。

梁齐之兵连于城下而不能相去,王以其间伐韩,入三川,出兵函谷而毋伐,以临周,祭器必出。① 挟天子,按图籍,此王业也。"秦王以为然,乃具革车三十乘,入仪之梁。齐果兴师伐之。

①〔索隐〕曰:凡王者大祭祀,必陈设文物轩车彝器等,因谓此为祭器也。

梁哀王恐。张仪曰:"王勿患也,请令罢齐兵。"乃使其舍人冯喜之楚,①借使之齐,谓齐王曰:"王甚憎张仪。虽然,亦厚矣王之托仪于秦!"齐王曰:"寡人憎仪,仪之所在,必兴师伐之,何以托仪?"对曰:"是乃王之托仪也。夫仪之出也,固与秦王约曰:'为王计者,东方有大变,然后王可以多割得地。今齐王甚憎仪,仪之所在,必兴师伐之。故仪愿乞其不肖之身之梁,齐必兴师伐之。齐梁之兵连于城下而不能相去,王以其间伐韩,入三川,出兵函谷而无伐,以临周,祭器必出。挟天子,案图籍,此王业也。'秦王以为然,故具革车三十乘而入之梁也。今仪入梁,王果伐之,是王内罢国而外伐与国,②广邻敌以内自临,而信仪于秦王也。此臣之所谓'托仪'也。"齐王曰:"善。"乃使解兵。

①〔索隐〕曰:此与《战国策》同。旧本作"憙"者,误也。

②〔索隐〕曰:谓齐之伐梁也。梁之与齐,先相许与约从为邻,故云与国也。

张仪相魏一岁,卒于魏也。①

①〔索隐〕曰:年表张仪以安王十年卒。《纪年》云梁哀王九年五月卒。

陈轸者,游说之士。与张仪俱事秦惠王,皆贵重,争宠。

张仪恶陈轸于秦王曰:"轸重币轻使秦楚之间,将为国交也。今楚不加善于秦而善轸者,轸自为厚而为王薄也。且轸欲去秦而之楚,王胡不听乎?"王谓陈轸曰:"吾闻子欲去秦之楚,有之乎?"轸曰:"然。"王曰:"仪之言果信矣。"轸曰:"非独仪知之也,行道之士尽知之矣。昔子胥忠于其君而天下争以为臣,曾参孝于其亲而天下愿以为子。故卖仆妾不出闾巷而售者,良仆妾也;出妇嫁于乡曲者,良妇也。今轸不忠其君,楚亦何以轸为忠乎? 忠且见弃,轸不之楚何归乎?"王以其言为然,遂善待之。

　　居秦期年,秦惠王终相张仪,而陈轸奔楚。楚未之重也,而使陈轸使于秦。过梁,欲见犀首,犀首谢弗见。轸曰:"吾为事来,公不见轸。轸将行,不得待①异日。"犀首见之。陈轸曰:"公何好饮也?"犀首曰:"无事也。"曰:"吾请令公餍事,可乎?"②曰:"奈何?"曰:"田需约诸侯从亲,③楚王疑之,未信也。公谓于王:'臣与燕、赵之王有故,数使人来,曰"无事何不相见",愿谒行于王。'王虽许公,公请毋多车,以车三十乘,可陈之于庭,明言之燕、赵。"燕、赵客闻之,驰车告其王,使人迎犀首。楚王闻之大怒,曰:"田需与寡人约,而犀首之燕、赵,是欺我也。"怒而不听其事。齐闻犀首之北,使人以事委焉。犀首遂行,三国相事皆断于犀首。轸遂至秦。

　　①[索隐]曰:轸语犀首,言我故来,欲有教汝之事,何不相见。

　　②[索隐]曰:餍,一艳反。厌者,饱也,谓欲令其多事。

　　③[索隐]曰:需时为魏相。

　　韩魏相攻,期年不解。秦惠王欲救之,问于左右。左右或曰救之便,或曰勿救便,惠王未能为之决。陈轸适至秦,惠王曰:"子去寡人之楚,亦思寡人不?"陈轸对曰:"王闻夫越人庄舄乎?"王曰:"不闻。"曰:"越人庄舄仕楚执珪,有顷而病。楚王曰:'舄故越之鄙细人也,今仕楚执珪,贵富矣,亦思越不?'中谢①对曰:'凡人之思故,在其病也。彼思越则越声,不思越则楚声。'使人往听之,犹尚越声也。今臣虽弃逐之楚,岂能无秦声哉!"惠王曰:"善。今韩魏相攻,期年不解。或谓寡人救之便,或曰勿救便,②寡人不能决。愿子为子主计之③余,为寡人计之。"陈轸对曰:"亦尝有以夫辨庄子刺虎闻于王者乎?④庄子欲刺虎,馆竖子止之,曰:'两虎方且食牛,食甘必争,争则必斗,斗则大者伤,小者死,从伤而刺之,一举必有双虎之名。'辨庄子以为然,立须之。有顷,两虎果斗,大者伤,小者死。庄子从伤者而刺之,一举果有双虎之功。今韩魏相攻斯年不解,是必大国伤,小国亡。从伤而伐之,一举必有两实。此犹庄子刺虎之类也。臣主与王何异也。"⑤惠王曰:"善。"卒弗救。大国果伤,小国亡。秦兴兵而伐,大克之。此陈轸之计也。

①〔索隐〕曰:谓侍御之官也。

②〔索隐〕曰:此张仪等计策。

③〔索隐〕曰:子指陈轸也。子主谓楚王也。

④〔索隐〕曰:《战国策》作"馆庄子"。馆谓逆旅舍。其人字庄子。或作"辨
　庄子"。

⑤〔索隐〕曰:臣主,谓轸之主楚王也。王,秦惠王。以言我主与王俱宜待
　韩、魏之毙而击之,亦无以异也。

犀首者,魏之阴晋人也,①名衍,姓公孙氏。与张仪不善。

①司马彪曰:"犀首,魏官名,若今虎牙将军。"

张仪为秦之魏,魏王相张仪。犀首弗利,故令人谓韩公叔曰:
"张仪已合秦魏矣,其言曰①'魏攻南阳,秦攻三川'。魏王所以贵张
子者,欲得韩地也。且韩之南阳已举矣,子何不少委焉以为衍功,则
秦魏之交可错矣。②然则魏必图秦而弃仪,收韩而相衍。"公叔以为
便,因委之犀首以为功。果相魏。张仪去。③

①〔正义〕曰:此张仪合秦魏之辞。

②〔索隐〕曰:错,音措。错,停止也。

③徐广曰:"复相秦。"

义渠君朝于魏。犀首闻张仪复相秦,害之。犀首乃谓义渠君曰:
"道远不得复过,①请谒事情。"②曰:"中国无事,③秦得烧掇焚
杅④君之国;有事,⑤秦将轻使重币事君之国。"⑥其后五国伐
秦,⑦会陈轸谓秦王曰:"义渠君者,蛮夷之贤君也,不如赂之以抚
其志。"秦王曰:"善。"乃以文绣千纯,⑧妇女百人遗义渠君。义渠君
致群臣而谋曰:"此公孙衍所谓邪?"⑨乃起兵袭秦,大败秦人李伯
之下。⑩

①〔索隐〕曰:音戈。言义渠道远,今日已后,不复得更过相见。

②〔索隐〕曰:谓欲以秦之缓急告语之也。

③〔索隐〕曰:谓山东诸侯齐、魏之六国。〔正义〕曰:中国,谓关东六国。无
　事,不共攻秦。

④徐广曰:"一孤切。"〔索隐〕曰:掇,音都活反,谓焚烧而侵掠也。焚杅,音

烦乌。谓焚躁而牵制也。《战国策》云"且烧薙获君之国",是说其事也。

⑤［索隐］曰:谓山东诸国共伐秦也。

⑥［索隐］曰:谓秦求亲义渠君也。［正义］曰:有事,谓六国攻秦。秦若被攻伐,则必轻使重币,事义渠之国,欲令相助。犀首此言者,令义渠君勿援秦也。

⑦［索隐］曰:按:表秦惠王后元七年,楚、魏、齐、韩、赵五国共攻秦,是其事者也。

⑧［索隐］曰:凡丝绵布帛等一段为一纯。音屯。

⑨［索隐］曰:谓上文犀首云"君之国有事,秦将轻使重币事君之国",故云"公孙衍之所谓",因起兵袭秦以伤张仪也。

⑩［索隐］曰:谓义渠破秦军于李伯之下,则李伯人名或邑号。《战国策》"伯"作"帛"。

张仪已卒之后,犀首入相秦。尝佩五国之相印,为约长。①

①［索隐］曰:犀首后相五国,或从或横,常为约长。

太史公曰:三晋多权变之士,夫言从衡强秦者大抵皆三晋之人也。夫张仪之行事甚于苏秦,然世恶苏秦者,以其先死,而仪振暴其短以扶其说,①成其衡道。②要之,此两人真倾危之士哉!

①［索隐］曰:暴,音步卜反。振谓振扬而暴露其短。扶,谓说彼之非,成我之是,扶会己之说辞也。

②［索隐］曰:张仪说六国,使连衡而事秦,故云"成其衡道"。然山东地形从长,苏秦相六国,令从亲而宾秦也。关西地形衡长,张仪相六国,令破其从而连秦之衡,故苏为合从,张仪为连横也。

索隐述赞曰:仪未遭时,频被困辱。及相秦惠,先韩后蜀。连衡齐魏,倾危诳惑。陈轸挟权,犀首骋欲。如何三晋,继有斯德。

史记卷七一
列传第一一

樗里子甘茂

樗里子者，名疾，秦惠王之弟也，①与惠王异母。母，韩女也。

①〔索隐〕曰：樗，木名也，音摅。高诱曰"其里有樗树，故曰樗里"。然疾居渭南阴乡之樗里，故号曰樗里子。又《纪年》则谓之"褚里疾"。

樗里子滑稽多智，①秦人号曰"智囊"。

①〔索隐〕曰：滑，音骨。稽，音鸡。邹诞解云："滑，乱也。稽，同也。谓辩捷之人，言非若是，言是若非，谓能乱同异也"。一云滑稽，酒器，可转注吐酒不已。以言俳优之人出口成章，词不穷竭，如滑稽之吐酒不已也。〔正义〕曰：滑，读为溷，水流自出。稽，计也。言其智计宣吐如泉，流出无尽。故杨雄《酒赋》云"鸱夷滑稽，腹大如壶"是也。颜师古云："滑稽，转利之称也。滑，乱也。稽，碍也。其变无留也。"一说稽，考也，言其滑乱不可考校。

秦惠王八年，爵樗里子右更，①使将而伐曲沃。②尽出其人，③取其城，地入秦。秦惠王二十五年，使樗里子为将伐赵，虏赵将军庄豹，拔蔺。④

①〔索隐〕曰：右更，秦之第十四爵名。

②〔正义〕曰：故城在陕州县西南三十二里。

③〔索隐〕曰：年表云十一年拔魏曲沃，归其人。《秦本纪》惠文王后元八年，五国共围秦，使庶长疾与战修鱼，斩首八万。十一年，樗里疾攻魏焦，降之。则焦与曲沃同在十一年拔明矣。而传云"八年拔之"，不同。王劭按：本纪、年表及此传，三处记秦伐国并不同，又与《纪年》不合，今殆不可参考也。

④[正义]曰：蔺县在石州。

明年，助魏章攻楚，败楚将屈丐，取汉中地。秦封樗里子，号为严君。①

①[索隐]曰：按：严君是爵邑之号，当是封之严道也。

秦惠王卒，太子武王立，逐张仪、魏章，而以樗里子、甘茂为左右丞相。秦使甘茂攻韩，拔宜阳。使樗里子以车百乘入周。周以卒迎之，意甚敬。楚王怒，让周，以其重秦客。游腾为周说楚王曰：①“智伯之伐仇犹，②遗之广车，③因随之兵，仇犹遂亡。何则？无备故也。齐桓公伐蔡，号曰诛楚，其实袭蔡。今秦虎狼之国，使樗里子以车百乘入周，周以仇犹、蔡观焉，故使长戟居前，强弩在后，名曰卫疾，④而实囚之。且夫周岂能无忧其社稷哉？恐一旦亡国以忧大王。”楚王乃悦。

①[索隐]曰：游，姓；腾，名。

②许慎曰：“仇犹，夷狄之国。”[索隐]曰：高诱注《战国策》，以“仇苩”为“厹由”。《韩子》作“仇由”。《地理志》临淮有仇苩县也。[正义]曰：《括地志》云：“并州孟县外城俗名原仇山，亦名仇犹，夷狄之国也。《韩子》云：‘智伯欲伐犹国，道险难不通，乃铸大钟遗之，载以广车。仇犹大悦，险涂内之。赤草曼支谏曰：“不可。此小所以事大，而今大以遗小，卒必随，不可。”不听，遂内之。曼支因断毂而驰。至十九日而仇犹亡也’。”

③《战国策》曰：“智伯欲伐仇犹，遗之大钟，载以广车。”《周礼》曰：“广车之萃。”郑玄曰：“广车，横陈之车。”

④[正义]曰：防卫樗里子。

秦武王卒，昭王立，樗里子又益尊重。

昭王元年，樗里子将伐蒲。①蒲守恐，请胡衍。②胡衍为蒲谓樗里子曰：“公之攻蒲，为秦乎？为魏乎？为魏则善矣，为秦则不为赖矣。③夫卫之所以为卫者，以蒲也。④今伐蒲入于魏，卫必折而从之。⑤魏亡西河之外，⑥而无以取者，兵弱也。今并卫于魏，魏必强。魏强之日，西河之外必危矣。且秦王将观公之事，害秦而利魏，王必罪公。”樗里子曰：“奈何？”胡衍曰：“公释蒲勿攻，臣试为公入言之，以德卫君。”樗里子曰：“善。”胡衍入蒲，谓其守曰：“樗里子知蒲之病矣,其言曰必拔蒲。衍能令释蒲勿攻。"蒲守恐,因再拜曰:"愿以请。"因效金三百斤,曰:"秦兵苟退,请必言子于卫君,使子为南面。"故胡衍受金于蒲以自贵于卫。于是遂解蒲而去。还击皮氏,⑦皮氏未降,又去。

①[索隐]曰:《纪年》云"褚里疾围蒲不克,而秦惠王薨",事与此合。[正义]曰:蒲故城在滑州匡城县北十五里,即子路作宰地。

②[索隐]曰:人姓名也。

③赖,利也。

④[正义]曰:蒲是卫国之郭卫。

⑤[索隐]曰:《战国策》云"今蒲入于秦,卫必折而入于魏",与此文相反也。

⑥[正义]曰:谓同、华等州。

⑦[正义]曰:故城在绛州龙门县西百四十步,魏邑。

昭王七年,樗里子卒,葬于渭南章台之东。①曰:"后百岁,是当有天子之宫夹我墓。"樗里子疾室在于昭王庙西渭南阴乡樗里,故俗谓之樗里子。至汉兴,长乐宫在其东,未央宫在其西,②武库正直其墓。③秦人谚曰:"力则任鄙,智则樗里。"

①[索隐]曰:按《黄图》,在汉长安故城西。

②[正义]曰:汉长乐宫在长安县西北十五里,未央在县西北十四里,皆在长安故城中也。

③[索隐]曰:直,如字读。直,犹当也。

甘茂者,下蔡人也。①事下蔡史举先生,②学百家之说。因张仪、樗里子而求见秦惠王。王见而说之,使将,而佐魏章略定汉中地。

①[索隐]曰:《地理志》下蔡县属汝南也。[正义]曰:今颍州县,即州莱国。

②[索隐]曰:《战国策》及《韩子》皆云史举,上蔡监门者。

惠王卒,武王立。张仪、魏章去,东之魏。蜀侯辉、相壮反,①秦使甘茂定蜀。还,而以甘茂为左丞相,以樗里子为右丞相。

①[索隐]曰:辉,音晖,又音胡昆反。秦之公子,封蜀也。《华阳国志》作

"晖"。壮,音侧状反。姓陈也。

秦武王三年,谓甘茂曰:"寡人欲容车通三川,以窥周室,而寡人死不朽矣。"甘茂曰:"请之魏,约以伐韩,而令向寿辅行。"①甘茂至,谓向寿曰:"子归,言之于王曰'魏听臣矣,然愿王勿伐'。事成,尽以为子功。"向寿归,以告王,王迎甘茂于息壤。②甘茂至,王问其故。对曰:"宜阳,大县也;上党、南阳积之久矣。③名曰县,其实郡也。今王倍数险,行④千里攻之,难。⑤昔曾参之处费,⑥鲁人有与曾参同姓名者杀人,人告其母曰'曾参杀人',其母织自若也。顷之,一人又告之曰'曾参杀人',其母尚织自若也。顷又一人告之曰'曾参杀人',其母投杼下机,逾墙而走。夫以曾参之贤与其母信之也,三人疑之,其母惧焉。今臣之贤不若曾参,王之信臣又不如曾参之母信曾参也,疑臣者非特三人,臣恐大王之投杼也。始,张仪西并巴蜀之地,北开西河之外,南取上庸,天下不以多张子而以贤先王。魏文侯令乐羊将而攻中山,三年而拔之。乐羊返而论功,文侯示之谤书一箧。乐羊再拜稽首曰:'此非臣之功也,主君之力也。'今臣,羁旅之臣也。樗里子、公孙奭⑦二人者挟韩而议之,王必听之,是王欺魏王而臣受公仲侈⑧之怨也。"王曰:"寡人不听也,请与子盟。"卒使丞相甘茂将兵伐宜阳。五月而不拔,樗里子、公孙奭果争之。武王召甘茂,欲罢兵。甘茂曰:"息壤在彼。"⑨王曰:"有之。"因大悉起兵,使甘茂击之。斩首六万,遂拔宜阳。韩襄王使公仲侈入谢,与秦平。

①[正义]曰:饷受二音。人姓名。

②[索隐]曰:《山海经》、《启筮》云"鲧窃帝之息壤以堙洪水",或是此也。
　　[正义]曰:秦邑。

③[索隐]曰:上党、南阳并积贮日久。[正义]曰:韩之北三郡积贮在河南
　　宜阳县之日久矣。

④[正义]曰:谓函谷及三崤、五谷。

⑤[索隐]曰:数,音率庚反。

⑥音秘。

⑦[索隐]曰:《战国策》作"公孙衍"。[正义]音释。

⑧徐广曰:"一作'冯'。"

⑨[正义]曰:甘茂归至息壤,与秦王盟,恐后樗里子、公孙奭伐韩,今二子
　　果争之。武王召茂欲罢兵,故甘茂云息壤在彼邑也。

　　武王竟至周,而卒于周。其弟立,为昭王。①王母宣太后,楚女
也。楚怀王怨前秦败楚于丹阳而韩不救,乃以兵围韩雍氏。②韩使
公仲侈告急于秦。秦昭王新立,太后楚人,不肯救。公仲因甘茂,茂
为韩言于秦昭王曰:"公仲方有得秦救,故敢扞楚也。今雍氏围,秦
师不下殽,公仲且仰首而不朝,公叔且以国南合于楚。楚、韩为一,
魏氏不敢不听,然则伐秦之形成矣。不识坐而待伐孰与伐人之利?"
秦王曰:"善。"乃下师于殽以救韩。楚兵去。

①[索隐]曰:《赵系家》昭王名稷。《系本》云名侧。

②[索隐]曰:秦惠王二十六年,楚围雍氏。至昭王七年又围雍氏,韩求救
　　于秦,是再围也。刘氏云"此是前围雍氏,当赧王之七年"。《战国策》及
　　《纪年》与此并不同。[正义]曰:故城在洛州洛阳县东北二十里。

　　秦使向寿平宜阳,而使樗里子、甘茂伐魏皮氏。向寿者,宣太后
外族也,而与昭王少相长,故任用。向寿如楚,①楚闻秦之贵向寿,
而厚事向寿。向寿为秦守宜阳,将以伐韩。韩公仲使苏代谓向寿曰:
"禽困覆车。②公破韩,辱公仲,公仲收国复事秦,自以为必可以
封。③今公与楚解口地,④封小令尹以杜阳。⑤秦楚合,复攻韩,韩
必亡。韩亡,公仲且躬率其私徒以阋⑥于秦。⑦愿公孰虑之也。"向
寿曰:"吾合秦楚非以当韩也。子为寿谒之公仲,⑧曰秦韩之交可合
也。"苏代对曰:"愿有谒于公。⑨人曰'贵其所以贵者贵。'王之爱习
公也,不如公孙奭;其智能公也,不如甘茂。今二人者皆不得亲于秦
事,而公独与王主断于国者何?彼有以失之也。⑩公孙奭党于韩,而
甘茂党于魏,故王不信也。今秦楚争强而公党于楚,是与公孙奭、甘
茂同道也,公何以异之?⑪人皆言楚之善变也,而公必亡之,是自为
责也。⑫公不如与王谋其变也,善韩以备楚,⑬如此则无患矣。韩氏
必先以国从公孙奭,而后委国于甘茂。韩,公之仇也。⑭今公言善韩

以备楚,是外举不辟仇也。"向寿曰:"然,吾甚欲韩合。"对曰:"甘茂许公仲以武遂,⑮反宜阳之民,⑯今公徒收之,甚难。"⑰向寿曰:"然则奈何? 武遂终不可得也?"对曰:"公奚不以秦为韩求颍川于楚?⑱此韩之寄地也。公求而得之,是令行于楚而以其地德韩也。公求而不得,是韩楚之怨不解⑲而交走秦也。⑳秦楚争强,而公徐过楚㉑以收韩,此利于秦。"向寿曰:"奈何?"对曰:"此善事也。甘茂欲以魏取齐,公孙奭欲以韩取齐。今公取宜阳以为功,收楚韩以安之,而诛齐魏之罪,㉒是以公孙奭、甘茂无事也。"

①徐广曰:"如,一作'和'。"

②譬禽兽得困急,犹能抵触倾覆人车。

③[正义]曰:公仲自以为必可得秦封。

④[索隐]曰:解口,秦地名,近韩,今将与楚也。[正义]曰:上纪买反。公,向寿也。解口,犹开口得言。向寿于秦开口,则韩人必得封地也。

⑤[索隐]曰:又封楚之小令尹以杜阳。杜阳,秦之地,今以封楚令尹,是秦楚相合也。

⑥乌曷反。

⑦[正义]曰:公仲恐韩亡,欲将私徒往宜阳阙向寿也。

⑧[正义]曰:子,苏代也。向寿恐,令苏代谒报公仲,云"秦韩交可合"。

⑨[正义]曰:公,向寿也。言向寿亦党于楚,与公孙奭、甘茂党韩、魏同也。

⑩[索隐]曰:彼,言公孙奭及甘茂也。有以失之,谓不见委任,情有所失。[正义]曰:言秦王虽爱习公孙奭、甘茂,秦事不亲委者,为党韩、魏也。今国事独与向寿主断者,不知寿党于楚以事秦王者,以失之也。

⑪[正义]曰:苏氏云:"向寿与公孙奭、甘茂皆有党,言无异也。"又一云改异党楚之意。

⑫[正义]曰:楚善变改,不可信。若变改,向寿必亡败,是自为责。

⑬[正义]曰:令秦亲韩而备楚之变改,则向寿无患矣。

⑭[正义]曰:韩氏必先委二人,故韩为向寿之仇。

⑮徐广曰:"秦昭王元年予韩武遂。"

⑯[正义]曰:武遂、宜阳,本韩邑也,秦伐取之。今欲还韩,令其民得反归居之。

⑰[正义]曰:苏代言甘茂许公仲以武遂,又归宜阳之民,今向寿徒拟收

之,甚难事也。

⑱〔正义〕曰:颍川,许州也。楚侵韩颍川,苏代令向寿以秦威重为韩就楚
　　求索颍川,是亲向寿。

⑲已买反。

⑳〔索隐〕曰:韩楚怨不解,二国交走向秦也。

㉑徐广曰:"过,一作'适'。"〔正义〕曰:若二国皆事秦,公则渐说楚之过失
　　以收韩,此利于秦也。

㉒〔正义〕曰:言公孙奭、甘茂皆欲以秦挟韩魏而取齐,今向寿取宜阳为
　　功,收楚韩安以事秦,而责齐魏之罪,是公孙奭、甘茂不得同合韩魏于
　　秦以伐齐也。

甘茂竟言秦昭王,以武遂复归之韩。①向寿、公孙奭争之不能
得。向寿、公孙奭由此怨,谗甘茂。茂惧,辍伐魏蒲阪,亡去。②樗里
子与魏讲,罢兵。③

①〔正义〕曰:年表云秦昭王元年予韩武遂也。

②徐广曰:"昭王元年,击魏皮氏,未拔,去。"

③〔索隐〕曰:邹氏云:"讲,读曰媾。媾犹和。

甘茂之亡秦奔齐,逢苏代。代为齐使于秦。甘茂曰:"臣得罪于
秦,惧而遁逃,无所容迹。臣闻贫人女与富人女会绩,贫人女曰:'我
无以买烛,而子之烛光幸有余,子可分我余光,无损子明而得一斯
便焉。'今臣困而君方使秦而当路矣。茂之妻子在焉,愿君以余光振
之。"苏代许诺。遂致使于秦。已,因说秦王曰:"甘茂,非常士也。其
居于秦,累世重矣。自殽塞及至鬼谷,①其地形险易皆明知之。彼以
齐约韩魏反以图秦,非秦之利也。"秦王曰:"然则奈何?"苏代曰:
"王不若重其贽,厚其禄以迎之,使彼来则置之鬼谷,②终身勿出。"
秦王曰:"善。"即赐之上卿,以相印迎之于齐。甘茂不往。苏代谓齐
湣王曰:"夫甘茂贤人也。今秦赐之上卿,以相印迎之。甘茂德王之
赐,好为王臣,故辞而不往。今王何以礼之?"齐王曰:"善。"即位之
上卿而处之。③秦因复甘茂之家,④以市于齐。

①徐广曰:"在阳城。"〔正义〕曰:三殽在洛州永宁县西北。

②〔正义〕曰:刘伯庄云:"此鬼谷,关内云阳,非阳城者也。"按:阳城鬼谷

时属韩,秦不得言置之。

③[索隐]曰:处,犹留也。

④[正义]复,音福。

　　齐使甘茂于楚,楚怀王新与秦合婚而欢。①而秦闻甘茂在楚,使人谓楚王曰:"愿送甘茂于秦。"楚王问于范蜎②曰:"寡人欲置相于秦,孰可?"对曰:"臣不足以识之。"楚王曰:"寡人欲相甘茂,可乎?"对曰:"不可。夫史举,下蔡之监门也,大不为事君,小不为家室,以苟贱不廉闻于世,甘茂事之顺焉。故惠王之明,武王之察,张仪之辩,而甘茂事之,取十官而无罪。茂诚贤者也,然不可相于秦。夫秦之有贤相,非楚国之利也。且王前尝用召滑于越,③而内行章义之难,④越国乱,故楚南塞厉门⑤而郡江东。⑥计王之功所以能如此者,越国乱而楚治也。今王知用诸越而忘用诸秦,臣以王为巨过矣!然则王若欲置相于秦,则莫若向寿者可。夫向寿之于秦王,亲也。少与之同衣,长与之同车,以听事。王必相向寿于秦,则楚国之利也。"于是使使请秦相向寿于秦。秦卒相向寿。而甘茂竟不得获入秦,卒于魏。

①徐广曰:"昭王二年时迎妇于楚。"

②徐广曰:"一作'蠾'。"[索隐]曰:休缘反,又音休软反。《战国策》一作"蝝"字。[正义]曰:许缘反。

③徐广曰:"滑,一作'涓'。"

④徐广曰:"一云'内句章昧之难'。"[索隐]曰:召滑内心猜诈,外则佯章恩义,而卒包藏祸心,构难于楚。《战国策》云"内句章昧之难"也。

⑤徐广曰:"一作'濑湖'。"[正义]曰:刘伯庄云:"厉门,度岭南之要路。"

⑥[正义]曰:吴越之城皆为楚之都邑。

　　甘茂有孙曰甘罗。

　　甘罗者,甘茂孙也。茂既死后,甘罗年十二,事秦相文信侯吕不韦。①

①[索隐]曰:《战国策》甘罗事吕不韦为庶子。

　　秦始皇帝使刚成君蔡泽于燕,三年,而燕王喜使太子丹入质于秦。秦使张唐往相燕，欲与燕共伐赵以广河间之地。张唐谓文信侯曰："臣尝为秦昭王伐赵，赵怨臣，曰：'得唐者与百里之地。'今之燕必经赵，臣不可以行。"文信侯不快，未有以强也。甘罗曰："君侯何不快之甚也？"文信侯曰："吾令刚成君蔡泽事燕三年，燕太子丹已入质矣。吾自请张卿相燕而不肯行。"①甘罗曰："臣请行之。"文信侯叱曰："去！我身自请之而不肯，汝焉能行之？"②甘罗曰："夫项橐生七岁为孔子师。③今臣生十二岁于兹矣，君其试臣，何遽叱乎？"于是甘罗见张卿曰："卿之功孰与武安君？"卿曰："武安君南挫强楚，北威燕、赵，战胜攻取，破城堕邑，不知其数。臣之功不如也。"甘罗曰："应侯之用于秦也，孰与文信侯专？"④张卿曰："应侯不如文信侯专。"甘罗曰："卿明知其不如文信侯专与？"曰："知之。"甘罗曰："应侯欲攻赵，武安君难之，去咸阳七里而立死于杜邮。今文信侯自请卿相燕而不肯行，臣不知卿所死处矣。"张唐曰："请因孺子行。"令装治行。

①〔索隐〕曰：即张唐也。卿，字也。

②〔正义〕曰：女，音汝。焉，乙连反。

③〔索隐〕曰：橐，音托。尊其道德，故云项橐。

④〔索隐〕曰：应侯，范睢也。

行有日，甘罗谓文信侯曰："借臣车五乘，请为张唐先报赵。"文信侯乃入言之于始皇曰："昔甘茂之孙甘罗，年少耳，然名家之子孙，诸侯皆闻之。今者张唐欲称疾不肯行，甘罗说而行之。今愿先报赵，请许遣之。"始皇召见，使甘罗于赵。赵襄王郊迎甘罗。甘罗说赵王曰："王闻燕太子丹入质秦欤？"曰："闻之。"曰："闻张唐相燕欤？"曰："闻之。""燕太子丹入秦者，燕不欺秦也。张唐相燕者，秦不欺燕也。燕、秦不相欺者，伐赵，危矣。燕、秦不相欺无异故，欲攻赵而广河间。王不如赍臣五城以广河间，①请归燕太子，与强赵攻弱燕。"赵王立自割五城以广河间。秦归燕太子。赵攻燕，得上谷三十城，②令秦有十一。③

①〔索隐〕曰：赍，音侧奚反，一音赍。并谓割五城与臣也。

②[索隐]曰:《战国策》云得三十六县。[正义]曰:上谷,今妫州也,在幽州西北。

③[索隐]曰:谓以十一城与秦也。

甘罗还报秦,乃封甘罗以为上卿,复以始甘茂田宅赐之。

太史公曰:樗里子以骨肉重,固其理,而秦人称其智,故颇采焉。甘茂起下蔡闾阎,显名诸侯,重强齐楚。①甘罗年少,然出一奇计,声称后世。虽非笃行之君子,然亦战国之策士也。方秦之强时,天下尤趋谋诈哉。

①徐广曰:“恐或疑此当云‘见重强齐’,误脱二字。”[正义]曰:甘茂为强齐楚所重。

索隐述赞曰:严君名疾,厥号“智囊”。既亲且重,称兵外攘。甘茂并相,初佐魏章。始推向寿,乃攻宜阳。甘罗妙岁,卒起张唐。

史记卷七二
列传第一二

穰侯

穰侯魏冉者，秦昭王母宣太后弟也。①其先楚人，姓芈氏。②

①〔索隐〕曰：宣太后之异父长弟也，姓魏，名冉，封之穰。《地理志》穰县在南阳。宣太后者，惠王之妃，姓芈氏，曰芈八子者是也。

②〔正义〕曰：芈，亡尔反。

秦武王卒，无子，立其弟为昭王。昭王母故号为芈八子，及昭王即位，芈八子号为宣太后。宣太后非武王母。武王母号曰惠文后，先武王死。①宣太后二弟：其异父长弟曰穰侯，姓魏氏，名冉；同父弟曰芈戎，为华阳君。②而昭王同母弟曰高陵君、③泾阳君。④而魏冉最贤，自惠王、武王时任职用事。武王卒，诸弟争立，唯魏冉力为能立昭王。昭王即位，以冉为将军，卫咸阳。诛季君之乱，⑤而逐武王后出之魏，昭王诸兄弟不善者皆灭之，威振秦国。昭王少，宣太后自治，任魏冉为政。

①〔索隐〕曰：《秦本纪》云："昭王二年，庶长壮与大臣公子为逆，皆诛，及惠文后皆不得良死。"又按：《纪年》云"秦内乱，杀其太后及公子雍、公子壮"是也。

②〔索隐〕曰：华阳，韩地，后属秦。芈戎后又号新城君。〔正义〕曰：虢云："华阳，亭名，在洛州密县。"又故华城在郑州管城县南三十里，即此城。

③〔索隐〕曰：名显。

④〔索隐〕曰：名悝。

⑤徐广曰："年表曰季君为乱，诛。本纪曰庶长壮与大臣公子谋反，伏诛。"

[索隐]曰:按:季君即公子壮,僭立而号曰季君。穰侯力能立昭王,为将军,卫咸阳,诛季君及惠文后,故本纪"伏诛"。又云"及惠文后皆不得良死",盖谓惠文后时党公子壮,欲立之,及壮诛而太后忧死,故云"不得良死",亦史讳之也。又逐武王后出之魏,亦事势然也。

昭王七年,樗里子死,而使泾阳君质于齐。赵人楼缓来相秦,赵不利,乃使仇液之秦,①请以魏冉为秦相。仇液将行,其客宋公②谓液曰:"秦不听公,楼缓必怨公。公不若谓楼缓曰'请为公毋急秦'。秦王见赵请相魏冉之不急,且不听公。公言而事不成,以德楼子;事成,魏冉故德公矣。"于是仇液从之。而秦果免楼缓,而魏冉相秦。欲诛吕礼,礼出奔齐。昭王十四年,魏冉举白起,使代向寿将而攻韩、魏,败之伊阙,斩首二十四万,虏魏将公孙喜。明年,又取楚之宛、叶。魏冉谢病免相,以客卿寿烛为相。其明年,烛免,复相冉。乃封魏冉于穰,复益封陶,③号曰穰侯。

①[索隐]曰:《战国策》作"机郝",盖是一人而记别也。[正义]曰:音亦,姓名。

②[索隐]曰:《战国策》作"宋交"。

③徐广曰:"一作'阴'。"[索隐]曰:陶即定陶也。徐广云作"阴",陶阴字本易惑也。王劭按:定陶见有魏冉冢,作"阴"误也。

穰侯封四岁,为秦将攻魏。魏献河东方四百里。拔魏之河内,取城大小六十余。昭王十九年,秦称西帝,齐称东帝。月余,吕礼来,而齐、秦各复归帝为王。

魏冉复相秦,六岁而免。免二岁,复相秦。四岁,而使白起拔楚之郢,秦置南郡。乃封白起为武安君。白起者,穰侯之所任举也,相善。于是穰侯之富,富于王室。

昭王三十二年,穰侯为相国,将兵攻魏,走芒卯,①入北宅,②遂围大梁。梁大夫须贾说穰侯曰:"臣闻魏之长吏谓魏王曰:'昔梁惠王伐赵,战胜三梁,③拔邯郸。赵氏不割,而邯郸复归。齐人攻卫,拔故国,杀子良。④卫人不割,而故地复反。卫、赵之所以国全兵劲而地不并于诸侯者,以其能忍难而重出地也。宋、中山数伐割地,而国随以亡。臣以为卫、赵可法,而宋、中山可为戒也。秦,贪戾之国也,而毋亲。蚕食魏氏,又尽晋国,⑤战胜暴子,⑥割八县,地未毕入,兵复出矣。夫秦何厌之有哉!今又走芒卯,入北宅,此非敢攻梁也,且劫王以求多割地。王必勿听也!今王背楚、赵而讲秦,⑦楚、赵怒而去王,与王争事秦,秦必受之。秦挟楚、赵之兵以复攻梁,则国求无亡不可得也。愿王之必无讲也。王若欲讲,少割而有质;不然,必见欺。'⑧此臣之所闻于魏也,⑨愿君王之以是虑事也。《周书》曰'惟命不于常',此言幸之不可数也。夫战胜暴子,割八县,此非兵力之精也,又非计之工也,天幸为多矣。今又走芒卯,入北宅,以攻大梁,是以天幸自为常也,智者不然。臣闻魏氏悉其百县胜甲以上戍大梁,臣以为不下三十万。以三十万之众守梁七仞之城,⑩臣以为汤、武复生,不易攻也。夫轻背楚、赵之兵,陵七仞之城,战三十万之众,而志必举之,臣以为自天地始分以至于今,未尝有者也。攻而不拔,秦兵必罢,陶邑必亡,⑪则前功必弃矣。今魏氏方疑,可以少割收也。⑫愿君逮楚、赵之兵未至于梁,亟以少割收魏。魏方疑而得以少割为利,必欲之,则君得所欲矣。楚、赵怒于魏之先已也,必争事秦,从以此散,⑬而君后择焉。且君之得地岂必以兵哉?割晋国,秦兵不攻,而魏必效绛安邑。又为陶开两道,⑭几尽故宋,⑮卫必效单父。秦兵可全,而君制之,何索而不得,何为而不成!愿君熟虑之而无行危。"⑯穰侯曰:"善。"乃罢梁围。⑰

①上莫卬反。下陌饱反。

②徐广曰:"魏惠王五年,与韩会宅阳。"[正义]曰:《竹书》云:"宅阳,一名北宅。"《括地志》云:"宅阳故城在郑州荥阳县西南十七里。"

③徐广曰:"《田完世家》云魏伐赵,赵不利,战于南梁。"[索隐]曰:三梁即南梁也。

④[索隐]曰:卫之故国,盖楚丘也。下文"故地"亦同谓楚丘也。《战国策》"卫"字皆作"燕","子良"作"子之",恐非也。

⑤[索隐]曰:河西、河东、河内并是魏地,即故晋国。今言秦蚕食魏氏,尽晋国之地也。

⑥徐广曰:"韩将暴鸢。"

⑦[索隐]曰:讲,和也。

⑧[索隐]曰：谓与秦欲讲，少割地而求秦质子，恐不然必被秦欺也。

⑨[索隐]曰：须贾说穰侯，言魏人谓梁王若少割而求质，必是欺我，即闻魏见欺于秦也。

⑩《尔雅》曰："四尺谓之仞，倍仞谓之寻。"

⑪[索隐]曰："陶"一作"魏"。言秦前攻得魏之城邑，秦罢则亡而还于魏也。[正义]曰：定陶近大梁，穰侯攻梁兵疲，定陶必为魏伐。

⑫[索隐]曰：贾引魏人之说不许王讲于秦，是言魏氏方疑，可以少割地而收魏也。

⑬[索隐]曰：楚、赵怒魏之与秦讲，皆争事秦，是东方从国于是解散也。[正义]从，足松反。

⑭[索隐]曰：穰侯封陶，魏效绛与安邑，是得河东地。言从秦适陶，开河西、河东之两道。[正义]曰：穰故封定陶，故宋及单父是陶之南道也，魏之安邑及绛是陶北道。

⑮[索隐]曰：上音祈。此时宋已灭，是秦将尽得宋地也。

⑯[索隐]曰：言莫行围梁之危事。

⑰[正义]曰：表云魏安釐王二年，秦军大梁城，韩来救，与秦温以和也。

　　明年，魏背秦，与齐从亲。秦使穰侯伐魏，斩首四万，走魏将暴鸢，得魏三县。穰侯益封。

　　明年，穰侯与白起、客卿胡阳复攻赵、韩、魏，破芒卯于华阳下，斩首十万，取魏之卷、①蔡阳、长社，赵氏观津。且与赵观津，益赵以兵，伐齐。②

　　①丘权反。

　　②[索隐]曰：既得观津，仍令赵伐齐，而秦又以兵益助赵也。

　　齐襄王惧，使苏代为齐阴遗穰侯书曰："臣闻往来者言曰'秦将益赵甲四万以伐齐'，臣窃必之①弊邑之王曰②'秦王明而熟于计，穰侯智而习于事，必不益赵甲四万以伐齐'。是何也？夫三晋之相与也，秦之深仇也。百相背也，百相欺也，不为不信，不为无行。今破齐以肥赵。赵，秦之深仇，不利于秦。此一也。秦之谋者，必曰'破齐，弊晋、楚，③而后制晋、楚之胜'。夫齐，罢国也。以天下攻齐，如以千钧之弩决溃痈也，必死，安能弊晋、楚？此二也。秦少出兵，则晋、楚不信也；多出兵，则晋、楚为制于秦。齐恐，不走秦，必走晋、

楚。此三也。秦割齐以啖晋、楚,晋、楚案之以兵,秦反受敌。此四
也。是晋、楚以秦谋齐,以齐谋秦也,何晋、楚之智而秦、齐之愚?此
五也。故得安邑以善事之,亦必无患矣。秦有安邑,韩氏必无上党
矣。取天下之肠胃,与出兵而惧其不反也,孰利?臣故曰'秦王明而
熟于计,穰侯智而习于事,必不益赵甲四万以伐齐'矣。"于是穰侯
不行,引兵而归。

①[索隐]曰:告齐王,言秦必定不益兵以助赵。[正义]曰:臣,苏代也。必
　　知秦与赵甲四万以伐齐。

②[正义]曰:谓齐王也。

③[正义]曰:今晋、楚伐齐,晋、楚之国亦弊败。

昭王三十六年,相国穰侯言客卿灶,欲伐齐取刚、寿,①以广其
陶邑。于是魏人范雎自谓张禄先生,讥穰侯之伐齐,乃越三晋以攻
齐也,以此时奸说秦昭王。昭王于是用范雎。范雎言宣太后专制,
穰侯擅权于诸侯,泾阳君、高陵君之属太侈,富于王室。于是秦王
悟,乃免相国,令泾阳之属皆出关就封邑。穰侯出关,辎车千乘有
余。

①徐广曰:"济北有刚县。"[正义]曰:故刚城在兖州龚丘县界。寿张,郓州
　　县也。

穰侯卒于陶,而因葬焉。秦复收陶为郡。

太史公曰:穰侯,昭王亲舅也。而秦所以东益地,弱诸侯,尝称
帝于天下,天下皆西乡稽首者,穰侯之功也。及其贵极富溢,一夫开
说,身折势夺而以忧死,况于羁旅之臣乎!

索隐述赞曰:穰侯智识,应变无方。内倚太后,外辅昭王。四登
相位,再列封疆。摧齐挠楚,破魏围梁。一夫开说,忧愤而亡。

史记卷七三
列传第一三

白起王翦

白起者,郿人也。①善用兵,事秦昭王。

①[正义]曰:郿,音眉。岐州县。

昭王十三年,而白起为左庶长,将而击韩之新城。①是岁,穰侯相秦,举任郿以为汉中守。其明年,白起为左更,攻韩、魏于伊阙,②斩首二十四万,又虏其将公孙喜,拔五城。起迁为国尉。③涉河取韩安邑以东,到干河。④明年,白起为大良造。攻魏,拔之,取城小大六十一。明年,起与客卿错攻垣城,拔之。⑤后五年,白起攻赵,拔光狼城。⑥后七年,白起攻楚,拔鄢、邓五城。⑦

①[索隐]曰:在河南也。[正义]曰:今洛州伊阙。

②[正义]曰:今洛州南十九里伊阙山,号曰龙门是。

③[正义]曰:言太尉。

④徐广曰:"音干。"骃案郭璞曰:"今河东闻喜县东北有干河口,因名干河里,但有故沟处,无复水也。"[索隐]曰:魏以安邑入秦,然安邑以东至干河皆韩故地,故云取韩安邑。

⑤徐广曰:"河东垣县。"

⑥[索隐]曰:《地理志》不载光狼城,盖属赵国。[正义]曰:光狼故城在泽州高平县西二十五里也。

⑦徐广曰:"昭王二十八年。"[正义]曰:鄢邓二邑在襄州。

其明年,攻楚,拔郢,烧夷陵,①遂东至竟陵。②楚王亡去郢,东走徙陈。秦以郢为南郡。白起迁为武安君。武安君因取楚,定巫、黔中郡。昭王三十四年,白起攻魏,拔华阳,走芒卯,而虏三晋将,斩首十三万。与赵将贾偃战,沉其卒二万人于河中。昭王四十三年,白起攻韩陉城,③拔五城,斩首五万。四十四年,白起攻南阳太行道,绝之。④

①[正义]曰:夷陵,今硖州郭下县。

②[正义]曰:故城在郢州长寿县南百五十里,今复州亦是其地也。

③[正义]曰:陉城故城在曲沃县西北二十里,在绛州东北三十五里也。

④徐广曰:"此南阳,河内修武是也。"[正义]曰:案:南阳属韩,秦攻之,则韩太行羊肠道绝矣。

　　四十五年,伐韩之野王。①野王降秦,上党道绝。其守冯亭与民谋曰:"郑道已绝,②韩必不可得为民。秦兵日进,韩不能应,不如以上党归赵。赵若受我,秦怒,必攻赵。赵被兵,必亲韩。韩、赵为一,则可以当秦。"因使人报赵。赵孝成王与平阳君、平原君计之。③平阳君曰:"不如勿受。受之,祸大于所得。"平原君曰:"无故得一郡,受之便。"赵受之,因封冯亭为华阳君。④

①[索隐]曰:《地理志》野王县属河内,在太行东南。孟康曰"古邢国也"。

②徐广曰:"河南新郑,韩之国都是也。"[索隐]曰:郑国即韩之都,在河南。秦伐野王,是上党归韩之道绝也。

③[索隐]曰:平阳君,未详何人。

④[正义]曰:常山一名华阳,解在《赵世家》。

　　四十六年,秦攻韩缑氏、蔺,①拔之。

①徐广曰:"属颍川。"[索隐]曰:今其地阙。西河别有蔺县也。[正义]曰:按:检诸地记,颍川无蔺。《括地志》云:"洛州嵩县,本夏之纶国也,在缑氏东南六十里。"《地理志》云:"纶氏属颍川郡。"按:既攻缑氏、蔺,二邑合相近,恐纶蔺声相似,字随音而转作"蔺"。

　　四十七年,秦使左庶长王龁①攻韩,取上党。上党民走赵。赵军长平,②以按据上党民。③四月,龁因攻赵。赵使廉颇将。赵军士卒犯秦斥兵,④秦斥兵斩赵裨将茄。⑤六月,陷赵军,取二鄣四尉。⑥七月,赵军筑垒壁而守之。秦又攻其垒,取二尉,败其阵,⑦夺西垒壁。⑧廉颇坚壁以待秦,秦数挑战,⑨赵兵不出。赵王数以为让。而秦相应侯又使人行千金于赵为反间,⑩曰:"秦之所恶,独畏马服子赵括将耳。廉颇易与,且降矣。"赵王既怒廉颇军多失亡,军数败,又反坚壁不敢战,而又闻秦反间之言,因使赵括代廉颇将以击秦。秦闻马服子将,乃阴使武安君白起为上将军,而王龁为尉裨将。令军中:有敢泄武安君将者斩。赵括至,则出兵击秦军。秦军详败而走,⑪张二奇兵以劫之。赵军逐胜,追造秦壁。⑫壁坚拒不得入,而秦奇兵二万五千人绝赵军后,又一军五千骑绝赵壁间,赵军分而为二,粮道绝。而秦出轻兵击之。赵战不利,因筑壁坚守,⑬以待救至。秦王闻赵食道绝,王自之河内,⑭赐民爵各一级,发年十五以上悉诣长平,⑮遮绝赵救及粮食。

①音纥。

②徐广曰:"在沁氏。"[索隐]曰:《地理志》沁氏今在上党郡也。[正义]曰:长平故城在泽州高平县西北一里也。

③[索隐]曰:谓屯兵长平,以据援上党。

④[索隐]曰:谓犯秦之斥候兵也。

⑤[索隐]曰:音加,裨将名。

⑥[索隐]曰:郭,堡城。尉官也。[正义]曰:《括地志》云:"赵郭故城一名都尉城,今名赵东城,在泽州高平县西二十五里。又有故谷城。此二城即二郭也。"

⑦徐广曰:"一作'乘'。"

⑧[正义]曰:赵西垒在泽州高平县北六里是也。即廉颇坚壁以待秦,王龁夺赵西垒壁者。

⑨[正义]曰:数,音朔。挑,田鸟反。

⑩[正义]曰:纪苋反。

⑪[正义]曰:详,音羊。

⑫[正义]曰:秦壁,一名秦垒,今亦名秦长垒。

⑬[正义]曰:赵壁,今名赵东垒,亦名赵东长垒。在泽州高平县北五里,即赵括筑壁自败处。

⑭[正义]曰:时已属秦,故发其兵。

⑮[索隐]曰：时已属秦，故发其兵。

　　至九月，赵卒不得食四十六日，皆内阴相杀食。来攻秦垒，欲出。为四队，四五复之，不能出。其将军赵括出锐卒自搏战，秦军射杀赵括。括军败，卒四十万人降武安君。武安君计曰："前秦已拔上党，上党民不乐为秦而归赵。赵卒反覆，非尽杀之，恐为乱。"乃挟诈而尽坑杀之，遗其小者二百四十人归赵。前后斩首虏四十五万人，赵人大震。

　　四十八年十月，秦复定上党郡。①秦分军为二：王龁攻皮牢，拔之；②司马梗定太原。③韩、赵恐，使苏代厚币说秦相应侯曰："武安君擒马服子乎？"曰："然。"又曰："即围邯郸乎？"曰："然。""赵亡则秦王王矣，武安君为三公。武安君所为秦战胜攻取者七十余城，南定鄢、郢、汉中，④北擒赵括之军，虽周、邵、吕望之功不益于此矣。今赵亡，秦王王，则武安君必为三公。君能为之下乎？虽无欲为之下，固不得已矣。秦尝攻韩，围邢丘，⑤困上党；上党之民皆反为赵，天下不乐为秦民之日久矣。今亡赵，北地入燕，东地入齐，南地入韩、魏，则君之所得民亡几何人。⑥故不如因而割之，⑦无以为武安君功也。"于是应侯言于秦王曰："秦兵劳，请许韩、赵之割地以和，且休士卒。"王听之，割韩垣雍、⑧赵六城以和。正月，皆罢兵。武安君闻之，由是与应侯有隙。其九月，秦复发兵使五大夫王陵攻赵邯郸。是时武安君病，不任行。⑨

　　①[索隐]曰：秦前攻赵已破上党，今回兵复定其郡，其余城犹属赵。
　　②[正义]曰：故城在绛州龙门县西一里。
　　③[正义]曰：太原，赵地，秦定取也。
　　④[正义]曰：鄢在襄州夷道县南九里。郢在荆州江陵县东六里。汉中，今襄州之地。
　　⑤徐广曰："平皋有邢丘。"[正义]曰：邢丘，今怀州武陵县东南二十里平皋县城是也。
　　⑥徐广曰："亡，音无也。"
　　⑦[正义]曰：因白起之攻，割取韩、赵之地。
　　⑧徐广曰："卷县有垣雍城。"[正义]曰：《释地名》云："卷县所理垣雍城。

　　按:今在郑州原武县西北七里也。"

　　⑨[正义]曰:入针反,堪也。

　　四十九年正月,陵攻邯郸,少利,秦益发兵佐陵。陵兵亡五校。武安君病愈,秦王欲使武安君代陵将。武安君言曰:"邯郸实未易攻也。且诸侯救日至,彼诸侯怨秦之日久矣。今秦虽破长平军,而秦卒死者过半,国内空。远绝河山而争人国都,赵应其内,诸侯攻其外,破秦军必矣。不可。"秦王自命,不行;乃使应侯请之,武安君终辞不肯行,遂称病。

　　秦王使王龁代陵将,八九月围邯郸,不能拔。楚使春申君及魏公子将兵数十万攻秦军,秦军多失亡。武安君言曰:"秦不听臣计,今如何矣?"秦王闻之怒,强起武安君,①武安君遂称病笃。应侯请之,不起。于是免武安君为士伍,迁之阴密。②武安君病,未能行。居三月,诸侯攻秦军急,秦军数却,使者日至。秦王乃使人遣白起,不得留咸阳中。武安君既行,出咸阳西门十里,至杜邮。③秦昭王与应侯、群臣议曰:"白起之迁,其意尚怏怏不服,有余言。"秦王乃使使者赐之剑自裁。武安君引剑将自刭,曰:"我何罪于天而至此哉?"良久曰:"我固当死!长平之战,赵卒降者数十万人,我诈而尽坑之,是足以死。"遂自杀。武安君之死也,以秦昭王五十年十一月。死而非其罪,秦人怜之,乡邑皆祭祀焉。④

　　①[正义]曰:强,其两反。

　　②徐广曰:"属安定。"[正义]曰:故城在泾州鹑觚县,城西即古阴密国,密康公国也。

　　③[索隐]曰:按:故咸阳城在渭北。杜邮,今在咸阳城中。[正义]曰:《说文》云"邮,境上行舍",道路所经过。今咸阳县城本秦之邮也,在雍州西北三十五里。

　　④何晏曰:"白起之降赵卒,诈而坑其四十万,岂徒酷暴之谓乎!后亦难以重得志矣。向使众人皆豫知降之必死,则张虚卷犹可畏也,况于四十万被坚执锐哉!天下见降秦之将头颅似山,归秦之众骸积成丘,则后日之战死当死耳,何众肯服何城肯下乎? 是为虽能裁四十万之命而适足以强天下之战,欲以要一朝之功而乃更坚诸侯之守。故兵进而自伐其势,

军胜而还丧其计。何者？设使赵众复合，马服更生，则后日之战必非前日之对也，况今皆使天下为后日乎！其所以终不敢复加兵于邯郸者，非但忧平原之补袒，患诸侯之救至也，徒讳之而不言耳。若不悟而不讳，则毋所以远智也，可谓善战而拙胜。长平之事，秦民之十五以上者皆荷戟而向赵矣，秦王又亲自赐民爵于河内。夫以秦之强，而十五以上死伤过半者，此为破赵之功小，伤秦之败大，又何称奇哉！若后之役戍不豫其论者，则秦众多矣，降者可致也。必不可致者，本自当战杀，不当受降诈也。战杀虽难，降杀虽易，然降杀之为害，祸大于剧战也。"[索隐]曰：卷，音拳。袒，音浊苋反。字亦作"绽"。救，音救。

王翦者，频阳东乡人也。①少而好兵，事秦始皇。

①[索隐]曰：《地理志》频阳县属左冯翊。应劭曰"在频水之阳也"。[正义]曰：故城在雍州东同官县界也。

始皇十一年，翦将攻赵阏与，①破之，拔九城。十八年，翦将攻赵。岁余，遂拔赵，赵王降，尽定赵地为郡。明年，燕使荆轲为贼于秦，秦王使王翦攻燕。燕王喜走辽东，翦遂定燕蓟而还。②秦使翦子王贲击荆，③荆兵败。还击魏，魏王降，遂定魏地。

①[正义]音预。

②[正义]蓟，音计。

③徐广曰："秦讳'楚'，故云'荆'也。"[索隐]曰：贲，音奔。

秦始皇既灭三晋，走燕王，而数破荆师。秦将李信者，年少壮勇，尝以兵数千逐燕太子丹至于衍水中，卒破得丹，始皇以为贤勇。于是始皇问李信："吾欲攻取荆，于将军度用几何人而足？"李信曰："不过用二十万人。"始皇问王翦，王翦曰："非六十万人不可。"始皇曰："王将军老矣，何怯也！李将军果势壮勇，①其言是也。"遂使李信及蒙恬将二十万南伐荆。王翦言不用，因谢病，归老于频阳。李信攻平与，②蒙恬攻寝，③大破荆军。信又攻鄢郢，破之，于是引兵而西，与蒙恬会城父。④荆人因随之，三日三夜不顿舍，大破李信军，入两壁，杀七都尉，秦军走。

①徐广曰:"势,一作'新'。"

②音余。[正义]曰:在预东北五十四里。

③徐广曰:"今固始寝丘。"[索隐]曰:固始,县,属淮阳。寝丘,地名也。

④[索隐]曰:在汝南,即应乡。[正义]曰:言引兵而会城父,则是汝州郏城
县东父城者也。《括地志》云:"汝州郏城县东四十里有父城故城,即服
虔云城父楚北境者也。又许州叶县东北四十五里亦有父城故城,即杜
预云襄城城父县者也。此二城父城之名耳,服虔城父是误也。《左传》及
《注水经》云'楚大城城父,使太子建居之'。《十三州志》云'太子建所居
城父,谓今亳州城父是也'。此三家之说是城父之名。《地理志》云颍川
父城县,沛郡城父县。据县属郡,其名自分。古先儒多惑,故使其名错
乱。"

始皇闻之,大怒,自驰如频阳。见谢王翦曰:"寡人以不用将军
计,李信果辱秦军。今闻荆兵日进而西,将军虽病,独忍弃寡人乎?"
王翦谢曰:"老臣罢病悖乱,①唯大王更择贤将。"始皇谢曰:"已矣,
将军勿复言!"王翦曰:"大王必不得已用臣,非六十万人不可。"始
皇曰:"为听将军计耳。"于是王翦将兵六十万人,始皇自送至灞上。

①[正义]曰:罢,音皮。悖,音背。

王翦行,请美田宅园池甚众。始皇曰:"将军行矣,何忧贫乎?"
王翦曰:"为大王将,有功终不得封侯。故及大王之向臣,臣亦及时
以请园池为子孙业耳。"始皇大笑。王翦既至关,使使还请善田者五
辈。①或曰:"将军之乞贷亦已甚矣。"王翦曰:"不然。夫秦王怚②而
不信人。③今空秦国甲士而专委于我,④我不多请田宅为子孙业以
自坚,顾令秦王坐而疑我矣。"

①徐广曰:"善,一作'蓄'。"[索隐]曰:谓使者五度请也。

②音粗。

③徐广曰:"怚,一作'粗'。"

④徐广曰:"专亦作'抟',又作'刬'。"

王翦果代李信击荆。荆闻王翦益军而来,乃悉国中兵以拒秦。
王翦至,坚壁而守之,不肯战。荆兵数出挑战,终不出。王翦日休士
洗沐,而善饮食抚循之,亲与士卒同食。久之,王翦使人问军中戏

乎？对曰："方投石超距。"①于是王翦曰："士卒可用矣。"荆数挑战
而秦不出，乃引而东。翦因举兵追之，令壮士击，大破荆军。至蕲
南，②杀其将军项燕，荆兵遂败走。秦因乘胜略定荆地城邑。岁余，
虏荆王负刍，竟平荆地为郡县。因南征百越之君。而王翦子王贲，
与李信破定燕、齐地。

①徐广曰："超，一作'拔'。"骃案：《汉书》云："甘延寿投石拔距，绝于等
　伦。"张晏曰："《范蠡兵法》飞石重十二斤，为机发行三百步。延寿有力，
　能以手投之。拔距，超距也。"[索隐]曰：超距，犹跳跃也。

②[正义]曰：徐州县也。

秦始皇二十六年，尽并天下，王氏、蒙氏功为多，名施于后世。

秦二世之时，王翦及其子贲皆已死，而又灭蒙氏。陈胜之反秦，
秦使王翦之孙王离击赵，围赵王及张耳巨鹿城。①或曰："王离，秦
之名将也。今将强秦之兵，攻新造之赵，举之必矣。"客曰："不然。夫
为将三世者必败。必败者何也？以其所杀伐多矣，其后受其不祥。
今王离已三世将矣。"居无何，项羽救赵，击秦军，果虏王离，王离军
遂降诸侯。

①[正义]曰：今邢州平乡县城本秦巨鹿郡城也。

太史公曰：鄙语云："尺有所短，寸有所长"。白起料敌合变，出
奇无穷，声震天下，然不能救患于应侯。王翦为秦将，夷六国，当是
时，翦为宿将，始皇师之，然不能辅秦建德，固其根本，偷合取容，以
至没身。①及孙王离为项羽所虏，不亦宜乎？彼各有所短也。

①徐广曰："没，音没。"

索隐述赞曰：白起、王翦，俱善用兵。递为秦将，拔齐破荆。赵
任马服，长平遂坑。楚陷李信，霸上卒行。贲、离继出，三代无名。

**史记卷七四
列传第一四**

孟子荀卿

［索隐］曰：按：《序传》孟尝君第十四，而此传为第十五，盖后人差降之矣。

太史公曰：余读《孟子》书，至梁惠王问"何以利吾国"，未尝不废书而叹也。曰：嗟乎，利诚乱之始也！夫子罕言利者，常防其原也。故曰"放于利而行，多怨"。自天子至于庶人，好利之弊何以异哉！

孟轲，邹人也。①受业子思之门人。②

①［索隐］曰：轲，音苦何反，又苦贺反。邹，鲁地名。又云"邾"，邾人徙邹故也。［正义］曰：轲字子舆，为齐卿。邹，兖州县。

②［索隐］曰：王劭以"人"为衍字，则以轲亲受业孔伋之门也。今言"门人"者，乃受业于子思之弟子也。

道既通，游事齐宣王，宣王不能用。适梁，梁惠王不果所言，则见以为迂远而阔于事情。当是之时，秦用商君，富国强兵；楚、魏用吴起，战胜弱敌；齐威王、宣王用孙子、田忌之徒，而诸侯东面朝齐。天下方务于合从连衡，以攻伐为贤，而孟轲乃述唐、虞三代之德，是以所如者不合。退而与万章之徒①序《诗》、《书》，述仲尼之意，作《孟子》七篇。

①［索隐］曰：《孟子》有万章、公明高等，盖并轲之门人也。万，姓；章，名。

其后有驺子之属。齐有三驺子。其前邹忌，以鼓琴干威王，因及国政，封为成侯而受相印，先孟子。

其次驺衍，后孟子。驺衍睹有国者益淫侈，不能尚德，若《大雅》整之于身,施及黎庶矣。及深观阴阳消息而作怪迂之变,《终始》、《大圣》之篇十余万言。其语闳大不经,必先验小物,推而大之,至于无垠。先序今以上至黄帝,学者所共术,大并世盛衰,①因载其机祥度制,推而远之;至天地未生,窈冥不可考而原也。先列中国名山大川,通谷禽兽,水士所殖,物类所珍;因而推之,及海外人之所不能睹。称引天地剖判以来五德转移,治各有宜,而符应若兹。以为儒者所谓中国者,于天下乃八十一分居其一分耳。②中国名曰赤县神州。赤县神州内自有九州,禹之序九州是也,不得为州数。中国外如赤县神州者九,乃所谓九州也。于是有裨海环之,③人民禽兽莫能相通者,如一区中者,乃为一州。如此者九,乃有大瀛海环其外,天地之际焉。其术皆此类也。然要其归,必止乎仁义节俭,君臣上下六亲之施,始也滥耳。④王公大人初见其术,惧然顾化,⑤其后不能行之。

①并,音蒲浪反。[索隐]曰:言其大体随代盛衰,观时而说事。

②[索隐]曰:桓宽、王充并以衍之所言迂怪虚妄,荧惑六国之君,因纳其异说,所谓“匹夫而荧惑诸侯”者也。

③[索隐]曰:裨,音脾。裨海,小海也。九州之外,更有大瀛海,故知此裨是小海也。且将有裨将,裨是小义也。

④[索隐]曰:滥即滥觞,是江原之初始,故此文意以滥为初也。谓衍之术言君臣上下六亲之际,行事之所施所治,皆可以为后代之宗本,故云滥耳。

⑤[索隐]曰:惧,音劬。谓衍之术皆动人心,见者莫不惧然驻想,又内心留顾而已化之,欲从其术也。化者,是易常闻而贵异术也。

　　是以驺子重于齐。适梁,惠王郊迎,执宾主之礼。适赵,平原君侧行襒席。①如燕,昭王拥彗先驱,②请列弟子之座而受业,筑碣石宫,③身亲往师之。作《主运》。④其游诸侯见尊礼如此,岂与仲尼菜色陈、蔡,孟轲困于齐、梁同乎哉!⑤

①[索隐]曰:按:《字林》云:“襒,音匹结反。”韦昭音敷蔑反。张揖《三苍训诂》云“襒,拂也。谓侧行,而衣襒席为敬,不敢正坐当宾主之礼也”。

②[索隐]曰:彗,帚也。谓为之扫地,以衣袂拥帚而却行,恐尘埃之及长

者,所以为敬也。

③[正义]曰:碣石宫在幽州蓟县西三十里宁台之东。

④[索隐]曰:刘向《别录》云邹子书有《主运篇》。

⑤[索隐]曰:仲尼、孟子法先王之道,行仁义之化,且菜色困穷;而邹衍执
　诡怪荧惑诸侯,其见礼重如此。可为长太息哉!

　　故武王以仁义伐纣而王,伯夷饿不食周粟;卫灵公问陈,而孔
子不答;梁惠王谋欲攻赵,孟轲称太王去邠。①此岂有意阿世俗苟
合而已哉!持方枘欲内圆凿,其能入乎?②或曰伊尹负鼎而勉汤以
王,百里奚饭牛车下而缪公用霸,作先合,然后引之大道。邹衍其言
虽不轨,倘亦有牛鼎之意乎?③

①[索隐]曰:《孟子》"太王去邠",是轲对滕文公语,今云梁惠王谋攻赵,
　与《孟子》不同。

②[索隐]曰:方枘是笋也,圆凿是孔也。谓工人斫木,以方笋而内之圆孔,
　不可入也。故《楚词》云"以方枘而纳圆凿者,吾知其龃龉而不入也"。谓
　战国时仲尼、孟轲以仁义干世主,犹方枘圆凿然也。

③[索隐]曰:《吕氏春秋》云"涵牛之鼎不可以烹鸡",是其有牛鼎也。言衍
　之术迂大,倘若大用之,是有牛鼎之意。而谯周亦云"观太史公此论,是
　爱奇之甚"矣。

　　自邹衍与齐之稷下先生如淳于髡、慎到、环渊、接子、田骈、驺
奭之徒,①各著书言治乱之事,以干世主,岂可胜道哉!

①[索隐]曰:按:稷,齐之城门也。或云稷,山名。谓齐之学士集于稷门之
　下也。环渊、接子,古著书人之称号也。骈,音步坚反,又步经反。[正
　义]曰:《慎子》十卷,在法家,则战国时处士。《接子》二篇。《田子》二十
　五篇,齐人,游稷下,号"天口"。接、田二人,道家。《驺奭》十二篇,阴阳
　家。

　　淳于髡,齐人也。博闻强记,学无所主。其谏说,慕晏婴之为人
也,然而承意观色为务。

　　客有见髡于梁惠王,惠王屏左右,独坐而再见之,终无言也。惠
王怪之,以让客曰:"子之称淳于先生,管、晏不及,及见寡人,寡人
未有得也。岂寡人不足为言邪?何故哉?"客以谓髡。髡曰:"固也。
吾前见王,王志在驱逐;后复见王,王志在音声。吾是以默然。"客具

以报王,王大骇,曰:"嗟乎,淳于先生诚圣人也! 前淳于先生之来,
人有献善马者,寡人未及视,会先生至。后先生之来,人有献讴者,
未及试,亦会先生来。寡人虽屏人,然私心在彼有之。"①后淳于髡
见,壹语连三日三夜无倦。惠王欲以卿相位待之,髡因谢去。于是
送以安车驾驷,束帛加璧,黄金百镒。终身不仕。

①[索隐]曰:谓私心实在彼马与讴也。有之,谓我实有此二事也。

　　慎到,赵人。田骈、接子,齐人。环渊,楚人。皆学黄老道德之
术,因发明序其指意。故慎到著十二论,①环渊著上下篇,而田骈、
接子皆有所论焉。

①徐广曰:"今《慎子》刘向所定,有四十一篇。"

　　驺奭者,齐诸驺子,亦颇采驺衍之术以纪文。

　　于是齐王嘉之,自如淳于髡以下,皆命曰列大夫,为开第康庄
之衢,①高门大屋,尊宠之。览天下诸侯宾客,言齐能致天下贤士
也。

①《尔雅》曰:"四达谓之衢,五达谓之康,六达谓之庄。"

　　荀卿,赵人。①年五十始来游学于齐。驺衍之术迂大而闳辩,奭
也文具难施。淳于髡久与处,时有得善言。故齐人颂曰:"谈天衍,
雕龙奭,炙毂②过髡。"③田骈之属皆已死。齐襄王时,④而荀卿最
为老师。齐尚修列大夫之缺,而荀卿三为祭酒焉。⑤

①[索隐]曰:名况。卿者,时人相尊而号为卿也。仕齐为祭酒,仕楚为兰陵
令。后亦谓之孙卿子者,避汉宣帝之讳也。

②徐广曰:"一作'乱讹'。"

③刘向《别录》曰:"驺衍之所言五德终始,天地广大,书言天事,故曰'谈
天'。驺奭修衍之文,饰若雕镂龙文,故曰'雕龙'。"《别录》曰"过"字作
"锞"。锞者,车之盛膏者也。炙之虽尽,犹有余流者。言淳于髡智不尽
如炙锞也。左思《齐都赋》注曰:"言其多智难尽,如炙膏过之有润泽
也"。[索隐]曰:刘氏云"毂,衍字也"。今按:文称"炙毂过",则是器
名。音如字,谓盛脂之器名过。"过"与"锅"字相近,盖即脂器也。毂即
车毂,过为润毂之物,则"毂"非衍字明矣。

④[索隐]曰:襄王名法章,湣王子,莒人所立者。

⑤[索隐]曰：礼食必祭先，饮酒亦然，必以席中之尊者一人当祭耳。后因以为官名，故吴王濞为刘氏祭酒是也。而卿三为祭酒者，谓荀卿出入前后三度处列大夫康庄之位，而皆为其所尊，故云三为祭酒。

齐人或谗荀卿，荀卿乃适楚，而春申君以为兰陵令。①春申君死而荀卿废，因家兰陵。李斯尝为弟子，已而相秦。荀卿嫉浊世之政，亡国乱君相属，不遂大道而营于巫祝，信机祥，鄙儒小拘，如庄周等又猾稽乱俗，于是推儒、墨、道德之行事兴坏，序列著数万言而卒。因葬兰陵。

①[正义]曰：兰陵，县，属东海郡，今沂州承县有兰陵山。

而赵亦有公孙龙，为坚白同异之辩，①剧子之言。②魏有李悝，尽地力之教。③楚有尸子、长卢。④阿之吁子焉。⑤自如孟子至于吁子，世多有其书，故不论其传云。

①《晋太康地记》云："汝南西平县有龙渊水，可用淬刀剑，特坚利，故有坚白之论，云'黄，所以为坚也；白，所以为利也'。或辩之曰'白，所以为不坚；黄，所以为不利'。"[索隐]曰：龙，即仲尼弟子也。此云赵人，《弟子传》作卫人，郑玄云楚人，各不能知其真。又下文云"并孔子同时，或云在其后"，所以知非别人也。[正义]曰：《艺文志》、《公孙龙子》十四篇，颜师古云即为坚白之辩。按《平原君传》，邹衍同时。《括地志》云"西平县，豫州西北百四十里，有龙渊水"也。

②徐广曰："按应劭《氏姓注》直云'处子'也。"[索隐]曰：著书之人姓剧氏而称子也，前史不记其名，故赵有剧孟及剧辛也。

③[正义]曰：《艺文志》："《李子》三十二篇。李悝相魏文侯，富国强兵。"

④刘向《别录》曰："楚有尸子，疑谓其在蜀。今案《尸子书》，晋人也，名佼，秦相卫鞅客也。卫鞅商君谋事画计，立法理民，未尝不与佼规也。商君被刑，佼恐并诛，乃亡逃入蜀。自为造此二十篇书，凡六万余言。卒，因葬蜀。"[索隐]曰：尸子名佼，音绞。长卢，未详。[正义]曰：《长卢》九篇，楚人。

⑤徐广曰："阿者，今之东阿。"[索隐]曰：吁，音芋。《别录》作"芋子"，今"吁"亦如字。[正义]曰：按：东齐州也。《艺文志》云："《吁子》十八篇，名婴，齐人，七十子之后。"颜师古云音弭。按：是齐人，阿又属齐，恐颜公误也。

盖墨翟，宋之大夫。善守御，为节用。①或曰并孔子时，或曰在
其后。②

①《墨子》曰："公输般为云梯之械成，将以攻宋。墨子闻之，至于郢，见公
　输般。墨子解带为城，以牒为械。公输般九设攻城之机变，墨子九距之。
　公输般之攻械尽，墨子之守固有余。公输般诎，而言曰：'吾知所以距子
　矣，吾不言。'墨子亦曰：'吾知子之所以距我者，吾不言。'楚王问其故。
　墨子曰：'公输子之意不过欲杀臣。杀臣，宋莫能守，可攻也。然臣之弟
　子禽滑厘等三百人，已持臣守国之器在宋城上而待楚寇矣。虽杀臣，不
　能绝也。'楚王曰：'善哉，吾请无攻宋城矣。'"[索隐]曰：公输为云梯之
　械者，按梯，构木瞰高也；云者，言其升高入云，故曰云梯。械者，器也。
　谓攻城之楼橹也，与器械同。墨子解带为城者，谓墨子所术，解身上革
　带以为城也。以牒为械者，牒，小木札也；械者，楼橹等。公输般之攻械
　尽者，刘氏云"械谓飞梯、撞车、飞石车弩之具也"。诎，音屈。谓般技已
　尽，墨子有余。滑厘者，墨子弟子之姓字也。厘，音狸。

②[索隐]曰：按《别录》云"《墨子书》有文子，文子子夏之弟子，问于墨
　子"。如此则墨子者，在七十子之后也。

　　索隐述赞曰：六国之末，战胜相雄。轲游齐、魏，其说不通。退
而著述，称吾道穷。兰陵事楚，邹衍谈空。康庄虽列，莫见收功。

史记卷七五
列传第一五

孟尝君

　　孟尝君名文,姓田氏。文之父曰靖郭君田婴。田婴者,齐威王少子,而齐宣王庶弟也。①

　　①〔索隐〕曰:《战国策》及诸书并无此言,盖诸田之别子也,故《战国策》每称"婴子"、"盼子",高诱注云"田盼"、"田婴"也。王劭又按:《战国策》云"齐貌辨谓宣王曰:'王方为太子时,辨谓靖郭君,不若废太子,更立郊师。靖郭君不忍。'宣王太息曰:'寡人少,殊不知。'"以此言之,婴非宣王弟明也。

　　田婴自威王时任职用事,与成侯邹忌及田忌将而救韩伐魏。成侯与田忌争宠,成侯卖田忌。田忌惧,袭齐之边邑,不胜,亡走。会威王卒,宣王立,知成侯卖田忌,乃复召田忌以为将。宣王二年,田忌与孙膑、田婴俱伐魏,败之马陵,虏魏太子申而杀魏将庞涓。①宣王七年,田婴使于韩、魏,韩、魏服于齐。婴与韩昭侯、魏惠王会齐宣王东阿南,②盟而去。③明年,复与梁惠王会甄。④是岁梁惠王卒。

　　①〔索隐〕曰:《纪年》当梁惠王二十八年,至三十一年改为后元也。

　　②〔正义〕曰:东阿,齐州县也。

　　③〔索隐〕曰:《纪年》当惠王之后元十一年,作"平阿"。又云"十三年会齐威王于甄",与此明年齐宣王与梁惠王会甄文同。但齐之威、宣二王,文舛互不同也。

　　④音绢。

　　宣王九年,田婴相齐。齐宣王与魏襄王会徐州而相王也。①楚

威王闻之,怒田婴。明年,楚伐败齐师于徐州,而使人逐田婴。田婴
使张丑说楚威王,威王乃止。田婴相齐十一年,宣王卒,湣王即位。
即位三年,而封田婴于薛。②

①[正义]曰:《纪年》云梁惠王三十年,下邳迁于薛,改名徐州。

②[索隐]曰:《纪年》以为梁惠王后元十三年四月,齐威王封田婴于薛。十
　　月,齐城薛。十四年,薛子婴来朝。十五年,齐威王薨,婴初封彭城。皆
　　与此文异。[正义]曰:薛故城在今徐州滕县南四十四里也。

　初,田婴有子四十余人。其贱妾有子名文,文以五月五日生。婴
告其母曰:"勿举也。"其母窃举生之。①及长,其母因兄弟而见其子
文于田婴。田婴怒其母曰:"吾令若去此子,而敢生之,何也?"文顿
首,因曰:"君所以不举五月子者,何故?"婴曰:"五月子者长与户
齐,将不利其父母。"②文曰:"人生受命于天乎?将受命于户邪?"婴
默然。文曰:"必受命于天,君何忧焉? 必受命于户,则高其户耳,谁
能至者!"婴曰:"子休矣。"

①[索隐]曰:上"举",谓初诞而举之;下"举",谓浴而乳之。生,谓长养之
　　也。

②[索隐]曰:《风俗通》云:"俗说五月五日生子,男害父,女害母也。"

　久之,文承间问其父婴曰:"子之子为何?"曰:"为孙。""孙之孙
为何?"曰:"为玄孙。""玄孙之孙为何?"曰:"不能知也。"①文曰:
"君用事相齐,至今三王矣,齐不加广而君私家富累万金,门下不见
一贤者。文闻将门必有将,相门必有相。今君后宫蹈绮縠而士不得
短褐,②仆妾余粱肉而士不厌糟糠。今君又尚厚积余藏,欲以遗所
不知何人,③而忘公家之事日损,文窃怪之。"于是婴乃礼文,使主
家待宾客。宾客日进,名声闻于诸侯。诸侯皆使人请薛公田婴以文
为太子,婴许之。婴卒,谥为靖郭君。④而文果代立于薛,是为孟尝
君。

①[索隐]曰:《尔雅》云"玄孙之子为来,来孙之子为昆,昆孙之子为仍,仍
　　孙之子为云"。又有耳孙,亦是玄孙之子,不同也。

②[索隐]曰:短,亦音竖。竖褐,谓褐衣而竖裁之,以其省而便事也。

③[索隐]曰:遗,音唯季反。犹言不知欲遗与何人也。

④《皇览》曰："靖郭君家在鲁国薛城中东南陬。"[索隐]曰：谥为靖郭君
　者，谓死后别号之曰"靖郭"耳。则"靖郭"或封邑号，故汉齐王舅父驷
　钩封靖郭侯是也。陬，音邹，亦音缎。陬者，城隅也。

孟尝君在薛，招致诸侯宾客及亡人有罪者，皆归孟尝君。孟尝
君舍业厚遇之，①以故倾天下之士。食客数千人，无贵贱一与文等。
孟尝君待客坐语，而屏风后常有侍史，主记君所与客语，问亲戚居
处。客去，孟尝君已使使存问，献遗其亲戚。孟尝君曾待客夜食，有
一人蔽火光。客怒，以饭不等，辍食辞去。孟尝君起，自持其饭比之。
客惭，自刭。士以此多归孟尝君。孟尝君客无所择，皆善遇之。人
人各自以为孟尝君亲己。

①[索隐]曰：舍业者，舍弃其家产业而厚事宾客也。刘氏云"舍，音赦。谓
　为之筑舍立居业也"。

秦昭王闻其贤，乃先使泾阳君为质于齐，以求见孟尝君。孟尝
君将入秦，宾客莫欲其行，谏，不听。苏代谓曰："今旦代从外来，见
木偶人与土偶人相与语。①木偶人曰：'天雨，子将败矣。'土偶人
曰：'我生于土，败则归土。今天雨，流子而行，未知所止息也。'今
秦，虎狼之国也，而君欲往，如有不得还，君得无为土偶人所笑乎？"
孟尝君乃止。

①[索隐]曰：偶，音遇。谓以土木为之偶，类于人也。苏代以土偶比泾阳
　君，木偶比孟尝君。

齐湣王二十五年，复卒使孟尝君入秦，昭王即以孟尝君为秦
相。人或说秦昭王曰："孟尝君贤，而又齐族也，今相秦，必先齐而后
秦，秦其危矣。"于是秦昭王乃止。囚孟尝君，谋欲杀之。孟尝君使
人抵昭王幸姬求解。①幸姬曰："妾愿得君狐白裘。"②此时孟尝君
有一狐白裘，直千金，天下无双，入秦献之昭王，更无他裘。孟尝君
患之，遍问客，莫能对。最下坐有能为狗盗者，曰："臣能得狐白裘。"
乃夜为狗，以入秦宫藏中，③取所献狐白裘至，以献秦王幸姬。幸姬

为言昭王,昭王释孟尝君。孟尝君得出,即驰去,更封传,变名姓以出关。④夜半至函谷关。⑤秦昭王后悔出孟尝君,求之已去,即使人驰传逐之。孟尝君至关,关法鸡鸣而出客。孟尝君恐追至,客之居下坐者有能为鸡鸣,而鸡尽鸣,遂发传出。出如食顷,秦追果至关,已后孟尝君出,乃还。始孟尝君列此二人于宾客,宾客尽羞之。及孟尝君有秦难,卒此二人拔之。自是之后,客皆服。

①〔索隐〕曰:抵,音丁礼反。按:抵谓触冒而求之也。

②韦昭曰:"以狐之白毛为裘。谓集狐腋之毛,言美而难得者。"

③〔正义〕藏,在浪反。

④〔索隐〕曰:更,改也。改前封传而易姓名,不言是孟尝君。封传,今之驿券也。

⑤〔正义〕曰:关在陕州桃林县西南十三里。

　　孟尝君过赵,赵平原君客之。赵人闻孟尝君贤,出观之,皆笑曰:"始以薛公为魁然也,今视之,乃眇小丈夫耳。"孟尝君闻之怒。客与俱者下,斫击杀数百人,遂灭一县以去。

　　齐湣王不自得,以其遣孟尝君。①孟尝君至,则以为齐相,任政。

①〔索隐〕曰:得,一作"德"。是湣王遣孟尝君,自言己无德故也。

　　孟尝君怨秦,将以齐为韩、魏攻楚,因与韩、魏攻秦,①而借兵食于西周。苏代为西周谓曰:②"君以齐为韩、魏攻楚九年,取宛、叶以北以强韩、魏,③今复攻秦以益之。韩、魏南无楚忧,西无秦患,则齐危矣。韩、魏必轻齐畏秦,臣为君危之。君不如令弊邑深合于秦,而君无攻,又无借兵食。君临函谷而无攻,令弊邑以君之情谓秦昭王曰'薛公必不破秦以强韩、魏。其攻秦也,欲王之令楚王割东国以与齐,④而秦出楚怀王以为和'。君令弊邑以此惠秦,秦得无破而以东国自免也,秦必欲之。楚王得出,必德齐。齐得东国益强,而薛世世无患矣。秦不大弱,而处三晋之西,三晋必重齐。"薛公曰:"善。"因令韩、魏贺秦,使三国无攻,而不借兵食于西周矣。是时楚怀王入秦,秦留之,故欲必出之。秦不果出楚怀王。

①徐广曰:"年表曰韩、魏、齐共击秦军于函谷。"

②[索隐]曰:《战国策》作"韩庆为西周谓薛公"也。

③[正义]曰:宛在邓州,叶在许州。二县以北旧属楚,二国共没以入韩、魏。

④[正义]曰:东国,齐、徐夷。

　　孟尝君相齐,其舍人魏子为孟尝君收邑入,①三反而不致一入。孟尝君问之,对曰:"有贤者,窃假与之,以故不致入。"孟尝君怒而退魏子。居数年,人或毁孟尝君于齐湣王曰:"孟尝君将为乱。"及田甲劫湣王,湣王意疑孟尝君,孟尝君乃奔。②魏子所与粟贤者闻之,乃上书言孟尝君不作乱,请以身为盟,遂自刭宫门以明孟尝君。湣王乃惊,而踪迹验问,孟尝君果无反谋,乃复召孟尝君。孟尝君因谢病,归老于薛。湣王许之。

①[索隐]曰:舍人官微,记姓而略其名,故云魏子。收,谓收其国之租税。

②[索隐]曰:湣王三十四年,田甲劫王,薛文走。

　　其后,秦亡将吕礼相齐,欲困苏代。代乃谓孟尝君曰:"周最于齐,至厚也,①而齐王逐之,而听亲弗②相吕礼者,欲取秦也。齐、秦合,则亲弗与吕礼重矣。有用,齐、秦必轻君。君不如急北兵,趋赵以和秦、魏,收周最以厚行,且反齐王之信,③又禁天下之变。④齐无秦,则天下集齐,亲弗必走,则齐王孰与为其国也!"于是孟尝君从其计,而吕礼嫉害于孟尝君。

①[正义]曰:周最,周之公子。

②亲弗,人姓名。[索隐]曰:《战国策》作"祝弗",盖"祝"为得之。

③[索隐]曰:周最本厚于齐,今欲逐之而相秦之亡将。苏代谓孟尝君,令齐收周最以自厚其行,又且得反齐王之有信,以不逐周最也。

④[索隐]曰:变,谓齐、秦合则亲弗、吕礼用,用则秦、齐轻孟尝也。

　　孟尝君惧,乃遗秦相穰侯魏冉书曰:"吾闻秦欲以吕礼收齐,齐,天下之强国也,子必轻矣。齐秦相取以临三晋,吕礼必并相矣,

是子通齐以重吕礼也。若齐免于天下之兵，其仇子必深矣。子不如
劝秦王伐齐。齐破，吾请以所得封子。齐破，秦畏晋之强，秦必重子
以取晋。晋毙于齐而畏秦，晋必重子以取秦。是子破齐以为功，
挟晋以为重。是子破齐定封，秦、晋交重子。若齐不破，吕礼复用，
子必大穷。"于是穰侯言于秦昭王伐齐，而吕礼亡。

　　后齐湣王灭宋，益骄，欲去孟尝君。孟尝君恐，乃如魏。魏昭王
以为相，西合于秦赵，与燕共伐破齐。齐湣王亡在莒，遂死焉。齐襄
王立，而孟尝君中立为诸侯，无所属。齐襄王新立，畏孟尝君，与连
和，复亲薛公。

　　文卒，谥为孟尝君。①诸子争立，而齐魏共灭。薛孟尝绝嗣无后
也。

　　①《皇览》曰："孟尝君冢在鲁国薛城中向门东。向门，出北边门也。"《诗》
　　　云"居常与许"，郑玄曰："'常'或作'尝'，在薛之南"。孟尝邑于薛城。
　　　〔索隐〕曰：孟尝袭父封薛，而号曰孟尝君，此云谥，非也。孟，字；尝，邑
　　　名。尝邑在薛之旁。〔正义〕曰：《括地志》云："孟尝君墓在徐州滕县五十
　　　二里。卒在齐襄王之时也。"

　　初，冯谖①闻孟尝君好客，蹑屫而见之。②孟尝君曰："先生远
辱，何以教文也？"冯谖曰："闻君好士，以贫身归于君。"孟尝君置传
舍十日。③孟尝君问传舍长曰："客何所为？"答曰："冯先生甚贫，犹
有一剑耳，又蒯缑。④弹其剑而歌曰'长铗归来乎，食无鱼'。"孟尝
君迁之幸舍，食有鱼矣。五日，又问传舍长。答曰："客复弹剑而歌
曰'长铗归来乎，出无舆'。"孟尝君迁之代舍，出入乘舆车矣。五日，
孟尝君复问传舍长。舍长答曰："先生又尝弹剑而歌曰'长铗归来
乎，无以为家'。"孟尝君不悦。

　　①音欢。复作"媛"，音许袁反。
　　②〔索隐〕曰：屫，音脚。字亦作"跻"，又作"𫏋""。
　　③〔索隐〕曰：传，音逐缘反。按：传舍、幸舍及代舍，并当上、中、下三等之
　　　客所舍之名耳。
　　④蒯，音苦怪反。茅之类，可为绳。言其剑把无物可装，以小绳缠之也。缑，

音侯。亦作"候",谓把剑之处。[索隐]曰:蒯,草名,音"蒯聩"之"蒯"。
緱,谓把剑之物。言其剑无物可装,但以蒯绳缠之,故云"蒯緱"也。

居期年,冯谖无所言。孟尝君时相齐,封万户于薛。其食客三
千人,邑入不足以奉客。①使人出钱于薛,岁余不入,贷钱者多不能
与其息,②客奉将不给。孟尝君忧之,问左右:"何人可使收债于薛
者?"传舍长曰:"代舍客冯公形容状貌甚辩,长者,无他伎③能,宜
可令收债。"孟尝君乃进冯谖而请之曰:"宾客不知文不肖,幸临文
者三千余人,邑入不足以奉宾客,故出息钱于薛。薛岁不入,民颇不
与其息。今客食恐不给,愿先生责之。"冯谖曰:"诺。"辞行,至薛,召
取孟尝君钱者皆会,得息钱十万。乃多酿酒,买肥牛,召诸取钱者,
能与息者皆来,不能与息者亦来,皆持取钱之券书合之。齐为会,日
杀牛置酒。酒酣,乃持券如前合之。能与息者,与为期;贫不能与息
者,取其券而烧之。曰:"孟尝君所以贷钱者,为民之无者以为本业
也;所以求息者,为无以奉客也。今富给者以要期,贫穷者燔券书以
捐之。诸君强饮食。有君如此,岂可负哉!"坐者皆起,再拜。

①[正义]曰:奉,符用反。

②[索隐]曰:与,犹还也。息,犹利也。

③亦作"技"。

孟尝君闻冯谖烧券书,怒而使使召谖。谖至,孟尝君曰:"文食
客三千人,故贷钱于薛。文奉邑少,①而民尚多不以时与其息,客食
恐不足,故请先生收责之。闻先生得钱,即以多具牛酒而烧券书,
何?"冯谖曰:"然。不多具牛酒即不能毕会,无以知其有余不足。有
余者为要期。不足者虽守而责之十年,息愈多,急即以逃亡自捐之。
若急,终无以偿,上则为君好利不爱士民,下则有离上抵负之名,非
所以厉士民彰君声也。焚无用虚债之券,捐不可得之虚计,令薛民
亲君而彰君之善声也,君有何疑焉?"孟尝君乃拊手而谢之。

①[索隐]曰:言文之奉邑少,故令出息于薛也。

齐王惑于秦楚之毁,以为孟尝君名高其主而擅齐国之权,遂废
孟尝君。诸客见孟尝君废,皆去。冯谖曰:"借臣车一乘,可以入秦

者,必令君重于国而奉邑益广,可乎?"孟尝君乃约车币而遣之。

冯谖乃西说秦王曰:"天下之游士,凭轼结靷西入秦者,无不欲强秦而弱齐;凭轼结靷东入齐者,无不欲强齐而弱秦。此雄雌之国也,势不两立为雄,雄者得天下矣。"秦王跽而问之曰:"何以使秦无为雌而可?"冯谖曰:"王亦知齐之废孟尝君乎?"秦王曰:"闻之。"冯谖曰:"使齐重于天下者,孟尝君也。今齐王以毁废之,其心怨,必背齐。背齐入秦,则齐国之情,人事之诚,尽委之秦,齐地可得也,岂直为雄也!君急使使载币阴迎孟尝君,不可失时也。如有齐觉悟,复用孟尝君,则雌雄之所在未可知也。"秦王大悦,乃遣车十乘、黄金百镒以迎孟尝君。

冯谖辞以先行,至齐,说齐王曰:"天下之游士凭轼结靷东入齐者,无不欲强齐而弱秦者;凭轼结靷西入秦者,无不欲强秦而弱齐者。夫秦齐雄雌之国,秦强则齐弱矣,此势不两雄。今臣窃闻秦遣使车十乘载黄金百镒以迎孟尝君。孟尝君不西则已,西入相秦则天下归之,秦为雄而齐为雌,雌则临淄、即墨危矣!王何不先秦使之未到,复孟尝君,而益与之邑以谢之?孟尝君必喜而受之。秦虽强国,岂可以请人相而迎之哉?折秦之谋,而绝其霸强之略。"齐王曰:"善。"乃使人至境候秦使。秦使车适入齐境,使还驰告之。王召孟尝君而复其相位,而与其故邑之地,又益以千户。秦之使者闻孟尝君复相齐,还车而去矣。

自齐王毁废孟尝君,诸客皆去。后召而复之,冯谖迎之。未到,孟尝君太息叹曰:"文常好客,遇客无所敢失,食客三千有余人,先生所知也。客见文一日废,皆背文而去,莫顾文者。今赖先生得复其位,客亦有何面目复见文乎?如复见文者,必唾其面而大辱之!"冯谖结辔下拜。孟尝君下车接之,曰:"先生为客谢乎?"冯谖曰:"非为客谢也,为君之言失。夫物有必至,事有固然,君知之乎?"孟尝君曰:"愚不知所谓也。"曰:"生者必有死,物之必至也。富贵多士,贫贱寡友,事之固然也。君独不见夫朝趋市者乎?①明旦侧肩争门而入,日暮之后过市朝者掉臂而不顾。②非好朝而恶暮,所期物忘其

中。③今君失位，宾客皆去，不足以怨士而徒绝宾客之路。愿君遇客
如故。"孟尝君再拜曰："敬从命矣。闻先生之言，敢不奉教焉！"

①[索隐]曰：趋，音娶。趣向也，又音趋。

②[索隐]曰：过，光卧反。朝，音潮。市之行列有如朝位，因言市朝云耳。

③[索隐]曰：期物，谓入市心中所期之物利。人平明侧肩争门而入，至日
　暮所期忘其中。忘者，无也。其中，市朝之中。言日暮物尽，故掉臂不顾
　也。

　　太史公曰：吾尝过薛，其俗，闾里率多暴桀子弟，与邹鲁殊。问
其故，曰："孟尝君招致天下任侠，奸人入薛中盖六万余家矣。"世之
传孟尝君好客自喜，名不虚矣。

　　索隐述赞曰：靖郭之子，威王之孙。既强其国，实高其门。好客
喜士，见重平原。鸡鸣狗盗，魏子冯煖。如何承睫，薛县徒存。

史记卷七六
列传第一六

平原君虞卿

　　平原君赵胜者，①赵之诸公子也。②诸子中胜最贤，喜宾客，宾客盖至者数千人。平原君相赵惠文王及孝成王，三去相，三复位，封于东武城。③

　　①〔正义〕胜，式证反。
　　②徐广曰："《魏公子传》曰赵惠文王弟。"
　　③徐广曰："属清河。"〔正义〕曰：今贝州武城县也。

　　平原君家楼临民家。民家有躄者，盘散行汲。①平原君美人居楼上，临见，大笑之。明日，躄者至平原君门，请曰："臣闻君之喜士，士不远千里而至者，以君能贵士而贱妾也。臣不幸有罢癃之病，②而君之后宫临而笑臣，臣愿得笑臣者头。"平原君笑应曰："诺。"躄者去，平原君笑曰："观此竖子，乃欲以一笑之故杀吾美人，不亦甚乎！"终不杀。居岁余，宾客门下舍人稍稍引去者过半。平原君怪之，曰："胜所以待诸君者未尝敢失礼，而去者何多也？"门下一人前对曰："以君之不杀笑躄者，以君为爱色而贱士，士即去耳。"于是平原君乃斩笑躄者美人头，自造门进躄者，因谢焉。其后门下乃复稍稍来。是时齐有孟尝，魏有信陵，楚有春申，故争相倾以待士。③

　　①散，亦作"跚"。〔索隐〕曰：上躄，音壁。散，音先寒反，亦作"跚"，音同。
　　　　〔正义〕躄，跛也。
　　②徐广曰："癃，音隆。癃，病也。"〔索隐〕曰：罢，音皮。癃，音吕宫反。罢癃，背疾，言腰曲而背癃高也。

③徐广曰:"待,一作'得'。"

　　秦之围邯郸,①赵使平原君求救,合从于楚,约与食客门下有勇力文武备具者二十人偕。平原君曰:"使文能取胜,则善矣。文不能取胜,则歃血于华屋之下,必得定从而还。士不外索,取于食客门下足矣。"得十九人,余无可取者,无以满二十人。门下有毛遂者,前,自赞于平原君曰:"遂闻君将合从于楚,约与食客门下二十人偕,不外索。今少一人,愿君即以遂备员而行矣。"平原君曰:"先生处胜之门下几年于此矣?"毛遂曰:"三年于此矣。"平原君曰:"夫贤士之处世也,譬若锥之处囊中,其末立见。今先生处胜之门下三年于此矣,左右未有所称诵,胜未有所闻,是先生无所有也。先生不能,先生留。"毛遂曰:"臣乃今日请处囊中耳。使遂早得处囊中,乃颖脱而出,②非特其末见而已!"平原君竟与毛遂偕,十九人相与目笑之而未发也。③

①[正义]曰:赵惠文王九年,秦昭王十五年。
②[索隐]曰:郑玄曰"颖,环也"。脱,音吐活反。
③[索隐]曰:发,一作"废"。郑玄云:"皆目视而轻笑之,未能即废弃之也"。

　　毛遂比至楚,与十九人论议,十九人皆服。平原君与楚合从,言其利害,日出而言之,日中不决。十九人谓毛遂曰:"先生上!"毛遂按剑历阶而上,谓平原君曰:"从之利害,两言而决耳。今日出而言从,日中不决,何也?"楚王谓平原君曰:"客何为者也?"平原君曰:"是胜之舍人也。"楚王叱曰:"胡不下! 吾乃与而君言,汝何为者也!"毛遂按剑而前曰:"王之所以叱遂者,以楚国之众也。今十步之内,王不得恃楚国之众也,王之命悬于遂手。吾君在前,叱者何也? 且遂闻汤以七十里之地王天下,文王以百里之壤而臣诸侯,岂其士卒众多哉? 诚能据其势而奋其威。今楚地方五千里,持戟百万,此霸王之资也。以楚之强,天下弗能当。白起,小竖子耳,率数万之众,兴师以与楚战,一战而举鄢郢,再战而烧夷陵,三战而辱王之先人。

此百世之怨而赵之所羞,而王弗知恶焉。①合从者为楚,非为赵也!
吾君在前,叱者何也?"楚王曰:"唯唯!诚若先生之言,谨奉社稷而
以从。"毛遂曰:"从定乎?"楚王曰:"定矣。"毛遂谓楚王之左右曰:
"取鸡狗马之血来。"②毛遂奉铜盘③而跪进之楚王曰:"王当歃血
而定从,次者吾君,次者遂。"遂定从于殿上。毛遂左手持盘血,而右
手招十九人曰:"公相与歃此血于堂下。④公等录录,⑤所谓因人成
事者也。"

①[正义]曰:恶,乌故反。

②[索隐]曰:盟之所用牲贵贱不同,天子用牛及马,诸侯以犬及猭,大夫
　　已下用鸡。今此总言盟之用血,故云"取鸡狗马之血来"耳。

③[索隐]曰:奉,音捧。若《周礼》则用珠盘也。

④[索隐]曰:歃,音所甲反。

⑤[索隐]曰:音六,王劭云:"录,借字耳。"又《说文》云:"录录,随从之貌
　　也。"

　　平原君已定从而归,归至于赵,曰:"胜不敢复相士。胜相士多
者千人,寡者百数,自以为不失天下之士,今乃于毛先生而失之也。
毛先生一至楚,而使赵重于九鼎大吕。①毛先生以三寸之舌,强于
百万之师。胜不敢复相士!"遂以为上客。

①[索隐]曰:九鼎大吕,国之宝器。言毛遂至楚,使赵重于九鼎大吕,谓为
　　天子所重也。[正义]曰:大吕,周庙大钟。

　　平原君既返赵,楚使春申君将兵赴救赵,魏信陵君亦矫夺晋鄙
军往救赵,皆未至。秦急围邯郸,邯郸急,且降,平原君甚患之。邯
郸传舍吏子李同①说平原君曰:"君不忧赵亡邪?"平原君曰:"赵亡
则胜为虏,何为不忧乎?"李同曰:"邯郸之民炊骨易子而食,可谓急
矣。而君之后宫以百数,婢妾被绮縠,余粱肉,而民褐衣不完,糟糠
不厌。民困兵尽,或剡木为矛矢,而君器物钟磬自若。使秦破赵,君
安得有此?使赵得全,君何患无有?今君诚能令夫人以下编于士卒
之间,分功而作,家之所有尽散以飨士,士方其危苦之时,易德
耳。"②于是平原君从之。得敢死之士三千人。李同遂与三千人赴秦

军，秦军为之却三十里。亦会楚、魏救至，秦兵遂罢，邯郸复存。李同战死，封其父为李侯。③

①［正义］曰：名谈，太史公讳改也。

②［正义］曰：言士方危苦之时，易有恩德。

③徐广曰："河内成皋有李城。"［正义］曰：怀州温县，本李城也，李同父所封。隋炀帝从故温城移县于此。

虞卿欲以信陵君之存邯郸为平原君请封。公孙龙闻之，夜驾见平原君曰："龙闻虞卿欲以信陵君之存邯郸为君请封，有之乎？"平原君曰："然。"龙曰："此甚不可。且王举君而相赵者，非以君之智能为赵国无有也。割东武城而封君者，非以君为有功也。而以国人无勋，乃以君为亲戚故也。君受相印不辞无能，割地不言无功者，亦自以为亲戚故也。今信陵君存邯郸而请封，是亲戚受城而国人计功也。①此甚不可。且虞卿操其两权，事成操右券以责，②事不成以虚名德君。君必勿听也。"平原君遂不听虞卿。

①徐广曰："一本'是亲戚受城而以国许人'。"

②［索隐］曰：言虞卿论平原君取封事成，则操其右券以责其报德也。

平原君以赵孝成王十五年卒。①子孙代，后竟与赵俱亡。

①［索隐］曰：《六国年表》及世家并云十四年卒，与此不同。

平原君厚待公孙龙。公孙龙善为坚白之辩，及邹衍过赵①言至道，乃绌公孙龙。②

①［索隐］曰：过，音戈。

②刘向《别录》曰："齐使邹衍过赵，平原君见公孙龙及其徒綦母子之属，论'白马非马'之辩，以问邹子。邹子曰：'不可。彼天下之辩有五胜三至，而辞正为下。辩者，别殊类使不相害，序异端使不相乱，杼意通指，明其所谓，使人与知焉，不务相迷也。故胜者不失其所守，不胜者得其所求。若是，故辩可为也。及至烦文以相假，饰辞以相悖，巧譬以相移，引人声使不得及其意，如此害大道。夫缴纷争言而竟后息，不能无害君子。'坐皆称善。"［索隐］曰：杼，音墅。杼者，舒也。缴，音纠。谓缴绕纷乱，争言而竟后息，不能无害也。

虞卿者,游说之士也。蹑屩檐簦①说赵孝成王。一见,赐黄金百镒,白璧一双。再见,为赵上卿,故号为虞卿。②

①徐广曰:"屩,草履也。簦,长柄笠,音登。笠有柄者谓之簦。"[索隐]曰:屩,音脚。

②谯周曰:"食邑于虞。"[索隐]曰:赵之虞在河东太阳县,今之虞乡县是也。

秦赵战于长平,赵不胜,亡一都尉。赵王召楼昌与虞卿曰:"军战不胜,尉复死,①寡人使束甲而趋之,何如?"楼昌曰:"无益也,不如发重使为媾。"②虞卿曰:"昌言媾者,以为不媾军必破也。而制媾者在秦。且王之论秦也,欲破赵之军乎,不邪?"王曰:"秦不遗余力矣,必且欲破赵军。"虞卿曰:"王听臣,发使出重宝以附楚、魏,楚、魏欲得王之重宝,必内吾使。赵使入楚、魏,秦必疑天下之合从,且必恐。如此,则媾乃可为也。"赵王不听,与平阳君为媾,发郑朱入秦,秦内之。赵王召虞卿曰:"寡人使平阳君为媾于秦,秦已内郑朱矣,卿以为奚如?"虞卿对曰:"王不得媾,军必破矣。天下贺战胜者皆在秦矣!郑朱,贵人也,入秦,秦王与应侯必显重以示天下。楚、魏以赵为媾,必不救王。秦知天下不救王,则媾不可得成也。"应侯果显郑朱以示天下贺战胜者,终不肯媾。长平大败,遂围邯郸,为天下笑。

①徐广曰:"复,一作'系'。"

②古后反。求和曰媾。[索隐]曰:按:媾亦讲,讲亦和也。

秦既解邯郸围,而赵王入朝,使赵郝①约事于秦,割六县而媾。虞卿谓赵王曰:"秦之攻王也,倦而归乎?王以其力尚能进,爱王而弗攻乎?"王曰:"秦之攻我也,不遗余力矣,必以倦而归也。"虞卿曰:"秦以其力攻其所不能取,倦而归,王又以其力之所不能取以送之,是助秦自攻也。来年秦复攻王,王无救矣。"王以虞卿之言告赵郝。赵郝曰:"虞卿诚能尽秦力之所至乎?诚知秦力之所不能进,此弹丸之地弗予,令秦来年复攻王,王得无割其内而媾乎?"王曰:"请听子割矣,子能必使来年秦之不复攻我乎?"赵郝对曰:"此非臣之所敢任也。他日三晋之交于秦，相善也。今秦善韩、魏而攻王，王之所以事秦必不如韩、魏也。今臣为足下解负亲之攻，②开关通币，齐交韩、魏，至来年而王独取攻于秦，此王之所以事秦必在韩、魏之后也。此非臣之所敢任也。"

①音释。徐广曰："一作'赦'。"

②〔索隐〕曰：为足下解其负檐，而亲自攻之也。

　　王以告虞卿。虞卿对曰："郝言'不媾，来年秦复攻王，王得无割其内而媾乎'。今媾，郝又以不能必秦之不复攻也。今虽割六城，何益？来年复攻，又割其力之所不能取而媾，此自尽之术也。不如无媾。秦虽善攻，不能取六县。赵虽不能守，终不失六城。秦倦而归，兵必罢。我以六城收天下以攻罢秦，是我失之于天下而取偿于秦也。吾国尚利，孰与坐而割地，自弱以强秦哉？今郝曰'秦善韩、魏而攻赵者，必以为韩、魏不救赵也，而王之军必孤，有以王之事秦不如韩、魏也'，是使王岁以六城事秦也，即坐而城尽。来年秦复求割地，王将与之乎？弗与，是弃前功而挑秦祸也。与之，则无地而给之。语曰'强者善攻，弱者不能守'。今坐而听秦，秦兵不毙而多得地，是强秦而弱赵也。以益强之秦而割愈弱之赵，其计故不止矣。且王之地有尽，而秦之求无已，以有尽之地而给无已之求，其势必无赵矣。"赵王计未定。

　　楼缓从秦来，赵王与楼缓计之，曰："予秦地何如毋予，孰吉？"缓辞让曰："此非臣之所能知也。"王曰："虽然，试言公之私。"①楼缓对曰："王亦闻夫公甫文伯母乎？②公甫文伯仕于鲁，病死，女子为自杀于房中者二人。其母闻之，弗哭也。其相室曰：③'焉有子死而弗哭者乎？'其母曰：'孔子，贤人也，逐于鲁，而是人不随也。今死而妇人为之自杀者二人，若是者必其于长者薄而于妇人厚也。'故从母言之，是为贤母；从妻言之，是必不免为妒妻。故其言一也，言者异则人心变矣。今臣新从秦来而言勿予，则非计也；言予之，恐王以臣为为秦也。故不敢对。使臣得为大王计，不如予之。"王曰："诺。"

①[索隐]曰:按:私谓私心也。

②[正义]曰:季康子从祖母。文伯名歜,康子从父昆弟。

③[正义]曰:谓傅姆之类也。

虞卿闻之,入见王曰:"此饰说也,王慎①勿予。"楼缓闻之,往见王。王又以虞卿之言告楼缓。楼缓对曰:"不然。虞卿得其一,不得其二。夫秦赵构难而天下皆说,何也?曰'吾且因强而乘弱矣'。今赵兵困于秦,天下之贺战胜者则必尽在于秦矣。故不如亟割地为和,以疑天下而慰秦之心。不然,天下将因秦之强怒,乘赵之毙,瓜分之。赵且亡,何秦之图乎?故曰虞卿得其一,不得其二。愿王以此决之,勿复计也。"

①徐广曰:"音慎。"

虞卿闻之,往见王曰:"危哉楼子之所以为秦者!是愈疑天下,而何慰秦之心哉?独不言其示天下弱乎?且臣言勿予者,非固勿予而已也。秦索六城于王,而王以六城赂齐。齐,秦之深仇也,得王之六城,并力西击秦,齐之听王不待辞之毕也。则是王失之于齐而取偿于秦也。而齐、赵之深仇可以报矣,而示天下有能为也。王以此发声,兵未窥于境,臣见秦之重赂至赵而反媾于王也。从秦为媾,韩魏闻之必尽重王;重王,必出重宝以先于王。则是王一举而结三国之亲,而与秦易道也。"①赵王曰:"善。"则使虞卿东见齐王,与之谋秦。虞卿未返,秦使者已在赵矣。楼缓闻之,亡去。赵于是封虞卿以一城。

①[正义]曰:前取秦攻,今得赂,是易道也。易,音亦。

居顷之,而魏请为从。赵孝成王召虞卿谋。过平原君,①平原君曰:"愿卿之论从也。"虞卿入见王,王曰:"魏请为从。"对曰:"魏过。"②王曰:"寡人固未之许。"对曰:"王过。"王曰:"魏请从,卿曰魏过;寡人未之许,又曰寡人过。然则从终不可乎?"对曰:"臣闻小国之与大国从事也,有利则大国受其福,有败则小国受其祸。今魏以小国请其祸,而王以大国辞其福,臣故曰王过,魏亦过。窃以为从便。"王曰:"善。"乃合魏为从。

①[索隐]曰：过，音戈。

②光卧反。

　　虞卿既以魏齐之故，不重万户侯卿相之印，与魏齐间行，卒去赵，困于梁。魏齐已死，不得意，乃著书，①上采《春秋》，下观近世，曰《节义》、《称号》、《揣摩》、《政谋》，凡八篇。以刺讥国家得失，世传之曰《虞氏春秋》。②

　　①[索隐]曰：魏齐，魏相，与应侯有仇，秦求之急，乃抵虞卿。卿弃相印，乃
　　　　与齐间行亡归梁，以托信陵君。信陵君疑未决，齐自杀。故虞卿失相，乃
　　　　穷愁而著书也。

　　②[正义]曰：《艺文志》云十五篇。

　　太史公曰：平原君，翩翩浊世之佳公子也，然未睹大体。鄙语曰："利令智昏。"平原君贪冯亭邪说，使赵陷长平兵四十余万众，邯郸几亡。①虞卿料事揣情，为赵画策，何其工也！及不忍魏齐，卒困于大梁，庸夫且知其不可，况贤人乎？然虞卿非穷愁，亦不能著书以自见于后世云。

　　①谯周曰："长平之陷，乃赵王信间易将之咎，何怨平原受冯亭哉？"

　　索隐述赞曰：翩翩公子，天下奇器。笑姬从戮，义士增气。兵解李同，盟定毛遂。虞卿蹑屩，受赏料事。乃困魏齐，著书见意。

史记卷七七
列传第一七

魏公子

　　魏公子无忌者,魏昭王少子而魏安釐王异母弟也。

　　昭王薨,安釐王即位,封公子为信陵君。①是时范雎亡魏相秦,以怨魏齐故,秦兵围大梁,破魏华阳下军,走芒卯。魏王及公子患之。

　　①〔索隐〕曰:《地理志》无信陵,或曰是乡邑名。

　　公子为人仁而下士,士无贤不肖皆谦而礼交之,不敢以其富贵骄士。士以此方数千里争往归之,致食客三千人。当是时,诸侯以公子贤,多客,不敢加兵谋魏十余年。

　　公子与魏王博,而北境传举烽,言"赵寇至,且入界"。①魏王释博,欲召大臣谋。公子止王曰:"赵王田猎耳,非为寇也。"②复博如故。王恐,心不在博。居顷,复从北方来传言曰:"赵王猎耳,非为寇也。"魏王大惊,曰:"公子何以知之?"公子曰:"臣之客有能探得赵王阴事者,赵王所为,客辄以报臣,臣以此知之。"是后魏王畏公子之贤能,不敢任公子以国政。

　　①文颖曰:"作高士橹,橹上作桔槔,桔槔头兜零,以薪置其中,谓之烽。常低之,有寇即火燃举之以相告。"

　　②〔正义〕曰:为,于伪反。

　　魏有隐士曰侯嬴,①年七十,家贫,为大梁夷门监者。公子闻之,往请,欲厚遗之。不肯受曰:"臣修身洁行数十年,终不以监门困故而受公子财。"公子于是乃置酒大会宾客。坐定,公子从车骑,虚左,自迎夷门侯生。侯生摄敝衣冠,直上载公子上坐,不让,欲以观公子。公子执辔愈恭。侯生又谓公子曰:"臣有客在市屠中,愿枉车骑过之。"公子引车入市,侯生下见其客朱亥,俾倪②故久立,与其客语,微察公子。公子颜色愈和。当是时,魏将相宗室宾客满堂,待公子举酒。市人皆观公子执辔,从骑皆窃骂侯生。侯生视公子色终不变,乃谢客就车。至家,公子引侯生坐上坐,徧赞宾客,③宾客皆惊。酒酣,公子起,为寿侯生前。侯生因谓公子曰:"今日嬴之为公子亦足矣。④嬴乃夷门抱关者也,而公子亲枉车骑,自迎嬴于众人广坐之中,不宜有所过,今公子故过之。然嬴欲就公子之名,故久立公子车骑市中,过客以观公子,公子愈恭。市人皆以嬴为小人,而以公子为长者能下士也。"于是罢酒,侯生遂为上客。

①[索隐]曰:音盈。又曹植音"嬴瘦"之"嬴"。

②[索隐]曰:俾,音浦计反,倪,音五计反。邹诞生俾音匹未反,倪音五弟反。[正义]曰:不正视也。

③[索隐]曰:徧,音遍。赞,告也。谓以侯生遍告宾客。

④徐广曰:"为,一作'羞'。"

侯生谓公子曰:"臣所过屠者朱亥,此子贤者,世莫能知,故隐屠间耳。"公子往数请之,朱亥故不复谢,公子怪之。

魏安釐王二十年,秦昭王已破赵长平军,又进兵围邯郸。公子姊为赵惠文王弟平原君夫人,数遗魏王及公子书,请救于魏。魏王使将军晋鄙①将十万众救赵。秦王使使者告魏王曰:"吾攻赵旦暮且下,而诸侯敢救者,已拔赵,必移兵先击之。"魏王恐,使人止晋鄙,留军壁邺,名为救赵,实持两端以观望。平原君使者冠盖相属于魏,让魏公子曰:"胜所以自附为婚姻者,以公子之高义,为能急人之困。今邯郸旦暮降秦,而魏救不至,安在公子能急人之困也!且公子纵轻胜,弃之降秦,独不怜公子姊邪?"公子患之,数请魏王,及宾客辩士说王万端。魏王畏秦,终不听公子。公子自度终不能得之于王,计不独生而令赵亡,乃请宾客,约车骑百余乘,欲以客往赴秦军,与赵俱死。

①[索隐]曰：魏将姓名。

　　行过夷门，见侯生，具告所以欲死秦军状。辞决而行，侯生曰：
"公子勉之矣，老臣不能从。"公子行数里，心不快，曰："吾所以待侯
生者备矣，天下莫不闻。今吾且死，而侯生曾无一言半辞送我，我岂
有所失哉？"复引车还，问侯生。侯生笑曰："臣固知公子之还也。"
曰："公子喜士，名闻天下。今有难，无他端而欲赴秦军，譬若以肉投
馁虎，何功之有哉？尚安事客？然公子遇臣厚，公子往而臣不送，以
是知公子恨之复返也。"公子再拜，因问。侯生乃屏人间语，①曰：
"嬴闻晋鄙之兵符常在王卧内，而如姬最幸，出入王卧内，力能窃
之。嬴闻如姬父为人所杀，如姬资之三年，②自王以下欲求报其父
仇，莫能得。如姬为公子泣，公子使客斩其仇头，敬进如姬。如姬之
欲为公子死，无所辞，顾未有路耳。公子诚一开口请如姬，如姬必许
诺，则得虎符夺晋鄙军，北救赵而西却秦，此五霸之伐也。"公子从
其计，请如姬。如姬果盗晋鄙兵符与公子。

　　①[索隐]曰：间，音闲。谓静语也。

　　②[索隐]曰：旧解"资之三年"谓服齐衰也。今按：资者，畜也。谓欲为父复
　　　仇之资畜于心已得三年也。

　　公子行，侯生曰："将在外，主令有所不受，以便国家。公子即合
符，而晋鄙不授公子兵而复请之，事必危矣。臣客屠者朱亥可与俱，
此人力士。晋鄙听，大善；不听，可使击之。"于是公子泣。侯生曰：
"公子畏死耶？何泣也？"公子曰："晋鄙嚄唶①宿将，往恐不听，必当
杀之，是以泣耳。岂畏死哉？"于是公子请朱亥。朱亥笑曰："臣乃市
井鼓刀屠者，而公子亲数存之，所以不报谢者，以为小礼无所用。今
公子有急，此乃臣效命之秋也。"遂与公子俱。公子过谢侯生。侯生
曰："臣宜从，老不能。请数公子行日，以至晋鄙军之日，北乡自刭以
送公子。"公子遂行。

　　①上音乌百反，下音庄白反。[索隐]曰：嚄唶，谓多词句也。[正义]曰：《声
　　　类》云："嚄，大笑。唶，大呼。"

　　至邺，矫魏王令代晋鄙。晋鄙合符，疑之，举手视公子曰："今吾

拥十万之众,屯于境上,国之重任,今单车来代之,何如哉?"欲无听。朱亥袖四十斤铁椎,椎杀晋鄙,公子遂将晋鄙军。勒兵下令军中曰:"父子俱在军中,父归。兄弟俱在军中,兄归。独子无兄弟,归养。"得选兵八万人,进兵击秦军。秦军解去,遂救邯郸,存赵。赵王及平原君自迎公子于界,平原君负韊矢①为公子先引。赵王再拜曰:"自古贤人未有及公子者也!"当此之时,平原君不敢自比于人。公子与侯生决,至军,侯生果北乡自刭。

①吕忱曰:"韊盛弩矢。"[索隐]曰:韊,音兰。谓以盛矢,如今之胡簏而短也。吕,姓;忱,名。作《字林》者。

魏王怒公子之盗其兵符,矫杀晋鄙,公子亦自知也。已却秦存赵,使将将其军归魏,而公子独与客留赵。赵孝成王德公子之矫夺晋鄙兵而存赵,乃与平原君计,以五城封公子。公子闻之,意骄矜而有自功之色。客有说公子曰:"物有不可忘,或有不可不忘。夫人有德于公子,公子不可忘也。公子有德于人,愿公子忘之也。且矫魏王令,夺晋鄙兵以救赵,于赵则有功矣,于魏则未为忠臣也。公子乃自骄而功之,窃为公子不取也。"于是公子立自责,似若无所容者。

赵王扫除自迎,执主人之礼,引公子就西阶。公子侧行辞让,从东阶上。①自言罪过,以负于魏,②无功于赵。赵王侍酒至暮,口不忍献五城,以公子退让也。公子竟留赵。赵王以鄗为公子汤沐邑,③魏亦复以信陵奉公子。公子留赵。

①《礼记》曰:"主人就东阶,客就西阶。客若降等,则就主人之阶。"

②[索隐]曰:负,音佩。

③[索隐]曰:鄗,音霍,赵邑名,属常山。

公子闻赵有处士毛公藏于博徒,薛公藏于卖浆家,①公子欲见两人,两人自匿不肯见公子。公子闻所在,乃间步往从此两人游,甚欢。平原君闻之,谓其夫人曰:"始吾闻夫人弟公子天下无双,今吾闻之,乃妄从博徒卖浆者游,公子妄人耳。"夫人以告公子。公子乃谢夫人去,曰:"始吾闻平原君贤,故负魏王而救赵,以称平原君。平原君之游，徒豪举耳，②不求士也。无忌自在大梁时，常闻此两人贤，至赵，恐不得见。以无忌从之游，尚恐其不我欲也。今平原君乃以为羞！其不足从游。”乃装为去。夫人具以语平原君，平原君乃免冠谢，固留公子。平原君门下闻之，半去平原君归公子，天下士复往归公子，公子倾平原君客。

①徐广曰：“浆，或作‘醪’。”〔索隐〕曰：徐按《别录》云也。

②〔索隐〕曰：谓豪者举之。举亦音据也。

公子留赵，十年不归。秦闻公子在赵，日夜出兵东伐魏。魏王患之，使使往请公子。公子恐其怒之，乃诫门下：有敢为魏王使通者死。宾客皆背魏之赵，莫敢劝公子归。毛公、薛公两人①往见公子曰：“公子所以重于赵，名闻诸侯者，徒以有魏也。今秦攻魏，魏急而公子不恤。使秦破大梁而夷先王之宗庙，公子当何面目立天下乎？”语未及卒，公子立变色，告车趣驾归救魏。

①〔索隐〕曰：史失其名。

魏王见公子，相与泣，而以上将军印授公子，公子遂将。魏安釐王三十年，公子使使遍告诸侯。诸侯闻公子将，各遣将将兵救魏。公子率五国之兵破秦军于河外，走蒙骜。遂乘胜逐秦军至函谷关，抑秦兵，①秦兵不敢出。当是时，公子威振天下，诸侯之客进兵法，公子皆名之，故世俗称《魏公子兵法》。②

①〔索隐〕曰：抑，音忆。谓以兵魇之。

②刘歆《七略》有《魏公子兵法》二十一篇，图七卷。〔索隐〕曰：公子所得进
　　兵法而必称其名，以言其恕也。

秦王患之，乃行金万斤于魏，求晋鄙客，令毁公子于魏王曰：“公子亡在外十年矣，今为魏将，诸侯将皆属，诸侯徒闻魏公子，不闻魏王。公子亦欲因此时定南面而王，诸侯畏公子之威，方欲共立之。”秦数使反间，伪贺公子得立为魏王未也。魏王日闻其毁，不能不信，后果使人代公子将。公子自知再以毁废，乃谢病不朝。与宾客为长夜饮，饮醇酒，多近妇女。日夜为乐饮者四岁，竟病酒而卒。

其岁,魏安釐王亦薨。秦闻公子死,使蒙骜攻魏,拔二十城,初置东郡。其后秦稍蚕食魏,十八岁而虏魏王,屠大梁。①

①〔索隐〕曰:魏王名假。

高祖始微少时,数闻公子贤。及即天子位,每过大梁,常祠公子。高祖十二年,从击黥布还,为公子置守冢五家,世世岁以四时奉祠公子。

太史公曰:吾过大梁之墟,求问其所谓夷门。夷门者,城之东门也。天下诸公子亦有喜士者矣,然信陵君之接岩穴隐者,不耻下交,有以也。名冠诸侯,不虚耳。高祖每过之而令民奉祠不绝也。

索隐述赞曰:信陵下士,邻国相倾。以公子故,不敢加兵。颇知朱亥,尽礼侯嬴。逐却晋鄙,终辞赵城。毛、薛见重,万古希声。

史记卷七八
列传第一八

春申君

　　春申君者,楚人也,名歇,姓黄氏。

　　游学博闻,事楚顷襄王。①顷襄王以歇为辩,使于秦。秦昭王使白起攻韩、魏,败之于华阳,禽魏将芒卯,韩、魏服而事秦。秦昭王方令白起与韩、魏共伐楚,未行,而楚使黄歇适至于秦,闻秦之计。当是之时,秦已前使白起攻楚,取巫、黔中之郡,拔鄢郢,东至竟陵。②楚顷襄王东徙治于陈县。③黄歇见楚怀王之为秦所诱而入朝,遂见欺,留死于秦,顷襄王其子也,秦轻之,恐壹举兵而灭楚。歇乃上书说秦昭王曰:

　　①〔索隐〕曰:名横,考烈王完之父。
　　②〔正义〕曰:竟陵属江夏郡也。
　　③〔正义〕曰:今陈州也。

　　天下莫强于秦、楚。今闻大王欲伐楚,此犹两虎相与斗。两虎相与斗而驽犬受其弊,①不如善楚。臣请言其说:臣闻物至则反,冬夏是也;②致至则危,③累棋是也。今大国之地,遍天下有其二垂,④此从生民已来,万乘之地未尝有也。先帝文王、庄王之身,三世不忘接地于齐,以绝从亲之要。⑤今王使盛桥守事于韩,⑥盛桥以其地入秦,是王不用甲,不信威,⑦而得百里之地。王可谓能矣。王又举甲而攻魏,杜大梁之门,举河内,拔燕、酸枣、虚、⑧桃,⑨入邢,⑩魏之兵云翔而不敢救。王之功亦多矣。王休甲息众,二年而后复之,又并蒲、衍、首、垣,⑪以临仁、平丘,⑫黄、济阳婴城⑬而魏氏服。王又割濮磨之北,⑭注齐、秦之要,绝楚、赵之脊,⑮天下五合六聚而不敢救。王之威亦单矣。⑯

①[索隐]曰:按:谓两虎斗,乃受弊于驽犬。刘氏云:"受,犹承也。"

②[正义]曰:至,极也,极则反也。冬至阴之极,夏至阳之极。

③徐广曰:"至,或作'安'。"

④[正义]曰:言极东西。

⑤[索隐]曰:音腰。以言山东从,韩、魏是其腰。

⑥[索隐]曰:秦使盛桥守事于韩。亦如楚使召滑相赵然也,并内行章义之难。

⑦[索隐]曰:信,音申。

⑧徐广曰:"秦始皇五年,取酸枣、燕、虚。苏代曰'决宿胥之口,魏无虚、顿丘'。"

⑨徐广曰:"燕县有桃城。"

⑩徐广曰:"平皋有邢丘。"[正义]曰:邢丘在怀州武德县东南二十里。

⑪徐广曰:"苏秦云'北有河外、卷、衍'。长垣县有蒲乡。"[索隐]曰:此蒲在卫之长垣蒲乡也。衍在河南,与卷近。首盖牛首。垣即长垣,非河东之垣也。垣,音圆。

⑫徐广曰:"属陈留。"[索隐]曰:仁及平丘,二县名。谓以兵临此二县,则黄及济阳等自婴城而守也。《地理志》平丘县属陈留,仁阙。

⑬徐广曰:"苏代云'决白马之口,魏无黄、济阳'。"[正义]曰:故黄城在曹州考城县东。济阳故城在曹州宛句县西南。婴城未详。

⑭徐广曰:"濮水北于巨野入济。"[索隐]曰:地名,近濮。

⑮[正义]曰:刘伯庄云:"言秦得魏地,楚赵之绝从。"

⑯徐广曰:"单,亦作'殚'。"[索隐]曰:按:单,音丹。单,尽也。言王之威尽行也。

　　王若能持功守威,绌攻取之心而肥仁义之地,使无后患,三王不足四,五伯不足六也。王若负人徒之众,仗兵革之强,乘毁魏之威,而欲以力臣天下之主,臣恐其有后患也。《诗》曰"靡不有初,鲜克有终"。《易》曰"狐涉水,濡其尾"。①此言始之易,终之难也。何以知其然也？昔智氏见伐赵之利而不知榆次之祸，②吴见伐齐之便而不知干隧之败。③此二国者，非无大功也，没利于前而易患于后也。④吴之信越也，从而伐齐；⑤既胜齐人于艾陵，⑥还为越王擒三渚之浦。⑦智氏之信韩、魏也，从而伐赵，攻晋阳城，⑧胜有日矣；韩、魏叛之，杀智伯瑶于凿台之下。⑨今王妒楚之不毁也，而忘毁楚之强韩、魏也，臣为王虑而不取也。

①〔正义〕曰：言狐惜其尾，每涉水，举尾不令湿，比至极困，则濡之。譬不可力臣之。

②〔索隐〕曰：智伯败于榆次也。《地理志》属太原，有梗阳乡是也。〔正义〕曰：榆次，并州县也。《注水经》云："榆次县南同过水侧有凿台。"

③〔索隐〕曰：干隧，吴之败处，地名。干，水边也。隧，道路也。〔正义〕曰：干隧，吴地名也。出万安山西南一里太湖，即吴王夫差自到处，在苏州西北四十里。

④〔索隐〕曰：谓智伯及吴王没伐赵及伐齐之利于前，而自易其患于后。后即榆次、干隧之难也。

⑤〔索隐〕曰：从，音绝用反。刘氏云："从犹领也。"

⑥〔正义〕曰：艾山在兖州博县南六十里也。

⑦《战国策》曰"三江之浦"。〔正义〕曰：《吴俗传》云："越军得子胥梦，从东入伐吴，越王即从三江北岸立坛，杀白马祭子胥，杯动酒尽，乃开渠由三浦入，破吴王于姑苏，败干隧也。"

⑧〔正义〕曰：并州城。

⑨徐广曰："凿台在榆次。"

　　《诗》曰"大武远宅而不涉"。①从此观之，楚国，援也；邻国，敌也。《诗》云"趯趯毚兔，遇犬获之。②他人有心，余忖度之"。今王中道而信韩、魏之善王也，此正吴之信越也。臣闻之：敌不可假，时不可失。臣恐韩、魏卑辞除患而实欲欺大国也。③何则？王无重世之德于韩、魏，而有累世之怨焉。④夫韩、魏父子兄弟接踵而死于秦者，将十世矣。本国残，社稷坏，宗庙毁。剖腹绝肠，折颈摺颐，⑤首身分离，暴骸骨于草泽，头颅僵仆相

望于境,父子老弱系脰束手为群虏者相及于路。鬼神孤伤,无
所血食。人民不聊生,族类离散;流亡为仆妾者,盈满海内矣。
故韩、魏之不亡,秦社稷之忧也。今王资之与攻楚,不亦过乎?

①[正义]曰:言大军不远跋涉攻伐。

②韩婴《章句》曰:"趯趯,往来貌。获,得也。言趯趯之毚兔。谓狡兔数往
　　来逃匿其迹,有时遇犬得之。"《毛传》曰:"毚兔,狡兔也。"郑玄曰:"遇
　　犬,犬之驯者,谓田犬。"[索隐]曰:趯,天历反。毚,音谗。

③[索隐]曰:大国谓秦也。

④[索隐]曰:重世,犹再世也。

⑤徐广曰:"一作'颠'。"[索隐]曰:摺,音拉,颐,音夷。

　　且王攻楚,将恶出兵?①王将借路于仇雠之韩、魏乎?兵出
之日而王忧其不返也,是王以兵资于仇雠之韩、魏也。王若不
借路于仇雠之韩、魏,必攻随水右壤。随水右壤,此皆广川大
水,山林溪谷,不食之地也。②王虽有之,不为得地。是王有毁
楚之名,而无得地之实也。

①[正义]曰:恶,音乌。

②[索隐]曰:楚都陈,随水之右壤盖在随之西,即,今邓州之西,其地多山
　　林者是。

　　且王攻楚之日,四国必悉起兵以应王。秦楚之兵构而不
离,魏氏将出而攻留、方与、铚、湖陵、砀、萧、相,故宋必尽。①
齐人南面攻楚,泗上必举。②此皆平原四达膏腴之地,而使独
攻。③王破楚以肥韩、魏于中国而劲齐。韩、魏之强足以校于
秦。④齐南以泗水为境,东负海,北倚河,而无后患,天下之国
莫强于齐、魏。齐、魏得地葆利而详事下吏,一年之后,为帝未
能,其于楚王之为帝有余矣。⑤

①[正义]曰:徐州西,宋州东,兖州南,并故宋地。

②[正义]曰:此时徐、泗属齐也。

③[索隐]曰:若秦楚构兵不休,则魏尽故宋,齐取泗上,是使齐魏独攻伐
　　而得其利者也。

④[索隐]曰:校,音教。谓足以与秦为敌也。一云校者报也,言力能报。

⑤[索隐]曰：言齐一年之后，未即能为帝，而能禁秦为帝有余力矣。然
　"禁"字作"楚"者，误也。

　　夫以王壤土之博，人徒之众，兵革之强，壹举事而树怨于
楚，迟令韩、魏归帝重于齐，是王失计也。①臣为王虑，莫若善
楚。秦、楚合而为一以临韩，韩必敛手。王施以东山之险，带以
曲河之利，韩必为关内之侯。若是而王以十万戍郑，梁氏寒心，
许、鄢陵婴城，而上蔡、召陵不往来也，如此而魏亦关内侯矣。
王壹善楚，而关内两万乘之主注地于齐，②齐右壤可拱手而取
也。③王之地一经两海，④要约天下，是燕、赵无齐、楚，齐、楚
无燕、赵也。然后危动燕、赵，直摇齐、楚，此四国者不待痛而服
矣。

①徐广曰："迟，一作'还'。"[索隐]曰：迟，音值。值犹乃也。令，音力呈反。
　韩、魏重齐，令归帝号，此秦之计失也。

②[索隐]曰：注谓以兵裁之。

③[正义]曰：右壤，谓渭州之南北也。

④[索隐]曰：渭西海至东海皆是秦地。[正义]曰：广言横度中国东西也。

　　昭王曰："善。"于是乃止白起而谢韩、魏。发使赂楚，约为与国。

　　黄歇受约归楚，楚使歇与太子完入质于秦，秦留之数年。楚顷
襄王病，太子不得归。而楚太子与秦相应侯善，于是黄歇乃说应侯
曰："相国诚善楚太子乎？"应侯曰："然。"歇曰："今楚王恐不起疾，
秦不如归其太子。太子得立，其事秦必重而德相国无穷，是亲与国
而得储万乘也。若不归，则咸阳一布衣耳。楚更立太子，必不事秦。
夫失与国而绝万乘之和，非计也。愿相国孰虑之。"应侯以闻秦王。
秦王曰："令楚太子之傅先往问楚王之疾，返而后图之。"黄歇为楚
太子计曰："秦之留太子也，欲以求利也。今太子力未能有以利秦
也，歇忧之甚。而阳文君子二人在中，王若卒大命，太子不在，阳文
君子必立为后，太子不得奉宗庙矣。不如亡秦，与使者俱出。臣请
止，以死当之。"楚太子因变衣服为楚使者御以出关，而黄歇守舍，

常为谢病。度太子已远,秦不能追,歇乃自言秦昭王曰:"楚太子已归,出远矣。歇当死,愿赐死。"昭王大怒,欲听其自杀也。应侯曰:"歇为人臣,出身以徇其主,太子立,必用歇。故不如无罪而归之,以亲楚。"秦因遣黄歇。

歇至楚三月,楚顷襄王卒。①太子完立,是为考烈王。考烈王元年,以黄歇为相,封为春申君,②赐淮北地十二县。后十五岁,黄歇言之楚王曰:"淮北地边齐,其事急,请以为郡便。"因并献淮北十二县,请封于江东,考烈王许之。春申君因城故吴墟,③以自为都邑。

①徐广曰:"三十六年。"

②[正义]曰:然四君封邑检皆不获,唯平原有地,又非赵境,并盖号谥,而孟尝是谥。

③[正义]曰:虚,音墟。阖闾今苏州也,于城内小城西北别筑城居之,今圮毁也。又大内北渎,四从五横,至今犹存。又攻破楚门为昌门。

春申君既相楚,是时齐有孟尝君,赵有平原君,魏有信陵君。方争下士,招致宾客,以相倾夺,辅国持权。

春申君为楚相四年,秦破赵之长平军四十余万。五年,围邯郸。邯郸告急于楚,楚使春申君将兵往救之,秦兵亦去,春申君归。春申君相楚八年,为楚北伐灭鲁,①以荀卿为兰陵令。当是时,楚复强。

①[索隐]曰:年表云八年取鲁,封鲁君于莒,十四年灭也。

赵平原君使人于春申君,春申君舍之于上舍。赵使欲夸楚,为玳瑁簪,刀剑室以珠玉饰之,请命春申君客。春申君客三千余人,其上客皆蹑珠履以见赵使,赵使大惭。

春申君相十四年,秦庄襄王立,以吕不韦为相,封为文信侯。取东周。

春申君相二十二年,诸侯患秦攻伐无已时,乃相与合从,西伐秦。①而楚王为从长,春申君用事。至函谷关,秦出兵攻,诸侯兵皆败走。楚考烈王以咎春申君,春申君以此益疏。

①徐广曰:"始皇六年。"

　　客有观津人朱英，①谓春申君曰："人皆以楚为强而君用之弱，其于英不然。先君时善秦二十年而不攻楚，何也？秦逾黾隘之塞②而攻楚，不便；假道于两周，背韩、魏而攻楚，不可。今则不然，魏旦暮亡，不能爱许、鄢陵，其许魏割以与秦。秦兵去陈百六十里，③臣之所观者，见秦、楚之日斗也。"楚于是去陈徙寿春。而秦徙卫野王，作置东郡。④春申君由此就封于吴，行相事。

　①〔正义〕曰：观，音馆。今魏州观城县也。

　②〔正义〕曰：黾隘之塞在申州。黾，音盲也。

　③徐广曰："在许东南。"

　④〔正义〕曰：濮、渭州兼河北置东郡。濮州本卫都，而徙野王也。

　　楚考烈王无子，春申君患之，求妇人宜子者进之甚众，卒无子。赵人李园持其女弟，欲进之楚王，闻其不宜子，恐久毋宠。李园求事春申君为舍人，已而谒归，故失期。还谒，春申君问之状，对曰："齐王使使求臣之女弟，与其使者饮，故失期。"春申君曰："娉入乎？"对曰："未也。"春申君曰："可得见乎？"曰："可。"于是李园乃进其女弟，即幸于春申君。知其有身，李园乃与其女弟谋。园女弟承间以说春申君曰："楚王之贵幸君，虽兄弟不如也。今君相楚二十余年，而王无子，即百岁后将更立兄弟，则楚更立君后，亦各贵其故所亲，君又安得长有宠乎？非徒然也。君贵，用事久，多失礼于王兄弟，兄弟诚立，祸且及身，何以保相印江东之封乎？今妾自知有身矣，而人莫知。妾幸君未久，诚以君之重而进妾于楚王，王必幸妾。妾赖天有子男，则是君之子为王也，楚国尽可得，孰与身临不测之罪乎？"春申君大然之。乃出李园女弟，谨舍而言之楚王。楚王召入，幸之，遂生子男，立为太子，以李园女弟为王后。楚王贵李园，园用事。李园既入其女弟，立为王后，子为太子，恐春申君语泄而益骄，阴养死士，欲杀春申君以灭口，而国人颇有知之者。

　　春申君相二十五年，楚考烈王病。朱英谓春申君曰："世有毋望之福，①又有毋望之祸。②今君处毋望之世，③事毋望之主，④安可以无毋望之人乎?"⑤春申君曰:"何谓毋望之福?"曰:"君相楚二十余年矣,虽名相国,实楚王也。今楚王病,且暮且卒,而君相少主,因而代立当国,如伊尹、周公,王长而反政,不即遂南面称孤而有楚国? 此所谓毋望之福也。"春申君曰:"何谓毋望之祸?"曰:"李园不治国,而君之仇也,⑥不为兵而养死士之日久矣。楚王卒,李园必先入据权而杀君以灭口。此所谓毋望之祸也。"春申君曰:"何谓毋望之人?"对曰:"君置臣郎中,楚王卒,李园必先入,臣为君杀李园。此所谓毋望之人也。"春申君曰:"足下置之。李园弱人也,仆又善之,且又何至此?"朱英知言不用,恐祸及身,乃亡去。

①[正义]曰:无望,犹不望而忽至。

②[索隐]曰:《周易》有《无妄卦》,其义殊也。

③[正义]曰:谓生死无常。

④[正义]曰:谓喜怒不节也。

⑤[正义]曰:谓吉凶忽为。

⑥[索隐]曰:言园是春申之仇也。《战国策》作"君之舅",谓为王之舅意。

后十七日,楚考烈王卒,李园果先入,伏死士于棘门之内。①春申君入棘门,园死士侠刺春申君,斩其头,投之棘门外。②于是遂使吏尽灭春申君之家。而李园女弟初幸春申君有身而入之王所生子者遂立,是为楚幽王。③

①[正义]曰:寿州城门。

②[正义]曰:楚考烈王二十五年,秦始皇九年。

③[索隐]曰:按:楚捍有母弟犹,犹有庶兄负刍及昌平君,是楚君完非无子。而上文云考烈王无子,误也。

是岁也,秦始皇帝立九年矣。嫪毐亦为乱于秦,觉,夷其三族,而吕不韦废。

太史公曰:吾适楚,观春申君故城,宫室盛矣哉! 初,春申君之说秦昭王,及出身遣太子归,何其智之明也! 后制于李园,旄矣。①语曰:当断不断,反受其乱。春申君失朱英之谓邪?

①徐广曰:"旄,音耄。"

索隐述赞曰:黄歇辩智,权略秦、楚。太子获归,身作宰辅。珠炫赵客,邑开吴土。烈王寡胤,李园献女。无妄成灾,朱英徒语。

史记卷七九
列传第一九

范雎蔡泽

范雎者，魏人也，字叔。游说诸侯，欲事魏王，家贫无以自资，乃先事魏中大夫须贾。①

①［索隐］曰：《汉书·百官表》中大夫，秦官。此魏有中大夫，盖古官也。姓须名贾，盖密须氏之后。

须贾为魏昭王使于齐，①范雎从。留数月，未得报。齐襄王闻雎辩口，②乃使人赐雎金十斤及牛酒，雎辞谢不敢受。须贾知之大怒，以为雎持魏国阴事告齐，故得此馈。令雎受其牛酒，还其金。既归，心怒雎，以告魏相。魏相，魏之诸公子，曰魏齐。魏齐大怒，使舍人笞击雎，折胁摺齿。③雎佯死，即卷以箦，④置厕中。宾客饮者醉，更溺雎，⑤故僇辱以惩后，令无妄言者。雎从箦中谓守者曰："公能出我，我必厚谢公。"守者乃请出弃箦中死人。魏齐醉，曰："可矣。"范雎得出。

①［索隐］曰：《世本》昭王名遫，襄王之子。

②［索隐］曰：襄王名法章。

③［索隐］曰：摺，音力答反。谓打折其胁，而又拉折其齿也。

④［索隐］曰：箦谓苇荻之薄也，用之以裹其尸也。

⑤［索隐］曰：更，音羹。溺即溲也。溺，音年吊反。溲，音所留反。［正义］曰：溺，古"尿"字。

后魏齐悔，复召求之。魏人郑安平闻之，乃遂操范雎亡，伏匿，更名姓曰张禄。

　　当此时,秦昭王使谒者王稽于魏。郑安平诈为卒,侍王稽。①王稽问:"魏有贤人可与俱西游者乎?"郑安平曰:"臣里中有张禄先生,欲见君,言天下事。其人有仇,不敢昼见。"王稽曰:"夜与俱来。"郑安平夜与张禄见王稽。语未究,王稽知范雎贤,谓曰:"先生待我于三亭之南。"②与私约而去。

①[正义]卒,祖忽反。

②[索隐]曰:三亭,亭名,在魏境之边,道亭也。今无其处。一云魏之郊境,总有三亭,皆祖饯之处。如今与期三亭之南,盖送饯已毕,无人之处所也。[正义]曰:《括地志》云:"三亭冈在汴州尉氏县西南三十七里。"按:三亭冈在山部中名也,盖"冈"亭误为"南"。

　　王稽辞魏去,过载范雎入秦。至湖关,①望见车骑从西来。范雎曰:"彼来者为谁?"王稽曰:"秦相穰侯东行县邑。"范雎曰:"吾闻穰侯专秦权,恶内诸侯客,②此恐辱我,我宁且匿车中。"有顷,穰侯果至,劳王稽,因立车而语曰:"关东有何变?"曰:"无有。"又谓王稽曰:"谒君得无与诸侯客子俱来乎?无益,徒乱人国耳。"王稽曰:"不敢。"即别去。范雎曰:"吾闻穰侯智士也,其见事迟,乡者疑车中有人,忘索之。"③于是范雎下车走,曰:"此必悔之。"行十余里,果使骑还索车中,无客,乃已。王稽遂与范雎入咸阳。已报使,因言曰:"魏有张禄先生,天下辩士也。曰'秦王之国危于累卵,④得臣则安。然不可以书传也'。臣故载来。"秦王弗信,使舍食草具。⑤待命岁余。当是时,昭王已立三十六年。南拔楚之鄢郢,楚怀王幽死于秦。秦东破齐。湣王常称帝,后去之。数困三晋。厌天下辩士,无所信。

①[索隐]曰:《地理志》京兆有湖县,本名胡,武帝更名湖,即今湖城县也。

　[正义]曰:今虢州湖城县也。

②[索隐]曰:内,音纳,亦如字。内犹入也。

③[索隐]曰:索,搜也,先格反。

④[正义]曰:《说苑》云:"晋灵公造九层台,费用千金,谓左右曰:'敢有谏者斩。'荀息闻之,上书求见。灵公张弩持矢见之。曰:'臣不敢谏也。臣能累十二博棋,加九鸡子其上。'公曰:'子为寡人作之。'荀息正颜色,定志意,以棋子置下,加九鸡子其上。左右惧慑息,灵公气息不续。公

曰：'危哉，危哉！'荀息曰：'不危也，复有危于此者。'公曰：'愿见之。'荀息曰：'九层之台三年不成，男不耕，女不织，国用空虚，邻国谋议将兴，社稷亡灭，君欲何望？'灵公曰：'寡人之过也乃至于此！'即坏九层台也。"

⑤［索隐］曰：谓亦舍之，而食以下客之具。然草具谓粗食草菜之馔具也。

穰侯，华阳君，①昭王母宣太后之弟也；而泾阳君、高陵君皆昭王同母弟也。穰侯相，三人者更将，有封邑。以太后故，私家富重于王室。及穰侯为秦将，且欲越韩、魏而伐齐纲寿，欲以广其陶封。范雎乃上书曰：

①徐广曰："华，一作'叶'"。［索隐］曰：穰侯谓冉，宣太后之异父弟。穰，县，在南阳。华阳君，芈戎，宣太后之同父弟，亦号为新城君是也。

臣闻明主立政，①有功者不得不赏，有能者不得不官，劳大者其禄厚，功多者其爵尊，能治众者其官大。故无能者不敢当职焉，有能者亦不得蔽隐。使以臣之言为可，愿行而益利其道；以臣之言为不可，久留臣无为也。

①［索隐］曰：《战国策》"立"作"莅"。

语曰："庸主赏所爱而罚所恶。明主则不然，赏必加于有功，而刑必断于有罪。"今臣之胸不足以当椹质，①而要不足以待斧钺，岂敢以疑事尝试于王哉！虽以臣为贱人而轻辱，独不重任臣者之无反复于王邪？且臣闻周有砥厄，宋有结绿，梁有县藜，②楚有和朴，③此四宝者，土之所生，良工之所失也，而为天下名器。然则圣王之所弃者，独不足以厚国家乎？

①［索隐］曰：椹，音陟林反。椹者，莝椹也。质，剉刃也。谓腰斩者为椹质也。

②薛综曰："县藜一日美玉。"

③［正义］曰：县，音玄。刘伯庄云珍玉朴也。

臣闻善厚家者取之于国，善厚国者取之于诸侯。天下有明主则诸侯不得擅厚者，何也？为其割荣也。①良医知病人之死生，而圣主明于成败之事，利则行之，害则舍之，疑则少尝之，

虽舜禹复生,弗能改已。语之至者,臣不敢载之于书,其浅者又
不足听也。意者臣愚而不概于王心邪?②亡其言臣者贱而不可
用乎?③自非然者,臣愿得少赐游观之间,望见颜色。一语无
效,请伏斧质。

①[索隐]曰:割荣,即上之擅厚,谓擅权也。

②徐广曰:"一作'溉',音同。"[索隐]曰:《战国策》"概"作"关",谓关涉于
　王心也。徐注"音同",非也。

③[索隐]曰:亡,犹轻蔑也。

　于是秦昭王大说,乃谢王稽,使以传车①召范雎。

①徐广曰:"一云'使持车'。"[索隐]曰:徐按《战国策》文也。

　于是范雎乃得见于离宫,①详为不知永巷而入其中。②王来而
宦者怒,逐之,曰:"王至!"范雎缪为曰:"秦安得王?秦独有太后、穰
侯耳。"欲以感怒昭王。昭王至,闻其与宦者争言,遂延迎,谢曰:"寡
人宜以身受命久矣。会义渠之事急,寡人旦暮自请太后。今义渠之
事已,寡人乃得受命。窃闵然不敏,③敬执宾主之礼。"范雎辞让。是
日观范雎之见者,群臣莫不洒④然变色易容者。⑤

①[正义]曰:长安故城本秦离宫,在雍长安北十三里也。

②[正义]曰:永巷,宫中狱也。

③[索隐]曰:邹诞生本作"惛然",音昏。又一作"闵",音敏。闵犹昏暗也。

④徐广曰:"先典反。"

⑤[索隐]曰:郑玄云:"洒然,敬肃之貌"。

　秦王屏左右,宫中虚无人。秦王跽而请①曰:"先生何以幸教寡
人?"范雎曰:"唯唯。"有间,秦王复跽而请曰:"先生何以幸教寡
人?"范雎曰:"唯唯。"若是者三。秦王跽曰:"先生卒不幸教寡人
邪?"范雎曰:"非敢然也。臣闻昔者吕尚之遇文王也,身为渔父而钓
于渭滨耳。若是者,交疏也。已说而立为太师,载与俱归者,其言深
也。故文王遂收功于吕尚而卒王天下。乡使文王疏吕尚而不与深
言,是周无天子之德,而文武无与成其王业也。今臣,羁旅之臣也,
交疏于王,而所愿陈者皆匡君之事,处人骨肉之间,愿效愚忠而未
知王之心也。此所以王三问而不敢对者也。臣非有畏而不敢言也,

臣知今日言之于前而明日伏诛于后,然臣不敢避也。大王信行臣之言,死不足以为臣患,亡不足以为臣忧,漆身为厉、②被发为狂不足以为臣耻。且以五帝之圣焉而死,三王之仁焉而死,五伯之贤焉而死,乌获、任鄙之力焉而死,成荆、③孟贲、④王庆忌、⑤夏育之勇焉而死。⑥死者,人之所必不免也。处必然之势,可以少有补于秦,此臣之所大愿也,臣又何患哉!伍子胥橐载而出昭关,夜行昼伏,至于陵水,无以餬其口,⑦膝行蒲伏,稽首肉袒,鼓腹吹篪,⑧乞食于吴市,卒兴吴国,阖闾为伯。使臣得尽谋如伍子胥,加之以幽囚,终身不复见,是臣之说行也,臣又何忧?箕子、接舆漆身为厉,被发为狂,无益于主。假使臣得同行于箕子,可以有补所贤之主,是臣之大荣也,臣有何耻?臣之所恐者,独恐臣死之后,天下见臣之尽忠而身死,因以是杜口裹足,莫肯乡秦耳!足下上畏太后之严,下惑于奸臣之态,⑨居深宫之中,不离阿保之手,终身迷惑,无与昭奸。⑩大者宗庙灭覆,小者身以孤危,此臣之所恐耳。若夫穷辱之事,死亡之患,臣不敢畏也。臣死而秦治,是臣死贤于生。”秦王跽曰:“先生是何言也!夫秦国辟远,寡人愚不肖,先生乃幸辱至于此,是天以寡人恩先生,⑪而存先王之宗庙也。寡人得受命于先生,是天所以幸先王,而不弃其孤也。先生奈何而言若是?事无小大,上及太后,下至大臣,愿先生悉以教寡人,无疑寡人也。”范雎拜,秦王亦拜。

① [索隐]曰:跽,其纪反。跽者,长跽,两膝被地。

② [索隐]曰:厉,音赖。癞病也。言漆涂身,生疮如病癞。

③ 徐广曰:“一作‘羌’。”

④ 许慎曰:“成荆,古勇士。孟贲,卫人。”

⑤ 《吴越春秋》曰:“吴王僚子庆忌。”

⑥ 《汉书音义》曰:“或云夏育卫人,力举千钧。”

⑦ [索隐]曰:刘氏云:“陵水即栗水也。”陵、栗声相近,故惑也。

⑧ 徐广曰:“一作‘箫’。”

⑨ [索隐]曰:态,谓奸臣诡诈之态也。

⑩ [正义]曰:昭,明也。无与明其奸恶。

⑪ 徐广曰:“乱先生也。音涠。”[索隐]曰:二字并音胡困反。恩犹泪乱之

意。

范雎曰："大王之国，四塞以为固，北有甘泉、谷口，①南带泾、渭，右陇、蜀，左关、阪，奋击百万，战车千乘，利则出攻，不利则入守，此王者之地也。民怯于私斗而勇于公战，此王者之民也。王并此二者而有之。夫以秦卒之勇，车骑之众，以治诸侯，譬若驰韩卢而搏蹇兔也，②霸王之业可致也。而群臣莫当其位。至今闭关十五年，不敢窥兵于山东者，是穰侯为秦谋不忠，而大王之计有所失也。"

①〔正义〕曰：《括地志》云："甘泉山一名鼓原，俗名磨石岭，在雍州云阳县西北九十里。《关中记》云'甘泉宫在甘泉山上，季代永久，无复甘泉之名，失其实也。宫北云有连山，土人为磨石岭'。《郊祀志》云公孙卿言黄帝得仙寒门，寒门者，谷口也。按：九嵏山中西谓之谷口，即古寒门也。在雍州醴泉县东北四十里。"

②〔索隐〕曰：《战国策》云："韩卢者，天下之壮犬也。"是韩卢为犬。谓驰韩卢而搏蹇兔，以喻秦强，言取诸侯之易也。

秦王跽曰："寡人愿闻失计。"然左右多窃听者，范雎恐，未敢言内，先言外事，以观秦王之俯仰。因进曰："夫穰侯越韩、魏而攻齐纲、寿，非计也。少出师则不足以伤齐，多出师则害于秦。臣意王之计，欲少出师而悉韩、魏之兵也，则不义矣。今见与国之不亲也，越人之国而攻，可乎？其于计疏矣。且昔齐湣王南攻楚，破军杀将，再辟地千里，①而齐尺寸之地无得焉者。岂不欲得地哉？形势不能有也。诸侯见齐之罢弊，君臣之不和也，兴兵而伐齐，大破之。士辱兵顿，皆咎其王，曰：'谁为此计者乎？'王曰：'文子为之。'②大臣作乱，文子出走。故齐所以大破者，以其伐楚而肥韩、魏也。此所谓借贼兵赍盗粮者也。③王不如远交而近攻，得寸则王之寸也，得尺亦王之尺也。今释此而远攻，不亦缪乎！且昔者中山之国地方五百里，赵独吞之，功成名立而利附焉，天下莫之能害也。今夫韩、魏中国之处而天下之枢也，王其欲霸，必亲中国以为天下枢，以威楚、赵。楚强则附赵，赵强则附楚，楚、赵皆附，齐必惧矣。齐惧，必卑辞重币以事秦。齐附而韩、魏因可虏也。"

①〔正义〕曰：辟，尺亦反。

②[索隐]曰：谓田文，孟尝君也。犹《战国策》谓田盼、田婴为盼子、婴子也。

③[索隐]曰：借，音子夜反。一作"籍"，亦音同。赍，音侧奚反。言为盗赍粮也。

昭王曰："吾欲亲魏久矣，而魏多变之国也，寡人不能亲。请问亲魏奈何？"对曰："王卑词重币以事之；不可，则割地而赂之；不可，因举兵而伐之。"王曰："寡人敬闻命矣。"乃拜范雎为客卿，谋兵事。卒听范雎谋，使五大夫绾伐魏，拔怀。①后二岁，拔邢丘。

①徐广曰："昭王三十九年。"

客卿范雎复说昭王曰："秦、韩之地形相错如绣。秦之有韩也，譬如木之有蠹也，①人之有心腹之病也。天下无变则已，天下有变，其为秦患者孰大于韩乎？王不如收韩。"昭王曰："吾固欲收韩，韩不听，为之奈何？"对曰："韩安得无听乎？王下兵而攻荥阳，则巩、成皋之道不通；②北断太行之道，则上党之师不下。③王一兴兵而攻荥阳，则其国断而为三。④夫韩见必亡，安得不听乎？若韩听，而霸事因可虑矣。"王曰："善。"且欲发使于韩。

①[正义]曰：音妒，石桂虫也。

②[正义]曰：言宜阳、陕、虢之师不得下相救。

③[正义]曰：言泽、潞之师不得下太行相救。

④[正义]曰：新郑已南一，宜阳令二，泽、潞三。

范雎日益亲，复说用数年矣，因请间说曰：①"臣居山东时，闻齐之有田文，不闻其有王也；闻秦之有太后、穰侯、华阳、高陵、泾阳，不闻其有王也。夫擅国之谓王，能利害之谓王，制杀生之威之谓王。今太后擅行不顾，穰侯出使不报，华阳、泾阳等击断无讳，②高陵进退不请。四贵备而国不危者，未之有也。为此四贵者下，乃所谓无王也。然则权安得不倾，令安得从王出乎？臣闻善治国者，乃内固其威而外重其权。穰侯使者操王之重，决制于诸侯，剖符于天下，政适③伐国，莫敢不听。战胜攻取则利归于陶，国敝御于诸侯；④战败则结怨于百姓，而祸归于社稷。诗曰：'木实繁者披其

枝,⑤披其枝者伤其心;大其都者危其国,尊其臣者卑其主。'崔杼、
淖齿管齐,⑥射王股,擢王筋,⑦县之于庙梁,宿昔而死。李兑管赵,
囚主父于沙丘,⑧百日而饿死。今臣闻秦太后、穰侯用事,高陵、华
阳、泾阳佐之,卒无秦王,此亦淖齿、李兑之类也。且夫三代所以亡
国者,君专授政,纵酒驰聘弋猎,不听政事。其所授者妒贤嫉能,御
下蔽上,以成其私,不为主计;而主不觉悟,故失其国。今自有秩以
上至诸大吏,下及王左右,无非相国之人者。见王独立于朝,臣窃为
王恐:万世之后,有秦国者非王子孙也。"

①[正义]曰:间,音闲。

②讳,畏也。

③徐广曰:"音征救。"

④[索隐]曰:毙者,断也。御者,制也。言穰侯执权,以制御主断于诸侯也。

⑤[正义]曰:披,音片被反。

⑥[索隐]曰:淖,姓也,音尼教反,汉有淖姬是也。高诱曰:"管,典也。"言
　　二人典齐权而行弑逆也。[正义]曰:淖齿,楚人,齐湣王臣。

⑦[索隐]曰:言"射王股",误也。按:崔杼射庄公之股,淖齿缩湣王之筋,
　　是说二君事也。

⑧[正义]曰:沙丘台在邢州平乡县东北三十里。

　　昭王闻之大惧,曰:"善。"于是废太后,逐穰侯、高陵、华阳、泾
阳君于关外。秦王乃拜范雎为相。收穰侯之印,使归陶,因使县官
给车牛以徙,千乘有余。到关,关阅其宝器,宝器珍怪多于王室。秦
封范雎以应,号为应侯。①当是时,秦昭王四十一年也。

①[索隐]曰:刘氏云"河东临晋有应亭",则秦地有应也。又按:本纪以应
　　为太后养地,解者云"在颍川之应乡",未知孰是。[正义]曰:《括地志》
　　云:"故应城古应乡在汝州鲁山县东四十里也。"

　　范雎既相秦,秦号曰张禄,而魏不知,以为范雎已死久矣。魏闻
秦且东伐韩、魏,魏使须贾于秦。范雎闻之,为微行,敝衣间步之
邸,①见须贾。须贾见之而惊曰:"范叔固无恙乎?"范雎曰:"然。"须
贾笑曰:"范叔有说于秦邪?"曰:"不也。雎前日得过于魏相,故亡逃
至此,安敢说乎!"须贾曰:"今叔何事?"范雎曰:"臣为人庸赁。"须

贾意哀之,留与坐饮食,曰:"范叔一寒如此哉!"乃取其一绨袍以赐之。②须贾因问曰:"秦相张君,公知之乎?吾闻幸于王,天下之事皆决于相君。今吾事之去留在张君。孺子岂有客习于相君者哉?"③范雎曰:"主人翁习知之。唯雎亦得谒,雎请为君见于张君。"须贾曰:"吾马病,车轴折,非大车驷马,吾不出。"范雎曰:"愿为君借大车驷马于主人翁。"

①[正义]曰:刘云"诸国客馆"。

②[索隐]曰:绨,厚缯也,音啼,盖今之绝也。[正义]曰:今之粗袍。

③[索隐]曰:刘氏云:"孺子,盖谓雎为小子。"

　　范雎归取大车驷马,为须贾御之,入秦相府。府中望见,有识者皆避匿,须贾怪之。至相舍门,谓须贾曰:"待我,我为君先入通于相君。"须贾待门下,持车良久。问门下曰:"范叔不出,何也?"门下曰:"无范叔。"须贾曰:"乡者与我载而入者。"门下曰:"乃吾相张君也。"须贾大惊,自知见卖,乃肉袒膝行,因门下人谢罪。于是范雎盛帷帐,侍者甚众,见之。须贾顿首言死罪,曰:"贾不意君能自致于青云之上!贾不敢复读天下之书,不敢复与天下之事!贾有汤镬之罪,请自屏于胡貉之地,唯君死生之!"范雎曰:"汝罪有几?"曰:"擢贾之发以续贾之罪,尚未足。"范雎曰:"汝罪有三耳。昔者楚昭王时,而申包胥为楚却吴军,楚王封之以荆五千户,包胥辞不受,为丘墓之寄于荆也。今雎之先人丘墓亦在魏,公前以雎为有外心于齐,而恶雎于魏齐,公之罪一也。当魏齐辱我于厕中,公不止,罪二也。更醉而溺我,公其何忍乎?罪三矣。然公之所以得无死者,以绨袍恋恋,有故人之意,故释公。"乃谢罢。入言之昭王,罢归须贾。

　　须贾辞于范雎,范雎大供具,尽请诸侯使,与坐堂上,食饮甚设。而坐须贾于堂下,置莝豆其前,令两黥徒夹而马食之。数曰:"为我告魏王:急持魏齐头来!不然者,我且屠大梁。"须贾归,以告魏齐。魏齐恐,亡走赵,匿平原君所。

　　范雎既相,王稽谓范雎曰:"事有不可知者三,有不可奈何者亦三。宫车一日晏驾,①是事之不可知者一也。君卒然捐馆舍,是事之

不可知者二也。使臣卒然填沟壑，是事之不可知者三也。宫车一日
晏驾，君虽恨于臣，无可奈何。君卒然捐馆舍，君虽恨于臣，亦无可
奈何。使臣卒然填沟壑，君虽恨于臣，亦无可奈何。"范雎不怿，乃入
言于王曰："非王稽之忠，莫能内臣于函谷关。非大王之贤圣，莫能
贵臣。今臣官至于相，爵在列侯，王稽之官尚止于谒者，非其内臣之
意也。"昭王召王稽，拜为河东守，三岁不上计。②又任郑安平，昭王
以为将军。范雎于是散家财物，尽以报所尝困厄者。一饭之德必偿，
睚眦之怨必报。③

①应劭曰："天子当晏起早作，如方崩殒，故称晏驾。"韦昭曰："凡初崩为
　'晏驾'者，臣子之心犹谓宫车当驾而晚出。"

②司马彪曰："凡郡长治民，进贤，劝功，决讼，检奸。常以春行所至县，劝
　民农桑，振救乏绝；秋冬遣无害吏案讯问诸囚，平其罪法，论课殿最；岁
　尽遣吏上计。"

③[索隐]曰：睚，音崖卖反。眦，音士资反。睚眦，谓相嗔怒而见齿也。

　　范雎相秦二年，秦昭王之四十二年，东伐韩少曲、①高平，拔
之。②

①徐广曰："苏代曰'起少曲，一日而断太行'。"[索隐]曰：刘氏以为盖在
　太行西南。

②[正义]曰：《括地志》云："南韩王故城在怀州河阳县西北四十里。俗谓
　之韩王城，非也。秦时周桓王以与郑。《纪年》云'郑侯使辰归晋阳向，更
　名高平，拔之'。则少曲当与高平相近。"

　　秦昭王闻魏齐在平原君所，欲为范雎必报其仇，乃详为好书遗
平原君曰："寡人闻君之高义，愿与君为布衣之友，君幸过寡人，寡
人愿与君为十日之饮。"平原君畏秦，且以为然，而入秦见昭王。昭
王与平原君饮数日，昭王谓平原君曰："昔周文王得吕尚以为太公，
齐桓公得管夷吾以为仲父，今范君亦寡人之叔父也。范君之仇在君
之家，愿使人归取其头来。不然，吾不出君于关。"平原君曰："贵而
为友者，为贱也；富而为交者，为贫也。①夫魏齐者，胜之友也，在固
不出也，今又不在臣所。"昭王乃遗赵王书曰："王之弟在秦，范君之
仇魏齐在平原君之家。王使人疾持其头来。不然，吾举兵而伐赵，

又不出王之弟于关。"赵孝成王乃发卒围平原君家,急,魏齐夜亡出,见赵相虞卿。虞卿度赵王终不可说,乃解其相印,与魏齐亡。间行,念诸侯莫可以急抵者,乃复走大梁,欲因信陵君以走楚。信陵君闻之,畏秦,犹豫未肯见,曰:"虞卿何如人也?"时侯嬴在旁,曰:"人固未易知,知人亦未易也!夫虞卿蹑屩檐簦,一见赵王,赐白璧一双,黄金百镒;再见,拜为上卿;三见,卒受相印,封万户侯。当此之时,天下争知之。夫魏齐穷困过虞卿,虞卿不敢重爵禄之尊,解相印,捐万户侯而间行。急士之穷而归公子,公子曰'何如人!'人固不易知,知人亦未易也!"信陵君大惭,驾如野迎之。魏齐闻信陵君之初难见之,怒而自刭。赵王闻之,卒取其头予秦,秦昭王乃出平原君归赵。

①[索隐]曰:上"为"如字,下"为"音于伪反。以言富贵而结交情深者,为有贫贱之时,不可忘之也。

昭王四十三年,秦攻韩汾陉,拔之,①因城河上广武。②

①[索隐]曰:按:陉,音邢。陉盖在韩之西界,与汾相近也。[正义]曰:按:陉庭故城在绛州曲沃县西北二十里汾水之阳。

②[索隐]曰:刘氏云:"此河上盖近河北之地,本属韩,今秦得而城。"

后五年,昭王用应侯谋,纵反间卖赵。赵以其故,令马服子代廉颇将。①秦大破赵于长平,遂围邯郸。已而与武安君白起有隙,言而杀之。②任郑安平,使将击赵。郑安平为赵所困,急,以兵二万人降赵。应侯席藁请罪。秦之法,任人而所任不善者,各以其罪罪之。于是应侯罪当收三族。秦昭王恐伤应侯之意,乃下令国中:"有敢言郑安平事者,以其罪罪之!"而加赐相国应侯食物日益厚,以顺适其意。

①[索隐]曰:马服子,赵括之号也。虞喜《志林》云:"马,兵之首也。号曰'马服'者,言能服马也"。邹氏颇,音匹波反。

②徐广曰:"在五十年。"[索隐]曰:徐据《秦本纪》及表而知也。

后二岁,王稽为河东守,与诸侯通,坐法诛。①而应侯日益以不怿。

①徐广曰:"五十二年。"

昭王临朝叹息。应侯进曰:"臣闻主忧臣辱,主辱臣死。今大王中朝而忧,臣敢请其罪。"昭王曰:"吾闻楚之铁剑利而倡优拙。①夫铁剑利则士勇,倡优拙则思虑远。夫以远思虑而御勇士,吾恐楚之图秦也。夫物不素具,不可以应卒,今武安君既死,而郑安平等畔,内无良将而外多敌国,吾是以忧。"欲以激励应侯。②应侯惧,不知所出。蔡泽闻之,往入秦也。

①[正义]曰:论士能善卒不战。

②[索隐]曰:激音击。

蔡泽者,燕人也。游学干诸侯①小大甚众,不遇。而从唐举相,②曰:"吾闻先生相李兑,曰'百日之内持国秉政',有之乎?"③曰:"有之。"曰:"若臣者何如?"唐举孰视而笑曰:"先生曷鼻,巨肩,④魋颜,蹙齃,膝挛。⑤吾闻圣人不相,殆先生乎?"蔡泽知唐举戏之,乃曰:"富贵吾所自有,吾所不知者寿也,愿闻之。"唐举曰:"先生之寿,从今以往者四十三岁。"蔡泽笑谢而去,谓其御者曰:"吾持粱刺齿肥,⑥跃马疾驱,怀黄金之印,结紫绶于要,揖让人主之前,食肉富贵,四十三年足矣。"

①[正义]曰:不待礼曰干。

②荀卿曰:"梁有唐举。"[索隐]曰:《荀卿书》作"唐莒"。

③[索隐]曰:按《左传》云"国子实执齐秉",服虔曰"秉,权柄也。"

④徐广曰:"曷,一作'偈'。偈,一作'仰'。巨,一作'渠'。"[索隐]曰:曷鼻,谓鼻如蝎虫也。巨肩,肩巨于项也,盖项低而肩竖也。偈,其例反。

⑤挛,两膝曲也。徐广曰:"一作'率'。"[索隐]曰:上魋音徒回反。魋颜,谓颜貌魋回,若魋梧然也。齃,音乌曷反。蹙齃,谓鼻蹙眉。膝挛,谓膝又挛曲也。

⑥持粱,作饭也。刺齿二字当作"啮",又作"龀"也。[索隐]曰:持粱,谓作粱米饭而持其器以食也。"刺齿肥"当为啮肥",谓食肥肉也。

去之赵,见逐。入韩、魏,遇夺釜鬲于涂。①闻应侯任郑安平、王稽皆负重罪于秦,应侯内惭,蔡泽乃西入秦。

①《尔雅》曰:"款足者谓之入鬲。"郭璞曰:"鼎曲脚。"[索隐]曰:釜,音父。

鬲，音历。款者，空也，言其足中空也。而郭氏云"鼎曲脚"者，以款训曲，
故云曲脚也。

　　将见昭王，使人宣言以感怒应侯曰："燕客蔡泽，天下雄俊弘辩
智士也。彼一见秦王，秦王必困君而夺君之位。"应侯闻，曰："五帝
三代之事，百家之说，吾既知之；众口之辩吾皆摧之；是恶能困我而
夺我位乎？"使人召蔡泽。蔡泽入，则揖应侯。应侯固不快，及见之，
又倨，应侯因让之曰："子常宣言欲代我相秦，宁有之乎？"对曰：
"然。"应侯曰："请闻其说。"

　　蔡泽曰："吁，君何见之晚也！夫四时之序，成功者去。夫人生
百体坚强，手足便利，耳目聪明而心圣智，岂非士之愿与？"应侯曰：
"然。"蔡泽曰："质仁秉义，行道施德，得志于天下，天下怀乐敬爱而
尊慕之，皆愿以为君王，岂不辩智之期与？"应侯曰："然。"蔡泽复
曰："富贵显荣，成理万物，使各得其所。性命寿长，终其天年而不夭
伤。天下继其统，守其业，传之无穷。名实纯粹，泽流千里，[1]世世称
之而无绝，与天地终始。岂道德之符而圣人所谓吉祥善事者与？"应
侯曰："然。"

　　①徐广曰："一本无此字。"

　　蔡泽曰："若夫秦之商君，楚之吴起，越之大夫种，其卒然亦可
愿与？"应侯知蔡泽之欲困己以说，[1]复谬曰："何为不可？夫公孙鞅
之事孝公也，极身无贰虑，尽公而不顾私；设刀锯以禁奸邪，信赏罚
以致治；披腹心，示情素，蒙怨咎，欺旧友，夺魏公子卬，安秦社稷，
利百姓；卒为秦禽将破敌，攘地千里。吴起之事悼王也，使私不得害
公，谗不得蔽忠；言不取苟合，行不取苟容；不为危易行，行义不辟
难；[2]然为霸主强国，不辞祸凶。大夫种之事越王也，主虽困辱，悉
忠而不解；主虽绝亡，尽能而弗离；成功而弗矜，贵富而不骄怠。若
此三子者，固义之至也，忠之节也。是故君子以义死难，视死如归，
生而辱不如死而荣。士固有杀身以成名，唯义之所在，虽死无所恨。
何为不可哉？"

　　①式绌反。

②徐广曰："一云'不困毁訾'。"

蔡泽曰："主圣臣贤，天下之盛福也。君明臣直，国之福也。父慈子孝，夫信妻贞，家之福也。故比干忠而不能存殷，子胥智而不能完吴，申生孝而晋国乱。是皆有忠臣孝子，而国家灭乱者，何也？无明君贤父以听之，故天下以其君父为僇辱而怜其臣子。①今商君、吴起、大夫种之为人臣是也，其君非也。故世称三子致功而不见德，岂慕不遇世死乎？夫待死而后可以立忠成名，是微子不足仁，孔子不足圣，管仲不足大也。夫人之立功，岂不期于成全邪？身与名俱全者，上也。名可法而身死者，其次也。名在僇辱而身全者，下也。"于是应侯称善。

①〔索隐〕曰：言以比干、子胥、申生皆至忠孝而见诛放，故今天下言为其君父之所僇而怜其臣子也。

蔡泽少得间，因曰："夫商君、吴起、大夫种，其为人臣尽忠致功则可愿矣。闳夭事文王，周公辅成王也，岂不亦忠圣乎？以君臣论之，商君、吴起、大夫种其可愿孰与闳夭、周公哉？"应侯曰："商君、吴起、大夫种弗若也。"蔡泽曰："然则君之主慈仁任忠，惇厚旧故，其贤智与有道之士为胶漆，义不倍功臣，孰与秦孝公、楚悼王、越王乎？"应侯曰："未知何如也。"蔡泽曰："今主亲忠臣，不过秦孝公、楚悼王、越王。君之设智，能为主安危修政，治乱强兵，批患折难，①广地殖谷，富国足家，强主，尊社稷，显宗庙，天下莫敢欺犯其主，主之威盖震海内，功彰万里之外，声名光辉传于千世，君孰与商君、吴起、大夫种？"应侯曰："不若。"

①〔索隐〕曰：批，音白结反，又音丰鸡反。批患，谓击而却之。折，音之列反。

蔡泽曰："今主之亲忠臣不忘旧故不若孝公、悼王、勾践，而君之功绩爱信亲幸又不若商君、吴起、大夫种，然而君之禄位贵盛，私家之富过于三子，而身不退者，恐患之甚于三子，窃为君危之。语曰'日中则移，月满则亏'。物盛则衰，天地之常数也。进退盈缩，与时变化，圣人之常道也。故国有道则仕，国无道则隐。圣人曰'飞龙在

天,利见大人'.'不义而富且贵,于我如浮云'.今君之怨已仇而德
已报,意欲至矣,而无变计,窃为君不取也。且夫翠、鹄、犀、象,其处
势非不远死也,而所以死者,惑于饵也。苏秦、智伯之智,非不足以
辟辱远死也,而所以死者,惑于贪利不止也。是以圣人制礼节欲,取
于民有度,使之以时,用之有止。故志不溢,行不骄,常与道俱而不
失,故天下承而不绝。昔者齐桓公九合诸侯,一匡天下;至于葵丘之
会,有骄矜之志,畔者九国。吴王夫差兵无敌于天下,勇强以轻诸
侯,陵齐晋,故遂以杀身亡国。夏育、太史噭叱呼①骇三军,然而身
死于庸夫。②此皆乘至盛而不返道理,不居卑退处俭约之患也。夫
商君为秦孝公明法令,禁奸本,尊爵必赏,有罪必罚,平权衡,正度
量,调轻重,决裂阡陌,以静生民之业而一其俗,劝民耕农利土,一
室无二事,力田稸积,习战陈之事,是以兵动而地广,兵休而国富,
故秦无敌于天下,立威诸侯,成秦国之业。功已成矣,而遂以车裂。
楚地方数千里,持戟百万,白起率数万之师以与楚战,一战举鄢郢
以烧夷陵,再战南并蜀汉。又越韩、魏而攻强赵,北坑马服,诛屠四
十余万之众,尽之于长平之下,流血成川,沸声若雷,遂入围邯郸,
使秦有帝业。楚、赵,天下之强国而秦之仇敌也,自是之后,楚、赵皆
慑伏不敢攻秦者,白起之势也。身所服者七十余城,功已成矣,而遂
赐剑死于杜邮。吴起为楚悼王立法,卑减大臣之威重,罢无能,废无
用,损不急之官,塞私门之请,一楚国之俗,禁游客之民,精耕战之
士,南收杨越,北并陈、蔡,破横散从,使驰说之士无所开其口,禁朋
党以厉百姓,定楚国之政,兵震天下,威服诸侯。功已成矣,而卒枝
解。大夫种为越王深谋远计,免会稽之危,以亡为存,因辱为荣,垦
草入邑,③辟地殖谷,率四方之士,专上下之力,辅勾践之贤,报夫
差之仇,卒擒劲吴,令越成霸。功已彰而信矣,勾践终负而杀之。此
四子者功成不去,祸至于此!此所谓信而不能诎,往而不能返者
也。④范蠡知之,超然辟世,长为陶朱公。君独不观夫博者乎?或欲
大投,或欲分功,⑤此皆君之所明知也。今君相秦,计不下席,谋不
出廊庙,坐制诸侯,利施三川,以实宜阳,⑥决羊肠之险,塞太行之

道，又斩范、中行之涂，六国不得合从，栈道千里，通于蜀汉，使天下皆畏秦，秦之欲得矣，君之功极矣，此亦秦之分功之时也。如是而不退，则商君、白公、⑦吴起、大夫种是也。吾闻之：鉴于水者见面之容，鉴于人者知吉与凶。《书》曰“成功之下，不可久处’。四子之祸，君何居焉？君何不以此时归相印，让贤者而授之，退而岩居川观，必有伯夷之廉，长为应侯，世世称孤，而有许由、延陵季子之让，乔松之寿，孰与以祸终哉？即君何居焉？忍不能自离，疑不能自决，必有四子之祸矣。《易》曰‘亢龙有悔’，此言上而不能下，信而不能诎，往而不能自返者也。愿君孰计之。”

①徐广曰：“一作‘喑’。”[索隐]曰：二人勇者。夏育，贲育也。噭，音皎。[正义]曰：呼，大故反。

②[索隐]曰：高诱云“夏育为田搏所杀”。然太史噭未知谁之所煞，恐非齐襄王时太史也。

③[索隐]曰：刘氏云：“入犹充也。谓招携离散，充满城邑也。”

④[索隐]曰：信，音申，诎，音屈。谓志已展而不退。

⑤班固《弈指》曰：“博县于投，不必在行。”骃谓投，投琼也。[索隐]曰：言夫博弈，或欲大投其琼以致胜，或观其势弱，则大投地分而分功以远救，事具《小尔雅》。《方言》云“所以投博谓之枰。”枰，局也。

⑥[正义]曰：施犹展也，言伐得三川之地。以实宜阳，言展开三川，实宜阳。

⑦徐广曰：“白起。”

应侯曰：“善。吾闻‘欲而不知止，失其所以欲；有而不知足，失其所以有’。先生幸教，睢敬受命。”于是乃延入坐，为上客。

后数日，入朝，言于秦昭王曰：“客新有从山东来者曰蔡泽，其人辩士，明于三王之事，五伯之业，世俗之变，足以寄秦国之政。臣之见人甚众，莫及，臣不如也。臣敢以闻。”秦昭王召见，与语大说之，拜为客卿。应侯因谢病，请归相印。昭王强起应侯，应侯遂称病笃。范睢免相，昭王新说蔡泽计画，遂拜为秦相，东收周室。

蔡泽相秦数月，人或恶之，惧诛，乃谢病归相印，号为纲成君。居秦十余年，事昭王、孝文王、庄襄王。卒事始皇帝，为秦使于燕，三年而燕使太子丹入质于秦。

太史公曰：韩子称"长袖善舞，多钱善贾"，信哉是言也！范雎、蔡泽世所谓一切辩士，然游说诸侯至白首无所遇者，非计策之拙，所为说力少也。及二人羁旅入秦，继踵取卿相，垂功于天下者，固强弱之势异也。然士亦有偶合。贤者多如此二子，不得尽意，岂可胜道哉！然二子不困厄，恶能激乎？[1]

①[索隐]曰：二子，范雎、蔡泽也。雎厄于魏齐，折胁摺齿；泽困于赵，被逐弃鬲是也。恶，音乌。激，音击。

索隐述赞曰：应侯始困，托载而西。说行计立，贵平宠稽。倚秦市赵，卒报魏齐。纲成辩智，范雎招携。势利倾夺，一言成蹊。

史记卷八○
列传第二○

乐毅

　　乐毅者,其先祖曰乐羊。乐羊为魏文侯将,伐取中山,①魏文侯封乐羊以灵寿。②乐羊死,葬于灵寿,其后子孙因家焉。中山复国,至赵武灵王时复灭中山,③而乐氏后有乐毅。

　　①[正义]曰:今定州。
　　②徐广曰:"属常山。"[索隐]曰:《地理志》常山有灵寿县,中山桓公所都
　　　之地。[正义]曰:今镇州灵寿。
　　③[索隐]曰:中山魏虽灭之,尚不绝祀,故后更复国,至赵武灵王又灭之
　　　也。

　　乐毅贤,好兵,赵人举之。及武灵王有沙丘之乱,①乃去赵适魏。闻燕昭王以子之之乱而齐大败燕,燕昭王怨齐,未尝一日而忘报齐也。燕国小,辟远,力不能制,于是屈身下士,先礼郭隗,②以招贤者。乐毅于是为魏昭王使于燕,燕王以客礼待之。乐毅辞让,遂委质为臣,燕昭王以为亚卿,久之。

　　①徐广曰:"赵有沙丘宫,近巨鹿。"
　　②[正义]曰:《说苑》云:"燕昭问于隗曰:'寡人地狭民寡,齐人取蓟八城,
　　　匈奴驱驰楼烦之下。以孤之不肖,得承宗庙,恐社稷危,存之有道乎?'
　　　隗曰:'帝者之臣,其名臣,其实师。王者之臣,其名臣,其实友。霸者之
　　　臣,其名臣,其实仆。危困国之臣,其名臣,其实虏。今王将自东面目指
　　　气使以求臣,则厮役之才至矣。南面听朝,不失揖让之理以求臣,则人
　　　臣之才至矣。北面等礼,不乘之以势以求臣,则朋友之才至矣。西面逡

巡以求臣,则师傅之才至矣。诚欲与王霸同道,隗请为天下之士开路。'
于是常置隗为上客。"

当是时,齐湣王强,南败楚相唐昧于重丘,①西摧三晋于观
津,②遂与三晋击秦,助赵灭中山,破宋,广地千余里。与秦昭王争
重为帝,已而复归之。诸侯皆欲背秦而服于齐。湣王自矜,百姓弗
堪。于是燕昭王问伐齐之事。乐毅对曰:"齐,霸国之余业也,地大
人众,未易独攻也。王必欲伐之,莫如与赵及楚、魏。"于是使乐毅约
赵惠文王,别使连楚、魏,令赵啖秦③以伐齐之利。诸侯害齐湣王之
骄暴,皆争合从与燕伐齐。乐毅还报,燕昭王悉起兵,使乐毅为上将
军,赵惠文王以相国印授乐毅。乐毅于是并护赵、楚、韩、魏、燕之兵
以伐齐,④破之济西。

①〔索隐〕曰:昧,音莫葛反。《地理志》重丘县名,属平原。〔正义〕曰:在冀
　州城武县界。

②〔索隐〕曰:《地理志》观津,县名,属信都,汉初属清河也。〔正义〕曰:在
　冀州武邑县东南二十五里。

③徐广曰:"啖,进说之意。"〔索隐〕曰:啖,音田滥反,字与"啖"同。

④〔索隐〕曰:护,谓总领之也。

诸侯兵罢归,而燕军乐毅独追,至于临菑。齐湣王之败济西,亡
走,保于莒。乐毅独留徇齐,齐皆城守。乐毅攻入临菑,尽取齐宝财
物祭器输之燕。燕昭王大说,亲至济上劳军,行赏飨士。封乐毅于
昌国,①号为昌国君。于是燕昭王收齐卤获以归,而使乐毅复以兵
平齐城之不下者。

①徐广曰:"属齐。"〔索隐〕曰:《地理志》县名,属齐郡。〔正义〕曰:故昌城
　在淄州淄川县东北四十里也。

乐毅留徇齐五岁,下齐七十余城,皆为郡县以属燕,唯独莒、即
墨未服。①会燕昭王死,子立为燕惠王。惠王自为太子时尝不快于
乐毅,及即位,齐之田单闻之,乃纵反间于燕,曰:"齐城不下者两城
耳。然所以不早拔者,闻乐毅与燕新王有隙,欲连兵且留齐,南面而
王齐。齐之所患,唯恐他将之来。"于是燕惠王固已疑乐毅,得齐反
间,乃使骑劫代将,②而召乐毅。乐毅知燕惠王之不善代之,畏诛,

遂西降赵。赵封乐毅于观津,号曰望诸君,③尊宠乐毅以警动于燕、齐。

①〔正义〕曰:即墨,今莱州。

②〔索隐〕曰:燕将姓名。

③〔索隐〕曰:望诸,泽名,在齐。盖赵有之,故号焉。《战国策》"望"作"蓝"也。

　　齐田单后与骑劫战,果设诈诳燕军,遂破骑劫于即墨下。而转战逐燕,北至河上,①尽复得齐城,而迎襄王于莒,入于临菑。

①〔正义〕曰:沧德二州之北河。

　　燕惠王后悔使骑劫代乐毅,以故破军亡将失齐;又怨乐毅之降赵,恐赵用乐毅而乘燕之弊以伐燕。燕惠王乃使人让乐毅,且谢之曰:"先王举国而委将军,将军为燕破齐,报先王之仇,天下莫不震动。寡人岂敢一日而忘将军之功哉!会先王弃群臣,寡人新即位,左右误寡人。寡人之使骑劫代将军,为将军久暴露于外,故召将军且休,计事。将军过听,以与寡人有隙,遂捐燕归赵。将军自为计则可矣,而亦何以报先王之所以遇将军之意乎?"乐毅报遗燕惠王书曰:

　　　　臣不佞,不能奉承王命,以顺左右之心。恐伤先王之明,有害足下之义,故遁逃走赵。今足下使人数之以罪,臣恐侍御者不察先王之所以畜幸臣之理,又不白臣之所以事先王之心,故敢以书对。

　　　　臣闻贤圣之君不以禄私亲,其功多者赏之,其能当者处之。故察能而授官者,成功之君也;论行而结交者,立名之士也。臣窃观先王之举也,见有高世主之心,①故假节于魏,以身得察于燕。先王过举,厕之宾客之中,立之群臣之上,不谋父兄,②以为亚卿。臣窃不自知,自以为奉令承教,可幸无罪,故受令而不辞。

①〔正义〕曰:乐毅见燕昭王有自高尊世上人主之心,故假魏节使燕。

②〔正义〕曰:杜预云:"兄,同姓群臣也。"

先王命之曰:"我有积怨深怒于齐,不量轻弱,而欲以齐为事。"臣曰:"夫齐,霸国之余业而最胜之遗事也。练于兵甲,习于战攻。王若欲伐之,必与天下图之。与天下图之,莫若结于赵。且又淮北、宋地,楚、魏之所欲也。赵若许而约四国攻之,齐可大破也。"先王以为然,具符节南使臣于赵。顾反命,起兵击齐。以天之道,先王之灵,河北之地随先王而举之济上。①济上之军受命击齐,大败齐人。轻卒锐兵,长驱至国。齐王遁而走莒,仅以身免。珠玉财宝车甲珍器尽收入于燕。齐器设于宁台,②大吕陈于元英,③故鼎反乎磨室,④蓟丘之植植于汶篁。⑤自五伯已来,功未有及先王者也。先王以为慊于志,⑥故裂地而封之,使得比小国诸侯。臣窃不自知,自以为奉命承教,可幸无罪,是以受命不辞。

①[正义]曰:济水之上在齐上。

②[索隐]曰:燕台也。[正义]曰:《括地志》云:"燕元英、磨室二宫,皆燕宫,在幽州蓟县西四里宁台之下。"

③[索隐]曰:大吕,齐钟名。元英,燕宫殿名也。

④徐广曰:"磨,历也。"[索隐]曰:燕鼎前输于齐,今反入于磨室。磨室亦宫名,《战国策》作"历室"也。[正义]曰:《括地志》云:"历室,燕宫名也。"高诱云:"燕哙乱,齐伐燕,杀哙,得鼎,今反归燕故鼎。"

⑤徐广曰:"竹田曰篁。谓燕之疆界移于齐之汶水。"[索隐]曰:蓟丘,燕所都之地。言燕之蓟丘所植,植齐王汶上之竹。徐注非也。[正义]曰:幽州蓟地西北隅有蓟丘。又汶水源出兖州博城县东北原山,西南入泲。

⑥[索隐]曰:慊,音苦簟反。亦作"嗛"。嗛者常慊然而不慊其志也。

臣闻贤圣之君,功立而不废,故著于《春秋》;早知之士,名成而不毁,故称于后世。若先王之报怨雪耻,夷万乘之强国,收八百岁之蓄积,及至弃群臣之日,余教未衰,执政任事之臣,修法令,慎庶孽,施及乎萌隶,皆可以教后世。

臣闻之:善作者不必善成,善始者不必善终。昔伍子胥说听于阖闾,而吴王远迹至郢;夫差弗是也,赐之鸱夷而浮之江。吴王不寤先论之可以立功,故沉子胥而不悔;子胥不早见主之不同量,是以至于入江而不化。①

①[索隐]曰:言子胥怨恨,故虽投江而神不化,犹为波涛之神也。

　　夫免身立功,以明先王之迹,臣之上计也。离毁辱之诽谤,①堕先王之名,②臣之所大恐也。临不测之罪,以幸为利,义之所不敢出也。③

①[索隐]曰:诽,音方味反。

②[索隐]曰:堕,音许规反。

③[索隐]曰:谓既临不测之罪,以幸免为利,今我仍义先王之恩,虽身托外国,而心亦不敢出也。

　　臣闻古之君子,交绝不出恶声;①忠臣去国,不洁其名。②臣虽不佞,③数奉教于君子矣。④恐侍御者之亲左右之说,不察疏远之行,故敢献书以闻,唯君王之留意焉。⑤

①[正义]曰:君子之人,交绝不说己长而谈彼短。

②[索隐]曰:言忠臣去离本国,不自洁其名,云己无罪。故《礼》曰"大夫去其国,不说人以无罪"是也。[正义]曰:言不洁己名行而咎于君,若箕子不忍言殷恶是也。

③[索隐]曰:不佞,犹不才也。

④[索隐]曰:数,音朔。言我以数经奉教令于君子。君子即识礼之人。谓己在外,犹云己罪,不说王之有非,故下云"不察疏远之行",斯亦忠臣之节。

⑤夏侯玄曰:"观乐生遗燕惠王书,其殆庶乎知机合道,以礼始终者与!又其喻昭王曰:'伊尹放太甲而不疑,太甲受放而不怨,是存大业于至公而以天下为心者也。'夫欲极道德之量,务以天下为心者,必致其主于盛隆,合其趣于先王。苟君臣同符,则大业定矣。于斯时也,乐生之志千载一遇。夫千载一遇之世,亦将行千载一隆之道,岂其局迹当时,止于兼并而已哉!夫兼并者非乐生之所屑,强燕而废道又非乐生之所求。不屑苟利,心无近事,不求小成,斯意兼天下者也。则举齐之事,所以运其机而动四海也。夫讨齐以明燕主之义,此兵不兴于为利矣。围城而害不加于百姓,此仁心著于遐迩矣!举国不谋其功,除暴不以威力,此至德全于天下矣!迈全德以率列国,则几于汤武之事矣!乐生方恢大纲以纵二城,收民明信以待其弊,将使即墨、莒人顾仇其上,愿释干戈赖我,犹

亲善守之，智无所施之。然则求仁得仁，即墨大夫之义；仕穷则从，微子
适周之道。开弥广之路，以待田单之徒；长容善之风，以申齐士之志。使
夫忠者遂节，勇者义著，昭之东海，属之华裔，我泽如春，民应如草，道
光宇宙，贤智托心，邻国倾慕，四海延颈，思戴燕主，仰望风声，二城必
从，则王业隆矣！虽淹留于两邑，乃致速于天下也。不幸之变，世所不
图；败于垂成，时运固然。若乃逼之以威，劫之以兵，攻取之事，求欲速
之功，使燕齐之士流血于二城之下，参杀伤之残以示四海之人，是纵暴
易乱以成其私，邻国望之其犹豺虎。既大堕称兵之义，而丧济溺之仁，
且亏齐士之节，废廉善之风，掩宏通之度，弃王德之隆，虽二城几于可
拔，霸王之事逝其远矣。然则燕虽兼齐，其与世主何以殊哉？其与邻国
何以相倾？乐生岂不知拔二城之速乎哉，顾城拔而业乖也。岂不虑不速
之致变哉，顾业乖与变同。由是观之，乐生之不屠二城，未可量也。"

　　于是燕王复以乐毅子乐间为昌国君。①而乐毅往来复通燕，
燕、赵以为客卿。乐毅卒于赵。②

①[索隐]曰：间，音纪闲反。

②张华曰："望诸君冢在邯郸西数里。"

　　乐间居燕三十余年，燕王喜用其相栗腹之计，①欲攻赵，而问
昌国君乐间。乐间曰："赵，四战之国也，②其民习兵，伐之不可。"燕
王不听，遂伐赵。赵使廉颇击之，大破栗腹之军于鄗，禽栗腹、乐乘。
乐乘者，乐间之宗也。于是乐间奔赵，赵遂围燕。燕重割地以与赵
和，赵乃解而去。

①[索隐]曰：栗，姓；腹，名。汉有栗姬。

②[索隐]曰：言赵数距四方之敌，故云四战之国。[正义]曰：东邻燕、齐，
　　西边秦、楼烦，南界韩、魏，北迫匈奴。

　　燕王恨不用乐间，乐间既在赵，乃遗乐间书曰："纣之时，箕子
不用，犯谏不怠，以冀其听；商容不达，身祗辱焉，以冀其变。及民志
不入，狱囚自出，①然后二子退隐。故纣负桀暴之累，二子不失忠圣
之名。何者？其忧患之尽矣。今寡人虽愚，不若纣之暴也；燕民虽
乱，不若殷民之甚也。室有语，不相尽，以告邻里。②二者，寡人不谓
君取也。"③

①［索隐］曰：民志不入，谓国乱而人离心向外，故云"不入"。又狱囚自出，
　是政乱而士师不为之守法也。

②［正义］曰：言家室有忿争不决，必告邻里，今故以书相告也。

③［正义］曰：二者，谓燕君未如纣，燕民未如殷民。复相告子反燕以疑君
　民之恶，是寡人不谓君取之。

　　乐间、乐乘怨燕不听其计，二人卒留赵。赵封乐乘为武襄
君。①

①［索隐］曰：乐乘，乐毅之宗人也。

　　其明年，乐乘、廉颇为赵围燕，燕重礼以和，乃解。后五岁，赵孝
成王卒。襄王使乐乘代廉颇。廉颇攻乐乘，乐乘走，廉颇亡入魏。其
后十六年而秦灭赵。

　　其后二十余年，高帝过赵，问："乐毅有后世乎？"对曰："有乐
叔。"高帝封之乐乡，①号曰华成君。华成君，乐毅之孙也。而乐氏之
族有乐瑕公、乐臣公，②赵且为秦所灭，亡之齐高密。乐臣公善修黄
帝、老子之言，显闻于齐，称贤师。

①徐广曰："在北新城。"［正义］曰：《地理志》云信都有乐乡县。

②一作"巨公"。

　　太史公曰：始齐之蒯通及主父偃读乐毅之报燕王书，未尝不废
书而泣也。乐臣公学黄帝、老子，其本师号曰河上丈人，不知其所
出。河上丈人教安期生，安期生教毛翕公，毛翕公教乐瑕公，乐瑕公
教乐臣公，①乐臣公教盖公。②盖公教于齐高密、胶西，为曹相国
师。

①［索隐］曰：本亦作"巨公"。

②［索隐］曰：盖，音古阖反。盖公，史不记名。

　　索隐述赞曰：昌国忠谠，人臣所无。连兵五国，济西为墟。燕王
将受，空闻报书。义士慷慨，明君轼闾。间、乘继将，芳规不渝。